한국사

27

조선 초기의 문화 2

국사편찬위원회

자문위원

이 재 룡　　차 문 섭

편찬위원

김 태 영　　이 수 건　　최 승 희

집필(조선 초기의 문화 Ⅱ)

문 명 대　　박 성 래　　송 방 송
신 영 훈　　안 병 희　　안 휘 준
이 민 홍　　이 완 우　　이 호 관
이 호 철　　전 상 운　　정 양 모
조 동 일　　채 연 석　　천 혜 봉
허 선 도　　허 　 정

기획 · 편집

신 재 홍　　변 승 웅　　이 근 택
고 혜 령　　고 성 훈　　나 애 자
박 한 남　　윤 병 희　　최 원 식

복간 간행 : 김 용 곤 · 장 득 진

한국사 간행취지

우리 겨레가 앞으로 어떻게 살아갈 것인가 하는 문제는 우리들은 물론 우리와 더불어 살아가는 세계인들의 관심사일 것이다. 이에 대한 해답은 과거에 어떻게 살아왔는가 하는 우리 역사에 대한 인식을 통해 찾을 수 있을 것이라고 생각된다.

본 위원회에서는 이미 1970년대에 『한국사』 25권을 간행하여 해방 이후 한국사의 연구성과를 집대성함으로써 한국사에 대한 인식을 새롭게 한 바 있다. 그 이후 한국사회는 놀라운 성장과 발전을 이루었고 역사학계도 상당한 연구성과를 축적하였다. 이러한 변화에 발맞추어 한국사학계는 새로운 『한국사』 편찬의 필요를 느끼게 되었다.

이에 본 위원회는 일차적으로 한국사 연구지원비를 마련하여 역사학계로 하여금 1980년대 중반까지 연구성과가 미진하다고 생각되는 분야를 연구할 수 있도록 하였다. 이어서 1989년부터 1990년까지의 준비를 거쳐 1991년에는 '신편 한국사 편찬위원회'를 따로 구성하고 총 60권에 달하는 새로운 『한국사』를 편찬하기로 하였다. 그리고 다음과 같은 『한국사』 편찬의 목표를 세웠다.

① 한국의 역사와 문화에 대한 객관적 인식의 토대를 제공할 수 있는 한국사를 편찬한다.

② 민족의 창조적 문화활동과 민족사의 내재적 발전을 드러내는 한국사를 편찬한다.

③ 최근까지의 연구성과를 체계화하고 새로운 영역을 개척함으로써 한국사 연구의 지평을 넓힌다.

④ 한국사 연구와 관련하여 고고학·인류학·사회학·경제학 등 인접학문의 연구성과를 수용하여 한국사 인식의 폭을 넓히는 데 기여한다.

새로운 『한국사』를 펴내면서 우리 모두가 바라는 바는, 민족의 통일에 대비해야 하고 급격히 변화하는 시대상황 속에서, 한국사 연구자의 깊이 있는 연구를 도와주고 독자들의 역사인식을 드높일 수 있는 길잡이 구실을 할 수 있었으면 하는 것이다.

국사편찬위원회 위원장

목 차

Ⅲ. 문 학

Ⅳ. 예 술

개 요

I

동아시아 문명에서 한국의 역사에 나타나는 과학과 기술은 수용과 창조, 변형과 조화의 전통으로 특징지어진다. 중국의 거대하고 화려한 과학문명은 언제나 우리 나라 전통과학의 커다란 도가니 속에서 용융되어 자기의 거푸집에 부어지곤 했다. 그것은 새 모델을 창조해 냈다. 한국의 자연에 어울리고 그 속에서 오랫동안 살아온 한국인에게 알맞는 모델이었다. 그것은 대개의 경우 중국의 그것보다 작고 섬세했다. 그리고 자연스러운 美的 감각이 뛰어난 것이었다.

조선시대에 이르러 그 과학과 기술은 자주적 성향이 뚜렷해지기 시작한다. 특히 세종 때에 전개된 과학과 기술은 오랜 역사와 전통 속에서 集積된 한국과학을 결산하는 것이었다. 중국과학뿐만 아니라, 문명의 교류에서 얻어진 모든 지역의 과학문명을 하나로 용융시키는 도가니와도 같았다. 거기서 동아시아 과학문명 안에서의 새로운 모델이 부어만들어졌다. 세종 때의 선비 과학기술자들과, 관료 과학기술자들은 자기들의 거푸집을 만든 것이다. 그들은 뚜렷한 개성을 가지고 있었으며 독자적으로 과학문화를 전개하였다.

세종 때의 과학·기술문화의 독자적인 전개는 분명히 새로운 발전이었다. 과학·기술문화의 모든 분야에서 이렇게 수준 높은 학문·문화·예술적 성과가 짧은 동안에 이루어진 적은 한국의 역사에 일찍이 없었다. 그것은 조선식의 창조적인 과학·기술전통의 구축으로 이어졌다. 15세기 전반기의 과학기술사에서 세종 때와 같은 유형의 발전은 다른 어느 지역에서도 찾아볼 수 없는 일로 특히 주목할 만하다.

과학사에 있어서의 15세기는 이른바 중세가 끝나는 시기이며, 근대 과학의 여명이 움트려는 시기이다. 그러나 서방 라틴세계 문화의 빛은 아직도 희미하였고 동방 아랍세계의 찬란했던 빛은 차츰 희미해져서 거의 꺼져가고 있었다. 수천년의 역사를 가진 중국의 거대한 과학기술의 전통은 宋·元시대 과학기술의 창조적 발전 이후 15세기 전반기에 이르러 明의 과학은 혼돈상태에 머무르고 있었다. 이러한 시기에 조선의 과학은 우리 나라의 과학사에서 가장 훌륭한 창조적 발전을 이룩하고 있었던 것이다. 그것은 서방세계는 물론, 아랍세계와 중국의 과학기술 수준을 능가하는 것이었다.

이 시기, 특히 세종 때의 과학기술은 송·원시대의 과학을 모델로 한 경우가 많다. 천문·역법의 과학은 특히 그러했다. 아랍과학의 전통이 15세기의 조선학 안에서 이어지고 있었던 것이다. 그것은 명나라의 과학에서 별로 배울 것이 없었기 때문이다. 《世宗實錄》을 비롯한 세종 때의 여러 문헌들에는 의도적이라고 생각되리만큼 원의 과학·문헌 등을 모델로 하거나 텍스트로 했음을 굳이 기록한 부분이 여러 곳에 나타나고 있다. 그러나 실제로 특정한 분야나 부분에서는 그렇지 않은 경우도 있다. 그렇지만 전체적인 테두리 안에서 바라볼 때, 세종 때의 과학은 원대의 과학에서 많은 영향을 받은 것이 확실하다.

원대의 과학은 널리 알려지고 있는 바와 같이 아랍과학의 영향을 직접적으로 가장 많이 받았다. 세종 때의 과학기술이 아랍과학의 꺼져가는 전통을 원대의 과학을 매체로 해서 동방의 작은 반도에서 새롭게 발전시켰다고 정리할 수 있을 것이다. 그러나 그것은 아랍과학의 경우와 같이 외부세계에 큰 영향을 미치지 못하고 말았다. 지금까지 외국 학자들의 정당한 평가를 받지 못한 요인의 하나를 여기서 찾을 수 있다.

II

우리 나라는 중국의 전통적 巨大科學의 그늘에서 그 나름의 창조적 발전을 여러 분야에서 이룩하였다. 이러한 창조성은 조선왕조에서 더욱 확대되어 갔다. 특히 조선 초기에 있어서의 자주적 문화창조의 기운과 의욕적 노력은 새 왕조의 과학기술 발전에 강력한 추진력이 되었다. 태종 3년(1402)에 왕은 대신들의 강력한 반대에도 불구하고 유명한 癸未靑銅活字의 주조를 강행하였다. 계미자로 인쇄한 책들은 현존하는 몇 가지 고려 목판본들보다 좋은 印本이라고 할 수는 없다. 또 인쇄의 능률에 있어서도 한 가지 책만을 인쇄할 때와 비교한다면 오히려 뒤떨어진다. 그리고 소요되는 경비, 노동력도 별로 나을 것이 없다. 그럼에도 불구하고 이 사업은 세종에 의하여 훌륭하게 계승됨으로써 조선식 활판 인쇄기술은 크게 발전하고 완성되었다. 이것은 동아시아의 다른 지역에서는 볼 수 없었던 일이다.

조선식 청동활자 인쇄술은, 태종이 말한 것처럼 '天下의 서적을 모두 인쇄'하기 위해서 시작된 것이었다. 중국에서 사오는 책에만 의존해서는 안된다는 것이 태종의 신념이었다. 그것은 '百年之大計'를 성취하기 위한 巨視的 정책의 실현이었다. 그리고 세종은 그것을 강력히 추진하여 개량하고 완성시켰다. 15세기의 조선 금속활자본이 같은 시대의 어느 지역의 인본보다도 깨끗한 것은, 그 기술적 수준이 높았음을 나타내는 것이다. 조선에 있어서의 청동활자 인쇄술의 발전은 중국에서는 거의 내버려졌던 기술이 우리 나라에서는 적지 않은 노력에 의해서 과학과 문명에 크게 기여한 예의 하나로 들 수 있다. 그것은 또한 우리 민족이 중국의 과학과 문명의 단순한 추종자가 아니었다는 것을 나타내고 있다.

이러한 발전적 업적은 우리 나라 과학의 황금시대로 불리는 세종 때에 특히 두드러지게 나타나고 있다. 雨量計의 발명도 그 하나이다. 세종 23년(1441)에서 24년에 걸쳐서 測雨器와 水標라고 명명된 강우량의 측정기가 발명되어 강우량의 수량적 측정법이 완성되었다. 이러한 우량계의 발명은 강우 시기가 7~8월에 偏在하고 있는 우리 나라의 자연조건을 통계적으로 파악하여 그것을 극복하려고 애쓴 조선 과학자들의 노력의 결실이었다. 우량계에 의한 강우량의 측정은 중국에서도 행해진 듯하지만 그것은 한정된 지역과 시기에, 필요에 따라서 측정된 것으로 조선에서와 같이 전국적으로 수백 년간이나 계속된 것은 아니었다. 그리고 그 측정기 제작의 발상도 완전히 조선의 독자적인 것이다.

세종 때에는 또한 새로이 천문대도 설립되었다. 大簡儀臺라고 불린 景福

宮의 천문대에는 簡儀·水運渾天儀와 渾象·圭表·正方案(方位指示表)·각종 해시계 등이 설치되고, 自擊漏라고 불리는 自動報時 물시계와 玉漏라고 불리는 天象時計 등의 장치가 부설되어 있었다. 7년이나 걸려서 완성한 이들 천문관측기계를 만들기 위해서 세종은 수학자·천문학자·기술자를 명에 파견하여 중국의 시스템을 연구케 했다. 그리하여 받아들인 것은 원의 郭守敬의 시스템을 중심으로 하는 儀器였다. 그러나 그것들은 대부분 조선식으로 개량되었다. 이 천문 관측소는 원의 觀星臺 이후 동아시아에서 가장 훌륭한 시설이었다.

경복궁 천문대의 완성과 천문의기의 제작으로 그 이후의 관측활동은 한층 더 정비되었다. 書雲觀의 관리에게 의무지어진 관측규정은, 그 과학성에 있어서, 현대 천문 기상대의 그것에 비해서도 결코 떨어지지 않는 것이라고 평가되고 있다. 17세기의 관측일지의 유물에 의하면 관측과 기록 및 보고가 규정대로 시행되고 있었던 것을 알 수 있다. 이상현상으로 여겨진 天變은 글에 의한 기록과 함께 스케치로도 나타냈는데, 예를 들면 현종 5년(1664) 10월 8일의 관측일지에 보이는 혜성의 관측기록과 정확한 스케치는 조선말에 그것을 발견한 일본인 천문학자 和田雄治에 의하여 '세계천문학사상 둘도 없는 보물'이라고 평가되었다. 또한 1664년에서 1669년에 걸쳐서 제작된 渾天時計는 중국의 전통적인 水運式 시계장치의 원리를 서양식 기계 시계장치에 응용하여, 그것들의 장점을 조화시킨 특징 있는 것이다.

조선 초기에는 군사기술에서도 조선의 특색이 강하게 나타났다. 조선식 火砲와 龜船의 출현이 그 대표적인 예이다. 화포는 중국의 영향에 의하여 고려말부터 실용화되었는데, 세종 때에 이르러 중국 양식에서 완전히 탈피하여 조선식으로 규격화되어 화포의 전반적 改鑄가 이루어졌다. 세종 때의 화포기술의 발전을 바탕으로 하여 그 다음 왕대에 나타난 火車는 동시에 다수의 로켓을 발사하는 일종의 장갑차였다.

조선 초기의 戰艦으로 유명한 구선은 고려말에서 조선초에 걸쳐서 격심했던 倭寇, 즉 일본인 해적집단의 침입으로 속을 썩인 조선정부가 그 白兵戰術에 대비하여 만든 것이며, 고려의 突擊戰艦의 아이디어를 발전시켜 만들어낸 조선 특유의 전함이다. 구선은 15세기초에 건조되었는데, 그것이 교묘한

전술에 의하여 그 기능을 충분히 발휘한 것은 16세기말의 壬辰倭亂 때였다. 구선은 多砲裝 重裝甲의 沿海用 突擊戰船이다. 그것은 일본 수군과의 해전에서 가장 효과적으로 기동력을 발휘하였다.

醫學 분야에서는 한국 醫藥學의 체계화와 동양의학의 집대성이 특히 주목된다. 고려말에서 시작된 한국산 의약에 의한 독자적 처방의 체계화는 조선에 이르러서 더욱 확대되었다. 14세기말에서 15세기초에 걸쳐서 《鄕藥濟生集成方》과 《鄕藥本草》가 편찬되어, 한국산 의약에 관한 의학적·本草學的 지식이 정리되었다. 이것들을 하나로 요약하고 의약학적 연구를 더해서 체계를 세운 것이 세종 15년(1433)에 완성된 《鄕藥集成方》이다. 여기에는 703종의 한국산 의약이 나타나 있다. 이것은 의·약학 분야에서 중국 의존에서의 탈피로서 획기적인 일보 전진이었다. 이들 연구와 병행하여 이루어진 것이 《醫方類聚》의 편찬이다. 세조 원년(1455)에 완성된 이 의학대백과사전은 우리 나라와 중국의 醫書 153종을 집대성한 것으로 15세기 최대 의서의 하나로 평가할 수 있으나, 《의방유취》에는 조선의 개성이 별로 나타나 있지 않다. 조선의학의 개성이 강하게 나타나는 것은, 그로부터 1세기 반 후에 쓰여진 또하나의 의학대백과사전인 《東醫寶鑑》에서였다. 선조 29년(1596)에 시작하여 광해군 2년(1610)에 완성된 이 의서는 저자인 許浚의 의학사상이 강하게 나타나 있는 점에서 《의방유취》와 다르다. 《동의보감》과 《의방유취》는 일본과 중국에서도 간행되어 그 나라들의 의학에 큰 영향을 미쳤다. 중국에서는 지금도 《동의보감》이 널리 읽히고, 중국의 현대 의학 속에 계속 살아남아 있다.

농업기술도 세종 때에 큰 발전을 보았다. 그 때까지의 한국 농업기술은 주로 중국 농서를 텍스트로 하여 전개되고 있었다. 그것은 농서와 실제의 農法, 그리고 한반도의 남부와 북부 사이에 차질을 가져 왔다. 그 차질을 해소하는 길은, 조선의 농법을 더욱 앞선 기술에 의해서 개량하는 일이었다. 그래서 씌어진 것이 세종 11년에 완성된 《農事直說》이다. 그것은 각 지방의 농법을 널리 조사하여 그 중에서 가장 현실적이고 발전된 기술을 요약한 것이다. 그 후 이 농서는 조선 농업의 기본 텍스트로 중국 농서보다 우선하게 되었다.

III

조선 초기의 문학은 고려의 것을 계승하며 독자적으로 발전하였다. 그러나 세종 때 훈민정음, 즉 한글의 창제는 단순한 문학적 차원만이 아니라 우리 문자생활에 일대 혁명을 예고했다.

한문학은 性理學을 이념적 바탕으로 삼고 있던 조선왕조의 건국 주역들에 의해 발전되었다. 그들은 고려시대의 한문학을 지적 토대로 하여 새 왕조의 이념에 알맞은 한문학을 추구해 갔다. 고려시대 한문학이 유·불·도 3교의 기능과 다양성을 인정하면서 이들의 통합된 논리를 추구했다면, 조선 초기의 그것은 불교사상과 도교사상을 배척하고 성리학 유일의 논리를 내세웠다. 그리고 鄭道傳이 이러한 작업을 주도했다. 그는 불교사상을 논리적으로 비판하면서 문학은 '載道之器'이어야 한다고 했다. 그의 이러한 '文以載道論'은 이후 權近의 《入學圖說》 등에 의해 확고한 이론적 체계가 갖추어지면서 조선 초기 한문학의 주류로 떠올랐다. 또한 성종 때 徐居正 등은 중국의 《文選》에 대응하여 《東文選》을 발간함으로써 조선 초기 詞章派 문학의 기틀을 잡았다.

그러나 조선시대 한문학을 주도한 것은 士林派이며, 이들에 의해 한문학이 꽃핀 것은 이른바 '穆陵盛世'라 불리는 선조 때였다. 사림파 한문학은 性情美學을 추구했으며, 이는 곧 품격론으로 이어졌다. 李滉과 李珥는 이러한 사림파 한문학을 주도하였으며, 이황은 '溫柔敦厚'를, 이이는 '冲澹蕭散'을 문학의 지표로 삼았다. 이 때의 한문학은 성리학의 철학적 체계가 한층 완비되어 가는 상황과 짝하여 문학적 깊이를 더해 갔다.

조선 초기의 문학은 訓民正音의 창제와 더불어 새로운 도약의 전기를 맞았으며, 그것은 곧 본격적으로 국문학의 등장을 알리는 계기였다. 그러나 훈민정음이 사용되면서 문학사에서 큰 전환이 이루어진 것은 사실이지만 그 과정이 순탄하기만 했던 것은 아니다. 국문학의 전개는 최초의 한글 작품인 《龍飛御天歌》와 《月印千江之曲》의 창작으로 본격화되었다. 《용비어천가》는 125장으로 이루어진 작품으로, 건국시조들을 찬양하고 조선왕조의 창건을 합리화한 대서사시이다.《월인천강지곡》은 釋迦의 全 생애를 소설적 구조로 서사화한 작품이다. 불교의 진리를 예술적으로 승화시키고 석가의 인격과 권능을 신화적으로 미화하여 불교서사시의 전형적 구조를 지닌 것이다.

국문 시가문학은 樂章·景幾體歌·歌辭·時調로 이루어졌다. 악장·경기체가·가사는 敎述詩이며, 노래로 부르는 시이고 음악이면서 문학이다. 이들은 악장에서 경기체가로, 경기체가에서 가사로 올수록 음악으로서의 구실은 줄어들고 문학으로서의 기능이 확대되었다. 우리말 노래인 악장은 조선왕조의 창업과 더불어 등장했는데, 나라에서 거행하는 공식적 행사에 소용되는 노래이다. 그러나 악장은 목적하는 바나 나타내는 내용은 아주 뚜렷하지만, 독자적 형식을 형성하는 데에는 이르지 못했다. 악장과 경기체가는 한시에서 국문시가로 넘어가는 과도기적 모습을 보여준다.

조선 초기 문학을 주도했던 악장·경기체가 등의 영역이 줄어들면서 시조와 가사가 국문학의 주류로 자리잡았다. 시조는 공적인 기능은 없으며 개인적인 노래로, 서정적 요소가 풍부한 순수문학의 정수로 평가될 만하다. 시조는 사림파들에 의해 즐겨 지어졌으며, 특히 영남과 호남에서 성행하였다. 요컨대 시조는 서울에서 벼슬하는 생활에서보다 향리로 물러나 자연을 찾고 심성을 닦고자 할 때 스승과 제자, 동학과 벗들이 교류하는 데 더욱 긴요했다. 영남지방에서는 李賢輔가 터를 닦은 이래 이황이 그 뒤를 이었다. 이현보의〈聾巖歌〉, 이황의〈陶山十二曲〉등이 대표적 작품이다. 이이 또한 이황의〈도산십이곡〉못지않은〈高山九曲歌〉를 지었다. 특히 이황과 이이의 작품들은, 그들이 한문학뿐만 아니라 국문학에서도 막중한 비중을 차지하고 있음을 여실히 보여주고 있다. 한편 宋純이 호남가단을 마련한 이래 鄭澈에 이르러 절정에 달했으며, 이후 林悌에게로 계승되었다. 반면에 영남가단은 이황 이후에 움추려들었다. 시조는 사대부문학을 기초로 하였지만, 시조의 작자층은 더욱 확대되어 갔다. 요컨대 기생들은 시조를 잘 이해하였을 뿐만 아니라 스스로 짓기도 하였다. 송도의 유명한 기생 黃眞伊는 시조를 통해서 뛰어난 개성과 창조력을 발휘하였으며, 전라도 부안 기생 李桂娘은 아리땁고 애절한 마음씨를 시조로 나타내었다.

조선시대의 가사문학은 첫 작품인 丁克仁의〈賞春曲〉이래, 曺偉의〈萬憤

歌〉, 송순의 〈俛仰亭歌〉 등에서 더욱 널리 퍼졌다. 이 가사문학은 정철 때에 이르러 절정에 달했다. 정철의 가사는 〈星山別曲〉·〈關東別曲〉·〈思美人曲〉·〈續美人曲〉 등 4편으로, 사대부 가사문학의 최고 경지를 보여주었다.

조선 초기의 문자생활은 한자로 행해졌다. 나라의 공적인 기록이나 문서, 즉 역대의 실록이나 각종 법령, 關文이나 牒呈 등은 모두 한자로 쓰여졌던 것이다. 이 가운데 실무와 관련된 법령이나 공문, 외교문서 등은 한자와 함께 이두[吏讀]가 쓰였다. 이처럼 이두를 포함하여 한자로 행하는 문자생활은 공적이 아닌 경우에도 마찬가지였다. 학자들의 문집은 한문으로 이루어졌고, 일상생활과 관련된 재산매매나 증여의 文記, 和會文記 등은 이두로 작성되는 것이 관례였다. 그러나 이러한 문자생활은 일반백성들의 진솔한 감정을 표현하지 못하였다. 여기에서 세종 25년(1443)에 훈민정음, 곧 한글이 창제되었던 것이다. 그러나 한글은 한자에 의한 문자생활을 대신하지는 못하였다. 공적인 문자생활은 여전히 한자로만 행해졌다. 공적이 아닌 문자생활에 국한하여 한글이 사용되었던 것이다. 한자나 한문을 공부하기 위해서거나 백성의 교화나 종교의 홍보를 위한 문헌의 간행에, 아녀자들의 주고받는 편지에 한글이 사용되었다. 한글이 창제됨으로써 한자와 한글에 의한 우리 나라 문자생활의 이중구조는 조선시대 전기간 동안 계속되었다. 한글은 공적인 문자생활에 등장하지 못하였으나, 창제 이후 꾸준히 보급되어 사용의 영역을 확대하여 나갔다.

IV

조선 초기에는 건국과 함께 새 문화창조의 기운으로 음악·미술 등 예술분야의 활동도 활발하였다. 조선 초기 음악은 禮樂사상에 의한 雅樂부흥의 노력이 본격적으로 이루어졌으며, 세종 때에 그 절정을 이루었다. 조선 초기의 음악문화를 특징짓는 아악부흥은 새 왕조가 성리학의 지배이념을 구현하기 위한 방안으로 예악사상을 중요시한 결과로 이루어졌다. 아악부흥은 중국문헌을 바탕으로 이루어졌지만, 그것은 어디까지나 외래의 음악문화를 자주적으로 수용한 결과였다. 아악부흥의 과정에서 아악은 왕립음악기관의 左坊에 소속되었고, 고려 때 좌방에 소속되었던 唐樂은 右坊의 鄕樂과 함께 통합되었다. 조선 초기를 아악부흥의 시대라고 부를 수 있는 당위성이 여기에 있는 것이다.

한편 세종~성종 때까지의 음악적 업적은《樂學軌範》에 정리되었다. 이는 고려의 향악·당악·아악·고취악 등을 전승한 바탕 위에 새로운 음악문화를 창제함으로서 음악문화를 한 단계 높은 차원으로 발전시킨 결과이다. 이 때에는 아악부흥과 함께 井間譜를 위시하여 五音樂譜와 合字譜 등의 새 기보법이 창안되었다. 새 기보법들은 당시의 향악·당악·아악·고취악 등과 같은 음악의 실상을 후대에 남겨주는 데 크게 이바지했다. 특히 정간보는 有量樂譜의 일종으로, 그 기보법의 창안은 동양음악사에서도 획기적인 일이었다. 이 때에는 이 밖에도 왕립음악기관의 정비, 새 율관의 제작과 악기제조, 당악정재와 향악정재의 창제, 새 향악곡의 창제, 악보편찬 및 악서편찬 등이 활발히 이루어졌다.

조선 초기의 회화는 고려시대 회화의 전통을 계승하고 또 중국의 화풍을 수용하여 다양한 한국적 화풍을 형성하였으며, 조선 중기는 물론 일본 室町시대의 수묵화에까지 큰 영향을 미침으로써 동아시아 회화사에 획기적으로 기여하였다. 이 때에는 山水畵를 비롯하여 人物畵·翎毛畵·花鳥畵·草蟲畵 등 다방면의 회화가 발전하였다. 이의 제작에는 王公·士大夫 출신의 화가들과 화원들이 주축을 이루었다. 또한 승려화가들에 의한 불교회화의 발전도 주목할 만하였다. 한편 국초부터 圖畵院(圖畵署)이 설치되는 등 繪事를 관장하는 국가기관이 세워져 국가의 회화수급에 적절히 대처하고 이를 중심으로 직업화가인 화원들이 생계를 유지하면서 회화의 발전에 크게 기여할 수 있었다.

이와 같이 조선 초기에는 여러 가지 화풍들이 수용되었고 자리를 잡았다. 이 중에서 가장 두드러지고 영향력이 컸던 것은 安堅의 화풍이었다. 안견은 그 이전의 전통을 폭넓게 섭렵하고 여러 대가들의 장점을 참조하여 자신의 화풍을 형성하는 토대로 삼았는데, 그 중에서도 북송의 郭熙派 화풍과 남송의 馬夏派 화풍을 참고하였다. 안견은 花卉·梅竹·蘆雁·樓閣·駿馬·儀丈

圖 등 다양한 주제의 그림을 그렸지만 그의 가장 특장 분야는 산수화였다. 특히 〈夢遊桃源圖〉는 안견의 대표작으로, 전체적인 구도와 구성은 말할 것도 없고 세부의 묘사에 이르기까지 그의 탁월한 창의성과 지혜, 고도로 숙달되고 세련된 표현력과 묘사력이 잘 드러나 있다. 이 작품은 안견의 그림, 안평대군 등의 시와 글씨가 어우러져 이른바 '詩·書·畵' 三絶의 경지를 이루고 있어 일종의 종합 예술품이라고 할 수 있다.

조선의 서예는 원의 새로운 서풍을 받아들인 고려말의 전통을 이으면서 발전하여 갔다. 고려말에 유입된 원나라 趙孟頫의 松雪體가 널리 확산되어 조선 제일의 서체로 자리잡았으며, 우리 나라 전래의 서풍에 큰 영향을 끼쳤던 王羲之體의 전통이 조선 초기에도 변함없이 존숭되어 서예의 기반을 이루었다. 이 밖에 고려말 서풍이 조선초로 이어져 金石과 寫經에 그 영향을 다분히 나타내었다. 아울러 훈민정음 반포 초기의 한글서체는 점차 쓰기에 편리한 筆寫體로 변화하였다.

도자기 공예기술에서 高麗靑磁는 조선에 이르러 특징있는 粉靑沙器를 거쳐 白磁가 주류를 이루게 되었다. 고려의 자기와는 형식과 성질이 다른 조선백자로 변모한 것이다. 분청사기와 백자는 각기 다른 특성과 外形을 지니고 있으나, 분청사기는 백토 扮裝으로, 백자는 백토로 이루어지므로 표면이 백색이라는 공통점을 지니고 있다. 분청사기는 태토가 청자와 같으며 유약은 색이 청자보다 훨씬 엷고 투명한 백색에 가까운 경우가 많다. 純白磁는 순도 높은 백토로 빚어 조선 특유의 온화한 흰색을 내는 데 성공한 도자기로 꼽힌다. 청화백자는 세종 때에 중국에서 처음으로 수입되어 15세기 중엽부터는 조선에서도 만들 수 있게 된 사기인데, 그 기형과 청화문양의 주제는 중국과는 전혀 다른 것이었다. 조선백자는 기술적으로는 세종 중기부터 질적으로나 양적으로도 중국의 것과 어깨를 겨룰 수 있게 되었다.

〈全相運〉

Ⅰ. 과　　학

1. 전통적 자연관
2. 천문 기상학
3. 물리학과 물리기술
4. 의약과 약학

Ⅰ. 과 학

1. 전통적 자연관

1) 재이현상으로 본 전통적 자연관

한국역사에는 수많은 자연현상에 대한 기록이 남아 있다. 전통사회의 역사 기록 가운데 가장 대표적이라 할 수 있는 《朝鮮王朝實錄》은 역대 어느 왕대에나 끊임없이 자연현상을 기록해 남기고 있다. 아직 이에 대한 종합적 연구가 제대로 이뤄지지는 못한 상태지만, 필자의 연구로는 이들 자연현상에 대한 기록을 당시 자연현상이 일정한 정치적 역할을 담당했기 때문에 《조선왕조실록》에 등재되기에 이른 것으로 해석된다. 즉 당시 사람들에게 이들 자연현상은 그저 일어난 무심한 자연현상이 아니라 정치의 잘잘못을 지적하기 위해 하늘이 내리는 災異였던 것이다.[1)]

오늘날 과학의 시대라 불릴 정도로 과학과 기술이 크게 발달하고 있다. 과학이 인간생활의 모든 면을 좌우하는 시대를 살고 있는 우리들은 옛날의 과학을 과소평가하기 쉽다. 조선 초기 지식인들의 자연에 대한 이해와 설명은 당시로서는 훌륭한 '과학'이었지만, 지금 우리들의 눈에는 과학이라기보다는 '미신'에 가깝게 보일 수도 있다. 그러나 당시의 자연에 관한 기록을 보면 조선시대의 과학 역시 그 나름의 자연관을 바탕으로 하여 체계적으로 정리

1) 조선초의 정치현상을 자연관과 관련시켜 설명하려는 시도는 박성래의 학위 논문을 참고할 수 있다(Park, Seong-Rae, *Portents and Politics in Early Yi Korea*, 1392~1519, Ph.D Dissertation, University of Hawaii, Department of History, 1977). 이 영어 논문은 국내에서도 그대로 학술지에 연재된 일이 있다(〈Journal of Social Sciences and Humanities〉, 한국연구원, 1977~1978). 좀 수정된 연구는 《과학사상》에 연재중이다(박성래, 〈한국과학사상사〉, 《과학사상》 3호부터, 1992이후).

되어 있었음을 알 수 있다. 그 자연체계의 대표적 특징은 자연현상을 재이로 파악하고 있었다는 점에서 찾을 수 있다.

예를 들어 《조선왕조실록》에는 천문현상을 비롯하여 수많은 지상의 이상 현상, 그리고 세 쌍둥이의 출산과 같은 인간에게 일어나는 이상현상들이 많이 기록되어 있다. 조선 초기 약 1세기 남짓한 기간만을 조사해 보면 이런 자연현상에 대한 기록이 자그만치 약 8천 회가 되는 것으로 추산된다. 이들 기록은 《增補文獻備考》의 象緯考에도 상당히 수집되어 있지만, 그 내용이 서로 일치하지는 않는다. 조선왕조가 개창된 1392년부터 중종 22년(1527)까지 135년 동안의 재이 기록을 《조선왕조실록》에서 찾아보면 가장 많은 기록을 보이는 것은 '별이 낮에 보이는 현상'으로 이 기간 동안 1,281회나 된다. 그 다음으로 많은 기록은 햇무리 등으로 1,191회이다.

이 기간 동안의 자연현상 기록을 그 빈도수에 따라 차례로 적어 보면 다음과 같다.

별이 낮에 보임(星晝見)	1,281
햇무리 (暈)	1,191
천둥 (雷電)	502
지진 (地震)	490
우박 (雹)	453
큰 비 · 홍수	256
큰 바람 (大風)	221
가뭄 (旱)	214
혜성 (彗)	206
서리 (霜)	174
별똥별 (流星)	173
이상한 구름	157
안개 (霧)	150
달의 항성 침범(月犯恒星)	137
벼락 (震, 震死)	133
별의 행성 접근(五緯掩犯恒星)	125
벌레 (蟲異)	104
전염병 (癘疫)	92

메뚜기 · 황충 (蝗)	88
세 쌍둥이 (生産異)	73
새 (禽)	72
화재 (火災)	70
월식 (月食)	68
눈 이상 (雪異, 大雪)	67
일식 (日食)	55
목빙 · 목가 (木氷, 木稼)	55
흰 꿩 (白雉)	47
이상한 따뜻함 (溫異)	46
바닷물 이상 (海異, 潮水異)	46
달의 이상 현상 (月變)	46
유언비어 (訛言, 妖言)	42
무지개 (虹)	41
달의 행성접근 (月掩犯五緯)	38
초목의 이상 (草木異)	36
산의 이상 (山異)	32
바위와 돌의 이상 (石異)	31
비의 이상 (雨土 등)	28
소 (牛)	25
이상한 추위 (寒異)	24
광물 (鑛物)	24
닭 (鷄)	22
물고기 (魚)	18
감로 (甘露)	15
행성의 상호 접근 (五緯掩犯)	13
별의 이상 (星變)	13
곡식의 이상 (穀異)	11
말 (馬)	11
해의 이상현상 (日變)	10
겨울에 얼음이 얼지 않음	9
우물 이상 (井異)	9
호랑이 (虎)	9
하늘 이상 (天變)	7
땅이 찢어짐 (地裂, 地陷)	7
낮이 어두움 (日昏, 晝晦)	6

시냇물 · 호수의 이상 (川澤異)	6
건물의 이상 (宮室異)	6
노루와 사슴 (獐鹿)	6
요상스런 일 (妖)	5
여우 (狐)	5
개 (犬, 狗)	5
표범 (豹)	4
객성 (客星)	3
강의 이상 (江河異)	3
용 (龍)	2
기형아 (畸形兒)	2
눈이 오지 않음 (겨울)	1
동요 (童謠)	1
개구리 (蛙)	1
벌 · 나비 (蜂 · 蝶)	1
곰 (熊)	1
고양이 (猫)	1
흑점 (黑點)	1
귀신 (鬼)	1
기타 잡변이 (雜異)	34

이상 정리해 본 조선초의 자연현상 기록은 그 빈도가 오늘 우리 눈으로 볼 때 그 들쭉날쭉이 심하다는 것을 당장 느끼게 된다. 그것은 자연현상을 자연현상 그 자체 때문에 관심을 가졌던 것이 아니라 자연의 이상현상이 갖는 재이적 의미를 중시했기 때문에, 재이로서 관찰 기록했기 때문이다.

그 가운데 가장 빈도가 높은 '별이 낮에 보임'과 햇무리 등은 재이로서의 성격을 뚜렷하게 보여준다. 다른 자연의 이상 중 실제 피해를 주는 것들이 있음에도 불구하고, 이들 빈도가 가장 높은 두 가지 재이는 오히려 일반에게 직접 피해를 주지는 않는 자연의 이상현상이다. 별이 낮에 보였다는 기록은 주로 금성(또는 당시 표현으로는 太白)이 낮에 보인다는 의미이다. 또 햇무리란 해의 둘레에 여러 가지 색깔의 흔적이 보이는 일체의 현상을 가리킨다. 이들 자연현상은 주로 해의 정상적인 밝음을 저해하는 요소로 여겨졌기 때문에 중시되었고, 그래서 관측 기록되었다. 해의 밝음이란 임금이 영명함을 나타내어, 만약 자연에서 해가 밝기를 잃게 되면 그것은 임금의 밝음에 위협 요소가 있음을 상징한다고 여겨졌기 때문에 열심히 관측 기록했던 것을 알 수 있다. 이 밖에도 해의 밝음을 저해하는 자연현상으로는 일식이나 그 밖의 일변, 그리고 낮에 어두워졌다는 기록 등도 있지만, 그 빈도는 그리 많지 않다. 특히 일식의 경우는 고려초까지는 이미 우리 나라에서도 독자적 예보가 가능해졌기 때문에 조선초에 와서는 그리 심각한 재이라고는 여겨지지 않았던 것으로 보인다.[2] 오히려 비교적 자주 나타났던 금성이 낮에 보이는 현상과 햇무리가 이런 정치적 해석에 많이 이용되었다. 또 그런 정치적 필요성 때문에 열심히 관측되고 기록되었던 것이다.

물론 이런 재이 가운데에는 실제적 피해가 많은 것들도 있었다. 가뭄은 가장 대표적인 예가 된다. 그 밖에도 홍수·바람·우박·메뚜기나 그 밖의 해충 등이 농사에 지장을 주는 자연 재이었고, 계절에 맞지 않는 이상한 더위와 추위도 농사에 해로운 일이었다. 자연히 이런 실질적 피해를 주는 재이에도 관심이 있었고, 또 기록되었다. 또 흰 꿩이나 甘露 같은 상서로운 자연 기록도 들어 있다. 이들 여러 가지 재이 가운데 가장 실질적 피해가 큰 가뭄 현상을 통해 조선 초기의 재이에 대한 생각을 정리해 보자.

(1) 가뭄으로 본 재이

다른 자연현상이 통제가 원천적으로 불가능한 자연현상인 것과는 달리 가뭄은 사람들의 노력으로 어느 정도 극복될 수 있다는 생각을 가졌던 것으로 보인다. 물론 이보다 더 중요한 사실은 다른 재이가 실질적 피해가 없어서 그저 조심하는 태도나 갖고 있으면 되겠다는 것과 달리 가뭄은 농민에게 심각한 피해를 직접 주기 때문에 더욱 적극적 관심을 보인 것도 사실이다.

그런데 가뭄에 대한 기록을 살펴보면 우선 흥미 있는 사실은 조선초의 임금 10명 가운데 가뭄으로부터 비교적 자유로웠던 왕은 세조와 연산군 둘뿐이라는 사실이다. 《조선왕조실록》에 가뭄이 없던 것으로 기록된 햇수가 세조의 경우는 재위 14년 가운데 4년이나 차지하고 있고, 연산군의 경우는 재위

---

2) 박성래, 〈한국과학사상사〉(《과학사상》 4, 1992), 231~240쪽.

12년 가운데 5년이나 차지하고 있다. 그런가 하면 다른 임금들의 경우는 가뭄이 없던 해는 한 해도 없다시피 하였다. 세종의 경우는 재위 32년 가운데 단 1년만 가뭄 걱정 없이 지낸 것으로 드러났고, 성종은 재위 25년 가운데 2년만이 가뭄에서 해방된 해였다.3)

가뭄이라는 자연현상에 대해 조선초의 반응은 구체적으로 어떻게 나타났던가. 이 반응은 당시의 자연관의 중요한 한 부분을 살피는 데 크게 도움이 될 것으로 보인다. 지금 우리들과는 달리 당시에는 수리사업을 적극적으로 벌여 물 부족을 해결하려는 의지나 노력은 그리 크게 나타나지 않았다. 예를 들면 水車의 개발 노력 같은 것이 얼마나 효과적이지 못했던가를 살펴보아도 이를 짐작할 수 있다. 그 대신 비를 빌어 보려는 노력만은 여러 가지로 진행되었다. 당시의 祈雨 형태를 몇 가지로 구분하여 살펴보면 다음과 같다.

가. 원단 기우

하늘에 직접 제사를 지내는 圓壇을 언제부터 만들어 놓고 가뭄 같은 위기에 하늘에 비는 방식을 사용했던가는 확실하지 않지만 대략 고려 성종 때까지는 圜丘 제천 방식이 확립되어 사용되어 왔다. 조선초의 원단 또는 원구 기우제는 이런 전통의 계승이었다. 조선초에는 중국이 아닌 조선에서 임금이 하늘에 직접 호소하는 제도를 운영하는 것이 옳지 않다는 여론이 자주 나왔지만, 태종 때까지는 대체로 그대로 지속되었다. 태종은 禮에 벗어난다는 이유로 잠깐 그만 두었던 원단 기우를 동왕 16년(1416)에 가뭄이 아주 심해지자 다시 실시하였다. 주로 당시 예문제학 卞季良의 주장을 따른 것으로 판단된다. 즉 변계량에 의하면 조선은 중국 천자의 책봉을 받아 존재하는 것이 아니라 단군 이래 직접 천명을 받아 오는 나라라는 것이었다. 다행히 그 때의 원단 기우는 당장 효과가 있어서 기우제를 지낸 결과 큰 비가 내렸다.4)

세종대에도 초기에는 여전히 원단 기우가 실시되었다. 그러나 세종 9년(1427)을 마지막으로 원단 기우 방식은 시행되지 않은 것으로 보인다. 그 이유의 하나는 강력한 원단 기우 주장의 사상적 배경이 되었던 당대의 학자

3) 朴星來, 〈韓國史上의 가뭄〉(《한국문화의 제문제》, 국제문화재단, 1981), 131~155쪽.
4) 《太宗實錄》 권 31, 태종 16년 6월 신유·정묘.

변계량이 세종 12년에 죽었기 때문인지도 모른다. 세종은 21년, 25년, 26년, 31년에 계속해서 원단 기우제의 건의를 거부했다. 특히 이들 건의에는 당대의 대표적 고관이었던 金宗瑞·黃喜 등이 나섰고, 예조가 직접 나서서 건의했던 것을 세종이 거부한 경우도 있다.[5] 세종이 독자적 학문성숙과 함께 이런 문제에 대해 스스로 판단하고 시행하는 모습을 알 수 있다. 원단 기우는 대체로 세종 이후 시행되지 않은 것으로 보인다.

나. 불교식 기우

원단 기우제가 중국에 대한 관계에서 세종에 의해 거부된 경우라면, 불교식 기우는 고려 때부터 널리 시행되던 관행이 역시 조선초의 배불 경향과 함께 쇠퇴하는 모습을 볼 수 있다. 조선초에는 고려 이후의 관행에 따라 서울 시내에 있던 興天寺·圓覺寺 등에 많은 승려들을 모아 놓고 경을 읽고 기도하는 방식으로 기우제를 지냈다. 그러나 이미 단속적으로 나타나고 있던 불교식 기우에 대한 반대는 성종 때에 더욱 심해졌다. 성종 13년(1482) 홍천사에서 기우제를 지낸 뒤 비가 내려 임금이 기우제에 참가했던 승려들에게 상을 내리려 하자 홍문관 등이 반대의 소리를 높이고 나섰다. 기우가 끝나고 비가 내린 것은 임금의 정성에 대한 반응이었지 승려들의 덕택은 아니라는 것이었다.

성종 16년에는 홍천사와 원각사에서 지내려던 기우제가 신하들의 강력한 반대에 부딪히기도 했다. 불교식 기우제는 그 후에도 아주 없어지지는 않았지만 점차 궁지로 몰린 것으로 보인다. 그러나 《조선왕조실록》에 기록된 내용이 당시 그대로 사실이었다고는 말하기 어렵다. 역사를 기술한 사관들의 경우 불교를 배척하고 있었지만, 그들도 개인적으로는 불교의 종교성에 기울어진 수가 많았고, 특히 왕실은 내부적으로 불교의 강한 영향 아래 있었던 것이 사실이기 때문이다.[6]

다. 무격에 의한 기우와 도교적 기우

무당과 판수를 불러 모아놓고 지내는 기우제는 조선초에 가장 널리 이용

---

5) 朴星來, 앞의 글(1981), 141~142쪽.
6) 朴星來, 위의 글, 142~143쪽.

된 방법의 하나였다. 조선초에는 國巫堂이란 기구까지 있어서 이것이 기우를 담당했던 것으로 보인다. 그러나 유교의 영향력이 강해지면서 이 방식 또한 시련을 받기 마련이었다. 성종 13년(1482)에 '聚巫禱雨'를 없애라는 요구가 일어난 것은 그런 예의 하나였다. 그리고 실제로 성종대 이후에는 무당을 모아 기우제를 지내는 일이 줄어들었다. 그러나 정부에서 공식적으로 시행하는 무당에 의한 기우제는 사라져 가고 있었으나 민간에서 시행하는 무당의 기우제는 20세기초까지도 상당히 널리 시행되었다.

고려 때부터의 도교적 영향도 역시 조선 초기에는 상당히 강하게 미치고 있었다. 무술적 전통과 도교적 전통을 함께 보여주는 대표적 기우제 사건으로는 태조대에 활약한 文可學의 경우를 들 수가 있다. 태종 2년(1402) 비 올 것을 미리 예보하여 임금으로부터 상을 받은 문가학은 그 후 4년 동안은 어느 정도 효과있는 기우 전문가로 활동하였는데, 태종 6년 11월에는 요망한 사람이라는 판정을 받고 그의 추종자 여러 명과 함께 처형당하고 말았다. 그는 진주 사람으로 太一 산법을 배워 비가 올 것을 미리 알 수 있었고, 그 재주가 임금의 인정을 받아 書雲觀 직원으로 일하게 되었다. 그러나 그의 예언이 적중하지 않게 되자 좌천되어 개성에서 근무하다가 무리를 이끌어 大事를 꾀하려 했다고 한다.[7)]

문가학은 도교뿐 아니라 불교 경전에 대해서도 아는 것이 있는 것처럼 그의 추종자들에게 말한 것으로 되어 있다. 비가 오는 이치를 불교와 도교 모두를 인용하면서 설명했던 것으로 보인다. 물론 도교의 공식 기관으로 조선초에는 아직 昭格署가 있었고, 이 기관에서는 가뭄 때 기우를 위한 醮祭가 행해졌다. 중종 13년(1518) 趙光祖의 극렬한 배격운동으로 소격서는 일단 폐지되었다가 그 후 다시 복구되었지만 기우초는 그 후에는 그리 중요한 몫을 하지 못한 것으로 보인다.

라. 음양오행설에 따른 기우

조선초에 행해진 가장 흥미있는 기우 방식으로는 陰陽五行 사상과 관련된 여러 가지를 예로 들 수 있다. 항아리에 물을 담고 그 안에 도롱뇽(석장)을

7) 《太宗實錄》 권 12, 태종 6년 11월 신미 · 12월 경자.

넣고 비오기를 비는 방식은 조선초부터 계속되었다. 이것은 태종 7년 6월 대궐 안의 廣延樓 아래에서 처음으로 실시되었는데 푸른 옷을 입은 남자 어린이 20명이 버들가지를 들고 "도롱뇽아, 도롱뇽아, 구름을 일으키고 안개를 토하여 비를 오게 해라. 그러면 너를 놓아 보낼 것이니라"고 노래했다. 그 후 도롱뇽 기우제는 점점 규모가 커져서 예종 원년(1469)에는 청의동자가 100명으로 불어났다.

도롱뇽이 기우제에 동원되는 이치는 그것이 비를 몰고 다닌다고 여겨지는 동물인 龍과 비슷하다는 이유 때문이다. 물론 용을 직접 사용하는 기우 방법도 널리 사용되었다. 용의 그림을 그리거나 흙으로 용 모양을 빚어서 기우의식에 사용한 경우이다. 같은 맥락에서 五方의 龍神에게 기우를 비는 제사를 하는 일도 많았다. 동서남북에는 각기 청룡·백룡·적룡·흑룡을 만들어 섬기고, 중앙인 서울의 鐘樓 거리에는 황룡을 만들어 담당관에게 3일 동안 기우제를 지내게 하는 방식이 그것이다. 또 楮子島에서는 용제를 지내고 《龍王經》을 읽게 했다.

보다 본격적인 음양사상에 따른 기우 방식으로는 다음과 같은 여러 가지가 실시되었다. 성종 때 成俔이 소개한 바에 의하면 조선초 기우를 위한 조치 가운데에는 저자를 남쪽길로 옮기고, 서울의 남쪽 성문인 崇禮門을 닫고, 북쪽 성문인 肅靖門을 열어 두는 등의 일이 있었다. 또한 시각을 알리는 데도 종래의 북을 치는 방식 대신에 종을 쳤다. 이는 가뭄이란 陽이 너무 성해서 일어나는 것이므로 陰을 북돋겠다는 뜻에서 나온 것이다.[8)]

예를 들면 세종 7년(1425) 예조의 보고에 따라 성 안팎에서 시각을 알리는데 북 대신 종을 치도록 한 일이 있다. 음양사상에서 나온 기우의 방법으로 기이한 경우는 태종 때부터 시행된 궁녀의 외출 등을 들 수 있다. 태종 14년 한발이 극심해지자 당시의 세자가 임금에게 궁녀들에게 자유로운 시간을 주자고 건의했다. 혹시 오랫동안 대궐 안에만 갇혀 살아야 하는 궁녀들의 원망이 음기를 억압하는 효과를 내어 비가 내리지 않는지 모르겠다는 생각에서였다. 그의 주장에 의하면 이를 해결하기 위해서는 궁녀들을 번갈아 입시케 하

---

8) 成俔, 《慵齋叢話》 권 7.

여 남녀의 정을 다하게 한다면 和氣를 일으켜 가뭄의 재앙을 면할 수도 있을 것이라는 생각이었다. 태종은 세자의 건의를 받아들여 궁녀들을 3반으로 나눠 이를 즉각 실시했다고 한다. 또 궁안의 여성들에게 특별 휴가를 주어 외출을 허가했다. 비슷한 조치는 세종 때에도 시행되었음을 확인할 수 있다.9)

자연현상 가운데 가뭄이란 오늘 우리들에게는 꼭 자연현상만이라 할 수도 없다. 그것은 관개시설을 어떻게 하느냐에 따라, 또는 홍수나 가뭄에 대비한 배수시설이나 저수지 등을 어떻게 준비하느냐에 따라 크게 달라질 것이기 때문이다. 그러나 조선초의 사회에서는 이런 인위적인 방법에 의한 가뭄과 홍수의 극복은 그리 심각하게 논의되지 않았다. 그것은 주로 자연현상, 즉 하늘이 내리는 현상으로 인간은 그저 주는 대로 받아들일 수밖에 없는 것처럼 여겨졌다. 그리고 그에 대한 이해는 재이론적 수준에 머물고 있었던 것이다.

(2) 그 밖의 재이 몇 가지

마찬가지로 수많은 자연현상이 모두 이렇게 여겨졌다. 하늘의 현상으로 해와 달·별들에 대한 이상현상이 기록되고, 가뭄도 포함한 그 밖의 많은 이상현상들은 땅의 이상으로, 그리고 또 많은 현상이 인간에 대한 이상현상으로 기록되었다. 땅이나 인간의 이상은 당장 인간에게 그 의미가 크든 작든 있을 수 있지만, 하늘에 관한 이상의 경우는 대체로 지금 우리들이 보기에는 그저 단순한 점성술에 지나지 않는다. 그러나 바로 이 부분에 대한 기록이 앞의 통계에서 곧 알 수 있는 것처럼 압도적으로 많다. 하늘의 이상이 가장 많고, 그 다음이 땅의 이상기록이며, 인간에 얽힌 이상기록이란 극히 적은 수에 머물고 있을 뿐이다. 그야말로 천-지-인의 三才라 부르던 바로 그 순서라 하겠다.

하늘에서 일어나는 이상현상을 하나 예로 들어 보자면 流星을 들 수 있다. 세종대의 대표적 천문학자 李純之가 펴낸《天文類抄》에는 유성이 하늘의 심부름꾼이라 적혀 있다. 별이 크면 큰 일을, 작으면 작은 일을 맡은 것이라고 되어 있다. 그 밖에도 여러 경우를 들어 상세한 설명이 있는데, 모

9) 朴星來, 앞의 글(1981), 149~150쪽.

두 유성의 크기와 밝기 등을 근거로 하는 설명이다.10) 유성은 자연 속의 여러 이상현상 가운데 그리 중대한 것으로는 여겨지지 않았다. 조선 후기의 정황을 보여주는 것이기는 하지만 《書雲觀志》에 의하면 유성은 다른 여러 가지 천문현상과 함께 일괄적으로 모아 보고하게 되어 있을 정도이다.

그럼에도 불구하고 조선초에는 유성을 관측하지 못한 죄목으로 처벌을 받은 천문관도 있었다. 태종 6년(1406) 정월에 유성을 관찰하지 못한 서운관 관리 한 사람을 순금사에 하옥시켜 장 60을 때린 후 파직했다는 기록도 있다. 그러나 이 기록은 꼭 유성을 중시해서라기 보다는 천문관의 근무태만에 대한 처벌이었다고 생각된다. 연산군은 11년(1505)에 유성의 경우는 아예 관찰해 보고할 필요조차 없다고 선언했을 정도이다. 유성이 그래도 역사 기록에 남는 경우는 아무래도 그 정치적 의미를 강조했을 경우로 보인다. 명종 15년(1560) 8월 1일 밤 7개의 유성과 1개의 飛星이 관찰되었다. 또 이어서 4경과 5경에는 유성과 비성이 사방에서 비오듯 했다. 이를 기록한 《明宗實錄》에는 史臣의 논평도 붙여져 있는데, 유성이란 백성이 떠나고 흩어지는 조짐이니 임금은 이런 비상시를 당하여 일대 각성해야 할 것이라는 내용이다.

유성은 조선시대를 통하여 역시 정치적 의미가 강한 재이로 중요했다는 것을 알 수가 있다. 그러나 유성은 서민들 사이에서는 농사의 풍흉을 점치는 조짐으로도 이용되었다. 조선 후기의 글이기는 하지만, 李圭景의 글에 의하면 유성은 그 시작과 흐르는 방향에 따라 비가 올 때와 비오는 정도를 예고하는 것으로 보았다. 즉 유성은 비오는 것을 예측하는 수단으로 이용되었던 것이다.11)

다음은 인간에 관한 이상현상 한 가지만을 예로 더 들어 보자. 이 범주에 속하는 경우로는 위의 통계 가운데 세 쌍둥이·유언비어·동요·불구 등의 예를 들 수 있다. 이 가운데 세 쌍둥이의 경우만을 예로 들어 보자. 조선초 세 쌍둥이 출산에 관한 기록은 73건이나 될 정도로 제법 많다. 그리고 이 경우는 다른 이상현상과는 구별되는 특징을 가지고 있다는 점에서 매우 중요

10) 李純之, 《天文類抄》 下, 流星.
유성에 대한 논의는 박성래, 〈한국과학사상사〉(《과학사상》 13, 1995), 254~269쪽.

11) 李圭景, 《五洲衍文長箋散稿》 권 33, 流星占陰晴辨證說.

하다. 다른 이상현상이 나쁜 것으로 여겨졌던 것과는 달리 이 이상현상은 좋은 것이었다. 말하자면 三産이란 길조로 여겨졌던 것이다. 그리고 길조 가운데에는 이것 말고도 몇 가지 경우가 더 있는데, 舍利·감로·사슴이나 노루 등의 흰 동물·老人星 등이 있다.

세 쌍둥이의 경우는 또한 다른 기록과는 달리 아주 충실한 기록일 수도 있다는 가능성을 보인다. 다른 기록이 여러 가지 이유로 왜곡될 가능성이 높은데 비하여 세 쌍둥이의 경우는 그럴 가능성이 적었다고 생각된다. 세 쌍둥이에 대해서는 삼국시대 이래로 임금이 상을 주게 되어 있었고, 조선시대에도 이 관행이 지켜졌다. 이런 시상이 더욱 그 보고를 확실하게 보장했고, 또 거짓 보고는 어렵게 만들었을 것으로 보인다. 그리고 세 쌍둥이에 대해서만은 거의 정치적 의미를 부여한 기록을 볼 수 없다. 이 또한 왜곡되지 않은 이상현상의 가능성을 높게 보여준다.

그러나 다른 한편으로는 세 쌍둥이가 이렇게 상당수 기록되고 있고 시상하고 있건만 그 원인이나 그에 따른 의학상의 문제 등에 대해 논의한 흔적은 찾아볼 수 없다. 고려 때까지는 세 쌍둥이를 낳은 집에는 때로는 200석까지의 제법 많은 곡식을 상으로 내렸다고 한다. 그러나 조선초에 이르면 그 시상액이 상당히 줄었다. 중종 때에는 아예 임금의 직접 시상은 없어지고 지방 수령이 시상을 맡았던 것으로 보인다.

여하튼 이 경사스러운 이상현상에 대해 세종 13년(1431) 7월 궁중에서 있었던 세종과 신하들 사이의 논란은 흥미있다. 초계군에 사는 私婢가 "남자 세 쌍둥이를 낳았는데, 그 가운데 둘이 바로 죽었다"고 경상도감사가 보고해 왔다. 이에 대해 代言司는, "남자 세 쌍둥이의 경우 쌀 10석을 주지만, 그 가운데 둘이 죽었을 경우는 쌀을 내려준 예가 없다"고 아뢰었다. 이에 대해 세종은 "옛 사람 이야기로는 남자 세 쌍둥이 가운데 현명한 사람이 많다는데, 비록 이 여자의 경우 둘이 죽었다지만 쌀을 주는 것이 옳지 않은가"라고 물으면서 예조에 검토를 지시했고, 예조가 이 경우는 반만 지급하자고 건의하자 임금은 이에 따라 5석을 내렸다.[12]

---

12) 《世宗實錄》 권 52, 세종 13년 7월 정묘.

정종 원년(1399) 8월에는 경상도의 계림과 함양에서 세 쌍둥이를 낳았다는 보고가 있었다. 두 경우 모두 남자 쌍둥이들로 되어 있는데, 서운관의 조사에 의하면 이는 태평을 뜻하며, 또 어떤 설에 의하면 3년 이내에 외국에서 조공이 올 것이라고도 하였다.[13)]

연산군 8년(1502) 4월에는 강원도감사가 강릉에서 2남 1녀가 태어난 것을 보고하고, 이에 대해 곡식(미두)을 내렸다. 그러나 연산군은 이 문제에 대해 이는 '怪變'일 뿐인데 어찌 곡식을 내리느냐고 의문을 제기했다. 조사하라는 임금의 지시에 따라 예조는 조사 결과 곡식을 내리는 이치는 밝히기 어려우나 애들 기르기 어려운 것을 돕기 위한 것이라고 설명했다. 이에 연산군은 더 이상 문제 삼지는 않았던 것으로 보인다.[14)]

이와 같이 정종대의 세 쌍둥이 해석에서 1세기가 지난 연산군대의 해석까지에는 어느 정도 상황이 바뀌어 상당히 합리적인 태도로 변한 것을 느낄 수 있다. 다만 세 쌍둥이라는 인체의 작용에서 오는 이상한 현상에 대해 별다른 의학적 내지는 과학적 성찰은 보이지 않는다.

이미 지적한 것처럼 조선초의 세 쌍둥이 기록은 일종의 상서로운 자연변화로 받아들여졌던 것이다. 마찬가지로 상서로운 경우로는 그 밖에도 여러 가지가 있는데, 이들 모든 상서는 점점 그 중요성을 잃어갔다. 그리고 이들이 왜 중요성을 잃어갔는지는 조선사회가 유교화해 가는 과정과 관련이 있다. 이 부분은 다음의 유교적 자연관을 다루면서 살펴보고자 한다.

2) 풍수지리로 본 자연관

(1) 한양 천도의 논리

고려의 멸망과 함께 조선왕조를 개창한 李成桂는 제일 먼저 국도를 송악으로부터 다른 곳으로 옮기려는 데 유다른 집착을 보였다. 이는 깊은 풍수지리 및 도참사상에서 유래한 것임이 분명하다.[15)] 이성계는 새로 왕조를 세우

13) 《定宗實錄》 권 2, 정종 원년 8월 계미.
14) 《燕山君日記》 권 43, 연산군 8년 4월 무신·임자.
15) 李丙燾, 《高麗時代의 硏究》(乙酉文化社, 1948), 394쪽.

고 그에 맞는 새로운 도읍지를 찾으려 했던 것이다. 그 첫 후보지는 이미 고려 때 남경으로 지정되어 그에 합당한 궁궐까지 세워져 있던 한양, 즉 지금의 서울이었다. 그러나 남쪽 지방에 출장갔던 政堂文學 權仲和가 계룡산 도읍도를 바치자 태조는 마음이 크게 동요하기 시작한 것으로 보인다. 권중화는 태조 2년(1393) 정월 2일에 임금에게 보고하면서 전라도 珍同縣에 吉地를 얻었다면서 그 곳의 산수형세도를 바치고 그와 함께 〈계룡산도읍도〉를 바쳤다.[16] 왕실의 태실을 조사하러 전년 11월 지방에 갔던 권중화가 과연 태조에게서 무슨 다른 임무를 얻어 가지고 이런 추가보고를 낸 것인지는 확실하지 않다. 또 《태조실록》에는 마치 계룡산 도읍도가 겸하여 제출된 것으로 기록되고 있지만 진동현 그림이 단순히 '산수형세도'로 되어 있었던데 비해 계룡산의 것은 아예 '도읍도'라 표시되었다면, 이것 또한 어떤 의미가 있는 일이었을지도 생각해 볼 문제인 것 같다.

태조는 이 보고를 받고 2주일 뒤인 정월 19일 신하들을 거느리고 계룡산 답사에 나섰다. 2월 8일 도착하여 5일이나 머물며 그는 이미 이곳으로 천도할 결심을 굳힌 것으로 보인다. 그러나 3월부터 시작된 공사는 그리 순조롭게 진행되지 못했다. 그리고 그 해 12월 계룡산으로의 천도계획은 갑자기 중단되었는데 그 계기가 된 것은 경기도관찰사 河崙의 반대 때문이라고 밝혀져 있다. 하륜이 계룡산 천도를 반대한 이유로는 두 가지가 거론되었다. 즉 계룡산은 나라의 가운데가 아니라 남쪽에 치우쳐 있다는 점이 하나였다. 또 다른 이유로는 계룡산의 풍수조건이 宋의 胡舜申의 이론에 의하면 흉조라는 것이었다. 즉 계룡산의 물 흐르는 방향이 잘못되어 있어서 도읍으로 삼을 수 없다는 결론을 제시한 것이었다.[17]

계룡산 천도계획이 실패로 끝나자 태조는 하륜에게 서운관이 가지고 있던 관계 서적을 주어 도읍의 후보지를 추천하라고 지시했다. 다음에 등장한 후보지는 서울 서쪽의 毋岳이었다. 현재의 延世大學校 일대를 가리킨다. 태조 3년 2월 왕은 이 지역에 고위 관리 11명과 서운관 관원들을 파견하여 실제 답사를 하게 했다. 左侍中 趙浚·정당문학 권중화 등 모두가 이곳이 너무 좁

16) 《太祖實錄》 권 3, 태조 2년 정월 무신.
17) 《太祖實錄》 권 4, 태조 2년 12월 임오.

아 도읍하기에는 알맞지 않다는 의견을 냈지만, 유독 하륜만은 무악의 명당설을 강하게 주장하고 나섰다. 반년 뒤인 그 해 8월 태조는 몸소 신하들과 함께 현장답사에 나섰지만 하륜을 제외한 모든 신하들과 지리학자들이 적당치 않다고 판단했다.

송악을 제외하고는 남경이 가장 길하다는 것이 풍수가를 비롯한 대부분의 의견이었고, 결국 태조는 이 다수 의견에 굴복하여 한양을 후보지로 정할 수밖에 없었다. 돌아오는 길에 한양에 들른 그는 한양도 그리 나쁘지 않다는 사실을 스스로 확인했고, 9월에는 궁궐 건설을 담당할 도감을 설치하기에 이르렀다.

태조는 원래 전혀 새로운 도읍지를 찾아 궁궐을 새로 지으려 했고, 처음에는 권중화에게 다음으로는 하륜을 시켜 새 도읍 후보지를 찾아 추천하게 했던 것으로 보인다. 그러나 계룡산 천도계획이 무산되면서 모든 사람이 기뻐했다고 《태조실록》이 전하는 것처럼 새 서울을 건설한다는 것은 경제적으로 엄청난 부담일 뿐 아니라 관리들과 백성들 모두에게 이만저만 어려운 일이 아니었다.

풍수설이 중심이라기 보다는 그 위에 더 중요한 현실론이 지배하는 상황이었던 것으로 보인다. 오늘의 우리가 생각하는 과학의 단계에 있지 않았던 이론이었기 때문에, 당시의 풍수지리설은 풍수가마다 의견이 달라 이런 결말이 될 수밖에 없었던 것이다.

(2) 태종의 음양지리

태조가 새 서울을 정하기 위해 풍수설에 상당히 집착하는 모습을 보여준 것과는 대조적으로 태종은 풍수설 등을 포함한 邪說을 정리하려는 의지를 보였다. 태조의 새 서울 결정 문제에서 드러난 것처럼 이미 풍수설은 모호성을 충분히 드러냈을 뿐 아니라 풍수가마다 다른 이론을 내세우고 각각 다른 주장을 하고 있었기 때문에 태종은 이를 정리할 필요성을 느꼈던 것으로 보인다. 게다가 풍수설은 당연히 도참설과 손을 잡고 왕조의 쇠왕을 예언하는 등의 위협으로 작용할 수가 있었기 때문에 이를 정리할 필요성을 느꼈을 것이다.

특히 이미 조선초에는 지식층 사이에 고려 때까지 지나치게 풍수설과 도참설이 강하게 작용한 데에 대한 반성이 있었던 것으로 보인다. 예를 들면 태조가 홀로 새 서울의 자리를 잡으려고 집착하고 있을 때에도 서운관의 지관 劉旱雨 같은 사람은 풍수와 도참은 전혀 다른 것이라는 태도를 보여주고 있다. 태조가 군신을 거느리고 무악에 현장답사를 갔을 때인 동왕 3년(1394) 8월의 일이다. 현장을 둘러 본 군신들은 무악을 적당한 새 서울 자리라고 인정하지 않았다. 다급해진 태조는 書雲副正 유한우를 불러 "정말로 여기가 서울로 알맞지 않은가"라고 다그쳤으나 유한우는 안되겠다고 단호히 말했다. 이에 임금이 그렇다면 다른 곳으로 어디가 좋으냐고 묻고 송도지기의 쇠왕설을 듣지 못했느냐고 따졌다. 이에 대해 유한우는 "이는 도참설인데, 신은 다만 지리를 배웠을 뿐이지 도참은 알지 못합니다"라고 대답했다.[18)]

왕자의 난으로 새 왕조의 앞길이 불안한 가운데, 자연의 여러 가지 재이까지 겹쳐 정종은 즉위와 함께 다시 개경으로 도읍을 옮기고 말았다. 새 서울에서 불편한 생활에 질린 많은 사람들은 옛 서울로 돌아온 것을 기뻐했다. 그러나 개경에서도 골육간의 싸움은 계속되었고, 그 결과 태종이 정종 2년(1400) 11월에 즉위했으나 12월에는 壽昌宮에 화재가 나는 등의 불행이 그칠 줄 몰랐다. 서울을 다시 옮겨야겠다는 생각이 나게 된 것은 이런 상황 속에서였다.

당시 인심이 아주 흉흉하고 풍수·도참 등의 온갖 술수가 널리 입에 오르내리고 있었던 것은 자연스런 일이었다. 연말에 태종은 드디어 술수에 관한 서적을 금하라고 명하고, 한양으로 다시 도읍을 옮기는 문제를 상의하기 시작했다.[19)]

태종은 문신 10여 인에게 서운관에 비밀 수장되어 있는 서적들을 참고해서 천도의 이해를 따져 보고하라고 지시했다. 이 자리에서 태종은 지금 참위술수의 책들은 종잡기 어려울 정도로 혼란스럽고 그래서 더욱 인심을 어지럽힌다면서 이를 어쩌면 좋으냐고 물었고, 이에 대해 대신들의 의견은 이를 따를 것 없다는 것이었다. 당시의 논란은 분분했고, 하륜은 다시 무악으로 천도할 것을 건의했다.

18)《太祖實錄》권 6, 태조 3년 8월 무인.
19)《定宗實錄》권 6, 정종 2년 12월 임자.

또 이 자리에서 태종은 구태여 부왕이 새로 만든 서울을 버리고 새삼 새 도읍을 건설하여 백성을 힘들게 할 필요가 있느냐고 말하였으나 논란 끝에 천도 문제가 현안으로 부각되었다. 이 때 그 단서를 제공한 것은 하륜의 무악으로 옮기자는 상서였다. 태종 4년(1404) 9월 하륜이 다시 지리도참서를 참고해서 주장했던 옛 주장을 다시 들고 나와 무악으로 천도할 것을 건의하자 태종은 몸소 현장답사를 감행하기로 결정하였다. 그리고 10월 4일 현장에 도착한 태종 일행은 조사를 마치고 각각 의견을 발표하게 되었다.[20]

그런데 무악과 한양 가운데 어느 곳이 더 좋은지 숨기지 말고 의견을 말하라는 임금의 지시에 자기 의견을 밝힌 사람은 지리학자들 뿐이었다. 《太宗實錄》에는 당시의 대표적 풍수가인 尹莘達·閔中理·劉旱雨·李陽達·李良 등의 이름과 의견만이 기록되어 있다.

이 가운데 윤신달만이 무악을 지지하고 나섰을 뿐, 나머지는 대체로 무악이 좋지 않다는 의견이었고, 한양 또한 마땅치 않다는 의견이었다. 특이한 점은 이 기록에는 당시 함께 있었던 대신이나 언관 등이 아무 반응도 나타내지 않은 것처럼 되어 있다는 사실이다. 태종은 한양이 적당하지 않다면서 왜 태조가 한양을 건설할 때는 아무 말도 하지 않았느냐고 따지면서, 어떻게 한양에 도읍을 세우게 되었느냐고 趙浚에게 물었다. 이에 대해 조준은 "신은 지리를 모른다"고 응대한 것으로 되어 있다.

결국 서울을 어디로 결정할 것인가를 두고 태종은 그 이틀 뒤 한양에 세워 놓은 종묘에 행차하여 동전을 던져 점을 쳐서 도읍지를 결정하게 되었다.[21] 태종은 자기가 송도에 있는 동안 재변이 많았고, 그 때문에 신하들의 의견을 물은 즉 新都로 다시 옮기자는 의견이 많았으나, 신도에서 역시 변고가 많았었다고 회고했다. 결국 도읍이 정해지지 않아 인심 역시 안정을 얻지 못하니, 신도·송도·무악 세 후보지 가운데 점을 쳐서 결정하겠노라고 선언한 것이다. 점괘에 따라 새 도읍이 결정되면 이론을 달지 않기로 하자면서 임금은 동전을 던지게 했다. 그 결과는 신도가 2길 1흉, 송도와 무악은 각기 2흉 1길이라는 결과가 나왔다. 실제로 신도 한양으로의 이사는 태종 5년

20) 《太宗實錄》 권 8, 태종 4년 10월 임신.
21) 《太宗實錄》 권 8, 태종 4년 10월 갑술.

(1405) 10월 시행되었다. 태종 자신이 신도·송도·무악 가운데 어디를 더 좋은 곳으로 여겼던가는 확실히 알 길이 없다. 그러나 지금의 서울로 도읍을 확정하기까지에는 많은 반대를 물리치고 시간이 걸렸다는 것만은 잘 알 수 있다. 당시의 지배적 사상으로 풍수지리학과 도참사상이 강하게 연계되어 있었기 때문이다. 이미 태조가 갖고 있던 새 도읍을 정해야겠다는 강박관념은 태종에게도 어느 정도 전파되어 남아 있었던 것을 알 수 있다. 게다가 태상왕으로 살아있던 태조는 자기가 지은 새 도읍으로 돌아갈 것을 바라고 있었다. 태종으로서는 도읍을 신도로 확정함으로써 자기 집권 과정에서 많은 고통을 받은 자기 아버지에게 효도하는 기회를 얻을 수도 있는 일이었다.

그러나 일단 도읍이 결정되자 태종은 음양술수에 관한 허황된 부분에 대해서는 강력한 반발을 보였다. 태종 17년 6월 강계에서 무녀 2명이 妖言 사건으로 처형될 경우 감등해서 처벌하라고 지시한 태종은 "나는 참위에 관한 책을 믿지 않은 지 오래이다"라면서 구체적 예를 들어 말하였다. 이어 "종묘사직의 화복과 길고 짧음이 어찌 이로써 알 수 있으리오"라고 하고, 일찍이 서운관에 이따위 책들을 모두 불태워 버리라고 명했는데 어찌 되었느냐고 채근하였다.[22)]

이어 같은 해 11월에는 참서를 금하는 교서를 내렸다. 참위술수는 혹세무민의 원천이어서 이미 서운관에 불태우라는 지시를 했으나, 혹시 아직 개인이 가지고 있는 이런 서적이 있다면 내년 정월까지 자진해 바쳐 태우도록 하고, 만약 그렇지 않을 경우 이를 고발한 사람에게는 그 죄인의 재산으로 상을 주겠다는 내용이었다.[23)]

실제로 그해 12월 서운관은 소장하고 있던 참서 2상자를 불태워 버렸다. 소장된 음양서 가운데 妖誕不經의 것들을 모두 골라 태워버리라는 왕명을 따른 것이다. 또 이《태종실록》기사에는 "당시 사람들은 전왕조 때의 습관 때문에 陰陽拘忌를 혹신한다"[24)]는 표현이 있다. 이 표현으로 보아 모든 풍수학 책을 태웠다는 뜻은 아닌 것으로 보이지만 특히 고려 때와의 차별화를

22)《太宗實錄》권 33, 태종 17년 6월 경인.
23)《太宗實錄》권 34, 태종 17년 11월 병진.
24)《太宗實錄》권 34, 태종 17년 12월 병신.

강하게 나타내고 있는 점이 눈에 띈다. 새 왕조의 지배층은 고려 때의 지나친 풍수지리 사상을 극복하려는 각오를 가지고 있었고, 태종 자신이 아버지보다 합리적인 풍수사상을 지니려 애쓰고 있었다는 것을 알 수 있다.

이듬해 2월 4일 태종이 끔찍하게 사랑하던 넷째 아들 誠寧大君이 두창으로 14살에 죽자 태종 부부의 슬픔은 나라를 기울일 정도에 이르렀다. 어린 아들의 질병 치료에 온갖 수단을 동원했던 태종이었지만 장례일을 잡는데 지나치게 풍수설에 따라 길일을 고르느라 장의일이 늦춰지자 단호하게 4월 초로 잡을 것을 지시하였다. 그리고 신하들에게 음양지리법은 언제 시작된 것이며, 중국인들도 장지를 고르는데 우리처럼 이에 따르는가 따져 물었다. 이에 대해 신하들의 대답은 중국인들은 그렇지 않다는 것이었다.[25]

(3) 세종대의 논의

조선 초기의 풍수설은 세종대에 景福宮의 명당 여부에 대한 논란으로 다시 큰 화제가 되었다. 원래 한양을 수도로 결정한 과정은 앞에 소개한 것처럼 여러 의견의 대립 끝에 '어쩔 수 없이' 한양을 선택하게 된 점이 있다. 그러나 세종대에 들어와 경복궁의 건설이 풍수지리설의 잘못된 해석으로 이루어졌다면서 명당의 위치를 수정하여 새 명당에 궁궐을 지어야 한다는 논의가 일어났고, 이에 대해 세종이 지대한 관심을 가지고 있었던 것이 확실하다. 많은 논란 끝에 세종의 야심은 결국 수포로 돌아갔지만, 조선초에는 아주 큰 사건이었던 이 사건은 지금은 잘 알려져 있지 않다.[26]

당시 풍수가 崔揚善은 경복궁은 主山을 잘못 정하고 그 아래에 지은 것이라면서 새 명당에 궁궐을 새로 지을 것을 주장하고 나섰다. 경복궁의 북쪽 산이 주산일 수 없다는 것은 남산에 올라 보면 명확하다고 주장하면서 그는 향교동에 이어진 산맥, 즉 당시 承文院 자리가 주산이라고 주장하였다. 주산이란 명당의 주된 뒷산을 가리키는 것으로, 명당의 앞산을 案山 또는 朝山이라 부르는 것과 상응한다. 최양선은 창덕궁을 여기에 옮겨 놓으면 만세의 이익을 얻을 것이라고 주장하고 나선 것이다. 이를 확인하기 위해 세종은 전 청

25) 《太宗實錄》 권 35, 태종 18년 2월 무자.
26) 李丙燾, 앞의 책, 445쪽.

주목사 李蓁를 최양선과 함께 남산에 올라가 조사하라 시켰고 그 결과 이주 역시 같은 의견이라는 보고를 받았다. 이어 세종은 이를 재확인하기 위해 맑은 날 영의정 黃喜와 예조판서, 그리고 당대의 대표적 풍수가들이 모두 남산에 올라가 이를 검토하라고 지시했다. 그러나 세종 15년(1433) 7월 남산에 올라가 관찰한 결과는 최양선·이주·申孝昌 등이 경복궁이 잘못 건축되었다는 주장을 편 데 대해, 李陽達·高仲安·鄭秧 등은 정반대의 주장을 하였다.[27)]

이 가운데 이양달은 이미 한양의 선정 과정에 참여했던 노년의 풍수가였다. 이 부분에서《世宗實錄》에는 이주와 신효창이 출세를 위해 최양선을 부추겨 이런 주장을 하게 하였다고 적고 있고 풍수설을 비판하는 예조좌참판 權蹈의 상소문을 길게 소개하였다. 권도는 孔子나 周公도 일찍이 풍수설을 말한 일이 없다면서 그 허탄함을 강조하였다. 아마 이 상소문은 당대의 대표적 문장으로 꼽힐 만하다고 뒤에 알려졌던 것 같다. 개국공신 權近의 둘째 아들이었던 권도는 뒤에 이름을 權踶로 바꿨는데, 그 이름 아래 이 글은《東文選》에 들어 있을 지경이다.[28)]

그러나 세종의 풍수설에 대한 태도는 대신들의 그것과는 상당히 달라 보인다. 영의정 황희 등이 남산에 올라가 조사한 보고를 그 그림과 함께 받은 세종은 바로 그 다음날 代言들에게 전에 풍수서를 읽어보고 싶었으나 대신들의 말을 듣고 이를 자제한 바 있다면서, "지리설은 비록 모두 믿을 바는 아니지만, 그렇다고 모두 폐할 것도 아니다"라고 하면서, "게다가 조상들이 도읍을 정하고 山陵을 정하는데 모두 지리학을 사용"했음을 들고 있다.[29)]

또 그 후 1주일 쯤 뒤에 권도의 상소문을 읽은 다음 세종은 최양선이 교활하다는 것에 동의하기를 거부하면서, 오히려 자기 전문 분야에 대한 의견을 강하게 가지는 일은 충직한 것이라고까지 칭찬하였다. 세종은 승문원 골짜기가 명당이라는 최양선의 의견은 족히 믿을 만하지는 않으나 자신이 그

27) 《世宗實錄》 권 15, 세종 15년 7월 경신.
28) 《世宗實錄》 권 15, 세종 15년 7월 병인.
徐居正, 《東文選》 권 55, 奏議 請停遷明堂書.
29) 《世宗實錄》 권 61, 세종 15년 7월 신유.

지세를 살펴 그 시비를 가리고 싶다고도 말했다. 세종은 또한 지리 관계 서적 가운데에는 간혹 虛誕한 내용도 있으나 모두 버릴 수는 없다고 하였다. 한 발 더 나아가 세종은 상소를 올린 권도의 경우 자기 아버지 권근을 장사할 때 과연 지리학을 이용하지 않았느냐고 따졌다.

특히 세종은 당시 사람들이 조정에서는 神을 섬기는 일을 금하자면서, 집에서는 신 섬기는 일에 빠져 있는 수가 너무 많다고 지적하였다. 이처럼 임금을 위할 때와 자신을 위할 때가 서로 모순된다는 것이다. 세종의 풍수설에 대한 집착은 그 후 상당히 길게 지속되는 것으로 보인다. 관리들이 최양선의 처벌을 질기게 요구함에도 불구하고 세종은 이를 단호하게 거절했다. 비록 최양선의 주장에 스스로 동의하는 것은 아니라면서도 세종은 나라를 위해 자기 전문지식을 충실하게 제공하는 사람을 처벌하면 앞으로 누가 나라를 위해 지식을 제공하겠느냐는 논리였다. 최양선은 그 후에도 줄기차게 풍수설을 근거로 자기 주장을 몇 가지 각도에서 내세웠고, 그 때마다 처벌 요구가 있었으나 세종은 10년 동안이나 그 요구를 거절했다. 세종 25년 정월 당시 서운관 부정 최양선은 다시 풍수에 관한 자기 주장을 가지고 鄭麟趾 등 상관을 능욕했다 하여 의금부에 갇히게 되었다.[30]

그러나 세종은 최양선이 허황한 주장을 곧잘 한다는 사실을 시인하고, 또 자기는 이를 믿지 않는다면서 이미 앞으로 국가 대사에 나서지 말라고 그에게 지시했음을 밝혔다. 그러나 세종은 그가 다른 마음이 있어 그런 것이 아니라며 진실로 그의 의견이 이렇기 때문에 그 의견을 밝힌 것이니 이를 죄줄 수 없다고 강조하였다. 세종은 역사 어디를 보아도 마음 속의 말을 했다 하여 죄주는 일은 없었다고 단언하고, 또 최양선을 벌한다면 그것은 아랫사람은 윗사람의 말을 거역하지 못하게 하겠다는 뜻인데, 이 어찌 나라를 위해 이익이 되겠느냐고 반문하였다.[31]

최양선을 처벌하라는 여론은 2월 내내 계속되었으나, 세종은 23일 최종적으로 최양선을 벌할 수 없다고 단언하였다.[32] 하지만 바로 그 이듬해 세종

30) 《世宗實錄》 권 99, 세종 25년 정월 병술.
31) 《世宗實錄》 권 99, 세종 25년 2월 무자.
32) 《世宗實錄》 권 99, 세종 25년 2월 기유.

26년(1444) 윤7월 최양선이 다시 허탄한 주장을 내세우자 임금은 승정원에 지시하여 앞으로 다시 국가사에 관여하는 상소를 올리면 처벌하겠다고 본인에게 통고하라고 지시하고, 그의 상소문을 불에 태워버리게 했다.[33)]

세종 일대를 통해 최양선이 이 정도로 임금의 적극적인 두둔을 받고 있었다는 사실은 기이한 느낌을 준다. 세종은 분명히 내심으로 최양선의 주장에 동조하고 있었던 것으로 보인다. 신하들의 강력한 반대로 승문원 자리에 이궁을 건설하지는 못했지만, 세종은 경복궁의 풍수상의 결함을 보충하기 위해 여러 가지 노력을 기울였다. 경복궁의 '明堂無水'라는 비판에 따라 여러 곳에 못을 새로 파고, 또 파려는 시도를 했다. 이 시도 역시 뜻대로 실행되지 않자, 세종은 경복궁 안에 후궁을 짓기 시작하기도 했다. 그러나 이 공사 역시 세종 25년 신하들의 반대로 중단되었다.

후궁의 건립을 단념한 후 세종은 급속도로 건강이 나빠졌는데 이에 대해 풍수설의 압박이 주요 이유가 아닌가라고 보는 견해도 있다. 또 이 때부터 세종은 경복궁을 기피하고, 왕자·사위·형제의 집으로 전전하는 생활을 하게 되었는데, 이 또한 '풍수설의 압력' 때문일 것이라고 보는데,[34)] 이는 아주 탁월한 평가라고 생각된다.

세종은 개국 초기에 이미 논란이 되었던 경복궁의 풍수학상의 결함에 대해 민감한 반응을 보이며, 최양선의 주장을 심각하게 받아들였던 것이다. 그러나 신하들의 맹렬한 반대에 부딪혀 이궁을 승문원 자리에 짓거나 연못을 만들고, 또 후궁을 짓는 등의 노력이 모두 실패로 끝나게 되었다. 세종의 풍수에 대한 집착은 그 후에도 계속 여러 문제를 일으켰다. 세종 26년 12월 집현전 교리 魚孝瞻은 장문의 상소문을 올려 당시 논의되고 있던 경복궁의 북쪽 길을 막고 산을 쌓아 풍수적 보완을 하자는 의견을 맹렬하게 비판하였다.[35)] 이 글에서 어효첨은 풍수설은 3대 이전에는 없던 것이고, 나라의 명운이 길고 짧은 것은 천명에 달린 일이어서 인심이 머물고 떠나는 일이 풍수

33) 《世宗實錄》 권 105, 세종 26년 윤7월 기유.

34) 李崇寧, 《韓國의 傳統的 自然觀》(서울大 出版部, 1985), 535~536쪽.

35) 《世宗實錄》 권 106, 세종 26년 12월 병인. 이 글은 약간 수정된 형태로 《東文選》에도 실려 있다.

지리와는 상관이 없다고 주장하였다. 또 중국 역사의 예를 들어, 풍수설이 아직 없던 3대 이전의 왕조가 오히려 더 길었고, 같은 장소에 도읍을 해도 왕조에 따라 그 길고 짧음이 달랐다고 지적하였다. 세종은 어효첨의 상소문을 읽고 그 주장이 옳다고 승정원에 말하면서도 풍수학 책은 믿을 수 없지만, 옛사람들이 모두 이를 썼다고 덧붙였다.

세종이 말년에 가지고 있던 태도는 조선시대를 통해 특히 왕실이 갖고 있던 풍수설에 대한 대표적 입장이었다고 생각된다. 점점 유교화해 가는 신하들이 풍수설의 허탄함을 들고나섰지만, 왕실 입장에서는 어느 누구도 이를 무시하여 궁궐을 세우고 고치거나 묘지를 정할 수는 없었다. 그러나 조선 초기의 풍수설은 일단 도읍이 한양으로 확정되고 새 왕조의 통치가 궤도에 오르자 도읍의 풍수 조건에 대한 근본적 논의는 있을 수 없게 되었다. 또 일단 안정된 정권은 몇 백년 동안은 도참적으로도 흔들릴 까닭이 없다고 보이므로 풍수설은 이제 국가풍수가 아니라 개인의 풍수설로 그 중심을 옮겨가고 있었다고 생각된다. 또 이런 풍수설의 관심 분야가 달라지는 것과 함께 풍수설은 양반 지배층의 큰 관심에서 조금 거리를 가지게 되고, 그 대신 易學的 운명판단법이 그 자리를 채우기 시작하고 있었다.

(4) 이지함과 남사고의 유산

李珥·南師古·李之菡은 모두 임진왜란 직전의 16세기를 살고 간 우리 역사의 대표적 명인들이다. 그런데 이 가운데 가장 유명하다고 생각되는 栗谷 이이가 남사고와 이지함 모두에 대해 그들 예언의 신통력을 인정하는 논평을 남기고 있다. 남사고는 이이가 존경하던 曺植의 죽음을 예언한 것으로 기록되어 있고, 이지함에 대해서는 여러 차례 기록하고 있으며 특히 그의 죽음에 임해서는 그의 기행 등을 자세히 소개하는 글을 썼다. 이이의 일기 속에 이들의 이름이 그렇게 소개되고 있다는 사실만으로도 이들은 당대에 이미 예언자로서 유명했음을 짐작하게 한다. 다만 이들은 풍수가로서 언급되기 보다는 단순한 예언가로 평가되어 있다. 적어도 그의 일기 속에서 이이는 풍수지리에 대해서는 그리 관심을 보이지 않고 있다.[36]

36) 李珥, 《石潭語錄》 上, 선조 5년 정월 및 下, 선조 11년 7월.

그러나 남사고는 원래 풍수가로 당대에 이름을 날렸던 것으로 보인다. 지금은 그의 이름을 붙인《南師古秘記》가 여러 종류 전해지고 있다. 그가 단순한 지리학자가 아닌 전반적 예언가로 후세에 이름을 남기고 있는 사실은 같은 시대의 이지함을 살펴보면 더욱 그 공통적인 특성을 이해할 수가 있다. 즉 조선 전기를 통해 풍수지리는 사대부 학자층에 의해 부정되고 있었으나 그것은 전반적인 역학·음양사상 등에 연결되어 다시 신비스런 학문적 입장을 확립하고 있었고, 바로 이런 변형된 풍수지리학이 남사고와 이지함의 모습으로 자리잡고 있었음을 보여준다.

남사고의 경우 그가 당초 풍수가였다는 사실은 여러 가지 전설을 살펴도 분명하다. 그는 서울의 동쪽에 있는 駱峯과 서쪽에 자리한 鞍峴이 마치 서로 다투는 모양을 하고 있다 하여 앞으로 동서의 붕당 싸움이 있을 것을 예언한 것으로 알려져 있다.[37] 또한 그는 임진왜란을 미리 예고했다고 되어 있다. 임진왜란의 예고는 풍수지리적인 것이 아니라 할 수 있지만, 그는 임진왜란이 났을 때 豊基와 永川을 복지라고 예언했던 바, 과연 그의 말대로 그곳에는 왜군이 들어오지 않았다는 것이다.[38] 남사고는 또한 선조가 임금될 것도 미리 예언했다고 알려졌는데, 이 역시 선조가 왕자 시절에 살고 있던 사직동의 지세를 근거로 한 예언이었던 것이다.[39]

남사고는 같은 시대를 살고 간 이이에게 칭송받았을 뿐 아니라 임진왜란이 일어난 바로 이듬해인 선조 26년(1593) 정월에 조정에서 임금이 의정·판서·참판들과 함께 논의하는 가운데 이조판서 李山甫가 우리 나라에도 남사고 같은 예언자가 있다고 거론할 정도로 이름이 당대에도 꽤 잘 알려져 있었다.[40] 그러나 후세에 이르면 사대부 계층 사이에서 미신의 대표자쯤으로 격하되어 비판의 대상이 되기도 하였다. 예를 들면 영조 9년(1733) 9월 남원에서 일어난 凶書 사건을 조사하는 과정에서 그 사건의 주인공인 양반출신 승려 太眞이 남사고의 비결을 들먹였고, 결국 임금이 남사고가 누군지 신하

37) 李建昌,《黨議通略》宣祖朝.
38) 李肯翊,《燃藜室記述》권 17, 宣祖朝故事本末 亂中時事摠錄.
39) 李肯翊,《燃藜室記述》권 15, 宣祖朝故事本末 壬辰倭亂大駕西狩.
40)《宣祖實錄》권 34, 선조 26년 정월 정묘.

들에게 물었다. 이에 대해 尹淳은 그는 성종 때 사람으로 천문·지리에 모두 통해 異人으로 소문나 있다고 말했다. 그는 또 호남에서는 義相과 道詵 같은 神僧이 났고, 이에 따라 남쪽 지방에는 여러 가지 方書가 많이 돌고 있으며, 그 형식은 風水나 推命, 또는 相術로 서로 다르지만 특히 승려들이 더 많이 신봉하는 경향이 있고, 태진 역시 이에 속하는 셈이라고 하였다. 또 徐命均은 《남사고비기》는 세상에 많이 퍼져 있는데 사람들이 여기에 살을 붙이고 멋대로 해석하여 잘못 전해진 것이 많다고 평하였다. 이어 그는 이들 비기 가운데에는 고려가 5백년, 조선이 8백년이라고 기록한 것도 있다고 말하였다. 이에 尹陽來가 나서서 도선이든 남사고든 비기를 가지고 인심을 현혹하는 자는 모두 목을 베는 것이 옳다고 하였고, 영조 또한 이 말이 옳다고 했다.[41]

이처럼 남사고는 시간이 지날수록 점차 미신의 대표자로 전해지기 시작하였고, 그의 저작으로는 풍수지리서 종류만이 전해지고 있다. 이에 비하면 같은 시대의 이지함은 시대가 바뀌어도 전통사회에서는 그에 대한 위상이 그리 격하된 것으로 보이지 않는다. 이이는 남사고보다는 이지함을 훨씬 높였고 남사고가 이이와 개인적인 친분이 있었는지는 알 수 없지만, 이이가 이지함과는 개인적인 친분이 있었고, 이이가 대사간 자리에서 물러나려 하자 이지함이 만류한 일도 있을 정도이다.[42] 그런데 이지함의 수많은 허황해 보이는 일화들은 남사고의 그것을 능가하지만 한결같이 풍수지리가로서의 이지함의 모습은 그려져 있지 않다. 같은 예언가로 임진왜란을 겪으면서 더욱 유명해졌던 것으로 보이는 두 예언자들이, 남사고는 풍수지리에서 출발한 것처럼 그려지는데 비해 이지함에게는 그런 배경은 나타나지 않는 것이다.

이지함에 대한 전설은 이이의 《石潭日記》에도 많이 기록되어 있고, 《조선왕조실록》에조차 그런 일화가 기록될 지경이다. 이지함은 처음 관직에 기용되는 과정부터 이색적으로 당대에 대한 기록인 《宣祖實錄》에 적혀 있다. 선조 6년 6월 그는 '바위에 숨어사는' 다른 선비들 5명과 함께 천거를 받아 관직을 얻었다. 그런데 다음달 그의 형 李之蕃이 아프다고 서울에 들렀고 그 소식을 들은 이지함은 귀를 닦고는 즉각 돌아가 버렸다고 한다.[43] 세 의정과

41) 《英祖實錄》 권 35, 영조 9년 8월 갑술.
42) 《宣祖修正實錄》 권 12, 선조 11년 3월 임자.

상의한 다음 이조에서 올린 천거에 의하면, 이들에게 참봉 따위 말직을 주기보다는 높은 관직을 내리자고 건의했고, 이 건의가 받아들여졌던 것을 알 수 있다.

3) 유학사상을 통해 본 자연관－유교정치와 자연

조선사회를 지배한 유교 또는 유학은 본질적으로 인간 중심의 사상체계였다. 동양의 전통사상 가운데 도가사상이 자연의 중요성을 인정하고 자연 속의 인간을 성찰하는 것이었다면, 유학은 자연에 대해 별다른 관심을 갖지 않은 사상체계로 출발했던 것이다. 그러나 조선초에 새 왕조의 지배이념으로 확립된 유교란 춘추전국시대의 원시 유교가 아니라 이미 도교적 사상까지 적당히 포용하고 있는 수정된 유교였다.

흔히 고려말에 安珦에 의해 성리학이 처음 받아들여졌다 하여 조선초의 유교가 성리학 또는 주자학이라 말하는 수가 많지만, 형식적인 성리학의 수용이 시작되었다 하여 성리학의 자연관이 이미 이 땅에 뿌리를 내린 것은 아니었다. 오히려 조선초의 유학은 고려말까지 자리굳히고 있던 전통적 유학이라 규정하는 편이 옳을 것이다. 董仲舒 등에 의해 수정된 漢代 유학이 조선초까지의 주류였다고 할 수 있는 것이다. 그런데 한대 유학이건 성리학이건 간에 유학의 공통적 특징으로서의 자연에 대한 무관심은 마찬가지처럼 보인다. 물론 유학의 두 가지 경향은 어느 쪽이거나 자연 그 자체에 대한 깊은 관심과 연구 태도를 가지고 있지는 않았다.[44]

조선초 유교사회가 교육에 어떤 교재를 사용했던가를 살펴보아도 이는 분명해진다. 조선 전기의 마지막을 장식하는 대표적 학자로 꼽을 수 있는 율곡 이이는 바람직한 교육과정을 다음과 같이 잡았다. 7살에 《小學》을 읽기 시작하여 《大學》과 《近思錄》을 거쳐 《論語》·《孟子》·《中庸》까지의 4서를 마친 다음 5경으로 들어가게 되어 있다. 그 다음에 《史記》와 性理書를 공부하

43) 《宣祖實錄》 권 7, 선조 6년 6월 신해·7월 갑신. 이 기록과는 달리 이지함은 이때 관직을 받은 것이 확실하다.

44) 이 문제에 대해서는 박성래, 《중국과학의 사상》(전파과학사, 1978) 참조.

게 함으로써 성년이 되기까지 교육을 일단락짓는 것으로 되어 있다.45)

이들 전통사회의 중심 교과서들에는 자연현상에 대한 객관적 관찰을 말한 부분이 하나도 없다. 도대체 교육은 자연현상을 어떻게 보아야 할 것인지 가르치는 법이 없었다. 다만 정형화된 재이론적 자연관을 가지고 유교정치의 관행으로 밀고 나갈 뿐이었다. 이에 의문을 제기하거나 반항하는 사람은 임금이라도 그 비판을 견뎌내고 살아남기 어려웠다. 자연현상을 그저 자연 그 자체에서만 일어난, 인간과는 별로 상관없는 일로 보려는 태도는 용납될 수 없는 일이었다. 그런 예를 우리는 얼마든지 들 수 있지만, 여기서는 태양을 둘러싼 몇 가지 재이를 중심으로 유교사회에서 자연이 어떻게 해석되었던가를 살펴보자.

(1) 일식과 태양 관련의 자연현상

하늘에 두 태양은 있을 수 없다(天無二日)고 생각한 것은 당연한 일이다. 그러나 이런 사고방식을 더 밀어 부쳐 하늘에 하나밖에 있을 수 없는 태양은 본래의 밝음을 어둡게 하는 일체의 자연현상을 더욱 중시하는 태도로 발전한 것은 임금 중심의 정치사상과 관련된 것이었다. 태양은 제 빛을 마음껏 밝게 비치며 휘황찬란해야 마땅하다. 이는 마치 임금이 그의 위광을 여지없이 발휘하여 밝게 정치를 해 가는 것과 같았다. 만약 태양이 어떤 이유로 그 본래의 밝기를 잃는다면 그것은 임금이 또한 그럴 것을 예고하거나, 이미 임금이 그런 상태인 것을 경고한다고 여겨졌다.

이런 생각은 우선 일식에 대한 해석에서 뚜렷하다. 조선 초기부터 이미 최대의 사상가로 꼽히기 시작한 宋의 朱熹(朱子)는 임금에게 올린 상소문에서 일식이란 규칙적이어서 미리 수학적 계산으로 예측까지 할 수 있지만, 그래도 임금이 정치를 잘하면 일어나려던 일식이 일어나지 않을 수도 있다고 주장했다.46)

실제로 주자의 이 말을 인용해 가면서 일식에 대한 유교정치적 해석을 한 사실은 인조 4년(1626) 7월 초하루의 일식에서 찾아볼 수 있다. 이 일식을 이

45) 朴星來, 〈朝鮮 儒敎社會의 中人技術敎育〉(《大東文化硏究》 17, 1983), 279쪽.

46) 朱熹, 《朱子大典》 권 14.

틀 앞두고 홍문관은 주자를 인용하면서 정치가 잘 되면 일어나려던 일식도 일어나지 않을 수 있다고 들고 나왔다. 물론 일식은 미리 계산하여 그 일어날 시각을 알 수가 있다. 그런데 세상이 어지러워 음이 성하고 양이 쇠약해지면 일어나려던 일식은 반드시 일어나지만, 만일 임금이 정치만 잘 하면 일어날 일식도 일어나지 않을 수 있다는 것이다. 임금이 덕을 쌓고, 훌륭한 인재를 쓰고 간사한 자를 물리치면 능히 양은 성해지고 음은 밀려나 예정된 일식이 일어나지 않게 된다는 것이다.[47]

주자를 인용하지 않으면서도 일식을 이런 식으로 해석하는 경향은 얼마든지 발견할 수 있다. 세종 6년(1424)의 경연 자리에서 세종은《詩經》을 읽고 있었다. 여기서 "일식·월식에는 규칙성이 있지만 임금이 덕을 닦아 나라를 다스리면 당연히 일어날 일식·월식이 일어나지 않을 수도 있다"는 주장에 대해, 세종은 이 말이 진정 옳다고 논평하였다. 비슷한 상황은 연산군 때의 경연에서도 벌어졌다. 연산군 9년(1503) 2월 경연에서 成俔은 일식이 규칙적이어서 미리 계산할 수도 있지만, 임금이 몸과 마음을 갈고 닦으면 일어날 일식이 일어나지 않을 수도 있다고 말한 것이다.[48]

이처럼 일식은 천문학적으로는 예정된 것이면서도 가장 열심히 관측하고 성실하게 대응한 재이였다. 고대부터 시행되었을 것으로 보이지만, 일식이 있을 때면 조선 초기에도 救食儀가 아주 열심히 행해졌다. 임금이 신하들과 함께 북을 치며 일식이 그치기를 기다리는 의식이 엄숙하게 행해진 것이다. 중종 2년(1507)에는 설날에 일식이 일어나자 그 책임을 지겠다며 좌의정과 우의정이 사의를 표했다. 이에 대해 임금은 이는 자신의 부덕 때문이지 신하들의 잘못이 아니라면서 거부했다.[49]

다음은 금성이 낮에 보이는 현상에 대해 살펴보자. 지금 우리들에게 이런 현상은 그리 이상할 것이 없는 일이다. 그러나 낮에 보이는 금성 즉 '太白晝見'은 조선시대에는 임금의 권위를 저해하는 꽤 중요한 자연현상으로 여겨졌다. 앞의 통계에도 보이는 것처럼 태백주현은 아주 많이 나타난 이상현상임

47)《仁祖實錄》권 13, 인조 4년 6월 기사·경오 및 7월 신미.
48) 박성래, 앞의 글(1992), 234~235쪽.
49)《中宗實錄》권 2, 중종 2년 정월 을해.

이 분명하다. 조선 초기 130년 동안에 1,231회의 기록이 남아 있는데, 그 가운데 596회는 중종 전반기 19년 동안에 집중적으로 기록되어 있다. 예를 들면 중종 때에는 연평균 31회가 기록된 반면 세종 때에는 연평균 2회밖에 되지 않는다.[50]

그 원인을 간단히 밝히기란 불가능한 일이다. 그러나 이 현상 역시 태양의 밝음을 저해하는 현상으로 기록된 것이고, 따라서 임금의 총명을 어지럽히는 어떤 현상을 비판하는 의식이 퍼져 있을 때 이런 현상에 더 민감했을 것이라는 상상은 가능한 일이다. 대체적으로 말하자면 중종은 신하들에 휘둘려 제대로 일을 하지 못했고, 세종은 자기 일을 자기 주장대로 처리했다는 정도의 대체적 평가가 깔려 있다고 할 수 있다. 그러면 당시의 반응은 구체적으로 어떠했을까.

연산군 5년(1499)에 '태백주현'에 대해 金應箕는 그것이 전쟁이나, 외척의 발호, 또는 여자의 득세 등을 뜻할 수 있다고 해석하였다. 그러나 4년 뒤의 기록을 보면 연산군은 금성이 낮에 보이는 것은 언제나 일어나는 일인데, 그 때문에 일을 그만둘 수는 없다고 단호하게 말하는 것을 볼 수 있다. 그런 연산군의 태도 때문이겠지만, 이 시기에 태백주현은 거의 매일 기록되어 있지만, 이렇다 할 당시의 반응은 발견할 수 없다. 중종 때에 특히 이 재이가 많이 기록되었음은 이미 앞에 지적한 바와 같다. 이는 쿠데타로 정권을 잡은 중종의 측근 공신세력이 시간이 지나면서 신진사류들의 비판 대상이 되어 임금의 총명을 가로막는 소인들로 여겨지던 시대적 상황에서 태백주현이 많이 기록되기에 이른 것으로도 보인다. 예를 들면 중종 4년 12월 대간이 올린 상소에 의하면, 태백주현은 천둥번개보다 심한 재변인데 소인배를 물리쳐야 이런 재이가 일어나지 않을 것이라는 대목이 있다. 소인들이 정치에 관여해서 금성이 낮에 보인다는 뜻이다.[51]

비슷한 정치적 의미를 띠는 것으로 여겨진 재이의 하나는 햇무리(日暈)이다. 앞의 통계에서 햇무리의 기록이 유난히 많다는 사실은 이미 밝혀졌다. 그런데 이 가운데 태종 2년(1402) 3월의 햇무리는 태종이 여인을 맞아들여 정사

50) 이 통계는 박성래, 〈한국과학사상사〉(《과학사상》 10, 1994), 239쪽 참조.
51) 박성래, 위의 글, 241쪽.

를 돌보지 않은 일과 관련이 있는 것으로 보인다. 임금이 성균관 樂正 權弘의 딸을 맞아들인다는 소문이 돌자 왕후는 식음을 전폐하고 말렸지만, 결국 태종은 이 여성을 후궁으로 맞아들였다. 선조 13년(1580) 2월에는 河原君이 역관의 딸로 예쁜 여자가 있다고 천거하여 임금이 그녀를 궁중에 들어오게 했다. 이 때부터 태양이 광채를 잃은 것이 여러 날이었다는 것이다.[52)]

《선조실록》에는 아예 선조 13년 정월, 2월 기록이 하나도 남아 있지 않다. 이이가 전하는 역관의 딸에 대한 것도 그 때문에 해가 빛을 잃었다는 기록도 알 수가 없는 것이다. 《선조실록》이 부실하여 《선조수정실록》을 냈는데, 거기에는 원래 《선조실록》에는 아무것도 없던 그 해 정월, 2월 기록이 8가지가 추가로 기록되었다. 그 가운데 역관의 딸을 들였다는 기록은 있으나 그 때 태양이 빛을 잃었다는 기록은 없다.[53)]

(2) 연산군의 정치 천문학

연산군은 자연현상이 재이로 여겨져 군주의 권력행사에 장애가 되어서는 안 된다는 주장을 점점 강하게 가지게 되었다. 이는 유교적 자연관에 정면으로 도전하는 태도였다. 조선 초기에 재이에 대한 임금과 지배층의 태도는 어느 정도 확립되어 있었다. 그러나 연산군은 이렇게 확립되어 가고 있는 재이관에 대해 슬그머니 반기를 들기 시작했다. 예를 들면 연산군 2년(1496) 가을 임금은 이 재이관에 의문을 제기하다가 대간과 갈등을 겪게 되었다. 당시 연산군은 그의 어머니 폐비 윤씨의 사당을 세우려는 일과 공신에게 加資하려는 그의 계획이 대간의 반대벽에 걸려 있었다. 대간은 몇 달째 이에 반대하여 자리를 차고 나간 상태였던 것이다. 이런 상태에서 대간은 공신에게 가자하고 폐비의 사당을 세우겠다는 임금의 주장이 재이를 일으킨다고 주장하였고, 이에 대해 연산군은 슬그머니 의문을 제기하고 나선 것이다. 또 그는 후세의 의론까지 그리 걱정할 필요가 있느냐는 투로 나오기도 했다.

바로 이런 연산군의 주장에 대해 대간은 임금의 이런 태도야말로 王安石

---

52) 《太宗實錄》 권 3, 태종 2년 3월 경인.
李珥, 《石潭語錄》 下, 선조 13년 2월.

53) 《宣祖修正實錄》 권 14, 선조 13년 2월.

의 三不畏說과 같다면서 맹렬한 비판을 가하고 있었다. 중국의 왕안석은 일찍이 '천변을 두려워할 것 없고, 조상의 전례를 본받을 것 없으며, 사람들의 비판에 귀기울일 것 없다'고 했는데 임금의 말이 바로 이와 똑같다고 대간이 들고 나선 것이다.[54] 이듬해에는 다시 다른 재이를 놓고 신하들과 갈등하던 연산군은 재변이 일어나는 까닭은 대간이 오랫동안 일은 하지 않고 대궐 뜰에 서있기 때문이라고 토로했다.[55] 연산군의 재이에 대한 태도는 그의 재위기간 동안 계속적으로 강화되어 갔다.

그러나 연산군 3년 6월 27일 밤 2경에 宣政殿의 기둥에 벼락이 떨어지자 재이론은 다시 한 번 심각한 논의의 대상이 되었다. 이튿날 임금은 반찬수를 줄이고 정전을 피해 熙政堂에 나가 신하들을 접견했다. "어제 벼락은 실로 짐의 부덕 때문에 일어난 일이니 어찌해야 좋을지 의견을 말하라"는 분부가 내렸다. 여러 사람들의 오랜 논란 끝에 任士洪에게 가자하려던 계획이 취소되었다. 《燕山君日記》의 이 기사 끝에는 사관의 논평이 있는데, 임사홍은 처음에 천변은 두려워할 것이 아니라는 주장으로 죄를 받더니 이제 천변 때문에 가자를 취소당하게 되니 하늘의 응보가 과연 두렵다고 써 있다.[56]

말하자면 연산군은 선정전에 벼락이 떨어지는 바람에 유교적 재이관에 순응하는 수밖에 없었던 것이다. 하지만 연산군 4년에 지진이 일어나자 연산군은 그것을 신하들의 잘못 때문으로 돌리려 했고, 그 다음해 금성이 낮에 보이는 현상에 대해서는 비슷하게 음이 성하고 양이 위협받기 때문이라고 해석했던 셈이다. 또 연산군은 일식은 임금의 정치와는 아무 상관이 없다고도 말했다. 심지어 그의 집권 말기 갑자사화의 소용돌이 속에서는 그 해의 가뭄도 임금의 잘못과는 상관이 없다고 말할 지경이었다. 또 연산군은 같은 해인 동왕 10년 7월말에 안에서 꽃을 한 송이 들고 나와 정승 등에게 보여주면서 "겨울에 꽃이 피는 것을 옛사람들은 재이라 지적했다. 전에 창경궁에서 실화사건이 일어났을 때도 대간 한 사람은 이를 재변이라 하여 임금의 행차를 그만두라고 했다. 만약 그런 사람들이 이 꽃을 보면 이 또한 재변이라 할 것

54) 《燕山君日記》 권 18, 연산군 2년 10월 무인.
55) 《燕山君日記》 권 21, 연산군 3년 정월 갑자.
56) 《燕山君日記》 권 24, 연산군 3년 6월 무술.

이다"라고 하였다. 이에 대해 정승들은 "복숭아나 오얏 꽃이 겨울에 피는 것은 상리에 어긋나는 재이인 것이 틀림없으나, 이제 이 한 가지의 꽃이 우연히 비를 만나 피었다 하여 어찌 재이라 할 수 있으리요. 복숭아·오얏이 꽃을 핀다 해도 만개한 다음에라야 비로소 재이라 할 수 있을 것입니다"라고 하였다.[57] 연산군은 적어도 그의 재위 10년 만에 재이에 관한 유교적 해석에 강력히 쐐기를 박아두고 있었다고 생각된다.

연산군 11년 11월에 임금은 앞으로 아예 금성이 낮에 보이는 현상이나 유성에 대해서는 보고도 하지 말라고 지시하였다. 연산군 12년 새해는 음침한 날들로 시작되었다. 정월 초여드레 날씨가 음울하자 연산군은 승지 姜渾에게 이런 경우를 재변이라 하느냐고 물었다. 임금의 뜻을 미리 짐작한 강혼은 1일부터 6일까지는 여섯 가지 가축을 주관하고, 7일은 사람을 주관하며, 8일은 곡식을 주관한다고 설명했다. 따라서 정초에 날씨가 나쁘면 그 날이 주관하는 가축이나 곡식 등에 나쁘다는 뜻이 있다고 소개했다. 그러나 강혼은 이것이 성스러운 경전에 써 있는 것도 아니어서 어찌 믿을 수 있겠느냐고 하였다. 이에 대해 《연산군일기》에는 당시 재변이 계속되어 임금이 재변 소리를 듣기 싫어하기 때문에 강혼이 알아서 옛 책은 모두 믿을 것이 못된다고 응대한 것이라고 덧붙였다.[58]

연산군은 이어 그 해 2월에는 또 문신들이 역사책을 끼고 모여 논의하는 일을 일체 금한다고 발표했다. 역사책을 보면서 星變 등을 어떤 일 때문이라고 억지로 갖다 붙이는 일이 옳지 않기 때문에 이를 금한다는 것이었다.[59] 또 4월에는 눈이 내렸다는 보고를 했다 하여 觀象監 관계자를 조사하여 처벌하라고 지시하기도 했다. 연산군은 이 때에 눈이 내렸을 이치가 없다고 고집했는데, 이에 대해 《연산군일기》에서는 당시 임금은 항상 태평세월을 자랑하느라 이런 재이가 있었다는 이야기를 인정하기 싫어했다고 적고 있다.[60]

연산군의 재이에 대한 반발 의식은 연산군 12년 7월에 그 극에 이르렀다.

---

57) 《燕山君日記》 권 54, 연산군 10년 7월 계축.
58) 《燕山君日記》 권 61, 연산군 12년 정월 정유.
59) 《燕山君日記》 권 61, 연산군 12년 2월 경오.
60) 《燕山君日記》 권 62, 연산군 12년 4월 경신·신유.

연산군은 忠公道에서 지진이 있었다는 보고가 올라오자, 이런 재이에 대해 보고를 올리지 말라고 이미 지시했거늘 어찌 승정원은 아직도 조치를 취하지 않았느냐고 따졌다. 또 여러 날 동안 혜성이 길게 나타나자 관상감이 이를 보고했고, 이에 대해 연산군은 의정부와 6조 참판 이상을 불러 모았다. 이들의 덕이 부족해서 그런 것이 아니라 자연의 이치가 그런 것일 뿐 정치가 잘못되어 그런 것이 아니라고 말했다. 연산군은 이미 이런 재이에 대해 보고하지 말라는데 다시 보고하고 있으니 차라리 관상감을 없애는 것이 낫겠다는 결론을 내리고 있다. 영의정 柳洵 등이 '임금님 말씀이 지당하시다'는 답을 얻어 연산군은 관상감을 없애고, 시계와 역산 등을 담당할 司曆署만을 남긴다고 발표했다. 조선시대에서 유일하게 천문관측을 주업으로 하는 관상감이 사라진 기간이 시작되었던 것이다.[61]

(3) 중종대 암탉의 수탉 되기

연산군대는 재이에 대한 지금 우리 기준으로 치면 합리적인 태도가 크게 자라고 있던 시기라고 할 만하다. 그것은 유교적 자연관에서는 크게 벗어나는 모습을 보여주던 때라고도 할 수 있으나, 그런 시대는 중종반정으로 연산군이 쫓겨나면서 바로 끝났다. 중종은 그전의 유교적 재이관을 확고하게 자리잡게 해 주는 역사적 역할을 성실하게 수행했던 셈이기 때문이다.

중종대의 재이관의 근본적 변화는 연산군 때 문제가 되었던 王安石의 재이관을 부정하는 모습으로 나타났다. 중종 6년(1511) 10월의 경연 자리에서 마침 왕안석이 '재이란 하늘에서 저절로 생기는 것일 뿐이지 인간사의 잘잘못과는 상관이 없다'고 말했다는 역사 대목에 이르자, 검토관 蘇世良이 이는 왕안석이 잘못 생각한 것이라면서 당시의 온갖 재변은 모두 왕안석 때문에 생겼다고 말했다. 이에 중종은 "왕안석의 말은 틀렸다. 사람들의 일이 아래에서 감하여 위에서 재변이 응하는 것이다"라면서 최근의 재변이 잦은 것을 걱정했다.[62]

이 시기의 아주 특이한 재이로는 암탉이 수탉으로 바뀐 경우를 들 수 있다.

---

61) 《燕山君日記》 권 63, 연산군 12년 7월 정해·정유.

62) 《中宗實錄》 권 14, 중종 6년 10월 기묘.

한국 역사상 암탉이 수탉으로 바뀌었다는 기록은 고려 때에 2회(932, 1277년), 조선초에는 세종 19년(1437)과 세종 22년에 있을 뿐이다. 그런데 아주 특이하게도 중종 때에는 자그마치 5회의 기록이 남아 있다. 그것은 중종 9년에 1회, 중종 10년에만 3회, 그리고 중종 14년에 1회 기록되어 있는 것이다. 이렇게 암탉이 수탉으로 바뀐 것이 기록되기에 이른 까닭은 물론 당시 章敬王后가 출산 후 바로 죽고, 그 후임 왕비를 어떻게 정하느냐는 중요한 문제가 있었기 때문이다. 중종은 후궁으로서 이미 아들을 낳은 박씨를 사랑하고 있었고, 신하들은 후궁 박씨가 왕비가 되는 일은 위험한 일로 판단하고 있었다. 당시 사람들은 중종이 박씨의 말을 너무 잘 듣고 있다고 생각하고 있었고, 그런 대중의 판단이 닭에 대한 변이를 많이 기록하게 만들었을 것이다.[63]

실제로 당시 신하들 사이에는 공개적으로 닭의 변괴는 임금이 여자의 말을 잘 들을 때 나타난다고 말하고 있었던 것을 확인할 수 있다. 중종 10년 정월의 닭의 변괴에 대해 홍문관에서는 상소를 올려 바로 그런 뜻의 중국 고전의 해석을 보고하고 있다. 《京房易》에는 "임금이 여자 말을 들으면 닭의 변괴가 일어난다"고 써 있다는 것이었다.[64] 당시에 이런 닭에 관한 변괴가 많았다는 사실은 당시 활동했던 金安老의 글 등 다른 기록에도 나타나고 있다. 김안로는 갑술년(1514)에 닭에 관한 변괴가 일어났는데, 암닭이 수탉이 되거나 세 발 달린 병아리가 태어나는 등의 일이 일어났다고 기록하였다. 그 다음 김안로는 중국의 《경방역》에 "임금이 여자 말을 들으면 닭의 변괴가 일어난다"는 대목을 인용한 다음 중국의 비슷한 기록들을 소개했다. 그래서 식자들이 모두 걱정하고 있었는데, 을해년(1515) 봄에 장경왕후가 죽었다고 이 기록은 전하고 있다.[65]

이보다는 반 세기 뒤의 일이지만 율곡 이이도 그의 일기 가운데 선조 9년(1576) 2월 善山에서 암탉이 수탉으로 변했다는 기록을 남기고 있다. 그러나 그는 이 변괴에 대해 이렇다 할 의견이나 논평은 가하지 않고 있다.[66]

63) Park, Seong-Rae, 앞의 책(1977), 128~130쪽.
64) 《中宗實錄》 권 21, 중종 10년 정월 갑자 · 기사.
65) 金安老, 《龍泉談寂記》.
66) 李珥, 《石潭語錄》 下, 선조 9년 2월.

당시 대사간 李成童 등이 중종에게 올린 장문의 상소문 가운데 다음에 소개하는 앞 부분은 당시의 재이관을 잘 보여준다.

> 망망히 뻗어 있는 하늘과 아득하기 끝이 없는 땅 사이에는 아주 멀리 떨어져서 아무런 상관도 없어 보입니다. 하오나 사람의 한 가지 선과 한 가지 악이란 울리고 메아리치듯 하늘과 통하지 않는 것이 없습니다. 무릇 하늘과 인간은 한 가지 氣로 되어 있고, 기가 서로 통하기 때문에 感하는 바 있으면 반드시 應하는 것은 자연스런 이치입니다. 더구나 임금의 자리는 하늘을 대신하여 하늘의 일을 하는 것이니 … 상서와 변이는 헛되지 않은 것입니다. 상서란 하늘의 기쁨이며, 변이란 하늘의 노함인 것입니다. 하늘의 기쁨과 노함이란 하늘의 기쁨이나 노함이 아니라, 바로 세상 사람들의 기쁨과 노함입니다. 세상 사람들의 기쁨과 노함은 임금님의 하시기에 달려 있습니다. 임금님의 하시는 일이 至善이 아님이 없다면 세상 사람들은 반드시 기뻐할 것이고, 기쁜 마음은 和氣를 낳아 이 화기가 위와 아래에 충만할 것입니다. 그러면 천지와 자연은 이 화기에 응하고, 천지의 화기는 음양을 순조롭게 하고, 비바람을 때맞게 해주며, 백 가지 사물이 제대로 되어 이상한 일이 일어나지 않는 것입니다(《中宗實錄》 권 31, 중종 12년 12월 병신).

이 상소문에 대해 이튿날 중종은 이 글이 아주 아름답다며 자기가 세 번을 읽었노라고 말하고 있다.[67]

조선 전기 동안 재이로서의 자연현상은 언제나 왕과 신하들 사이의 언로의 구실을 담당해 왔다. 임금은 재이가 나타날 때면 언제나 이런 재이가 어떤 현실 정치의 잘못 때문에 일어나는 것인지 신하들에게 求言하게 되어 있었고, 그런 '弭災求言'의 기회에 신하들은 아무 거침없이 그들이 생각하는 바를 말할 수 있었다. 이이의 유명한 상소문 '萬言封事' 역시 선조 7년 정월에 재이를 계기로 선조가 구언했을 때 올린 장문의 상소문이다. 재이는 언제나 있기 마련이었고, 이런 기회를 이용하여 왕과 신하는 서로의 정치적 견해를 교환할 수 있었던 것이다. 그러나 재이는 왕권을 제약할 수밖에 없는 일면을 강하게 가지고 있었고, 이 부분에 대해 일부 임금들은 마땅치 않게 여기고 이에 대해 반발하려 했다.

---

67) 《中宗實錄》 권 31, 중종 12년 12월 정사.

이와 같은 자연현상이 가진 유교정치적 의미는 결국 조선시대를 통해 자연현상을 해석하는 방법에 언제나 왕과 신하들 사이에 긴장관계를 조성하기 쉬웠다. 그리고 이런 긴장관계가 유교정치의 핵심에서 정치적 역할을 수행하기 마련이었다. 이 긴장관계를 잘 이끌어 가는 임금은 자신의 실권을 알맞게 장악하여 정치를 풀어갈 수 있었는가 하면, 그렇지 못한 임금은 고생할 수도 있었던 것을 알 수 있다.

당연히 조선 초기의 자연현상 기록은 그 유교정치적 역학관계를 반영하여 기록되고 또 지금까지 남게 된 것으로 보아야 한다. 그것은 자연현상을 그대로 반영하기 보다는 바로 이 유교정치의 역학관계를 함께 반영하고 있는 것이다. 따라서 그 자연현상을 그대로 통계적으로 오늘의 과학적 자료로 이용하기에는 상당한 무리가 따를 수밖에 없다는 한계성을 보이기도 한다.

〈朴星來〉

2. 천문 기상학

1) 서운관·관상감의 설치와 그 기능

(1) 관장업무와 직제

書雲觀은 천문 기상의 관측, 曆書의 제작, 풍수지리에 관한 일을 맡은 관서이다. 고려 충렬왕 34년(1308)에 개편된 제도에 따라 설치된 이름을 조선왕조에서 그대로 이어받은 것이다. 태조 원년(1392) 7월 28일에 정해진 관제에 의하면[1], 서운관은 天文·災祥·曆日의 推擇 등의 일을 관장하고, 判事 2명, 正 2명, 副正 2명, 丞 2명, 兼丞 2명, 注簿 2명, 兼注簿 2명, 掌漏 4명, 視日 4명, 司曆 4명, 監侯 4명, 司辰 4명 등 정3품에서 종9품에 이르는 34명의 관원으로 구성되어 있다. 장루는 물시계를 관장하는 관원이고, 시일은 日變을 관찰하거나 일·월식을 예보하는 직책을 가진 관원이며, 사력은 역서의 편찬을

1) 《太祖實錄》 권 1, 태조 원년 7월 정미.

맡은 관원이고, 감후는 기상을 관측하는 관원이며, 사신은 시간을 측정하는 일을 맡은 관원으로, 그들은 모두 전문기술직 관리들이었다.

서운관 제도는, 태조 때에는 고려의 그것이 그대로 이어져 관장업무도 천문·재상·역일의 추택이라는 좁은 의미의 천문과 점성술의 테두리에 머무르는 표현이 그대로 쓰이고 있다. 그리고 관원들도 전문직 학자와 기술관리로 거의 유임되었던 것으로 생각된다.

서운관은 세종 때에 이르러 천문학과 천문관측의 중요성이 특히 강조되면서 그 구성원이 대폭 증원되었다. 세종 7년(1425)에는 천문의 비밀을 禁漏를 맡는 사람과 같이 공부시켜서는 안된다고 하여 금루를 따로 떼어 내고, 정원을 천문 20명, 금루 40명으로 했다.2)

금루란 궁중의 물시계를 말하는데, 여기서는 물시계의 일을 관장하는 관원을 말한다. 그런데 세종 15년에 이르러 금루는 다시 천문에 합속시켰다고 한다. 이것은 태조 때에 정해진 정원 34명에서 60명이 늘어났음을 뜻하는 것으로 해석할 수 있다. 거의 3배에 가까운 94명이 된 것이다.

세조 12년(1466) 정월에 있었던 관제의 개정에서 서운관은 觀象監으로 그 명칭이 바뀌었다. 그리고 관장업무는 天文·地理·曆數·測候·刻漏 등으로 규정하고 있다.3)

이것은 큰 변화이다. 조선초의 천문학이 세종 때에 커다란 발전을 거치는 동안에 그 성격과 위치가 정립되고 학문적으로도 커다란 진보가 있었음을 말하는 것이다. 관상감이라는 명칭은 서운관보다 훨씬 근대적이며, 그 관장업무도 천문·역법과 시간의 측정, 천문·기상관측, 지리학과 지도제작의 영역을 분명히 규정하고 있어, 과학으로서의 천문기상학을 관장하는 중앙 기구로서 손색없는 제도로 발전하였다. 관상감의 관원은 領事 1명(영의정이 겸임), 提調 2명, 正 1명, 副正 1명, 僉正 1명, 判官 2명, 主簿 2명, 天文學敎授 1명, 地理學敎授 1명, 直長 2명, 奉事 2명, 副奉事 3명, 天文學訓導 1명, 地理學訓導 1명, 命課學訓導 2명, 參奉 3명 그리고 天文學習讀官 10명, 禁漏 30명 등 모두 65명이었다.

---

2) 成周悳, 《書雲觀志》 권 1, 官職.
3) 《世祖實錄》 권 38, 세조 12년 정월 무오.

《書雲觀志》에 의하면, 제조는 종2품 이상으로 겸임하게 되어 있었고, 당상관 중에서 왕이 계청하여 임명하는 자는 따로 정원을 정하지 않고 일을 맡기도록 했고, 正 즉 관상감정은 정3품 벼슬로 印信이 있는데 장기간 재임하는 관직에 있는 사람이 맡게 되어 있다고 했다. 첨정은 종4품으로 노비를 관장하고, 판관은 종5품으로 상벌을 관장하였고, 주부는 종6품으로 나라에서 지내는 제사와 업무 보고서를 맡았고, 봉사는 종8품으로 星變의 기록과 보고서를 관장하였다. 정·첨정·판관·주부는 과거에 합격한 사람으로 임명하게 되어 있었다. 천문학 및 지리학 교수와 훈도는 전문지식을 갖춘 학자로 교육에 종사하고 또 기술직 전문가로서의 역할도 했다.

서운관과 관상감의 직제와 그 관장업무의 규정과 변천에 대해서는《서운관지》의 권 1, 관직장에 자세히 기술되어 있다. 관상감은 그 공식 명칭에도 불구하고 조선 전기는 물론 후기에 이르기까지 서운관이란 이름이 별칭 또는 애칭으로 오래도록 불리었다. 조선 후기의 천문학자 成周悳이《서운관지》라는 책 이름으로 관상감의 역사를 저술한 것도 서운관이라는 명칭에 애착을 가졌던 조선 학자들의 성향을 나타내는 것으로 생각할 수 있다.

세조 12년(1466)에 제정된 관상감의 관제는 그대로《經國大典》에 법제화되었다.《경국대전》에 의하면, 관상감은 天文·地理·曆數·測侯·刻漏의 일을 관장한다고 규정하고 있다. 그리고 관상감의 직제와 정원 품계를 규정했는데, 領事 1명(정1품), 제조 2명(정3품), 정 1명(정3품), 부정 1명(종3품), 첨정 1명(종4품), 판관 2명(종5품), 주부 2명·천문학교수 1명·지리학교수 1명(종6품), 直長 2명(종7품), 봉사 2명(종8품), 부봉사 3명, 천문·지리·命課學 훈도 4명(정9품), 그 밖에 천문습독관 16명, 금루 30명으로 구성한다고 되어 있다. 건국 반세기 남짓한 동안에 이룩한 획기적인 기틀이었다.

관상감은 이렇게 조선왕조의 행정관청임과 동시에 천문학과 지리학의 연구기관이었고, 천문기상 관측소였으며, 또한 전문관을 길러내는 교육기관이기도 했다. 그 최고 책임자는 영의정이 겸임했고, 전문직 관리인 書雲正 또는 관상감정이 정3품, 副正이 종3품이었으니 상당한 대우를 받은 셈이다. 관상감의 상위직과 중위직 관리들은 관료학자로서 전문직이었고, 하위직 관리들은 전문기술직이었다.

관상감은 연산군 12년(1506)에 司曆署로 격하되어 令 1명, 주부 · 直長 · 봉사 각 2명, 참봉 3명으로 크게 축소된 초라한 관서가 되었다. 천문관료학자들이 천문관측에 의한 天象의 변화를 보고하여 왕에게 경고하는 것이 못마땅했기 때문인 것으로 생각된다. 그래서 관상감은 역서를 편찬하여 펴내는 극히 사무적인 일만을 하는 제한된 기구로서의 사력서로 명맥을 잇게한 것이다. 그러나 종하위직 관리 10명이 배치된 사력서는 연산군이 죽고 중종이 즉위하면서 다시 관상감으로 제모습을 찾고 본래의 직제에 따라 정상화되었다. 중종 11년(1516) 10월에 천문학을 장려하는 정책을 추진한 것은 관상감의 위상을 새롭게 정립하려는 적극적인 의지가 반영되고 있다고 할 수 있을 것이다.

서운관 또는 관상감 직원의 선발과 임용방법은 薦擧 · 科擧 · 取才의 세 가지가 있었다. 먼저 천거에 의하여 천문, 지리, 命課의 생도를 선발하고, 그 생도가 일정한 교육훈련을 받은 다음 陰陽科에 응시하여 급제하면 그 성적에 따라서 해당하는 품직을 받게 되는데, 일정 기간의 試補 근무를 거치게 했다. 관상감의 관직은 비교적 임기가 짧아서 전임할 때는 취재시험을 거치게 했다. 과거의 성적에서 1등은 종8품, 2등은 정9품, 3등은 종9품의 품계를 제수했는데, 원래 품계가 있는 사람은 모두 한 품계를 더해 주었다.

남아 있는 조선 중기 이후의 음양과 합격자의 명부를 보면 관상감 관원들의 가계가 전문가 집단으로 이어지고 있는 경향을 찾아볼 수 있다. 조선 초기에도 그런 경향이 있었음을 단편적으로 남아 있는 자료로 짐작할 수 있다.

(2) 관아와 관측규정

서운관은 경복궁 안 尙衣院 남쪽 迎秋門 근처에 자리잡고 있었다. 그리고 아마도 태종에서 세종초에 북부 廣化坊에도 설립되었다. 경복궁 안에 있는 것이 本監이고 북부 광화방에는 별감이라 할 수 있는 청사와 관천대가 설치되어 있었다. 이 두 서운관이 서로 어떤 기능과 역할 또는 관장업무를 분담했는지에 대해서는 기록이 별로 없어서 확실히 말할 수가 없다. 경복궁의 서운관(관상감)을 본감 또는 內관상감으로 부른 것으로 보면, 그것이 본부였다고 생각된다.

이 시기의 서운관 청사의 규모가 어느 정도였는지 알 수 있는 자료도 없다. 다만 임진왜란 때 청사들과 관측시설들이 모두 불타 없어진 후 숙종 14년(1688)에 창덕궁 金虎門 밖에 재건한 청사의 규모가 《서운관지》에 적혀 있을 뿐이다. 북부 광화방의 서운관 자리에 새로 지은 청사에 대한 《서운관지》의 기술내용은 참고가 될 수 있을 것 같다.

이 때 관상감의 본감이 들어선 광화방 청사의 규모는 다음과 같았다. 청사는 10칸인데 東室과 西室로 나누어졌고, 2칸이 公事堂이었다. 그러니까 관상감의 본청은 4칸 크기의 방 2개와 2칸 크기의 방 1개의 건물이었다. 이 청사의 동쪽에 天文直廬가 있었는데 7칸 반이다. 또 三曆官이 회동하여 업무를 의결하는 三曆廳이 있었는데 크기가 6칸이었다. 관천대의 동쪽에 역시 6칸 크기의 日課廳이 있었는데, 임금에게 바칠 것과 임금이 나누어 주는 것들을 담당하여 관리하는 곳이라고 설명하고 있다. 관천대의 동쪽에는 또 하나 官廳이 있었다. 4칸의 건물인데 공적인 物貨를 출납하는 곳이었다. 관청의 동쪽에 5칸 반의 印出所 건물이 있었는데 역서와 천문 관련 서적의 인쇄를 감독하는 곳이다. 일과청 옆 관청의 동쪽에는 또 6칸 크기의 吏廳 건물이 있었다. 건물들은 대문 1칸, 행랑 4칸의 門廊으로 둘러싸여 있었다. 그리고 숙종 41년에 경희궁에 세웠던 관상감의 설치규모는 금호문 밖의 것과 대략 같았으나 청사의 크기는 조금 작아서 청사가 7칸 반, 이청이 3칸, 대문 좌우의 행랑이 각각 1칸이었다고 한다.[4)]

서운관은 이런 건물과 함께 가장 중요한 시설로 관측대를 가지고 있었다. 경복궁에는 세종 16년(1434)에 경회루 서북쪽에 大簡儀臺가 축조되었고, 광화방 서운관에는 觀天臺가 설치되어 있었다. 서운관의 이런 시설의 전통은 임진왜란 이후에도 이어져서 창경궁과 경희궁에는 소간의를 설치하여 관측에 임하기 위하여 관천대를 돌로 쌓았다. 지금 창경궁에 남아 있는 화강석으로 축조된 관천대는 그 중의 하나이다. 서운관의 기능은 그 핵심인 천문학 분야에서, 천문의 연구, 역서의 편찬, 천문관측과 시간의 측정, 그리고 천문학 교육과 훈련 등으로 요약할 수 있다. 그 중에서 천문관측과 시간의 측정은 기

---

4) 成周悳, 《書雲觀志》 권 1, 官廨.
兪景老, 〈書雲觀志의 번역과 해설〉(《한국과학사학회지》 12-1, 1990), 120~123쪽.

술직으로서의 서운관 관리들이 밤낮을 가리지 않고 정확하게 수행해야 할 중요한 과제였다. 그것은 엄격한 업무규정에 따라 조직적으로 수행되었다. 그 관측규정은 매우 근대적인 것으로 평가되고 있다.

천체관측은 일식과 월식, 수성·금성·화성·목성·토성의 5행성, 그리고 혜성과 신성·유성 등이 특히 중요시 되었다. 하늘에서 일어나는 현상이 국가와 지배자의 안위와 직결된다고 생각한 천문사상의 영향이었다. 관측 결과는 그대로 기록되고 보고서로 작성되었다. 일식과 월식은 식이 시작된 시각과 시간, 그 방향, 정도 등을 관측하고 그림으로 나타냈다. 혜성은 그 출현 일시, 수도의 위치 및 이동상황; 몸체의 크기와 색, 꼬리의 길이, 소멸 일시 등에 대하여 관측하고 기록과 그림을 겸하여 쓰도록 했다. 5행성의 운행에 대해서는 행성과 달과의 사이에 일어나는 현상, 행성과 혜성 상호간에 일어나는 현상, 행성 특히 금성이 낮에 보이는 현상 등이 주로 관측되었다. 일·월식의 계산, 5행성 위치의 계산은 세종 때《七政算內外篇》이 편찬되면서 그 立成 즉 수표에 의하여 복잡한 계산을 매우 정확하게 해낼 수 있게 되었다. 일식과 월식의 정확한 예보가 가능하게 된 것이다. 이것은 왕조의 권위를 세우는데 크게 이바지했다.

이러한 천체관측과 함께 기상현상의 관측도 철저하게 이루어졌다. 白虹貫日과 白虹貫月, 日暈과 月暈, 地動地震, 그리고 강수현상 등이다. 이러한 자연현상들은 농업과도 밀접한 관련이 있었기 때문에 특히 강수현상과 기온의 변화, 바람의 변화 등은 면밀하게 관측되었다.《서운관지》에는 33종의 천문기상 현상에 대한 관측규정이 구체적으로 예시되어 있다.

《서운관지》의 그 규정들이 언제부터 시행되었는지에 대해서는 분명한 기록이 없다. 그런데 그 관측규정의 원형이라고 볼 수 있는 기록들이《세종실록》에서 많이 발견되고 있는 사실로 미루어 볼 때, 서운관의 관측규정은 세종 때에서 세조 때 사이에 이루어지고 지켜지게 된 것으로 보인다.

《서운관지》에는 또 관측자의 복무규정과 보고서의 작성 및 보고의 규정도 기술되어 있다. 관측자는 하루 3교대로 관측에 임하고 3일 간격으로 돌아가며 시간을 바꾸어 복무하게 된다. 비상현상으로 분류된 천문기상현상은 구두 및 보고서로 승정원과 홍문관, 시강원, 내각에 즉시 보고되었다. 세종 20년

(1438) 3월부터는 경복궁 대간의대에서 매일 밤 5명이 관측에 임했다.[5)]

그런데 서운관의 기능에는 이러한 과학적인 천문학 분야만을 관장하는 일뿐만 아니라 또 다른 중요한 업무가 있었다. 신비적인 요소를 바탕으로 하는 천문이라는 學이 그것이다. 흔히 점성술로 불리우는 점성의 學분야에 속하는, 하늘의 현상과 인간과의 관계를 해석하는 학문이다. 서운관의 관장업무 중에 천문과 함께 占籌가 있는 것은 그런 기능을 규정한 것이다. 또 서운관의 핵심 三學이 천문학·지리학과 함께 命課學이었던 것도 이 관서의 성격과 기능을 말하고 있다. 이것을 관상감을 떠받들고 있는 미신적인 요소로 보는 견해도 있다. 이러한 신비적인 요소는 관상감에서 편찬된 曆書에서도 발견된다. 길흉과 관련된 사항이 역서에 들어 있는 주요 내용의 하나라는 사실은 그 보기이다.

지리학에도 그런 요소가 주요한 부분으로 자리잡고 있었다. 지리지의 편찬, 지도의 제작과 함께 서운관의 핵심을 이루는 학문인 풍수지리학에서 발견되는 신비적인 요소가 그것이다. 풍수지리학은 자연지리학적인 요소와 相地技術學的인 요소가 복합되고 거기에 신비적인 요소가 결합되어 있다. 지리 또는 땅과 인간과의 관계, 특히 길흉과 관련된 풍수지리설에 의한 相地는 서운관의 주요 기능의 하나였다.

서운관과 관상감이 조선 초기에 매우 중요한 관서로의 역할과 기능을 가지고 있었던 것은 帝王의 學으로서의 천문학에 대한 인식을 바탕으로 했기 때문이다. 영의정이 책임자를 겸하고 있었다는 사실은 관상감의 위상을 나타내는 것이다. 그리고 또 하나는, 서운관이 우주를 다루고 자연을 대상으로 하는 학문을 관장하는 기구이고, 그 학문은 우주와 자연과 인간의 관계를 다루는 것이었기 때문에 중요하게 여겨지지 않을 수 없었다.

종2품 이상의 제조 2인을 두고, 정원의 제한이 없는 당상관을 둘 수 있게 한 것도 다른 나라에는 유례가 없는 파격적인 관제였다. 서운관의 위상이 그만큼 높았음을 말하는 것이다.

---

5) 成周悳, 《書雲觀志》 권 1, 番規.
全相運, 〈書雲觀과 簡儀臺〉(《鄕土서울》 20, 1964), 37~51쪽.

2) 〈천상열차분야지도〉

(1) 그 성립과 구성

조선 초기의 천문학은 서운관의 설치와, 태조 4년(1395) 12월에 완성된 〈天象列次分野之圖〉의 제작에서 시작되었다. 우리 나라의 역대 왕조는 모두 그 왕조의 권위를 드러내기 위하여, 또 왕조의 운명과 앞날을 내다보기 위하여 천체의 관측과 天象의 변화에 비상한 관심을 기울였다. 거기서 얻은 관측 결과는 면밀하게 기록되어 축적되었고, 쌓인 기록들과 지식의 주요 부분은 천문도로 규격화 되었다. 그래서 천문도는 하늘을 상징하는 것이고, 역대 왕조는 그 권위의 표상으로 천문도를 만들고 그것을 지켜 왔었다.

조선왕조를 건국한 태조는 즉위하면서부터, 새 왕조가 하늘의 뜻에 의해서 세워진 왕조임을 천명하기 위해서 그 권위의 표상으로 새로운 천문도를 갖기를 염원했었다. 그 염원은 즉위한 지 4년만인 1395년에 이루어졌다. 權近·柳方澤·權仲和·崔融·盧乙俊·尹仁龍·池臣源·金堆·田潤權·金自綏·金候 등 11명의 학자와 천문학자들의 수년간의 노력 끝에 〈천상열차분야지도〉가 만들어짐으로써 성취된 것이다.

이 〈천상열차분야지도〉는 천상 즉 천문현상을 12분야로 나누어 차례로 늘어놓은 그림이란 뜻이다. 이것은 중국에도 없었던 독특한 이름이다. 권근은 이 〈천상열차분야지도〉가 만들어진 경위를 천문도에 새긴 글에 다음과 같이 썼다.

> 예전에 평양성에 천문도 石刻本이 있었다. 그것이 전란으로 강물 속에 가라앉아 버리고, 세월이 흘러 그 印本마저 매우 희귀해져서 찾아볼 수 없었다. 그런데 태조가 즉위한 지 얼마 안되어 그 천문도의 인본을 바치는 사람이 있었다. 태조는 그것을 매우 귀중히 여겨 서운관에 명하여 돌에 다시 새겨두도록 했다. 서운관에서는 그 연대가 오래되어 이미 星度에 오차가 생겼으므로, 새로운 관측에 따라 그 오차를 고쳐서 새 천문도를 작성하도록 청했다(權近, 《陽村集》 권 22, 天文圖詩).

그래서 새로 中星記 한 편이 편찬되었다. 이 중성기에 따라 옛 천문도를 바로 잡은 星圖를 돌에 새겨 완성한 것이다.

이 천문도는 가로 122.8cm, 세로 200.9cm의 흑요석에 새겨졌다. 권근이 지은 글을 偰慶壽가 썼다. 推算은 柳方澤이 했다. 권근의 글은 그의 저서《陽村集》天文圖詩에서도 확인된다. 이 때 만든 〈천상열차분야지도〉는 경복궁에 보존되어 있었는데, 임진왜란 이후 그대로 방치되어 보존상태가 좋지 않았다. 영조 46년(1770)에 왕은 그것을 제대로 보존하기 위해서 관상감에 欽敬閣을 지어 숙종 때에 새로 새긴 〈천상열차분야지도〉와 함께 설치하게 했다.

권근은 이 천문도 제작의 의의를 다음과 같이 썼다.

> 옛부터 제왕이 하늘을 받드는 정치는 曆象과 授時를 으뜸으로 삼지 않음이 없었다. 요임금은 四時의 절후를 바로잡게 했고, 순임금은 선기옥형으로 七政을 관측하였으니, 이는 참으로 하늘을 공경하고 백성을 권장함에 있어서 시기를 늦추지 아니한 것이다. 전하께서는 聖武·仁明하시어 선양으로 나라를 이어 받으시니, 나라 안팎이 다 평안하여 태평하게 되었다. 이것은 요·순 임금과 같은 덕이다. 먼저 천문을 관찰하여 중성을 바로잡은 것은 요·순의 정치를 본받은 것이지만, 요·순이 천상을 관찰하고 기계를 만든 본 마음을 추구해 보면 그 근본은 다만 하늘을 공경하는 데에 있을 뿐이다. 삼가 생각컨대 전하께서도 역시 공경함을 마음에 두어, 위로는 天時를 받들고 아래로는 백성의 일에 힘쓰면, 그 神功이 성대하게 빛나서 마땅히 요·순과 같이 융성하게 될 것이다. 더구나 이 星圖를 貞珉에 새겨서 영원히 자손 만대의 보배로 삼으려 하니 참으로 위대하다(權近,《陽村集》권 22, 天文圖詩).

이 천문도는 대체로 다음과 같이 구성되어 있다. 천문도를 대략 2등분한 선에 접해서 직경 76cm의 원을 그려 성도를 그렸다. 원의 중심에 북극이 있고 북극을 중심으로 하여 관측지의 出地度에 따른 작은 원과, 더 큰 적도 및 황도권이 그려져 있다. 1,464개의 별이 그려져 있는 별자리 그림의 원 둘레에는 28宿의 이름과 赤道宿度가 기록되어 있고, 각 수의 距星과 북극을 연결하는 선에 의하여 개개의 별의 入宿度가 목산으로도 정확하게 읽어 나갈 수 있게 그려져 있다. 관측기사에는 24절기의 昏·曉에 자오선을 지나는 별에 대한 天象 기사, 12國分野 및 星宿分度, 日宿과 月宿의 기사 등이 씌여 있다.

천문도의 중간 아래 쪽에는 이 천문도의 이름인 '天象列次分野之圖'란 제자가 새겨졌다. 그 아래에 論天說 즉 《晋書》 天文志를 인용하여 渾天說과 蓋天說을 주로한 중국의 전통적 우주설을 기술했다. 그 글에 이어 28수 去極分度를 기술하고, 그 아래 단에 이 천문도 제작경위와 태조를 찬양하는 천문도 제작의 의의를 쓰고, 끝으로 천문도 제작에 참여한 학자들의 관직과 성명을 쓰고, 제작 연월일을 썼다.

그런데 지금 남아 있는 태조 때의 〈천상열차분야지도〉의 각석에는 그 뒷면에 마모가 심한 또 하나의 천문도가 그려져 있다. 그것이 미완성의 각석인지, 아니면 원래의 것인지 분명치 않다. 《增補文獻備考》 권 2, 象緯考에 의하면, 세종 15년(1433)에도 새 천문도가 돌에 새겨졌다는 기록이 있는데, 그것은 전해지고 있지 않다.[6)]

(2) 관측연대와 조선 천문도

〈천상열차분야지도〉에는 1,464개의 별이 그려져 있다. 이것은 중국에서 3세기초에 만들어진 〈三家星圖〉의 283座 1,464星과 일치한다. 그런데 李純之의 《諸家曆象集》에 의하면, 陣卓은 〈삼가성도〉에 의해서 310년에 처음으로 천문도를 만들었다고 한다. 그래서 이 천문도의 바탕이 된 고구려의 천문도는 4세기 후반까지는 만들어진 것으로 생각된다. 그러나 그 고구려 천문도의 제작 시기는 5세기말에서 6세기초, 또는 6세기로 보는 견해도 있다. 그리고 또 다른 연구는 그보다 훨씬 앞선 시기로 추정하고 있다. 도설에 쓰여 있는 춘·추분점의 위치를 가지고 세차를 보정하여 3세기경으로 관측연대를 추정하고 있는 것이다. 최근의 한 연구 결과는 도설에 나와 있는 춘추분점 이외에 28수 거성의 거극도, 28수 적도수도 등을 세차와 고유운동을 보전하여 그 관측 연대를 B.C. 1세기~A.D. 1세기로 계산하기도 했다.[7)]

이렇게 관측기사와 별자리의 위치에 의한 천문학적 관측연대의 추정이 1세기에서 3세기경으로 나타나기도 하지만, 지금까지의 모든 연구들을 종합하여 볼 때 〈천상열차분야지도〉의 바탕이 된 고구려 천문도의 성립 시기는 아

6) 그래서 심하게 마모된 쪽이 태조 때의 것이고 비교적 온전한 쪽이 세종 때에 석각한 것일지도 모른다는 추측도 있다.

7) 朴明順, 〈天象列次分野之圖에 대한 考察〉(서울大 敎育學 碩士學位論文, 1992).

무래도 4세기 후반에서 6세기초 사이로 보는 것이 무리가 없을 것 같다.

태조 때의 천문학자들은 고구려의 천문도를 바탕으로 해서 28수의 거극도나 적도수도는 고구려 원본의 것을 그대로 옮겨 圖說에 썼으나, 별자리 그림의 별들의 위치는 석각할 때의 시대에 맞게 바로 잡아 다시 그렸다. 《증보문헌비고》 권 2, 상위고 2에, "을해년(태조 4;1395) 여름 6월에 〈新法中星記〉가 완성되었는데, 그 24기의 저녁과 아침의 중성이 옛 천문도에 비하여 점차 차이가 났다. 그래서 星象은 옛 그림에 따르고, 중성은 〈신법중성기〉에 따라 돌에 새겼다"라고 쓴 것은 이런 사실을 말하는 것으로 생각된다. 〈천상열차분야지도〉는 그 후 조선 천문도의 주류를 이루는 표준 모델과도 같이 이어졌다. 세종 15년(1433)에 새로 석각되었다는 천문도에 대해서는 《世宗實錄》에 기록된 바가 없고, 그 유물도 알려지고 있지 않아, 지금으로서는 〈천상열차분야지도〉와 어떻게 이어지는지 확실하지 않다. 또 세종 19년 4월에 완성된 혼천시계에 가설된 渾象도 원주 10척 8촌 6푼의 천구의인데, 거기에는 적도 남북의 별과 성좌들이 배열되었다고만 기록되어 있어서 그것이 〈천상열차분야지도〉를 바탕으로 했는지는 분명하지 않다. 그러나 이 두 별자리 그림이 〈천상열차분야지도〉를 참고했으리라고 생각하는 것은 무리가 없다.

〈천상열차분야지도〉는 숙종 때 또 하나의 석각본이 있다. 가로 108.5cm, 세로 206.5cm 크기의 이 천문도는 태조 때의 석각본이 몇 차례의 전란 때문에 보존이 잘 안되어 마멸되고 흐려져서 다시 새긴 것이다. 이것은 '天象列次分野之圖'라는 제자를 별자리 그림의 위로 옮겨 새기고, 천문도 도설의 구성을 보다 균형있게 배치하였을 뿐, 그 내용은 태조 때의 것과 같다. 《증보문헌비고》 권 3, 상위고 3, 儀象 2에는, 인본을 가지고 다른 돌에 다시 새겼다고 설명하고 있다. 그렇다면 그 인본은 태조 때의 〈천상열차분야지도〉 각석과는 다른 인본이었을 것이다.

그런데 《宣祖實錄》에 의하면, 선조 4년(1571) 11월에 천문도 120폭을 만들어 문신 2품 이상에게 나누어 주었다고 했다. 그것은 분명히 목판본이었을 것이다. 그러나 그 인본은 찾아볼 수 없었다. 그것이 최근에 일본에 전해지고 있는 것이 확인되었다. 그것은 국내에 전해지고 있는 탁본이 아닌 목판본으로, 선조 때의 120폭 중의 하나임이 분명하다. 그리고 그것은 숙종 때의 석각본과 같다. 태조 때의 〈천상열차분야지도〉는 선조 때에 목판에 옮겨 새기면서 숙종 때의 석각본과 같이 재구성된 것이라고 생각된다. 그러니까 선조 4년에 목판본으로 인쇄된 〈천상열차분야지도〉는 숙종 때에 돌에 새겨져 새로운 〈천상열차분야지도〉 각석이 되었다.

새 천문도 각석은 돌의 크기는 조금 작아졌지만, 별자리 그림의 크기나 도설과 論天 기사 등이 차지하는 공간의 크기가 거의 태조 때의 것과 같다. 이 천문도 각석은 창덕궁 밖의 관상감의 작은 각에 보존되어 있었는데, 영조 46년(1770)에 왕명에 의하여 새로 欽敬閣을 지어 경복궁에 있는 옛 천문도 각석을 옮겨 나란히 보존하였다. 지금 전해지고 있는 17세기 숙종 때의 〈천상열차분야지도〉, 즉 새 석각본의 탁본으로 된 판본은 10여 개가 알려져 있는데, 그것들은 이 무렵에 탁본으로 만든 것들이 남아 있는 것으로 생각된다.

〈천상열차분야지도〉는 18세기초에 서양 천문도가 조선에 도입되기까지 조선 천문도의 표준이었다. 인본과 탁본 이외에 별자리 그림과 도설 및 논천 기사를 필사하여 천문학 교육용으로 썼다. 천문도 필사본들은 매우 정밀하게 그리고 채색하여 아름답고 당당하게 만든 것들이 많다. 그러나 목판으로 인쇄한 것은 일본에서 발견된 것 이외의 판은 아직 알려지고 있지 않다. 탁본은 영조 때 한번만 만들었는지, 그 후에도 몇 번 만들었는지 알 수 없다. 또 〈천상열차분야지도〉를 인쇄하여 제작했다는 기록도 선조 때의 기사 이외는 아직 찾아내지 못했다. 〈천상열차분야지도〉는 일본에도 전해져 江戶시대의 일본 천문학에 영향을 주었다. 涉川春海가 1670년에 만든 〈天象列次圖〉와 1677년에 만든 〈天文分野之圖〉는 〈천상열차분야지도〉를 바탕으로 해서 그려진 것으로 알려지고 있다.[8] 이들 천문도는 그 당시 일본 천문도의 기본 교재가 되었다.

〈천상열차분야지도〉는 고려말 조선초의 천문학자들이 중국의 옛 전통적 우주관의 영향하에 있었음을 말해주고 있다. 권근이 쓴 논천 기사는 그것을 잘 요약하고 있다. 권근은 그 글에서, 옛부터 하늘을 논한 것에 여섯 학파가 있었다고 하면서 그 학설을 열거하였다. 그것은 첫째가 張衡의 渾天說이고, 둘

8) 宮島一彦, 〈同志社大學 所藏 元祿14年製天球儀の位置つけ〉(《同志社大學 理工學雜誌》 21-4, 1981), 291쪽.

째는 周髀의 법인 蓋天說, 셋째는 宣夜의 설인데 선야는 중도에서 끊어져 이어지지 않았고, 넷째는 虞喜의 安天이고, 다섯째는 姚信의 昕天이며, 여섯째는 虞聳의 穹天이라고 했다. 그러면서 그는 전통적 우주관은 혼천설이라 하고 개천설도 학자들의 지지를 받지 못했다고 했다. 고려말 조선초의 천문학자들이 혼천설을 그들의 우주설로 받아들이고 있었음을 나타내고 있는 것이다.

이 우주설들은《禮記月令》과《舜典》에 보이며, 가장 자세한 기사는《晋書》天文志에 後漢의 靈帝 때 학자 蔡邕에 의하여 기록되었다. 권근은 그의 논천설을 晋志 즉《晋書》천문지에서 인용하였음을 밝히고 있다. 후한까지 남아있던 중국의 옛 우주설은 혼천설과 개천설이었고, 이 두 과학적 우주설이 중국의 천문사상을 대표했다. 그것은 우리 나라에도 크게 영향을 미쳐 아마도 신라와 고려에 그대로 받아들여져서, 전통적 우주설로 고려말 조선초의 천문학자들에게 계승되었다. 그리고 혼천설은 조선 학자들의 우주관으로 오랫동안 그들의 천문사상의 바탕이 된 것이다.

태조 때에 제작된 〈천상열차분야지도〉의 각석은 지금 덕수궁의 궁중유물전시관에 보존되고 있다. 이것은 일제시대에서 한국전쟁을 거치는 동안 창경궁의 노천에 놓아두어 심하게 마멸되어 알아볼 수 없는 부분이 많다.

3) 천문대와 관측기기

(1) 간의대의 설치

조선의 중앙 천문기상대로서의 서운관은 그 천체관측 시설로 簡儀臺를 가지고 있었다. 천문대로서의 경주의 신라 첨성대와 송도의 고려 첨성대의 전통을 계승하여 세운 것이다. 조선 초기에는 서운관이 경복궁과 북부 광화방의 두 곳에 자리잡고 있었다. 그래서 간의대는 그 두 서운관에 세워졌다. 경복궁에 세워진 간의대는 규모도 크고 시설도 방대해서 조선왕조의 천문관측 활동의 중심으로 손색이 없는 당당한 것이었다. 세종 15년(1433)에 시작하여 다음해인 세종 16년에 준공된 이 大簡儀臺는《세종실록》의 자세한 기록에 의해서 그 규모와 시설의 전모가 확인된다.《세종실록》에는 "호조판서 安純

에게 명하여 후원 경회루의 북쪽에 돌을 쌓아 대를 만들었는데 높이는 31자, 길이 47자, 너비 32자로 하고, 돌로 난간을 두르고 꼭대기에 간의를 설치하고 그 남쪽에 正方案을 부설했다"고 기술하고 있다.[9] 그러니까 간의대는 높이가 약 6.3m, 길이가 약 9.1m, 너비가 약 6.6m로 상당히 규모가 큰 천문대였다.

이 천문대의 축조양식은 이보다 앞서 세워진 것으로 추정되는 북부 광화방 서운관 자리에 남아 있는 觀天臺와 기본적으로 같은 것이다. 경복궁 대간의대는 높이가 2배 정도, 너비도 2배 정도 크고, 길이는 그보다 훨씬 커서 3배 이상이나 된다. 조선 중기에 창경궁에 축조한 또 하나의 관천대도 거의 같은 양식인 것으로 보아, 이 양식이 조선시대 천문대의 모양으로 이어졌다고 볼 수 있다. 경희궁에 있었던 관천대도 같은 양식이었을 것이다. 지금 현대건설 빌딩 앞에 보존되어 있는 관천대는 높이 3.5m, 넓이 2.4m×2.5m의 화강석대이다. 대 위에는 돌난간이 둘러져 있고, 대 옆에는 돌계단을 쌓았던 흔적이 있다. 이 천문대는 日影臺 즉 해시계대로 쓰였다고 전해지고 있으나, 成周悳은 《서운관지》에서, 흔히 첨성대라고 불러온 이 관천대는 소간의대라고 밝히고 있다. 그렇게 보면, 이것은 경복궁 대간의대의 축소판이고, 그래서 소간의대로서의 기능을 다했던 것으로 여겨진다. 간의가 조선시대의 기본 관측기기로 정착한 것이다.

경복궁 대간의대는 연산군 11년(1505) 11월에 보루각을 창덕궁으로 옮기면서 관측이 일시 중지되고 폐지되었다. 그 후 중종 때에 간의대는 다시 개축되었고, 명종 원년(1546) 6월에 또 중수하여 관측활동이 계속되었다. 선조 13년(1580) 5월에는 簡儀臺 修改都監을 설치하여 대대적인 보수가 이루어졌다. 30~40년마다 보수를 한 것이다.

간의대는 세종 때에 창설된 이후 여러 번 보수되면서 조선의 중앙 천문관측대로서 서운관에 의하여 그 기능이 활발히 발휘되었으며, 끊임없는 관측이 조직적으로 계속되었다. 간의대는 매우 훌륭한 규모를 갖춘 웅장한 천문대였

9) 《世宗實錄》 권 77, 세종 19년 4월 갑술.
이 대간의대는 임진왜란 때 불타버려 황폐된 후, 지금은 돌로 쌓은 관측대마저도 그 흔적을 찾아볼 수 없다. 그것이 언제 해체되어 없어졌는지 기록이 없다.

다. 관측활동도 높은 수준에서 이루어지고 있었다. 그 시설은 외국 사신들에게도 공개하지 않았을 뿐더러, 경회루에서 가까운 곳에 위치하므로 다른 곳으로 옮겨야 하겠다는 논의가 있었을 정도로 공개되기를 꺼려했던 국가의 기밀 시설이었다. 이렇게 경복궁의 대간의대는 15~16세기에 있어서 가장 훌륭한 천문대의 하나였다. 그러나 그것은 지금은 흔적도 찾아 볼 수 없다. 임진왜란 때 거의 파괴되어 다시 복구하지 못한 채 폐허가 되고만 것이다.

(2) 간의대의 관측기기

세종 14년(1432) 7월에 왕은 경연에서 曆象의 이치를 논하는 자리에서 鄭麟趾에게 천문을 관측하는 기기를 제작하여야 할 필요성을 역설했다. 鄭招와 함께 천문의 고전을 연구하여 관측기기를 만들어 관측에 대비하라는 것이었다. 세종은 북극출지도를 측정하기 위해서 먼저 간의를 만들라고 지시했다. 그래서 정인지와 정초가 연구하여 정리한 천문고전자료를 바탕으로 李蕆과 蔣英實이 제작을 감독하여 먼저 나무로 만든 간의를 완성했다. 그들은 이 목간의를 써서 한양의 북극출지 38도 1/4을 측정하였다. 그것은《元史》천문지에 실려있는 측정치와 부합했다. 마침내 이천과 장영실은 청동으로 여러 儀象을 부어만드는 일에 착수하여 7년 만인 세종 20년 봄에 15가지의 기기를 완성하였다.

그것은 대간의와 소간의, 圭表, 渾天儀와 渾象, 仰釜日晷·日星定時儀·小定時儀·懸珠日晷·行漏·天平日晷·定南日晷·正方案, 그리고 自擊漏와 玉漏 등이다.[10] 金墩이 지은《簡儀臺記》에는 간의대의 설립경위와 관측기기에 대해 비교적 자세한 설명이 있다. 그는 간의대 꼭대기에 간의를 설치하고 그 남쪽에 정방안을 부설했다고 기술하여 간의대가 대간의를 기본 관측기기로 한 천문대임을 분명히 했다.

그리고 김돈은 대의 서쪽에는 銅表 즉 규표를 세우고, 혼천의와 혼상을 부설했음을 기술하고, 이들 5가지 기기에 대해서는 古史에 상세하다고 설명하여 간의대가 이들 관측기기를 중심으로 했음을 확인해 주고 있다.

---

10)《世宗實錄》권 77, 세종 19년 4월 갑술.
《增補文獻備考》권 2, 象緯考 2.

그러나 김돈은 간의에 대해서는 아주 짧은 설명밖에 하지 않았다. 먼저 나무로 원형을 만들어 북극고도를 측정하여 확인한 다음 이 기기를 청동으로 부어 만들었다는 것이다. 그리고 "간의는 비록 혼의보다 간단하지만 옮겨가며 쓰기에는 어려워서 소간의 2개를 만들었는데 장치가 비록 아주 간단하나 쓰기에는 간의와 같다"고 덧붙이고 있을 정도이다. 그리고 《세종실록》의 기사에서는 鄭招의 小簡儀銘을 인용해서 기술하면서 소간의에 대하여 설명하고 있을 뿐이다.

《증보문헌비고》 권 2, 상위고에서도 간의구조의 항에서, 대간의는 《元史》에 실린 郭守敬의 법에 의하여 만들었다고 아주 간략하게 설명하고 있다. 그리고 이어서 소간의에 대해서 비교적 자세히 기술했다. 그 내용은 정초의 명문에 씌어 있는 것과 거의 같다. 소간의가 대간의를 축소해서 만든 것이기 때문에 굳이 대간의를 길게 설명할 필요가 없다고 생각했을지도 모른다. 《원사》의 천문지에 설명되어 있는 곽수경의 간의에 대해서는 이순지의 《제가역상집》에서도 자세히 언급하고 있으니까 그 당시의 궁정관료 천문학자들은 당연히 알고 있으리라고 판단했다는 생각도 가능하다.11)

그러나 이렇게 중요한 기기의 제작에 대한 설명이 다른 기기에 비해서 너무도 간단하다. 그런데 정초의 글에는, "세종 16년(1434) 가을에 이천·정초·정인지 등에게 명하여 작은 모양의 간의를 만들게 하였는데, 비록 옛 제도를 근거로 했으나 실은 새 방식으로 만든 것이다"라고 전제하고 소간의의 구조를 설명하고 있다. 이 문장은 《증보문헌비고》를 비롯한 다른 자료에는 나타나지 않는다. 인용할 때 뺀 것이다. 그렇다면 대간의는 원대에 곽수경이 만든 것을 그대로 본떠서 만들었고, 소간의는 그것을 축소해서 만든 것이 되는데, 무엇 때문에 그 구조를 비교적 자세하게 설명할 필요가 있었는지 알 수는 없다.

김돈이 설명한 소간의의 구조는 다음과 같다.

> 精銅으로 밑받침을 만들고 물홈을 둘러서 수평을 잡고 남북을 맞춘다. 적도환의 면에는 周天度 365도 1/4의 눈금이 표시되어 있고 동서로 움직이면서 7

11) Needham, J. et al. *The Hall of Heavenly Records*, Cambridge, 1986, pp. 64~70 참조.

정(해와 달, 그리고 5성)과 여러 별자리의 입수도분(천구상의 위치)을 측정한다. 100각환은 적도환 안에 있는데 12시 100각의 눈금을 그어 놓았다. 이는 낮에는 해시계로 쓰고 밤에는 中星을 확정할 수 있다. 四遊環에는 규형(별을 관측하는 사이팅 튜브)이 장치되어 있는데, 동서로 돌고 남북으로 움직이게 되어 있어서 별을 관측할 수 있다. 여기에 기둥을 세워 세 환을 꿰어서 비스듬히 기대 놓으면 사유환은 북극을, 적도환은 天復(남북극의 중간)을 기준하게 되며, 이것을 똑바로 세우면 사유환은 立運(수직)이 되고, 백각환은 陰緯(지평)가 된다(《世宗實錄》 권 77, 세종 19년 4월 갑술).

이것이 간의에 대한 조선 초기 학자의 공식 설명문이다. 이 글은 조선 후기의 학자들도 거의 그대로 인용하고 있다.

간의는 조선 초기 천문관측의 기본 기기로 실제 관측에서 활발히 사용되었다. 그리고 간의에 대한 조선의 관료 천문학자들의 지식도 높은 수준에 있었던 것 같다. 대간의와 같이 중요한 관측기기에 대한 《세종실록》의 간단한 설명문은, 세종 때 관료학자들이 더 이상의 설명이 필요하지 않을 정도로 잘 알고 있었던 것으로 해석되고 있다. 만약 김돈이 몇 줄의 글만으로도 관계된 모든 사람들이 그 중요성을 충분히 인식할 것이라는 확신이 없었더라면, 이 중대한 기기의 제작이라는 중요한 사건을 그렇게 간단하게 기록하고 넘어갔을 까닭이 없다는 것이다.[12)]

간의대에 설치된 대간의는 크기가 얼마였는지 설명이 없다. 곽수경의 간의와 같은 크기였으리라고 생각하면 될 것 같다. 소간의도 이동하면서 관측할 수 있게 만들었다고 했을 뿐, 그 크기는 말하지 않았다. 다만 《서운관지》에는 성종 25년(1494)에 소간의를 만든 사실을 쓰면서 세종 때의 소간의를 설명하고 그 직경이 2자(42cm)라고 밝히고 서운관에 보존되어 있다고 했다.[13)] 여기에 설명된 소간의의 구조도 그 문장이 김돈의 설명문과 같다. 이 때 제작에 참여한 사람은, 李克培・安琛・金應箕・崔溥 등의 설계로 李枝榮과 林萬根이 제작을 감독했다고 한다. 이 소간의에 대하여 제작자의 한 사람인 홍문관 교리 최부가 명을 지었다. 이 글에서 최부는 소간의가 “낮에는 日

12) 위와 같음.
13) 成周悳, 《書雲觀志》 권 4, 書器.

晷를 측정하고, 밤에는 별자리를 관측했다. 器가 간단하고 작아서 세밀하고 온전하게 쓰인다"고 말하고 있다.

간의는 지금 남아 있는 것이 하나도 알려져 있지 않다. 중국에는 원나라 때 만든 것은 없어졌으나 15세기 명나라 때 그것을 다시 만든 것이 南京 紫金山 천문대에 남아 있다. 간의는 말하자면 적도식 토르퀘툼(torquetum)이다. 《元史》 천문지에 그 자세한 구조가 설명되어 있다. 그것을 만들 때, 곽수경은 본격적인 주조 제작에 착수하기 전에 먼저 모형을 시험제작하고 그 모형으로 시험관측을 했을 것으로 생각되고 있다.[14] 세종 때의 관료 천문학자들이 먼저 나무 간의를 만들어 한양의 북극고도를 측정한 것과 같은 순서이다. 곽수경의 간의는, 직경 6자의 움직이는 청동제 적위환 또는 四遊雙環(여기에는 망통 즉 규형이 달려 있다)에 직각으로 달려 있는 직경 6자의 움직이는 적도환으로 이루어진 구조의 커다란 관측기계이다. 그러니까 간의는 몇 개의 환을 같은 중심 둘레에 모아 놓지 않고 이들을 따로따로 벌려 놓은 관측용 혼천의라 할 수 있다. 간략화된 의기 즉 간의가 된 것이다.

《세종실록》에는 간의가 세종 때 처음 만들어졌다는 기록이 없다. 그리고 그보다 앞서 간의가 제작되었거나 수입되었다는 기록도 없다. 그런데 곽수경이 1280년에 완성한 授時曆이 고려에서 채용된 것은 1281년이다. 이 때 곽수경이 설계 제작한 관측기기들에 대한 새로운 지식이 새 역법과 함께 고려에 전해졌을 것이 거의 확실하다. 1308년에 고려가 태사국과 사천대를 합쳐서 서운관으로 확대 개편하면서 천문대 시설의 정비·개조가 있었을 것이다. 이 때 간의를 갖추었을 가능성이 있다. 그래서 세종 때의 관료 천문학자들이 간의에 대해서 잘 알고 있었을 것이다. 고려에 간의가 있었다면, 그것은 비교적 규모가 작은 것이었으리라고 생각된다. 개성 만월대의 고려 첨성대가 기본적으로 조선 초기의 간의대와 같은 축조물이었다는 사실에서 그 가능성을 찾아볼 수 있다.

간의는 경복궁 간의대의 대간의와 소간의 2개가 제작되어 경복궁 千秋殿 서쪽과 서운관에 각각 설치되었다. 그리고 성종 때에 만들어 서운관에서 관

---

14) 山田慶兒, 《授時曆の道》(東京 ; 1980), 200쪽.

측에 쓰였던 소간의가 있었다. 이것들은 청동으로 주조된 정밀한 적도의식 관측기기이다.

경복궁의 대간의대에는 또 正方案이 설치되었다. 정방안은 방위 결정판이다. 원대에 곽수경이 만들었던 것은, 네모진 판 위에 여러 개의 동심원과 그 중심을 지나는 +자가 그려지고 중심에 노몬(gnomon)이 세워져 있다. 그 그림자가 원과 만나는 점과 그림자의 길이를 측정하여 방위를 정확하게 결정하는 것이다. 큰 정방안은 관측기기를 정확하게 설치하는데 쓰였다.

《元史》 천문지에 기재된 정방안은 아마도 太史院의 간의의 대좌에 설치되어 있던 것으로, 그 크기는 한 변의 길이가 4자였다.[15)]

간의대의 서쪽에는 거대한 圭表가 설치되었다. 청동으로 만든 表는 높이가 40자(약 8.3m)이고 청석을 깎아 만든 圭의 표면에는 丈·尺·寸·分의 눈금을 새겨, 태양이 남중했을 때의 표의 그림자 길이를 측정하여 동지점과 하지점을 확정하는데 사용되었다. 세종 25년(1443)에는 간의대 위에 작은 규표를 세웠다. 더 이상의 설명은 없지만, 그 크기는 높이 8자(약 1.67m) 정도였으리라고 생각되고 구조는 대규표와 거의 같았을 것이다.[16)] 소규표는 간의대 위에서 간편하게 관측하는데 요긴하게 쓰였을 것이다. 《명종실록》에는 4번이나 대규표와 소규표에 의한 관측기록이 같이 실려 있다.[17)] 관측이 꾸준히 계속되고 있었음을 말해주는 것이다.

《세종실록》에는 규표의 구조에 대해서도 설명하지 않았다. 《원사》 천문지에 나오는 높이 40척의 高表와 같은 것이었으리라고 생각하기는 어렵지 않다. 그것들을 바탕으로 만든 복원 모델이 몇 가지 제시되고 있어 그 구조를 알아볼 수 있다. 원대 곽수경의 모델과 1699년에 페르비스트(Verbiest)가 세운

15) 山田慶兒, 위의 책, 209쪽.
Needham, J. et al, *Science and Civilization in China*, vol.3, Cambridge, 1959, p. 370.

16) 《世宗實錄》 권 100, 세종 25년 4월 21일.

17) 《明宗實錄》 권 6, 명종 2년 11월 기묘 · 권 7, 명종 3년 1월 신묘 · 권 9, 명종 4년 11월 기축 및 권 29, 명종 18년 11월 임인의 기사에는 대규표와 소규표에 의한 해그림자의 측정 길이가 丈·尺·寸·分까지 기록되어 있다. 유독 명종 때 여러 번에 걸쳐 실록에 규표에 의한 측정 기록이 나타나는 것은, 명종 원년 6월 24일에 규표 보수에 대한 논의가 있었던 사실과 관련지을 수 있을 것 같다.

8척 규표를 바탕으로 한 것이다. 거기서 중요한 장치는 규의 맨 꼭대기에 해 그림자의 끝을 정확하게 투영하게 하는 막대 모양의 보(橫粱)를 달아 놓은 것이고, 표에도 景符 또는 影符라는 핀홀의 원리를 쓴 장치를 붙여 태양의 그림자를 뚜렷하게 떨어지게 한 것이다.[18] 《세종실록》에 기록된 김돈의 글에서 우리는 40자의 높이를 가진 거대한 청동 표와 그보다 2배 이상의 길이를 가진 청석으로 된 규가 얼마나 웅장한 장치였는지를 실감할 수 있다. 이 규표는 원대 곽수경 이후 동아시아에 세워진 가장 큰 천문관측기기였다.

간의대에 부설된 천문기기에는 渾天儀와 渾象이 있었다. 혼천의에 대한 첫 기록은 《세종실록》 권 60, 세종 15년 6월 9일의 기사에 나타난다. 이 기사는 아주 간단하다. "鄭招 · 朴堧 · 金鎭 등이 새로 만든 혼천의를 올렸다"는 것이다. 혼천의 제작의 첫 공식 기사로는 너무 간략하다. 그런데 같은 해 두 달 뒤인 8월 11일의 기사에는 또 한번 혼천의를 완성했다는 기록이 나타난다. 이 기사는 조금 더 설명을 덧붙이고 있다.

그 기사에 의하면, 두번째 혼천의는 鄭招 · 李蕆 · 鄭麟趾 · 金鑌 등이 만들었다고 한다. 정초는 두 번 다 제작에 참여한 인물로 꼽히고 있어, 천문학적인 이론과 혼천의의 원리에 통달하여 제작을 총괄했던 것으로 생각된다. 세종은 "세자에게 명하여 이천과 더불어 그 제도를 질문하고, 간의대에서 정초 · 이천 · 정인지 · 김빈 등과 더불어 간의와 혼의의 제도를 토론하였다"고 했다. 이 기사는 이 때부터 간의대에서의 실험적 · 학습적 관측이 시작되었음을 말하고 있다. 김빈과 崔灝이 밤에 간의대에 숙직하면서 실험관측을 했다는 것이다. 세종은 세자와 함께 매일 간의대에서 정초 등과 그 제도를 논했다고 한다.

이 혼천의가 세종 19년(1437) 4월 19일의 기사에 나타나는 혼천의의 원형이었을 것이다. 혼상에 대한 언급이 전혀 없는 것은 먼저 완성된 혼천의를 가지고 실험관측하는 내용의 기사와 이어진다. 이 때에는 아마도 혼상은 아직 완성되지 않았고, 혼천의도 기계장치와 연결되어 있지 않은 상태의 것이었을 가능성이 크다.

---

18) 나일성 · 박성래 · 전상운 · 남문현, 《과학기술문화재 복원 기초조사 및 설계용역 보고서》(문화재관리국, 1992), 77~82쪽.

혼천의와 혼상이 물레바퀴로 움직이는 기계장치와 연결되어 혼천시계로 완성된 것은 세종 15년에서 19년 사이였다. 이들 기기와 그 기계장치에 대한 설명도 《세종실록》의 기사는 의외로 간략하다.

> 表(규표) 서쪽에 작은 집을 세우고 혼의와 혼상을 놓았는데, 혼의는 동쪽에 있고 혼상은 서쪽에 있다. 혼의의 제도는 역대에 같지 아니하나, 이제 《吳氏書纂》에 실린 글에 의해 옻칠한 나무로 혼의를 만들었다. 혼상의 제도는 옻칠한 베로 몸통을 만들었는데 탄환같이 둥글고 둘레는 10척 8촌 6푼이고, 가로 세로로 周天度分(365도 1/4)을 그렸다. 적도는 중간에 있고 황도는 적도의 안팎에 드나들게 했는데 각각 24도 1/8이다. 中外官星을 두루 벌여 놓았는데, 하루에 한 바퀴를 돌고 1도를 더 지나간다. 노끈으로 태양을 황도에 매고, 매일 1도씩 물려 놓으면 천체의 운행과 일치하게 된다. 그 물이 떨어지면서 움직이는 기계장치의 교묘함은 속에 들어 있어서 보이지 아니한다(《世宗實錄》 권 77, 세종 19년 4월 갑술).

이렇게 《세종실록》은 혼천의와 혼상에 대해서도 세종 때의 관료학자들이 잘 알고 있어서 굳이 특별한 설명을 할 필요가 없는 것 같이 서술하고 있다. 그래서 이 설명은 매우 압축해서 몇 가지만을 지적했다. 혼천의의 구조에 대해서는 원대의 吳澄이 지은 《纂言》에 나오는 혼의의 제도를 따른 것이라는 설명이 전부이다. 더 이상의 설명이 필요없다는 식이다. 다만 그 재질이 옻칠한 나무로 만들었다는 사실을 분명히 하고 있다. 이것은 이 혼천의가 노천에서 관측용으로 쓰는 것이 아니라는 사실을 강력히 시사하는 것으로 생각된다. 또 역대의 혼천의들 중에서 원대의 모델을 본따서 만들었다는 사실에도 유의해야 한다. 세종 때의 관측기기들이 원대의 천문의기들을 모델로 이어받고 있는 또 하나의 보기가 되는 것이다.

혼상에 대해서도 역시 특별한 설명을 하지 않았다. 재질과 크기, 그리고 그 조작요령 한 가지만을 말하고 있다. 그러니까 거기에 박아놓은 별들은 세종 때 별자리 그림의 표준과도 같았던 〈천상열차분야지도〉의 그것과 거의 같았으리라고 생각된다. 이 혼상은 혼천의와 함께 기계시계장치에 연결되어 회전하게 되어 있다. 그 시계장치가 水激式 동력이라는 사실을 분명히 밝히고 있다는 것도 매우 중요한 부분이다. 그것은 이 혼천의와 혼상이 물레바퀴를 동력으로 해서, 조속기를 쓴 기계시계장치에 의해서 움직이는 혼천시계임을 말하는 것이기 때문이다. 이 정밀 기계시계장치에 대한 설명과 찬사가 거의 없다는 것은, 실록을 쓴 사관의 표현 그대로 '속에 들어 있어서 보이지 아니하기' 때문에 그런지, 설명할 필요가 없다고 생각했거나, 또는 설명할 수 없어서 생략했는지는 분명하지 않지만, 우리에게는 자연스럽게 받아들이기 어려운 부분이다.

중국에서 송·원대에 이런 정밀한 기계시계장치가 만들어졌지만, 그것은 당시의 최첨단 기술이었고, 세종 때인 15세기 전반기에도 여전히 매우 해내기 어려운 첨단 기술이다. 그것을 문헌의 연구만으로 이루어냈다는 사실은 그 기술이 최고의 수준에 도달하고 있었음을 말하는 것이다.

이 혼의·혼상은 1090년에 송의 蘇頌이 만든 거대한 혼천시계에서 그 모델의 원형을 찾아볼 수 있다. 《新儀象法要》에 의하여 그 제도와 원리가 그림과 함께 자세히 기술되어 있는 소송의 혼천시계는, 나무로 지은 탑 안에 물레바퀴를 동력으로 움직이는 시계장치가 들어 있고 거기에 연결되어 혼천의와 혼상이 움직이게 설계된 것이다. 세종 3년(1421)에 천문기기의 연구를 위해서 중국에 파견되었던 장영실과 尹士雄은 《신의상법요》를 읽었을 것이 분명하고, 그들이 조사한 기기 중에 중국의 역대 혼천의와 혼천시계들이 포함되었을 것이다.

세종 때의 혼천시계는 혼상의 둘레가 10척 8촌 6푼이라고 밝혀지고 있으니까, 그 직경이 약 72.6cm의 혼상을 가진 비교적 작은 장치였다. 그래서 이 혼의·혼상은 관측전용 혼천시계 장치라기 보다는 실내용 혼천시계, 즉 교육설명을 병행하는 천문시계로서의 기능을 위하여 제작된 것으로 생각된다. 천문·역법 확립의 표준시계로, 그리고 천문교습을 위한 움직이는 천문기기로 매우 중요하게 쓰인 것이다. 그래서 혼천시계는 이 때부터 조선 천문학의 가장 기본적인 천문기기로 여러번 제작되었다. 서운관의 천문학자들은 간의에 의한 관측을 혼천시계와 맞추어 조정하는 일을 계속했다.

세종 때의 혼천시계는 중종 21년(1526)에 수리되고 또 여벌의 혼천시계도 제작되었다. 명종 4년(1549) 정월에는 새 혼천시계가 만들어져서 홍문관에 설치되었다. 표준시계로서 그리고 천문교습을 위한 실험용의 기기로서 학자들의 기관에서 쓰이게 된 것이다. 그런데 이 혼천시계들은 임진왜란 때 모두 불타 없어지고 말았다. 그리고 나서는 효종 8년(1657)까지 100년 이상이나 새로이 만들어지지 못했다.

4) 해시계와 물시계의 제작

(1) 세종대의 해시계

조선시대 해시계 제작에 대한 공식적인 기록은 《세종실록》에서 처음으로 발견된다. 仰釜日晷·懸珠日晷·天平日晷·定南日晷 등이 그것이다. 세종 19년(1437) 4월에 끝난 일련의 천문기기 제작사업에서 만들어 낸 해시계들이다. 짧은 기간에 이렇게 여러 가지 해시계들이 제작된 것도 전례가 없는 일이며, 해시계에 대한 자세한 구조가 공식 기록으로 설명된 일도 이례적인 것이다. 세종 때의 해시계 제작은 그만큼 史官들의 주목을 받은 역사적 사건이었다.

이 해시계들 중에서 앙부일구는 특히 우리 나라 최초의 공중시계로 제작되었다는 점에서 중요한 의의를 갖는다. 세종 16년 10월에 '우매한 백성들'도 보고 시간을 알 수 있게 하기 위해서 만들어진 이 해시계는 그 모양과 구조가 독특한 점에서도 특히 돋보이는 것이다. 《세종실록》에는 이 해시계가 《원사》에 기재된 곽수경의 법에 따라 만들었다고 하고, 金墩의 仰釜日晷銘을 인용하여 그 구조와 제작의의를 설명하고 있다.

> 처음으로 앙부일구를 혜정교와 종묘 앞에 설치하여 해그림자를 관측하다. 집현전 직제학 김돈이 명을 짓기를, '모든 시설에서 시간에 관한 것보다 더 큰 것이 없는데, 밤에는 更漏가 있으나 낮에는 알기 어렵다. 구리를 부어서 그릇을 만들었는데, 모양이 가마솥과 같다. 지름에는 둥근 송곳을 설치하여 북에서 남으로 마주 대하게 했고, 움푹 패인 곳에서 (선이) 휘어서 돌게 했으며, 점을 깨알같이 찍었는데, 그 속에 度를 새겨서 半周天을 그렸다. (時)神의 모양을 그린 것은 어리석은 백성을 위한 것으로, 시각이 정확하고, 해그림자가 명확하다. 길가에 설치한 것은 보는 사람이 모이기 때문이다. 이로부터 백성도 이것을 만들 줄 알게 되었다'라고 하였다(《世宗實錄》 권 66, 세종 16년 10월 기사).

김돈이 설명한 앙부일구의 구조는 지금 남아 있는 조선 중기에 제작된 청동제 앙부일구와 그 이후에 제작된 여러 개의 앙부일구와 기본적으로 같다. 앙부일구란 가마솥 또는 대접 모양의 그릇이 위를 향해 있는 모양을 한 해시계라는데서 붙은 이름이다. 그 半球形의 대접과 같은 모양의 時盤에는 동지에서 하지에 이르는 24절기를 13선의 緯線을 그려서 절기를 나타냈고, 이에 수직으로 시각선(자오선)을 그었다. 그리고 時標는 북극을 향하여 비스듬이 세워졌다. 다만 글을 모르는 백성을 위해서 그 시에 해당하는 동물의 형상을 그려 넣었을 뿐이다. 지금 탑골공원에 남아 있는 앙부일구대로 미루어 볼 때, 종묘 앞과 혜정교에 설치했던 앙부일구는 비교적 큰 공중 해시계였던 것 같다. 그리고 또 하나 김돈이 쓴대로 그 때부터 백성도 그런 해시계를 만들 줄 알게 되었다는 것은 중요한 의의를 갖는다. 앙부일구의 제작이 많아졌을 것이기 때문이다. 실제로 지금 남아 있는 앙부일구 중에 자기로 만든 것이 여러 개가 있다는 사실은, 조선 초기 이후의 도자기 생산의 급격한 증가와 함께 여러 가마에서 앙부일구를 만들어 보급했을 가능성을 생각해 볼 수 있다.

앙부일구는 원의 곽수경이 만든 仰儀에서 그 원리를 찾을 수 있는 것은 세종 때의 학자들이 쓴 그대로일 것이다. 그러나 해시계로서의 앙부일구는 세종 때 천문학자들과 이천·장영실 등의 창조적 작품이라고 해도 좋을 것이다. 그런 해시계는 중국에서는 더 만들어지지 않았지만, 조선에서는 세종 때 이후 조선의 대표적 해시계로 정착되어, 조선 후기까지 계속 제작 사용되었다. 그리고 휴대용 앙부일구로까지 발전하여 양반들에게 사랑받는 해시계가 되었다. 임진왜란 이후에는 江戶시대의 일본 지배층에서도 그것을 모방해서 만든 휴대용 해시계가 사용되었다.

현주일구와 천평일구는 휴대용 해시계였다. 이에 대한 《세종실록》의 기록은 다음과 같다.

> 또 현주일구를 만들었다. 밑바침은 네모나게 했고 그 길이는 6촌 3푼이다. 밑바침 북쪽에는 기둥을 세우고 남쪽에는 못을 팠다. 북쪽 (기둥 앞에는) 十字를 그리고 그 기둥 머리에 추를 달아매서 (그 추가) 십자와 서로 닿게 하여 水準을 보지 않아도 자연히 수평이 되게 하였다. 그리고 작은 바퀴(원반)에 1백각을 그려 넣었는데, 바퀴의 지름은 3촌 2푼 (바퀴에 붙은) 자루가 비스듬히 기둥에 꿰어져 있다. 그 바퀴의 중심에 구멍이 있어 한 가닥 가는 줄을 꿰어

위는 기둥 끝에 매고 아래는 밑바침의 남쪽에 매어, 그 줄의 그림자 위치로 시각을 알게 되어 있다.

천평일구는 그 제도가 현주일구와 거의 같은데, 단지 밑바탕의 남쪽과 북쪽에 못을 파고, 그 중심에 기둥을 세워 노끈을 기둥 머리에 꿰고 이것을 들어서(기둥을 세워서) 남쪽을 가리키게 하는 것이 다를 뿐이다(《세종실록》 권 77, 세종 19년 4월 갑술).

이것은 우리 나라에서의 휴대용 해시계 제작에 대한 첫 공식 기록이다. 그리고 이 기록은 이 해시계의 구조에 대하여 자세하게 설명하고 있다. 현주일구는 적도식 해시계이다. 100각의 시반을 받침대에 수직으로 세운 기둥에 적도와 평행하게 끼어 고정하고 시반의 중심과 기둥의 윗 끝, 그리고 받침대의 한 끝을 잇는 실을 시표로 해서 해그림자를 측정하는 장치인 것이다. '현주'라는 이름은 시표와 시반을 지지하는 기둥이 수직으로 세워지게 하기 위해서 구슬을 매달아 일정한 위치에 드리우게 한 장치를 특징으로 한데서 지어졌다. 그리고 천평일구는 평면 해시계이다. 이동할 때 언제라도 정확한 시간을 측정할 수 있도록 받침대에 2개의 못을 만들어 거기에 물을 부어 시반의 수평을 제대로 잡기 위한 장치를 특징으로 해서 지어진 이름이다. 시표는 수직으로 세운 막대 끝과 밑받침대를 잇는 끈으로 된 삼각시표의 원형이었다. 아마도 이 해시계들은 세종 때 관료 과학자들이 처음으로 만들어 낸 휴대용 해시계였다고 생각된다. 조선정부는 이 두 휴대용 해시계를 다른 시간 측정기기와 함께 함길·평안도 도절제사 營과 경원·회령·종성·온성 등의 변방에도 보내서 시간을 측정하는데 쓰게 했다. 그리고 그 일부를 서운관에도 두었다고 했다. 여러 개를 만들었다는 것이다. 《세종실록》은 또 말을 타고 가다가 시간을 알고 싶을 때에도 쓰기 위해서 이들 휴대용 해시계를 만들었다고 적고 있다. 이것은 시간 측정기기의 제작에서 중요한 의의를 갖는 창조적인 작품이었다.

定南日晷는 또 다른 특징을 가진 해시계였다. 지남침을 쓰지 않아도 남북이 스스로 정해질 수 있게 만든 것이다. 그래서 정남일구라는 이름이 붙었다. 《세종실록》에는 그 구조와 크기가 자세히 설명되어 있다. 밑바탕의 길이가 1척 2촌 5푼의 이 해시계는 수평을 정확하게 잡기 위해서 물도랑과 둥근 못을 만들어 놓았다. 받침대의 양쪽에 기둥이 있고 거기에 地平環과 四遊環을 설치했다. 사유환에는 규형이 있고, 지평환에는 아래 쪽에 半周天環을 설치했다. 그리고 북쪽 축의 한 끝에 추를 매달아 기둥의 수직을 잡을 수 있게 했다. 그러니까 정남일구는 현주·천평일구의 특징과 간의의 일부를 하나로 해서, 그것으로 관측하면 자연히 남북이 정해지면서 시간을 측정할 수 있게 만든 매우 정밀한 해시계이다. 말하자면 간단한 간의가 달린 해시계인 것이다. 15개를 만들었다는 기록이 있으나 지금까지 남아 있는 것이 없다.

이들 3가지 해시계는 《세종실록》에 자세한 구조설명이 기술되어 있고, 그것들이 원의 곽수경 천문기기 중에서 본떠 만들었다는 기록도 없는 것으로 보아 세종 때 천문학자들의 발명품이었다고 보아도 좋을 것이다. 실제로 곽수경이 제작한 천문기기 중에 이러한 해시계는 없다. 새로운 해시계들을 만들어 낸 것이다. 맑은 날이 많아서 해시계에 의한 낮시간의 측정이 쉽게 이루어 질 수 있는 우리 나라 날씨의 특징을 세종 때의 천문학자들이 효과적으로 이용하려고 시도한 결과였다. 이렇게 해서 시간의 측정은 훨씬 쉬워지고 보편화되었다. 적어도 낮시간은 많은 사람들이 여러 곳에서 언제라도 알 수 있게 된 것이다. 시계의 보급이 크게 늘어난 것은 조선 초기 사람들의 규칙적인 생활과 관료사회의 통제에서 시간에 의한 규범이 설정되는데 기여했을 것이다. 해시계는 서울에서 뿐만 아니라 지방에서도 시간에 의한 규칙적인 생활규범을 자리잡게 했다.

세종 때에 만들어진 또 다른 시계 중에 日星定時儀가 있다. 이것은 태양시와 항성시를 측정하는 이른바 '밤낮으로 시간을 측정하는 기기'라는 색다른 시계이다. 시계라기 보다는 관측기기라고 하는 편이 더 나을지도 모른다. 이 시계는 세종 때의 천문학자들이 매우 중요한 천문기기로 여겼던 것 같다. 《세종실록》의 기사는 그런 생각을 갖게 하는 내용을 담고 있다. 세종 때에 만든 일련의 천문기기 제작사업의 완성을 말하는 세종 19년(1437) 4월 15일의 공식 기록은 일성정시의의 완성을 보고하는 글로 시작하고 있다. 이어서 김돈이 지은 序와 銘을 인용하면서 그 제작 경위와 의의, 그리고 구조에 대한 설명을 매우 자세하게 쓰고 있다. 또 이례적으로 "《元史》에도 별로써 시각을 정하는 말이 있으나 그 측정하는 방법은 말하지 아니하였으므로, 이에 밤낮으로 시각을 재는 기기를 만들 것을 명하여 그 이름을 '일성정시의'로 하였다"고 말해, 곽수경의 星晷定時儀를 모방한 것이 아니라는 사실을 설명하고 있다.

일성정시의는 적도와 평행하게 설치한 직경 2척의 원반에 周天度를 새긴 고리, 100각을 새긴 해시계 시반의 고리와 100각을 새긴 별시계 시반의 고리 등으로 이루어진 3개의 고리로 구성된 관측기기이다. 그래서 '밤낮으로 시간을 아는 기기'라고 했다. 곽수경의 성귀정시의를 밤낮으로 다 시간을 측정할 수 있는 새로운 시계로 탈바꿈해 놓은 것이다. 여기에는 밑받침대의 수평을 정확히 잡기 위한 물도랑과 못, 그리고 시표를 정확하게 맞추기 위해서 기둥의 수직을 잡는 구슬추 장치 등이 만들어졌다. 거기에 경복궁에 설치한 궁정용 일성정시의는 구름과 용을 장식하여 궁정 관측기기로서의 위용을 갖추기까지 했다. 용을 장식한 관측기기는 임금의 권위를 상징하는 것이다. 모두 4벌을 만들어 하나는 경복궁의 안 뜰에, 나머지는 서운관 관측용으로, 또 함길·평안 두 도의 절제사 營에서 '군중의 경비하는 일'에 쓰게 했다.[19]

일성정시의는 세종 때 이후에도 몇 차례 더 만들어 서운관에서 관측용으로 사용되었고, 각 도 감사의 청사에서 시간 측정용으로 쓰이게 했다. 또 휴대용으로 '小定時儀'라고 부른 축소된 모델도 만들어 시간 측정기기로 활용되었다. 지방에서는 이것을 써서 물시계의 오차를 교정하기도 했다.

(2) 자격루와 옥루

해시계는 간단하고 정확한 시간 측정기기이지만, 개인 날과 낮에만 쓸 수 있으므로 흐린 날이나 밤에는 쓸모가 없다. 그래서 물시계는 공적인 표준시계로 해시계보다 더 유용하게 쓰였다. 조선왕조가 도성을 한양으로 옮기고 경복궁을 지으면서 표준시계로 물시계를 제작한 것은 당연한 순서였다. 그 사업은 태조 7년(1398)에 이루어졌다. 更漏를 鐘街에 설치한 것이다. 짧은 기사이지만, 조선왕조 최초의 표준시계 제작기록이다. 이 때 서울에는 새 물시계와 함께 鐘樓가 세워지고 새로 만든 큰 종을 걸어서 도성에 표준시간을 알리게 되었다.

---

19) 《世宗實錄》 권 77, 세종 19년 4월 갑술.
Needham, J. et.al, 앞의 책(1986), 44~64쪽.

특별한 설명이 없는 것을 보면, 이 물시계는 고려말에 사용되던 것과 같은 형식의 유입형 물시계인 浮漏였을 것이다. 7세기에 백제 천문학자들에 의해서 제작된 일본의 3단식 유입형 모델의 물시계와 같은 형식이었을 것으로 생각된다. 그것은 물항아리 4개로 구성되어, 맨 위의 항아리에서 흘러내리는 물이 2개의 중간 단계의 항아리를 거쳐 시각을 새긴 잣대가 떠오를 수 있게 만든 맨 아래 물받이 항아리에 흘러내리게 한, 전형적 동아시아 고대 물시계의 모델이었다. 중국에는 지금도 1316년에 廣東에서 제작된 것으로 알려진 3단식 유입형 물시계가 남아 있다.

종로 네거리는 이 때부터 물시계와 큰 종이 있는 거리로 도성의 중심지가 되었다. 국가의 엄격한 관리와 통제로 움직이는 이 鐘漏는 국가의 표준기구로서의 기능을 가지고 서운관에 의해서 운영되었다. 측정된 시각은 종치는 법에 따라 알리게 규정되어 있었다. 해가 져서 물시계로 밤시간의 측정이 시작되는 初更에는 28宿의 수에 따라 종은 28회 울렸고, 밤시간이 끝나는 五更에는 33天에 따라 33회 종을 쳤다. 초경의 종소리를 인경[人定]이라 하여 성문을 닫았고, 오경의 그것을 바라[罷漏]라 하여 성문을 열었다. 날이 밝아 물시계에 의한 시간 측정이 끝난다는 뜻의 파루인 것이다. 그러니까 밤시간은 하지에는 가장 짧고 동지에는 가장 길었다. 따라서 밤시간을 5등분한 1경은 계절에 따라 그 길이가 달랐다. 그것이 서운관의 천문, 물시계를 관장하는 관리에 의해서 통제된 것이다. 그들은 時制 즉 시각의 법에 따르게 되어 있었다.

세종 6년(1424) 5월에는 경복궁에 설치될 청동제 물시계가 제작되었다. 그런데 이 물시계는 《세종실록》에 "중국의 체제를 참고하여 주조한 更点의 器"라고만 씌어 있어, 그것이 어떤 구조의 물시계인지를 설명하고 있지 않다. 새삼스럽게 중국의 체제를 참고했다고 하고, 청동으로 주조한, 경과 점을 알리는 물시계라고 그 특징을 말하고 있어, 분명히 새로운 모델임을 이 간결한 설명 속에 담고 있는 것만은 틀림 없다.

《燃藜室記述》 別集에는 이 물시계에 대한 또 다른 설명이 기술되어 있다. 이 물시계는 세종 3년에 천문기기 제작을 연구하기 위하여 세종의 특명으로 중국에 파견되었던 蔣英實이 만든 것으로, 자동으로 시간을 알리는 새로운 모델이라는 것이다. 이 자동물시계는 세종 7년(1425) 10월에 준공된 경복궁 서운관의 報漏閣에 설치·가동되었다. 이 공로로 장영실은 노비의 신분을 벗었고 實僉知로 제수되어 물시계를 관장하게 되었다.[20] 그러나 《세종실록》을 비롯한 조선의 다른 공식 기록에는 이 물시계에 자동시보장치가 붙은 것이라는 설명이 없다.

자동시보장치가 붙은 물시계의 제작은 세종이 특히 염원하던 것이었으며, 옛 시계제작 기술자들의 꿈이기도 했다. 세종은 그러한 자동시보장치의 물시계를 만들기 위하여 東萊縣의 관노로 있던 장영실을 특별히 등용하여 벼슬까지 주어서 그 일에 전념하게 한 것이다. 세종 6년에 만든 것으로 전해지는 자동물시계는 중국의 역대 자동물시계를 연구해서 만든 장영실의 첫 작품일 가능성이 있다. 중국의 것을 거의 모방해서 만든 것이었겠지만, 그 시기에 문헌에 의한 연구만으로 그러한 정밀 시계장치를 만들어낸다는 것은 결코 쉬운 일이 아니었다. 발명에 버금가는 작업이었던 것이다. '更点의 器'라고 표현한 것으로 미루어, 경과 점의 밤시간을 자동으로 시보하는 장치가 붙은 물시계였을 것이다. 또 청동으로 주조했다고 한 것으로 미루어 볼 때, 그 규모는 중국에서 만들었던 자동물시계와 비슷했으리라고 생각된다.

장영실은 그 후 세종 16년에 새로운 자동물시계를 완성했다. 김빈과 함께 2년이나 걸려 만든 것이다. 자동물시계의 첫 작품을 만든 지 꼭 10년 만의 일이다. '自擊漏'라고 불리운 이 자동물시계는 경회루 남쪽에 세워진 보루각에 설치되어, 그 해 7월 1일을 기하여 공식으로 사용되기 시작하였다. 조선왕조의 새로운 표준시계가 등장한 것이다. 이로써 조선왕조는 완벽한 정밀기계 장치의 자동물시계를 표준시계로 정확하게 시보하는 기술시대에 들어서게 되었다. 그것은 획기적인 발전이었다.

《세종실록》에는 김돈의 〈보루각기〉를 인용, 다음과 같이 쓰여 있다.

> 오늘부터 새로운 물시계를 시동하였다. 임금이 이전에 쓰던 물시계가 정밀하지 못하여 물시계를 고쳐 만들 것을 명하였다. 물을 공급하는 항아리는 4개이며 크고 작은 차이가 있고, 물을 받는 항아리는 2개이며 물을 바꿀 때에 번

---

20) 李肯翊, 《燃藜室記述》 別集 권 15, 天文典故.

> 갈아 쓴다. 길이는 11척 2촌이며 지름은 1척 8촌이다. 띄우는 잣대가 둘인데 길이는 10척 2촌이며, 잣대의 표면은 12시로 눈금을 매겼으며, 매시는 8각이며 初와 正의 여분을 합하여 100각이 되며 각을 12등분하였다. … 간의와 맞춰보면 털끝만큼도 틀리는 곳이 없었다. 또한 시간을 알리는 사람이 틀리게 됨을 면치 못할 것을 염려하여 임금이 護軍 장영실에게 명하여 시간을 맡을 나무인형(木人)을 만들어 시각에 따라 스스로 알리게 하여 사람의 힘을 빌리지 않게 하였다. 그 구조는 먼저 전각 3칸을 짓고 동쪽 칸에 2층으로 자리를 만들고 윗층에 三神을 세웠는데 하나는 시를 맡아 종을 울리고, 하나는 경을 맡아 북을 치고, 다른 하나는 点을 맡아 징을 친다. … 누수가 흘러 수수호에 모이면 띄울 잣대가 점점 올라가면서 시간에 따라서 왼쪽 구리판 구멍의 여닫이 기구를 젖혀 주면 작은 구슬이 떨어져 구리통으로 굴러 들어간다. 그것이 구멍으로 떨어져 숟갈 기구를 젖혀 주어 기계장치가 열리면 큰 구슬이 굴러 떨어진다. 그것이 굴러서 자리 아래에 매달아 놓은 짧은 통으로 굴러 들어가 숟갈 기구를 움직여 기계장치의 한 끝이 통 안으로부터 올라가 시를 맡은 신의 팔꿈치를 건드리며 종이 울린다. 경이나 점도 마찬가지이다. … 이 모든 기계는 속에 감추어져 밖으로 드러나지 않으며, 보이는 것은 冠帶한 나무인형뿐이다(《世宗實錄》 권65, 세종 16년 7월 병자).

《세종실록》의 원문은 이 인용문의 4배가 조금 넘는 분량으로 자격루의 구조와 기계장치, 그 작동원리, 동력의 전달장치와 제어장치들에 대하여 자세하게 설명하고 있다. 결국 자격루는 播水壺 4개와 受水壺 2개, 12개의 살대(箭), 동력전달장치 및 자동시보장치로 되어 있다. 파수호에서 흘러내려 온 물이 수수호로 들어가서 살대를 띄워 올리면 그 부력이 지렛대와 쇠구슬에 전달되어 격발하면 구슬이 굴러 떨어지면서 시각을 알리는 장치를 움직이는 것이다. 시간을 알리는 장치는 자동으로 움직이는 인형들로 이루어져 있다. 즉 파수호보다 높은 곳에 있는 나무인형이 종과 북과 징을 치고, 그 보다 낮은 곳에 회전하는 원반이 있어서 그 둘레에 12개의 時神이 배치되어 각각 1시씩 12시를 나타내는 것이다. 그러니까 자시가 되면 종소리가 울리고 쥐의 얼굴을 한 시신의 인형이 子의 글이 쓰여져 있는 패를 들고 솟아 올라 왔다가 내려가게 된다. 이것들은 정밀하게 설계된 자동장치로 매끄럽게 작동하게 되어 있었다.

최근에 이루어진 연구에 의하면, 자격루는 공학적으로, 부력에 의해 얻은 힘으로써 1차적으로 시보용 시간신호를 발생시키고 그것으로 기계적인 2차 구동신호를 발생시켜 12시 시계와 밤시계의 시보장치를 동작하게 하는 자동시계장치라는 것이다. 이를 위해서 물시계와 시보장치의 접속부분에 액면의 높이, 즉 측정된 시간 간격을 시보용 시간신호로 변환해 주는 시보용 신호 발생장치를 두었다. 이 장치들은 지렛대와 쇠구슬의 위치 에너지를 적절히 활용하여 얻은 기계적인 힘에 의해서 작동된다. 시보장치는 역학적 원리를 기본으로 하여 초보적인 제어용 장치와 디지털 기술을 이용한 전형적인 자동시계장치(clock automata)이다.[21)]

《세종실록》은 장영실과 김빈의 자격루를 가리켜, 그 시계장치가 움직이는 것이 귀신과 같아서 보는 이마다 감탄하지 않는 사람이 없었다고 격찬하고 있다. 그 자동장치가 거의 완벽했던 것 같다. 10년 전에 만들어 써오던 물시계가 '정밀하지 못해서 고쳐 만들도록' 한 데서 시작된 자격루의 제작은 이렇게 성공적으로 결실을 맺은 것이다. 그 자동장치는 11세기 송나라의 蘇頌이 제작했던 거대한 천문시계와 원대에 順帝의 명에 의해서 제작된 궁정 물시계, 그리고 아라비아의 알 자자리(Al Jazari)의 자동물시계의 영향을 받은 흔적이 뚜렷하다. 그러나 자격루의 자동시보장치의 추진방식과 격발방식은 이들 자동시계의 것과는 뚜렷하게 다르다. 기술적으로 매우 앞선 독창적인 방식을 개발해 낸 것이다. 그것은 15세기 전반기 첨단기술의 한 모델이었다.

그런데 자격루는 만들어진 지 21년 만인 단종 3년(1455) 2월에 자동시보장치의 사용이 중지되고 말았다. 장영실이 죽고 공동 설계자였던 김빈도 그 해 10월에 죽었을 정도로 늙어, 고장난 자동장치를 고칠 수 없었던 것이 주요 원인이었을 것이다. 자격루가 다시 제대로 움직이게 된 것은 그 후 14년 만인 예종 원년(1469) 10월이었다. 연산군 11년(1505) 11월에 자격루는 창덕궁에 이전되었다. 창덕궁이 준공되면서 새로운 자격루 제작문제가 거론되기 시작하였는데, 그것은 성종 때에 자동장치에 의한 시보와 시각이 서로 맞지 않게 되면서 더욱 절박해졌다. 그러나 그 일은 실현되지 못했다.

새로운 자격루의 제작이 착수된 것은 중종 29년(1534) 9월이었다. 이것은

---

21) 남문현, 《한국의 물시계 —자격루와 제어계측공학의 연구—》(건국대 출판부, 1995).

자격루가 처음 만들어진지 100년만의 일이다. 새 자격루 조성도감이 설치되어 영의정 金謹忠과 우의정 金安老가 都提調가 되고, 右贊成 柳溥와 공조참판 崔世節이 제조가 되었다. 국가적인 차원에서 대역사가 시작된 것이다. 이때까지만 해도 자격루의 설계도와 제작에 관련된 기록들이 있었을 것으로 생각된다. 보루각의 자격루, 즉 장영실과 김빈의 자격루를 개조하고 새 자격루를 설계하는데 그러한 기록들을 바탕으로 했을 것이다. 그리고 《중종실록》에는 새 자격루 제작을 전적으로 맡아 수행한 2명의 전문기술자의 이름이 특별히 기록되어 있다. 郎官 金守性과 自擊匠 朴世龍이다. 새 자격루 제작에는 수수통에 양각된 명문에 적힌 공식 기구에 속한 관리들의 명단에는 나타나지 않는 이 두 사람의 기여가 특히 컸을 것이다.

새 자격루는 중종 31년 6월에 완성되었다. 그리고 8월 20일부터 정식으로 쓰이기 시작했다. 이 새 보루각의 물시계는 그 구조가 대략 세종대의 경복궁 보루각의 자격루와 같은 것이었다. 다만 장영실·김빈의 물시계는 밤시간의 경과 점을 자격할 뿐이었는데, 새 자격루는 인경과 바라를 모두 자격할 수 있게 제작되었다. 또 이 누각은 1개의 큰 파수호와 2개의 조금 작은 파수호, 그리고 2개의 수수통으로 된 3단식의 물항아리들로 이루어져 있다.

청동으로 부어 만든 큰 파수호는 직경이 93.5cm, 높이 70cm이고, 꿈틀거리는 듯한 용을 조각한 청동제 수수통은 외경 37cm, 높이 199cm이다. 이 항아리들의 크기로 미루어 볼 때 중종 때의 자격루도 거대하고 장중한 물시계였음을 알 수 있다.

이 새 자격루의 제작은 15세기 전반기에 조선이 도달한 자동기계장치의 첨단기술이 16세기까지 이어지고 발전하고 있었음을 나타내는 것이다. 그것은 16세기 조선의 기술수준을 평가하는 주요한 지표의 하나가 된다.

새 자격루가 새로운 표준시계로 쓰이게 되면서 세종 때의 자격루는 다시 경복궁 보루각에 옮겨져 여러 차례 수리되면서 사용되다가 임진왜란 때 불타버렸다. 새 자격루는 창덕궁 보루각에 남아 여러 번 수리되면서 조선의 표준시계로서 그 역할을 다했다. 그런데 효종 4년(1653)에 시헌력이 시행되면서 자동시보장치는 1일 96각의 時制에 맞지 않아 쓸 수 없게 되었다.

관상감은 자동시보장치를 제거하고 漏器만을 그대로 사용하기로 했다. 자격루는 이 때부터 자동물시계가 아닌 보통의 물시계로 쓰이게 된 것이다. 이 물시계는 조선말까지 그대로 사용되었다. 지금 덕수궁에 보존되고 있는 물시계의 유물이 그것이다.

세종 때에 만들어진 자동물시계 중에는 또 하나 玉漏가 있다. 글자 그대로 임금의 물시계란 뜻이다. 세종의 총애를 받아 대호군까지 승진한 관노 출신 장영실이 그 은총에 보답하려고 세종을 위하여 만든 것이다. 세종 20년(1438) 정월에 완성된 옥루는 天象時計이다. 세종은 이 자동물시계를 경복궁 千秋殿 서쪽에 欽敬閣을 지어 설치하게 했다. 이로써 조선에는 표준시계인 자격루, 천문시계인 渾天儀, 그리고 천상시계인 옥루의 세 가지 자동시계를 갖추게 되었다. 《세종실록》에는 金墩의 〈欽敬閣記〉를 인용하여 옥루의 구조를 매우 자세하게 설명하고 있다.

> 풀을 먹인 종이로 일곱 자 높이의 산을 만들어서 집 한가운데 놓았고, 산 속에는 옥루의 기계바퀴를 설치하여 물로 이것을 돌리게 하였다. 금으로 해(의 모형)를 만들었는데, 크기가 탄환만 하다. 그리고 오색의 구름이 이를 둘러싸고 산허리 위로 지나가게 했다. 태양은 하루에 한 바퀴씩 돌아서 낮에는 산 밖에 나타나고, 밤에는 산 속으로 지게 되어 있다. 비스듬히 기운 궤도를 따라 돌아 천체의 운행과 같게 하여 북극거리와 일출입 시각을 각각 절기에 따라 태양과 맞게 하였다(《세종실록》 권 80, 세종 20년 정월 임진).

이어서 김돈의 〈흠경각기〉는 옥루의 인형에 의한 자동시보장치에 대하여 자세히 기술하고 있다. 인형은, 요령을 흔드는 4명의 玉女와, 시간에 따라 동서남북으로 향하는 청룡·주작·백호·현무의 4신과, 시간마다 종을 치고 경마다 북을 치고 점마다 징을 치는 붉은 옷에 갑옷과 투구를 갖추어 입은 3명의 무사와 司辰이 있다. 그리고 산 밑 평지에는 12신의 인형이 있는데, 자시가 되면 쥐의 신 뒤의 구멍이 열리면서 옥녀가 시패를 들고 나오면 쥐의 신은 그 앞에서 일어났다가 자시가 지나면 옥녀는 들어가고 쥐의 신은 엎드린다. 이런 동작은 12시간에 따라 돌아가면서 반복된다. 또 午 자리 앞에는 다른 대가 있는데 그 위에 물이 차면 기울어지는 그릇을 놓고 官人의 인형이 금으로 만든 병을 들고 물을 부으니, 물시계에 쓰고 남은 물이 계속 흘러 그릇이 비면 기울고 반쯤 차면 바로 서고, 가득 차면 엎어지는 일을 반복한다. 그리고 김돈은 "이 모든 기관은 사람의 힘을 받지 않고 저절로 치고 저절로 운행하는 것이 마치 귀신이 시키는 듯하여 보는 사람마다 놀라고 신기하게 여겨서 그 연유를 측량하지 못하며 위로는 천체운행의 도수와 털끝만큼도 어긋남이 없으니 이를 만든 계교가 참으로 기묘하다 하겠다"고 칭찬을 아끼지 않았다.

흠경각에는 또 자동인형시계의 배경에 농가 사시의 광경을 계절에 따라 그린 화폭을 세우고, 사람·동물·나무들을 나무로 조각하여 농촌의 자연을 재현하였다. 하늘의 현상과 우리 나라의 자연이 계절에 따라 변화하는 모습과 농촌의 정경을 입체적으로 구성·배열하여 천상시계의 배경을 파노라마로 나타낸 것이다. 이것은 옥루가 단순한 자동인형시계의 완상품이 아니고, 웅장하고 생동하는 천상시계장치로 차원을 높인 궁정시계였음을 말하고 있다. 이처럼 장영실의 옥루는 임금의 시계로서의 감동을, 그리고 보는 사람에게 신기함을 자아내게 하기에 충분했을 것이다.

옥루는 이와 같이 물레바퀴의 회전을 그 동력으로 해서 움직이는 천상시계이며 자동인형시계였다. 여기에는 송대에 만든 거대한 혼천시계의 기계장치와 조속 및 탈진장치, 그리고 司辰에 의한 시보장치의 영향이 나타나고 있다. 그리고 중세 아라비아 물시계들의 하나의 유행과도 같았던 사신과 무사와 그 밖의 인형에 의한 자동시보장치의 영향이라고 믿어지는 자동장치들이 나타나고 있다. 장영실은 그 특징들을 본따서 그것을 조선식으로 재구성하고 변형해서 거기에 태양의 모형을 덧붙혀 새로운 모델의 천상시계를 만들어 냈다. 그것은 조선식 모델의 자동천상시계를 창조해 낸 첨단기술의 산물이었다.

이 궁정 천상시계는 그것이 비록 관측과 관련된 실용적인 장치는 아니었지만, 15세기 전반기의 물리학과 그 기술의 원리를 종합적으로 집약하고 응용한 것이었다. 그리고 그것은 기계장치로 또 자동시계장치로 첨단기술의 성과를 활용한 것이었다. 김돈에 의하면, 중국의 여러 자동시계장치들은 모두 사람의 손이 조금씩 가야했는데, 장영실의 옥루는 사람의 힘을 조금도 입지 않고 스스로 움직였다고 한다. 장영실이 보다 앞선 정밀한 자동장치의 새로운 모델을 개발했음을 강조하고 있다.

장영실의 옥루는 그 후 100년이 넘게 궁궐 안의 신기한 자동시계로 임금의 사랑을 받았다. 그러다가 명종초에 경복궁 실화로 불타 없어졌다가 곧 다시 제작되었다. 명종 9년(1554)에 朴民獻·朴詠 등이 장영실의 설계도에 의해서 1년 만에 다시 만들어 옛 모습을 재현한 것이다.

궁중과 도성에서는 정밀한 물시계가 국가의 표준시계로 제작 사용되었지만, 각 도 감사의 營과 지방 도시에서는 어떤 물시계가 사용되었는지, 그 구조를 설명한 기록이 없다. 다만 軍陣과 함길·평안의 변방에서는 이동이 가능한 간이 물시계가 사용되었다. 그 휴대용 물시계가 行漏라는 이름으로 만들어진 것이다. 세종 19년(1437) 6월 18일자 《세종실록》의 기사에는 변경의 군문에 시간을 측정하는 기기가 있어야겠다고 해서 함길도 도절제사의 영에 일성정시의·현주일구·행루 등의 시계와 漏籌通義 각 하나씩을 보내고, 경원·회령·종성·온성에는 현주일구·행루·누주통의 각 하나씩을, 그리고 평안도 도절제사 영에는 일성정시의·현주일구·행루·누주통의 각 하나씩을, 강계·자성·여연에는 현주일구·누주통의 각 하나씩을 보냈다고 했다. 이 고을들에는 서운관의 관원을 파견하여 시간측정법을 교습하게 했다. 이 무렵에 제작된 행루는 10개가 넘는 것으로 기록에 나타난다.

《세종실록》에는 행루의 구조에 대하여 "흐린 날에는 시각을 알기 어려우므로 행루를 만들었는데, 몸체가 작고 제도가 간략하다. 파수호와 수수호가 각각 하나씩인데, 자·묘·오·유시에 渴烏로 물을 갈아 붓는다"[22]라는 구절이 있다. 그러니까 행루는 2개의 물항아리를 싸이폰으로 연결하여 물받이 항아리(수수호)에 눈금을 새긴 잣대를 浮子로 떠오르게 해서 시각을 재도록 만든 것이다. 물탱크에 흘러내리는 물이 그대로 눈금으로 나타나게 되어 있는 간단한 장치이므로 물의 양에 따라 생기는 수압의 차이 때문에 흐르는 속도의 오차를 줄이기 위해서 싸이폰을 썼고, 하루에 4번, 그러니까 6시간마다 물을 갈아야 했다.[23]

---

22) 《世宗實錄》 권 77, 세종 19년 4월 갑술.

23) 《明宗實錄》 권 10, 명종 5년 6월 정사의 기사에 행루의 잣대와 구리로 만든 浮龜를 관상감에서 개조했다는 사실이 적혀 있어, 행루에 대한 《世宗實錄》의 기

5) 천문학 서적의 간행

(1) 《칠정산내외편》과 역학서의 편찬

고대로부터 동아시아 국가들에서 曆法은 정치이념과 강하게 연결되어 있었다. 그래서 역법은 국가의 大典과도 같은 것이었다. 그것은 天의 理法은 천체현상을 통해서 표현된다고 생각되었고, 천체현상 중에서 알아낸 법칙성은 역법으로 체계화되었기 때문이다. 그래서 천체현상 중에서 법칙화될 수 있는 것은 모두 역법의 대상이 되었다.

정확한 역법을 가지고 있다는 것은 천체현상의 법칙성을 정확히 파악하고 있다는 것이 된다. 天의 理法, 즉 하늘의 뜻을 제대로 알고 있는 국가권력임을 과시하기 위해서는 역법을 바로 잡고 그것을 관장해야 했다. 새 왕조가 역법을 왕조의 권위로써 다스리려는 생각은 조선왕조에 있어서도 당연히 제기되었다. 그러나 거기에는 천체관측과 정확한 계산기술이 따른다. 수준급의 천체관측기기가 확보되고 고도로 훈련된 천문학자들이 있어야 한다. 그것은 세종 15년 무렵에 이르러 가능하게 되었다. 간의대의 축조를 시작하고 천체관측기기의 제작이 착수되고 학자들의 훈련이 일단락 되었던 것이다.

《칠정산내편》과 《칠정산외편》의 편찬사업의 시작은 조선왕조의 역법을 세우려는 국가권력의 발현과정에서 마땅히 제기될 과제가 전개된 것이다. 세종 때의 천문학과 수학의 수준이 거기까지 다다른 것이다. 또한 그 편찬사업은 자주적 역법의 확립을 위한 노력의 발현이었다. 그리고 그것은 국가 자주성의 지향과도 직접적으로 연결되는 것으로 주목할 만한 진전이었다.

《칠정산내편》은 授時曆을 바탕으로 했다. 수시력은 원대에 만들어진 역법이지만 중국의 전통 역법으로는 가장 정확한 것이었기 때문이다. 《칠정산내편》은 그것을 바탕으로 서울에서 관측한 자료에 기초하여 서울의 위도에 따라서 작성되었다. 《세종실록》의 기사에 의하면, 삼각산에서 한성의 北極高度

사를 보충해 주고 있다.

를 측정했는데 그 값은 "漢陽北極出地 三十八度 少"로 전해지고 있다.[24] 《증보문헌비고》에 나타나 있는 木簡儀에 의한 측정치 38도 1/4이 그것이다. 38도 1/4은 지금의 도수로 환산하면 37° 41′ 76″가 된다.[25] 상당히 정확한 측정치였다. 또한 이 달력은 1년의 길이를 365.2425일로 정하고 1달의 길이를 29.530593일로 정해 수시력과 같은 常數를 취하고 있다. 이 밖에 행성들의 視運動도 정확히 파악하고 산출한 값을 도입하고 있다.

《칠정산내편》은 수시력을 단순히 한양을 기준으로 해서 대입해 엮은 것이 아니다. 세종 때의 천문·역학자들은 중국 천문학과 曆法 계산의 기본 원리와 이론을 완전하고 정확하게 소화하고 있었다. 그들은 역법의 기본이 되는 칠정, 즉 태양과 달 및 5행성들의 복잡한 운동을 정확하게 계산해 낼 수 있었다. 그래서 조선 역법의 기본이 되는 칠정의 이론과 계산치를 엮어 七政算을 편찬한 것이다.

《칠정산내편》은 세종 24년(1442)에 鄭欽之·정초·정인지에 의하여 편찬된 역서이다. 세종 5년 2월, 왕의 명에 의하여 당의 선명력, 원의 수시력, 步交會步中星曆 등 역법의 차이점을 비교·교정하였고, 세종 14년에는 《칠정산내편》과 《칠정산외편》을 편찬하도록 했는데, 10년 만에 완성을 보게 된 것이다. 그 내용은, 서문이 있고, 天行諸率·日行諸率·月行諸率 및 日月食의 기본 수치가 적혀 있다. 이어서 曆日·太陽·太陰·中星·交食·五星·四餘의 7장과, 편의 끝에 한양을 기준으로 한 二至後의 일출입 및 주야시각의 표가 적혀 있다. 그 밖에 각 章의 필요한 곳에는 '立成'이라 하여 여러 종류의 수표가 끼워져 있다. 칠정은 태양과 달 및 5행성을 말하는데, 5행성의 운행을 자세히 살피고 있는 점으로 보아, 이 역서는 일종의 天體曆이라고도 할 수 있다.

---

24) 《世宗實錄》 권 77, 세종 19년 4월 갑술.

25) 《증보문헌비고》(국역본), 158쪽. 이 계산은 역주자들인 李殷晟·兪景老·玄正晙이 한 것이다. 숙종 39년(1713)에 측정한 값은 37도 39분 15초이다.
《칠정산내편》과 《칠정산외편》의 연구는 1970년대에 이르러 이은성·유경로·현정준 세 천문학자가 그 역주사업을 벌임으로써 큰 전기를 맞이하였다. 그것은 처음있는 본격적인 연구였다. 《세종실록》 번역본의 일부로 간행되어 학계에서 크게 주목되지 않은 채로 있지만 그것은 높이 평가할 만한 업적이다.

《칠정산내편》은 수시력에 대통력의 장점을 가미하여서 보다 편리하고 완비된 체제를 갖추려고 한 역법이다. 그러므로 이 역법은 수시력이나 대통력에 비하여 일단 전진한 느낌을 줄 뿐만 아니라, 북경과 위도를 달리하는 한양을 기준으로 엮은 것으로 높이 평가되는 역법이다.

《칠정산외편》은 칠정산에 대한 밖에서의 이론과 계산을 그 내용으로 한 것이다. 이것은 回回曆을 바탕으로 해서 엮은, 다시 말해서 이슬람 천문·역법의 漢譯本과도 같은 책이다. 역법의 이론과 계산을 전개하는 데 중국의 그것뿐 아니라 이슬람 천문·역법에 도입된 그 밖의 세계의 이론까지도 포괄해서 해내자는 것이다. 물론 明에도 회회력의 한역본이 있었다. 그러나 《칠정산외편》은 그것을 훨씬 능가하는 내용과 체계를 가지고 있는 역법책이다.

《칠정산외편》은, 세종 14년에 《칠정산내편》의 편찬이 시작되었을 때, 이순지·金淡 등이 따로 편찬하여 세종 24년에 완성한 역법서이다.

元은 재래의 중국력을 크게 개량하여 수시력을 편찬하였고, 동시에 고대 그리스의 알마게스트(Almagest)를 기본으로 하여 편찬한 회회력을 도입하여 병용하였다. 그리고 명은 大統曆法과 회회력법을 편찬하여 썼다.

《칠정산외편》은 太陽·太陰·交食·五星·太陰五星凌犯의 5개의 章으로 이루어져 있다. 이 외편은 내편에 비하여 表가 많은데, 내편과 근본적으로 다른 것은 그 角度의 표시법이다. 내편은 중국 고래의 전통에 따라서 원주를 365.25度, 1도를 100分, 1분을 100秒로 한데 반하여, 외편에서는 그리스의 전통에 따라 원주를 360도, 1도를 60분, 1분을 60초로 하고 있다. 또 하나의 중요한 차이는, 외편은 알마게스트의 天動說을 기본으로 하고 있다는 사실이다. 서양에서는 태양계의 구조에 대해서 기하학적인 모델을 가졌는데, 그것이 알마게스트에 그대로 기술되어 있다.

그러므로 외편에는 비록 이러한 기하학적인 모델의 기술은 없지만, 이 모델이 그 뒤에 숨어 있고, 이 모델을 우리는 알마게스트를 통해서 재현할 수 있다. 태양계에 대한 아무 모델도 주어져 있지 않고, 또 그것을 추측하기도 불가능한 내편에 비할 때, 이것은 바로 외편의 가장 큰 특징이라고 할 수 있을 것이다.

《칠정산내편》과 《칠성산외편》의 완성으로 조선의 역법은 완전히 정비되고 자주적 역법체계가 확립되었다. 여기에는 이순지와 김담의 공헌이 컸다. 그들은 여러 가지 천문·역법서들을 저술했다. 서운관의 역법계산은 《칠정산내편》이 기본이 되었다. 대통력은 참조·비교하는 데 쓰이게 된 것이다. 이 때부터 대통력은 중국력이라 하고 《칠정산내편》은 本國曆이라고 하게 되었다. 칠정산을 엮어내는 과정에서 이순지와 김담은 여러 가지 역법 관련 서적을 저술했다. 《大統曆日通軌》·《交食通軌》·《五星通軌》·《月星五凌犯》·《重修大明曆》·《庚午元曆》 등이 그것이다. 이 책들은 명의 曆官들이 역법의 계산법에 대하여 저술한 같은 이름의 책을 한양의 북극고도를 표준으로 해서 교정하여 엮은 것들이다. 자주적 역법 확립을 위한 세종의 의지와 천문학자들의 노력의 소산이었다. 그리고 이 책들은 세종 때에 이루어진 첨단기술인 조선식 청동활자 인쇄기술에 의하여 모두 인쇄되어 천문·역학자들에게 활용하게 하였다. 조선의 자주적 역법의 연구와 교육에 크게 기여한 것이다.

(2) 《제가역상집》과 《천문유초》

세종 때에 있었던 천문기기의 제작 사업 및 역법의 연구와 관련하여 그 전개 과정에서 중요한 저술들이 또 있었다. 《諸家曆象集》과 《天文類抄》, 그리고 《交食推步法》 등이다. 이순지가 저술 편찬한 이들 천문학서는 그 후 조선시대 천문학자들과 천문관료, 그리고 천문학을 배우거나 관심 있는 선비들에게 널리 읽혔다. 이 책들은 서운관과 관상감 관리들의 채용시험 교재로도 사용되었다.

이 책들을 저술하는 데 조사된 서적들은 세종 때 천문의상 제작사업과 역법의 자주적 체계확립을 위한 사업에서 얻어진 모든 자료이다. 중국 역대의 正史에서 천문·역법에 관한 志와, 한대 이후 송·원대에 이르는 모든 천문학서와 역학서들이 망라되어 체계적으로 인용되어 있다. 이 책들은 조선시대에 여러 가지의 刊本으로 판을 거듭했다. 또 필사본으로도 많이 퍼져나갔다.

《제가역상집》은 세종 27년(1445)에 이순지가 엮어 저술했다. 중국의 천문·역법 역사를 쓴 책이다. 조선왕조는 세종 14년에 천문기기 제작사업을 시작했다. 이 사업을 수행하기 위해서 조선 정부는 정인지·정초 등에게 고전을 조사하게 했다. 그들은 고려 서운관에 소장되어 있던 모든 천문·역법 관계

문헌들과 그 밖의 중국 역대의 고전들과 천문·역법 서적들을 조사하고 정리했다. 이 때 조사·정리된 모든 천문 관계 자료들을 이순지가 체계화하여 학문적으로 서술하였다. 그것이 《제가역상집》 4권 3책이다. 天文 1권, 曆法 1권, 儀象 1권, 晷漏 1권으로 엮은 것이다.

제1권의 천문에서는, 처음에 蓋天說·宣夜說·渾天說의 天을 논한 三家의 학설을 설명하고 있다. 중국의 우주론을 해설한 것이다. 그는 개천설과 선야설이 잘못된 우주설이라고 하고, 혼천설에 대한 여러 학자들의 논의를 소개하면서 천지의 구조에 관해서 설명했다. 그리고 이에 관련시켜서 혼천의와 혼천상에 대하여 漢나라 때까지의 이야기를 간략하게 기술하고 있다. 우주설에 관한 그의 관심은 상당히 컸던 듯 1권의 몇 군데서 다시 거듭해서 언급하고 있다. 천문에서는 또 하나 천체에 대한 논의를 전개하고 있다. 항성과 행성 즉 일월 5성의 운행과 관련된 학설, 일식과 월식, 천지의 실체에 대한 천문사상에 이르기까지를 논하였다. 그러나 1권에 나타난 天地·星辰·日月·五星에 관한 역대의 논의에 대한 해설은 개념의 정리에서 미비한 점들이 드러나고 있다는 지적을 받고 있다.[26]

제2권 역법에서는, 중국 역대의 曆志에 나타난 曆에 관한 모든 문제를 논하고, 고대로부터의 역법을 비교하여 논했다. 또 곽수경의 儀器 제작에 관한 이야기와 원의 太史院에서 측정한 중국 각지의 북극출지도를 열거하고 있다.

제3권 의상에서는 중국 역대의 혼천의와 혼상 제작에 대하여 논하였다. 특히 《원사》에 나타난 천문기기를 자세하게 설명하고 있어, 그것이 세종 때 제작한 간의를 비롯한 천문기기의 참고문헌임을 시사하고 있다. 또 자말 알딘(Jamal al-Din)이 제작한 이슬람 천문기기에 대해서도 언급하고 있다.

제4권 구루는 가장 짧고 간단히 요약된 부분이다. 그는 먼저 土圭의 法, 表와 圭의 관계, 원리, 실용 실측 결과 등에 대하여 논하고, 역대의 물시계에 대하여 그 원리와 구조를, 그리고 시각법에 대하여 설명했다. 그리고 蘇頌의 물시계에 대해서도 소개했다.

이렇게 《제가역상집》은 중국의 수많은 문헌들을 섭렵하여 그 방대한 내용

26) 兪景老, 〈諸家曆象集 解題〉(《諸家曆象集·天文類抄》, 1983), 참조.

을 4개의 주요 분야에 따라 역사적인 변천과정을 추적·정리한 천문학서이다. 이 책은 그 때까지의 중국의 어느 천문학서와도 다른 체제와 서술방식을 갖고 있다. 중국 천문학의 역사를 이런 형식으로 서술한 책은 따로 없다. 이 책은 조선 초기 천문학의 대표적인 저서이며, 동아시아의 천문학 연구에서 빼놓을 수 없는 귀중한 저서로 평가된다.

《천문유초》도 세종 때 이순지가 엮은 천문학서이다. 성주덕의 《서운관지》에 의하면, 王義明의 步天歌를 바탕으로 하여 여러 사람의 설을 고루 판별해서 그 취지와 의미를 해석하고 거기에 天地·風雲·雷雨의 설을 붙인 것이다. 상하 2권으로 이루어진 이 책의 상권은 별자리에 관한 내용을 다루었다. 28수의 별들을 그 순서에 따라 별자리 그림과 함께 다루고, 太微垣·紫微垣·天市垣으로 항성을 망라하여 논하고 天河起沒로서 은하수를 언급하였다. 여기에 이순지는 별자리와 관련된 占星學的 사실을 기술하여 별자리에 대한 천문사상을 함께 논하고 있는 것이다.

하권은 천지의 구조, 태양과 달 및 5행성·유성·혜성·객성, 그리고 大氣의 광학적 현상에 대하여 17개 항에 걸쳐 다루고 있다. 이순지는 여기서도 각 항에 대한 천문학적인 정의를 내리고, 이어서 점성학적인 기술과 천문사상을 논하고 있다. 예를 들어, 그는 天地의 생성에 대하여, "天氣가 처음 나누어져서 가볍고 맑은 陽은 하늘이 되고 무겁고 탁한 陰은 땅이 되었다"고 말한다. 또 "하늘은 둥글고 움직이며 땅은 네모나고 조용하다. 하늘의 형상은 새알과 같다. 땅이 그 가운데 있고 하늘이 땅을 싸고 마치 알이 노른자를 싸고 있는 것과 같다"라고 설명하고 있는 것이다. 이렇게 《천문유초》는 태양과 달, 5행성 및 항성에 대한 천문학 및 천문사상을 요약하여, 책의 제목 그대로 類抄한 책이다. 이 책은 조선 후기에 이르기까지 서운관과 관상감 관리들의 시험교재로 모두 암송하여 통달하게 한 천문학서의 기본이 된 저서였다.

《천문유초》는 관상감에 그 판목이 있었는데 영조 때에 성주덕이 《서운관지》를 쓸 당시에는 이미 없어졌다고 한다. 이 책은 그 후 필사본으로도 널리 퍼져 있었다.

이순지가 저술한 주요한 천문학서에는 또 하나 《교식추보법》이 있다. 세조 3년(1457)에 저술되어 다음해인 세조 4년에 2권 1책으로 간행된 이 책은

金石悌와 공저로 펴낸 것이다. 일식과 월식의 간편한 계산법을 한양북극출지를 표준으로 해낼 수 있도록 해설한 책이다. 수시력과 대통력통궤를 바탕으로 해서 일·월식의 원리를 추론하던 종래의 방법에서 벗어나 한양을 표준으로 그 법칙을 세운 것이다. 그것을 암송하기 쉽게 하기 위해서 이 책은 그 계산법을 노랫말로 만들어 부쳤다. 이 천문학서는 관상감의 기본 교재로 관원들의 필수과목이었다.

6) 측우기의 발명과 농업기상학의 발달

(1) 측우기와 수표의 발명

근대적 과학으로서의 기상학은 조선 초기에 강우량의 과학적 측정법을 발명함으로써 시작되었다. 흔히 測雨器라고 불리는 것이 그것이다. 자급자족하는 토지경제를 기반으로 하는 조선왕조는 농업생산력의 발전을 위하여 자연조건 특히 강우량이 농업경작에 미치는 절대적인 영향을 극복하려던 노력의 하나로 측우기를 만들어 낸 것이다. 그래서 조선의 기상학은 측우기의 발명과 함께 농업기상학으로 출발했고, 강우량의 과학적 측정을 중심으로 발달하였다.

언제부터 제도화되었는지 확실하지 않으나, 고려시대부터 계승되어 내려온 것으로 믿어지는 강우량의 측정법이 조선 초기에 행해지고 있었다. 그 방법은 땅 속에 스며든 빗물의 깊이를 측정하여 그 수치를 각 도 감사가 집계하고 그것을 호조에 보고하면, 호조에서는 정기적으로 집계해서 기록하여 두는 방법이었다. 세종 5년(1423) 5월 3일 "오늘 밤 비가 내렸다. 땅 속에 1치 가량 스며들었다"거나, 세종 7년 4월 1일과 5월 3일 "지금 가물어서 각 도와 군현에 명하여 빗물이 땅 속에 스며든 정도를 조사하여 보고케 했다"는 《세종실록》의 기사들은 이 사실을 말해주고 있다.

그러나 그러한 강우량 측정법은, 측정을 통한 기상관측이라는 태도로서는 훌륭한 것이었으나 측정방법으로서는 매우 불완전한 것이었다. 빗물이 땅 속에 스며드는 깊이는 땅이 말랐을 때와 젖었을 때에 따라서 차이가 심하게 드러나기 때문이다. 세종 23년을 전후해서 거듭된 한발과 폭우가 번갈아 닥쳐 온 일은 그 때까지 시행하던 강우량의 측정법을 거의 쓸모 없는 것이 되게 했다. 각 지방에서는 그러한 사실을 호조에 보고해 왔다. 그런데 그러한 문제점은 빗물을 어떤 특정한 그릇에 받아서 그 깊이를 측정하는 보다 과학적인 방법을 요구하고 있었다. 장독대에 놓인 독이나 항아리에 고이는 빗물은 그것을 일깨워 주었으리라고 생각된다.

마침내 세종 23년(1441) 8월 18일 조선 농업기상학의 결정적 전환점이 되는 새로운 강우량 측정제도가 마련되었다. 《세종실록》에 의하면, 호조에서는 위에서 말한 바와 같은 종전까지의 강우량 측정의 문제점을 지적하여 측우기를 만들어야 할 필연적인 이유를 명시하고, "서운관에 청하여 대를 만들고 깊이 2자 지름 8치의 鐵器를 주조하여 대위에 놓고 빗물을 받아 서운관의 관리에게 그 깊이를 재서 아뢰도록하였다"고 했다. 이 역사적인 기록들은 몇 가지 점에서 매우 중요하다. 무엇보다도 세종 23년 8월의 기사에는 그 때까지 조선에서 어떤 방법으로 강우량이 측정되고 있었는지 잘 나타내고 있다. 그리고 강우량의 측정이 전국적으로 제도화되어 시행되고 있었음을 말하고 있다. 이것은 측우기의 발명과정을 극명하게 보여주는 내용으로 과학사의 서술에서 가장 극적인 사실을 증언하는 최고의 자료이다. 이 부분만을 읽어도 강우량 측정의 과학적 방법이 창조적으로 전개되어 나가는 역사적 배경과 동기가 분명하게 떠오른다. 움직일 수 없는 독창적 아이디어의 출현이 선명하게 드러나고 있다. 이렇게 해서 그 때까지의 불완전했던 강우량의 측정법이 측정기기에 의한 과학적·수량적 측정 방법으로 개량되었다. 길이 2자(약 42cm), 직경 8치(약 16.8cm)의 원통형의 철제 우량계가 이 때 세계에서 처음으로 발명되었다.

이 기사는 또한 강우량 측정법과 집계방법을 어떻게 제도화하였는지를 분명히 하고 있다. "지방의 각 관청에서는 서울에서 부어 만든 그릇의 보기에 따라 사기나 옹기 그릇을 써서 객사 뜰에 놓아 두고 수령이 물의 깊이를 재서 감사에게 보고케 하여 감사가 집계·보고하도록 했다"고 하여, 그것이 전국적인 규모로 시행된 사실을 밝혔다. 그러나 이 기사는 그러한 역사적인 업적의 창조자가 누구였는지 분명히 하지 않았다. 전하는 바에 의하면 빗물을 특정한 그릇에 받아서 그 깊이를 측정하는 방법을 창안한 사람은 문종이었다고 한다. 그런데 위에서 인용한 실록의 기사에서 측우기를 만든 것은 서운관이었다는 사실을 읽을 수 있으니, 측우기와 수표의 발명은 서운관에 소속되었던 여러 학자들의 공동연구로 이루어진 것이라고 보아야 할 것이다.

측우기는 이렇게 세종 23년 가을에 처음으로 발명되었다. 그러나 여러 가지로 미흡한 점이 드러나서, 다음해 초여름 우기에 접어 들면서 시행단계에 들어서자 보다 완성된 제도로 개량하여야 할 필요성을 느끼게 되었다. 5월 8일에 마침내 그 구체적 방안이 최종적으로 확정되고 원통형 그릇은 측우기라고 이름지어졌다. 《세종실록》에는 이 역사적 사실에 대하여 다음과 같이 기록되어 있다.

> 호조에서 여쭙기를, 측우기의 일에 대하여 이미 가르침을 받은 바 있으나 미진한 곳이 있어 조례를 다시 구신하나이다. 첫째, 서울에서는 쇠를 부어 그릇을 만들어 측우기라 이름지었는데 길이 1자 5치, 직경 7치로 하여 周尺을 쓰고, 서운관에 대를 만들어 그 위에 측우기를 놓고 비가 그쳤을 때마다 본관 관원이 강우상황을 직접 관찰하여 주척으로써 수심을 측정하고, 아울러 비가 시작한 때, 날이 개인 때와 수심의 치수를 기록하여 즉시 보고하고 기록케 하며, 지방에서는 각 도와 군·현의 객사 뜰에 두고 수령이 직접 강우량을 치·푼까지 측정하여 보고케 했다(《세종실록》 권 96, 세종 24년 5월 정유).

이렇게 세종 24년 5월 8일에 개량·완성된 이 제도는 강우량 측정법에 있어서 거의 완벽에 가까운 근대적이고도 과학적인 방법이었다. 이 측정 방법을 오늘날 세계적으로 통용되고 있는 강우량 측정법과 비교할 때 자(尺)를 따로 씀으로 인한 부피의 증가에서 생기는 오차를 생각하지 않았다는 것 이외에는 다른 점이 없다. 그러나 그 오차는 무시할 만한 극히 작은 것이다.

이 때 제정된 규정이 전년도의 것과 달라진 점을 살펴 보면, 그 사이에 뚜렷한 개량이 있었음을 알 수 있다. 그것은 첫째로 측우기의 규격이 달라진 것인데, 깊이가 직경에 비하여 많이 줄어들었다는 것이다. 서운관의 과학자들은 아마도 우리 나라의 강우량이 한번에 300㎜ 이상은 내리지 않는다는 그들의 통계를 바탕으로 해서 이 규격을 확정했을 것으로 생각된다. 둘째는 강우량은 비가 그쳤을 때 측정한다는 것을 명시하고, 셋째는 자는 주척을 쓴다는 것이며, 넷째는 비가 내리기 시작한 일시와 개인 때를 기록하는 일이고, 다섯째는 수심은 자·치·푼까지 정확하게 잴 것을 규정하였고, 여섯째는 서운관은 그 상황을 즉시 보고할 것 등을 명백히 했다는 것이다.

그리고 가을의 첫 기사와 다음해 봄의 기사는 그 때까지 축적된 데이터와 실험적 검토를 근거로 해서 시험적으로 제작된 측우기가 어떻게 조정되어 제도적으로 확정되었는가를 분명하게 설명하고 있다. 강우량을 측정하는 기기를 만들었다는 단순한 사실의 기사화에 머무르지 않고, 측정방법의 조직적이고 광범위한 제도화와 보고제도 및 통계기록 보존방법에 이르기까지의 모든 내용이 담겨있는 것이 특히 중요하다. 5월의 기사에는 전 해 8월에 발명된 기기를 개량 확정하면서 그것을 '測雨器'라고 명명했다는 사실을 분명히 하고 있다.

이 측우기는 길이 1자 5치, 직경 7치의 철제 원통이다. 그리고 고인 빗물은 주척으로 수심을 측정하여 강우량을 치·푼까지 정확하게 나타내도록 명기하고 있다. 또 관측일지에는 강우시간을, 비가 오기 시작한 일시와 그친 일시를 적어 분명히 하도록 했다. 이 모든 제도는 거의 완벽한 것이다. 15세기 전반기에 이러한 과학적인 기상 측정제도가 전국적으로 시행되었다는 사실은 높이 평가할 만한 일이다.

측우기의 제작은 정조 6년(1782)에 만든 대리석 측우대에 直提學 沈念祖가 撰한 글에서 볼 수 있듯이, '水旱之政을 조심하시고 애쓰셔서' 만든 것이고 비가 오기를 빌고 기다리는 祈雨의 한 儀式을 치르는 것과도 같은 뜻이 있는 것을 간과해서는 안된다. 그러나 그 제작과정과 아이디어의 창출, 그리고 강우량의 측정법 등은 분명히 과학적인 방법이다. 그것은 또한 자연현상을 기기를 써서 수량적으로 측정하려던 과학적 방법의 출현으로 보는 데에 별로 무리가 없을 것이다.

이렇게 측정된 강우량은 '몇 시 몇 경에 비(灑雨)가 내렸다. 강우량의 측우기 수심은 몇 촌 또는 몇 푼'이라는 격식에 따라서 기록·보고하도록 되어 있었다. 위의 규례에도 나오지만, 조선왕조는 강우량을 그 수심과 함께 그 정도에 따라서 8단계로 분류·기록하는 근대적인 방법도 썼다.

조선초의 과학자들은 강수현상의 기기에 의한 수량적인 측정방법의 또 다른 한 가지로 하천의 수위를 재는 장치를 창안해 냈다. 서울의 한 가운데를 흐르는 청계천과 근교에서 가장 큰 강인 한강에 세운 水標가 그것이다. 《세종실록》에는 이 사실도 구체적으로 기술되어 있다. 청계천 馬前橋 서쪽에 세운 수표는 근대적인 하천 水位計 바로 그것이었다. 한강변의 암석에도 '尺·寸·分을 새긴 標'를 세웠다고 했다. 도시의 중심부를 흐르는 하천의 물과 근교의 큰 강의 수위를 측정함으로써 평소의 수위와 하천의 범람에 대비한 위험 수위, 갈수기의 수위 등을 파악할 수 있게 한 것이다. 수표는 성종 때에 화강석으로 개량되었다. 측우기에 머무르지 않고 수표에 의한 측정을 함께 병행했다는 사실은 강수량의 과학적 측정제도로 완벽한 것이었다.

이렇게 세종 때의 과학자들은 측우기를 발명하여 강우량의 측정을 제도화함으로써, 15세기 전반기에 이미 자연현상을 수량적으로 측정하여 기록하고 통계적으로 파악하여 기상학의 과학적 방법을 수립하였다. 조선왕조에서 15세기 전반에 있었던 이러한 강우량 측정기기의 발명과 과학적 측정제도의 전국적인 시행을, 과학으로서의 농업기상학의 시작으로 규정하려는 뜻이 여기에 있다. '農者天下之大本'을 내세운 유교적 농업국가인 조선왕조에서 농업기상학이 세계의 어느 지역에서보다 일찍이 과학으로 처음 성립했다는 사실은 의의있는 일이다.

(2) 농업기상학의 발달

농작물에 미치는 기상의 영향 중에서 강우량 다음으로 중요시된 것은 바람이었다. 大風 현상을 災害로 기록한 것을 우리는 《증보문헌비고》에서 쉽게 찾아볼 수 있다. 나무가 뽑힐 정도의 바람은 대풍이라 불렀고, 기와가 날아갈 정도의 바람은 가장 강한 것으로 暴風이라고 했다. 대풍과 폭풍은 자연현상에서, 특히 風異로 기록되었다. 災異라는 생각이 강했던 것이다. 이에 대한 姜希孟의 이론은 조선 초기 경험적 농업기상학의 이론 중에서 특히 뛰어난 것이었다. 그는 농가의 재앙으로 물난리와 가뭄 다음으로 바람에 의한 해가 있다고 지적하였다.

> 우리 나라 땅은 동쪽과 남쪽이 바다에 접하고 서쪽은 넓은 들이다. 북에는 험산준령이 있는데 그것은 꺾어져서 동쪽을 덮고 남쪽에 이르러 끝나고 있다. 그래서 그 지세는 동쪽과 북쪽은 모두 산이고, 서쪽과 남쪽은 모두 들판이다. 바람이 바다를 거쳐 불어오는 것은 따뜻해서 쉽게 구름과 비가 되어 식물을 자라게 한다. 바람이 산을 넘어 불어오는 것은 차다. 그러므로 그것은 식물에 해를 끼친다. 嶺東 사람들은 농사철에 동풍이 불기를 바라지만, 湖西·京畿·湖南 사람들은 동풍을 싫어하고 서풍이 불기를 바라는 까닭은 그 바람이 산을 넘어 불어오는 까닭이다(姜希孟,《衿陽雜錄》諸風辨 4).

이렇게 그는 우리 나라는 지세로 보아 바다를 지나서 불어오는 바람은 따뜻하며 雲雨를 만들고, 산을 거쳐오는 바람은 차서 농작물을 손상하며, 풍해 중에서는 동풍에 의한 것이 많다고 했다. 그의 글에는 한국의 자연지리적 이론과 기상학의 이론을 구체적으로 그리고 경험적으로 기술한 부분이 있다. 그의 이론에는 Föhn현상이 이미 전개되고 있다. 이것은 그가 처음으로 발견한 현상은 아닐 것이다. 그가 머무르고 있던 경기지방에서 경험적으로 알려져 있던 사실을 정리한 것이라고 생각된다. 그래서 그는 동쪽에 산맥이 가리워 있는 경기지방에서는 동풍에 의한 농작물의 피해가 매우 커서 심할 때는 논밭의 물고랑이 모두 마르고 식물은 타버리며 적을 때도 벼잎과 이삭이 너무 빨리 마르기 때문에 벼이삭이 싹트자마자 오그라들어 자라지 않는다고 지적하고 있다. 이것은 우리 나라의 기후에 미치는 바람의 영향을 경험적으로 전개한 이론 중에서 선구적인 것이다.

이렇게 농작물에 미치는 바람의 영향이 크다는 사실을 알고 있었던 조선 초기의 기상학자들은 풍향을 특히 정확하게 관측했다. 서운관에서는 풍향의 관측을 위하여 風旗竹 즉 풍향 관측기를 설치하였다. 풍향의 계통적인 관측이 언제부터 시작되었는지는 분명하지 않지만, 세종 때부터는 풍기죽을 風旗臺에 꽂아 놓고 깃발이 날리는 방향으로 풍향을 관측하고 대체적인 풍속을 가늠했다.

일기예보는 주로 경험론에 의한 강우의 예보, 즉 農家占雨의 기술이 예부터 주로 농서를 통해서 전해내려 왔다. 그러한 일기예보술은 크게 3부류로 나누어 볼 수 있다. 그 첫째는 중국의 고문헌에서 인용한 것이고, 둘째는 陰

陽說에서 나온 占雨法의 영향을 받은 것이며, 셋째는 경험에서 얻은 지식을 말한 것이다. 그런데 우리 나라의 예보의 특징은 대부분 오랜 경험에 입각해서 얻은 지식을 반영하고 있다는 점이다. 강희맹은 그의 저서에서 음양설에 의한 점우법을 들고 그 비논리성을 지적하면서, 우리 나라는 언제나 남풍일 때 큰비가 내리고 북풍이 불면 오래 개인다는 사실은 음양설의 점우법과 상반되는 현상이라 하고, 경험과 관찰에 의한 과학적인 통계에서 얻은 이론이어야 함을 강조했다.

17세기 중엽, 조선 중기의 대표적인 농서로 판을 거듭한《農家集成》이 세종 때의《農事直說》·《四時纂要》그리고 강희맹의《衿陽雜錄》으로 구성된 것은, 강희맹의 저서가 갖는 비중을 말해주는 것이다. 그의 농업이론은《농사직설》의 경험적 농법과 함께 중요한 농사지침서로 기여한 바 컸다. 그러므로 강희맹의《금양잡록》에서 조선 초기 농업기상학 이론의 한 편린을 볼 수 있다. 이러한 이론은 그 후《산림경제》와《임원십육지》등에서 점철되고 있다. 이런 자료들의 정리와 체계화가 자연현상의 관찰·측정과 같은 기계적 데이터의 정리와 함께 재구성되어야만 조선 초기의 농업기상학의 모습이 제대로 떠오르게 될 것이다.

그 밖에 기상관측으로는 지진과 白虹貫日 및 白虹貫月이 이상현상으로 특히 주목되었고, 햇무리와 달무리, 극광, 무지개, 우레와 번개, 우박, 서리, 안개, 눈, 구름, 해일과 큰 파도, 밀물과 썰물 등이 계통적으로 관측 기록되었다.

측우기와 수표의 발명, 그리고 전국에 걸친 근대적 강우량 측정은 조선의 농업기상학 발전의 전기가 되었다. 그 제도는 그 후 100여 년간 지속되었다. 성종 때에는 청개천의 수표가 화강석으로 개량되어 새로이 설치되었다. 측우기에 의한 강우량의 측정도 꾸준히 이루어지고 있었다.《중종실록》에 나타나는 강우량에 대한 기사는 그 사실을 말하는 것이다. 중종 25년(1530) 7월 9일의 "밤에 비가 내렸는데 깊이 2푼이었다"는 기록과 중종 37년 5월 29일의 "28일부터 오늘까지 비가 오락가락했는데 측우기의 수량이 5푼이었다"는 기록은 측우기에 의한 강우량의 측정이 계속되었음을 분명히 하는 것이다. 그러나 선조 19년(1586) 5월 3일의《선조실록》기사는 세종 때에 확립된 측정 제도가 제대로 지켜지고 있지 않음을 보여주고 있다. "비가 왔다. 수심이 布

帛尺 1촌 1푼이었다"고 기록하고 있어, 측정에 쓰인 자가 지정된 표준척인 주척이 아니고 포백척으로 바뀐 것이다. 세종 24년(1442) 5월에 제정된 측정법이 지켜지지 않고, 측우기만이 쓰이고 있었던 것으로 보인다. 그것마저 얼마 후 전란으로 측우기가 모두 유실되면서 지켜질 수 없게 되었다. 강우량 측정법은 겨우 수표에 의한 측정으로 명맥이 이어지고 있었다.[27]

〈全相運〉

3. 물리학과 물리기술

1) 도량형과 자기의 이론

조선초의 도량형은 고려의 그것을 그대로 계승했다. 그리고 시장에서의 공중거래 질서를 담당하는 도량형과 가장 관련이 깊은 관청 京市署 역시 고려의 것을 그대로 따랐다. 세조 12년(1466) 경시서는 平市署로 이름만 바꾸었다. 《經國大典》에 의하면 평시서는 종5품 관아로서 令(종5품) 1명, 直長(종7품) 1명, 奉事(종8품) 1명을 두고 그 아래 書吏 8명 등이 있었다. 그렇다고 이 관청이 국가의 도량형을 새로 제정하거나 대단히 강력한 통제기능을 가진 것은 아니었다.

세종 13년(1431) 4월 공조에서는, 관청마다 그 우두머리가 도량형을 만들어 나눠주는 바람에 척도가 길고 짧은 것이 들쭉날쭉하니 각 관아에서 竹尺을 만들어 중앙에 보내고, 그것을 경시서가 바로잡아 기준척으로 다시 돌려 보내자고 건의하였고 이에 따르기로 결정하였다.[1]

세종대의 도량형 정비 노력은 이 때 만들어진 여러 가지 천문기구의 치수를 정하는 문제와 연결되어 더욱 절실했다. 《世宗實錄》에는 경회루 둘레에 만들었던 簡儀·渾儀·渾象·報漏閣·欽敬閣·여러 가지 해시계와 日星定時

27) 全相運, 〈朝鮮前期의 科學과 技術－15세기 科學技術史 硏究 再論－〉(《한국과학사학회지》 14-2, 1992), 156~159쪽 참조.

1) 《世宗實錄》 권 52, 세종 13년 4월 신축.

儀 등의 제작을 설명하는 긴 글 뒤에 바로 도량형의 교정 문제가 함께 거론되어 있음을 알 수 있다. 이에 의하면 이런 기구들을 제작하는 데에는 대개 周尺을 기준으로 썼으나, 주척을 확정하는 일부터 쉽지가 않았다. 朱子의 《家禮》에 실어 놓은 척도를 기준으로 하려 하지만, 세상에 돌고 있는 판본이 여럿이어서 이 또한 정확하지 않다는 것이다. 그런데 태조 2년(1393) 판중추원사 許稠가 두 가지 척도를 비교하여 이를 해결한 일이 있었다. 우선 그는 陳友諒의 아들 陳理의 사당에 모신 神主의 치수에서 尺本을 뜨고, 姜碩弟의 아들 집에서는 그가 중국에 갔을 때 그 곳의 象牙尺에서 떠 온 종이 척본을 얻어 함께 비교했다. 이렇게 비교 연구해 얻은 결과는 서로 어긋남이 없었다. 이로써 당시 조선과 중국의 주척이 같다는 것도 증명되었고, 그로부터 집안의 사당이나, 거리의 표시, 활터의 거리 측정 등을 모두 이 주척으로 하기로 했다. 물론 세종 19년 4월에 완성된 많은 천문기구들 역시 바로 이 주척을 기준으로 하였다.[2)]

이보다 앞서 주척을 교정해 보려는 노력이 있었는데, 세종 12년 9월에 임금은 집현전 부제학 鄭麟趾에게 주척을 考正하라고 지시했다. 그러나 주척을 정하는 일이 쉽지 않다고 깨달은 세종은 바로 다음달에는 정인지에게 주척을 만드는 일을 중단하게 했다. 세종은 주척은 시대에 따라 달랐고, 黃鐘管 또한 중국과는 성음구조가 다른 우리 나라의 것이 중국 것과 똑같을 수 없다면서 그것을 지금 만들어 뒷날의 웃음거리가 되는 것보다는 차라리 지금 만들지 않음이 낫다고 하였다.[3)]

요컨대 도량형의 기준이 된다고 할 수도 있는 주척은 결국 천문기구 등을 대규모로 마련하면서 일단 정비된 것으로 보인다. 뒤에 徐居正은 세종 때 허조의 노력으로 주척이 확립된 과정을 회고하면서, "모든 사대부 집 사당의 신주의 천문기구, 도로의 里數, 활터의 거리 등을 모두 여기에 따르게 했다. 그 후 司譯 趙忠佐가 명나라에 갔다가 새로 만든 신주를 사 왔는데, 그 치수가 우리 나라와 寸, 分도 틀림이 없었다. 지금 우리 주척이 중국의 것과 같은 것은 의심할 여지가 없다"고 쓰고 있다.[4)] 서거정의 글 내용은 《세종실록》을 그

2) 《世宗實錄》 권 77, 세종 19년 4월 갑술.
3) 《世宗實錄》 권 49, 세종 12년 9월 정묘·10월 을유.

대로 베끼다시피 하고 있지만, 세종의 주척 확정이 1437년인 것을 생각한다면 이 논평은 꼭 49년 뒤의 것이다. 반세기 뒤에까지 세종의 주척 확정은 별 이론 없이 칭송되고 있었음을 알 수 있다.

이런 망설임과 방황이 계속되는 가운데 세종대에는 도량형 제도가 어느 정도 완성되었는데, 부피는 세종 28년(1446) 9월 호조의 건의를 따라 斛·斗·升·合을 다음과 같이 정했다. 기준으로 쓰는 척도는 새 營造尺이었다.[5)]

斛(부피 20斗 짜리): 길이 2척, 너비 1척 1촌 2푼, 깊이 1척 7촌 5푼, 積 3,920촌
(부피 15斗 짜리): 길이 2척, 너비 1척, 깊이 1척 4촌 7푼, 적 2,940촌
斗: 길이 7촌, 너비 7촌, 깊이 4촌, 적 196촌
升: 길이 4촌 9푼, 너비 2촌, 깊이 2촌, 적 19촌 6푼
合: 길이 2촌, 너비 7푼, 깊이 1촌 4푼, 적 1촌 9푼 6리.

과연 조선 초기의 도량형이 지금 기준으로 얼마에 해당하느냐를 계산하는 일은 쉽지 않다. 몇몇 시도가 있었으나 정말로 당시의 기준 척도가 지금 우리들이 믿을 수 있을 만큼 정확한 것일지는 의문이다. 비록 경시서(평시서)에서 표준 도량형을 가지고 교정해 주는 일을 맡고 있기는 했지만, 지방에 따라 여전히 조금씩 다른 자와 저울·되 등이 사용되었을 것으로 보이기 때문이다.[6)]

《경국대전》의 도량형 조목에 나오는 상태는 대체로 세종대까지 정리된 결과라고 할 수 있을 것이다. 이에 따르면 세조 초기의 길이·부피·무게의 기본 단위는 다음과 같다.[7)]

길이(尺度): 1分=10釐, 1寸=10分, 1尺=10寸, 1丈=10尺
부피(量器): 1合=10勺, 1升=10合, 1斗=10升, 1小斛=15斗 (平石)
1大斛=20斗 (全石)
무게(權衡): 1分=10釐, 1錢=10分, 1兩=10錢, 1斤=16兩

---

4) 李肯翊, 《燃藜室記述》 別集 권 13, 周尺.
徐居正, 《筆苑雜記》 권 2.
5) 《世宗實錄》 권 113, 세종 28년 9월 임진.
6) 朴興秀, 〈도량형〉(《한국사》 10, 국사편찬위원회, 1974).
全相運, 《韓國科學技術史》(正音社, 1975), 150·152쪽.
7) 《經國大典》 권 6, 工典.

또한 이 시기의 자로는 黃鍾尺·周尺·營造尺·造禮器尺·布帛尺 등이 있었는데, 이들의 상호관계를 《경국대전》은 다음과 같이 설명하고 있다.

황종척 1척=주척	6촌 6리	=6.6
=영조척	8촌 9푼 9리	=8.99
=조례기척	8촌 2푼 3리	=8.23
=포백척	1척 3촌 4푼 8리	=13.48

이《경국대전》의 체제가 뒤에 추가·보충되어 지방 각 관아에는 공조에서 만든 표준 도량형이 제공되었고, 이를 본떠서 각 관청에서 만들거나 개인이 만든 것들을 모두 서울의 평시서나 지방 관아에서 검정을 받아 낙인을 찍어 사용하게 했다. 성종 5년(1474) 申叔舟가 경연에서 건의한 내용을 보면 3년마다 한 번씩 교정한 도량형을 지방에 보내 기준으로 사용케 한 것으로 되어 있기도 하다. 신숙주는 또한 쇠로 자를 만들어 지방 기준척으로 보내자고도 주장했으나, 이 주장이 받아들여졌는지는 확인할 수 없다. 그런데 이 자리에서 尹子雲은 각 관청마다 목공의 기술이 다르고 정확성이 떨어져 도량형이 통일되기 어렵다고 말하고, "관청의 말과 섬도 서로 다른데, 항차 민간의 경우야 말할 것도 없다"고 평하였다.[8] 도량형의 전국적 통일이 얼마나 어려운 일이었는지를 짐작하게 한다.

2) 자석과 자기의 이론

자석에 대한 지식이 어떻게 전개되었는지는 아직 밝혀져 있지 않다. 다만 삼국시대에 신라에서는 당나라의 주문에 따라 자석을 중국에 보내주었다는 기록이 있다. 조선초 자석에 대한 재미있는 사건 한 가지는 태종 7년(1407) 10월 한성부 판사 劉旱雨가 몰래 세자에게 자석과 쇠를 바쳤다 하여 파직당했다. 세자는 이 자석을 가지고 金巖驛으로 가서 물을 떠다가 그 위에 띄우고 시험해 보았다. 이를 환관 朴英文이 간했으며, 허조는 자석과 쇠를 봉하여 사헌부에 보내고 상서하여 유한우의 처벌을 요구했던 것이다.[9]

8)《成宗實錄》 권 49, 성종 5년 11월 기사.
9)《太宗實錄》 권 14, 태종 7년 10월 무자.

당시 허조는 사헌부 집의였다. 유한우는 당대에 활약한 地官이었고, 漢陽 정도에도 상당한 역할을 한 인물이다. 유한우는 이 사건으로 파직당한 것처럼 《태종실록》에 기록되어 있지만 다음에 나오는 기록으로 보아 그는 오래 파직당하지는 않았음이 분명해 보인다. 계속 능 자리를 고르는 일을 열심히 하여 임금의 시상을 받았다는 기록 등이 있기 때문이다.

왜 자석을 가지고 놀았다는 사실이 사건이 되었던가는 확실하지 않다. 하지만 세자의 '玩物喪志'로 공부하는 자세를 잃게 했다는 뜻일 뿐이지 자석 그 자체가 잘못된 물품이어서는 아니었을 것이다. 그러나 이 사소해 보이는 사건으로도 당시 제대로 공부하는 사람들은 자석같은 것을 가지고 놀아서는 안 된다는 것을 짐작하게 해 준다. 자석에 대한 기록은 《세종실록지리지》의 경상도와 강원도 편에 그 지방의 산물로 한 번씩 소개되는 정도일 뿐이다.

《東醫寶鑑》에 기록된 자석에 대한 부분은 조선 전기의 자석에 대한 지식 수준을 보여 준다. 이 책에서 許浚은 한글로 '지남석'이라 표시한 다음 그 성질이 차고 맛은 신감이며 독은 없다고 쓰고 있다. 그리고 의학상의 용법으로 신장에 좋고 기를 강하게 해주는 등의 효능을 여러 가지 열거하였는데, 끝으로 물에 갈아서 마시면 아들을 갖게 해 준다는 뜻도 써 있다. 그리고는 이어서 중국의 의학서를 인용하는 형식으로 자석은 바늘을 많이 끌어 올릴 수 있는 성질이 있음을 소개하고 힘이 좋은 자석은 몇 근의 쇠를 끌어당길 수 있다고 쓰고 있다. 또 그릇 밖에도 그 힘이 미치는데 이는 사물이 서로 감응하는 物類相感의 이치에 따른 것이라 설명하고 있다. 또 그 아래 항목으로는 磁石毛를 소개하고 있는데, 자석에 구멍이 있고 거기에 털이 있다고 되어 있다. 무엇을 가리키는지 확실하지 않지만, 역시 의학적 효능은 대단한 것으로 기록되어 있다. 이에 의하면 자석모는 쇠의 어미(鐵之母)로서 어미가 자식을 끌어가듯이 쇠를 취한다고 되어 있다.[10)]

조선 전기까지의 자석에 대한 지식은 대체로 이 두 갈래에 머물고 있었던 것이다. 즉 나침반으로서 주로 지관이 사용하는 방향을 잡는 도구로써가 하나이며, 다른 한 가지는 의학상의 용도였다.

10) 許浚, 《東醫寶鑑》 湯液篇 권 3, 磁石.

3) 수리기술과 기계장치

조선초까지도 수리기술의 대종을 이루는 것은 둑을 쌓거나 다스리는 수준에 머물렀다. 태종 15년(1415) 벽골제를 다시 쌓는 데에는 9월에서 10월까지 1만 명을 동원했는데, 그 둘레가 77,406步, 길이가 60,843尺이며, 뚝의 아래 넓이가 70자, 위넓이는 30자, 높이는 17자였다. 수문 5개는 각기 13자인데, 이로 인해 9,840結의 논에 물을 댈 수 있었다.[11] 전래의 가장 확실한 수리시설은 둑을 쌓고 관리·보수하는 일이었고, 이를 잘 해내기 위해 堤堰司가 있었다. 제언사의 보고에 의하면 중종 18년(1523) 현재 남쪽 지방의 제언수는 대략 전라도 900, 경상도 800, 충청도 500개소 이상이라고 되어 있다.[12]

수리를 위해 어떤 기계장치를 이용한다는 의식은 그리 발달해 있지 못했던 것으로 보인다. 예를 들면 세종 때 庾順道는 '渴烏激水'의 방법을 써서 가뭄에 물을 끌어올리는 실험을 실시했으나 성공하지 못한 기록이 있다. '갈오'란 스포이드 같은 장치를 뜻하는 것으로, 즉 구부러진 관을 써서 낮은 곳의 물을 높은 곳으로 끌어올리려 했던 것으로 보인다. 세종 13년(1431) 5월 유순도는 임금에게 건의해서 이 실험을 실시하였으나 실패하였다. 그는 임금에게 자기가 작은 대나무로 만들었을 때는 성공했는데, 이번에는 되지 않는다고 보고하였다. 모세관 현상을 잘못 오해해서 큰 관을 써도 물이 위로 올라올 것으로 생각했던 것으로 보인다.[13] 태조 5년(1396) 문과에 급제한 유순도는 세종 3년에는 중국에 서장관으로 다녀온 일도 있고, 일찍이 태종 때에는 왕명으로 중국에까지 가서 공부하고 돌아온 자로서 천문학, 의학분야에서 당대의 최고 권위자였다. 그러나 아직 모세관 현상에 대한 이해는 없었음을 알 수 있다.

水車를 이용하자는 제안에 대한 처음 기록은 고려말 白文寶의 경우에서 찾을 수 있다. 공민왕 11년(1362) 密直提學 백문보는 중국에서는 수차를 써서 가뭄에도 쉽게 물을 대는데, 우리 나라에서는 그 이익을 취하지 못하고 있다

11) 《增補文獻備考》 권 146, 田賦考 6, 堤堰.
12) 《中宗實錄》 권 46, 중종 18년 정월 경술.
13) 《世宗實錄》 권 52, 세종 11년 12월 을미.

며 수차 보급을 강력히 주장했다.[14] 태종 7년(1407)에 이르러 사헌부의 지방 수령에 대한 권장 사항의 하나로 수차 보급을 들고 있다. 농민에게 수차를 제조케 하거나 만들어 보급한 성과를 수령의 공적으로 치라는 것이었다.[15]

세종 11년(1429) 12월 통신사로 일본에 다녀온 朴瑞生은 귀국보고에서 일본의 수차에 대해 보고하고, 그것을 대략 만들어 올려 보급하기를 권했다. 일본의 수차는 급류에 설치하면 저절로 움직이지만 물살이 느린 곳에서는 저절로 움직이지는 않는다. 그러나 인력으로 운동을 도우면 될 것이라며 倭水車 보급을 주장했던 것이다.[16] 세종은 수차의 개량 보급에 남다른 관심을 보이기도 했다. 수차가 작동 즉시 물이 새어 관개 효과가 없음을 보고받자, 세종 13년 5월에 왕은 중국과 일본에서는 모두 효과적으로 사용되고 있는 수차가 왜 우리 나라에서만 사용되지 못하느냐고 묻고 관계자를 각 도에 파견하여 수차를 관리하게 하였다.[17]

다음달 박서생은 전에 이미 보고했던 일본에서의 수차 이용의 예를 들면서 그 동안 수차의 제작이 잘못되어 사용되지 못했다고 지적하였다. 공조참의였던 그는 일본통신사로 갔을 때 그를 따라가 수차를 연구하고 온 金愼에게 수차 제작을 감독하게 하라고 건의했다. 그는 수차 제작의 네 가지 요체는 수차의 크기, 격수판의 크기, 물통의 크기와 간격, 물살을 세게 만드는 기술 등에 달렸다고 설명하였다. 설치한 지역에 따라 수차의 모양도 달라질 수밖에 없다고 강조한 것이다. 그 해 6월 이 건의를 받아들여 세종은 김신에게 수차를 만들어 시험해 보라고 명했다.[18]

이렇게 만들어진 수차는 10월에 시험되었고, 그 결과가 기록되어 남아 있다. 왜수차와 吳致善이 만든 수차를 시험해 본 결과 왜수차는 관개용으로 사용할 만하지만, 오치선의 수차는 우물물을 길어올리는 데에나 쓸 수 있었다는 것이다. 그 보급을 권고받은 세종은 각 도에서 그 모양을 보고 스스로 만들어 내년 농사에 쓸 수 있게 하라고 지시했다. 또 그 해 11월에는 왜수차와

14) 《高麗史》 권 79, 志 33, 食貨 2.
15) 《太宗實錄》 권 12, 태종 6년 12월 을사.
16) 《世宗實錄》 권 46, 세종 11년 12월 을미.
17) 《世宗實錄》 권 52, 세종 13년 5월 경진.
18) 《世宗實錄》 권 52, 세종 13년 6월 을미.

함께 唐水車도 제작하도록 지시한 일도 있다. 세종 때 일본과 중국의 수차를 국내에 보급하려 했다는 것을 알 수가 있다. 연말에는 두 가지 수차의 제조 기술자가 경기·충청도에 1명, 전라·경상도에 1명씩 파견되었다.[19]

세종 16년 6월 왕은 세 왕자와 도승지 安崇善에게 藏義門 밖에 설치되어 있는 자격수차를 구경하고 오라고 지시했다. 안숭선이 좋다고 보고하자 임금은 자기도 한번 가 보겠다고 다짐했다.[20] 그러나 세종의 이런 노력은 그리 좋은 성과를 올리지는 못한 것으로 보인다. 1년 뒤인 세종 17년 여름에 여러 도에 설치했던 수차를 없애라고 명한 것이다. 그 이유로는 하루에 길어올리는 물의 양이 너무 적고, 멀리 끌어올릴 수도 없을 뿐 아니라, 관리들의 닦달로 농민들의 원성을 사기 때문이라고 밝혀져 있다. 임금은 자원하는 곳에서만 없애지 말라고 지시했다.[21] 세종은 이런 실패가 백성들이 옛 것을 그대로 지키려고만 하지 새 것을 싫어하는 습성 때문이라고 못마땅히 여겼던 것 같다. 세종은 수차나 제언이 모두 농사에 긴요함에도 불구하고 바로 이런'守舊厭新'의 태도 때문에 보급되지 못했다고 말하고 있다.[22]

문종 역시 수차의 중요성을 강조한 적이 있으나, 그 결과는 그리 성공적인 것은 아니었다.[23] 성종 19년(1488)에는 중국까지 표류했다가 돌아온 崔溥가 중국식 수차를 소개하고, 이를 감독해 직접 만들었으며, 연산군 2년(1496)에는 지방에 가서 수차 제작기술을 가르쳐 주기도 하였다.[24]

연산군 8년에는 金益慶이 수차를 만들었지만 역시 크게 환영받지 못하였다. 승지가 김익경의 수차가 정교하게 만들어졌으니 이를 본떠 보급하자고 건의하자 임금은 백성들이 쉽게 만들 수 없을 뿐 아니라 가뭄에 수차가 어찌 크게 쓸모가 있겠느냐면서 가까운 지역에서나 실시해 보라고 했고, 결국 경기·충청 지역에서만 시험삼아 해 보도록 결정했다. 그 후 시험 결과가 어

19) 《世宗實錄》 권 54, 세종 13년 10월 신유·11월 기묘·12월 병진.
20) 《世宗實錄》 권 64, 세종 16년 6월 임자.
21) 《世宗實錄》 권 68, 세종 17년 6월 정미.
22) 《世宗實錄》 권 69, 세종 17년 9월 경진.
23) 《文宗實錄》 권 10, 문종 원년 11월 임자.
24) 《成宗實錄》 권 217, 성종 19년 6월 병진 및 권 219, 성종 19년 8월 을미.
《增補文獻備考》 권 146, 田賦考 6, 堤堰.

찌 되었는지 알 수 없지만 조선초부터 계속 시험만 반복하였을 뿐이지 어떤 모델도 크게 성공했다는 증거가 없다.[25]

명종 원년(1546) 4월에도 비슷한 노력이 있었다. 경연자리에서 시독관이 제주도 사람으로 琉球에 표류했다가 중국에 들어가 福建 지방의 수차를 배워 돌아온 사람의 경우를 들어 그 수차를 제작해 보급하자고 나섰던 것이다. 나흘 뒤 호조에서는 크고 작은 수차를 만들었는데 서울에는 알맞는 물이 없으니 盤松池에서 시험할 것을 건의하여 허락받았다. 다시 이틀 뒤에는 호조판서가 작은 수차를 만들어 전국에 보급할 것을 건의하여 허락받았다.[26]

이처럼 조선 초기를 통해 수차는 끊임없이 제작되고 또 보급도 시도된 것이 확실하다. 그러나 실제로 그 효과가 대단하지 못했던 것은 여러 예에서 알 수가 있다. 어느 경우도 수차의 제작 보급 결과가 어떠하였다는 기록이 없다. 그리고 언제나 수차의 제작 보급이 새삼스럽게 시작된 것처럼 기록은 전한다. 수차 보급과 사용이 실제로는 별로 성공적이지 않았음을 보여준다.

수차 실패의 원인으로는 여러 가지를 생각할 수 있다. 조선 초기의 수차는 그저 잊혀지지 않을 정도로 산발적으로 전수되고 실시되었을 뿐이어서 당시로서는 거의 사회경제적 의의가 없었다고 생각될 지경이다.[27] 또는 가난 때문에 농민들이 수차를 만들 여유가 없었고, 우리 나라의 지세와 자연조건 및 토양이 대체로 자연수로 만족할 만했으며, 가물 때는 어차피 수차를 쓸 수도 없을 정도였다는 등의 원인을 들기도 한다. 또 수차에 사용할 알맞는 목재가 부족했다는 점을 들기도 한다.[28] 여하튼 조선 전기 동안 수차에 대한 기술상의 변화는 별로 일어난 일이 없는 것으로 보인다. 수차기술은 농업 기술로써 대단히 중요할 뿐 아니라 어떤 사회의 기계기술, 자료기술, 그리고 그 바탕이 되는 물리적 지식의 수준을 반영하는 것이라 할 수 있는데, 이 부분에서 조선사회는 별로 진전을 이루지 못했다고 할 수 있다.

세종 때 蔣英實이 만든 自擊漏와 玉漏는 물시계 내지 천문시계장치로서

25) 《燕山君日記》 권 43, 연산군 8년 3월 을해·병자.
26) 《明宗實錄》 권 3, 명종 원년 4월 기유·계축·을묘.
27) 李光麟, 《李朝水利史硏究》(韓國硏究圖書館, 1961), 93쪽.
28) 全相運, 앞의 책, 176~177쪽.

중요한 것이지만, 그 기계적 특징에서 보자면 기계장치의 중요한 시작이라 할 수 있다. 특히 자격루의 기본 장치는 말하자면 자동제어 시스템이어서 그 구조와 작동이 아주 복잡했을 것으로 짐작된다. 그러나 비슷한 유물·유적이 남아 있지 않고, 작동을 설명하는 상세한 기록도 남아 있지 않은 오늘날 그 상세한 구조와 작동원리는 지금 전혀 짐작하기 어려운 형편이다.29)

4) 화약과 화기의 제조

고려말 崔茂宣이 화약을 발명하여 병기제작에 이를 제도적으로 이용하기 시작한 우왕 3년(1377) 이래 화약은 중요한 무기제작 기술상의 혁명이었다. 이 발명으로 조선초부터의 무기기술은 새로운 전환을 겪고 있었다고 할 만하다. 조선초의 모든 군사기술 가운데 가장 중요한 부분이었고, 그 때문에 연구가 비교적 잘 되어 있다. 재래식 병기가 활·창·칼 등을 중심으로 하고 있었다면, 화약병기의 발달은 말하자면 새로운 '화학적' 무기의 시작을 뜻하기 때문이다. 조선초의 병기기술 발달은 아무래도 일반 재래식 병기보다는 신무기라 할 수 있는 화약무기에서 큰 발전이 계속되었다. 또 화약병기의 발달로 인한 군사적 우위와 북방과 남방의 이민족과의 쟁투에서 조선이 유리한 고지를 차지하게 만들었고, 그것이 조선초의 북방 및 남방 정벌 성공으로 이어졌다고 할 수 있다. 아직 화약병기는 중국과 조선에만 알려져 있었으며, 그런 상태가 16세기 중반까지 지속되었기 때문이다.

화약무기 개발은 중단되었다가 태종 원년(1401) 崔海山을 고용함으로써 다시 재출발을 하게 되는 것으로 보인다. 북방민족과 왜구에 대해 다시 주의를 기울일 수밖에 없었기 때문일 것이다. 최해산은 최무선의 아들로 權近의 추천으로 文益漸의 아들 文中庸과 함께 특채되었다. 문중용이 사헌부 감찰로 뽑히고, 최해산은 군기시 주부가 되었다.30)

이로부터 화약무기 개발은 박차를 가하여 태종 7년 이후에는 그 정점에 이

29) 남문현, 〈세종 자격루의 보시 시스템에 관한 연구〉(《한국과학사학회지》 11, 1989), 19~38쪽.

30) 《太宗實錄》 권 1, 태종 원년 윤3월 경인.

르는 것으로 보인다. 태종 7년 12월 화약무기 실험에서는 그 위력이 전보다 두 배로 커졌고, 이에 따라 화약무기의 종류가 다양해지면서 특히 火車가 더욱 발달한 것으로 보인다. 또한 이후 화약을 이용한 불꽃놀이도 더욱 성행한 것을 보더라도 화약의 생산 이용이 확대되었던 것을 짐작할 수 있다.31)

태종 9년(1409) 10월 태종은 최해산의 화차시험을 구경하고 관련자를 시상했다. 화차는 구리통 속에 화살을 수십 개 넣고 이를 작은 수레에 실어 끌고 다니다가 화약으로 발사하는 장치로 그 맹렬함이 적을 제압할 만하다고 하였다. 화차는 흔히 임진왜란 때 邊以中이 처음 만든 것처럼 알려진 일도 있으나, 화차는 화약의 발명과 함께 시작되어 계속 개량되어 내려온 것으로 보인다. 최무선도 화차를 사용했다는 권근의 기록을 보더라도 이를 짐작할 수 있고, 또 문종 원년(1451)에 만든 화차의 그림은 《國朝五禮儀序例》에 남아 있기도 하다.32) 화차는 일종의 장갑차로 화기를 차 위에 싣고 다니면서 화살을 쏘게 된 장치로서 문종대에는 더욱 발달하여 神機箭을 싣고 다니며 로켓식으로 발사하는 규모로까지 발달한 것이었다.

세종대로 들어가면서 화약기술은 더욱 발전한 것이 확실하다. 특히 세종 후기로 들어가면 화약기술이 최해산 혼자의 손을 벗어나 여러 기술자들에게 전수되어 있었음을 알 수 있다. 전설이기는 하지만, 최무선은 죽을 때 어린 아들 최해산에게 전하라며 비밀로 기록해 두었던 화약기술서를 부인에게 남겼다고 한다. 그것은 사실이 아니라 하더라도 화약기술이 초기에 얼마 동안 최씨 집안의 家傳的 기술 범주에 머물고 있었음을 시사하는 것이다. 실제로 최해산이 특채된 까닭도 꼭 그 아버지의 덕택만이 아니라 그의 기술을 이용하기 위한 정부의 조치였다고도 생각할 수 있다.

그러나 군기시에서 화약개발의 총책임을 맡아 일하던 최해산의 위치는 시간이 지나면서 줄어 들어 세종 14년(1432) 4월에는 임금과 대신들이 최해산의 외방 전출 문제를 놓고 논의하는 가운데, "군기감의 화약기술자들이 이미

31) 《太宗實錄》 권 14, 태종 7년 12월 기유. 태종 7년에서 9년경에 화기는 일기를 획할 수 있을 만큼 대폭 발전했다고 평가되고 있다(許善道, 《韓國火器發達史》, 陸軍士官學校 軍事博物館, 1969, 19쪽).

32) 權近, 《陽村集》 권 4, 賀崔元帥茂先破鎭浦倭船.

그 기술을 해득하고 있어서 최해산이 외방에서 1~2년 근무하여도 그리 해로울 것은 없다"고 말하고 있다.33)

이상은 최무선이 고려말 화통도감을 만든 이후 그의 아들 최해산까지 거의 60년 동안 최씨 일가가 주도하던 화약기술이 조선초의 화약기술자들에게 전수되었음을 보여준다. 화약사용이 점차 대량화하여 그 기술을 여러 기술자들이 함께 배워 이용할 수밖에 없었기 때문일 것이다.

우선 세종대에는 화약의 가장 중요한 원료가 되는 염초 제조기술이 크게 발달하고 또 대량의 염초를 구워낸 것이 확실하다. 당시의 흑색화약은 염초·황·숯가루를 섞어 만드는 것으로 기술상의 가장 큰 문제는 염초의 제조에 있었다. 염초를 얻기 위해서는 낡은 집의 마루밑에 찌든 흙같은 것을 가마에 넣고 끓이게 되는데, 그 기술은 잘못되면 널리 알려질 수도 있는 일이었다. 세종대에는 염초 채취가 전국에서 행해졌는데, 그 방법은 두 가지로 시행되었다. 지방마다 일정액을 정해서 만들어 바치게 하는 방법과 중앙에서 기술자를 파견해 구워오게 하는 방법이 그것이다. 세종대에는 평안도·황해도·강원도에서는 일정액을 정해 만들어 올리게 했고, 충청도·전라도·경상도에서 중앙의 기술자가 파견되었다. 그 가장 큰 원인은 염초 제조기술이 확산되는 것을 될 수 있는 대로 막아 보려는 데 이유가 있었다. 특히 일본에 그 기술이 전파되는 것을 막기 위해서였다. 여하튼 중앙에서 파견된 기술자가 염초를 구울 때는 일체 다른 사람을 참가시키지 않도록 특별히 주의했던 것으로 보인다.

그러나 이렇게 전국적으로 염초 제조가 시행되는데 따라 그 기술은 최해산 혼자의 손에 머물기는 어려운 일이었다. 최해산은 세종 15년 이후 화약기술 분야에서 완전히 물러나게 되었다. 이 가운데 화약 성능은 비약적인 발전을 보아 대신이 중국의 화약보다 훌륭하다고 자랑할 정도가 되었다. 마침 서울에 왔던 중국 사신에게 불꽃놀이 구경을 시킬 것인가를 논의하는 자리에서 몇 사람이 사신이 원하면 보여줘도 좋겠다는 태도를 보였지만, 許稠는 이에 반대하면서 "화약량이 제한되었고, 한번 불꽃놀이에 소비도 많을 뿐 아

33) 《世宗實錄》 권 56, 세종 14년 4월 경술.

니라, 게다가 우리 화약의 맹렬함이 중국의 것을 능가하기 때문에 중국 사신에게 보여주기 어렵다. 그가 보기를 청하여도 보여 줘서는 안될 일"이라고 주장하였다.34)

이 시기에 화약무기의 종류로는 무거운 발사체를 이용하는 무기가 새로 개발되었다. 조선초의 기록에 의하면 최무선은 이미 다음과 같은 18가지 화약무기류를 만들었다고 한다.35)

> 大將軍·二將軍·三將軍·六花·石砲·火砲·信砲·火㷁·火箭·鐵翎箭·皮翎箭·蒺藜砲·鐵彈子·穿山·五龍箭·流火·走火·觸天火

이 이름들은 화약무기의 여러 가지를 마구 섞어서 기록한 것으로 처음 8가지가 발사장치의 종류라면, 다음 10가지는 그것으로 쏘아 올린 발사체의 종류를 가리킨다. 게다가 석포·화포·화통처럼 발사체를 여러 가지 명칭으로 부른 것을 모두 나열한 것으로 보이는데, 이들 이름의 차이는 크기와 성능 등의 차이를 나타내거나 단지 이름만 틀리는 것이 모두 기록된 것으로 보인다.

태종 때에는 이들 화약무기의 종류에 다시 火車·碗口·地字砲·玄字砲·石彈子 등이 추가되었다. 다시 세종 때에는 小火砲·相陽砲 등이 추가되었고, 특히 먼 거리 사이의 통신을 위한 신호탄으로 信砲의 실험이 행해졌다. 세종 중기 이후에는 다시 鐵信砲·玄字鐵翎·黃字鐵翎·鐵丸·鐵箭·金鏃·水磨圓石 등의 새로운 이름이 보인다. 또 휴대용으로는 細統筒·細走火·小火砲 등이 개발·사용되었다.36)

주목할 만한 사실은 세종대에 무쇠를 화약무기에 사용하려는 노력은 총통 자체를 무쇠로 만드는 기술까지는 이르지 못한 것으로 보이지만, 발사체를 대량으로 철제로 바꾸고 있었음을 짐작하게 한다. 이런 발사체의 다양화와 함께 화포의 원료를 구리에서 무쇠로 바꿔보려는 노력이 세종초부터 시도되기도 했다. 대마도를 다녀온 관리가 구리 생산이 없는 우리 나라에서 구리만으로 화포를 만드는 것보다는 중국식으로 무쇠를 사용해 보자고 건의하여

34) 《世宗實錄》 권 54, 세종 13년 10월 병오.
35) 《太祖實錄》 권 7, 태조 4년 4월 임오.
36) 許善道, 앞의 책, 22·48쪽.

시작된 이 연구는 그리 큰 효과를 얻지 못한 것으로 보인다. 태종 18년(1418) 8월의 이 건의는 그 후 여러 차례 계속되었지만 세종 26년(1444) 군기감 제조 李蕆의 말을 들어보면 아직도 이 일이 달성되지 못하고 있음을 알 수 있다. 이천은 무쇠가 단단하여 부서지기 쉽기 때문에 이를 단련하여 주조하는 것이 어렵다고 하고, 농기구를 가지고 연철로 만들어 그것을 다시 무기로 만드는 기술이 북방야인에게 있다 하니 이를 배워 오자고 건의하고 있다. 또 필요하다면 야인에게 그 기술을 배운 鏡城 사람을 역마로 불러다가 기술전수를 받게 하자고 건의하고, 왕은 이를 예조에 분부한 것으로 되어 있다.[37)]

또한 세종 15년에는 一發多箭法 즉, 한 번에 화살을 2개, 4개 또는 8개씩 쏘는 방법이 완성되었다. 그리고 이런 방법은 神機箭의 개발로 극치를 이루며 연속 자동발사장치로 기술이 이어졌다. 문종 원년(1451) 2월에 신기전은 불화살 100개를 쏘는 7층 구조의 연발 발사대를 가진 고도로 발달된 형태로까지 나타났고, 그 가운데에는 소신기전・중신기전・대신기전 등으로 나눠지기도 했으며 이들 각각은 2단 로켓으로 발사되는 방식이었다. 또 이 시기에는 사수를 보호하는 장치에다가 방패까지 장치한 화차가 337량이나 제작되기도 했다. 또한 완구도 대완구・중완구・소완구 등으로 구분되어 제작되고 있었다. 사발 또는 절구 모양의 곡사포에 해당한다고 할 수 있는 완구는 크기에 따라 성능이 달랐지만 대완구로는 지름이 1자쯤의 탄알로 되어 있는 진천뢰를 500보 정도까지 날려 보냈던 것으로 보인다. 이들 화기는 세종 때를 지나면서 규격이 정해져 간 것으로 보인다.[38)]

세종대의 화약무기의 성능은 동왕 7년에는 일단 한 단계 높은 수준으로 개량된 것으로 보인다. 세종은 그가 직접 주도하여 최근까지 완성된 각종 화포의 성능을 전의 것과 비교하여 말하고 있는데, 모두가 2배 이상의 사정거리를 가지게 되었으면서도 화약 사용량은 오히려 줄었다고 한다. 세종의 설명을 〈표〉로 정리하면 다음과 같다.[39)]

---

37) 《世宗實錄》 권 106, 세종 26년 11월 병자.

38) 화포의 발전과정에 대해서는 許善道, 앞의 책을 참조할 수 있고, 특히 신기전 등의 현대적 복원 노력으로는 蔡連錫, 《韓國初期火器硏究》(一志社, 1981)를 참고할 만하다.

39) 이 표는 許善道, 위의 책, 60쪽에 의한 것이다.

〈표〉 화포의 사정거리

종	전(태종대)	개 량 후(세종말)	
화 포 이 름	사 정 거 리	사정거리(1발1전)	사정거리(1발4전)
天 字 화 포	400~500보	1,300보	1,000보
地 字 화 포	500보	800~900보	600~700보
黃 字 화 포	500보	800보	500보
架 子 화 포	200~300보	600보	400보
細 화 포	200보	500보	없 음

특히 세종 30년(1448) 9월에는 《銃筒謄錄》 1책을 완성하여 관계기관에 배포했다. 이를 배포하면서 세종은 화기는 나라의 비밀로 잘 지키지 않으면 안 되니 절대로 아전의 손에 들어가지 않게 하라고 지시했다. 이 책에는 총통의 제조방법과 화약 사용법 등이 잘 설명되어 있는데, 전에는 그 기술이 정교하지 못하여 화살이 기껏해야 200보에서 500보 이상 날기 어려웠으나, 세종 27년 봄 이후에는 화약은 덜 들면서 무게는 가벼워졌지만, 사정거리를 400보에서 1,500보에 이르게 되었다고 자랑하고 있다. 따라서 이 제작방식 등을 그리고 치수를 표시하여 후세에 전하려 한다고 유시하고 있다.[40]

그런데 이 책에 대해서는 흥미있는 기록이 전한다. 세조 12년(1466) 11월 대사헌 梁誠之는 역대 실록을 비롯한 귀한 책들을 다시 인쇄하여 보관해야 한다고 주장하면서 《총통등록》만은 불태워 버리자고 한 것이다. 그는 《총통등록》은 국가의 비밀문서라면서 현재 관계기관에 있는 20여 권의 책 가운데 하나라도 적에게 전해지면 큰 일이니 이를 한글로 써서 남긴 다음 한자로 된 책들은 모두 불태워 없애자고 주장한 것이다. 양성지는 성종 9년(1478)과 성종 13년에도 다시 같은 주장을 하였다. 화포는 국가 기밀인데도 너무 널리 퍼져 있는 것 같다면서 20여 권의 예를 들고 이를 한글로 옮긴 다음 나머지 한자본을 모두 태워버리자고 나선 것이다. 화포에 관한 정보가 치수까지 정확하게 적혀 있으니 왜국에 전해질까 걱정스럽다는 것이다.[41]

《世宗實錄》 권 107, 세종 27년 3월 계묘.
40) 《世宗實錄》 권 121, 세종 30년 9월 병신.
41) 《世祖實錄》 권 40, 세조 12년 11월 을유.

이 책에는 모든 병기의 제작법·규격·사용법 등이 기록되었을 것으로 보이나 그 후 없어져 지금 전하지 않는다. 성종 5년에 나온 《國朝五禮儀》 兵器圖說에서 그 대강을 짐작해 볼 수 있을 따름이다. 군기감에는 16종의 工匠 즉 기술자가 640명 이상이나 소속되어 있었는데, 이 숫자는 공장을 가지고 있는 30개 중앙관아 가운데 가장 많은 숫자여서 전체의 23%에 해당한다.42) 그러나 이런 체제로 굳어가는 동안 조선 초기의 화약무기기술은 발달이 정지되고 있었던 것으로 보인다. 초기의 활발한 발전단계를 거쳐 어느 정도 필요한 화약무기기술에 도달한 다음에는 그 상태의 정상적 화약병기 사용이 그대로 진행되었을 따름이었다고 보이는 것이다. 세조 이후 조선 전기 동안의 화약무기 발달은 그리 눈에 띄는 부분이 없다는 평가가 있는 것은 당연한 일일 것이다.43)

〈朴星來〉

4. 의약과 약학

조선은 건국하면서 사회·문화 전반에 관한 개혁을 추진하여, 세종과 성종 때에 이르러 절정을 보게 되었다. 특히 세종 때에는 《鄕藥集成方》의 편찬으로 기존의 향약정책이 결실을 맺었으며, 《醫方類聚》의 편찬으로 당시까지의 중국의학을 한 눈에 볼 수 있도록 정리하였다. 또한 《新註無冤錄》을 편찬하여 裁判 의학을 수립하였다.

조선 전기에 의약분야에서 이같은 개혁이 진행되었지만, 고려시대의 전통을 완전히 무시할 수는 없었다. 건국초에는 그 경향이 더욱 심해, 의료제도나 관직·의서·향약정책 등 거의 모든 면에서 고려의 것을 그대로 썼다. 그중 특기할 만한 것은 향약정책의 계승이다. 의료의 수요가 늘어남에 따라서

《成宗實錄》 권 97, 성종 13년 2월 임자.

42) 姜萬吉, 〈수공업〉(《한국사》 10, 국사편찬위원회, 1974), 356쪽.

43) 許善道, 앞의 책, 128쪽.

약재의 수요 또한 크게 증가하였는데, 약재의 조달이 사회적인 문제로 대두되었다. 중국의서에 따른 약재를 모두 수입품에 의존한다는 것은 엄청난 비용을 필요로 했으며, 또한 상당히 많은 약재를 일일이 다 수입할 수는 없는 것이었다. 따라서 조선정부는 중국약을 향약으로 대치하는 작업과 외국약재의 국내 이식·재배에 크게 신경을 썼다.

明과의 교류가 활발해지면서 조선의 의약상황은 차차 바뀌게 되었다. 중국 의관과의 교류도 활발해졌고, 중국 의서의 수입과 발간이 빈번해졌다. 당시 명에서는 주자학의 영향을 많이 받은 의학이론이 유행하였는데, 이는 국내에서 사림의 대두와 주자학의 수용과 맥락을 같이 할 수 있는 것이어서 국내 의가들이 크게 선호하였다.

중국 의학의 수용은 한편으로는 조선 의학의 내용을 풍부하게 하고, 심화시키는 데 크게 기여했다. 그렇지만 다른 한편으로는 부작용도 컸다. 고려때부터 계속되어 온 향약정책이 소홀하게 되었으며, 지나친 중국 의학의 범람으로 실제 임상 처방에서 큰 혼란이 생기게 되었다. 《東醫寶鑑》은 이같은 혼란 상황을 다스리기 위하여 출간된 것이었다.

조선 전기에는 의학이 그 어느 시대보다도 크게 발달하였다. 《향약집성방》·《의방유취》·《동의보감》 등 종합의서들이 편찬된 한편, 의학의 전문화도 같이 이루어졌다. 침구와 종기 치료분야가 독립되었으며, 전염병학 분야에서도 뚜렷한 발전이 있었다. 또한 온천욕·냉천욕·한증욕 등의 물리요법들이 체계적으로 정리되었으며, 많은 온천·냉천들이 개발되기도 하였다. 한편 양반 사대부계층을 중심으로 도교적 성격이 짙은 養生術이 유행한 것도 이 시기의 특징 중 하나이다.

조선 전기 역시 고려시대와 마찬가지로 다원적인 의료가 공존한 사회였다. 무속·불교·도교적인 의료는 체계적인 의학을 갖춘 의료보다도 더 널리 사회에서 실용되었다. 이들 종교적 의료는 민간에서 뿐만 아니라 왕실·양반계층에서도 널리 퍼져 있었다.

1) 의약정책

조선 전기의 의약정책은 고려 의학의 계승, 의약제도의 개선, 약재의 자립, 중국 의학의 수용과 정리, 국내 의서의 편찬과 발간, 재판의학의 수립, 여러 가지 치료요법의 개발 등 여러 차원에서 살필 수 있다.

여기에서는 먼저 고려 의학의 계승, 약재의 자립 노력, 대외 의학 교류, 재판의학의 수립 등에 대해서 살펴보겠다.

(1) 고려 의학의 계승

조선 초기의 의학은 의료제도뿐만 아니라 의학의 학술적 측면과 향약정책에서도 고려 의학의 전통을 계승하였다. 조선초 의료제도 중 여말의 典醫寺를 典醫監으로 고친 것만 다를 뿐이고, 惠民局과 東西大悲院은 고려시대의 것을 그대로 이어 썼다. 아울러 判事·監·小監·丞·直長·博士·檢藥·助敎 등의 관직명도 그대로 채택하여 썼다. 태종 때에 이르러 다른 모든 제도들의 개혁과 함께 의료제도도 약간의 변화를 보았으나, 이 역시 고려의 전통을 크게 벗어난 것은 아니었다.

조선초의 의학 또한 고려 때처럼 송·원시대의 의서를 중심으로 하였다. 태종 12년(1412)에 고려로부터 전해 오던 忠州書庫의 서책들 중 의학서적들도 넘겨 받아 春秋館에 이장하였다. 후에 다시 이 의서들을 內藥局에 옮겨 보관하였는데, 이들은 모두 고려로부터 전해 오던 송·원시대의 의서들을 그대로 접수한 것이다.

고려 의학을 이어받은 것 가운데 가장 주목되는 것은 향약 장려정책이다. 이와 관련된 기록은 건국초부터 보인다. 태조 2년(1393)에 "각 도에 의학교수 한 명을 보내어 생도 등을 뽑아 고려의《鄕藥惠民經驗方》을 학습하도록 하며, 교수관에게 採藥丁夫들을 딸리게 하여 시기적절하게 약재를 채취하여 병자를 구료할 것"[1]을 명했고, 같은 해에 또 濟生院을 새로 창설하여 惠民局의 예와 같이 각 도로부터 향약을 수납하도록 하였다.

1)《太祖實錄》권 3, 태조 2년 정월 을해.

또한 고려 후기에 편찬된 의서들인《鄕藥救急方》·《御醫撮要方》·《鄕藥惠民救急方》 등이 조선초에 들어와서도 계속 사용되었으며, 이들 의서는 고려말에 나온《三和子鄕藥方》·《鄕藥簡易方》 등과 합쳐져서 태종 때의《鄕藥濟生集成方》과 세종 때의《鄕藥集成方》의 토대가 되었다.

그렇지만 세종 이후부터는 점차 명의 의학을 직접 수입하게 되었고, 이에 따라 명나라화 된 李杲·朱震亨류의 의학이 차츰 풍미하게 되었다.

(2) 향약 장려정책

'鄕藥'이란 국내에서 나는 약재를 가리키는 말로서 중국에서 수입된 '唐藥'에 대해 상대적인 말로 쓰였다. 이 말은 고려 중기 후반기에《향약구급방》이 간행되면서부터 널리 알려졌는데, 고려말 무렵에 이르러서는 향약에 대한 지식이 확충되어 여러 종의 향약방서들이 나타날 정도가 되었으며, 조선의 건국 후에는 향약의 채집과 이용에 관한 권장법이 더욱 확장·심화되었다.

그렇지만 향약의 연구와 재배 권장의 절정기는 세종 때였다고 할 수 있다. 세종은 의학으로 백성을 구제한다는 자주적 방책을 세우면서 향약의 진위를 감별하는 방법의 하나로 의약 전문가들을 중국에 파견하여 약에 대한 지식의 범위를 넓히는 한편, 각 지방에 분포되어 있는 향약들의 실태를 철저히 조사하도록 하였다. 그리고 다른 한편으로는 향약 채취시기를 적절히 하기 위하여《鄕藥採取月令》을 간행하고, 곧이어 향약방을 집대성한《향약집성방》을 편집하도록 하여 의약의 자립적 발전의 기초를 마련하였다.

여기에서는 먼저 향약의 권장, 감별과 재배 등에 관련된 사항들을 주로 살펴 보겠다.

가. 향약의 장려와 감별

조선왕조는 건국초부터 향약의 채집과 이용에 힘써 왔는데, 세종 때에 이르러 절정에 달했다. 이와 관련된 기록으로는 세종 14년(1432)에 "濟生院 提調의 요청에 따라 각 도·주·군에서 나는 약재들을 제생원이 원래 정한 貢案의 수매대로 채취 납입케 할 것,"[2] 세종 17년에 "함길도의 경성 이북의 주·

2)《世宗實錄》권 56, 세종 14년 6월 병진.

군들에서 나는 향약을 시기 적절하게 채취하기 위하여 함길도 본영에 醫學敎諭 1명을 파견할 것,"[3] 세종 21년에 "산야에 향약의 씨를 뿌려서 계절에 따라서 채취하도록 하며, 약재의 種養, 채취의 많고 적음, 약을 감독하는 자의 부지런함과 게으름 등을 憲司가 매월초에 점검케 할 것,"[4] 세종 30년에 "모든 도의 감사에게 명하여, 향약 채취의 때를 잃지 않도록 하고 약재를 말리는 표준을 정하고, 중앙으로 약재를 공납할 때 채취인의 관명·인명과 날짜를 적어서 채취관들의 책임을 명백히 할 것"[5] 등이 보인다. 이로 보아 향약 권장책이 중앙으로부터 왕명 또는 법규로써 각 도·군에 시달되었음을 알 수 있다.

당시 우리 나라에서 쓰는 의서는 대부분이 중국 의서였기 때문에 향약을 장려하기 위해서는 우선 향약과 당약 사이의 약효를 비교·검토하는 작업이 필요하였다. 비교·검토된 향약 중에서 당약과 약성이 일치되는 것은 곧 향약으로 대치하도록 하였다. 그런데 이와 같이 당약을 똑같은 효과가 있는 향약으로 대치하기 위해서는 향약의 약성에 대한 올바른 감별이 절대적으로 필요하였다.

따라서 세종은 藥理에 정통한 의인들을 중국에 파견하여 약물에 대한 지식을 넓히게 하였다. 그 예를 살펴보면, 세종 3년에 약리에 정통한 黃子厚를 副使로 명에 보내어 우리 나라에서 생산되지 않는 당약을 널리 구하여 오게 하였다. 세종 5년에는 金乙亥·盧仲禮·朴堧 등을 명에 보내어 우리 나라산 약재에 대한 의문을 거듭 논의해서 향약 62종 중에서 중국산과 같지 않은 丹蔘 등 14종을 당약과 비교·검토하였다. 그 결과 서로 약성이 일치하지 않는 6종을 발견하였으며, 厚朴 등 8종은 중국산과 완전히 다른 향약으로 그 이후부터는 사용을 금지하였다.

또한 같은 해 典醫監·惠民局·濟生院 등의 요청에 의해서 명에 가는 사절이 있을 때마다 이들 기관이 자체적으로 상시로 당약을 무역할 수 있도록 하였다. 이렇게 해서 수입된 당재는 우리 나라에서 생산되지 않거나 부족한

3) 《世宗實錄》 권 69, 세종 17년 9월 계사.
4) 《世宗實錄》 권 85, 세종 21년 4월 병오.
5) 《世宗實錄》 권 119, 세종 30년 정월 을미.

약재들을 보충하는 한편 향약을 감별하는 데에도 중요한 재료가 되었다. 세종 11년(1429)부터는 전의감 등의 공식 의료기구뿐만 아니라 生藥鋪에서 파는 당약에 대해서도 전의감·혜민국·제생원의 예와 마찬가지로 생약포의 관인이 직접 명에 가서 매입할 수 있도록 하였다.

향약의 진위를 확인하고자 하는 노력은 줄곧 계속되었다. 세종 12년에 盧仲禮가 또 다시 명에 가서 명의 禮部에 요청하여 우리 나라산 약재의 진위 여부를 중국의 太醫院 의사 周永中·高文中에게 확인토록 하여, 赤石脂를 비롯한 약재 10종은 맞는 것으로 판명하였고, 枳殼 등 10종에 대해 약 이름은 중국 것과 같지만 형태가 서로 다른 것으로 판명하였다. 이같은 확인 노력은 세종 13년 조선에 온 명의 太醫 張本立에 의해서도 시도되었다.

생약은 산지에 따라서 서로 같은 종이면서도 이름을 달리하기도 하고, 또는 거꾸로 그 이름은 같으나 품종이 다르기도 하다. 또 때에 따라서는 똑같지 않은 약재를 서로 바꾸어 쓸 수도 있다. 그 예를 들면 淫羊藿 같은 것은 우리 나라에서도 경상도산, 전라도산이 아주 다르며, 當歸는 우리 나라산이 중국이나 일본산과 형태는 거의 비슷하지만 식물학적으로는 다른 종류이다.

따라서 향약을 권장·감별하기 위해서는 향약과 당재들을 꼼꼼히 비교·검토해서 약재들의 형태·분류·약성의 같고 다름 등을 상세하게 검색하는 것이 필요했다. 그래서 당재에 관한 지식을 넓히기 위하여 그 분야의 전문가를 국외에 파견했던 것이다.

나. 향약의 분포실태 조사

향약에 대한 연구와 아울러 향약의 실태조사가 실시되었다. 세종 6년에 국왕은 大提學 卞季良을 불러 각 도·읍의 연혁, 산천의 형세, 풍속, 호구, 토산 등을 조사하여 각 도의 지리지와 月令을 편찬하도록 하였다. 이 결과로 나온 것이 《世宗實錄》에 붙어 있는 《世宗實錄地理志》이다.

이 《세종실록지리지》에는 먼저 각 도에서 산출되는 토산품과 그 도에서 중앙으로 공납되는 약재들을 기입하였으며, 그 다음에는 각 도에 소속된 부·목·군·현별로 각각 厥貢·약초·토산 등으로 나누어 자세히 조사하였다. 이것을 통해 전국 각 읍에서 산출되는 토산품과 약초들의 분포실태를 일목요연하게 알 수 있으며, 또한 각 도·읍으로부터 중앙으로 공납되는 토산물의 품목도 뚜렷하게 알 수 있다. 이 조사는 전국 8도에 걸쳐 광범위하게 실행되었다.

다. 향약의 융성과 쇠퇴

가) 향약의 융성

조선시대에는 건국초부터 왕들이 모두 향약에 깊은 관심을 나타냈다. 이는 중국약재의 수입에 따른 국비유출을 막기 위해서였다. 따라서 향약의 흥용은 중요한 국책 중의 하나였다. 특히 세종은 더욱 각별한 열정을 보였는데, 이같은 관심은 성종에게로 이어졌다.

태조 말년에 《향약제생집성방》이, 세종 15년에는 《향약집성방》이 편찬되어 향약에 따른 치료법과 의학교육이 마련되었다. 또한 향약의 채취와 재배법이 정립되어 향약이용의 구체적 조치가 시행되었다. 역대의 왕들 모두 이에 대단한 노력을 기울였지만, 성종 때에 들어와서는 그 문제가 특별히 중요하게 여겨져서 각종의 향약정책이 강구되었다. 성종은 채취된 향약을 정해진 기간에 관아로 들이도록 하여 품질의 향상을 꾀하는 한편, 그것을 다시 《향약채취월령》에 따라서 각 도의 審藥에게 검사토록 하고, 최종적으로 內醫院이 향약의 지도를 맡도록 하였다.

또한 성종 때에는 향약을 전문으로 취급하는 기관이 다시 부활되었다. 조선 건국초인 태조·태종·세종 때까지는 濟生院에서 각 관리에게 향약재를 나누어 주는 업무를 전문적으로 맡았지만 세조 6년(1460)에 제생원이 폐지되면서 향약을 취급하는 기관이 없어졌다. 그래서 성종 9년(1478)에 惠民署를 개칭하여 濟生署라 하고 그 곳에서 향약을 관리에게 나누어 주는 업무를 맡게 하였다.

성종 9년에는 《향약집성방》을 다시 찍어 내면서 의원의 取材와 각 지방 관아의 의생교육에 채용하도록 하였다. 《향약집성방》의 중간과 더불어 이 시기에 鄕藥本草 내용의 증가가 있었는데, 이 두 사항은 우리 나라 의학사상 특필할 만한 것이다. 또한 성종 10년에는 향약에 따른 구급방인 향약의방을 찬출하려는 시도가 있었으며, 성종 19년에는 《諺解簡易鄕藥本草》가 편찬되었다.

향약의 장려책과 아울러 성종 9년에는 중국에서 무역해 온 약재 중 불량한 것을 골라내는 조처를 취하는 한편, 값비싼 약재의 무역을 제한하였다.

나) 명 의학의 발전과 향약연구의 쇠퇴

조선은 건국초부터 명과 의인·의서·약재들을 계속 교류해 왔으나 국교관계가 그다지 밀접하지 않았으므로 국내에서 명 의학의 발전은 뚜렷한 자취를 찾아 볼 수 없다. 반면에 고려말부터 계속된 향약의 장려정책이 우선시되었다.

그런데 세종 이후부터 명과의 사절 왕래가 잦아짐에 따라 사절을 수행하는 의인들의 왕래와 의학의 교류 역시 활발해졌다. 따라서 성종과 중종 때에는 명 의학자들이 저술한 의학서적들이 많이 수입되고, 우리 나라에서 직접 출간되기에 이르렀다.

중종 때쯤 되면 명 의학이 거의 국내 의학을 지배하고 있었던 것처럼 보인다. 이 같은 상황은 중종 13년(1518)에 參贊官 金淨이 당시 국내 의술의 황폐에 대해 논하면서 "우리 나라에서는 의학서적을 찍어내는 것이 많지 않고 오직 중국에서 수입해 온 것만을 겨우 볼 수 있을 뿐"[6]이라고 한 데서 알 수 있다. 명 의학의 직접적인 영향은 역시 중종 때 쓰여진 金緣의 〈謝遣醫官敎習表〉에서도 볼 수 있다. 여기에는 명에서 직접 의관을 초청하여 그들에게서 의학에 관한 지도를 받은 것이 기록되어 있다.

한편 선조 때 나온 楊禮壽의 《醫林撮要》에도 《中朝質問方》·《中朝傳習方》 등이 자주 인용되어 있다. 이것들은 명나라에 가는 사절들을 수행한 의관들이 명의 의원들과 서로 질의응답하여 얻은 의학적 처방을 적은 것이거나, 또는 명의 의관들이 내방하여 전습한 것을 적어 놓은 것으로 추측된다. 이렇듯 명의 의학은 두 나라 의관들의 질문, 전습, 또는 명의 의서들의 간행 등으로 인하여 성종·중종 이후부터 국내에서 더욱 발전을 보게 되었다. 선조 이후에는 명 의서들의 국내간본들이 醫科와 醫學取材의 講書로 널리 사용되었다.

국내에서 명 의학이 적극적으로 수용됨과 함께 우리 고유의학인 향약의 연구는 성종 이후 점점 쇠퇴하였다. 향약에 따른 의학서적들은 실제로 많이 이용되지 않았으며, 향약의 채취 또한 등한하게 되었다. 중종 34년의 기록을

---

6) 《中宗實錄》 권 32, 중종 13년 3월 기유.

보면, 향약을 채취하는 법이 해이하여 의약의 폐가 매우 심했음을 알 수 있다.[7] 따라서 사헌부의 청에 따라 內醫院·典醫監 등의 기관으로 하여금 특별히 각 지방 관아에 칙령을 내려 약재들을 시기에 맞게 채취하고 잘 말려 중앙으로 올리도록 하였다.

약의 채취와 관리에만 문제가 있었던 것이 아니라 아예 약전마저 황폐화되었다. 중종 39년에 "약전을 두는 것은 본래 약을 심어서 구급에 쓸 수 있도록 할 수 있게 하기 위함이다. 요즈음 약전이 황폐되어 약보다는 오히려 잡초가 번성하니 그 죄가 심하다. 약의 관리를 맡은 관리들을 의금부에 잡아들이고 醫司의 提調들을 잡아들여라"[8]라고 한 데서 그 상황이 잘 나타나 있다.

조선 중엽 이후 향약이 쇠퇴하였음은 인조 11년(1633)에 다시 찍어낸《향약집성방》의 발문에 잘 나타나 있다. 발문에서 崔鳴吉은 국내의 향약이 황폐화된 지 이미 백여 년이 되어《향약집성방》을 다시 찍어내기 위한 定本을 구하기조차 어려웠던 상황을 토로하고 있다.

이 시기 향약연구의 쇠퇴는 성종 이후부터 명 의학이 융성했던 사실과 밀접한 관련이 있다. 명 의학의 융성은 중국과 의학 교류가 활발해지면서 더욱 가속화되었지만, 이는 당시 사림의 대두와 주자학 수용과도 관련이 깊다. 당시 수입된 명 의학은 주자학의 영향이 짙은 의학체계를 가지고 있는 것으로, 우리 나라에서는 주자학의 영향이 두드러진 李杲와 朱震亨의 의학이 크게 숭상되었다. 이와 성격이 다른 의학체계는 국내에서 등한시되었다.

당시 수입된 명 의학 중에서 특별히 우리 나라 의학에 영향을 끼친 것으로는 명 후기에 나온 虞博의《醫學正傳》, 龔廷賢의《萬病回春》, 李梴의《醫學入門》 등이었다.《의학정전》과《의학입문》은 공식적으로 의과와 의학 취재의 講書로 채택되어 법전에 명시될 정도였으며, 중앙과 지방을 통하여 여러 차례 찍혀 나올 정도로 당시의 의인들 사이에서 애독되었다. 뿐만 아니라 이들 의학서적들은 우리 나라의《동의보감》과 함께 의학적 파류를 형성할 정도였다. 寶鑑派·正傳派·回春派·入門派 등이 그것이다.

---

7)《中宗實錄》권 91, 중종 34년 12월 임오.

8)《中宗實錄》권 105, 중종 39년 11월 병신.

(3) 중국 약의 이식과 재배

조선왕조는 국내 향약의 채취와 재배를 권장하는 한편, 이와 함께 외국산인 당재들을 수입하여 국내의 토질에 맞게 그것들을 재배하는 데에도 큰 노력을 기울였다. 그리하여 麻黃·零陵香·甘草·良薑·胡椒·木香·椰子·柚子·柑子·石榴·木瓜 등이 이식 재배되었고, 전갈도 양육되었다.

마황은 세종 20년(1438)에 朴洪이 경상도 長鬐縣에서 재배하는 데 성공하였다. 중앙에서는 의생을 파견하여 그것을 산지에서 정성스럽게 배양하도록 하는 한편, 연해의 모든 관리들에게 마황의 산지를 서서히 알리게 하였다.

영릉향은 세종 20년에 "典醫監 提調 黃子厚가 제주도산을 잘 말려 쓰면 중국의 것에 대용할 수 있으리라"[9]고 아뢴 기록으로부터 이를 국산화하고자 했던 의도를 살필 수 있다.

감초는 일찍이 태종 11년(1411)에 "開城留守 李文和가 연전에 씨를 뿌린 감초 한 화분을 올렸다"[10]는 기록에서 재배가 시도되었음을 엿볼 수 있지만, 본격적인 재배는 세종 20년부터였다. 즉 전라·함길 양도에서 왜인이 바친 감초를 감사의 책임 아래 심었던 것이다. 그렇지만 감초의 재배는 쉽지 않았다. 성종 3년(1472)에 감초가 잘 자라지 않아 거의 절종되었다고 하였고, 성종 16년에는 감초가 잘 자라지 않는 까닭이 책임을 맡은 수령들이 게을렀거나, 아니면 땅이 척박해서이거나 잡초 때문일 것이라고 분석하기도 하였다. 그리하여 척박한 곳의 종자는 차차 옮겨 심도록 하고, 잡초를 베어 없애서 감초를 잘 자라게 하는 대책이 마련되었다. 감초의 재배·육성책은 성종 23년에 나온《大典續錄》권 2, 禮典 雜令條에 특별히 명시될 정도였다. 그 내용을 살펴보면 각 도의 감초와 마황의 재배 상황을 매년 한 번씩 내의원 관원과 傳香別監이 조사하여 공조에 보고한 후 내의원에서 장부를 만들고, 이에 따라 수거토록 하라는 것이었다.

양강은 남해와 동래 지방에서 재배되었는데, 언제부터 재배가 시작되었는

9)《世宗實錄》권 81, 세종 20년 5월 갑진.
10)《太宗實錄》권 21, 태종 11년 5월 경진.

지는 확실하지 않다. 그렇지만 당시 일본의 수입 약재 중에 이 품목이 들어 있는 것으로 보아 일인들이 헌납한 것을 남해·동래같이 온화한 해안지역에서 이식·재배했던 것으로 추측되고 있다.

호초는 귀한 약재였고 중요 무역품이었기 때문에 우리 나라에서도 열심히 재배하였지만 결국 성공을 거두지 못하였다. 성종 13년(1482)에 조선정부는 일본국 사신에게 호초의 종자를 보내주도록 청하였는데, 일본에서는 호초가 자국산이 아니기 때문에 줄 도리가 없다는 입장을 보였다. 이후에도 조선정부는 여러 차례에 걸쳐 일본을 통하여 호초를 얻고자 노력하였지만 허사였다. 일본이 이같이 완강하게 호초의 씨앗을 구해 주기를 꺼렸던 까닭은 표면적으로는 이 종자가 그 당시 일본에서 산출되지 않았기 때문이다. 그렇지만 좀더 근본적인 이유는 만일 우리 나라에서 호초의 재배에 성공한다면 물품의 교역에서 크게 손해를 보리라는 일본측의 우려에서 찾을 수 있을 것이다.

목향과 야자에 대해 살펴 보면, 성종 25년 琉球 中山府主가 보낸 승려 天章 등이 來聘할 때 가져온 방물 중에 목향 씨앗통 1개, 야자 씨앗 2본, 藤 씨앗통 1개 따위의 묘종을 헌납한 기록이 있다. 이러한 묘종들은 당연히 땅의 토질에 따라 적절하게 재배되었을 것이다.

유자·감자·석류·모과는 세종 때부터 재배되기 시작했다. 세종 8년에 각도에서 생산되지 않는 유자·감자를 전라·경상도 연변에 재배하여 열매가 맺는 상황을 호조에 보고하도록 하였으며, 세종 10년에는 上林園의 청에 따라 강화부에 유자·감자·석류·모과 등의 과실나무를 심었던 것이다.

전갈은 약초는 아니지만 제약에 매우 중요하였다. 그러므로 전갈이 사육된 사실은 약의 자립정책과 관련하여 크게 주목된다. 성종 20년 명에 사신으로 간 李孟孫이 왕명으로 살아 있는 전갈 100마리를 얻어 왔는데 이 중 40마리는 내의원에서, 나머지 60마리는 궁궐 안에 두어 따로 기르도록 하였다. 이렇게 두 군데로 나누어 기르도록 한 것은 전갈의 생육에 그만큼 신경을 썼기 때문으로, 전갈 양육에 필요한 적절한 방법을 이맹손으로 하여금 강구하게 했다.

(4) 약재의 무역

가. 중국과의 무역

명과의 교류는 고려말부터 있었으나 조선 건국 이후에는 더욱 활발해졌다. 따라서 수많은 사절들의 왕래와 함께 많은 약재들의 교류가 있게 되었다. 때에 따라서는 일부러 명에 약재를 청탁하기도 하였는데, 태종 원년(1401)에는 우리 나라에서 말을 보내 준 대가로 중국에서 150수레 분량의 약재를 보내왔으며, 태종 6년에는 銅부처를 보낸 준 답례로 犀角·片腦·沈香·白花蛇·朱砂 등 약재 18종을 보내오기도 하였다. 명에서 주로 보내온 약재는 다음과 같다.

龍腦　朱砂　蘇合油　麝香　龍眼
附子　川烏　鎖陽　白礬　龍骨
茘枝　羚羊角　沉香　蘆會　膽礬
乳香　胡椒　辰砂　雄黃　牛黃

이들 약재 중에는 중국에서 산출되지 않고 남방열대 및 중앙아시아에서 산출되는 犀角과 각종 향료들도 포함되어 있다. 이 약품들은 인도양을 거쳐 말레이반도를 돌아 중국에 수입된 것을 중국이 다시 우리 나라에 중계한 것이다.

반면에 우리 나라에서 명으로 가져간 중요한 약재들은 人蔘·松子·五味子·葫蘆·虎骨·鹿角·鹿脯·昆脯·藿·海衣·香蕈·燒酒 등과 같은 것들이다.

나. 일본·남국과의 교류

일본과는 많은 통신사들의 왕래와 함께 대마도를 통해 수많은 약재들이 수입되었는데 세종 이후에는 약재의 교류가 더욱 빈번해졌다. 일본으로부터 수입한 약재들은 丹木·丁香·호초 등 백여 종이고, 우리 나라에서는 인삼·우황 등 십여 종이 수출되었다. 그리고 때에 따라서는 龍骨·何首烏·硼砂·雄黃·陽起石 등의 외국산 약재를 일본에 중계하기도 했다.

이 밖에 중국·일본뿐만 아니라 일찍부터 琉球·샴·팔렘방·久邊國들과

도 일찍부터 약재 교역을 해왔다. 우리 나라에서는 주로 인삼·송자·소주 등이 수출되었고, 이들 남방 제국으로부터는 주로 단목·蘇木·호초 등 수십 종의 약재들이 수입되었다.

(5) 《신주무원록》의 편찬

가. 법의학적 재판의 창설

고려 문종 13년(1059)에 《疑獄集》이 간행되었지만 그것이 실제로 어떻게 쓰여졌는지는 명확하지 않다. 그렇지만 《洗冤錄》 같은 것은 분명히 사용되었을 것이라 추측되고 있다. 이러한 사실들은 조선시대 이전의 형정에서도 법의학적 지식이 필요한 인명치사사건에 관해서 그 취급이 매우 준엄하였음을 의미한다.

조선 건국 후 명의 책봉을 받기에 이르러서는 《大明律》을 사용하였으며 《無寃錄》도 우리 나라에 들어와서 태종 12년(1412)에 반포되기도 하였다. 이어서 법의학적 지식의 강화를 위해 태종 18년에 《의옥집》이 간행되었다. 그러나 문헌을 통해 살펴볼 때 살인사건에 대해 檢屍제도를 직접 실시하게 된 것은 세종 때부터이다.

세종 원년(1419)에 검시 문안을 작성할 때에는 《무원록》의 예에 따라 반드시 연월일을 밝혀 기입하도록 하는 형조의 奏請이 있었으며, 세종 12년에는 詳定所가 율학의 취재과목에 《무원록》을 포함하였다. 또한 세종 14년에는 중앙과 지방관리들로 하여금 검시를 할 때 반드시 몸소 지켜보도록 하였다. 《무원록》이 검시의 규례를 채택하고 있는 당시의 유일한 법의학적 재판의 전문서였던 만큼 이 책의 채용으로 사망원인을 밝히기 위한 검시제도가 실시되었으리라는 것은 쉽게 짐작할 수 있다.

세종 17년에는 吏科나 律科의 취재에 《무원록》을 시험보도록 하여 검시의 모범이 갖추어졌으며, 세종 20년에는 《무원록》에 音註를 가하여 만든 《新註無寃錄》이 널리 반포되었다. 이어서 여러 차례에 걸쳐 검시의 規式을 정하려는 노력이 있었으며, 세종 28년에 검시양식이 확정되어 형조를 통해 한성부와 각 도에 보내졌다. 따라서 인명치사사건이 있을 때에는 사체가 있는 곳에서 검증을 한 다음에 사체검안서를 만들고 그것에 따라서 재판을 실행토록 하였다. 이렇게 법의학적 지식이 형사재판에 이용된 것은 우리 나라의 형사 법제상 획기적 발전이라 할 수 있다.

나. 《무원록》의 전래와 응용

《無寃錄》은 1308년에 원의 王與가 송의 《洗寃錄》·《平寃錄》과 結案程式을 참작하여 편성한 檢驗 전문서이다. 《經國大典》 권 3, 禮典에 의하면 이 책이 律科의 初·覆試의 필수과목으로 채택된 사실에서 조선시대에 이 책이 응용되었음을 알 수 있다. 이로 보아 殺傷檢驗의 재판에 관여하는 중앙과 각 지방의 형률관들이 《무원록》의 지식을 널리 채용하였으리라는 것을 짐작할 수 있다. 《경국대전》에는 다음과 같은 수속절차가 규정되어 있다.

가) 초 검

살인사건이 발생될 때에는 사체가 있는 곳의 지방관이 먼저 제1차의 시체 검험, 즉 初檢을 행한 후에 《무원록》의 형식에 따라 檢案書를 만들어 상부관에 제출한다.

나) 복 검

초검관은 인근 지방관에게 제2차의 검험, 즉 覆檢을 위촉하는데, 초검관이 그 검험 결과를 복검자에게 누설하지 못하도록 벌칙이 규정되어 있다. 복검관은 독자적인 검안서를 만들어 초검관과 같은 상부관에게 제출한다. 상부관에게 제출된 검안서에 대해 초·복검관의 의견이 일치될 때에는 이것으로 대개 사건을 결정짓게 된다. 만일에 양 검관의 의견이 일치되지 않거나 또는 그 검험에 의혹이 있을 때에는 상부관이 다시 3검을 명하게 된다.

다) 3검·4검(5사·6사)

3검은 중앙에서는 형조에서 郞官을 보내고 지방에서는 관찰사가 적합한 인원을 차출하여 다시 검험을 행하는 것이다. 그 후 초·복검관들의 검안서를 참작하여 최후의 판결을 내리게 되는데, 사건에 따라서는 4검 내지 5검, 6검을 거치는 수가 있으며 국왕에까지 직소할 수도 있다. 그러므로 인명치사의 판결에는 1차의 경우 중앙에서는 한성부, 지방에서는 관찰사가 그 책임을 지게되며, 2차의 경우에는 중앙의 사헌부가 그 일을 관장하게 된다. 때에 따라서는 제3차로 국왕에까지 상소할 수 있게 되어 그 수속 절차가 매우 엄격하게 되어 있다.

다. 《신주무원록》의 간행

《무원록》이 세종 원년부터 형조에서 실제 이용되었으나, 이 책은 중국 원나라 때 검험한 조례를 중심으로 해서 편성되었기 때문에 우리 나라의 관습과 규례에 맞지 않는 것이 많았을 뿐 아니라 문장도 해석하기에 어려운 점이 많았다. 그리하여 세종 20년(1438) 11월에 崔致雲·李世衡·卞孝文·金滉 등에게 명하여 《무원록》에 주해를 더하고 음과 훈을 붙여 《新註無冤錄》이라는 이름으로 널리 반포하였다. 이 책의 완성과 함께 조선 전기의 법의학적 지식은 더욱 발전을 보게 되었다. 또한 이 책은 알기 쉽게 주해되어 있기 때문에 법의학적 지식이 보편화되는 데에도 크게 공헌했다.

《신주무원록》의 발간상황은 강원도관찰사 崔萬理의 발문을 통해 상세히 알 수 있다. 이 책은 세종 22년에 강원도관찰사 兪孝通이 왕명을 받아 원주에서 처음으로 간행하였다. 그런데 영남의 군현들이 이 판본을 쉽게 구할 수 없었기 때문에 세종 29년 영남부에서 다시 간행하였다. 이 사실은 이 간본에 붙어 있는 孫肇瑞의 발문을 통해 확인된다. 이렇듯 《신주무원록》의 검시양식은 각 도에서 간행되어 형률관들 사이에 널리 이용되었다.

《신주무원록》은 상하 2권으로 되어 있으며 목차를 통해 당시 법의학적 관심을 헤아릴 수 있다.

상 권

1. 屍帳式
2. 屍帳例
3. 屍帳仵作被告人書字
4. 死無親屬詐鄰佑地主坊正申官
5. 正官檢屍及受理人命詞訟
6. 受理人名詞訟及檢屍例
7. 自縊免檢
8. 開棺臨事區處
9. 檢驗骨殖無定例
10. 屍傷不明
11. 檢復遲慢
12. 檢屍不委巡檢
13. 作耗賊殺人免檢
14. 强盜殺傷錢主隨卽合檢驗
15. 省府立檢屍式內二項
16. 寒暑變動
17. 初復檢驗關文式

하 권

1. 檢覆總說	2. 驗　法
3. 婦　人	4. 小兒屍首胞胎
5. 勒　死	6. 自縊死
7. 落水投河死	8. 相毆後落水死
9. 捧毆死	10. 刃傷死
11. 刺　死	12. 屍首異處
13. 拳手足踢死	14. 辜內病死
15. 自割死	16. 毒藥死
17. 火燒死	18. 湯潑死
19. 病患死	20. 凍　死
21. 餓　死	22. 杖瘡死
23. 罪囚被勘死	24. 驚謔死
25. 攧　死	26. 壓　死
27. 馬踏死	28. 車碾死
29. 被人鍼灸當下致死	30. 雷震死
31. 虎咬死	32. 酒食醉飽死
33. 外物壓塞口鼻死	34. 硬物癮 癮死
35. 蛇蟲傷死	36. 男子作過死
37. 白僵乾瘁死	38. 蟲鼠犬咬傷死
39. 死後仰臥停泊微有赤色	40. 壞爛死
41. 無憑檢驗屍	42. 墳內及屋下殯殯死
43. 發　塚	

상권에는 주로 시체 검안에 관한 법규와 원의 檢驗判例文이 주로 수록되어 있다. 하권에는 시체에 난 상흔에 따른 사인들이 자세히 열거되어 있다. 여기서는 검험의 전문적 내용을 담고 있는데, 근대 법의학과 비슷한 체제를 가지고 있을 뿐 아니라 송대의 《세원록》이나 《평원록》에 비하여 훨씬 완비된 내용을 보이고 있다. 조선은 건국 후 모든 지도이념을 송의 유학에 두어 왔지만 검험의 문안은 송의 서적에 의하지 않고 원의 《무원록》에 의존하였다. 이는 《무원록》의 법의학적 가치를 충분히 인식하였기 때문이다.

시체검안서를 작성하는데 참고자료로 쓰이는 屍帳式의 앞뒷면, 즉 《신주무원록》에 圖解된 仰面圖와 合面圖에 지시되어 있는 신체의 각 부위는 오늘날의 해부학적 구분과는 일치되지 않는다. 그렇지만 이 그림은 신체 표면의 각 부위를 계통적으로 열거하고 있으며, 특히 그 표면을 앞뒷면으로 구분하여 상해 부위를 명백히 지적하고 있다. 물론 원래 신체표면의 구분이 실제의 경우 경계를 엄격하게 규정하기 어렵기 때문에 이 검안서 양식의 그림을 실제 사용하기에는 불합리한 점이 많았을 것이다. 그러나 이는 시체의 검안서를 작성할 때 신체 각 부위의 표현을 통일되게 기술할 수 있도록 하는 데 크게 기여했을 것이다.

2) 《향약집성방》의 편찬과 간행

(1) 편찬 배경과 과정

《鄕藥集成方》의 편찬은 조선 전기 향약의 이용과 밀접한 관계가 있다. 조선초까지도 우리 나라에서 의술에 이용되던 주된 의서와 약재는 중국의 것이었다. 그런데 중국 의서에 따른 중국 약재의 사용은 약재 구입이라는 큰 어려움이 있었다. 고려 때부터 계속해서 학문체계를 갖춘 의료의 수요가 차차 늘어남에 따라 이 문제는 더욱 심각해졌다. 따라서 고려 중기의 《향약구급방》의 출간 이후 조선초까지 계속해서 여러 가지의 향약 장려책이 시행되었으며 여러 종류의 향약 관련 서적들이 출간되었다.

그럼에도 불구하고 세종 때까지 향약에 대한 철저한 연구 정리와 이해 보급은 아직 불충분했다. 《향약집성방》의 서문에서는 이같은 상황에 대해 "(기존의 향약에 관한 책자의 발간으로) 사람들이 모두 자국산의 약재를 구하기 쉽고 질병을 치료하는 데 편리하게 되었으나, 의서를 찍어낸 것이 중국보다 적고 약 이름이 중국과 다른 것은 오히려 더 많아 의술을 펴는 사람이 어려운 경우가 많다"고 표현하고 있다. 《향약집성방》은 이같은 상황을 타개하기 위해서 편찬되었다. 중국 의서에 적혀 있는 약재들의 국내 생산 여부를 확인하고, 국내에서 나는 것의 藥性이 중국 것과 똑같은가를 확인하는 한편, 국내 향약을 중심으로 한 처방과 이론을 정리할 필요성에서 《향약집성방》 85권이 만들어졌다.

《향약집성방》은 고려의 의서 및 조선초의 經驗方과 중국의 당·송·명초의 의서들을 취합하고 거기에 당시 일일이 바로잡았던 향약을 배정하는 식으로 이루어져 있다. 여기서 특기할 사항은 《향약집성방》이 이전까지의 향약의 전통을 고스란히 이어받고 있다는 점이다. 이전의 향약서 중 우선 살펴볼 것은 《향약제생집성방》으로, 이는 《향약집성방》의 모체가 되었는데 오늘날 전하지 않는다. 따라서 이 책의 자세한 내용을 알 수는 없지만, 《향약제생집성방》은 이전에 있었던 《삼화자향약방》과 《향약간이방》 등을 대신하기 위해 특별히 濟生院에서 편찬한 것이다. 趙浚·金士衡·權仲和·金希善 등이 여러 의서를 고찰하고 국내의 경험방을 가려 뽑아 따로 이 책을 완성하였다. 이 《향약제생집성방》은 태조 7년(1398) 8월에 편찬하기 시작하여 이듬해(정종 원년) 5월에 완성되었는데, 338개의 病症과 2,803개의 처방이 30권으로 나뉘어 실려 있었다.

《향약제생집성방》 다음으로 편찬된 책은 《향약채취월령》이다. 이 책은 고려말 이후 수요가 증가한 향약의 채취에 실제적 도움을 주기 위하여 편찬되었다. 이 책은 1년 12달 동안 전국 각지에서 생산되는 약재에 대해 약명·산지·藥味·약성과 약 말리는 법 등을 월별로 기록하였다. 향약의 약성·약미 등 분류된 여러 특성들은 반드시 사신을 수행하는 의관 편에 중국에 보내져 중국 의관들과의 토론을 거쳐 그 올바름을 재차 확인한 다음 수록되었다. 《향약채취월령》은 세종 10년(1428) 윤 4월에 兪孝通·盧重禮·朴允德 등이 왕명으로 편찬하기 시작하여 세종 13년 12월에 완성·간행하였다.

《향약집성방》 85권은 세종 13년 가을에 이미 출간된 바 있는 《향약제생집성방》을 확장·증보하여 더욱 완벽한 향약서를 만들라는 왕명에 따라 편찬이 시작되었다. 그리하여 세종 15년 6월, 《향약제생집성방》을 기본으로 하여 병증을 338개에서 959개로, 처방을 2,803개에서 10,706개로 늘리는 한편, 침구법 1,476조와 향약본초, 포제법(약재를 굽고 말리는 법) 등을 덧붙여 《향약집성방》을 완성하였다. 《향약집성방》 안에 들어 있는 본초의 내용은 다음의 〈표〉와 같다.

〈표〉 《향약집성방》의 본초내용

분 류	등 급	약 명	분 류	등 급	약 명
石部	상품	雲母 외 15종	禽部	상품	丹雄鷄 외 18종
	중품	食鹽 외 42종		중품	雀卵 외 6종
	하품	伏龍肝 외 52종		하품	鴟頭 외 18종
草部	상품지상	藍精 외 29종	蟲魚部	상품	石蜜 외 17종
	상품지하	藍實 외 22종		중품	蝟皮 외 26종
	중품지상	乾薑 외 26종		하품	蟾蜍 외 34종
	중품지하	艾葉 외 22종	果部	상품	藕實 외 9종
	하품지상	半夏 외 20종		중품	梅實 외 5종
	하품지하	商陸 외 44종		하품	桃核仁 외 10종
木部	상품	松脂 외 27종	米穀部	상품	胡麻 외 5종
	중품	桑根白皮 외 33종		중품	生大豆 외 22종
	하품	蜀椒 외 15종		하품	醋 외 6종
人部		亂髮 외 18종	菜部	상품	冬葵子 외 17종
獸部	상품	麝香 외 11종		중품	蓼實 외 9종
	중품	白馬莖 외 53종		하품	苦瓠 외 12종
	하품	豚卵 외 19종			

물론 《향약집성방》의 기본이 된 책은 《향약제생집성방》이었지만, 이 밖에도 《삼화자향약방》·《향약간이방》·《향약구급방》·《鄕藥古方》·《東人經驗方》·《鄕藥惠民經驗方》·《濟衆立效方》 등 우리 나라 고유 의서뿐만 아니라, 《太平聖惠方》·《聖濟總錄》 등 중국 의서 백 수십여 종이 방대하게 참고되었다.

이 책은 세종 13년 8월에 전라·강원 양도에서 나누어 간행되었다. 그 후 성종 9년(1478)에 복인본이 인출되었고 인조 11년(1633)에 훈련도감에서 소활자로 다시 간행하기도 하였다.

(2) 특징과 의의

《향약집성방》은 《의방유취》처럼 모든 병증을 큰 강목으로 나누고 그것을 다시 작은 강목으로 나누어 해당되는 병론과 처방을 싣는 방식으로 구성되어 있다. 병증은 크게 57대강목으로 나뉘었고 그 아래에 959개의 세목이 분류되어 있다. 각 강문과 조목에는 해당되는 병론과 처방약이 출전과 함께 일일이 논거되어 있다. 57대강목의 내용은 다음과 같다.

風病門	傷寒門	熱病門	暑病門
濕病門	積熱門	瘧病門	脚氣門
腰痛門	霍亂門	眩暈門	諸虛門
驚悸門	虛損門	癆瘵門	三痟門
水病門	黃病門	大小便門	諸淋門
諸疝門	積聚門	心痛門	諸欬門
諸氣門	痰飮門	嘔吐門	噎隔門
脾胃門	蟲毒門	鼻衄門	頭病門
眼病門	耳病門	鼻病門	口舌門
齒牙門	咽喉門	諸痢門	痔漏門
癰疽瘡瘍門	折傷跌撲門	諸損傷門	蟲獸傷門
諸中毒門	諸救急門	調經門	崩漏門
婦人諸病	門女陰門	求嗣門	胎敎門
姙娠疾病門	坐月門	産難門	産後門
小兒門			

이상과 같이 분류된 병문을 총괄하면 내과·전염병과·외과·이비인후과·안과·치과·산부인과·소아과 등에 이르기까지 근대 임상의학의 각 과가 거의 망라되어 있어 종합 의서로 별로 손색이 없다. 그러나 그 분류 방법이 《의방유취》에서처럼 주로 병증을 중심으로 한 부분과 신체 부위를 중심으로 한 과문이 서로 혼합되어 있어 각 과에 대한 계통적 지식을 밝히기는 매우 어렵게 되어 있다.

이 밖에 책의 본문 부분에 필요한 경우에는 침구법을 덧붙여 놓았고, 책의 가장 끝 부분에는 鄕藥本草의 총론 및 각론을 실었다. 특히 총론 중에는 약의 종류에 따른 炮製法이 부기되어 있다. 침구법에는 송대에 간행된 《鍼灸資生經》으로부터 경혈의 명칭, 위치, 측정법, 금기사항 등을 가려 뽑아 본문 중에 배당해 놓았다. 향약본초 부분은 제76권부터 제85권까지 걸쳐 있는데 국내에서 나는 약재 630여 종을 송대에 나온 《經史增類大全本草》의 방식대로 배열하여 놓았다. 맨 위에 우리 나라에서 쓰는 약 이름을 표시하였고, 이어서 약미와 약성과 함께 약의 효능을 적어 놓았다. 또한 각종 本草書의 학설을 소개하고 있으며, 약의 채취시기를 덧붙여 놓았다. 포제법은 제76권에 설명되어 있는데, 이는 향약본초의 총론에 해당된다. 여기서는 생약의 제법을 알려주고 있는데, 이를 통해 향약의 채취 사용법을 완전하게 알 수 있기 때문에 이 부분은 매우 중요하다.

조선초부터 문화 전반에 일기 시작한 개혁운동의 일환으로 의학 분야에서도 자주적인 개혁이 있었다. 《향약집성방》의 편찬은 그 절정에 서 있다. 《향약집성방》으로 독창적인 우리 특유의 향약을 개발하고 궁촌벽민의 경험방까지를 정리해 낸 것은 획기적인 대사업이었다. 그리고 모든 약재의 명칭을 당시의 언어인 이두로 표기하여 누구나 쉽게 알 수 있도록 하였으며, 국내에서의 모든 약재의 채집이 이에 따르기만 하면 되도록 표준화하였다. 이러한 점들은 높은 자주성의 표현이라 할 수 있다.

또한 중국의 문헌을 활용하고 체계화하는 데에서도 질환별 분류가 정연하며, 모든 인용문헌에 대해서 반드시 출전을 밝혔다. 이는 합리적인 임상치료서로서의 면모를 과시한 것이라 할 수 있다.

요컨대 《향약집성방》의 편집 및 간행은 우리 나라 고유 의학의 확립이라는 점에서 매우 큰 의미를 갖는다. 이는 곧 중국 本草學의 테두리를 벗어나서 우리 고유의 본초학, 또는 생물학이 최초로 구성되었음을 말하는 것이기도 하다. 《향약집성방》은 성종 9년(1478)과 인조 11년(1633)에 각각 다시 출판되었으며, 성종 19년에 간행된 《鄕藥醫方》·《鄕藥本草抄》·《鄕藥本草諺解》와 그 밖의 여러 종류의 구급방들과 광해군 때 나온 《동의보감》의 저술에도 끼친 영향이 대단히 크다.

3) 《의방유취》의 편찬과 간행

《醫方類聚》는 당·송·원·명초의 중국 의서와 국내 의서 153종을 총망라하여 편집한 일종의 의학 대백과사전이다. 이 책은 세종 25년(1443)에 편찬되기 시작하여 세종 27년까지 약 3년이 소요되어 완성을 본 대작이다. 이렇게 방대한 종합의서는 이전에는 우리 나라는 물론 중국에서도 시도된 적이 결코 없었다. 《의방유취》는 당시까지 중국 의학의 총집결판이다.

(1) 편찬과정과 편집방식

《의방유취》의 편찬은 세종 25년(1443) 왕명에 의해 시작되었다. 먼저 集賢殿校理 金禮蒙, 著作郞 柳誠源, 司直 閔普和 등이 의방을 수집하여 책의 대강을 정하고 이 대강에 따라 여러 의방의 내용을 나누어 배속하여 한 책으로 합편하였다. 이어서 集賢殿 直提學 金汶·辛碩祖, 副校理 李芮, 承文院 校理 金守溫 등이 의관 全循義·崔閏·金有智 등과 함께 그것을 편집하였으며, 이것을 다시 安平大君 李瑢, 都承旨 金思哲, 右副承旨 李師純, 僉知中樞院事 盧仲禮 등이 감수하여 365권으로 완성하였다. 이는 시작한 지 거의 3년이 지난 세종 27년 10월의 일이다. 그 후 실제로 간행된 것은 266권 264책으로 편성 당시에 비하여 훨씬 축소되었다. 그 까닭은 《의방유취》가 권질이 너무 방대해서 간행에 이르기까지 많은 부분을 정리하였기 때문이다.

약 3년에 걸쳐 완성을 본 《의방유취》는 교정을 마치는 데에도 꽤 오랜 시간이 걸렸다. 문종 원년(1451) 무렵이 되어서야 한 번 베껴 쓰는 것이 완료되었고, 세조 5년(1459)부터 10년 무렵까지 이조판서 梁誠之를 중심으로 많은 인원들이 동원되어서 완전한 교정이 끝나게 되었다. 그리고 西平君 韓繼禧, 左參贊 任元濬, 行護軍 權讚 등의 작업에 의해 시작한 지 3년이 지난 성종 8년(1477)에 인쇄·발간되었다. 발행부수는 30질이었다.

《의방유취》는 총론 3권과 病症 91大綱門 261권으로 이루어져 있다. 총론에서는 일반적인 의학이론과 의료행위에 필요한 의료윤리 등을 다루었다. 총론을 제외한 나머지 부분에서는 모두 병증에 대해 다루었는데, 상당히 많은 병증들이 91대강 안에 나뉘어 들어 있다. 91대강의 내용은 다음과 같다.

병문	권수	병문	권수	병문	권수
總論	3	五臟門	9	諸風門	12
諸寒門	1	諸暑門	2	諸濕門	1
傷寒門	37	眼門	7	齒門	3
咽喉門	4	口舌門	2	耳門	1
鼻門	2	頭面門	4	毛髮門	2
身體門	1	四肢門	2	血病門	3
諸氣門	4	諸疝門	4	陰癩門	1

諸痺門	1	心腹病門	3	腰脚門	3
脚氣門	3	脾胃門	4	三焦門	2
飜胃門	2	嘔吐門	2	膈噎門	1
霍亂門	2	沙證門	1	眩暈門	1
宿食門	1	積聚門	5	咳逆門	7
聲音門	1	諸瘧門	3	消渴門	3
水腫門	4	脹滿門	2	黃疸門	2
諸淋門	2	赤白濁門	2	大小便門	3
諸痢門	6	泄瀉門	3	諸虛門	12
勞瘵門	3	痼冷門	2	虛煩門	3
驚悸門	1	積熱門	1	火門	1
癲癎門	4	中惡門	2	健忘門	1
諸汗門	1	蠱毒門	9	諸蟲門	1
解毒門	4	酒病門	2	獸傷門	2
癮疹門	1	辟蟲門	1	蟲傷門	2
癰疽門	9	丁瘡門	2	疥癬門	2
諸臭門	1	諸瘻門	1	癭瘤門	1
丹毒門	1	瘰癧門	2	金瘡門	2
諸刺門	1	痔漏門	3	便毒門	1
膏藥門	1	湯火傷門	1	折傷門	3
諸瘡門	6	怪疾門	3	雜病門	3
漆瘡門	1	救急門	2	養性門	7
諸湯門	1	諸香門	1	婦人門	27
小兒門	52				

이같은 91대강은 각기 해당되는 질병 아래에 먼저 그 門에 해당되는 병론을 논의하였고, 이어 약처방들을 인용하여 출전의 연대순에 따라서 실어 놓았다. 중복되는 부분이 있을 때에는 중복을 알려주는 표시를 해놓았으며, 인용한 문장은 같은데 문자가 서로 다를 경우에는 주를 달아 바로잡았다.

이상의 91병문들을 총괄하면, 오늘날 임상의학의 각 분과들이 거의 포함되어 있다. 그러나 《향약집성방》에서처럼 분류 방법이 신체 부위를 중심으로 한 病門과, 병의 증상을 중심으로 한 병문이 서로 섞여 있어서 각 분과에 관한 계통적인 지식을 일목요연하게 파악하기 힘들게 되어 있다. 그렇지만 이같은 분류법은 당시 의학의 일반적인 분류체계였으며 《의방유취》는 단지 이를 따른 것에 불과하다.

(2) 인용문헌

《의방유취》의 인용 의서들은 모두 153종이다. 여기에는 한·당·송·원대의 중요한 의서들이 거의 망라되어 있다. 이 밖에도 《玉機微義》·《醫經小學》·《活人心法》·《壽域神方》 등 명초의 주요 의서들도 포함되어 있으며, 고려 중기경에 崔宗峻이 찬한 《新集御醫撮要方》도 실려 있다. 153종의 인용 의서는 다음과 같다.

黃帝內經素問　靈　樞　運　氣
遺　篇　明堂灸經　針　經
鍼灸經　難　經　難經本義
傷寒論　傷寒論註解　五臟論
金匱方　王叔和脈訣　王氏脈經
龍樹菩薩眼論　巢氏病源　千金方
千金翼方　千金月令　海上仙方
福壽論　五臟六腑圖　食醫心鑑
産　寶　小兒藥證　聖惠方
四時纂要　銅人經　和劑局方
簡要濟衆方　王岳産書　修眞秘訣
小兒藥證直訣　實丹要訣　大全本草
三因方　衛生十全方　神巧萬全方
通眞方　傷寒括南陽活人書　無求子活人書
傷寒活人書　傷寒百問歌　傷寒百證歌
肋道方　是齋醫方　瑣碎錄
資生經　易簡方　玉函經
黎居士簡易方　黎居士決脈精要　斷病提綱
王氏易簡方　仁齋直指方　直指小兒方
直指脈訣　傷寒類書　外科精要
胎産救急方　朱氏集驗方　李晞范脈訣
嚴氏濟生方　嚴氏濟生續方　管見大全良方
婦人大全良方　脩月魯般經　傷寒明理論
儒門事親　治病百法　三法六門
十形三療　治法雜論　雜記九門
傷寒直格　素問玄機原病式　保童秘要
宣明論　東垣試效方　東垣內外傷辨

蘭室秘藏
御藥院方
傷寒指掌圖
子午流注
衛生寶鑑
居家必用
拔粹方
王氏集驗方
南北經驗方
永類鈐方
眼科龍木總論
格致餘論
醫林方
十四經發揮
吳氏集驗方
山居四要
外科集驗方
追勞方
徐氏胎產方
瘡科精義
臞仙活人心法
神隱
金匱鉤玄
簡奇方

湯液本草
得效方
葛氏肘後方
鍼經指南
延壽書
必用全書
瑞竹堂方
醫方大成
袖珍方
瘡科通玄論
醫經溯洄集
局方發揮
烟霞聖效方
纂圖脉訣
神效名方
新效方
理傷續斷方
急求仙方
仙傳濟陰方
玉機微義
運化玄樞
金丹大成
御醫撮要
醫經小學

脾胃論
澹軒方
澹寮方
玉龍歌
聖濟總錄
必用之書
小兒痘疹方
醫方集成
省翁活幼口議
經驗秘方
川玉集
經驗良方
壽親養老書
施圓瑞效方
事林廣記
鍼灸廣愛書括
小兒瘡疹方
秘傳外科方
外科精義
勸善書
壽域神方
衛生易簡方
備預百要方
小學醫經

《의방유취》에 인용된 책이름 중에는 오늘날 없어져서 그 어느 곳에도 존재하지 않는 중국 의서 40여 종이 들어 있어 그 가치가 더욱 빛난다. 일본 江戶시대말에 多紀元堅에 의하여 이들 의서 중 30여 종이 어느 정도 복원되었다. 그 중 중요한《醫方類聚採集本》은 다음과 같다.

龍樹菩薩眼論 耆婆五臟論 食醫心鑑 產寶 千金月令 朱氏集驗方 通眞子傷寒括要 川玉集 簡要濟衆方 神巧萬全方 衛生十全方 吳氏集驗方 管見大全良方 王岳產書 劉景裕小兒藥證 保童秘要 經驗秘方 經驗良方 王氏集驗方 施圓瑞效方 煙霞神效方 澹軒方 醫林方 修月魯般經 ….

이상의 채집본들은 물론 원상 그대로 회복된 것은 아니다. 그렇지만 이 복원본들을 통해 없어진 원래 의서의 윤곽을 어느 정도 짐작할 수 있다. 《의방유취》는 중국의 고전 의서들을 고증하는 데 없어서는 안될 중요한 서책이다.

(3) 오늘날 전하는 《의방유취》

《의방유취》는 처음 인쇄·발간했을 때에 불과 30질밖에 찍어 내지 않았다. 너무 방대하여 실제 임상에 적용하는 데 효과적이지 못했기 때문이다. 따라서 이 《의방유취》는 처음 발간한 이후 우리 나라에서 다시 찍어낸 적이 없었다. 《동의보감》을 펴내는 데 이 《의방유취》가 참고되었음을 볼 때 적어도 광해군 때까지는 이 책이 존재해 있었음을 알 수 있지만, 그 이후 망실되어 우리 나라에는 한 부도 남아 있지 않았다. 그런 중 1876년 병자수호조약 때 일본측의 예물로 2부를 기증받아 국내에 다시 갖추게 되었다. 《의방유취》는 발간 이후 400여 년이 지난 1852년 일본에서 重刊이 완료되었다. 이는 임진왜란 때 적장 加藤淸正이 약탈해간 현존하는 유일본을 바탕으로 해서 이루어진 것이다.

4) 의서의 편찬과 간행

(1) 중국의서의 수입과 간행

조선 전기에는 《향약집성방》·《의방유취》·《동의보감》 등의 뛰어난 종합 의서들이 찬집되고 간행된 데에서 보이듯이, 이전까지의 의학을 종합한 것이 의학 학술상의 매우 큰 특징이었다. 그렇지만 이와 함께 중국 의학이 계속해서 수입되었다.

조선 전기에는 의학이 크게 발달하여 우리 의학의 수준을 가늠할 수 있는 의서가 다수 간행되었으나, 삼국시대 이래 의학교육과 치료에 이용된 대부분의 의서는 역시 중국 의서였다. 수입된 의서들은 필요에 따라 전국 각지에서 출간되었다. 조선 전기에 발간된 중국 의서를 시기별로 살펴 보면 다음과 같다.

조선시대에 들어서 의서를 간행한 최초의 기록은 태종 때의 《鍼灸銅人圖》이다. 이것은 체계를 갖춘 의서는 아니지만 침구를 시술하는 데 꼭 있어야 할 침 놓을 자리를 보여주는 그림으로, 태종 15년(1415)에 간행되어 전국에 반포되었다. 이 의서는 이 해 10월 尹吳眞이 명에 사절로 갔다가 돌아올 때 가져온《침구동인도》두 두루마리를 가지고 만들었다. 다음으로 간행된 책은 태종 18년에 강원도 洪州에서 중간한《疑獄集》이다. 이 책은 고려 문종 13년(1059)에도 간행된 바 있는 법의학서로서 살인의혹을 검증하는 데 이용되었다.

세종 때에는 많은 의서가 간행되었다. 먼저 세종 12년(1430) 詳定所에서 정한 의학 취재의 교재를 보면,《直指脈》·《纂圖脈》·《直指方》·《和劑方》·《傷寒類書》·《和劑指南》·《醫方集成》·《御藥院方》·《濟生方》·《濟生拔粹方》·《雙鐘處士活人書》·《衍義本草》·《鄕藥集成方》·《鍼灸經》·《補註銅人經》·《難經》·《素問括》·《聖濟摠錄》·《危氏得效方》·《竇氏全嬰》·《婦人大全》·《瑞竹堂方》·《百一選方》·《千金翼方》·《牛馬醫方》등 25종이 열거되어 있다. 여기서《난경》·《소문괄》·《천금익방》등의 고전적 의경과 우리 나라에서 편찬된《향약집성방》[11] 4종을 제외한 21종의 의서들은 모두 송·원대의 중요한 의서들이다. 이들 의서는 과목 자체가 교재였으므로 대부분 교육과 치료를 위해 간행되었을 것이다. 세종 때 간행된 의서 중 특기할 것은 앞에서 살펴본《신주무원록》2권으로, 일종의 재판의학서이다.

세조 때에도 여러 종의 중국 의서가 간행되었다. 세조 2년(1456)에《和劑方》·《得效方》·《永類鈐方》·《衍義本草》·《銅人經》·《加減十三方》·《服藥須知》·《傷寒指掌圖》등이 간행되었다. 이 밖에 세조 4년부터 10년까지 의원의 필독서로 새로 지정된 의서들인《本草纂圖》·《黃帝素問》·《張子和方》·《小兒藥症直訣》·《外科精要》·《大全本草》·《脈經》들도 계속 간행되었을 것이다.

성종 3년(1472)에 四孟朔 의원 취재 과목을 다시 정하였다. 거기에는 새로이《資生經》·《十四經發揮》가 새로 지정되었고 아울러 침구의 취재 과목으로《鍼經指南》·《子午流註》·《玉龍歌》·《鍼灸摘英集》등과 의녀 습독서로《和劑》婦人門이 새로 지정되었다. 이들 책 역시 수요를 맞추기 위해 대부분 간행되었을 것이다. 한편 성종 5년에는 그 전 해에 일본 島山의 사절 중 副使로 온 良心이 바친《神應經》과《八穴灸法》을 간행하였고, 성종 15년에

11) 간행연도를 볼 때, 이는 정종 때 나온《鄕藥濟生集成方》을 지칭하는 듯하다.

는《救急易方》1권을 평양부에서 간행하였으며, 성종 18년(1487)에는《周府袖珍方》9책을 중간하였다. 또한 성종 19년에는 成健이 명에서 구해 온《東垣十書》를 내의원에서 인쇄·간행하였으며, 성종 25년에는《拯急遺方》상권에 해당하는《加減十三方》1권 30여 부를 인쇄하여 의관들에게 하사하였다.《加減方》은 어필이 책머리에 있어《御醫加減十三方》이라는 표제가 붙었다.《安驥集》과《水牛經》도 이 해 4월 李昌臣·李琚·權五福 등이 번역하여 인쇄하였고, 법의학서인《棠陰比事》와《疑獄集》도 성종 14년에 간행되어 수령이 참고하게 하였다.

중종 때부터 선조 때까지 국내에서 중국의 많은 의서들이 발간되었지만 정확한 발간 시기를 알지 못하는 것이 대부분이다. 이 중 발간연도를 확실히 알 수 있는 것만을 먼저 들어 보면 다음과 같다. 중종 38년(1543)《銅人經》과《直指脈》을 똑같이 22부씩 발간하여 20부를 兩醫司에 두고 나머지 두 부를 경상·전라도에 내려 보내 그 곳에서 다시 간행토록 하였다. 이 밖에《醫眼方》1권이 중종 38년 경주부에서 발간된 적이 있다. 이는 우리 나라에서 최초로 간행된 안과 전문의서이다.

이상에서 조선 전기를 통해서 국내에서 발간된 중국 의서들을 대략 살펴보았는데, 중복된 의서를 제외해도 그 수가 약 70종에 달하며, 이 중에는 송·원·명대의 중요한 의학서적이 거의 포함되어 있다.

이들 의서가 방대하게 발간되었다는 사실에서 당·송·원·명대의 중국의학이 조선 전기 의학에 매우 큰 영향을 미쳤음을 쉽게 짐작할 수 있다. 이 같은 중국의학의 범람은 풍부한 의학적 경험과 이론을 국내 의학계에 제공하기도 했지만, 중종 이후에는 정도가 너무 지나쳐서 의학상의 큰 혼란으로 작용하게 되었다. 楊禮壽의《의림촬요》나 許浚의《동의보감》의 출현은 바로 이같은 혼란상황을 정리하려는 시도로 이해될 수 있다.

(2) 국내 의서의 편찬과 간행

조선 전기에는 고려 의학의 계승, 중국의학의 수입과 더불어 이들을 소화, 발전시키는 작업이 매우 활발하게 이루어졌다. 여러 종류의 종합의서·전문의서·구급방·수의서·양생서·전염병서 등이 편찬되어 그 어느 시기에도 볼 수 없었던 의학의 발전이 이룩되었다. 여기서는 따로 장을 두어 살펴 볼 종합의서인 《향약집성방》·《의방유취》·《동의보감》·《신주무원록》과 이 저작들과 밀접한 관계에 있는 의서들을 제외한 나머지 의서들을 시대순으로 살펴보겠다.

정종 원년(1399)에 간행된 《향약제생집성방》에 덧붙여서 출간된 《新編集成馬醫方牛醫方》은 수의서로 주목할 만하다. 현존하는 이 책은 여말선초의 수의학 수준을 알려주는 유일한 수의학서로 우마의 치료에 크게 활용되었다. 房士良의 서문에 의하면 이 책이 趙浚과 金士衡의 주관 아래 權仲夏와 韓尙敬이 편찬한 것으로 되어 있다. 이는 원의 《馬醫方》을 참고하면서 고려의 수의서인 《東人經驗方》을 활용하여 편찬되었다. 2권 1책으로 이루어진 이 책의 내용을 보면 《마의방》은 총론으로 良馬相圖 등 28조, 각론으로 五臟門 등 16개의 병문에 대한 치료법으로 되어 있다. 이 중에는 4조에 《동인경험방》의 내용이 들어 있다. 《牛醫方》도 총론 相牛法 등 5조, 각론 瘟疫門 등 12개 병문에 대한 치료법으로 되어 있는데 여기에도 《동인경험방》의 내용이 들어 있다. 이 책은 고려와 조선 수의학의 결정판으로 오랫동안 계속해서 사용되었다.

조선초의 《향약혜민경험방》·《향약제생집성방》·《향약채취월령》·《本朝經驗方》 등 향약 관계서를 제외한 의서 중 가장 먼저 기록에 보이는 것은 《産書》이다. 편자를 알 수 없는 이 책은 조선초에 나온 산과 전문의서로, 세종 때부터 의관과 의녀의 필독서가 되었다.

《산서》는 세종 12년(1430) 12월 의원과 의녀의 교육 및 취재과목으로 채택되었고, 세조 8년(1462)에는 새로 마련된 醫書習讀官 권장법에 따른 시험과목 중의 하나가 되어 성종 때까지 이어졌다. 이 책은 盧仲禮의 《胎産要錄》과 함께 매우 중요하게 취급되었다.

《태산요록》은 세종 16년에 간행되었다. 노중례는 조선초의 뛰어난 의관으로 조선 전기의 의학 발달에 지대한 공헌을 한 인물이다. 세종의 명으로 편찬된 《태산요록》은 상권 胎産門 20조, 하권 嬰兒將護 28조로 되어 있으며, 《胎産救急方》·《全氏小兒方》 등 16조의 의서를 참고로 하여 저술되었다. 이 책 역시 《산서》와 마찬가지로 의생의 교육과 의학의 취재에서 매우 중요하게 취급되었으며 조선 중엽까지 널리 사용되었다. 한편 이 책은 선조 41년(1608)에 나온 《諺解胎産集要》의 원본이기도 하다.

《鍼灸擇日編集》 1권은 세종 29년(1447)에 내의원 의관 全循義와 金義孫이 《孫眞人秘笈千金方》·《資生經》 등 16종의 의서를 참작하여 침 놓을 때의 길흉을 선택하기 위해 편찬한 것이다. 이 책이 나오게 된 배경은 세종 20년부터 매년 침구전문생 3인을 敍用하여 三醫司에 각각 1명씩 배치하기 시작하면서, 침구에 대한 관심이 부쩍 높아졌다는 사실에서 찾을 수 있다. 이 책은 오늘날에는 원간본은 없어지고 그 抄本만이 남아 있다.

任元濬이 찬술한 《瘡疹集》은 세조 8년 이후 의과와 취재의 과목으로 지정되어 활용되었던 조선 최초의 천연두 전문서이다. 후에 許浚의 《瘡疹集要》가 나올 때까지 조선 전기의 유일한 종기 치료 전문서로 매우 중시되었다.

《救急方》은 세조 때 찬술되었다. 세조 12년에 8도에 구급방 각 2권을 보내도록 했다는 기록으로 미루어 볼 때, 바로 이 무렵 이 책이 편찬된 것으로 보인다. 《구급방》은 현존하지 않기 때문에 원본의 내용을 알 수는 없지만, 허준이 다시 꾸민 《諺解救急方》을 통해 미루어 짐작하면, 이 책이 中風·中寒 등 45조의 치료법을 담고 있었음을 알 수 있다.

《食療纂要》는 조선초 대표적인 의관의 한 사람인 전순의가 찬술한 것으로, 내용은 잘 알 수 없으나 섭생을 통한 양생서로 생각된다. 이 책은 孫舜孝가 경상도관찰사로 있을 때 간행한 것이다.

성종 때에 나온 다른 의서로는 《新撰救急簡易方》이 있다. 이 책은 성종 20년(1489) 內醫院 提調 尹壕를 비롯하여 任元濬·許琮 등 의관 8명이 공동으로 편찬한 것으로 모두 9권으로 되어 있다. 모든 도의 감사들이 이를 발간하여 널리 통용하였다. 이러한 사실은 이 책의 판본이 전국 각지에 있었던 것으로 미루어 짐작할 수 있다. 이 책은 여러 구급방을 모아 종류에 따라 나누어 만든 것이기 때문에 이 책 한 권만 있으면 지방에 있으면서도 충분히 구급치료를 할 수 있을 만큼 상세하게 되어 있었을 것이라 추측된다.

《醫方要錄》은 현존하지 않아서 내용을 알 수 없다. 다만 《成宗實錄》에 이를 간행하였다는 기록이 있으므로 이 책이 이 때에 발간되었음을 알 수 있을 뿐이다.

《醫門精要》는 성종 때 편찬되고 연산군 때 간행되었다. 이 책은 현존하지는 않으나, 申用漑의 발문을 통해 대략적인 내용을 짐작할 수 있다. 《의문정요》는 성종 24년 《의방유취》의 요점을 발췌하여 이용하기에 간편하도록 하려는 편찬 목적에 따라 허종이 왕명을 받아 편찬에 착수하여 이듬해 편찬을 마쳤다. 이 책의 이름은 성종이 직접 내린 것이다. 그러나 발간을 준비하던 중 허종과 성종이 잇따라 죽자 《의문정요》의 발간 작업은 일시 중단되었다. 그 후 연산군 10년(1504)이 되어서야 총 50권 87문으로 발간되었다. 비록 중국 의서를 깊이 연구하여 집성한 《의방유취》가 매우 뛰어난 의학대백과사전이기는 하였지만 너무 방대하여 실제 임상에 사용하는 데에는 큰 문제를 안고 있었다. 따라서 그것을 한결 간결하게 정리할 필요성을 느끼고 있었으며 《의문정요》는 그 산물인 셈이다. 이렇게 《의방유취》의 요점만을 뽑아 재구성함으로써 《의문정요》는 중국 의학의 토착화에 크게 기여했다.

《黃疸瘧疾治療方》은 명종 5년(1550)에 "각 도 · 주 · 군 · 현의 僉使, 萬戶 등에게 황달 · 학질 치료방을 발행하여 배포하고 다시 감사와 州 · 府 · 巨邑에서 인쇄하여 境內 인민에게 분급토록 하라"는 기록에서 이 책의 존재를 알 수 있다.

《治腫秘方》 1권은 任彦國이 편찬한 것으로 명종 14년 금산에서 간행되었다. 《治腫指南》 2권 역시 임언국과 그 제자들이 편찬한 것으로 생각되는데, 내용이 《치종비방》보다 자세하다. 《救急良方》 1권은 《치종비방》 뒤에 붙어서 한 책을 이루고 있는데, 내의원의 여러 의관들이 편찬한 구급처방집이다.

楊禮壽가 편찬한 《醫林撮要》 13권은 질환 121개별로 치료방을 나누어 실어 놓은 큰 규모의 종합의서이다. 이 책의 구성을 보면, 각 門의 머리에는 병론을 실었고 이어서 관련되는 처방을 실어 놓았다. 주로 《醫學正傳》 · 《得效方》 · 《鄕藥集成方》 · 《萬病回春》 · 《古今醫鑑》 · 《醫學入門》 · 《和劑局方》 · 《東垣十書》 · 《必用方》 · 《袖珍方》 · 《婦人良方》 · 《玉機微義》 · 《救急方》 · 《聖惠方》 · 《活人心法》 · 《濟衆方》 · 《纂圖脈》 · 《御藥院方》 · 《永類鈐方》 · 《衛生寶鑑》 · 《靑狼集》 · 《醫林集要》 · 《簡易辟瘟方》 · 《千金方》 · 《增類本草》 · 《外科樞要》 · 《醫方類聚》 · 《本國退思翁所製方》 등의 의서를 인용하였다. 이들 의서는 조선 전기에 이루어진 의서와 당시 사용되던 중국 의서들을 거의 망라한 것인데 이로부터 당대 의학의 전모를 살펴볼 수 있다. 비록 얼마 뒤에 나온 《동의보감》에 가리어 있지만 《의림촬요》는 당시 의학계의 거의 모든 지식을 소화하여 하나로 엮어낸 책으로 《동의보감》에서도 《향약집성방》·《동방유취》와 함께 대표적인 국내 의서로 꼽고 있는 저작이다.

선조와 광해군 때의 의서 편찬은 거의 전부 허준에 의해 이루어졌다. 허준은 《동의보감》 외에도, 전문 진맥서인 《纂圖方論脈訣》, 산과 전문서인 《胎産集要》, 천연두 전문의서인 《諺解痘瘡集要》, 구급의서인 《諺解救急方》 등과 전염병 전문서인 《新撰辟瘟方》과 《辟疫神方》을 편찬하였다. 허준의 저술 외에도 선조 때 나온 의서로 선조 33년(1600)에 柳成龍이 펴낸 《鍼灸要訣》 2권이 있다. 이 책은 유성룡이 河村에 은거중에 《醫學入門》의 내용을 발췌하여 《醫學辨症指南》과 함께 지은 것이다. 《침구요결》은 《의학입문》의 침구 부분과 똑같은 내용을 싣고 있지만, 침구학의 복잡한 경혈, 시술방법, 효과 등을 계통적으로 분류하여 쉽게 이해할 수 있도록 한 특징이 있다.

(3) 허준의 의서 편찬

허준은 조선에서 가장 뛰어났던 실증적인 의학자이다. 그는 명종대에 태어나서 선조 일대를 통하여 대업적을 남겼고 광해군 때 죽었다. 선조초에는 內醫로 명성이 높았으며, 선조의 신임을 받아 정1품 輔國崇祿大夫의 위치까지 올랐다.

허준의 의학적 업적은 선조 14년(1581)에 《纂圖方論脈訣集成》 4권의 교정판을 내놓으면서 시작되었다. 高陽生이 편찬한 《纂圖脈》은 조선 초기까지 가장 훌륭한 진맥서로 醫科의 필독서로 채용되어 널리 이용되었지만, 시대가 지남에 따라 문자의 착오가 많아지고 글이 번잡스럽게 되어 배우는데 어려운 점이 많았다. 그래서 허준은 왕명으로 여러 의서를 참고하여 《찬도맥》을 엄밀히 교정하여 《찬도방론맥결집성》을 만들어 냈다. 이 교정본은 진맥학의 기본적 지식을 총정리한 것으로 조선말까지 널리 읽혀졌다.

다음에 착수한 책이 《동의보감》이다. 《동의보감》을 저술하는 동안 허준은 별도로 다른 중요한 의서의 편찬 작업을 병행하여 조선초부터 널리 사용되어 오던 세 가지 의서인 노중례의 《태산요록》, 임원준의 《창진집》과 세조명으로 편찬된 《구급방》을 다시 정리하는 한편, 이 세 책 모두에 언해를 붙였다.

《痘瘡集要》는 《창진집》을 고쳐 만든 것으로 선조 41년 내의원에서 간행하였다. 이 책은 당시 명의 의서를 인용하여 새로이 고쳐서 언해를 붙인 것으로, 선조 34년에 이미 편찬된 것을 전쟁의 피해가 어느 정도 복구되면서 발간한 것이다. 《태산집요》는 《태산요록》을 고쳐서 출간한 것인데 《두창집요》처럼 역시 명의 의서를 인용하여 다시 근본부터 손을 보았다. 이 역시 《두창집요》와 같은 시기에 발간되었다. 《언해구급방》은 《구급방》의 내용을 증보하여 언해를 덧붙여 편찬하였는데 간행연도는 미상이다.

《두창집요》·《태산집요》·《언해구급방》 등 세 책은 종래부터 사용되어 오던 것을 고치는 형식이었지만, 《두창집요》와 《태산집요》는 당시의 새로운 의학 지식을 바탕으로 해서 근본적으로 개편한 것이므로 이전의 책과는 다른 별종의 의서로 보아도 무방하다. 이 책은 이후 상당히 오랫동안에 걸쳐 우리 나라에서 널리 이용되었다.

허준은 《동의보감》을 완성한 후에도 두 가지 전염병 전문서를 편찬하였다. 《신찬벽온방》과 《벽역신방》이 그것이다. 《신찬벽온방》은 광해군 4~5년(1612~1613)간에 전국적인 규모로 유행했던 전염병을 구료하기 위해 왕명을 받아 찬출한 것으로 광해군 5년에 내의원에서 간행·반포하였다. 이 책은 중종 때 나온 《간이벽온방》과 비교해 볼 때, 질병에 대한 기술이 상세하면서도 정확하다. 《벽역신방》은 광해군 5년 가을 唐紅疫(오늘날의 성홍열)이라는 전염병이 크게 유행하자 허준이 왕명을 받아 새로이 편찬하여 같은 해 12월에 발행한 의서이다. 이 두 책은 전염병서로서 매우 뛰어난 것으로, 당시 전염병의 개별 진단이 동양은 물론 서양에서도 혼란스러움을 벗어나지 못했다는 점을 생각할 때, 예리한 관찰력이 더욱 경탄할 만하다.

(4) 의서의 언해

훈민정음의 창제 이후 유학·불교 경서들의 번역사업과 함께 의서의 번역도 이루어졌다. 이미 세조 12년(1466)에 《救急方諺解》 2권이 나왔으며, 성종 25년(1494)에는 《諺解鄉約本草》가 편찬되었고, 연산군 5년(1499)에는 《救急易解方諺解》 등을 발간하였다.

중종대에 들어와서는 의서의 번역사업이 더욱 활발해졌다. 중종 13년(1518)

에 同知中樞府事 金安國의 청에 따라 농서·잠서들과 함께 전염병 전문서인 《벽온방》, 종기 치료방인 《창진방》들을 언해하여 전국 8도에서 발간하였으며, 중종 19년(1524) 가을부터 다음해 여름철까지의 전염병 대유행 기간 중에 《벽온방》에 적혀 있지 않는 처방을 《의방유취》에서 가려 뽑아서 《續辟瘟方》이라는 이름으로 언해·인출하기도 하였다. 그리고 중종 6년에 평안도와 황해도에서 양과 돼지들의 전염병이 돌자 《牛馬羊猪染疫病治療方》을 발간하여 반포하였는데, 이 책은 향촌인들이 쉽게 알 수 있도록 이두와 한글로 된 해석이 달려 있고, 약명은 향명으로 씌어져 있다.

한편 《分門瘟疫易解方》 1권은 중종 37년에 나왔다. 이는 김안국과 여러 의관들이 처방들을 수집하여 옛 《벽온방》에 있는 60여 처방에 다시 40여 개의 처방을 첨가하여 그것들을 4문으로 나누어 싣고, 그 아래 약명과 약의 채취법을 붙여 만든 것이다. 이는 모두 언문으로 번역되어 있다.

김안국의 동생인 金正國이 편찬한 《村家救急方》 1권은 언해본은 아니지만 책 머리부분에 있는 본초부에 채록된 약재 200여 종에는 알기 쉬운 향명이 붙어 있어 언해 의서와 맥락을 같이 한다. 이 책은 김정국이 전라도관찰사로 있을 때인 중종 33년에 남원에서 처음으로 간행되었다.

중종 이후에도 의서의 언해가 계속되었다. 선조 34년에 허준이 편집한 《諺解救急方》·《諺解痘瘡集要》, 선조 41년에 편집한 《諺解胎産集要》 등이 그것이다.

5) 《동의보감》의 편찬과 간행

(1) 편찬배경과 저술과정

조선 초기에 《향약집성방》과 《의방유취》의 편찬으로 이전까지의 우리 의학과 중국 의학이 총정리되었으나, 조선 중기에 이르러 이는 많은 한계를 드러내게 되었다. 이 두 책은 많은 의학 내용을 모아 놓았다는 데는 큰 의의가 있다고 할 수 있으나, 실제 임상에 적용하는 데에는 적합하지 못한 측면이 있었다. 설상가상으로 이 시기에 중국으로부터 무수히 많은 의서들이 수입되어 이전의 의서들과 함께 실제 임상에 큰 혼란을 초래하였다.

이러한 상황은《동의보감》서문에 잘 드러나 있다. "의학에 관한 서적들이 오래 전부터 있었으나 … 논설이 분분하고 앞뒤가 표절되어 다투어 문벌을 세웠으므로 서책은 더 많아지고 의술은 더 어두워져 … 세상의 庸醫들은 궁리를 풀지 못하고 경서의 해석을 어겨 자의대로 약을 쓰거나, 또는 선례에 얽매여서 변통할 줄 모르고 … 활인을 구하다가 살인하는 사람이 많다"고 할 정도의 상황에 직면하여 그것을 일목요연하게 정리할 필요성이 생겼다. 이것은《동의보감》의 편찬으로 해결되었다.

《동의보감》은 선조 29년(1596) 왕명으로 편찬되기 시작되었다. 선조는 의학에 큰 관심을 가지고 있어서 당시 의학계의 혼란상을 잘 이해하고 있었다. 선조는 수많은 중국의 의학서적을 정리하여 하나의 책으로 엮을 것을 허준 등에게 명하였다. 특별히 새 의서를 편찬할 局이 설립되었고 太醫 허준을 비롯하여 儒醫 鄭錯, 태의 楊禮壽·金應鐸·李命源·鄭禮男 등 당대의 내노라 하는 의인들이 의서 편찬요원으로 선발되었으며, 허준이 편찬의 최고 책임을 맡았다.

새 의서의 편찬은 겨우 뼈대만이 갖추어진 상태에서 정유재란을 만났다. 전란으로 인해 작업에 참여하였던 사람들이 뿔뿔이 흩어졌으며, 작업은 중단되었다. 그렇지만 선조는 의서편찬에 대해 강한 의지를 포기하지 않고, 몇해 후 궁궐 안에 소장하고 있던 의학서적 500여 권을 내주며 허준에게 단독으로 새 의서의 편찬을 완성토록 명하였다. 그 후 허준은 귀향살이 도중에도 작업을 계속한 결과 광해군 2년(1610)에《동의보감》25권 25책을 내놓게 되었다.

《동의보감》은 그로부터 5년 후인 광해군 7년에서야 발간을 보게 되었다. 왜냐하면 책수가 많아 인쇄를 하는데 많은 시간을 필요로 했을 뿐 아니라, 작은 주가 많고 분행자수가 세밀하여 꼼꼼한 교정을 필요로 했기 때문이다.

(2) 내용과 편집체계

《동의보감》25권 25책은 목차 2권, 內景篇 4권, 外形篇 4권, 雜病篇 11권, 湯液篇 3권, 鍼灸篇 1권으로 구성되어 있다. 그 내용을 살펴보면 다음과 같다.

內景篇(附, 修養 附, 養老)

권 1 身形, 精, 氣, 神

권 2 血, 夢, 聲音, 言語, 津液, 痰飮

권 3 五臟六腑, 肝臟, 心臟, 脾臟, 肺臟, 腎臟, 膽腑, 胃腑, 小腸腑, 大腸腑, 膀胱腑, 三焦腑, 胞, 蟲

권 4 小便, 大便

外形篇

권 1 頭, 面, 眼

권 2 耳, 鼻, 口舌, 齒牙, 咽喉, 頭項, 背

권 3 胸, 乳, 腹, 臍, 腰, 脇, 皮, 肉, 脉, 筋, 骨

권 4 手, 足, 毛髮, 前陰, 後陰

雜病篇

권 1 天地運氣, 審病, 辨證, 診脈, 用藥, 吐, 汗, 下

권 2 風, 寒上

권 3 寒下, 暑, 濕, 燥, 火

권 4 內傷, 虛勞

권 5 霍亂, 嘔吐, 咳嗽

권 6 積聚, 浮腫, 脹滿, 消渴, 黃疸

권 7 痎瘧, 瘟疫, 邪崇, 癰疽上

권 8 癰疽下, 諸瘡

권 9 諸傷, 解毒, 救急, 怪疾, 雜方

권 10 婦人

권 11 小兒

湯液篇

권 1 湯液序例, 水部, 土部, 穀部, 人部, 禽部, 獸部

권 2 魚部, 蟲部, 果部, 菜部, 草部上

권 3 草部下, 木部, 玉部, 石部, 金部

鍼灸篇

鍼灸

여기서 內景이란 '몸안을 살펴본다'라는 뜻인데, 이 내경편에서는 인체내의 오장육부와 인체의 생명과 활동을 가능하게 하는 일반적인 원리와 개념들에 대해서 다루었다. 外形은 말 그대로 몸 바깥의 형태를 뜻하는데, 외형편에서는 사람의 근골·肌肉·혈맥·피부 등에 대하여 다루었다. 잡병편에서는 天

地運氣·審病·辨證·診脈·用藥에서부터 부인병·소아병에 이르기까지 매우 폭넓게 병과 관계되는 사항들을 다루었다. 이렇듯 내경편·외형편·잡병편에서는 해부·생리·병리를 포함하는 전반적인 의학체계를 세워 놓았다.

한편 탕액편에서는 본초에 대한 지식, 약리학, 약의 조제 처리법 일반에 대해 다루었다. 또 약의 일반을 설명하는 序例의 조항을 따로 두어 약초를 캐는 법, 약초를 말리는 법, 약을 다리는 법, 약의 분량, 약의 성미 등을 다루었다. 탕액편의 서례 다음에는 640여 개의 약재들이 각기 水部·土部·穀部·人部·禽部·獸部·魚部·蟲部·果部·菜部·草部·木部·玉部·石部·金部 등 16 부문으로 나뉘어 실려 있다. 이들 약재들은 주로 송나라 때 나온《經史增類大觀本草》를 인용했고, 여기에 명나라 때 저술된《의학입문》등에 실려 있는 약재들과《향약집성방》등에 기록되어 있는 향약을 덧붙였다. 이들 약재들의 이름은 모두 별도의 한글 표기가 되어 있어서 약초를 분별하고 쉽게 약을 쓰는 데 도움이 되었다.

침구편에는 침구에 관한 것만을 별도로 가려 모아 놓았다. 주로《銅人經》을 중심으로 꾸며 놓았는데, 여기에《資生經》·《醫學入門》·《醫學綱目》등의 책에 나오는 침구 내용을 덧붙였다. 이렇게 탕액편과 침구편이 갖추어짐으로써 내경편·외형편·잡병편에 대한 구체적인 치료법의 기초가 마련되었다.

《동의보감》의 편집체계는 독특하다. 내경·외형·잡병편에서는 각 綱의 類에 따라 項을 나누었고, 각 항의 류를 세부 目으로 나누고, 각 항목의 아래에는 그 항에 해당하는 병론과 처방약을 빠짐없이 채록하고 출전을 밝혔다. 그리하여 각 병증에 관한 고금의 치료방법을 일목요연하게 파악할 수 있게 하였다. 이 점은《동의보감》의 목차 작성에서도 그대로 드러나 있다. 보통 의서들이 큰 목차만 실어 놓고 있는데 비해《동의보감》은 훨씬 세분화된 목차를 실어놓고 있다. 각각의 병증과 이에 해당되는 처방까지를 목차에 실어놓고 있는데 이는 마치 오늘날의 백과사전같은 느낌을 준다. 그러므로 많은 처방서를 참고할 여가를 가지지 못한 임상가들은《동의보감》을 통해 손쉽게 고금의방을 열람할 수 있다.

《동의보감》은 매권마다 많은 내용을 포함하고 있는데,《素問》·《靈樞》를 비롯하여《傷寒論》·《病源候論》·《千金方》등의 의학 기본서는 물론이고,

송·원·명의 주요 의서들을 모두 망라하였다. 특히 허준은《동의보감》편찬 직전에 나온 명의 대표적인 의서인《醫學正傳》·《丹溪心法附餘》·《醫林集要》·《醫學綱目》·《本草集要》·《古今醫鑑》·《萬病回春》·《醫學入門》등의 서책들을 많이 인용하였다. 또한 조선에서 나온《향약집성방》·《의림촬요》등도 자주 인용하였다. 이 중에서도 특히 허준이 중요하게 인용하고 있는 문헌들은 명 중엽에 나온《東垣十書》·《의학정전》·《고금의감》·《만병회춘》·《의학입문》등이다.

(3) 특징과 의학사적 의의

《동의보감》에서 가장 두드러지게 나타나는 특징은 치료보다도 예방, 더 나아가 건강 그 자체를 더욱 중요하게 추구하고 있다는 점이다. "養生의 도로 본질을 얻을 수 있고 의술로는 단지 엉성함을 얻을 수 있다"는 것이《동의보감》의 가장 기본적인 철학이다. 이에 따르면 병을 치료하는 의술은 양생의 근본을 따지는 도에 미치지 못한다는 것이다. 이같은 태도는 도교적 養生法에 크게 영향을 받은 것이다.《동의보감》은 도교의 중요 경전인《黃庭經》의 內景의 뜻을 본받아서 精·氣·神을 중요하게 여겼으며, 그로부터 내장 장기의 생리적 기능과 그것들의 직접적 병중을 일괄하여, 다른 의서에는 보이지 않는 내경편을 신설하였다. 허준은 의학의 근본을 調攝修養에 두고, 치료법인 藥石의 사용을 그 다음으로 하였던 것이다.

《동의보감》에서 두번째로 나타나는 특징은 약을 다리는 데 드는 약의 양을 이전보다 줄여 실정에 맞게 했다는 것이다. 옛 처방에서는 약을 다리는 데 드는 약의 분량이 매우 많아 약의 손실이 많았으며, 또한 갑자기 갖추어 쓰기가 어려운 경우가 많았다. 허준은 옛 처방 대신에 명의 龔信, 龔廷賢 부자의《고금의감》·《만병회춘》등의 처방에 나오는 약의 분량을 기준으로 삼아 약의 양을 대폭 줄여 실정에 맞게 하였다.

세번째 특징은《동의보감》에 면면히 흐르고 있는 자주성이다.《동의보감》의 集例에서 허준은 중국의 의학을 北醫·南醫라 부르면서 우리의 의학을 東醫라 부를 것을 주장하였다. 이는 이전까지의 향약의 개념과는 매우 다른 것이다. 향약의 개념이 단지 자국산 약재만을 지칭하는 것이었다면, 동의는 전반적인 의학체계를 의미한다. 이미 《의방유취》와 《향약집성방》의 전통을 가지고 있는 우리 나라의 의학이 《동의보감》의 출현으로 인하여 중국의 의학과 견주어서 조금도 손색이 없다는 자신감이 《동의보감》이라는 이름에 실려 있다. 자주성의 표현은 단지 명칭에만 그친 것이 아니다. 《동의보감》은 당시의 중국 의학을 완전히 소화하여 높은 의학수준을 과시하였다. 또한 실제 조선에서의 경험과 식견이 《동의보감》 안에 충분히 담겨 있다. 이같은 사실은 본초부문에서 더 잘 드러난다. 《동의보감》은 당시 사용하고 있던 향약을 특별히 중요하게 여겨 모든 향약명을 한글로 표시하여 놓았다.

《동의보감》의 가장 큰 의학사적 의의는 무엇보다도 의학의 통합이라는 측면에서 찾을 수 있다. 조선 중기의 의학적 상황을 보면, 《향약집성방》으로 종합된 향약과 고려시대·조선 전기를 통해 계속 들어온 중국의 송·원·명초의 의학들이 어지럽게 섞여 있었다. 그런데 허준의 《동의보감》의 출현으로 해서 이같은 상황은 말끔히 해소되었다. 허준은 고금의 설과 조선 초기의 의학적 전통을 예리한 통찰력으로 엮어내어 획기적인 통합의학체계를 만들어 냈다. 중국에서도 이같은 의학의 통합·정리는 당시 이루어지지 않았다.

두번째 《동의보감》의 의의로 들 수 있는 것은 후대 의술에 끼친 막대한 영향이다. 이후에 나온 상당히 많은 국내의 의서들이 《동의보감》을 원전으로 하여 저술되었다. 그 중 대표적인 것으로 정조 때 나온 康命吉의 《濟衆新篇》과 고종초에 나온 黃度淵의 《醫宗損益》을 들 수 있다. 이 두 책은 모두 당시를 대표하는 의서였다. 《동의보감》과 이를 바탕으로 한 의서들의 출현으로 해서 국내 의학에서 일종의 표준화가 이루어졌다고 보아도 무방하다. 의술을 펼치는 사람들이 번잡한 여러 처방의 늪에서 헤매지 않고 이들 책을 통해 잘 정리된 처방을 쓰면 되었기 때문이다.

세번째 의의는 세계 의학계에 끼친 영향에서 찾을 수 있다. 《동의보감》은 국내에서 출간된 이후 곧 일본과 중국에 전해져서 여러 차례의 번각을 보았다. 凌魚는 이 책의 중국판 서문에서 이 책을 간행한 左翰文에 대해 "천하의 보물을 천하와 함께 한 것"이라 칭송하였다. 또한 일본판은 源元通이 발문을 썼는데, "백성을 지키는 으뜸되는 의학 경전이요 醫家의 귀중한 책"이라고 칭송하였다. 이와 같이 《동의보감》은 중국과 일본에서 그 학술적 가치가 높이 평가되었다. 아마 우리 나라 사람의 저서로서 《동의보감》처럼 중국인이나 일본인에게 그렇게 널리 읽혀진 책은 없을 것이다.

(4) 간 본

가. 우리 나라 간본

선조 29년(1596)에 착수되어 14년 후인 광해군 2년(1610)에 완성을 본 전 25권의 《동의보감》은 발간되어 나오는 데 3년의 시간이 걸렸다. 광해군은 《동의보감》이 완성되자마자 즉각 內醫院에 명하여 그것을 인쇄하여 널리 반포하라고 하였다. 왕명을 받아 내의원은 직접 인쇄를 담당할 특별 기구를 만들어 그것을 찍어내고자 하였다. 그렇지만 찍는 데 필요한 경비와 인력이 여의치 않아 내의원에서의 간행은 일단 포기되었고, 이듬해인 광해군 3년 11월에 내의원이 《동의보감》을 下三道에 내려 보내 나누어서 찍도록 하였다.

그러나 지방에서 나누어 인쇄하는 것도 쉽지 않았다. 책의 분량이 방대해서 인쇄에 필요한 목판을 구하는 데 시간이 많이 걸렸으며, 찍는 데 많은 인력이 필요했기 때문이다. 또한 《동의보감》의 판형이 독특해서 조그만 注가 행을 나누고 있고, 글자 수가 촘촘했기 때문에 목판의 형태로는 인쇄하기가 어려웠기 때문이기도 하다. 따라서 오랜 시간이 지났는데도 작업이 별로 진척되지 못했다. 그리하여 다시 내의원이 인쇄를 맡게 되어 따로 局이 설치되었고, 하삼도에서 올려 보낸 재료를 바탕으로 하여 2년여의 작업 끝에 광해군 5년에 훈련도감의 활자본으로 인쇄가 마무리되었다.

《동의보감》은 그 후 몇 차례에 걸쳐 간행되었다. 먼저 湖南觀察營印 全州藏本과 嶺南官營印 大邱藏本이 있다. 이는 정조 때 徐有榘가 지은 《鏤板考》 권 1, 東醫寶鑑條를 통해 알 수 있다. 이 판본들은 호남·영남 兩營에서 초간의 활자본을 대본으로 하여 전주 및 대구에서 다시 목판으로 찍어낸 것으로 짐작되고 있다. 그런데 영조 29년(1753) 9월에 영의정 金在魯가 《동의보감》과 《증보만병회춘》을 영남 감영에서 찍어내도록 하였다는 기록도 있어 이 때 다시 찍어낸 것이 아닌가 한다.

오늘날 항간에서 흔히 볼 수 있는 것은 歲甲戌仲冬內醫院校正領營改刊本과 같은 해의 完營重刊本이다. 여기서 갑술년은 순조 14년(1814)이라고 추측되는데, 이는 순조 20년인 경신년에 다시 찍어낸《醫學入門》에 대한 金履喬의 발문을 통해 알 수 있다.

나. 일본 간본

《동의보감》이 언제 일본에 전해졌는지는 정확하게 알 수 없다. 일본정부에서 기록한《接待事目錄抄》의 "현종 3년(1662)에《동의보감》과《의림촬요》를 조선에서 가져 왔다"는 것이《동의보감》의 일본 전래를 알려주는 첫 기록이다. 그렇지만 일본에서《동의보감》을 처음으로 간행한 것은 1724년의 일이다. 京都書林에서 찍어낸 이 책에 실려 있는 藤原信篤의 서문에 의하면, "《동의보감》은 조선국 허준이 편집한 것으로 내경·외형·탕액·침구·잡병 등 다섯 편으로 나누어 고금의 여러 설을 손바닥 위에서 살펴보고 있다. 의료 시술에 큰 도움이 되리라 생각하여 醫官法眼 源元通에게 명하여 訓點을 가하여 간행하게 했다"고 하였다.

그 후《동의보감》은 1799년에 大阪書林에서 다시 간행되었고, 일본 江戶시대 의술인들의 필독서로 널리 유포되었다.

다. 중국 간본

중국에서 간행된《동의보감》은 다음 4종을 들 수 있다.

먼저 乾隆 28년(영조 39 ; 1763) 간본이 있는데, 건륭판은 중국에서의 초간본이다. 이 책은 1766년 凌魚가 쓴 서문에 의해서, 1763년에 順德 左翰文이 자신이 비장하고 있던《동의보감》을 세상 사람들에게 널리 알리기 위해 사재를 털어 간행한 것임을 알 수 있다. 한편《동의보감》의 중국 전래는 영조 14년에 청의 사신이《동의보감》과 청심환 50알을 가져 갔다는 기록으로부터 짐작할 수 있다.

두번째로는 嘉慶 원년(정조 20 ; 1796) 재간본이 있다. 가경 재간본은 서문과 발문이 따로 없고, 다만 康寧 敦和堂에서 발행한 刊記만이 적혀 있을 뿐이다. 그리고 光緖 16년(고종 27 ; 1890) 복간본이 있는데, 이것은 건륭본이나 가경본에 의한 것이 아니고 일본 간본을 底本으로 하였다. 광서 16년 봄 정월 閔華祥이 쓴 서문에 "朱君曜가 일본을 통해 구입한 일본의 原刻本에 의거해서 찍어냈다"고 적혀 있다. 그리고 책 끝에 일본의 藤原信篤의 서문과 醫官

法眼 源元通의 발문이 붙어 있어 이 책이 일본에서 찍은《동의보감》에 의한 복각본인 것을 확인할 수 있다. 그러나 간본이 일본 경도서림의 초간본에 의한 것인지 혹은 대판서림의 재간본에 의한 것인지는 밝혀져 있지 않다.

마지막으로 上海石印本과 臺灣影印本을 들 수 있다. 상해석인본은 현재 중국에서 가장 널리 퍼져 있는 인쇄본이다. 대만에서도 인쇄·간행되어 많은 독자들의 수용에 응하고 있다.

6) 다원적인 의료상황

(1) 의학의 분화

가. 침구술

침구술은 이미 고려시대부터 전문분과로 발달되어 왔다. 조선시대에 들어와서도 이같은 전통은 계속 이어졌다. 조선은 건국초부터 침구전문의를 독립시켰으며, 醫科에서도 읽는 책을 달리하였다. 침구의의 경우 取才를 위해《纂圖脈》·《十四經發揮》·《和劑指南》 등 일반 의학 처방서 이외에 주로《銅人經》·《鍼經指南》·《子午流注》·《鍼經摘要》 등과 같은 송·원대의 침구전문의서와 외과 전문서인《外科精要》 등을 읽어야 했다. 이러한 방서들에 의하여 침구에 대한 전문적 지식이 많이 확장되었다. 세종 때의《향약집성방》에도 침구편에 송의 王執中이 찬한《鍼灸資生經》이 주로 인용되어 있으며, 송의 王惟一이 찬한《銅人輸穴鍼灸圖經》은 조선 전기를 통하여 널리 이용되었다.

또한 조선 전기에 들어와서는 우리 나라 사람이 침구서를 편찬할 수준에 이르렀다. 세종 때 나온 全循義의《鍼灸擇日編集》과 선조 때 柳成龍이 편찬한《鍼灸要訣》 등이 그것이다. 이들 책은 거의 대부분이 송·원·명의 침구서의 전통을 그대로 답습하고 있다. 그렇지만 일찍부터 침구 전문서가 독립되어 저술되었다는 것은 곧 이 시기 침구술의 발달을 의미하는 것이다.

나. 종기 치료술

《經國大典》 권 3, 禮典 奬勸條에 "의원이 비록 의학서적을 이해하지 못하나 瘡腫과 여러 惡瘡을 치료하여 효과를 가장 많이 본 자를 한 해에 1인씩 뽑아 등용케 한다"는 기록으로 보아 조선 전기에 일반 치료를 전문으로 하는 의원 이외에 종기를 전문으로 하는 治腫醫가 있었음을 어느 정도 짐작할 수 있다. 그런데 종기 치료 전문의에 대한 확실한 명칭은 중종 38년(1543)에 만들어진 《大典後續錄》에 처음 보인다. 그리고 선조 36년(1603)에는 종기만 전문으로 치료하기 위한 治腫廳이 궁 안에 따로 설치되기까지 했다. 이는 나중에 典醫監에 병합되었는데, 직원은 敎授 1명, 鍼醫 3명, 前銜 10명, 生徒 10명으로 되어 있었다.

제도에 따르는 치종청의 독립과 함께 종기 치료술에서도 커다란 발전이 있었다. 그 대표적인 것으로 명종 14년(1559)에 나온 任彦國의 《治腫秘方》을 들 수 있다. 이 책은 여러 종기의 증상과 치료법에 대해 논하였는데, 특히 소금물 목욕법과 같은 外用的 요법들이 두드러진다. 이 책에 대한 安瑋의 서문에 "임언국이 靈隱寺 노승에게 침술의 묘법을 배워 수년 동안에 그 효과를 본 자가 수만이라"고 하고 있는 것을 볼 때 임언국의 종기 치료술이 매우 뛰어났음을 짐작할 수 있다.

임언국의 종기 치료술은 종래와 같이 고식적인 침에 의한 腫瘡의 절개술에 그친 것이 아니라 오늘날의 외과적 수법을 연상할 수 있는 觀血的 절개요법이 응용되어 있다. 이는 오늘날 초본으로만 전하는 임언국과 그 제자들의 저술로 인정되고 있는 《治腫指南》을 통해서 증명된다.

다. 나력의

瘰癧醫는 나력이라는 병을 전문으로 치료하는 의원을 말한다. 세종 15년(1433)에 "濟生院에서 처음으로 나력을 치료하는 생도를 뽑아 교육시켜 가장 우수한 자 1인을 관리로 서용하였다"[12]는 기록으로부터 그 존재를 알 수 있다.

(2) 온천·냉천 및 한증욕의 발달

조선 초기에 특이하게도 온천욕·냉천욕·한증욕 등의 물리요법이 발달하였다. 이는 직접적으로는 세종의 눈병을 치료하기 위해 발전된 것이지만, 더 넓게는 삼국시대 이후부터 계속되어 온 전통의 확장이라 할 수 있다. 이들을 각기 온천·냉천·한증으로 나누어 살펴보고자 한다.

---

12) 《世宗實錄》 권 62, 세종 15년 11월 임인.

가. 온천욕

온천욕을 질병 치료에 응용했다는 기록은 멀리 삼국시대부터 보인다. 그렇지만 본격적인 온천에 대한 기록은 조선시대에 들어와서이다. 조선의 건국 직후 세종 때까지 왕실에서 온천을 이용했다는 기록이 자주 보인다.

태조는 동왕 원년(1392)과 이듬해 두 차례에 걸쳐 자신의 가벼운 질환을 치료하기 위해 平山溫泉(황해도 평산군)에 행차한 적이 있으며, 정종 또한 평산온천에 다녀왔다는 기록이 있다. 태종도 늘 풍질로 인한 오른쪽 신장의 통증과 手指屈伸을 고치기 위하여 즉위 후 계속해서 평산온천, 溫水縣온천에 다녔다.

온천에 대해 가장 활발한 운영과 체계적인 논의가 이루어진 것은 세종 때이다. 세종 9년 예조가 최초로 체계적인 온천 관리법인 '中外溫井病人救療事宜'를 마련하였는데 그 내용은 다음과 같다.

① 온정 수리와 병인 구료를 전담하는 사람을 마련할 것.
② 병인들이 모여드는 정도를 보아 쌀과 콩을 공급하되 병인들을 구료하는 寶를 설치할 것.
③ 병인들이 묵는 숙소의 수리와 식기 등은 관에서 공급하여 갖추게 하고, 병인구료는 보의 쌀로 충당하도록 하며 그 규모는 200석을 넘지 말도록 할 것. 수령들은 불시로 온정의 관리를 살펴볼 것.

세종 때에는 이같은 제도에 따라 온천 소재지에 구료시설이 갖추어지게 되어 온천 치료 요법이 훨씬 더 권장되었다. 온천의 관리법뿐만 아니라 온천의 확충과 시험 또한 세종 때 들어 더욱 본격화되었다. 온천의 개발을 장려하기 위해서 세종은 경기 가까운 곳에 있는 온천을 발견한 사람에게는 상을 주도록 하였다. 특히 매우 효과 있는 온천을 발견하여 보고한 자에 대해서는 관직에 있는 자는 무조건 세 등급의 벼슬을 올려 주고, 관직이 없는 자는 7품직을 상으로 주며, 향리는 役을 면해주고 8품직을 상으로 주도록 하였다.

주로 자신의 눈병과 다리의 통증을 치료하기 위해서였지만, 세종은 새로운 온천의 개발뿐만 아니라 온천의 효력을 시험토록 하였다. 세종 23년(1441) 정월에 典醫監正 裵尙文을 평산에 파송하여 평산온천이 눈병에 효력이 있는가를 시험토록 하였으며, 곧이어 大護軍 楊弘遂 등을 온수온천에, 成均博士 鄭白英을 다시 평산에 보내어 눈병의 효험 여부를 시험토록 하였다.

조선 초기에 들어 활발하게 논의된 온천은 《世宗實錄地理志》와 《東國輿地勝覽》에 상세하게 정리되어 실려 있다. 그것을 간략하게 살펴보면, 충청도에는 儒城 등 4곳, 경상도에는 東萊 등 3곳, 황해도에는 平山 등 6곳, 강원도에는 伊川 등 4곳, 평안도에는 成川 등 5곳, 함길도에는 鏡城 등 5곳으로 나타나 있다.

나. 냉 천

冷泉에 속한 椒井·椒泉과 약수·藥井들 역시 질병 치료에 많이 이용되었다. 이 사실은 다음의 몇 가지 기록으로 확인된다.

세종 26년에 "세종이 자신의 눈병을 치료하기 위하여 淸州牧에 있는 椒水에 왕비와 함께 행차했다"[13]는 기록이 있으며, 《동국여지승람》 권 15, 淸州牧 항목에 "淸州 椒水는 청주에서 동쪽 39리 떨어진 곳에 있는데 그 맛이 초와 같고 냉하며 목욕을 하면 병이 낫는다. 일찍이 세종·세조가 행차하였다"고 적혀 있다. 또한 충청도 木川縣·全義縣의 초수가 안질에 효과가 있다 하여 內贍寺를 보내어 行宮을 짓도록 하였고, 경기도관찰사에게 상금을 걸고 경기 가까운 지방에 있는 초수를 찾도록 하였다는 기록도 있다.

《세종실록지리지》와 《동국여지승람》에는 전국 각지의 각 종류에 따른 냉천수 지역의 위치가 적혀 있다. 그것은 다음과 같다.

藥水 함길도 吉州牧, 평안도 雲產郡
藥井 전라도 咸悅縣
鹹水 황해도 殷栗縣
酸水 황해도 江陰縣
潭泉 함길도 永興大都護府
潭泉 평안도 龍岡縣

이상의 약수들은 그 위치가 경기로부터 비교적 멀리 떨어져 있었으므로 왕가의 행차가 문헌에 드러나 있지 않다. 그렇지만 《세종실록지리지》나 《동

13) 《世宗實錄》 권 104, 세종 16년 6월 병오.

국여지승람》에 그 위치뿐만 아니라 물맛과 병의 치료 사이의 관계 등을 밝혀 놓은 사실로 볼 때, 당시 일반 민중들이 병의 치료에 여러 가지 냉천요법들을 널리 이용하였음을 짐작할 수 있다.

다. 한증욕

한증욕은 단순히 피부를 청결하게 하기 위해서라기보다는 찐 열로 땀을 내게 함으로써 신경성 통증을 경감케 하거나 미약해진 신진대사를 왕성하게 하는 일종의 치료방법으로 널리 이용되었다. 이같은 한증욕을 병의 치료에 이용하게 된 것은 매우 오래 전부터의 일이었겠지만, 문헌상으로는 세종초에 이르러서야 처음 보이기 시작한다. 세종 4년(1422) 8월에는 한증욕에 따른 치료 효과가 있는지 없는지 여부를 예조에 명하여 조사·보고하라고 하였다.[14)]그 후 한증욕에 관한 기록이 자주 보인다.

세종은 즉위한 지 얼마 되지 않아서 東活人院·西活人院과 성안에 각각 汗蒸院을 설치하여 운영토록 하였다. 그런데 東西活人署(활인원이 이 무렵 활인서로 이름이 바뀌었음)와 성안에 있는 한증소를 운영하는 승려들이 병의 증상을 가리지 않고 마구 땀을 내게 하여 간간이 사람들이 죽게 되는 문제가 발생했다. 따라서 세종 4년 10월에 왕은 "도성 안팎에 한증소를 각각 한 군데씩 두고 典醫監·惠民局·濟生院의 의원을 한 곳에 2명씩 배치하여 병세를 진찰한 후 땀을 내도록"[15)] 조치하였다. 아울러 자세하게 진단하지 않고 사람을 상하게 하는 자에 대해서는 醫人·승인을 막론하고 모두 죄를 묻도록 했다.

한증소의 실제적인 운영은 汗蒸僧이라 불리는 승려들이 담당했고, 관에서는 의원을 파견하여 질병 치료를 돕는 역할을 했다. 한증소 운영에 필요한 재정은 특별한 경우는 국가에서 쌀과 면포를 지급해 주기도 하였지만 대부분의 경우에는 고려시대부터 있어 왔던 寶를 통해 해결하였다.

이같은 한증소는 지금까지도 민간요법의 하나로 실질적으로 많이 이용되고 있다.

---

14) 《世宗實錄》 권 17, 세종 4년 8월 기유.
15) 《世宗實錄》 권 18, 세종 4년 10월 병술.

(3) 양생술의 유행

조선 초기부터이지만, 특히 조선 중기 이후에 養性·養心·養精·導引·食療·調攝·調息·起居·房中秘術 등의 양생술이 의인이 아닌 일반 사대부층에서 매우 널리 실용되었다.

조선초에는 의학의 한 분과로서 각종 의서에 양생법이 채록되었다. 세종 때에 집성된《향약집성방》에 인용된《養老壽親書》·《居家必用》·《山居四要》·《三元延壽書》등의 의서들은 모두 양생 전문의서들이다. 또한《의방유취》에도 이런 양생 전문서들이 많이 인용되어 있다. 뿐만 아니라《의방유취》는 따로 養性門을 두어 이 분야에 대한 전문 지식을 종합하였다. 광해군 때 나온《동의보감》은 병을 고치는 의술보다도 건강 자체를 추구하는 양생을 더 강조하고 있다.

조선 전기에는 이 분야에 대한 많은 중국의 양생 전문서들이 널리 이용되었다. 대표적인 것들을 들어 보면《千金方》·《肘後方》·《素問入式運氣論奧》·《服藥須知》·《永類鈐方》·《壽親養老書》·《三元參贊延壽書》·《乾坤生意》·《活人心法》·《植物本草》·《醫學入門》·《石室秘錄》·《修養須知》 등이다.

또 우리 나라 사람이 양생서를 짓기도 하였다. 조선초에는 세종 때 全循義가《食療纂要》를 저술한 바 있으며, 조선 중엽에 이르러서는 많은 양생술 전문서적이 세상에 나왔다. 연산군 때 李宗峻의《神仙太乙紫金方丹》, 중종 때 鄭惟仁의《頤生錄》, 명종 때 李守谷의《養生說》과 朴雲의《衛生方》, 광해군 때 나온《二養編》등이 대표적인 것들이다.

(4) 종교적 의료

가. 무속적 의료

향약이 정리되고, 중국의학이 국가적 사업으로 수용·정리되었다고 해서 조선 전기의 모든 의료가 경험적이며 이론적 체계를 갖춘 의학에만 의존했던 것은 아니다. 오히려 이 시기 의료의 대종은 巫術的 의료를 포함한 종교적 의료였다고 하는 편이 올바르다. 무술적 의료는 단지 민간사회에만 퍼져 있었던 것이 아니라 양반 사대부, 왕가에 이르기까지 널리 퍼져 있었다. 뿐만 아니라 국가적 사업의 일환으로 무격신앙이 행해지기도 했다.

조선초부터 국가는 단순히 무격을 인정하는 데에 그치지 않고 사람을 고치는 것의 다소에 따라, 活人署를 유지하기 위해 무격에게 부과했던 巫稅를 경감해 주는 무격 장려법을 시행하였다. 때로는 國巫라는 이름으로 무격을 궁정에 출입시켜 병과 재앙을 물리치고 善神과 善靈을 감동케 하는 주술을 펼치도록 자리를 마련하기도 했다.

이러한 점은 조선초에 더 두드러졌다. 태종 11년(1411)에는 이전부터 있었던 大國祭를 고쳐서 國巫堂으로 존재하게 하였고, 태종 15년에는 東西活人院에 무격을 나누어 배치하여 병자를 치료케 하여 사람을 구하는 정도에 따라 상벌을 내리도록 하였다. 세종 11년(1429) 열병이 유행하였을 때에는 醫生 및 무격들의 구료성적을 고찰하여 게으른 자는 죄를 논하고, 사람을 많이 구한 자에 대해서는 연말에 무세나 부역을 덜어 주는 조치를 취하기도 했었다.

무격의 장려는 정도의 차이는 있었지만 조선 중엽까지도 계속되었다. 성종 5년(1474)에는 서울 바깥지역에서 유행병으로 사망자가 많이 생기자 의생과 무격으로 하여금 약재를 갖추어 구휼케 한 적도 있으며, 이같은 구휼사항은 아예 법조문으로 명시되기까지 하였다. 성종 16년에 나온《경국대전》권 3, 禮典 惠恤條에 "서울에서는 예조가 무격의 소속을 기록하여 활인서에 나누어 배치하도록 하며, 다른 지역에서는 읍에서 소속을 기록하여 병인을 치료토록 할 것"이라고 명시되었다. 또한 중종 때에는 무녀 돌비가 국무라 칭하고 궁정에 출입하였으며, 연산군 때에는 星宿廳에 국무를 두는 한편, 활인서에 무녀를 두는 것을 공식적으로 허가하였다.

이렇듯 무속에 의한 치료가 사회 전체로 널리 시행되었지만, 이는 조선왕조가 이념적으로 표방한 유학과 어긋나는 것이었기 때문에 많은 반대가 있었다. 세종 19년에는 국무 이외의 모든 무녀를 성 밖으로 쫓아낸 적이 있으며,《경국대전》권 5, 刑典 禁制條에도 서울 사대문 안에 거주하는 무격의 죄를 논하고 있다. 중종 11년(1516)에도 무녀를 성안에 들어오지 못하게 하는 조치를 취했으며 이후 몇 년 동안 淫邪를 깨기 위하여 무세를 정지하고 무격을 활인서에서 쫓아내고자 하였다. 그러나 이 조치들은 모두 큰 실효를 거두지 못했다. 왜냐하면 당시 동서활인서와 歸厚署의 구료경비가 모두 무세에서 나왔기 때문이다.

요컨대 조선 전기의 사회는 한편으로는 이론적 의학과 경험적 의료를 이용하면서도, 다른 한편으로는 더 넓게 禳病·逐鬼·辟邪 등의 무술적 술법을 治病에 이용하였던 것이다.

나. 불교적 의료

불교에 수반된 승려의학이 삼국시대부터 고려시대에 이르기까지 상당히 널리 행해졌다. 조선시대에 들어와서도 불교적 의료는 민간뿐만 아니라 양반 사대부, 왕가에까지 널리 시행되었다. 물론 조선시대에는 배불숭유정책이 국시였기 때문에 불교의학은 전 시대만큼 맹위를 떨치지는 못했지만, 불교 의료의 전통은 꾸준히 유지되었다. 특히 일반 민중들 사이에는 불법에 의한 치병의 전통이 굳건히 남아 있었다.

불교적인 치료 방법으로는 전염병의 나쁜 기운을 없애기 위하여 水陸齋를 베푸는 것이 가장 널리 행해졌다. 당시 전염병은 억울하게 죽은 혼들이 뭉쳐 생긴다는 민간에서의 믿음이 있었기 때문에 수륙재는 억울하게 죽은 자의 넋을 달래주는 의식으로 널리 베풀어졌다. 수륙재와 함께 때에 따라서는 사원과 궁안에서 藥師精勤·觀音精勤·救命精勤·救病精勤·消災精勤 등을 베풀어 질역을 퇴치하고자 했다.

왕실에서 불교의료를 베풀었다는 기록은 조선 전기를 통틀어 자주 보인다. 태종 8년(1408)에 태상왕의 병환이 중하자 승도 백 명을 모아서 약사정근을 행하는 한편, 藥師像을 바치면서 德方寺에서 수륙재를 베푼 적이 있다. 또한 같은 해 중전의 병이 위독하자 약사정근을 본궁에 설치·기도하였다. 세종 3년(1421)에는 讓寧大君이 학질에 걸리자 어의가 아닌 승려들을 보내어 치료하도록 하였고, 이듬해에는 都城의 동서에 구료소 4곳을 설치하여, 惠民局 提調 韓尙德에게 의원 60명이 대사 坦宣이 거느린 승도 3백 명과 함께 군인들의 질병과 부상을 공동으로 구료하게 하였다. 또한 같은 해 僧伽寺에서 약

사정근을, 문경사에서는 관음정근을, 津寬寺에서는 수륙재를 베풀었다는 기록이 있다. 세종 때에는 이 밖에도 불교식 구명정근을 설했다는 기록이 자주 보인다. 또한 한증소의 관리와 운영을 한증승이라는 승려들에게 맡겼다는 것은 특기할 만한 사실이다.

그 후 문종 원년(1451)부터 성종 20년(1489)에 이르는 동안 황해도에서 여러 차례에 걸쳐 전염병이 크게 유행하였는데, 그 때마다 도교적인 厲祭와 함께 불법에 따른 수륙재를 같이 베풀었다. 이같은 방법은 조선 후기까지 계속되었다.

다. 도교적 기양법

도교적 양생법이 개인의 건강 향상과 무병장수를 목적으로 하였다면, 도교적 祈禳法은 병액을 제거하기 위하여 무격이나 불재와 함께 베풀어진 일종의 제사이다. 명산대천이나 도교 제신에 제사를 드림으로써 나쁜 악귀를 쫓을 수 있다는 믿음에서 도교적 기양법이 행해졌다. 도교적 기양법으로는 昭格殿의 醮禮, 瘟神祭, 厲祭, 명산대천 기도, 성황당 기도, 逐疫驅儺와 道符神醮 등을 들 수 있다. 이 중 가장 대표적인 것이 소격서에서 베풀었던 초제이다. 유교의 중흥과 함께 소격서 폐지의 논의가 활발했던 것은 사실이지만, 중종 때 소격서가 폐지되기 이전까지 소격서에서는 전염병과 관련하여 자주 하늘에 제사를 올렸다.

조선 전기에 도교적인 치병 기록은 매우 자주 보인다. 태조 원년(1392)에 고려 때 초제를 지내던 모든 곳을 혁파하고 단지 소격전만 두어 전통적 의식을 맡게 하였다. 이에 따라 태조 5년 정월 한양에 소격전이 건립되었다. 태종 17년(1417)에는 소격전에서 지낼 초례에 관한 규범이 확정되었다. 세종 4년에는 왕비의 병환이 잘 낫지 않자 불교적인 약사정근과 함께 소격전에서 초례를 거행하였다. 또한 세종 28년 한성부에 전염병이 크게 유행하자 고려 숙종 때의 예를 좇아 한성 5부에서 온신제를 지내어 역귀를 내쫓고자 하였으며, 세종 32년에는 동궁이 종기병에 걸리자 불법에 의한 구병정근과 함께 종묘사직과 경내 명산대천에 기도하기도 했다. 문종 2년에는 황해도에서 악질이 유행하자 전염병을 쫓는 부적을 만들어 병을 퇴치하고자 하였다.

이러한 행사들은 조선 후기까지 왕실가족의 병이 중하고 오래 계속되었을 때나 전염병이 크게 유행하게 되었을 때에는 무격·불재와 함께 널리 실행되었다. 한편 왕실에서 뿐만 아니라 민간에서도 이러한 여러 방법들이 민속적인 차원에서 매우 널리 실행되었다.

〈許　程〉

Ⅱ. 기　　술

1. 농업과 농업기술
2. 인쇄기술
3. 군사기술

Ⅱ. 기　　술

1. 농업과 농업기술

조선 전기 농업기술에 대한 연구는 적지 않지만, 아직도 농업생산력을 둘러싼 여러 조건에 대한 총체적인 해명은 매우 부족한 실정이다. 조선 전기의 농업과 농업기술을 해명하는 일은 그 시대의 사회적 생산력뿐 아니라 당시의 사회구성체를 밝혀내는 작업이라 할 수 있다. 특히 농업문제는 자연과학과 사회과학이 맞닿는 종합 과학적인 성격을 지니고 있다는 사실에 유의하지 않으면 안될 것이다. 그러한 점 때문에 오랫동안 조선사회의 물질적 토대를 이해하려 시도해 온 우리 학계의 숙원은 무엇보다 이 시대의 사회적 생산력 규명에 놓여질 수밖에 없으며, 농경사회였던 당시 사회에서 이는 결국 독특하였던 당시의 농업기술의 분석에서 출발할 수밖에 없는 것이다.

한동안 조선 전기 농업에 대한 여러 연구들은 당시의 농업을 각각 나름대로 정의해 왔다. 그러나 이 글에서는 이들의 성과들을 무엇보다 조선 전기 농업개황과 생산요소, 그리고 제반 기술을 중심으로 개관할 것이다. 특히 조선 전기 농법에 대해서는 水田農法, 旱田農業, 鋤地法, 施肥法, 耕法, 農具 등에 대하여 상세히 설명하고자 한다. 이러한 분석을 통해서 이 시대 농업의 성격을 보다 명확하게 파악할 수 있으리라 생각하기 때문이다.

1) 농업과 그 환경

(1) 자연환경

조선 전기 농업을 이해하기 위해서는 무엇보다 이 시대 농업이 처해 있었던 농업환경, 즉 자연환경(기후와 풍토)과 농업노동력(인구) 그리고 노동수단과 노동대상으로 나눠진 농업생산수단을 살펴야 할 것이다.

먼저 조선 전기의 여러 자연현상 가운데 농업에 가장 큰 영향을 끼친 것은 바로 기후였다. 그러나 나이테를 연구하는 年輪氣象學(Dendrochronology)이 그다지 발전하지 못한 현재의 우리 기상학 연구 수준으로는 당시의 기후가 오늘날의 그것과 어떻게 다른지를 완벽하게 밝혀내기 어렵다.[1] 다만 당시의 기후가 오늘날의 그것과 유사하다고 가정할 때, 우리는 일단 온도와 강우량을 함께 고려한 지표로서의 건조지수를 통해 이 문제에 접근할 수 있다.[2] 이에 의하면 한국의 기후는 중국과 일본의 중간적 성격을 가지고 있었다. 그러한 사정에 따라 우리는 당시의 농업이 중국과 맞먹는 봄가뭄(春旱)과 일본을 능가하는 여름장마(夏雨), 그리고 작물의 월동이 곤란할 만큼 추운 겨울(嚴冬)에 직면했을 뿐 아니라, 또한 이를 극복할 수 있는 기술개발이 반드시 필요했을 것으로 추측된다.

더구나 중국 화북지방의 황토와 다른 토양조건, 그리고 전국토의 절대 다수가 산이었다는 자연조건으로 말미암아 대부분의 농작업은 계곡 사이에 위치한 경사지에서 전개될 수밖에 없었다. 이러한 조건 때문에 일본과는 달리 논으로 조성될 수 있는 늪지대의 토지가 크게 부족하여 旱田 중심의 농업이 전개될 수밖에 없었던 것으로 여겨진다. 따라서 당시의 농민들은 이러한 특유의 자연조건을 극복하기 위해 노력하였고, 이와 같은 인위적인 노력도 이 시대 농업의 기본적인 환경에 일정한 영향을 미쳤다고 생각된다.

(2) 인구와 농업노동력

조선 전기 농민들의 계급구성이 어떠했는지를 살펴보기에 앞서 이 시대의 인구와 농업노동력이 어떠했는지 파악해야 한다. 먼저 조선 초기(1392년)의 인구를 약 555만 명 정도로 보고, 조선 전기의 인구증가율을 전근대사회에서

1) 아직도 우리 기후사 연구수준은 조선 전기의 기후를 복원할 만큼의 수준에 이르지 못하고 있다. 그러나 연륜기상학적인 연구도 이미 나타나고 있다(최종남 외, 〈아한대 침엽수림 연륜연대기를 이용한 중부 산간지역의 고기후복원〉, 《韓國第四紀學會誌》 6-1, 1933).

2) 李鎬澈, 〈農具 및 水利施設〉(《朝鮮前期農業經濟史》, 한길사, 1987), 360~363쪽. 김연옥, 〈조선시대의 기후환경 –사료분석을 중심으로–〉(《지리학논총》 14, 1987).

는 그 유래를 찾을 수 없을 정도로 높은 수치인 약 0.47%였다고 추정한 연구가 있다.3) 그에 비해 최근의 연구에서는 1392년의 인구가 대략 750만 명이었는데, 이 인구가 선조 25년(1592)경에는 1,012만 명으로 증가하였으므로 그 성장률은 0.15~0.2%였다고 추정하였다.4) 이처럼 비교적 정확한 추정이 가능한 1910년의 인구수 약 1,750만 명과 비교할 때 조선 전기의 인구는 그 절반 정도에 머물고 있었다. 이로 보아 조선 전기는 전반적으로 조선 후기에 비해 인구밀도가 낮았음이 분명하다. 최근의 추정에 의하면, 농경지 1ha당의 인구밀도는 2.19명으로, 이는 조선 후기에 비해 크게 낮은 수준이었다.5) 더구나 조선 전기의 인구밀도는 지역간의 격차가 매우 컸는데, 특히 명종 5년(1550)경 下三道의 인구밀도는 2.46인으로, 다른 지역의 인구밀도 2인에 비해 매우 높은 편이었다.

다음으로 조선 전기 인구의 계급구성에 대해 살펴보자. 먼저 조선 전기 인구 중에서 농민은 적어도 전체 인구의 85% 이상을 차지하였다고 생각된다. 그리고 조선초에 국가가 파악한 호는 평균적으로 자연호 3戶가 하나의 法制戶를 이루는 編戶였으며, 당시 호구통계에 나타난 口는 男丁만을 의미하였다.6) 또한 현존하는 호적 가운데 조선 전기에 가장 근접한 숙종 16년(1690)경의 大邱府 호적을 살펴보면, 이 시대 이 지역의 계급구성은 양반호·평민호·노비호가 각각 9.2%, 53.7%, 37.1%로 이루어져 있었다.7) '양반호의 증가' '노비호의 감소'라는 조선 후기의 일반적인 변화과정을 거꾸로 추정할 때, 조선 전기의 인구는 이보다 훨씬 적은 양반호와 훨씬 많은 노비호로 구성되어 있었다고 생각된다. 물론 상당한 규모의 양인호도 존재하였을 터이지만, 조선 전기에는 노비가 적어도 전체 인구의 40~50%를 넘었음이 분명하다. 이는 조선 전기 농업노동의 상당 부분이 노비에 의해 이루어졌음을 의미한다.

---

3) 권태환·신용하, 〈조선왕조 시대 인구추정에 관한 일시론〉(《東亞文化》 14, 1977).
4) 李鎬澈 외, 〈朝鮮時代의 人口規模 推計(Ⅰ, Ⅱ)〉(《經營史學》 2·3, 1988).
5) 이영구, 〈17·8세기 인구규모와 그 변동의 특질〉(慶北大 碩士學位論文, 1988).
6) 李鎬澈, 〈戶口와 農業勞動力〉(앞의 책), 288~293쪽.
金載珍, 《한국의 戶口와 경제발전》(博英社, 1967), 39~45쪽.
7) 四方博, 〈李朝時代の都市と農村とに關する一試論 －大邱戶籍の觀察を基礎として－〉(《京城大學法學會論集》 12－3·4, 1941).

최근에 조선 전기 노비의 존재형태에 대한 실증적인 연구들이 조금씩 진행되었다. 특히 조선 전기의 分財記를 중심으로 한 고문서의 분석 결과 이 분야에 대한 오랜 통설들이 허구임이 증명되고 있다.[8] 이러한 연구 결과에 따르면 조선 전기의 노비들은 率居奴婢가 外居奴婢보다 많았다. 또한 이들 솔거노비들은 비록 主家의 강한 경제적·신분적 압박을 받았지만, 지금까지의 통설로 이해해온 것처럼 그 모두가 '家內使喚奴婢'적 존재로만 구성되지 않았음이 분명하다. 즉 양반사대부가가 소유한 노비가 적으면 수십 명이었고 많을 때는 수천수백 명에 달하였다는 사실은 이들이 기본적으로 가내사환적인 존재일 수가 없음을 나타내는 것이다.

이처럼 조선 전기의 솔거노비들은 主家의 농장 주변에 거주하면서 "제한된 형태나마 자기의 독자적인 경영을 가지면서 수시로 부역노동만을 제공하는 형태"인 率下奴婢가 지배적이었다.[9] 그러므로 독자적인 자기의 농업경영을 가지면서 주가에 身役으로서의 부역노동을 주로 제공하였던 솔거노비가 바로 조선 전기 노비의 주류였던 셈이다. 한편 주가에 身貢이란 이름으로 그들의 잉여생산물을 제공하였던 외거노비들도 奴婢佃戶(佃戶的 奴婢)·노비자작농·노비지주 등의 여러 형태로 존재하였다. '조선 전기 노비의 전형'이라고까지 지칭되었던 이 노비전호의 수나 비중은 실제에 있어 생각보다 작았다고 여겨진다. 솔거노비가 전체 노비의 70~80%를 차지하였던 상황에서 외거노비의 한 유형인 노비전호가 갖는 비중은 작을 수밖에 없었으나, 의외로 노비 자작농이나 노비 지주의 경우도 적지 않았기 때문이다.

지금까지 조선 전기(1392~1592)의 인구는 대략 학자에 따라 550만~1,374만 명, 또는 750만~1,012만 명으로 추정되고 있다. 또한 이들 인구는 농업생산 및 조세·부역 때문에 국가에 의해 편호의 형태로 묶여 있었다. 특히 조선 전기에는 노비의 비중이 비교적 컸는데, 그 주류는 자기의 경영을 가진 채 주인의 집에 부역노동을 제공하였던 솔거노비였고, 외거노비로서 타인의 토지를 소작하였던 노비전호가 그 다음의 위치를 차지하였다. 그 외에도 양

8) 金安淑·李鎬澈, 〈朝鮮前期의 農莊經營과 奴婢〉(《經營史學》 1, 1986).
김건태, 〈16세기 재지사족의 농장경영에 대하여〉(《成大史林》 7, 1991).

9) 李鎬澈, 〈農莊과 小農民經營〉(앞의 책), 452~458쪽.

인자작농·양인전호·양인지주 등 양인신분의 농민도 함께 존재하였다. 이러한 사실에서 조선 전기 농업노동력은 보다 집단적으로 존재하였으며, 개별적·자립적인 성격은 적었던 것으로 생각된다.

(3) 노동수단

가. 역 축

다음으로 力畜·農具·토지개량 설비 등을 하나하나 검토하여 이 시대 노동수단의 역사적 성격을 살피기로 한다.

조선 전기의 가장 주요한 역축은 바로 '소'였다. 조선 전기 재지사족층의 농장경영·대농법을 주로 기술하였던 《農事直說》에서는 반드시 '두 마리의 소'가 한 묶음으로 작업에 동원되었을 정도로 축력을 충분히 이용하였음을 보여준다.[10] 그에 비해 당시 경기도지역 소빈농층의 농법을 기술한 《衿陽雜錄》에서는 "100家가 사는 마을에 농사일을 맡을 수 있는 소가 겨우 몇 마리뿐"[11]이라고 기술하면서 소가 없어 사람이 소 대신 농작업에 나서고 있는 참담한 정황을 묘사하고 있다.

이러한 사실은 조선 전기 농업이 '소'를 풍부히 구사하는 노동생산성 중심의 대농법과 그렇지 못한 열악한 소농법으로 모순되게 구성되었음을 의미한다. 결국 조선시대 전후기를 비교할 때, 비록 소의 총수는 조선 전기에서 후기로 갈수록 점차 증가되었을 것이지만, 양반사대부가 평균적으로 보유한 소의 수는 오히려 조선 전기가 많았을 것이다. 그러나 조선 전기에도 소의 소유는 지극히 불균등하였으므로 이와 같은 이중적 성격이 여실히 드러났다고 생각된다.

나. 농 구

농법의 이중구조는 농구에서 더욱 분명히 드러난다. 조선 전기의 농구체계는 다양한 牛耕具와 手耕具가 각각 분화 발달하고 있었다는 점에서 그 뚜렷한 특징을 드러내 보였다. 이른바 선진기술로 편집된 《농사직설》에서는

10) 李鎬澈, 위의 책, 319~330쪽.
11) 《衿陽雜錄》 農談.

‘보(有鐴反轉犁)’·‘발외(作條犁)’ 등의 다양한 종류의 경려와 축력농구가 등장하였는데 비해, 소빈농층의 경기작업에서는 ‘따보’·‘삷’·‘ㄱ래’ 등의 수경구가 널리 사용되었던 것이다. 이른바 《농사직설》의 농법은 이미 《齊民要術》에서 확립된 ‘耕-把-撈’의 축력 일관작업의 단계를 넘어 다양하고 독창적인 농구를 개발하는 단계에 이르렀던 것이다. 더구나 이 시대의 농업은 한국의 지형 및 기후조건이란 자연환경뿐만 아니라, 풍부한 축력과 대농구를 모두 갖춘 양반사대부층의 노동생산성 위주의 대경영과, ‘호미’·‘쇼시랑’ 등의 빈약한 인력농구만을 갖춘 소빈농들의 소경영으로 구성되어 있었다.[12)]

다. 수리사업과 수리시설

다음으로 조선 전기의 대표적인 토지개량 설비인 당시의 수리사업과 수리시설을 살펴보겠다. 벼농사의 비중이 극히 낮았던 조선 전기에서도 가뭄에 대한 기록이 115년간(1392~1506)에 13년을 제외한 102년 동안 해마다 발견될 정도로 잦았다고 한다. 이를 극복하기 위한 방안으로는 국가적 행정력으로 추진된 堤堰의 신축 및 보수사업이나 신흥사대부가 주도한 川防 개발사업 등이 있었다.[13)] 국가권력으로 권농관과 수많은 농민을 동원하여 수축한 제언의 경우와는 달리 천방은 비교적 소규모의 관개시설이었으므로 중소지주에 의해 널리 추진되었다.

국가에 의해 축조된 제언은 중종 18년(1523)경 하삼도에 2,200여 개에 이르렀다. 그러나 조선 전기에 가장 선진적 농업지역이었던 경상도에서도 제언을 통한 관개는 대략 19.6%의 수리안전답을 담보하는데 불과하였다.[14)] 더욱이 이는 어디까지나 결수로 파악한 수치였을 뿐 아니라, 비교적 제언과 보가 많았던 경상도지방을 기준으로 한 것이기 때문에 실제의 수리안전답률은 그보다 훨씬 낮았을 것이었다. 또한 전체 농경지 가운데서 논이 차지한 비중도 극히 낮았으므로, 최대치로 계산한다 하더라도 겨우 전체의 약 3~4% 면적

12) 李鎬澈, 〈農具와 水利施設〉(위의 책), 327~330쪽.
13) 李光麟, 《李朝水利史硏究》(韓國硏究院, 1961).
李泰鎭, 〈16세기의 川防(洑)灌漑의 발달〉(《韓沽劤博士停年紀念史學論叢》, 1981).
14) 李鎬澈, 〈農具와 水利施設〉(앞의 책).

만을 관개할 수 있었을 것이다. 결국 이는 당시 국가의 수리사업을 통한 토지개량이 극히 취약하였음을 의미한다.

(4) 노동대상

가. 농경지

이 시대의 노동대상이었던 농경지와 그 土性, 그리고 당시의 농업지대 분포 등에 대해 살펴보겠다. 먼저 조선 전기의 문헌에 실린 田結數가 조선 후기의 그것과 맞먹는 넓은 면적이었음이 주목된다. 조선 전기의 전결은 이미 152만~171만 결에 달하여 최소한 434만ha 내외의 면적으로 평가된다.[15] 이는 조선 후기에 정부가 파악한 최대의 전결수인 숙종 45년(1719)의 149만 결(약 433만ha)과 맞먹는 넓은 면적이었다고 추정된다. 그러나 이는 양안에 실린 원장부의 결수였으며, 실제로 경작된 면적은 훨씬 적었을 것이다. 그렇지만 이를 통해 전체 결수의 흐름을 파악하는 데는 무리가 없을 것으로 여겨진다. 이러한 사실은 조선 후기보다 인구가 매우 적었던 조선 전기에 농민 1인당 보유농지가 조선 후기의 그것보다는 두 배 정도 넓었음을 의미하며, 이는 결국 농업기술과 생산에도 상당한 영향을 끼쳤을 것으로 판단된다.

다음으로 조선 전기의 토지이용법에 대해 살펴보겠다. 이 때의 토지는 休閑田과 常耕田으로 나뉘어져 있었는데, 상경전은 '1년 1작'전과 '2년 3작'이 있었다. 그러나 특수한 지역을 제외하고는 '1년 1작' 작부체계를 근간으로 하는 토지이용방식이 일반적이었다.[16] 결국 조선시대 전기간을 통해 외형적인 토지면적에는 큰 변동이 없었지만, 전기에는 실제로 갓 개간된 토지의 생산성을 높이기 위한 熟田化 및 작부체계 고도화 작업이 한창 진행되고 있었다. 이처럼 조선 전기의 농업이 조선 후기와는 달리 '1년 1작'식을 근간으로 하고 있었다는 사실은 이 시대 농업이 보다 넓은 면적을 연작화·숙전화하는 기술을 중심으로 영위되었음을 의미한다.

---

15) 李鎬澈, 〈토지파악방식과 田結〉(위의 책), 258~259쪽의 〈표 5〉 참조.
Hochol Lee, Rice Culture and Demographic Development in Korea, c. 1429~1918, *Economic and Demographic Development in Rice Producing Societies*(Akira Hayami & Yoshihiro Tsubouchi : 1989).

16) 李鎬澈, 〈朝鮮前期 旱田農法의 展開와 그 性格〉(《慶北大論文集》 41, 1986).

한편 조선 전기에는 결수로만 파악할 때 水田이 전체의 약 27.9%에 달하였지만 이를 다시 면적으로 환산하면 19%에 불과하였다.[17] 이는 수전농업이 한정된 지역에서만 시행되었음을 보여준다. 하삼도에서도 조선 전기에는 한전비율이 50%를 넘는 군현이 지배적이었으므로 이 시대 농업은 주로 척박한 한전을 중심으로 시행되었다고 하겠다.

나. 토성과 비료

조선 전기 비료에 대한 연구는 적지 않지만 여전히 초보적인 단계에 머물러 있다. 먼저 이 시대 농업에서 사용된 비료를 여러 농서를 통해 살펴보면,[18] 크게 세 유형으로 나눌 수 있다. 제1유형의 비료로는 가공과정을 전혀 거치지 않은 客土·綠肥·草木肥 등을 들 수 있다. 제2유형의 비료는 草灰糞·尿灰·廐肥(외양간거름) 등인데 여기에는 火糞·火耕 등의 초보적 형태에서 인분·우마분·소오줌과 이들을 腐熟시켜 사용하는 熟糞, 분말형 농후비료의 형태를 띠는 尿灰, 그리고 가는 버드나무 가지를 외양간에 깔아 만든 외양간거름 등이 있었다.

그런데 전체 농지에 시비되어 농업생산성을 크게 높이는 데 필수적이라 할 수 있는 외양간거름이 이 시대에 과연 널리 만들어졌는가에 대해서는 많은 논란이 있다. 15세기 농서인 《농사직설》에는 버드나무 가지를 이용한 초보적인 외양간거름이 처음으로 보이며, 16세기의 《農書輯要》에서는 산야의 잡초나 타작 후의 부산물을 이용하여 만드는 '糞收貯法'이란 외양간거름 제조법이 처음으로 등장하고 있다.[19]

제3유형의 비료로는 種子·누에똥(蠶沙) 등이 있었는데 보리 파종 때 한기를 견딜 수 있도록 보리종자를 漬種하는 데 사용된 酌獎 등의 비료는 상대적으로 좁은 범위 내에서 사용되었던 것으로 보인다. 이처럼 이 시대에는 전체적으로 보아 객토·녹비·초목비 등과 같이 가공을 하지 않은 자연 그대로의 비료와 초회분·요회 등처럼 농업생산력을 높이기 위해 어떠한 형태로

---

17) 李鎬澈, 〈토지파악방식과 田結〉(앞의 책), 264~265쪽의 〈표 7〉과 주 57 참조.
18) 李鎬澈, 〈糞田法〉(위의 책), 206~221쪽.
19) 李鎬澈, 〈農書輯要의 農法과 그 歷史的 性格〉(《經濟史學》 14, 1990).

듣지 일차 가공을 가한 비료들을 사용하였다. 그러나 이러한 비료는 당시의 토양 비옥도(土性)와 함께 검토할 때 의미가 있을 것이다.

이 시대 각 군현의 비옥도는 경기·충청·전라도의 경우 '肥瘠相半'·'瘠'이라 기록한 군현이 가장 많았고, 그에 비해 황해·강원·함길도는 약간의 예외는 있으나 비교적 '瘠'·'多瘠'이라 한 군현이 많았다. 이로 보아 조선 전기의 전국적인 토성은 척박한 열등지가 가장 많았음을 알 수 있다.[20] 이러한 사정은 이 시대의 농경지가 대체로 극히 낮은 비옥도를 가지고 있었으며, 또한 시비량도 극히 적었음을 알 수 있게 한다. 그러므로 이 시대의 토지 비옥도는 전반적으로 척박하였으며, 비록 초보적인 비료들이 제조되었다 하더라도 여기에는 전혀 영향력을 미치지 못하였음을 보여준다.

다. 작물재배 범위와 농업지대의 분포

끝으로 조선 전기에 재배된 작물의 범위와 농업지대의 분포에 대해 검토해보자. 조선 전기에 가장 널리 재배되었던 작물은 기장(黍;286군현)·콩(大豆;282군현)·벼(稻;278군현)였으며, 그 다음으로는 맥(麥)류·피(稷)·마(麻) 등의 순이었다. 이들 작물의 품종은 다양하게 분화되었다.[21] 먼저 가장 다양하게 분화된 벼는《금양잡록》에서는 모두 27가지 품종으로 발전하였으며, 그 다음으로는 조(粟;15품종), 콩(8품종), 팥(小豆;7품종) 등의 순으로 분화되었다. 이를 보면 다양한 밭작물들을 앞세운 한전농업이 조선 전기에 가장 중심이 되는 농업이었음이 명백해진다.

이러한 작물들은 지역별로 매우 다양하게 분포되었으며, 각각 상당한 지역성을 지녔다. 이러한 사실은 우선 한반도가 남북간에 길다랗게 위치하고 있어 그에 따른 지역간의 기후와 풍토가 크게 다른 데서 기인한다. 더구나 이는 인구 및 노동력의 분포에까지 연쇄적인 영향력을 미쳤다.《世宗實錄地理志》에 나타난 자료를 기초로 이 시대의 지역성을 탐구한 연구에 의하면, 당시 8도의 총 355군현들 중에서 그 도의 속성을 제대로 가졌던 군현의 비중은 낮은 편이었다.[22] 강원도가 83.3%로 가장 높았고 그 다음이 전라도(69.6%), 경

20) 李鎬澈,〈朝鮮前期 農業地帶의 分析〉(《慶北大 農學誌》 4, 1986).
21) 李鎬澈,〈作物栽培範圍〉(앞의 책), 567~570쪽.

상도(68%)였지만, 평안도·함길도 등의 나머지는 각각 그 도로 판별된 군현이 적어서 비록 행정적으로는 같은 도라 하여도 그 내용은 내부적으로 크게 달랐던 것이다.

그러한 사정은 이 시대의 각 군현들이 극히 다양한 지역성을 가지고 있었음을 의미한다. 이와 같은 결과를 기초로 농업지대를 나눈다면, 충청·경상·전라도를 중심으로 한 남부의 수·한전 농업지대, 경기·황해도를 중심으로 한 중부 한전 농업지대, 그리고 강원·평안·함길도의 북부 산간 농업지대로 일단 분류된다. 특히 수·한전 농업지대는 총 군현수의 절반을 차지할 정도의 범위를 지녔는데, 수전의 비중이 높았고 벼를 위시하여 수수(蜀黍)·콩·보리 등의 식량작물과 木棉·苧 등의 섬유작물 재배가 두드러졌다.

2) 농업기술

(1) 수전농법

가. 벼농사법

조선 전기의 벼농사 기술은 고려 후기에 완성된 水稻의 直播連作 기술을 근간으로 하였다. 특히 이 기술은 세종 11년(1429)에 편찬한 농서인 《농사직설》에 보다 완성된 하나의 기술체계로 수록되었다. 이 시대의 벼품종으로는 早稻·晩稻 등의 수도품종과 오늘날의 밭벼인 旱稻가 있었다. 같은 시대의 농서인 《금양잡록》에 의하면 조선 전기의 도종은 조도가 7품종, 만도가 17품종, 그리고 한도가 3품종 등 모두 27품종이나 존재하였다.[23] 또한 《농사직설》에 의하면 이 시대의 벼재배법은 '水耕'·'乾耕' 등의 直播法과 移秧法이 있었다. 특히 여기에는 휴한법이 크게 나타나지 않을 뿐 아니라, 수도의 직파연작법과 건경법이 우리 나라에서만 나타나는 독특한 기술이란 점에서 중요한 의미를 가진다 하겠다.[24]

먼저 조선 전기의 수도작법을 정리한 것이 바로 다음 〈표 1〉이다.

---

22) 李鎬澈, 앞의 글(1986b), 2~7쪽.

23) 《衿陽雜錄》 穀品.

24) 《農事直說》 種稻.

〈표 1〉 수 도 작 법

재배법	水耕(水沙彌)		乾耕(乾沙彌)	挿種(苗種)
도 종	早 稻	晩 稻	晩 稻	
수전의 선 택	擇連水源肥膏水田		春旱不可水耕 宜乾耕	擇水田雖遇旱不乾處
파 종	稻種漬水 輕三日漉出 納蒿篅中(鄕名 空石) 置溫處…芽長二分 均撒水田中(二月上旬)	與早稻法同(三月上旬至芒種節)	足種驅鳥	養苗處：先漬稻種：三日 漉入蒿篅 (鄕名 空石) 經一日下種 (二月下旬至 三月上旬) 苗長一 握以上 可移栽之
시 비	冬月：入糞 正月：入糞或入新土	正月：入糞入土, 今年：入土, 明年：入糞, 雜草泥濘虛浮 水冷地：專入新土或莎土 塉薄地：布牛馬糞及連技杼葉(鄕名 加乙草) 人糞蠶沙亦佳	稻種：和熱糞或尿灰	養苗處：剉柳枝軟梢厚布 本畓：布杼葉(鄕名加乙草)或牛馬糞
제 초	苗生二葉：以手耘去苗間細草(然水渴土强 則當用鋤) 苗長反尺許：又耘以鋤…耘至三四度	與早稻法同	雜草生 則雖旱苗槁 不可停鋤 ·	此法 便於除草 萬一大旱則失手 農家之危事也
농 구	以木斫(所訖羅) 縱橫摩平 復以鐵齒擺(手愁音) 打破土魂 以板撈(翻地) 或把撈(推介) 覆種	與早稻法同	以櫂木(古音波)打破之土塊 又以木斫(所訖羅)縱橫摩平熱治	以板撈(翻地)覆種

이를 보면 이 시대의 수도작법으로는 발아시킨 도종을 무논에 고르게 파종하는 早稻의 水耕法이 가장 많이 권장되던 기술이었는데, 이 재배법은 가

장 비옥한 수리안전답에만 행해지고 있었다. 그러나 이 시대에는 수리가 불완전한 열등지가 훨씬 많은 면적을 차지하고 있었다. 수리불완전답에서는 晩稻를 水耕하는 재배법이 권장되었는데, 이처럼 열등지에 직파된 만도에는 무엇보다 가장 집약적인 시비와 객토가 행해졌다.

더구나 봄가뭄을 만나 그것이 불가능한 때에는 한국 특유의 재배법인 건경법이 사용되었다. 건경에서는 먼저 묘를 만든 후 그 위에다 발뒷꿈치 자국을 낸 다음 가루비료에 혼합한 만도씨앗을 파종하고 다른 발로 복토하는 이른바 한전작물에서 널리 사용되던 방법으로 파종하였고, 적어도 장마철이 되어 완전한 수전이 될 때까지는 한전작물처럼 재배하였다. 이앙법은 중간 정도의 비옥한 수전을 택하여 그 중 10분의 1의 면적을 못자리로 하여 발아된 도종을 산파하였다가, 모가 9㎝ 정도 자라면 본답에 이식하였다. 모내기는 한 포기에 4~5묘를 심었고, 묘근이 활착되기 전에는 묘가 떠오르므로 관수를 얕게 하였다 한다.

나. 파종·시비·제초·물관리 등의 기술

이와 같은 수경법에는 '均撒'이란 列條播法이 시행되었으며 이앙법에서는 撒播法이, 건경법에서는 '足種'이란 點播法이 각각 시행되었다. 볍씨는 물에 담가서 발아시킨 뒤 파종하였다.

시비는 열등지일수록 집중적으로 행해졌는데, 비료로는 대체로 객토·인분우마분, 풀과 나뭇가지, 누에똥(蠶沙) 등이 이용되었다. 그러나 《농사직설》에는 "인분과 누에똥은 비록 비료로는 우수하나 단지 많이 얻을 수는 없다"[25]고 기록되어 있어, 이 시대 벼농사의 성격이 경작의 외연적 한계의 확대에만 주목하는 조방적인 것이었음을 보여준다.

제초작업은 건경에서 가장 강조되었으며 수경에서는 '손김매기'와 '호미 김매기'로 나누어 모두 3~4회의 작업이 행해졌다. 그러나 이앙법은 제초에 편하다는 점 때문에 일부의 대농층에 의해 채택되었다. 이와 같은 벼농사작업에서는 耕起·熟治 등에서 축력농구와 인력농구가 유기적으로 분화·결합되었다.

25) 《農事直說》 種稻, 晩稻.

한편《농사직설》의 물관리 기술은 배수상태에서 제초를 행하였고, 弱苗와 强苗의 물관리법도 달리하였다는 점에서 중국의 고전적 농서인《齊民要術》의 그것보다 크게 앞선 것으로 보인다.[26] 그러나《농사직설》의 수전농법은 지역간 생산력의 심대한 격차와 인분등 좋은 비료를 많이 얻을 수 없었다는 사실, 그리고 외연적 한계의 확대에만 주목하는 시비법 등에서 그 조방적인 면모를 여실히 보여주고 있다.

다. 이앙법

조선 전기 이앙법을《제민요술》의 북토·황하 濟水流域의 이앙법이나, 陳敷의《農書》에 기재된 唐·南宋의 移秧連作稻作 기술 등과 비교할 때《농사직설》에 실린 이앙법의 기술수준은 이들간의 중간 위치에 놓여 있었다고 평가된다. 특히 이 시대의 이앙법은 조선 후기의 그것에 비해 수리시설체계에 있어서도 여전히 미완성의 수준이었다. 그러한 사정은 이 시기의 이앙법이 경상·강원도에서만 제한적으로 행해질 수밖에 없게 했으며, 그마저도 대농층의 제초 해결책이었거나 粘性의 토양에서만 직파법보다 우수하다고 중시되는 것에 불과하였다.[27]

그러나 정부는 이앙기에 가뭄이 발생하면 농사를 모두 망친다는 이유로 이앙법을 법으로 금지하고 있었고, 이 법령은《經濟六典》에 실려 있었다.[28] 이앙법에서는 그 품종으로 '조도'를 주로 사용하였다고 추정되는데, 이 경우 이앙법은 조도의 '수경'법의 생산력을 아직은 능가하지 못하였다. 가장 수리시설이 발달하였던 경상도조차 수리안전답률이 20%에도 미달할 정도로 낮은 관개조건 하에서 이 시대의 이앙법은 제초편의와 특수토양으로 인한 '건경' 불능이란 조건에서만 제한적으로 존립하였던 것이다.

라. 벼농사의 위치

이상과 같은 사정은 곧 한국 특유의 직파연작기술과 건경법이 주축이 된 이 시대의 벼농사가 기본적으로 노동 절약적, 토지 사용적 성격을 지니고 있

---

26) 李鎬澈, 〈朝鮮前期의 水稻作法考〉(《東洋文化硏究》 11, 慶北大, 1984).
27) 李鎬澈, 〈水田農法〉(앞의 책), 55~57쪽.
28)《世宗實錄》 권 68, 세종 17년 4월 정사.

었음을 말해준다 하겠다. 아직 이앙법은 일부에서 제한적으로만 시행되고 있었고, 시비의 경우도 경작의 집약적 한계보다는 외연적 한계를 넓히는 데 집중되었다. 그런 점에서 이 시대의 벼농사기술은 수전개간에 따른 숙전화와 깊은 관련 위에서 전개되었다고 생각된다. 비록 그렇다 해도 조선 초기의 전체 농경지 가운데서 차지하는 수전의 면적은 20%에 미달하였을 뿐 아니라, 지역에 따라 다양하게 분포하였다.29) 이른바 경상·전라·충청·경기도의 경우는 수전비율이 30%대로 높았지만, 황해·강원·평안·함경도 등에서는 10%에 미달할 정도였기 때문이다. 그러나 경상도의 남부지방과 전라·충청도의 일부지방에서는 50%를 넘는 군현도 존재하였다.30)

한편 조선 전기의 농서들을 분석해 볼 때 경상도의 관행농법을 실은《농사직설》에서는 수도에 대해 가장 많은 지면을 할애하였고(33%),《금양잡록》에서도 벼의 품종이 다른 작물보다 가장 다양하게 분화된 것으로 나타난다.31) 또 세종 14년(1432)경의 작물재배 범위를 보면, 벼는 기장(286군현)과 콩(282군현) 다음으로 전국 334군현 중 278군현에서 재배되고 있었다. 그러나 주로 산간지역을 대상으로 한《撮要新書》에는 벼의 재배기술에 대해 전혀 언급이 없다.32) 이러한 사실은 이 시대의 벼농사가 매우 큰 편차를 가졌으며, 여전히 벼의 위치가 매우 불안정했음을 의미한다.

이처럼 조선 전기에 벼농사는 전농토의 20~30%에 불과한 면적을 차지하였고 생산비중도 낮아 비교적 좁은 범위에 머물러 있었다. 그러나 벼는 단일작물로서는 비교적 넓은 범위를 차지하였을 뿐만 아니라 남부지방의 경우에는 벼의 비중이 압도적인 지역도 적지 않았다. 또한 벼는 주로 국가의 조세로 납부되었을 뿐 아니라 상류계급의 주식이자 제사음식이었으므로 그 농사

---

29)《世宗實錄地理志》에 기록된 수전면적을 통계처리한 결과이다.
李鎬澈, 〈토지파악방식과 田結〉(앞의 책), 266~269쪽.

30) 李鎬澈, 위의 책, 269쪽의 〈그림 2〉 참조.

31)《衿陽雜錄》穀品에는 모두 27개의 벼품종을 싣고 있는데, 이는 그 다음으로 품종이 많이 분화된 조(15품종)·대두(8품종)·소두(7품종) 등에 비하여 매우 특징적인 품종분화 현상을 보여주고 있다.

32) 바로 그러한 점을 비롯하여 菊堂 朴興生의《撮要新書》는 산림지였던 영동지방을 대상으로 저술된 농서였다는 증거가 여러 곳에서 발견되고 있다(李鎬澈, 〈旱田作物과 그 品種〉, 앞의 책, 95~99쪽).

가 국가의 관심대상이었다. 그리고 한국의 독특한 기후와 풍토 때문에 조선시대 전반에 걸쳐 주류를 이룰 정도로 발달한 한전농업의 기술이 벼농사에도 건경이란 모습으로 원용되어 농사의 안정성에 크게 기여하였다. 이 시대에 수전농법은 한전농법에 대해 대립적이기보다는 오히려 의존적이었던 것이다.

(2) 한전농법

가. 한전의 상태

조선 전기의 旱田은 '1년 1작'식이 행해진 보통의 한전과 '1년 2작'식이 행해진 根耕田, 休閑田의 세 종류가 있다.[33] 이러한 한전은 비옥도의 측면에서 다시 우등지·중등지·열등지로 구분되었다. 또한 한전은 夏穀을 재배하는 春耕田과 秋穀을 재배하는 秋耕田으로 나뉘어지며, 위치에 따라서 高地와 下濕地로도 나뉘어져 있다. 한편 《농사직설》에는 휴한농법이 행해진 휴한전이 여러 곳에 보인다. 歲易을 행한 삼밭(麻田)이나 '토양이 비옥한 오래 묵힌 땅' 또는 '나무를 잘라내어 개간한 땅' 등이 그것이다.[34] 이로 보아 이 시대에는 지배적인 부분이 '1년 1작' 전이었으나, 여전히 휴한전이 특수작물의 재배지와 일부의 한전에서 널리 잔존하고 있었던 것이다.

또한 작물별로 보면 삼(麻)은 휴한을 거친 최우등지, 밭벼(旱稻)는 경사지, 기장(黍)과 조(粟)는 우등지, 청량(青粱)은 휴한지, 피(稷)는 하습지, 콩(大豆)·팥(小豆)과 보리(大麥)·밀(小麥)은 '1년 1작'전과 '1년 2작'전에 파종되었다.[35] 따라서 이 시대 한전은 오래 묵힌 '1년 2작'식의 作付體系가 행해진 우등의 한전에 이르기까지 그 종류가 극히 다양하였지만, 그 대부분은 '1년 1작'식의 작부체계를 가진 중등전이었다. 이 시대에는 작물 각각의 성질을 파악하여 적재적소의 한전에다 배치하는 농법이 구사되었던 것이다.

---

33) 李鎬澈, 〈朝鮮前期 旱田農法의 展開와 그 性格〉(위의 책).
34) 李鎬澈, 위의 책, 62쪽의 〈표 1〉 '작물별 한전의 선택' 참조.
35) 李鎬澈, 〈旱田과 그 作付體系〉(위의 책), 61~67쪽.

나. 한전의 작부체계

조선 전기에는 根耕이란 '1년 2작'의 윤작체계가 이미 행해지고 있었다. 이를 보다 자세하게 분석해 보면, 다음 〈표 2〉와 같이 보리·밀을 중심으로 한 前作의 작부체계(A권)와 後作의 작부체계(B권)로 나뉘어진다.[36]

이와 같은 A권과 B권의 작부체계가 같은 포장에서 이루어질 때 비로소 '2년 3작'식 작부체계가 성립되었던 것이다. 또한 일부 빈농층의 경우에는 작물의 立毛期間 가운데서 동일포장의 苗間에 타작물을 재배하는 間種法도 시행되고 있었다. 결국 조선 전기의 한전 작부체계는 '1년 1작'식·'1년 2작'식·휴한식의 세 종류가 있었으며, 그 지배적인 형태는 '1년 1작'식이였던 것으로 보인다. 따라서 '2년 3작'식의 근경법과 간종법으로 대표되는 이 시대의 윤작체계들은 아직도 우등지에서만 행해지는 예외적인 존재였던 것이다.

〈표 2〉 조선 전기 근경의 작부체계

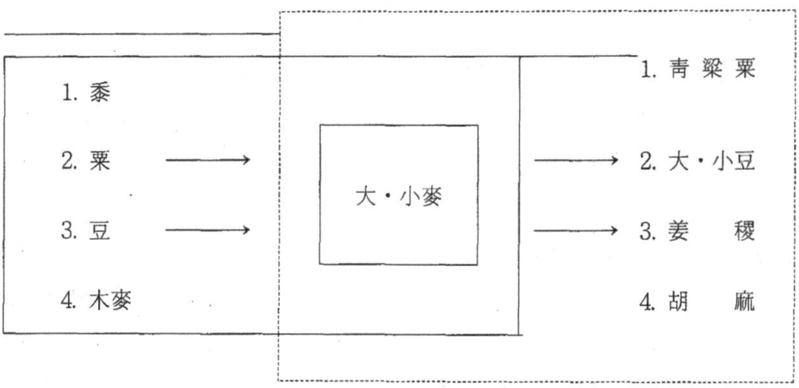

A권 작부체계 B권 작부체계

또한 문헌자료를 통하여 당시에 실제로 행해진 한전 작부체계를 살펴보면 아직도 중·북부지방의 山田에서는 휴한제가 지배적이었다.[37] 남부지방의 경우도 소유경지의 일부를 휴한하는 농법이 여전히 잔존하였고, 강원도 산간지

36) 《農事直說》의 種麻·種黍粟·種大豆小豆·種稷·種胡麻 등의 여러 편에서 기술된 내용을 모두 정리하여 연결시킨 것이다.

37) 《世宗實錄》 권 49, 세종 12년 8월 무인.

대나 북부지방에서는 火耕法이 널리 행해지고 있었다. 그러나 평탄한 지역의 한전인 平田에서는 '1년 1작'식을 중심으로 한 連年作付가 이미 지배적인 형태를 이루었다.

다. 한전작물의 종류

조선 전기에 재배되었던 한전작물의 종류를 보면 섬유작물인 삼(麻), 稻類로서의 밭벼(旱稻), 高田작물로서 기장(黍)·조(粟)·粱·수수(蜀黍)·피(稷), 豆類로서는 콩(大豆)·팥(小豆)·綠豆, 맥류로서는 보리(大麥, 麥)·밀(小麥, 麥)·봄보리(春麥), 그리고 기타 작물로서는 참깨(胡麻)·들깨(油麻)·모밀(蕎麥) 등이 재배되었다. 이 시대 한전작물의 위치를 당시 농서를 통해 살펴보면[38] 《농사직설》에서는 고전작물류·맥류·두류의 순으로 중요시되었다. 그러나 《금양잡록》에서는 맥류와 두류의 위치가 바뀌어 맥류의 위치가 비교적 낮았음이 발견된다.

또한 《금양잡록》에는 모두 56품종의 한전작물에 대해 상세하게 기록하고 있다. 이를 보면 품종은 기장과 조·콩·팥·피·밀의 순으로 발달하였다.[39] 특히 맥류가 가장 적은 품종분화를 보이고 있는 반면 두류나 고전작물류의 품종이 가장 많이 분화하였다. 이는 당시에 고전작물들이 가장 중점적으로 재배되고 있었음을 의미한다. 또한 이들은 까락(芒)의 유무와 길고 짧음, 이삭이 필 때와 익었을 때의 껍질(甲)·열매(實)·눈(眼)·줄기의 색·종자의 크기, 그리고 파종기와 파종처에 따라서 각각 달리 분류되었다. 이러한 사실들은 이미 이 시대에는 많은 다양한 한전작물들이 우리 풍토에 토착화하여 널리 재배되고 있었음을 의미한다.

라. 한전작물의 파종법

《제민요술》을 통하여 알 수 있는 중국농업에서의 한전 파종법은 주로 봄철 高田에 조(穀)를 파종할 때의 耬種法, 여름에 고전에 삼을 파종할 때의 耬構漫擲法, 夏田에 麥과 밭벼(旱稻)를 파종할 때의 逐犁掩種法 등의 세 가지

---

38) 李鎬澈, 앞의 책, 99쪽의 〈표 6〉 '조선전기 농서별 한전작물류의 위치' 참조.
39) 《衿陽雜錄》 穀品.
李鎬澈, 위의 책, 99~110쪽.

파종법이 사용되었다.[40] 이들 세 기술은 모두 극심한 봄가뭄으로부터 종자 發芽를 보증하고 토양의 保濕을 유지하며 노동력을 절약하기 위한 파종법이었다는 점에서 공통된다. 또 이들 기술은 모두 기본적으로 畎種法적 성격을 견지하고 있었다는 점에서도 일치한다.

그에 비해 주로 《농사직설》을 통하여 살펴볼 수 있는 조선 전기 한전작물의 파종법은 매우 다양하였다. 그 파종법은 크게 나누어 足種法·條播法·撒播法의 세 형태로 구별되었다. 먼저 족종법은 종자에 대해서만 시비를 행하고, 파종 즉시 좌우의 발로써 覆土하여 발아를 보증하는 방법이었는데, 이 때 종자는 두둑(壟) 위에 파종되었음이 분명하다. 결국 이 파종법은 점파법으로 苗 위에 종자를 파종하였다는 점에서 壟種法이라고 하겠다. 이 방법으로는 습기를 싫어하는 기장·조·피 등의 주곡작물과 콩·팥 등이 파종되었다.

당시 가장 널리 사용된 파종법은 바로 조파법이었다고 생각된다. 이 조파법에는 下種·撒種·撒擲·擲種·均撒 등의 용어가 사용되었는데, 이는 중국 화북농법과 연결되는 노동절약적인 성격을 가지고 있었다. 조파법에서는 특별한 경우를 제외하고는 《제민요술》과 같은 견종법이 일반적이었다는 점에서 화북농업의 파종법과 기본적으로 일치된다. 이는 곧 《농사직설》에 실려 있는 조선 전기의 농업기술 수준이 수도작과 일부 足種된 작물을 제외한 나머지 상당수의 작물들에 있어 노동생산성에 기초한 조방적인 것이었음을 웅변해주는 것이었다. 그러한 성격은 녹비로 파종된 녹두·참깨·팥의 파종에서도 나타난다. 또한 조선 전기의 조파법에서는 화전법과도 연결되는 극히 조방적인 성격도 함께 나타났다는 점이 중요하다.[41]

한편 가장 조방적인 파종법인 살파법은 주로 후작을 위한 지력회복의 역할을 하였는데 '稀種'·'播撒'·'種' 등의 용어로 표기되었다. 살파법은

40) 西山武一, 〈《齊民要術》の農學〉(《アジア的農法と農業社會》, 東京大學出版會, 1971), 86~94쪽.

41) 특히 '撒擲'과 '擲種'이란 이름의 조파법은 지력유지를 위해서 풀을 미리 베어두었다가 불로 태워 시비한 뒤 행하였던 手條播法으로, 여기에서는 모두 播種構 작성을 위한 耕起作業을 생략한 것들이었다. 그런 점에서 조선 전기의 조파법은 매우 조방적인 성격을 갖는 농법이었음이 분명하다고 할 수 있을 것이다.

중국의 경우 조밭에 綠肥用의 녹두나 사료작물을 파종할 때 사용한 漫擲法과 같은 극히 조방적인 방법이었다. 그러나 이같은 조방적인 파종법은 조선 후기에 이르러 麥畎種法의 심화와 代田法의 도입 등으로 집약화되었다.

(3) 서지법

호미(鋤)를 사용하여 保濕 및 除草를 행한 여러 기술을 동아시아 농업에서는 일반적으로 鋤地法이라 지칭해 왔다.[42] 이 작업에서는 다양한 鋤地具들이 등장할 뿐 아니라, 서지의 목적도 보습을 위주로 하는 '春鋤'와 제초를 목적으로 하는 '夏鋤'로 나뉘어지기 때문이다. 조선 전기의 서지작업은 '提鋤'란 용어로 집약되어 표현되었는데, 이미 봄가뭄을 극복하기 위한 '춘서'와 일년의 농사가 오로지 제초작업에 달려 있다고 할 정도로 중요시된 '하서'가 분명히 구분되었다. 그러한 사실은 이 시대의 농업이 '풀과 싸우는 농업'이란 동아시아 농업의 고유한 성격을 지녔음을 보여준다.

조선 전기의 서지법은 수전농업에서의 서지법(제1유형)과 足種작물의 서지법(제2유형), 그리고 기타 한전작물의 서지법(제3유형)으로 나눌 수 있다. 먼저 제1유형의 농법에서는 '손을 이용한 제초'와 '호미를 이용한 제초'가 함께 행해졌을 뿐 아니라 관·배수작업과 제초작업이 서로 유기적으로 결합되어 있었다. 또한 가장 치밀한 서지법이 행해진 제2유형에서는 춘서와 하서가 엄격히 구분되었다. 그러나 보편적인 경우인 제3유형에서는 춘·하의 호미가 전혀 구분되지 않는데, 이는 중국과 우리 나라의 기후 차이에 따른 서지법의 차이를 명백히 보여주는 것이라 하겠다.

또한 작물별 서지 횟수를[43] 보면 가장 많은 4회의 서지작업이 기장·조·만도 등의 작물에 행해졌다. 일반적으로 콩·팥과 조도·만도의 수도작에는 3~4회 정도의 김매기 작업이 행해졌다고 보여지는데 상농일수록 더 많은

42) 서지법은 起土를 위한 春鋤와 단순히 제초만을 위한 夏鋤로 나뉘어지는데, 전자의 경우는 봄가뭄을 견디기 위한 耐寒 및 保濕機能에 주목하였다는 점에서 특징적이다(西山武一, 앞의 책, 95쪽).

43) 李鎬澈, 앞의 책, 167쪽의 〈표 2〉 '《農事直說》의 鋤地回數' 참조.

횟수의 제초작업이 행해졌을 것이다. 淡水 直播法의 경우와는 달리 이앙법이 행해진 경우에는 그보다 훨씬 적은 1~2회의 제초가 행해졌을 것이다. 이를 보면 수세작물이었던 水稻나 춘서와 하서가 분명히 구분되었던 고전작물에는 집약적인 서지작업이 행해졌음을 알 수 있다. 그러나 그 밖의 대부분의 작물들의 경우는 모두가 1회 이하의 서지작업만을 행하였으며, 이는 이 시대 농업의 조방성을 보여주는 중요한 단서가 되는 것이다.

또한 이 시대 호미의 형태는 여러 자료에서 나타나는 '호미메고'·'荷鋤'·'長鋤'·'長柄大鋤' 등의 용어들로 보아 長柄鋤가 존재했음이 확인된다.[44] 《訓蒙字會》에서도 단병서를 '거홈한', 장병서를 '호미'라 한 것으로 보아, 조선 전기에는 단병서와 장병서가 함께 사용되었지만 그 중에서 가장 널리 사용된 호미의 형태는 바로 장병서였음을 알 수 있다.[45] 이로 볼 때 《농사직설》과 《금양잡록》 등에서 주로 사용된 호미는 대부분 중국의 경우와 같은 장병서였으며, 이는 한전작물의 서지법 등 많은 작업에서 널리 사용되었던 것이다.

(4) 시비법

동아시아지역의 시비법은 처음에 糞種·糞科라는 극히 제한된 범위에서 시비하였던 데서 점차 농경지 전체를 시비하는 糞田이란 시비법으로 발달하였다. 이 시비법의 발달사 가운데서 조선 전기의 시비법이 어떠한 위치를 점하였는가를 살펴보기로 한다.

먼저 수전농업에서의 시비법을 살펴보면 客土와 草木肥가 비료로 사용되었는데, 이들은 대부분 初耕과 再耕의 사이에서 시비되었다. 이른바 수전에서는 물이 담겨 있는 상태에서 분전되었다는 특징을 가졌으며, 일반적으로 객토와 초목비를 중심으로 한 시비가 행해졌던 것이다. 그러나 척박한 열등지에서는 糞이나 牛馬糞, 누에똥 등 충분히 부숙되지 못한 비료들도 시비되었다. 다시 말해 수전에서의 분전은 犁耕法과 밀접한 관련을 가지면서 진행되었는데, 초경된 수전의 저습한 토양에 완전히 부숙되지 않은 비료를 넣어 쟁기질함으로써 골고루 시비하는 효과뿐 아니라 부숙을 촉진하는 효과도 함

44) 李鎬澈, 〈朝鮮前期의 鋤地農法〉(《第29回 全國歷史學大會 發表要旨》, 1986).
45) 李鎬澈, 〈鋤地法〉(앞의 책), 173~184쪽.

께 추구하였던 것이다.[46]

또한 한전농업에서의 시비법은 초경 전후의 시비법, 그리고 파종시와 파종 후의 시비법으로 나뉘어진다. 전자의 경우에 행해진 시비법은 녹두·팥 등 綠肥作物을 이용한 肥田法과 무성하게 난 잡초만을 쟁기로 갈아엎어 시비하는 掩耕法이 있었다. 또한 후자의 경우에는 산림개간지와 윤작으로 지력이 소모된 한전에 행해진 세 종류의 火耕法이 존재하였다. 또한 한전에서 가장 많이 시비가 행해진 때는 '파종할 때'였는데, 이 때에는 糞種法과 種子相和法, 그리고 분종의 일환으로 종자를 액체형태의 비료에 담그는 漬種法 등의 시비방법이 사용되었다. 그러나 보다 발달된 형태의 시비법으로서 파종 후에 추가로 비료를 주는 追肥法이 행해진 경우는 삼밭과 보리·밀밭의 두 사례에서만 발견된다.[47] 이 때 각각 우마분과 외양간거름이 주요한 비료로서 사용되었는데,[48] 이러한 사실은 이 시대의 시비법이 여전히 조방적임을 보여주고 있다. 가장 많이 행해진 분종을 중심으로 살펴보아도 이 시대에는 주로 열등지만을 중심으로 시비가 행해졌던 것이다. 그러나 삼밭에서는 최우등지의 경우에도 계속적으로 파종 전후에 우마분을 농지 전체에 시비하였는데 이러한 발전적인 시비법은 16세기의 농서인《農書輯要》단계에서 더욱 보편화되어 나갔다고 생각된다.[49]

이처럼 이 시대에는 비옥한 우등지에는 거의 시비를 행하지 않았고 척박한 토지를 중심으로만 여러 종류의 비료가 제한적으로 시비되었다는 점이 주목된다. 결국 부족한 비료사정 때문에 전체 농지에 시비하는 糞田法보다는 종자에 대해서만 시비를 행하는 糞種法이 널리 성행하였던 것이다. 이러한 조선 전기의 시비법은 우등지를 더욱 집약적으로 경작하는 집약농법과는 전혀 성격을 달리했다는 점에서 경작의 외연적 한계를 넓히는 조방적인 성격을 여실히 보여주는 것이라 하겠다.

---

46) 林和男, 〈朝鮮農業技術の展開〉(《朝鮮史叢》 4, 1980).
47) 李鎬澈, 앞의 책, 198~204쪽.
48) 《農事直說》 種麻.
49) 李鎬澈, 앞의 글(1990).
林和男, 앞의 글.

(5) 경법과 쟁기

《농사직설》에서는 《제민요술》의 그것과 같이 '耕地'편이 따로 독립되어 있는 것으로 보아 이 시대에는 쟁기질이 영농에 없어서는 안될 필수적인 것이었음을 알 수 있다.[50] 이처럼 《농사직설》은 이미 소에 의한 쟁기질을 전제로 한 농법으로 경법을 논하였다는 점에서 특징적이다. 이미 《농사직설》의 경법은 한국의 토양이 중국의 그것보다 토양저항이 크다는 점을 전제로 하며, 그리고 그러한 기경지 외에도 이 시대에 대규모로 진행되고 있던 황무지의 개간에 쟁기질이 필수적이었다는 점이 주목된다. 또 추경과 춘경, 深耕과 淺耕, 火耕과 掩耕의 구분이 명확하였다.

뿐만 아니라 이 시대는 벌써 쟁기질을 파종보다는 시비작업이나 熟治·覆種 등의 摩田작업과 보다 밀접하게 관련짓고 있었다. 再耕 이상을 행한 작물의 경우에 있어 초경은 有鐴犁에 의한 平坦耕이었고 재경은 주로 파종구 작성과 관련되어 있었다. 특히 초경으로 행해진 평탄경과 녹비의 엄경 등에서는 有鐴反轉犁가, 高田작물의 작묘에는 耕畦犁가 동원되었다. 그러나 개간지나 나머지 다수 작물의 파종구 작성에서는 作條犁가 사용되어 兩側撥土耕을 행하였다.

이 시대의 가장 일반적인 경법은 바로 '초경~재경'을 행한 것인데, 특히 모든 벼와 삼·보리·밀 등 9개 작물의 사례가 여기에 해당되었다. 그러나 초경만 행한 작물도 7종이나 되었으며 쟁기질을 전혀 행하지 않은 작물도 4종이었으므로 이 시대는 대체로 조방적인 경법이 일반적이었음을 알 수 있다. 그렇지만 '족종법'으로 파종한 기장·조·콩·팥 등은 '초경~재경·추경'을 행하는, 당시로서는 극히 예외적이라 할 정도의 집약적인 경법을 행하였다.

한편 《訓蒙字會》에 의하면 조선 전기에 가장 널리 사용된 쟁기는 바로 파종구 작성에 쓰인 볏(鐴)이 없는 作條犁인 '발외[把犁]'였는데 이는 淺耕犁였으며 주로 양측발토경을 행하였다.[51] 이처럼 작조려가 가장 널리 사용된 쟁

50) 《農事直說》 耕地.
51) 《訓蒙字會》 器皿.

기(耕犁)였다는 사실은 이 시대의 파종법이 주로 條播法이었다는 사실과 더불어 이 시대 농업의 조방성을 보여준다 하겠다. 또한 두둑을 만들기 위해 사용되었던 作畦用 쟁기로서는 鏵와 같은 쟁기날을 가진 '극'이 존재하였다. 추경·엄경, 그리고 삼발의 '縱三橫三'경에는 유벽반전려가 동원되었다. 특히 조선 전기의 有鐴犁인 '보'는 '狹小鐴犁'라 불릴 정도로 쟁기날이 좁았을 뿐 아니라, 두 마리 소에 의해 견인되었다. 이 '보'쟁기는 일제시대까지 강원도나 함경도 지방에서 사용되었는데, 여기에서 볏을 떼어낸 것은 '가데기'라고 불려졌다 한다.52)

한편 이 시대에는 축력을 이용한 쟁기들 외에도 다수의 인력에 의한 수경구가 사용되고 있었다.《훈몽자회》 등에서 나타나는 '삷·가래·놀가래·따보·歨伊' 등이 그것이었다. 특히 이러한 인력 수경구들은 축력이나 대농기구를 구비하지 못한 소농민층에 의해서 주로 사용되었을 것으로 보인다.

(6) 농구체계

조선 전기에 사용되었던 농구들을 작업별로 정리한 것이 다음 〈표 3〉이다.

이를 보면 이 시대에는 여러 농사작업에 따라 매우 다양한 농구들이 사용되었음이 확인된다. 이들 농구는 그 용도별로 熟治·覆種 등의 摩田農具, 鋤地 및 제초를 위한 농구, 수확 및 탈곡에 사용된 농구, 저장·搗精 등에 필요한 농구 등으로 분화·발전되었다. 그 중에서도 특히 이 시대에는 우경과 마전작업에 사용된 농구들이 가장 중요하게 취급되었다.

농지를 고르는 작업인 마전작업은 숙치작업과 복종작업으로 나뉘어졌다. 먼저 숙취작업은 쟁기질로 생긴 흙덩이를 부수고 고르게 하여 토양의 습기를 보존하기 위한 것인데, 이를 위해서는 서호레(木斫)와 같은 축력 숙치농구와 쇼시랑(鐵齒擺)·곰방메(檑木)와 같은 인력 숙치농구가 사용되었다. 복종작업은 파종된 종자를 흙으로 덮는 작업으로, 여기에도 앞서 언급된 세 농구 외에도 노(撈, 曳介)·번지(板撈) 등이 사용되었다. 이처럼 복종작업에서 가장 다양한 종류의 농구들을 사용하였다는 것은 바로 독특하였던 우리의 파종법

52) 李鎬澈, 〈農具와 水利施設〉(앞의 책), 326~327쪽.

과 기술체계 때문이었다고 하겠다. 또한 이는 중국의 그것과 비교할 때 한국 농작업의 상당부분이 산지나 경사지에서 그처럼 다양한 모습과 보다 좁은 규모로 이루어지고 있었기 때문이다.

〈표 3〉 조선 전기의 농구

작업	농구
牛耕	보(無床의 有鐴反轉犁), 발외(把犁, 作條犁), 극(耕畦犁), 볃(鐴), 보십(犁頭, 犁鑱)
手耕	따보(耒, 耜), 삷(鍤, 鍬), ᄀᆞ래(杴), 놀가래(鐵杴), 卦伊
熟治	서흐레(木斫, 所訖羅, 擺, 耙, 杷), 쇼시랑(鐵齒擺, 鐵杷, 手愁音, 小時郎), 檑木(古音波, 곰방메), 輸木, 번디(磟, 碡, 碌碡)
覆種	木斫背, 쇼시랑(鐵齒擺), 檑木, 撈(曳介), 板撈(翻地), 把撈(推介), 柴木.
除草	거훔한(鏟, 短柄鋤), 호ᄆᆡ(長柄鋤, 鋤·金嬰·鎡·錤), 발외(把犁) 長柄大鎌, 栲栳(都里鞭)
收穫 및 脫穀	낟(鎌刀, 大鎌, 小鎌, 銍, 釤), 苫, 輾(打作), 키(簸 ; 箕), 小杖, 도리채(耞 ; 連耞), 길(枷 ; 長枷, 團枷)
貯藏	篙篩(空石), 苫薦(飛介), 瓮, 木槽(槽)
搗精	밀돌(研, 碾), 방하(碓), 매(磑, 磨), 고(杵), 방핫고(碓觜) 호왁(臼)
其他	드레(汲器), 산태(蕢, 畚), 둥주리(篗), 광조리(筥, 筐), ᄃᆞ라치(籃), 쟉도(鍘, 錯刀)

자료 : 1)《農事直說》(宣賜本, 1492). 3)《訓民正音》 用字例.
2)《訓蒙字會》 器皿. 4) 河緯池의 遺劵.

아울러 서지작업에서는 長柄鋤인 '호ᄆᆡ'가 小鋤인 '거훔한'과 함께 사용되었음이 특히 주목된다. 또한 수확·탈곡·저장·도정의 네 작업의 경우는 대체로 농서들에서 소홀하게 취급되었는데, 이는 농산물의 상품화가 아직도 낮은 수준이었음을 의미한다. 또한 당시 가장 널리 사용된 농구는 바로 쟁기와 '호ᄆᆡ'였다는 사실은 '耕起과정의 축력작업화와 立毛圃場 관리의 수작업화'란 '동아시아지역 농업의 특수성'과 일치될 뿐만 아니라 이 시대 농업기술이 갖는 이중적 성격을 그대로 보여주는 것이기도 하다.

3) 농업기술의 성격

이상의 분석을 종합하여 조선 전기 농업기술의 역사적 성격에 대해 간단히 언급해 보고자 한다. 이는 곧 당시의 농업에 있어 각 생산요소와 제반 농업환경간의 결합형태를 밝힘으로써, 노동기술과 재배기술로 구성된 농업생산력 수준의 성격을 있는 그대로 드러내는 작업이기도 하다. 지금까지 많은 학자들은 농업생산력의 성격이 토지생산성 중심의 집약농법이었는지 노동생산성 중심의 조방농법이었는지, 부역노동에 기초한 대농법이었는지 가족노동에 기초한 소농법이었는지, 그리고 중국 하북지방의 건조지 농법과 같았는지 아니면 강남지방의 습윤지 농법이었는지에 대해서 각각 나름대로의 견해를 밝힌 바 있다.[53] 그러나 이러한 여러 종류의 견해들은 보다 실증적인 측면에서 검증되고 평가될 필요가 있다고 생각된다.

먼저 농업경영규모에 대한 성격규명에서 분명해진 것은《농사직설》의 농법이 다량의 축력을 기반으로 한 노동생산성 중심의 노동절약적·토지집약적 기술에 근거한 조방적인 대농법이었다는 사실이다.[54] 그리고 이 대농법과 함께 이에 대칭되는《금양잡록》농법이라는 토지생산성 중심의 소농법이 공존하였다는 점이 명백해졌다.[55] 그렇지만 전자의 높은 생산성에 비하여 후자의 그것은 축력과 노동수단, 그리고 생산수단의 이용 등 여러 측면으로 보아 극히 낮을 수밖에 없었음이 분명하다.

한편 농업기술의 측면에서《농사직설》농법을 시비법에 근거하여 분석해 보면, 이는 人糞의 糞田을 주체로 한 강남농법의 그것에 비해 훨씬 낮은 수준에 머물고 있었다. 이른바 '인분은 비료로서 좋으나 많이 얻을 수가 없다'고 할 정도로 토지에 비해 인구가 비교적 적으며 보다 노동절약적인 조방농

53) 李鎬澈, 〈農業史的 性格〉(위의 책), 688~716쪽.

54) 이호철, 〈조선시대의 농업사〉(《한길역사강좌》 5, 한길사, 1987).
———, 〈조선전기 농가와 농업경영 ―새로운 논쟁사적 접근을 중심으로―〉(《한국의 사회와 문화》 18, 한국정신문화연구원, 1991).

55)《衿陽雜錄》의 농법을 소농민의 농법으로 인식하는 연구는 金容燮의 연구에서도 엿보인다(金容燮, 《朝鮮後期農學史硏究》, 一潮閣, 1988).

법이었기 때문이다.[56] 또한 농구체계란 측면에서 살펴보면《농사직설》의 농법은《제민요술》에서 나타난 漢·六朝期의 화북지방 파종법과 비교하여 두 마리 소를 기본적인 견인 동력으로 하였을 뿐 아니라 '犂-畜力整地具-畜力覆種具-畜力中耕器'란 일관체계를 일단 갖추었다고 평가된다.

그렇지만 산지나 경사지가 많다는 한국 특유의 지형조건 때문에《농사직설》은 그 보조수단으로 보다 많은 인력농구를 함께 사용할 수밖에 없었다. 이와 같은 축력농구와 인력농구의 적절한 결합은 곧 이 시대《농사직설》농법의 고유한 특성이었는데, 그와 같은 농작업에는 단순협업적인 노동조직이 동원되었을 것이 분명하다. 한편《世宗實錄地理志》의 통계를 살펴보면, 戶當口數가 5구 이상으로 많은 군현들이 경상도와 전라도 지방에 가장 많이 분포되었고 평균적으로 하삼도의 호당구수는 약 4.2구에 달할 정도로 높았다. 이러한 사실은 통계적인 분석을 통해 우리가 파악할 수 있는 이 시대 하삼도의 평균적인 호당 가족수가 16.8인에서 21.0인에 달할 정도로 많았을 뿐 아니라 그들의 호당 경작면적이 9.056결이나 되었다는 점에서도 널리 확인된다.

이 밖에도 조선 전기의 대표적인 농서였던《농사직설》의 농법이 대농법이었음을 보여주는 증거는 매우 많다. 단적인 예로 만약《농사직설》의 농법이 집약적 소농법이었거나 중국 송대의 강남지방 농법에서처럼 분전의 형태로 시비를 행하였다면 그 당시의 한전은 매우 비옥하였을 것이지만 사실은 그렇지 못하였다. 수전농법의 경우 만도가 주로 수경 및 건경법으로 재배되었던 열등한 수전이 광범위하게 분포하였을 뿐 아니라 산림지·습윤지를 수전으로 개간하는 기술이 중요하게 취급되어 있었기 때문이다. 한전농법의 경우에도 '1년 1작'식의 한전과 더불어 휴한전도 널리 잔존하였고 이들 토지의 비옥도도 중등전이 가장 많았다. 이러한 사실은《세종실록지리지》를 이용한 토성분석에서도 '肥瘠相半'이 가장 많았던 점과 그대로 일치하고 있다. 뿐만 아니라 세종 26년(1444)에 일단 확립된 貢法에서는 새로이 田品을 6등급으로

56) 주 25)에서 설명한 바처럼 조선 전기에서 人糞은 누에똥과 같이 많이 얻을 수 없는 비료였다. 그러나 조선 후기에 이르면 이는 보편적인 비료로 사용되었는데, 이는 곧 토지에 대한 인구비율이 조선 전후기간에 달랐음을 증명하는 좋은 증거라고 하겠다.

나누었는데, 여기에는 종래에 볼 수 없었던 넓은 면적의 열등지·신개간지라고 보이는 5등전과 6등전이 포함되었다는 사실도 함께 고려되어야만 한다.[57] 이처럼 조선 전기에서는 토지생산성보다는 노동생산성이 더욱 크게 발전하였으므로 종래 耕境 이하의 토지가 이제 새로이 농경지로 편입되었던 게 아닐까 한다.

한편 파종작업에 있어 《농사직설》은 일부 '足種'된 高田作物들을 제외하고는 대부분의 한전작물들을 條播法에 의해 파종하고 있었다. 이와 같은 조파법은 특히 作條犁로 길다랗게 만들어진 파종구에다 손으로 파종한 뒤, 축력 및 인력을 이용하는 여러 복종구로 흙을 덮는 방식을 취하였다. 그와 같은 파종법이야말로 두둑을 만든 뒤 파종구를 작성하여 點播하는 보다 노동집약적인 파종법이었던 足種法과는 전혀 달랐다는 점에서 노동생산성을 높이기 위한 대농법이었다고 판단된다.

이상의 여러 사실들로 보아 《농사직설》 농법은 단순 협업조직의 집단노동에 바탕을 둔 대농법이었음을 알 수 있다. 그러나 이 시대에는 양반사대부층이 행하였던 농장경영만이 유일하게 그러한 대농법을 널리 행하고 있었다. 그러한 사실은 중소지주층 출신의 신흥사족층을 이 시대의 농업발전의 주역으로 간주해온 기존 학계의 견해를 뒷받침하는 것이라 하겠다. 그러나 양반사대부층의 농장경영은 토지생산성을 높이기 위한 집약농법이기보다는 당시의 부족한 노동력으로 넓은 농경지를 경작하기 위해 주로 노동생산성을 높이기 위한 조방농법에 역점을 두었음이 분명해진다.

한편 이 시대의 농업기술의 성격은 이미 밝힌 것처럼 건조지(화북) 농법과 습윤지(강남) 농법의 융합이란 측면이 없는 것도 아니었다. 그러나 한전이 전체 농경지의 70~80%에 달하였던 이 시대에는 봄가뭄 극복을 위한 농법에 주안점이 주어진 건조지 농법이 지배적이었음이 분명하다. 그와 같은 조선 전기의 건조지 농법은 《제민요술》에서 나타나는 그것에 비하여 상당히 다른 한국적 특징을 가졌음도 물론이다. 이와 같이 《농직직설》의 농법으로 대표되는 조선 전기의 선진농법은 기본적으로 축력을 기반으로 한 노동생산성 중심의 조방농

57) 李鎬澈, 앞의 책, 〈표 4〉 '貢法에서의 田品 재편성' 참조.

법, 단순 협업조직의 집단노동에 의한 대농법, 그리고 화북지방의 그것과 유사한 한국 특유의 건조지 농법의 성격을 기본적으로 가지고 있었다고 평가된다.

〈李鎬澈〉

2. 인쇄기술

1) 금속활자의 주조 및 조판인쇄

금속활자 인쇄는 활자의 주조기술 및 조판기술이 필요하고 쇠붙이 활자에 잘 묻는 먹물이 개발되어야 한다. 금속활자 인쇄는 적어도 13세기초에 시작되었는데 금속활자의 주조기술 및 조판방법이 일정하지 않고 시대에 따라 기술과 방법의 精粗度에 차이가 있었다. 또 관서와 사찰 그리고 민간에 따라서도 각각 다른 차이점을 보여준다.

(1) 관주활자

태종 3년(1403)에 설치한 鑄字所에서 첫번째로 주조한 것은 癸未字였다. 그 印本을 보면 고려 우왕 3년(1377)에 청주 興德寺에서 주조하여 찍은 寺鑄활자본보다 한 단계 앞선 개량이 이루어진 것은 사실이나, 주조방법은 여전히 치졸하였다. 그리하여 세종 2년(1420)에 이를 개주, 庚子字를 주성하였는데 그 주조방법이 크게 개량되었다. 세종 16년에 이를 다시 개주하여 甲寅字를 주성하였는데 이 때 창의적인 개량이 이루어져 마침내 조선의 주자인쇄술이 절정에 이르게 되었다.

이렇듯 절정에 이르렀던 중앙관서의 활자 주조방법은 成俔의 《慵齋叢話》에 간략하게 소개되어 있다.[1] 이를 바탕으로 하고 鑄字跋 등 다른 관련 자료를 참고하여 그 주조과정을 자세하게 설명하면 다음과 같다.

제일 먼저 주조하려는 활자의 글자본을 정한 다음, 찍고자 하는 책에서

1) 成俔, 《慵齋叢話》 권 7, 鑄字之法.

필요한 수의 크고 작은 글자를 조사하여 글씨를 잘 쓰는 자에게 써내게 하였다. 이미 간행된 책의 글자를 바탕으로 하는 경우는 그 책에서 필요한 수의 크고 작은 글자를 가려내고 부족한 글자는 달필가가 닮게 써서 보충하였다. 글자본이 마련되면 나무판에 붙이고 각수로 하여금 정교하게 글자를 새기게 하였는데, 그 나무는 대개 黃楊木을 사용하였다. 글자가 다 새겨지면 하나씩 실톱으로 잘라내어 네 면을 잘 다듬고 크기가 일정하도록 정밀하게 손질하였다. 이 때 나무판 만들기와 활자를 잘라내는 일은 목공장이 맡고, 글자를 새기는 일은 刻字匠이 맡았다.

한편 활자를 주조하기 위하여 쇠거푸집에 갯벌의 고운 해감 흙을 판판하게 깐 뒤 나무에 새긴 어미자를 낱낱이 박고 잘 다져 글자획이 옴폭 들어가게 자국을 냈다. 그 다음에 그 자국으로 쇳물이 흘러 들어갈 수 있는 홈 길을 내기 위하여 가지쇠를 박았다. 위 거푸집을 씌우고 다져 그 쪽에도 자국을 낸 다음, 어미자와 가지쇠를 빼냈다. 그리고 두 개의 거푸집을 합쳐 하나의 구멍으로 녹인 쇳물을 쏟아부어 홈길을 따라 옴폭 찍힌 자국으로 흘러 들어가게 하였다. 쇳물이 식어 굳으면 거푸집을 분리시키고 가지쇠를 들어내어 매달린 활자를 두들겨 하나씩 떨어지게 하거나 떼어낸 다음, 활자 하나하나를 줄로 깎고 다듬어서 깨끗하게 손질하여 완성시켰다.

이러한 방법으로 일정한 어미자를 정교하게 새겨 필요한 수만큼 거푸집의 해감 흙에 자국을 내서 활자를 부어내기 때문에 글자모양과 크기를 일정하게 주성할 수 있었다. 이것이 조선시대 중앙관서의 고도로 발달된 금속활자 주조방법이었다.[2)]

조판인쇄에 있어서도 단계적인 발전을 하여 갑인자에 이르러 절정을 이루었다. 계미자는 네 모퉁이를 고정시킨 틀의 위아래 변에 계선을 고착시킨 동판을 마련하였다. 그 판의 각 계선 사이의 바닥에 밀랍을 깔고 그 위에 활자를 배열하였다.[3)] 활자 배열이 끝나면 다음으로 열을 가해 밀랍을 녹인 뒤 판판한 철판으로 위에서 균등하게 눌러 활자면을 평평하게 하고 식힌 후에 인쇄하였다. 활자의 뒷면은 타원형으로 옴폭 들어가게 한 고려의 㟁활자와는

2) 千惠鳳, 《韓國典籍印刷史》(汎友社, 1990), 359~361쪽.
3) 《世宗實錄》 권 65, 세종 16년 7월 정축.

정반대로, 그 끝을 송곳처럼 뾰족하게 개량하여 그것이 밀랍 속에 깊숙이 박혀 움직이지 않도록 하였다. 그러나 활자의 크기와 모양이 일정하지 않고 만든 솜씨가 아직 미숙하여 옆줄이 맞지 않고 윗자의 아래획과 아랫자의 위획이 서로 닿거나 엇물린 현상이 나타나고 있다. 또 작은 활자인 경우는 〈新刊類編歷擧三場文選對策〉에서 볼 수 있듯이 한두 자의 드나듦이 생겼다. 그 뿐만 아니라 인쇄 도중 활자가 자주 움직이고 기울어져서 수시로 밀랍을 녹여 부어 바로잡은 다음 인쇄하여야 했기 때문에 밀랍의 소비량이 많으면서도 하루의 인출량은 전지로 겨우 서너 장밖에 찍어내지 못하였다.[4] 그리하여 세종이 즉위하자 계미자의 단점을 개량해서 활자 크기가 그보다 훨씬 작으면서도 가지런하게 만들고 인판틀 또한 판판하고 튼튼하게 만들어 판을 짤 때 활자와 서로 잘 맞도록 하였다. 그 결과 인쇄 도중 밀랍을 녹여 사용하지 않아도 활자가 움직이지 않고 끝까지 잘 인쇄되어 하루의 인쇄능률은 20여 장을 밀어낼 수 있었다.[5] 계미자의 하루 인쇄능률보다 4~5배나 증가된 성과를 거둔 셈이다.

이와 같이 인쇄술이 대폭 개량되었지만, 오늘날 전래되고 있는 여러 경자자본을 조사해 보면 그 인본이 십중팔구는 매 반엽 11항 21자의 고착된 인판을 사용하여 인쇄하였는데, 옆 줄이 정연하게 일직선을 이루지 못한 미숙한 조판 상태였다. 그리하여 세종은 이를 또다시 개주하기로 결심하였다. 그때 당시 천문기기 제작에서 기술이 상당한 수준에 이르렀던 일류 기술자를 총동원하여 정밀하게 만들어 냈기 때문에 큰 활자와 작은 활자의 크기를 한결같이 똑같게 그리고 네모를 아주 평정하게 만들어 낼 수 있었다. 그 결과 조판에 있어서는 지금까지 보지 못했던 대형의 인판을 사용하면서도 큰 활자와 작은 활자를 막론하고 옆 줄이 정확하게 일직선을 이루고 또 글자 사이의 공간이 일정하게 유지되어 인본이 매우 늠름하고 정연·정교하였다.[6]

---

4) 《世宗實錄》 권 11, 세종 3년 3월 병술.
5) 위와 같음.
《世宗實錄》 권 65, 세종 16년 7월 정축.
卞季良, 《春亭集》 권 12, 大學衍義鑄字跋.
徐居正, 《東文選》 권 103, 卞季良鑄字跋.
6) 《眞西山讀書記乙集 大學衍義》 甲寅字本 卷末 金鑌鑄字跋.

그리고 식자에 있어서는 전혀 밀랍을 사용하지 않고 순전히 대나무 등으로 빈 데를 메우면서 판을 짠 다음 인판틀의 마지막 한 변을 닫았기 때문에 틀의 네모 중 어느 구석이 떨어져 있었다. 이것이 곧 완전한 조립식 판짜기이며, 갑인자에 이르러 인쇄기술이 절정에 이르렀다.[7] 그 결과 하루의 인쇄능률이 경자자의 두 배인 40여 장으로 크게 늘어날 수 있었다.

이러한 세종대의 발달한 활자인쇄술로 말미암아 조선 말기까지 실로 헤아릴 수 없이 많은 종류의 활자가 주성·조판되어 책 인쇄에 사용되었다. 이들 활자의 모양은 네모를 평정하게 만들어 조립식으로 판을 짠 것이 있는가 하면 활자의 등을 둥글게 파서 동의 사용을 절약하는 한편 밀랍이 꽉 차서 움직이지 않도록 한 고착식 판짜기를 병용하기도 하였다. 그런데 이 때의 밀랍은 참기름과 같은 半乾性油와 피마자기름과 같은 不乾性油를 배합, 굳지 않게 하여 열을 전혀 사용하지 않고 활자를 손쉽게 밀착시키는 단계로 개량 발전시켰던 것이다.

이와 같이 금속활자 인쇄에 있어서 판짜기 방법이 변천되어 왔지만, 그 중 대표적인 것은 갑인자 이후 관서의 조립식 조판인쇄였다.[8] 관계문헌을 참고하여 그 과정을 설명하면 다음과 같다.

먼저 동으로 만든 인판틀(우리)을 준비하였다. 그 틀은 적어도 두세 개를 마련하여야 하나, 일손에 여유가 있을 때에는 인쇄업무를 분업적으로 원활하게 진행시키기 위해 대개 대여섯 개 정도 마련하였다.

인판틀은 네 변에 둘레를 돌리고 중간에 판심을 마련하되 그 사이에 어미와 흑구 등과 같이 접지와 장책의 기준이 되는 장식을 넣었다. 또 각 줄마다 칸막이를 하는데 필요한 계선을 마련하였다. 이렇듯 인판틀이 준비되면 찍고자 하는 원고 또는 책의 본문을 한 자 한 자 차례로 불렀다. 글자를 부르는 자를 唱準이라 하였으며, 글자를 아는 자가 맡았다. 원고 또는 책의 본문을 부르면 활자를 찾아내어 그 원고나 책의 글자 위에 벌여 놓았다. 그 일은 활자를 간직하고 있는 守藏이 맡았으며, 관서에서는 대개 나이 어린 공노가 맡

《世宗實錄》 권 65, 세종 16년 7월 정축.

7) 《世宗實錄》 권 69, 세종 17년 8월 계해.
成俔, 《慵齋叢話》 권 7, 活字.

8) 成俔, 《慵齋叢話》 권 7, 列字分擔者.

왔다. 그러나 경우에 따라서는 擇字匠을 두어 그 일을 맡게 하기도 하였다. 오늘날의 文選에 해당한다 하겠다. 이 때 골라 놓은 활자가 한 장 분이 되면 판에 올려 놓는데 이를 판올림 또는 上版이라 하며, 오늘날의 식자에 해당한다. 한판의 활자 배열이 다 끝나면 대나무 조각 또는 파지 등으로 활자를 괴거나 틈에 끼워 판판하면서 직각으로 잘 들어맞아 움직이지 않게 하였다. 또 활자 다지게 등으로 활자를 다져 고르게 하거나 평판으로 활자면을 눌러 수평이 되도록 바로잡는 작업을 하였는데 이 일을 맡아보는 이를 均字匠이라 하였다. 이들은 고도의 숙련된 기술이 필요했다. 균자장이 완전하게 판을 짜 놓으면, 먹솔로 활자면에 먹물을 고루 칠하되 쇠활자인 경우는 쇠붙이에 잘 묻는 기름 먹물을 써야 했다. 먹물을 칠한 다음 그 위에 종이를 놓고 말총 또는 털뭉치 등의 印髢에 밀랍 또는 기름과 같이 잘 미끄러지는 물질을 칠하여 종이 위를 위아래로 고루 문지르거나 비벼서 밀어냈다. 그러나 쇠활자의 인쇄는 그렇게 간단하지 않았다. 종이를 약간 축여서 습기가 가시면 두 사람이 종이를 판판하게 잡아당겨 활자면에 구김살없이 붙여 한 장 한 장씩 밀어냈던 것이다.[9] 이 일을 맡은 이를 印出匠이라 하였다.

애벌을 밀어내면 朱色으로 오자와 탈자를 비롯하여 거꾸러진 것, 비뚤어진 것, 희미한 것, 너무 진한 것 등을 바로잡고 교정자와 균자장이 서명을 하였다. 이 때 인쇄작업의 감독을 맡은 이를 監印官이라 하였으며, 校書館員이 담당하였다. 그리고 본문의 교정에 대한 궁극적인 책임은 監校官이 지는데, 감교관에는 별도로 문신이 임명되었다.

교정이 철저하게 이루어지면 그 책의 머리에 '校正'이라는 도장을 찍어 그대로 필요한 부수를 찍어 내게 하였다.《經國大典》工典에는 활자인쇄에 관계되는 교서관 소속의 장인과 인원수를 규정하였고,[10] 그 뒤에 나온《大典後續錄》에서는 벌칙까지 마련하였다.[11]

감인관·창준·수장·균자장은 한 권에 한 자의 착오가 있으면 30대의 매를 맞고, 한 자가 더 틀릴 때마다 한 等을 더 벌 받았다. 인출장은 한 권에

9)《正祖實錄》권 44, 정조 20년 3월 계해.
10)《經國大典》권 6, 工典 校書館.
11)《大典後續錄》권 3, 禮典 雜令.

한 자가 먹이 진하거나 희미한 글자가 있을 때 30대의 매를 맞고 한 자가 더 할 때마다 벌이 한 등을 더 했다. 교서관원은 다섯 자 이상 틀렸을 때 파직되고, 창준 이하의 장인들은 매를 때린 뒤 50일의 근무일자를 깎는 벌칙이 적용되었다. 이와 같이 활자판을 짜서 인쇄하는 작업에 엄격한 규칙이 마련되어 있었기 때문에 관서의 활자본이라면 오자와 탈자가 별로 없고 인쇄가 정교한 것이 그 특징이다.

〈도판 1〉 관주활자 (세종16년(1434)에 주조한 갑인자로 찍은《대학연의》)

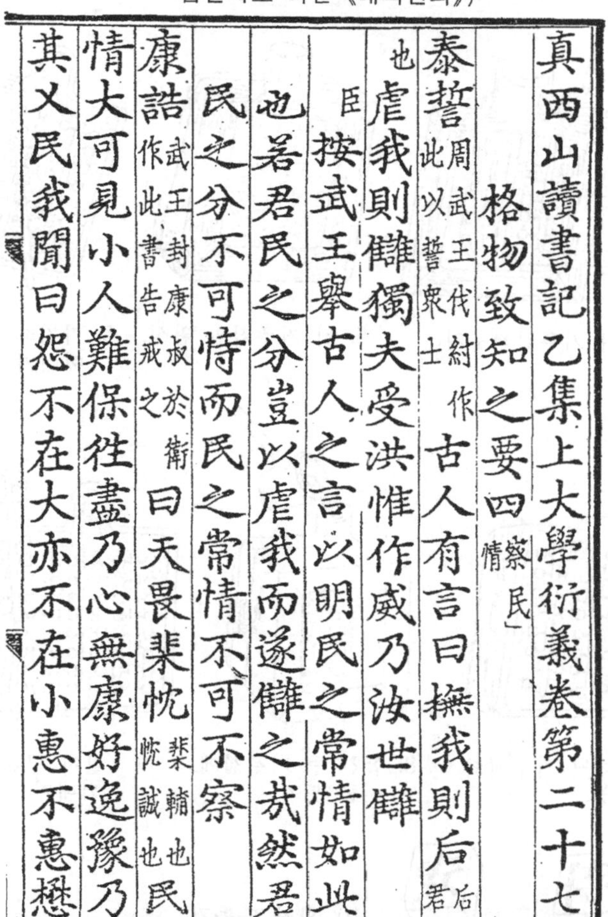
真西山讀書記乙集上大學衍義卷第二十七
格物致知之要四 察民情
泰誓 周武王伐紂作此以誓衆士 古人有言曰撫我則后 后君
也 虐我則讐獨夫受洪惟作威乃汝世讐
臣按武王舉古人之言以明民之常情如此
也若君民之分豈以虐我而遂讐之哉然君
民之分不可恃而民之常情不可不察
康誥 武王封康叔於衛作此書告戒之 曰天畏棐忱 棐輔也忱誠也 民
情大可見小人難保往盡乃心無康好逸豫乃
其乂民我聞曰怨不在大亦不在小惠不惠懋

〈도판 2〉 조선 관주활자 주조법

1. 밑거푸집 개흙 깔기.

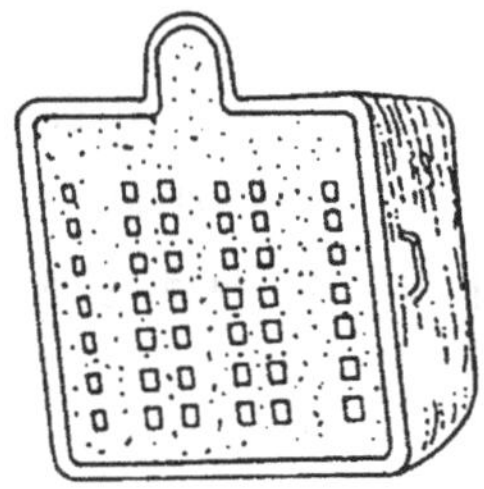

2. 어미자 박은 모습.

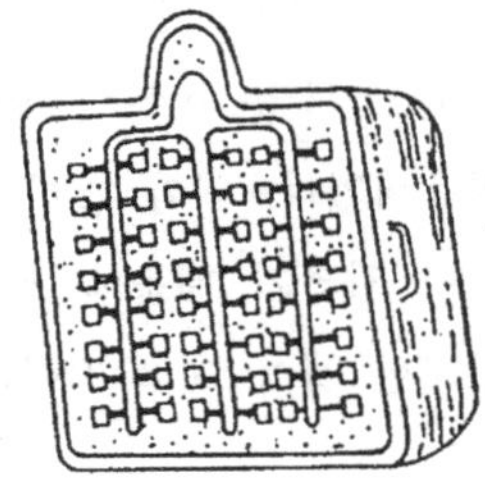

3. 가지쇠 박음.

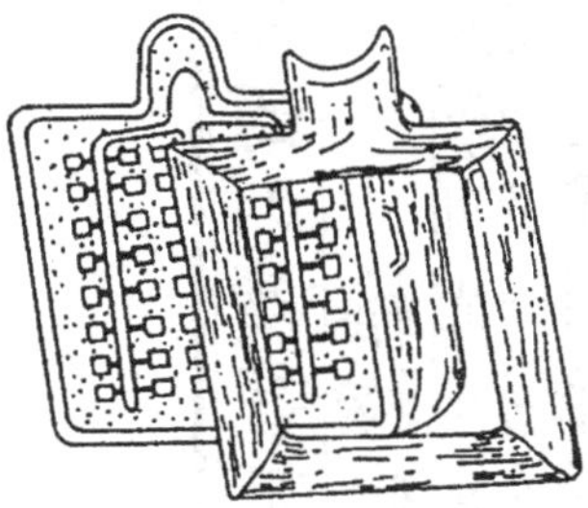

4. 위 거푸집씌우기.

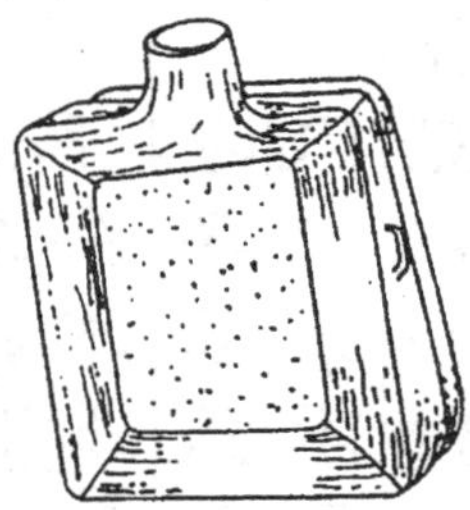

5. 위 거푸집의 완성.

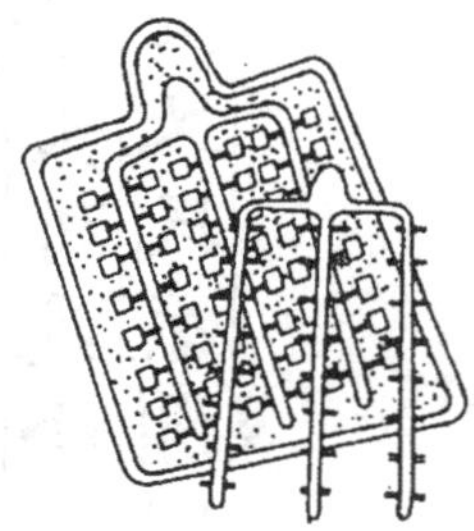

6. 가지쇠 및 어미자 빼내기.

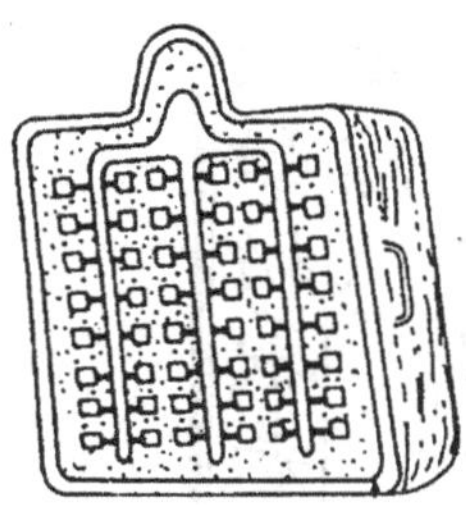

7. 완성된 거푸집의 주형.

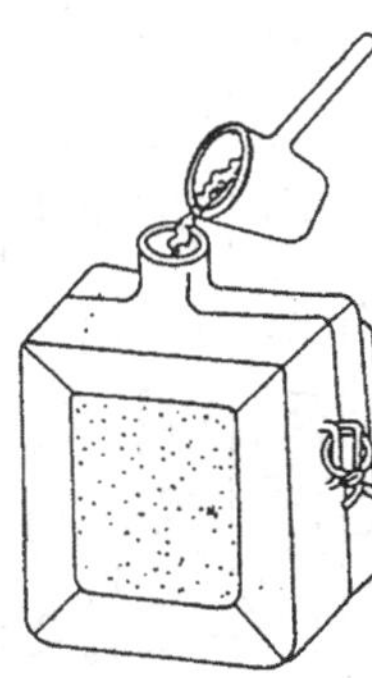

8. 합친 두 거푸집에 쇳물 붓기.

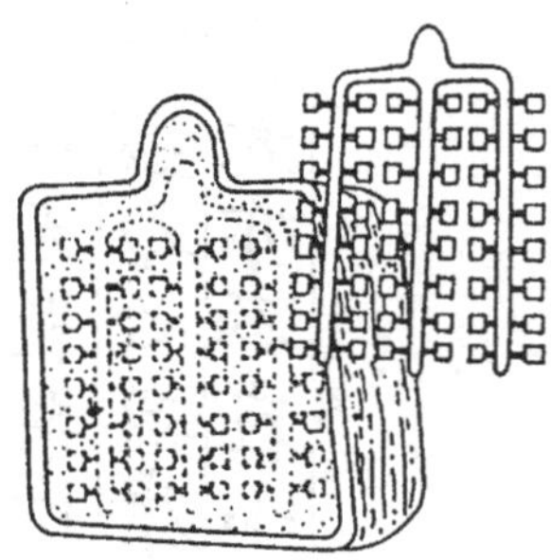

9. 활자 달린 가지쇠 꺼내기.

10. 활자 다듬기.

〈도판 3〉 조선 관주활자

〈도판 4〉 조선 관주활자 조판

(2) 민간활자

활자인쇄가 고도로 발달함에 따라 민간에서도 조선 전기부터 활자인쇄가 이루어졌다. 그러나 현재 전래되고 있는 인본들을 보면 거의 목활자에 의한 인쇄이고 금속활자 인쇄물은 조선 후기에서 말기에 나타나고 있다. 민간의 재래 금속활자 주조법이 《東國厚生新錄》이란 필사본에 비교적 소상하게 적혀 있으므로 그 내용을 소개하면 다음과 같다.[12)]

〈도판 5〉 조선 민간금속활자 주조법

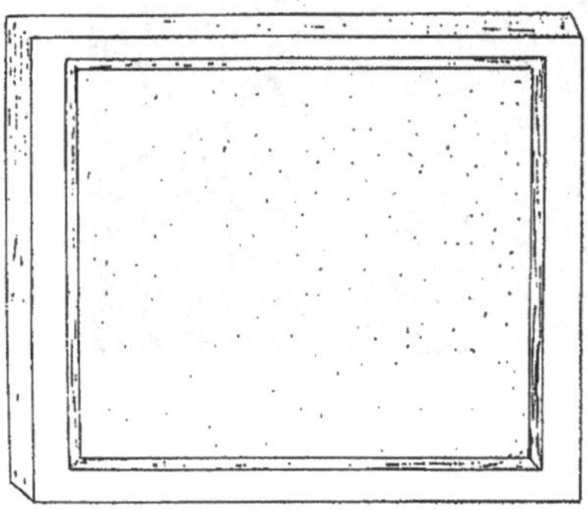

① 나무판 위에 찰흙을 깔아 만든 거푸집

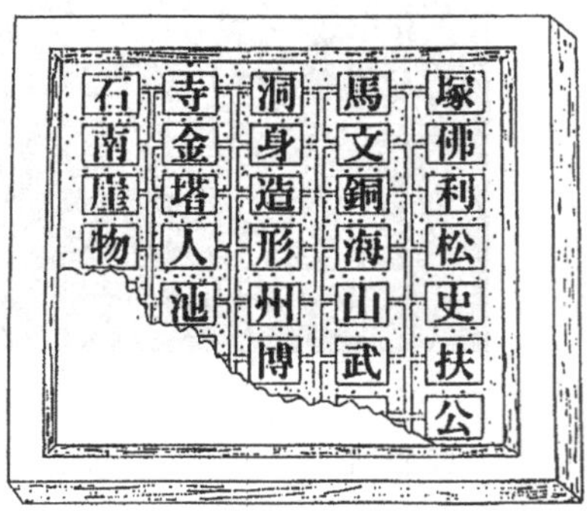

② 글자와 홈을 옴폭하게 새김하여 완성한 거푸집

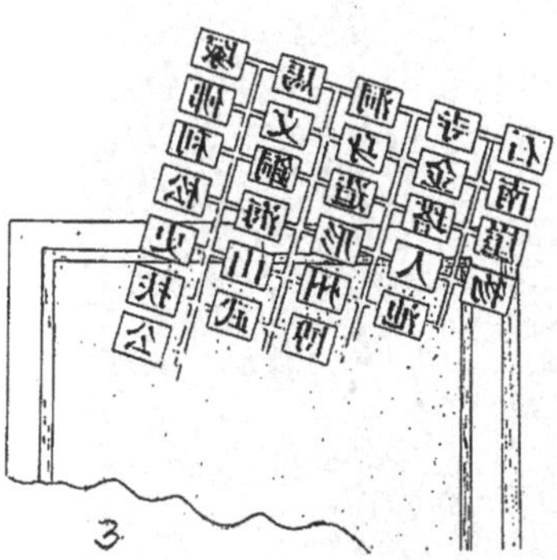

③ 거푸집에서 들어 낸 가지쇠에 달린 활자

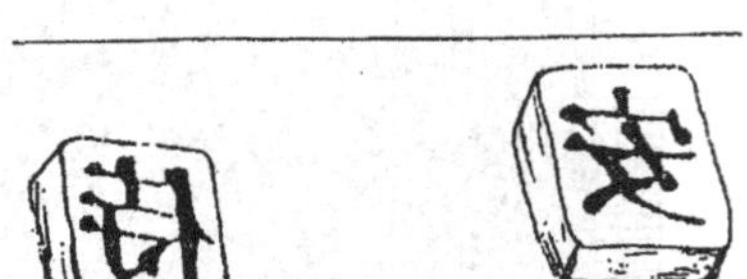

④ 다듬어 완성한 활자

---

12) 《東國厚生新錄》 單卷, 抄本.

질그릇 만드는 찰흙을 곱게 빻아서 잘 빚은 다음, 네 둘레에 테를 돌린 나무판에 판판하게 깔고 햇볕에 쪼여 반쯤 말린다. 한편 얇은 닥종이에 크고 작은 글자를 주조하고 싶은 대로 임의로 써서, 녹인 밀랍으로 판 위에 덮어 붙이고 각수에게 옴폭 새기게 했다. 다 새기면 녹인 쇳물을 국자로 떠서 그 판 위에 부어 홈을 따라 옴폭 새긴 곳으로 흘러들어가게 했다. 그 쇳물을 고루 판판하게 하여 식힌 다음, 판 위의 흙판을 들어내면 가지쇠에 달린 활자만 남게 되므로 이를 하나하나 잘라내어 줄로 깎고 다듬어서 깨끗하게 완성시켰다.

이와 같이 찰흙에 글자를 옴폭하게 새겨 부어낸 활자에도 동일한 글자의 모양이 일정하지 않은 것이 통례였다. 그러나 그 주조과정이 고려의 사찰주조 방법보다는 훨씬 쉽고 글자본을 쓰는 방법의 여하에 따라 보다 가지런한 글자체의 활자를 주조해 낼 수 있었다.

2) 목활자의 제작 및 조판인쇄

목활자는 일찍부터 책의 인쇄에 등장하여 혹은 금속활자의 補字로 쓰이기도 하고, 혹은 긴급한 인쇄 수요에 손쉽게 만들어져 사용되기도 하고, 또는 특정체재로 인쇄하고 싶은 경우 만들어져 쓰이기도 하면서 발달하였다. 그리고 관서·왕실·사찰·서원·개인들이 고루 목활자를 만들어 금속활자와 병용해서 서적 인쇄에 사용할 정도로 발달해 왔다.

목활자의 제작 및 조판 인쇄에 있어서는 주로 민간에서 전통적으로 적용해 온 것을 중심으로 설명하기로 하겠다.[13)]

목활자를 제작하는데 있어서도 금속활자의 경우와 같이 먼저 글자본을 정하여 글씨를 잘 쓰는 자가 만들고자 하는 활자의 크고 작은 규격에 맞추어 글자를 써냈다. 이 경우 같은 글자라 하더라도 모두 몇 벌씩 중복되게 쓰고

---

13) 목활자를 만드는 법에 대한 참고문헌은 다음과 같다.
王禎,《農書》권 22, 卷末 附錄 造活字印書法.
徐有榘,《林園十六志》권 105, 怡雲志 6, 圖書藏訪 下, 鋟印 木刻活字法 및 聚珍版式.
柳鐸一,〈韓國木活字印刷術에 對하여〉(《民族文化論叢》4, 嶺南大, 1983), 111~125쪽.

특히 어조사 등과 같이 많이 쓰이는 글자는 필요한 만큼 많은 수량을 준비하는 것이 금속활자의 경우와 좀 다른 점이라 하겠다.

활자를 새기는 나무의 경우 관서는 주로 황양목을 사용하였으나,[14] 우리나라 문헌에는 박달나무·돌배나무·자작나무·산벚나무를 비롯한[15] 감나무·배나무·고욤나무·모과나무·은행나무 등이 목활자를 만드는 재료로 쓰여졌다고 언급되어 있다. 중국 문헌에는 대추나무가 더 소개되고 있으나, 그 밖에도 글자를 새기기 쉽게 질이 연하고 먹물을 잘 흡수하여 인쇄가 잘 되며 경제적으로 입수할 수 있는 나무라면 모두 쓸 수 있었다.

큰 자, 중간 자, 작은 자의 활자를 만들어 내는데 알맞은 두께로 나무판을 켜서 짠물 또는 민물 웅덩이에 일정 기간 담가 글자를 새기기 쉽게 결을 삭힌 뒤 충분히 건조시킨 다음 판면을 고르고 판판하게 대패질하였다. 그리고 그 위에 미리 준비한 여러 글자를 크고 작은 것끼리 뒤집어 붙이고 볼록새김을 하였다. 한 나무판의 글자를 다 새기면 가는 실톱으로 하나씩 잘라내어 칼로 네 면을 다듬어 크기와 모양을 가지런하게 하고 높낮이 또한 일정하도록 깎아 손질하여 완성시켰다.[16]

목활자의 조판인쇄는 원칙적으로 금속활자의 경우와 같으므로 여기서는 주로 민간에서 실시했던 고착식 판짜기를 중심으로 설명하겠다.

먼저 인판틀을 준비하였다. 판판하고 곧은 판목을 적당한 크기와 두께로 켜서 인판대를 마련하고 그 위에 네 변을 고정시킨 둘레(우리)를 돌린 다음, 대조각을 깎아 界線을 넣었다. 이 때 계선용 대조각은 많이 만들어 언제라도 바꾸어 낄 수 있게 하였다.

인쇄할 때는 먼저 계선 사이의 인판 바닥에 활자를 고착시키는 점착성 물질인 밀랍을 깔고 밀골판으로 밀랍을 고르게 다지는 작업을 실시했다. 활자인쇄의 초기에는 활자를 고착시키는 점착성 물질로 고체밀랍을 쓰고 활자를

14) 成俔, 《慵齋叢話》 권 7, 活字.

15) 李圭景, 《五洲衍文長箋散稿》 上, 권 24, 鑄字印書辨證說 木刻字.

16) 徐有榘, 《林園十六志》 권 105, 怡雲志 6, 圖書藏訪 下, 鋟印 木刻活字法(農書 附錄 造活字印書法 引用文).

식자한 다음 불로 녹여 판판한 철판으로 활자를 눌러 고르게 하고 식혀 굳으면 책을 찍어냈지만, 머리를 써서 마침내 굳지 않는 점착성 물질을 개발해 냈다. 그것은 밀초에 참기름이나 피마자기름을 1대1의 비율로 배합하여 끓여 만들어냈다. 이렇게 만든 밀초는 오래 사용하여도 굳지 않고, 점착력이 있기 때문에 손쉽게 활자를 고착시키고 뗄 수 있었다.17)

식자할 준비가 다 되면 찍고자 하는 원고나 책의 본문을 한 자 한 자 차례로 불러주는 대로 활자를 찾아내서 그 원고나 책의 글자 위에 벌여 놓았다. 이것은 오늘날의 문선에 해당하며, 민간에서는 대개 활자 주인이 직접 이 일을 맡아 하였다. 골라 놓은 활자가 한 장분이 되면 판에 올렸다. 오늘날의 식자에 해당하였다. 활자를 식자할 때는 오른 손에 쥔 대칼로 활자를 붙일 수 있을 만큼의 밀랍을 떠올리고 왼손으로 활자를 붙였다. 활자의 배열이 끝나면 다지개로 활자를 다져 고르게 하고 넓은 평판이나 장척으로 활자면을 고르게 눌러 판판하게 하였다. 이것이 인판의 활자면 고르기 작업이며, 숙련된 기술이 필요했다.

활자면의 고르기 작업이 끝나면 인쇄가 시작되는데, 먹솔로 활자면에 먹물을 고루 칠한 다음, 그 위에 종이를 놓고 말총 또는 털뭉치 등의 인체에 밀랍이나 기름 등 잘 미끄러지는 물질을 칠하여 종이 위를 위 아래로 고루 문지르거나 비벼서 밀어냈다.

애벌을 밀어내면 주색으로 오자와 탈자를 비롯하여 거꾸로 된 것, 비뚤어진 것, 희미한 것, 너무 진한 것 등을 바로잡아 교정한 다음 필요한 부수를 찍어냈다. 그리고 장책과정을 밟아 비로소 하나의 활자본을 만들어냈던 것이다.18)

조선시대 관판과 왕실판 목활자본은 새김이 정교하고 인쇄가 우아·미려하여 금속활자를 방불케 하였다. 그러나 목활자본은 아무리 정교하다 하더라도 금속활자로 찍은 인본과 면밀히 대조하여 보면 그 차이점이 뚜렷하게 드러난다. 다음에서 양자의 식별방법에 대해 설명하기로 하겠다.

---

17) 柳鐸一, 앞의 글, 111~125쪽.
18) 千惠鳳, 《韓國古印刷史》(韓國圖書館學硏究會, 1976), 365~366쪽.

〈도판 6〉 세종 29년(1447) 인출한 목활자본 《동국정운》

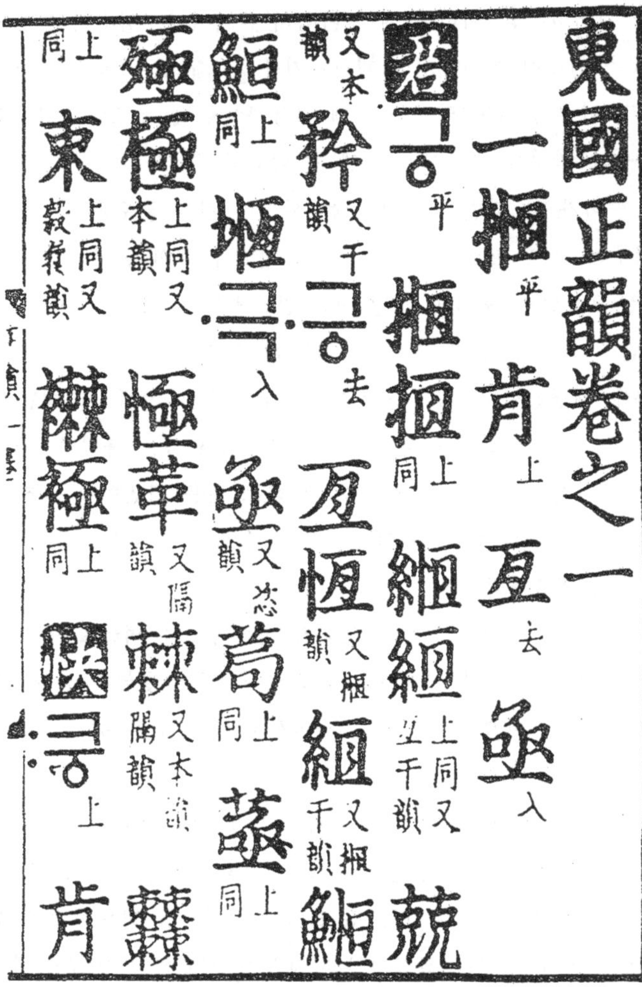
東國正韻卷之一

첫째, 글자 모양에 있어서 목활자본은 활자 하나하나를 글자본을 써서 뒤집어 붙이고 새겨내기 때문에 동일한 글자라 하더라도 똑같은 모양이 없고 조금씩 다르다. 이에 대하여 금속활자본은 일정한 글자본에 의해 주형을 만들어 주조하였기 때문에 글자 모양이 같고 정연하다. 글자본이 다르거나 주자방법이 다른 초기 및 민간활자의 경우는 동일한 글자라 하더라도 모양이 달랐지만, 관주의 금속활자본은 글자 모양이 같고 정연하여 양자의 차이가 뚜렷하였다.

둘째, 글자획에 있어서 목활자본은 활자의 글자본을 일일이 써서 뒤집어 붙이고 새기기 때문에 굵기와 가늘기의 차이가 생겨 고르지 않다. 이에 대하여 금속활자본은 글자본에 의거하여 어미자 하나를 정성껏 만들어 필요한 수만큼 찍은 주형에서 부어내기 때문에 글자획의 굵기가 고르고 일정하다. 어미자에 의한 주조방법을 쓰지 않은 초기 및 민간활자의 경우는 그다지 고르지 않았지만, 관주의 금속활자본은 글자획이 고르고 일정하여 양자의 식별이 가능하다.

〈도판 7〉 목활자 조판

셋째, 목활자본은 활자를 하나하나 칼로 새겨 만들기 때문에 글자획에 칼자국이 예리하게 나타나고 있으며, 경우에 따라서는 세로획과 가로획이 겹치는 곳에 칼이 스쳐간 자국이 나타나기도 하다. 이에 대하여 금속활자본은 글자획에 칼자국이 있을 리 없다. 그러나 활자의 부족을 메운 나무활자의 보자는 예외이다. 쇠활자는 주조한 다음 줄로 손질하기 때문에 대체로 글자획의 시작과 끝이 둥글둥글한 맛이 나는 것이 특징이며 이런 점에서 목활자는 곧 식별된다.

넷째, 목활자본은 활자 사용이 오래된 것은 글자획이 닳아서 부분적으로 이지러지고 나무결이 생겨 인쇄가 조잡한 편이다. 이에 대하여 금속활자본은 활자 사용이 오래되면 글자획이 마멸되어 가늘어지고 일그러지지만 글자획만은 그대로 붙어 있어, 양자의 차이가 곧 가름된다.

다섯째, 목활자본은 송연먹을 사용하여 인쇄한 경우 먹색이 일반적으로 진하면서도 현미경 등으로 확대하여 보면 먹물이 주위에 번져 있다. 이에 대하여 금속활자본은 유연먹을 사용하여 인쇄하기 때문에 먹색이 별로 진하지 않으며 현미경 등으로 확대하여 보면 반점이 나타나고 있어, 양자의 식별이 가능하다.

3) 목판의 판각 및 인쇄

우리 나라에서 목판인쇄는 일찍이 삼국시대에 싹터 전파된 이후 고려시대에 고도로 발달하였고, 그것이 조선시대에 들어와 더욱 눈부시게 발달하였다. 목판에 판각하여 인쇄해내는 과정 전반에 대하여 폭넓은 인쇄사적 사례를 들어 살펴보면 다음과 같다.

먼저 저작의 내용을 새기는데 필요한 나무판을 마련하여야 했는데 그 재료는 다양하였다. 《林園十六志》 怡雲志에서는 대추나무·배나무가 가장 좋으며 가래나무는 그 다음으로 친다고 하였다.[19] 그러나 대추나무와 배나무는 중국에서 주로 사용하였고, 우리 나라에서는 과수목으로 소중하게 여겼기 때문에 대개 산과 들에 자생하고 있는 교목인 가래나무를 사용하였다.[20] 그 밖에 박달나무·돌배나무·산벚나무·자작나무·후박나무 등이 사용되었던 것으로 알려지고 있다.[21] 이들 나무는 도처에서 손쉽게 입수할 수 있고 또 경제적이어서 책판용 재료로 널리 사용되어 왔다.

판각과정은 먼저 입수하기 쉬운 나무를 구하여 나무판 작업부터 실시했다.

---

19) 徐有榘, 《林園十六志》 권 6, 怡雲志 7, 圖書藏訪 下, 鋟印 鏤版法(서울大學校 古典硏究會, 1960), 386쪽.

20) 李睟光, 《芝峰類說》 권 3, 制度 鑄字印書.
李裕光, 《林下筆記》 권 17, 文獻指章編 7, 木板鑄字之辨.

21) 李圭景, 《五洲衍文長箋散稿》 上, 권 24, 鑄字印書辨證說.
朴泳洙, 〈高麗大藏經板의 硏究〉(《白性郁博士頌壽記念佛敎學論文集》, 1959), 44쪽.
金斗鍾, 《韓國古印刷技術史》(探求堂, 1974), 82쪽.

〈도판 8〉 목판의 제작·판각·인쇄 및 활자의 조판 장면

적당한 크기와 두께로 나무판을 켜서 바다의 짠물에 일정한 기간 담갔다가 새기기 쉽게 나무결을 삭이는 작업을 하였다. 짠물에 담글 수 없는 경우는 웅덩이의 민물을 이용하여 결을 삭이는 작업을 하였다. 그런 다음 잘 건조시켜 뒤틀리거나 빠개지지 않게 하는 처리과정을 밟았는데,[22] 양질의 책판을 만들기 위해서는 그에 앞서 밀폐된 곳에 넣고 쪄서 진을 빼고 살충하는 절차를 밟는 것이 좋았다. 현재 海印寺 藏經板殿에 보관되어 있는 팔만대장경의 경판은 완전한 처리과정을 거쳤기 때문에 7백여 년이 지난 오늘날에도 그 상태가 양호하다. 그런 처리과정을 거치지 않은 책판들은 반세기만 지나면 판이 뒤틀리고 빠개지고 마손되어 쓸 수 없게 되었으므로 폐기된 것이 많다. 판각용 나무판이 마련되면 목수가 판 양쪽 표면을 대패질하여 반드럽게 하고 양쪽가에 마구리 붙이는 작업을 했다. 이러한 처리과정을 鍊板作業이라 일컬었으며, 사찰판 중에는 간행기록의 다음에 그 일을 책임 맡은 이의 이름과 목수의 이름을 표시한 것이 있다.

22) 徐有榘, 《林園十六志》 권 6, 怡雲志 7, 鏤版法.

〈도판 9〉 판각된 책판과 밀어낸 인쇄물

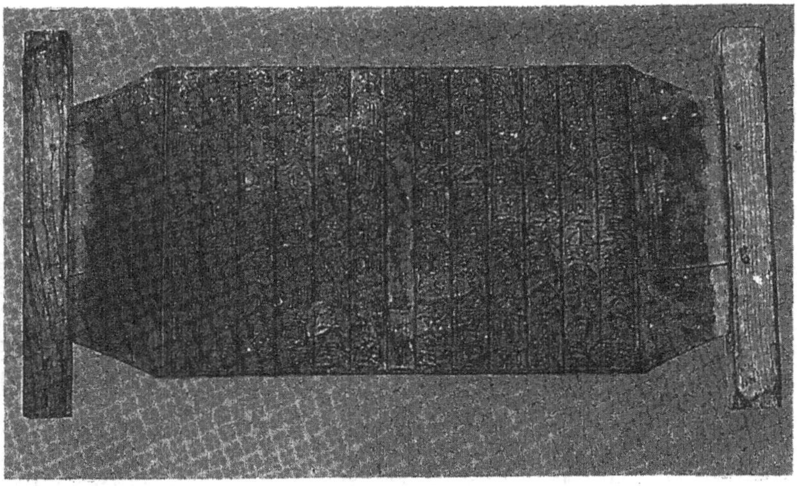

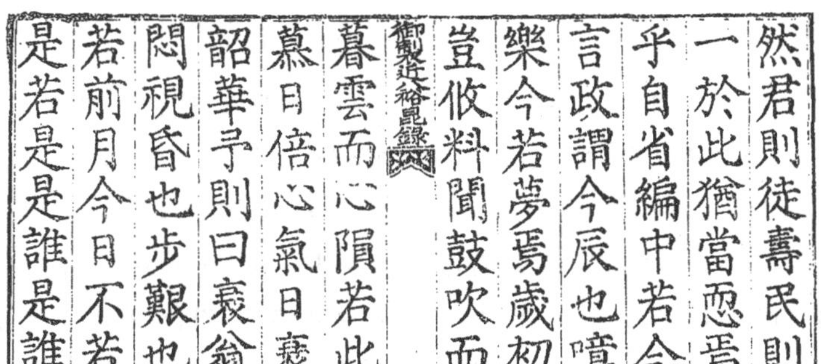

然君則徒壽民則徒困有
一於此猶當愿焉況兼三
乎自省編中若今不諭之
言政謂今辰也噫昨歲藏
樂今若夢焉歲初復樂是
豈攸料聞鼓吹而涕沾望
御製近稀昆錄 二
暮雲而心隕若此之故追
慕日倍心氣日衰人皆曰
韶華乎則曰衰翁其所最
悶視昏也步艱也今月不
若前月今日不若昨日若
是若是是誰是誰笑彼張

이와 같이 처리한 판목에 저작의 내용을 새기는 절차는 먼저 판각하고자 하는 크기의 匡郭, 계선 및 기타의 판식을 갖춘 套式板을 만들어 얇고 질이 좋은 楮紙로 필요한 수만큼 밀어내서 글씨를 잘 쓰는 달필가나 명필가가 저서의 내용을 깨끗하게 정서하였다. 이를 판각용 정서본, 개판용 정서본이라 일컬었고, 줄여서 판서본이라 하고, 글씨 쓴 자를 판서자라 하였다. 판서본의 명칭은 그 밖에도 상재용 정서본 또는 등재용 정서본이라 일컫기도 하였다. 조선시대의 전적에서 달필 또는 명필의 판서자가 판각용 정서본을 마련한 사례를 살펴보면 초기의 명필가인 成達生과 成槪 형제를 비롯하여 省琚·空菴·黃振孫 등이 독특한 필법으로 부드럽고도 아름답고 힘있게 썼다.[23] 세조 때 간경도감에서 새긴 목판본은 역시 당대의 명필가인 姜希顔·鄭蘭宗·成任·安惠·黃五信·柳晥·朴耕 등이 총동원되어 육중한 송설체의 둥근 필의로 해정하게 큰자·중간자·작은자를 늠름하고 아름다우면서 조화있게 정서하였다.[24] 판서자의 이름은 사찰본의 권말에도 표시된 것이 적지 않다.

판각용 정서본이 마련되면 각 책장을 판목 위에 뒤집어 붙이고 비쳐 보이는 반대 글자체의 글자획과 판식을 각수가 그대로 새겨냈으며, 한 판의 새김을 다하면 판심에 제목과 권·장의 차례를 새기고 판 끝 또는 적당한 곳에 간행기록과 각수 이름 등을 새겨 한 판의 판각을 마무리하였다.

한편 이미 간행된 책을 바탕으로 삼는 경우도 허다하였다. 이 경우에는 간행된 책을 해책하여 책장을 하나하나 판목 위에 뒤집어 붙이되, 책장이 두꺼워 글자획이 잘 비쳐 보이지 않는 것은 종이를 축축하게 축인 다음 몇 겹을 벗겨내고 그대로 충실하게 새겨냈다. 이것을 飜刻本이라 일컬었다. 일본에서 일컫는 覆刻本에 해당한다. 일류 각수가 정교하게 새긴 경우는 글자체와 판식 등의 형태가 바탕이 된 책을 방불케 했다. 그러나 거듭 번각한 경우는 첫번째의 번각보다 글자체가 정연하지 못하고 글자획의 굵기에도 차이가 심하여 판각이 정연하지 못하였다. 그렇지만 바탕이 된 책의 글자 원형만은 그런대로 식별해 낼 수 있었다.

우리 나라의 번각본 중 고려판본에는 중국의 송판본·원판본을 바탕으로 번각한 것이 적지 않았고, 조선초에도 송판본·원판본·고려판본을 많이 새겨냈지만, 뒤에는 활자본을 바탕으로 새겨낸 것이 많아졌다. 특히 활자본의 번각은 조선 말기까지 성행하였다. 따라서 활자본과 그 번각본의 감정에 있어서 혼돈

---

23) 千惠鳳, 〈朝鮮前期 佛書板本〉(《韓國書誌學硏究》, 三省出版社, 1991), 674~686쪽.
24) 《大方廣圓覺修多羅了義經》(漢字本) 上·下, 刊經都監本 刊記.
《牧牛子修心訣諺解》(國譯本), 刊經都監本 刊記.

과 착각을 일으키는 사례가 빈번한데, 이런 경우는 바탕이 된 책과 번각본을 대사하여 새김의 흔적, 글자체의 균정도, 판식상의 여러 형태, 종이 상태와 지질 등에서 차이점을 찾아내어 이판임을 가름해야 한다. 이와 같이 책을 번각하여 만들게 되면 경비와 시간이 절약되고 오자와 탈자 없이 바탕 책의 본문을 그대로 재생해 낼 수 있는 장점이 있지만, 바탕 책이 판각에 사용되어 없어지는 것이 큰 단점이었다. 우리 나라의 귀중한 전적이 후세에 별로 전래되지 않는 이유 중의 하나도 바로 이렇듯 번각이 성행된 데 기인한다 하겠다.

목판의 새김이 끝나면 본문을 검토하여 잘못이 발견되면 그 곳을 도려내고 다시 새겨 메웠다. 이를 象嵌이라 하였다. 일본에서 일컫는 埋木에 해당한다. 세조 때 간경도감에서 새긴 국역본《능엄경》중 잘못된 곳을 성종 때 대비들이 찍어낼 때는 인장에 고쳐 새겨 종이에 찍어 붙여서 바로잡았다. 그런데 연산군 원년(1495) 원각사에서 이를 대대적으로 인경할 때는 그 잘못된 곳을 도려내고 나무로 메운 다음 정식으로 고쳐 새겨서 찍어냈던 것이 그 좋은 사례에 해당한다.[25]

이상에서 언급한 여러 과정을 거쳐 새겨낸 판을 목판·각판·책판이라 일컫고 불경인 경우는 경판이라 일컫기도 한다.

조선시대의 관서와 왕실에서 찍어낸 목판본을 보면 새김이 정교하고 먹색이 시커멓게 윤이 나고 종이의 질이 좋아 책의 품이 한결 돋보인다. 관판과 왕실판은 명필가나 달필가들이 판서본을 정성껏 쓰고 일류 각수들이 동원되어 정각하였으며, 인쇄할 때는 좋은 먹물과 질이 좋은 종이를 사용하였기 때문이다. 먹에는 송연먹과 유연먹이 있는데,[26] 송연먹은 소나무를 태워 만든 그을음과 아교를 녹이고 이를 섞어서 찧어 만든 것으로 먹색이 진하고 선명하며 아교가 많이 들어간 것은 특히 윤이 났다. 관판과 왕실판 목판본의 먹색이 유난히 시커멓게 윤이 나는 것은 질이 좋은 송연먹을 썼기 때문이었다. 유연먹은 각종 기름을 태워 만든 그을음과 아교를 녹이고 이를 섞어서 찧어 만든 것으로 먹색이 희미한 편이나, 걸지 않아 필사용에 좋고 또한 쇠붙이에 응고력이 좋아 금속활자본의 인쇄에도 적합하였다. 그러나 목판본의 인쇄에

25) 《國寶》 12, 書藝·典籍(藝耕産業社, 1985), 162·282쪽.
26) 徐命膺, 《攷事新書》 권 14, 造墨法.

는 진하지 않고 회미하여 송연먹만 못하다는 평이다.[27] 책을 찍어낼 때는 먹을 물에 담가 풀어지게 한 다음 먹물 그릇에 담아 두고 썼는데, 여기에 술과 같은 알콜성 물질을 섞어 사용하는 지혜를 아울러 개발하였다. 술과 같은 알콜성 물질을 섞으면 먹물이 골고루 침투하면서도 증발이 빨라 번지지 않고 또 아교의 응결을 촉진시켜 윤기가 나기 때문이었다.[28]

종이는 주로 양질의 닥을 사용하였다. 닥종이는 닥껍질을 원료로 하여 먼저 삶고 고아 찧은 다음 표백하여 풀닥을 섞어 치밀한 대발로 떠서 만들었다. 壯紙와 같은 상품의 질이 되면 두껍게 떠서 풀까지 먹여 다듬이질하였으므로 반드럽고 빳빳하고 희고 윤이 나며 질겨서 오랫동안 보존할 수 있었다. 이를 白硾紙라 일컬었으며,[29] 중국에서는 繭紙라 애칭하기도 하였다.[30] 오늘날 전해지는 관판과 왕실판의 목판본에는 이러한 상품 지질의 책이 매우 많다. 그러나 닥이 부족한 경우는 관판본이라 하더라도 보리집·지푸라기·창포잎·버드나무껍질과 잎사귀, 삼대껍질·대나무껍질과 잎사귀·율무나무·소나무잎사귀, 뽕나무껍질·칡껍질 등을 섞어 만든 劣品의 닥종이를 사용하기도 하였다.[31] 또한 순고정지를 사용하기도 하고[32] 지방 관판본과 지방에서 나온 책은 桑紙를 사용하기도 하였다.[33]

목판은 책판을 만드는 데 경비와 시간 그리고 노력이 많이 들면서도 한정된 하나의 문헌만을 찍어내는 것이 단점이었다. 그러나 한번 책판을 만들어 놓으면 통풍이 잘되는 선반이나 높은 누각에 잘 보관·관리하면서[34] 필요한 때 수시로 다량으로 찍어 오래도록 널리 펴내어 이용할 수 있는 것이 장점이었다. 그렇기

---

27) 李秉岐, 〈韓國書誌의 硏究(下)〉(《東方學志》 5, 1961), 9~10쪽.
千惠鳳, 앞의 책(1990), 206~207쪽.

28) 柳鐸一, 〈韓國木活字 印刷術에 對하여〉(《民族文化論叢》 4, 1983), 120~122쪽.

29) 《三柳軒雜識》 寫本.
《廣才物譜》 寫本.

29) 李圭景, 《五洲衍文長箋散稿》 권 19, 帋品辨證說.

31) 《世宗實錄》 권 65, 세종 16년 7월 임진.
《文宗實錄》 권 4, 문종 즉위년 10월 경진.
《世祖實錄》 권 8, 세조 3년 6월 2일 임자.

32) 刊經都監, 《國譯佛書》 初印本.

33) 咸鏡道 北黃紙를 그 예로 드는 자도 있다.

34) 徐有榘, 《林園十六志》 권 6, 怡雲志 7, 鏤板法.

때문에 아무리 활판인쇄가 발달했다 하더라도 다량으로 그리고 오래도록 읽혀지는 책들은 모두 목판인쇄로 찍어냈던 것이다.

4) 서적의 인쇄

예전의 서적 인쇄는 여러 곳에서 이루어졌다. 중앙관서와 지방관서에서 인쇄한 관판본이 있었는가 하면, 국왕 및 대비·대군·비빈들이 사사로이 인쇄한 국왕 및 왕실판본이 있었다. 사찰에서 공양 또는 포교를 위해서 또는 신도들이 공덕을 쌓거나 명복을 빌기 위해 시주하여 찍어낸 사찰판본이 있었고, 유학의 교육기관인 서원에서 찍어낸 서원판본이 있었으며, 개인이 자비로 찍어 펴낸 사가판본 등이 있었다.

(1) 관판본

고려시대의 서적인쇄는 지방관서에 명령하거나 권장하여 책판을 판각하고 이를 중앙의 秘閣과 書籍鋪(店)에 보내어 관리하면서 책을 찍어 유통하는 인쇄정책을 취해 왔다. 주자인쇄는 중앙의 서적포가 직접 책을 찍어 유통시키는 인쇄정책을 썼던 것이나 원나라에 의해 굴욕적인 억압정치가 자행되면서 인쇄기능이 마비 또는 중단되었다. 그러던 중 말기에 이르러 중원에서 신흥세력인 명이 일어나 원을 북쪽으로 몰아냈고, 우리 국내에서도 배원사상이 싹트고 주권의 복구의식이 대두되었다. 그 때 우리 학계에서는 이전처럼 중앙의 서적포에 주자를 마련하여 경·사·자·집의 여러 주제분야 서적을 고루 찍어 그 동안 위축되었던 학자들의 독서를 권장해야 한다는 건의가 강력하게 제기되었다.[35] 그 결과 공양왕 4년(1392) 정월에 주자인쇄가 제도상으로 다시 부활되기에 이른 것이다.[36] 그러나 곧 조선이 건국되는 바람에 별로 성과를 거두지 못했던 것으로 여겨진다.

조선이 건국되자 고려의 관제를 답습하여 문적과 도서를 관장하는 校書監과 고려말에 부활시킨 書籍院을 설치하여,[37] 인쇄업무를 맡아보는 令과 丞

---

35) 鄭道傳, 《三峯集》 권 1, 置書籍鋪詩並序.
36) 《高麗史》 권 77, 志 31, 百官 2, 書籍店.

〈도판 10〉 세종 28년(1446) 개판의 관판목판본 《훈민정음》

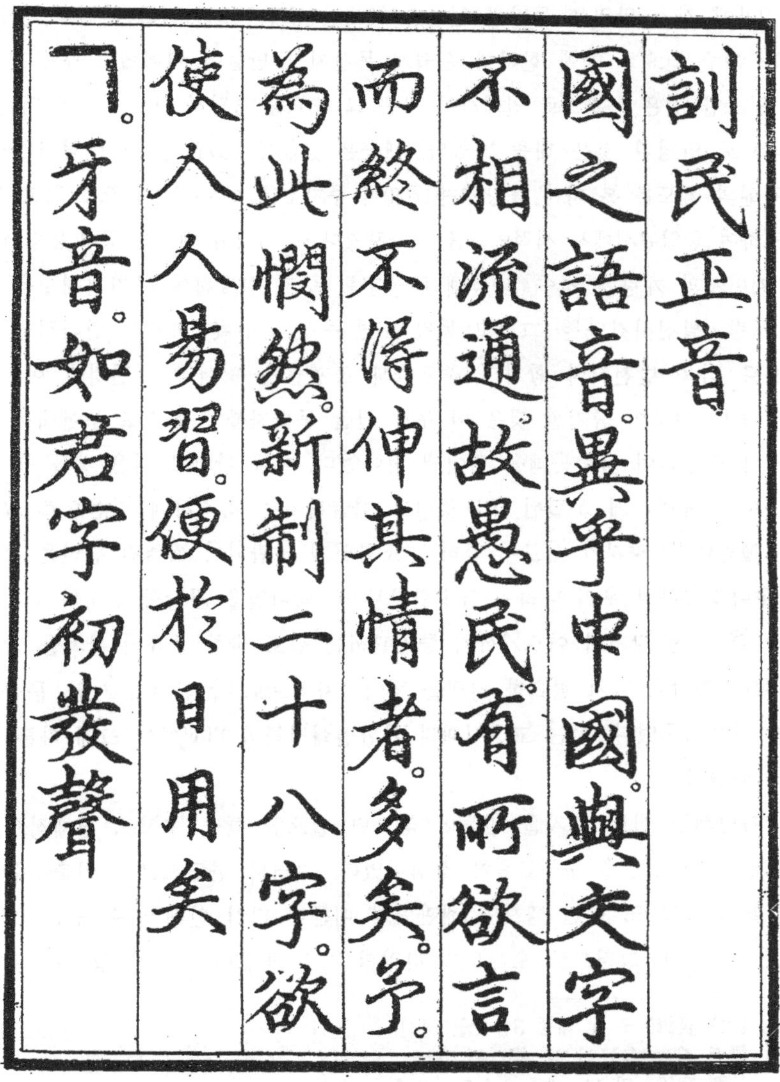
訓民正音
國之語音異乎中國與文字
不相流通故愚民有所欲言
而終不得伸其情者多矣予
爲此憫然新制二十八字欲
使人人易習便於日用矣
ㄱ。牙音。如君字初發聲

37) 《太祖實錄》 권 1, 태조 원년 7월 정미.

을 두었다. 그렇지만 건국초라 그 토대가 아직 잡히지 않았고 또 漢陽 천도와 2차에 걸친 왕권을 둘러싼 혈육간의 싸움(왕자의 난)이 계속되어, 그 사이에는 아주 긴요한 책에 한하여 손쉽게 목활자를 만들어 찍어냈고 부수가 많이 필요한 것은 목판으로 인쇄하여 겨우 그 수요를 충당하였다. 왕조의 기틀이 안팎으로 안정된 것은 태종 때였다. 태종은 崇儒優文政策을 적극 펴기 위해 서적원의 제도를 본 따서 동왕 3년(1403)에 주자소를 설치하고 銅으로 癸未字를 주조하여 중앙관서에서 서적인쇄를 시작하였다.[38] 이어서 세종은 동왕 2년(1420)에 계미자의 개량에 착수, 다음해 庚子字를 주조 완료하여 주자인쇄술을 크게 개량·발전시켰다.[39] 그리고 동왕 16년 주성의 甲寅字에서는 창의적인 개량으로 더욱 발전시켜 활자의 주조술과 조판술을 명실공히 절정에 이르게 하였다.[40] 더욱이 특기할 것은 이 무렵 한글 동활자를 처음으로 부어내서 갑인자와 병용하여 국한문책을 찍어낸 점이었다. 이들 활자로 찍은 책을 볼 때 갑인자는 유려하게 운필된 筆書體이고 한글활자는 강직하게 직선으로 그은 印書體인데,[41] 양자가 서로 늠름하고 조화있게 조판되어 찍혀진 판면은 참으로 우아정교하여 우리 나라의 금속활자본 중 백미임을 자랑할 만하다.

그 후 조선 말기에 이르기까지 중앙관서는 실로 숱한 종류의 활자를 만들어 여러 분야에 걸쳐 필요한 서적을 찍어 1차적으로 각 관서와 서원, 문신들에게 나누어주었다. 이는 고려시대의 관판인쇄정책과 비교하여 크게 다른 점의 하나였다.

활자인쇄는 한번 활자를 만들어 놓으면 필요한 책을 수시로 경제적으로 손쉽게 찍어 공급할 수 있음이 장점이었다. 그러나 한편으로는 인출부수에 제한을 받았고 또 한번 찍으면 해판되기 때문에 다시 인쇄할 수 없는 것이 큰 단점이었다. 그러므로 오래도록 다량의 서적 공급이 필요한 경우는 목판

---

38) 《太宗實錄》 권 5, 태종 3년 2월 경신.
權近, 《陽村集》 권 22, 權近鑄字跋.
39) 《世宗實錄》 권 11, 세종 3년 3월 병술.
徐居正, 《東文選》 권 103, 卞季良鑄字跋.
40) 《世宗實錄》 권 65, 세종 16년 7월 정축.
《大學衍義》 甲寅字本 卷末, 金鑌鑄字跋.
41) 《月印千江之曲》(國漢文本).
《釋譜詳節》(國譯本).

인쇄가 필요하여 국초부터 병행 실시되었다. 더욱이 조선왕조는 숭유우문정책을 적극 실시하기 위해 유교경전을 비롯한 역사·시문의 서적을 전국적인 규모로 간행 보급하여야 했기 때문에 필요한 책을 1차적으로 중국에서 도입하거나 주자소에서 활자로 찍어내어 그것을 다시 새기거나 또는 번각하여 책판을 잘 간직하면서 필요한 부수를 수시로 찍어 널리 공급하였다.

목판인쇄가 활기를 띤 것은 세종이 즉위한 때부터였다. 세종 원년에 명나라에서 거질의 永樂版《性理大全》·《四書大全》·《五經大全》 등을 수입하였다.[42] 이 대전들은 종래의 여러 주석을 종합하여 엮은 새로운 관찬서로서 가장 권위있는 것이기 때문에 한 벌을 더 명나라에 청구하여 입수한 다음, 충청·전라·경상도 관찰사에게 책지를 만들어 바치게 하였다.[43] 한편 경상도·강원도·전라도에 명을 내려 번각케 하여 그 책판을 校書館이 받아 관리하면서 찍어 널리 공급하였다.[44] 교서관은 한때 典校署로 개칭되기도 했지만, 중앙관서의 인쇄업무를 주관하였다.

목판인쇄는 주자소에서 맡기도 했다. 그리고 奎章閣이 설치된 이후에는 본원인 내각이 직접 담당하기도 했다. 그뿐만 아니라 특정 분야의 서적은 그 용도에 따라 여러 관서, 즉 觀象監·司譯院·春坊(王世子侍講院)·宗簿寺·內醫院·掌樂院·訓鍊都監·成均館 등이 직접 간행하기도 했다. 이러한 중앙관판본은 대체로 새김이 정교하고 인쇄가 깨끗하여 책의 품이 한결 특출하였다.

이와 같이 조선시대의 중앙관판본은 처음에는 고려시대와 같이 지방관서에 명하여 판각 진상케 하였으나, 얼마 안되어 중앙의 인쇄업무 담당관서와 특수관서가 직접 필요한 책을 엮어 간행하거나 선정간행하여 공급했다. 이 점이 고려시대의 관판인쇄정책과 비교하여 크게 다른 점이었다.

한편 지방관서의 목판인쇄도 국초 이후 꾸준히 활기를 띠며 진행되었다. 중앙관서에서 보내오는 활자본은 물론이고 자체에서 필요하여 입수한 책을 수시로 판각하고 그 책판을 오래 잘 간직하며 필요한 자들이 언제라도 찍어

---

42) 《世宗實錄》 권 6, 세종 원년 12월 정축.
43) 《世宗實錄》 권 30, 세종 7년 10월 경진.
44) 《世宗實錄》 권 37, 세종 9년 7월 갑진.
《世宗實錄》 권 43, 세종 11년 3월 임진.

내서 이용할 수 있게 하였다. 조선 전기에 전국의 각 지방관서가 새겨낸 책판은《攷事撮要》의 八道程途 주요 지명 아래에 간략서명으로 등재되어 있다. 《고사촬요》의 편찬은 명종 9년(1554) 魚叔權에 의해 이루어진 뒤 수차의 교정증보를 거쳐 선조 18년(1585) 許篈에 의해 속찬되었다. 이것을 보면 8도의 지방관서가 새긴 책판은 980종이며, 그 판각의 상한시기는 국초까지 소급된다. 물론 누락된 것이 적지 않을 것으로 여겨지지만, 현재로서는 이것이 16세기 이전 지방관서에서 간행된 서적을 조사하고 고증하는 데 유일한 서지자료이므로 지방판본의 연구에 크게 도움이 된다.[45]

(2) 국왕 및 왕실판본

조선시대에는 국왕을 위시한 왕비·대군·군·공주·옹주·여러 빈들이 국시에 위배됨을 알면서도 사적으로 불전에 속죄하거나 공덕을 쌓기 위하여 또는 살아 있는 자의 수복을 기원하거나 죽은 자의 명복을 빌기 위하여 불경을 간행하였다. 이를 국왕 및 왕실판이라 일컬으며, 14세기말부터 15세기말까지 1세기여에 걸쳐 계속되었다.

조선왕조는 건국하자 숭유배불정책을 국시로 삼고 그 실천에 온갖 힘을 기울였지만[46] 오랜 세월에 걸쳐 뿌리 깊게 박힌 불교에 대한 신앙심을 일조일석에 말살시킬 수는 없었다. 숭유억불로 민심의 일변을 꾀했던 태조조차 자신이 개국과정에서 너무나 많은 인명을 살상시킨 것을 마음 아프게 여기고 그 죄과를 씻고자 마침내 불사에 기울어졌다. 그리하여 태조는 원년(1392)부터 太上王으로 승하한 태종 8년(1408)까지 거질의《大藏經》[47] 및 6백권의《大般若波羅蜜多經》의[48] 인출을 비롯한 사경 조성,[49] 그리고《大佛頂首楞嚴經》·《妙法蓮華經》등을 간행하여[50] 불전에 참회하고 멸죄를 간절히 기원하였다.

---

45) 李仁榮,〈攷事撮要の冊板目錄について〉(《東洋學報》30-2, 1943).
千惠鳳,〈攷事撮要解題〉(《圖書館》27-8, 1972).
金致雨,《攷事撮要의 冊板目錄研究》(民族文化社, 1983).
46)《太祖實錄》권 1, 태조 원년 7월 기해 司憲府上疏.
47)《太祖實錄》권 2, 태조 원년 12월 경진.
48) 權近,《陽村集》권 22, 跋語類, 大般若經跋.
49) 權近,《陽村集》권 22, 跋語類, 別願法華經跋語.
《東文選》권 103, 跋 別願法華經跋語.

정종과 척불의 실행을 어느 누구보다도 강력히 다짐했던 태종조차도 태상왕의 명복과 천도를 빌기 위하여 각종 불경을 寫成 또는 인출하고[51] 부왕의 忌辰 때마다 법회를 열어 6백권의 《대반야바라밀다경》의 轉經을 예외 없이 실시케 했다.[52]

〈도판 11〉 세조 5년(1459) 간행한 왕실판 목판본 《월인석보》 권 8

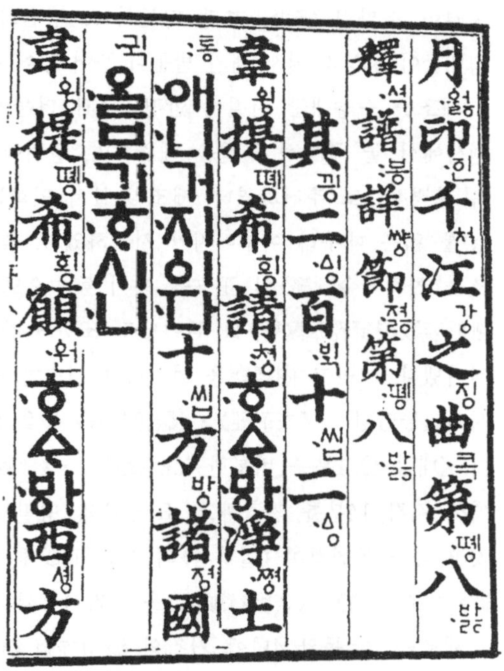

세종도 처음에는 불교를 멀리하는 정책을 썼으나, 중년부터 점차로 관심을 갖고 여러 불사를 묵인하기 시작하였다. 중궁 昭憲王后가 돌아가자 명복을 빌기 위해 사경과 전경을 하게 함은 물론[53] 《釋譜詳節》을 엮어 번역케 하고 그것을 보고 읊은 찬불가인 국한문판 《月印千江之曲》을 한글활자와 갑인자로 우아정교하게 찍어내게 했다. 《석보상절》의 서문이 세종 29년(1447) 7월 首陽大君에 의해 쓰여졌으니 《월인천강지곡》은 그 무렵에 인출된 것으로 여겨진다. 이것은 우리 나라 국한문 불서 중 가장 오래된 것이며 최초의 한글활자본인 점에서 그 가치가 막중하게 평가되고 있다.[54] 세종은 말년에 內佛堂을 짓고 불상을 조성하였는데, 이

50) 千惠鳳, 〈朝鮮前期佛書板本〉(앞의 책, 1991), 674~676쪽.
51) 權近, 《陽村集》 권 22, 金書妙法蓮華經跋.
52) 《太宗實錄》 권 19, 태종 10년 5월 을유.
53) 《世宗實錄》 권 111, 세종 28년 3월 을미 · 5월 갑오.
54) 《文化財大觀》 8, 寶物 6, 〈釋譜詳節〉 · 〈月印千江之曲〉(권 上).
《國寶》 12 書藝 · 典籍, 〈釋譜詳節〉 · 〈月印千江之曲〉(권 上).

때 사리 출현의 상서가 있었음을 적은 《舍利靈應記》가 동왕 32년에 갑인자로 인출되었다.[55] 또 동궁의 수종질환의 치유를 불전에 기원하기 위하여 그 해 2월에 《大方廣佛華嚴經》을 목판으로 간행하였고, 《妙法蓮華經》을 갑인자로 찍어내기도 하였다.[56]

세종 4년에는 태종의 넷째 왕자인 誠寧大君과 元敬王后의 천도를 빌기 위해 成達生 형제에게 쓰게 한 《묘법연화경》을 간행하였다.[57] 세종 30년에는 孝寧大君이 조카인 安平大君과 더불어 《묘법연화경》을 판각하였는데 권말에 안평대군이 정성껏 써서 새긴 발문이 붙어 있어 특히 서예인들의 이목을 끈다.

세조는 수양대군 시절에 안평대군과 더불어 부왕의 불서 편찬인행과 불교 행사에서 늘 주동적 구실을 해왔으며, 왕위에 오른 뒤에는 불서의 인쇄를 더욱 본격적으로 추진하였다. 세조의 불서 인쇄는 동왕 3년(1457) 왕세자(추존; 德宗)를 잃은 때부터 이루어지기 시작하였다. 죽은 세자의 명복을 빌기 위해 세조는 친히 《金剛經》의 正文을 써서 字本으로 丁丑동활자를 주성케 하여 《金剛般若波羅蜜經五家解》를 찍어냈고 또한 《永嘉眞覺禪師證道歌註解》를 활자로 찍어냈다. 그리고 內經廳을 설치하고 저명한 승려와 유신을 모아 불경을 교정시켜 《능엄경》·《法華經》·《飜譯名義》 등을 인출케 하였다. 그뿐만이 아니었다. 《대장경》 1부를 비롯한 《註華嚴經》·《地藏經》·《懺法》을 이미 새긴 경판에서 각각 14부를 인출하고 또 당대의 명필가인 姜希顔·成任·趙瑾·任擇·安惠 등을 동원하여 《법화경》의 金泥 寫成에 이어 《법화경》·《지장경》·《梵網經》·《起信論》·《普賢行願品》을 각각 1부씩 墨筆 사성케 하였다.[58]

세조는 또 동왕 4년에 거질의 海印寺版 《대장경》을 무려 50부나 찍어 국내의 名山福地에 위치한 사찰에 봉안하고 불법을 전교하는 데 쓰게 했다.[59]

---

55) 東國大學校 佛敎文化硏究所, 《第4回 韓國大藏會李朝前期佛書展觀目錄》(同硏究所, 1965), 80쪽.

56) 千惠鳳, 앞의 책(1990), 160쪽.

57) 《妙法蓮華經》 跋文.

58) 《妙法蓮華經》 卷末.
《世祖實錄》 권 9, 세조 3년 9월 계해·11월 갑신.
《永嘉眞覺禪師證道歌註解》 "天順元年(세조 3; 1457) 九月上澣…金守溫奉敎謹跋".
千惠鳳, 〈丁丑字考〉(《歷史學報》 35·36, 1967), 269~291쪽.

59) 《世祖實錄》 권 8, 세조 3년 6월 임자·무오 및 권 13, 세조 4년 7월 임자.

세조의 이러한 적극적인 불서의 인쇄 활동은 마침내 불교경전을 국역인출하는 단계로 이끌었다. 그 첫 사업은 자기가 부왕을 도아 주동적 구실을 하여 엮어 인출한《월인천강지곡》과《석보상절》을 대폭 증보해서 새로 간행해 내는 일이었다. 그것이 바로 세조 5년에 상재된《月印釋譜》이며[60] 이 책은 그 뒤에도 여러 사찰에 의해 간단없이 번각 보시되었다.

이와 같이 토대를 다져온 세조는 불서의 국역 및 간행사업을 더욱 본격적으로 추진하기 위하여 세조 7년 6월에 마침내 刊經都監을 설치하고 성종 2년(1471) 12월 폐지되기까지 11년간에 걸쳐 기본 불전의 국역 간행은 물론, 동양학문승들의 연구와 주석인 章疏를 대대적으로 판각해 냈다.[61] 특히 기본 불전의 국역 간행은 언문으로 천시했던 한글을 오늘날까지 명맥을 이어준 점에서 그 업적이 높게 평가되며,[62] 동양학문승들의 장소 간행은 간경도감 본사 이외에도 개성부·안동부·상주부·진주부·전주부·남원부에 분사를 두고 수행하여 널리 펴낸 데 그 업적이 크다 하겠다.[63]

이 불서의 국역 및 간행은 세조의 강력한 왕권에 의해 한때 추진된 것으로 관판의 성격을 지니고 있으면서도 국가적 차원에서 받아들여지지 못하고, 다만 왕실과 일부 계층 그리고 서민층이 의해 받아들여진 것은 익히 잘 알려진 사실이다. 그러나 이 사업의 의의를 오늘날의 시각에서 살펴보면 첫째, 귀중한 국어학 자료를 많이 찍어내어 국어학사의 체계화에 크게 기여한 점을 손꼽을 수 있다. 특히 국역불전은 훈민정음을 창제한 직후에 이루어진

印成大藏經 跋.

60)《月印釋譜》권 1, 喜方寺板 御製月印釋譜序.
千惠鳳, 〈새로 發見된 初槧本 月印釋譜 卷第七·八〉(《南溪曺佐鎬博士 華甲紀念 現代史學의 諸問題》, 一潮閣, 1977), 477~494쪽.

61)《世祖實錄》권 24, 세조 7년 6월 을유.
《成宗實錄》권 13, 성종 2년 12월 임신.

62) 江田俊雄, 〈朝鮮譯佛典に就いて〉(《青丘學叢》15, 1934).
金斗鍾, 〈刊經都監의 國譯書目〉(《韓國古印刷技術史》, 探求堂, 1974).
安秉禧, 〈中世語의 한글資料에 대한 綜合的인 考察〉(《奎章閣》3, 1979).
姜信沆, 〈朝鮮初期佛經諺解經緯에 대하여〉(《訓民正音研究》, 別刷物).

63) 大屋德城, 〈朝鮮海印寺經板攷〉(《東洋學報》15-3, 別刷物).
朴奉石, 〈義天續藏の現存本に就いて〉(《朝鮮之圖書館》3-6, 1972).
趙明基, 《高麗大覺國師와 天台思想》(東國文化社, 1964), 94~99쪽.
千惠鳳, 〈朝鮮前期佛書板本〉(《韓國書誌學研究》, 三省出版社, 1991), 691~694쪽.

것이므로 정음 창제 당시의 한글 연구에 있어서 중요한 위치를 차지하고 있다. 한문 불전을 국역하여 유통시킨 것은 문화사적인 면에서도 그 의의가 지대하게 평가된다. 둘째, 당시 처음이자 마지막으로 이루어진 주요 불전의 국역본이 오늘에 이르기까지 널리 보급되어 뭇사람들로 하여금 불교의 근본이념과 교리를 쉽게 이해할 수 있게 하였다. 또 얻어 보기 어려운 동양학문승들의 귀중한 장소를 간행 보급하여 연구자들로 하여금 동양적 불교이념과 사상을 심도있게 연구하는 데 크게 기여한 점을 들 수 있다.

세조가 재위 14년 만에 질환으로 승하하자 뒤를 이은 예종은 즉위년(1468)에 부왕의 천도를 위해 《禮念彌陀道場懺法》을 판각하여 극락승천을 기원했다.[64] 그리고 다음해 봄에는 세종의 5남인 廣平大君의 부인 申氏 慧圓이 부군과 자기 아버지의 靈駕를 위해 《水陸無遮平等齋儀撮要》를 판각하였고,[65] 그 해 6월에는 세종의 둘째 딸인 貞懿公主가 죽은 남편의 명복을 빌기 위해 《지장경》을 비롯한 많은 불경을 판각해 내기도 하였다.[66]

예종은 그 해 11월에 승하하고 나이 어린 성종이 그 뒤를 이어 왕위에 등극하였다. 세조의 비인 貞熹王后가 청정을 하며 세조의 숭불정책을 계승하려 했으나, 유신들의 불경간행 정지를 요구하는 상소가 격심해지자 마침내 간경도감이 폐지되고 왕비들의 불경인출은 뒷전에서 이루어지게 되었다. 왕비들의 불경인출은 성종 즉위초부터 이루어졌다. 동왕 원년(1470) 4월 정희대왕대비가 승하한 세조·예종·의경왕(추존; 덕종)의 극락천도를 빌기 위해 큰 자로 《묘법연화경》을 정서하여 개판하였는데, 당대의 일류 각수들이 총동원되어 나누어 지성껏 새겨냈기 때문에 그 솜씨가 참으로 세련정교하다.[67] 이 경판은 그 뒤 여러 차례 찍어냈음이 책 권말에 쓰인 인출기록과 墨書識記에 의해 알려지고 있다.[68] 성종 3년 6월에는 仁粹大妃가 세조·예종·부왕의 극락천도와 정희대왕대비·주상전하·왕비의 壽福康寧을 빌기 위해 무려 29종 2,815부라는 방대한 부수의 불경을 인출하고 단일발문을 작성하여

---

64) 《禮念彌陀道場懺法》 卷末.
65) 《水陸無遮平等齋儀撮要》 卷末.
66) 《地藏菩薩本願經》 卷末.
67) 大字本 《妙法蓮華經》 卷末.
68) 千惠鳳, 〈朝鮮前期佛書板本〉(앞의책, 1991), 696~697쪽.

甲寅小字로 찍어 각부에 똑같이 붙였다.[69] 그 뒤 잇따라 불경인쇄가 성행하였다. 성종 5년 5월에는 대비들이 성종의 첫 왕비인 恭惠王后의 명복을 빌기 위해 《地藏菩薩本願經》을 내수사의 출자를 얻어 판각하였다.[70] 그 해 8월에는 선왕과 선후의 극락천도를 위해 成任이 큰 글자로 쓴 《예념미타도량참법》과 《詳校正本慈悲道場懺法》을 판각하였다.[71] 성종 12년에는 安順王大妃 韓氏가 양조모 辛叔和 妻 金氏의 명복을 빌기 위해 많은 불경을 찍어냈고[72] 이듬해에는 學祖에게 명하여 세종의 遺命으로 그간 국역 교정해 오던 《金剛般若波羅蜜經三家解》와 《永嘉大師證道歌南明繼頌》을 丁丑字와 乙亥字로 찍어냈다.[73]

성종 14년에는 안순왕대비가 정희대왕대비의 극락천도를 위해 사재를 들여 많은 불경을 찍어냈다.[74] 그리고 성종 16년에는 인수대비가 성종의 延壽와 魔怨의 消殄을 위해 《佛頂心陀羅尼經》과 《五大眞言集》을 판각하였는데, 이들 간본은 새김이 세련정교하여 책의 품이 한결 돋보인다.[75] 성종 20년 정월에 덕종의 아들 月山大君의 명복을 빌기 위해 찍어낸 많은 불경도 인쇄가 정교하여 책의 품이 또한 특출했다.[76]

성종이 승하하고 연산군이 즉위하자 인수대왕대비와 貞顯大妃는 성종의 극락천도를 빌고자 圓覺寺에서 대대적으로 불경을 간인하기 시작하여 연산군 원년(1495) 8월 하순에 마쳤다. 그것은 국역불서 6종, 한역불서 2종 도합 8종 650부이며 그 전체에 걸친 단일발문을 목활자로 찍어 각부의 권말에 똑같이 첨부하였다.[77] 이어 연산군 2년 임금의 내탕금을 얻어 '印經字'라는 목활자를 정성껏 만들어 한문본 《天地冥陽水陸雜文》과 국한문본 《六祖大師法寶壇經》

69) 甲寅小字 印出의 金守溫 跋.
70) 《地藏菩薩本願經》 卷末.
71) 《詳校正本慈悲道場懺法》 卷末.
72) 《詳校正本慈悲道場懺法》 권 10, 卷末의 墨書印記.
73) 《金剛般若波羅蜜經三家解》 卷末.
《永嘉大師證道歌南明禪師繼頌》 卷末.
74) 《六經合部》 卷末.
75) 《佛頂心陀羅尼經》 卷末.
《五大眞言集》 卷末.
76) 《地藏菩薩本願經》 卷末.
77) 《禪宗永嘉集》 권 下, 卷末.

·《眞言勸供》을 찍어냈다.[78] 이 활자본은 위에서 언급한 바 있듯이 대비들의 각별한 정성이 깃들여진 인본으로 매우 귀중하게 평가되고 있다.[79] 원각사의 인경 이후 인경 정지의 소리가 점차 높아졌으며, 그러다가 연산군 10년에 인수대비가 돌아가니 왕실판의 인쇄는 마침내 종지부가 찍혀지고 말았다.

위에서 살펴본 국왕 및 왕실판본은 국시에 어긋나는 불경인쇄로 적지 않은 물의를 야기시켰지만, 인쇄문화사적인 면에서는 어느 것을 막론하고 지극히 정성을 들여 간인하였기 때문에 그 세련 정교도는 중앙관판보다 훨씬 월등하다는 평을 받고 있다. 특히 그 중에는 우리의 귀중한 국역본이 많이 들어 있어 그 가치가 더욱 막중하게 평가되고 있다. 조선시대 판본을 대표하는 정수작이라 일컬어 조금도 손색이 없을 것이다.

(3) 사찰판본

우리 나라의 목판인쇄는 신라 경덕왕 10년(751) 무렵에 판각된 불국사판《無垢淨光大陀羅尼經》과 고려 초기인 목종 10년(1007)에 판각된 摠持寺板《寶篋印陀羅尼經》에 의해 알 수 있듯이, 사찰판에서 싹터 전파되었다. 특히 고려시대에는 불교를 국교로 삼고 승려를 우대하였으며 또 사원경제가 풍요해지고 왕실·귀족·권신·부호 그리고 일반백성들의 國泰民安을 비롯한 壽福과 追薦을 기원하는 시주불사가 성행함에 따라 사찰판의 판각이 꾸준히 이루어졌다. 게다가 사찰의 승려들이 판각, 인쇄 및 장책의 기술을 체득하여 자력으로 수행할 수 있었고 또 판각용 목재를 주위에서 손쉽게 입수할 수 있었으므로 사찰판이 일찍부터 발달하였다. 그리하여 11세기 초기에 거국적 대사업인 初雕大藏經의 조판을 순조롭게 진행시킬 수 있었고 이후 사찰판의 간행이 각지에서 성행하였는데, 이들 사찰판본은 그 새김이 정교하여 고려관판본을 훨씬 능가하였다.

조선왕조는 개국하자 숭유억불책을 국시로 삼았기 때문에 고려와 달리 사찰판 인쇄가 크게 위축되었다. 말하자면 고려에서는 사찰판 인쇄가 주도적

78)《六祖法寶壇經》《眞言勸供》印經字本.

79) 千惠鳳,〈燕山君朝의 印經 木活字本에 對하여〉(《趙明基博士頌壽紀念論叢》, 1965), 197~210쪽.

구실을 했지만 조선에서는 반대로 관판 인쇄가 정교해서 주도적 위치가 완전히 뒤바뀌기 시작하였다. 이렇듯 사찰판의 인쇄술이 아류로 떨어졌지만, 뿌리 깊이 박힌 불심은 그렇게 일조일석에 바꾸어질 수 없었다. 숭불심에 깊이 젖은 사람들은 여전히 사찰을 찾았고 초기부터 불경을 적지 않게 간인했다.

오늘날 전래되고 있는 국초 간행의 사찰판본 중, 간행기록이 확실한 것으로 당시의 고승인 無學대사의 주재 아래 태조 4년(1395) 檜巖寺에서 판각한《人天眼目》과 동왕 6년에 판각한《註心賦》는 고려판본의 번각이었다.[80] 정종 원년(1399) 지리산 德奇寺에서 판각한《高峰和尙禪要》는 원나라 至正 18년(1358) 吳群의 南禪集雲精舍에서 판각한 것을 입수하여 번각한 것으로 그 판각술이 아류로 떨어진다.[81]

태종 때에는 동왕 5년(1405) 成達生과 그의 아우 成槪가 쓴 판서본을 바탕으로 전라도 두솔산의 安心寺에서《묘법연화경》을 판각하였고,[82] 동왕 11년 고창현의 文殊寺에서《摩訶般若波羅蜜多心經解》·《大方廣佛華嚴經普賢行願品》·《川老解金剛般若蜜經》을 판각하였다.[83] 태종 15년 成佛庵에서는《佛說大報父母恩重經》을 重刊하였음이 전래본에 의해 알려지고 있다.[84] 그리고 간행처가 표시되어 있지 않지만, 前安嚴寺 주지인 省琚가 쓴 판서본을 바탕으로 태종 15년에 판각한 소자본《金剛般若波羅蜜經》과[85] 태종 16년 疊峯이 여러 檀越에게 권유하여 시주를 얻어 중간한《長壽滅罪護諸童子陀羅尼經》이 전래되고 있다.[86] 첩봉은 이에 앞서 태종 4년 여름부터 10월 사이에 단월들의 시주를 얻어《묘법연화경》과《불설대보부모은중경》을 간행하였음이 그의 발문에 나타나고 있다. 이와 같이 여러 사찰판본이 나왔지만, 그 중 성달생

80)《文化財大觀》8, 寶物 6 (韓國文化財保護協會, 1986), 124·239쪽.
東國大學校 佛敎文化硏究所,《第4回韓國大藏會李朝前期佛書展觀目錄》(同硏究所, 1965), 48쪽.

81) 東國大學校 佛敎文化硏究所, 위의 책, 68쪽.

82) 東國大學校 佛敎文化硏究所, 위의 책, 2쪽.

83) 東國大學校 佛敎文化硏究所, 위의 책, 38쪽.

84)《佛說大報父母恩重經》卷末 刊記.

85)《金剛般若波羅蜜經》卷末.

86)《長壽滅罪護諸童子陀羅尼經》卷末.

〈도판 12〉 세종 25년(1443) 성달생 등이 필서하여, 전라도 화엄사에서 간행한 사찰판《묘법연화경》

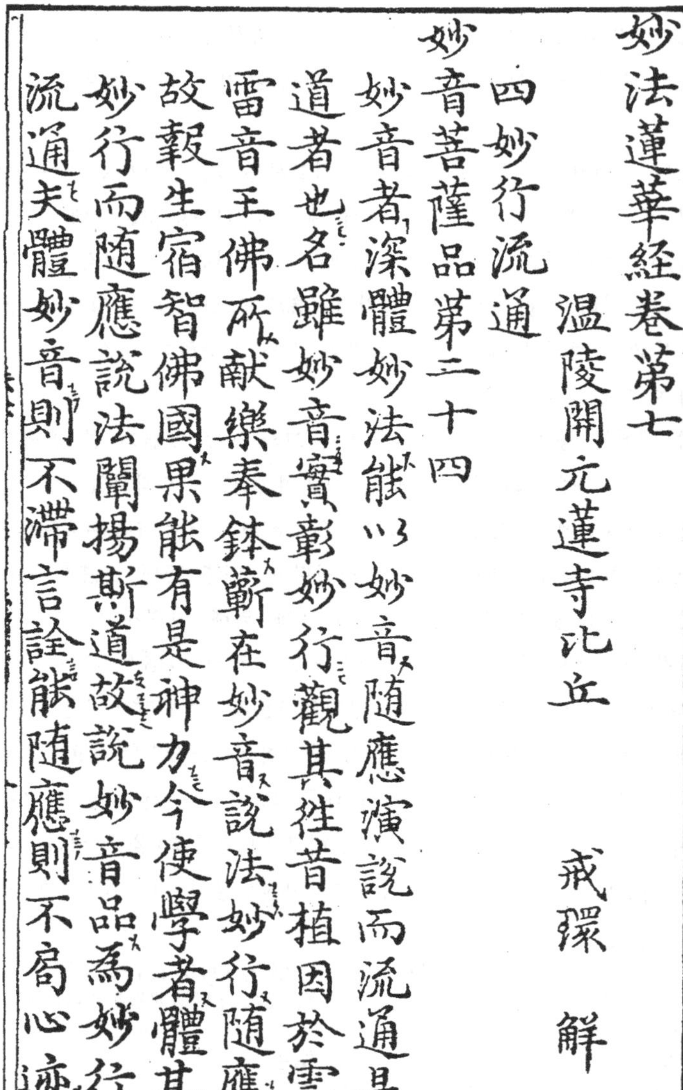
妙法蓮華經卷第七
温陵開元蓮寺比丘 戒環 解
四妙行流通
妙音菩薩品第二十四
妙音者深體妙法能以妙音隨應演說而流通是
道者也名雖妙音實彰妙行觀其往昔植因於雲
雷音王佛所献樂奉鉢蘄在妙音說法妙行隨應
故報生宿智佛國果能有是神力今使學者體其
妙行而隨應說法闡揚斯道故說妙音品爲妙行
流通夫體妙音則不滯言詮能隨應則不局心迹

이 책의 권 7은 성달생의 사위인 曺変의 서본을 새긴 것이다.

형제의 필서를 바탕으로 새긴 《법화경》과 성거의 필서를 바탕으로 새긴 《금강경》이 독자적 판본이고 그 밖의 것은 번각본에 해당한다.

세종 때의 사찰판본으로는 동왕 2년(1420) 7월 九月山 長佛寺에서 성거대사가 필서한 소자본에 의거 판각한 《묘법연화경》과[87] 9월에 고려판본을 중간한 《장수멸죄호제동자다라니경》이[88] 초기의 것들이다. 세종 4년에는 성달생이 仁順府尹 成抑의 요청으로 아우 성개와 함께 필서한 《묘법연화경》을 개판한 데[89] 이어 세종 6년에는 《六經合部》,[90] 세종 14년에는 《大佛頂首楞嚴經》을[91] 필서한 판서본을 바탕으로 개판해냈다. 그리고 세종 22년에는 위의 《육경합부》를 또다시 永濟庵에서 인행하였다.[92] 세종 25년에는 한 도인의 간청으로 《묘법연화경》의 필서에 착수하였는데, 눈이 어두워 겨우 제1권만을 자필하고 뒤의 6권 중 제2~5권은 正郞 任孝仁, 제6~7권은 그의 사위인 曹褒에게 필서시켰으며 그것이 전라도 華嚴寺에서 판각되었다.[93] 그리고 이전의 간본을 번각한 것으로는 세종 18년 팔공산 桐華寺의 《묘법연화경》을 비롯하여 세종 28년 가야산 止觀寺에서 번각한 《장수멸죄호제동자다라니경》과[94] 세종 30년 황악산 直指寺에서 번각한 《現行西方經》이 전해진다.[95] 그 밖의 번각본들은 간행기록이 없다. 이 번각본들은 그 바탕책이 고려 때 새긴 것이기 때문에 바탕책과 착각할 염려가 없지 않으므로 감식에 있어서 세심한 주의가 필요하다.

위에서 성달생과 성개, 성거의 필서를 바탕으로 한 독자적 판본을 들었거니와, 그 밖에도 崔斯立의 필서본을 바탕으로 새긴 《육경합부》와 空菴의 판서본을 바탕으로 한 《地藏菩薩本願經》 그리고 黃振孫의 필서본을 바탕으로 한 《묘법연화경》이 전래되고 있다.

문종·단종대 이후는 우리의 독자적 판본과 기간본을 번각 또는 중간한

87) 《妙法蓮華經》 卷末.
88) 《長壽滅罪護諸童子陀羅尼經》 卷末.
89) 《妙法蓮華經》 卷末.
90) 《六經合部》 卷末.
91) 《妙法蓮華經》 昌寧成達生謹跋.
92) 《六經合部》 飜刻本 卷末.
93) 《妙法蓮華經》 卷末.
94) 《高麗大學校 中央圖書館 漢籍目錄》(同 圖書館, 1984), 10쪽, 貴 211c.
95) 《延世大學校 中央圖書館 古書目錄》(同 圖書館, 1977), 79쪽, 現行西方經.

사찰판본이 나왔고, 세조·성종대를 거쳐 15세기 말기까지는 이미 새겨진 사찰판, 간경도감판, 국왕 및 왕실판에서 거듭 밀어낸 판본들이 널리 유통되었다. 16세기 이후도 위의 여러 판본은 물론 주자소의 활자판본이 주로 번각되고 간혹 명판본과 청판본이 번각되기도 하였다. 그리고 독자성을 띤 사찰판본은 우리 나라 스님들의 어록·시문·잡저술 등의 문집류와 국역불서류가 약간 인쇄되었을 뿐이다.

조선시대에 전국 각 도의 사찰이 간행한 불서는 여러 도서관과 문고의 장서목록을 비롯한 전시목록, 서지학의 전문지, 연구논문 등에 수록되고 있으며,[96] 이것을 옮겨 취합한 것으로 각 도의 사찰별 불교전적 또는 장판목록이 발표되기도 했다. 또한 각 도 사찰의 현존목판을 조사하여 엮은 《全國寺刹所藏木板集》이[97] 출간되기도 했다.

위에서 살펴본 사찰판본의 성격과 특징을 정리하면 다음과 같다.

첫째, 고려시대 사찰판본은 송판본과 원판본을 번각한 것에서 판각의 솜씨가 떨어지는 것이 있지만, 이것을 제외한 대부분의 독자적 판본들은 새김이 우수하고 정교하여 관판본을 훨씬 능가한다는 평을 받고 있다. 이에 대하여 조선시대 사찰판본은 15세기의 명필가들이 쓴 판서본을 바탕으로 새긴 독자적 판본을 제외하면 거의 대부분이 기왕에 판각된 판본을 번각한 것이기 때문에 새김의 솜씨가 관판보다 훨씬 떨어진다.

둘째, 사찰판본에는 책 끝에 판각기록과 판각에 참여한 化主·施主帙·板書者·板畵者·鍊板僧·煮板僧·刻手 등의 刊役僧名이 표시되고 있어 판본의 고증과 인쇄발달사의 연구에 귀중자료의 역할을 하고 있다. 이들 간역승은 사찰판의 간행으로 그치지 않고 다른 간인처 즉 관서·왕실·서원·사가 등에까지 진출하여 서적간행에 참여, 우리 나라 목판인쇄술 발달에 크게 기여한 점에 대해서도 아울러 주목하여야 할 것이다.

---

96) 黑田亮, 《朝鮮舊書考》(亞細亞文化社, 1972), 40~92쪽.
金元龍, 〈有刊記佛書目錄初稿〉(《書誌》 2-1, 1961), 15~43쪽.
金斗鍾, 앞의책, 399~437쪽.
李鍾權, 〈朝鮮國譯佛書의 刊行에 관한 硏究〉(成均館大 碩士學位論文, 1988), 92~118쪽.

97) 朴相國, 《全國寺刹所藏木板集》(文化公報部 文化財管理局, 1987).

(4) 서원판본

유학의 교육기관에는 옛부터 官學과 私學이 있었으며, 그 중 사학을 私塾·學堂·書院이라 일컫고 서원에서 간행한 책을 서원판본이라 일컬었다.

조선시대의 서원은 중종 36년(1541) 풍기군수 周世鵬이 고려시대 安珦의 옛 집터에 祠宇를 짓고 봄과 가을로 제사지내며 白雲洞書院이라 이름 붙인 것에서 비롯하였다.[98] 이 서원이 명종 5년(1550) 李滉의 요청에 따라 紹修書院으로 사액되자[99] 중앙관서에서 책을 찍을 때 1부씩 반사받았다.[100] 이러한 사례는 서원을 세워 사액받으려는 활동에 큰 영향을 끼쳤다. 그 결과 명종 9년에는 永川의 臨皐書院,[101] 이듬해에는 海州의 首陽書院[102] 그리고 21년에는 咸陽의 藍溪書院이 사액을 받기에 이르렀다.[103] 선조 때에도 사액 신청이 계속되어 임진왜란 전까지는 13개의 서원이 사액을 받은 것으로 나타나고 있다. 이렇게 사액받은 서원들은 御書閣을 세워 반사받은 서적은 물론 지방관서가 찍은 서적을 기증받아 간직하며 면학에 이용하였다.

한편 서원에서는 필요한 서적을 스스로 판각하여 서로 주고받아 장서를 늘리기도 하였다. 그러나 그 간행은 서원의 경제사정이 어려워 별로 활기를 띠지 못하였다. 현재까지 알려진 바로는 淸凉書院이 명종 21년에 《近思錄集解》를,[104] 선조 원년(1568)에 《古史通略》을[105] 간행하였고, 星州의 川谷書院이 선조 7년에서 다음해에 걸쳐 《薛文淸公讀書錄要語》와 《朱子書節要》를 간행하였다.[106] 또 舒川의 鳴谷書院이 선조 14년에 《標題句解孔子家語》를 간행하였다.[107]

---

98) 《中宗實錄》 권 95, 중종 36년 5월 정미.
99) 《明宗實錄》 권 10, 명종 5년 2월 병오.
100) 《明宗實錄》 권 13, 명종 7년 3월 기유.
101) 《明宗實錄》 권 17, 명종 9년 10월 정축.
102) 《明宗實錄》 권 18, 명종 10년 3월 경인.
103) 《明宗實錄》 권 33, 명종 21년 6월 갑술.
104) 《近思錄集解》 卷末 刊記.
105) 《古史通略》 卷末.
106) 《薛文淸公讀書錄要語》 卷末.
《朱子書節要》 卷末.
107) 李春熙, 《李朝書院文庫目錄》(大韓民國 國會圖書館, 1969), 11쪽.

이렇듯 서원은 경제적 기반이 튼튼하지 못하여 서적 간행이 부진하였다. 그리고 판각의 기법도 아주 조잡한 편이어서 인쇄된 간본을 보면 깨끗하지 못하여 책의 품위가 아주 떨어지는 편이다.

(5) 사가판본

개인이 자비로 간행하여 대가를 받지 않고 펴낸 책을 私家板本이라 일컫는다. 고려시대에는 불서와 문집류, 조선시대는 문집·實紀·族譜類가 주류를 이루었다.

고려시대에는 불교를 국교로 삼았기 때문에 불서의 사가판이 많은 것이 특징이지만 조선시대의 사가판에서는 불서를 거의 볼 수 없다. 조선시대의 사가판은 주로 시문집이 차지하고 있으며, 후기로 접어들면 실기와 족보류가 많아지는 것이 특징이다. 특히 조선은 신분계급사회로, 양반들이 사회지도계층으로 군림하여 그 특권을 대대로 누리고자 자손, 문중 그리고 학연의 문하생들이 자비 또는 공동출자하여 다투어 시문집을 비롯한 실기·족보류를 간행해냈다. 그 중 개인의 시문집은 국초부터 판각되었다. 고려 말기에서 조선 초기의 학자이자 개국 일등공신이며 왕세자 芳碩의 사부였던 鄭道傳의 저술이 우선 손꼽힌다. 태조 6년(1397)에 그의 시문 중 錦南雜詠·錦南雜題·奉使錄 등을 합친《三峯集》2권본이 장자 鄭津의 주선으로 생전에 판각되었다.[108] 정종 2년(1400)에는 尹會宗이 쓰고 權近이 批點한 韓脩의《柳巷先生詩集》을 둘째 아들 韓尙質이 형제들과 제휴 출자하여 간행하였다.[109]

태종대에는 조선왕조의 기틀이 국내외적으로 안정되자 문집이 속속 출간되었다. 그 중에서 사가판으로 확인되는 것은 태종 4년(1404)에 李穡의《牧隱集》을 그의 아들 李種善이 간행해낸 초간본과[110] 태종 18년에 鄭樞의《圓齋集》을 역시 그의 아들 鄭擢이 수집 상재해 낸 초간본이[111] 있다.

세종연간에 간행된 사가판 문집에는 권근의《陽村集》을 그의 아들 權蹈

---

108) 千惠鳳, 〈足利學校의 韓國古典에 대하여〉(《書誌學》2, 韓國書誌硏究會, 1969), 35쪽.
109) 權近,《陽村集》권 17, 柳巷先生韓文敬公修文集序.
李仁榮,《淸芬室書目》(寶蓮閣, 1968), 79쪽.
110) 李穡,《牧隱集》卷首.
111) 鄭樞,《圓齋集》卷末.

(개명; 權踶)가 초고를 수집 편차해서 간행한 초간본을[112] 비롯하여, 세종 21년(1439)에 鄭夢周의 《圃隱集》을 아들 鄭宗誠이 수집·편찬하여 간행해 낸 초간본,[113] 세종 28년에 鄭摠의 《復齋遺藁》를 역시 아들 鄭孝忠이 수집·편찬하여 강원도관찰사 李先齊 등의 도움을 받되 민간에 피해를 끼치지 않기 위해 자기의 재력으로 간행해낸 초간본이[114] 전해진다. 그리고 세종 32년에 柳方善의 《泰齋集》을 아들 柳允謙이 유고를 수집하여 간행해낸 초간본[115] 등도 알려지고 있다.

문종 2년(1452)의 鄭麟趾 서문이 붙어 있는 權遇의 《梅軒先生集》은 초간의 사가판으로 여겨지고,[116] 간행기록이 없어진 잔본이나 조선 초기에 그의 아들이 편집·간행한 것으로 알려진 李詹의 《雙梅堂先生篋藏文集》도 초간의 사가판이라 하겠다.[117]

세조 13년(1467)에는 일찍이 타계한 아우 成侃의 《眞逸遺藁》를 형 成任이 수집하여 목판으로 간행해냈다.[118] 성종 17년(1486)에는 崔恒의 《太虛亭集》을 그의 처남 徐居正이 편집·간행해냈으며,[119] 연산군 3년(1497)에는 康伯珎이 金宗直의 《佔畢齋集》 중 詩文 25권 彝尊錄을 수집·간행해낸 것이[120] 모두 초간의 사가판 문집들이다. 이후 이러한 사가판 문집 간행은 점차로 늘어나 조선 전대에 걸쳐 성행하였으며, 16세기 후반부터는 아울러 실기와 족보류가 나오기 시작하였다.

이렇듯 조선시대 사가판은 주로 양반의 문벌과 혈통을 유지하여 특권을 누리며 가문을 빛내기 위해 발달한 것으로 주로 시문집이 간행되었고, 아울

---

112) 李仁榮, 앞의 책, 91쪽.
113) 鄭夢周, 《圃隱集》 初刻本, 男宗誠跋.
李仁榮, 위의 책, 83쪽, 圃隱詩藁, 缺本 解題.
114) 鄭摠, 《復齋遺藁》 卷末.
115) 柳方善, 《泰齋集》 卷首.
116) 權遇, 《梅軒先生集》 卷首.
117) 李詹, 《雙梅堂先生篋藏文集》 殘本, 권 22~25 初刊本(《韓國文集叢刊》 6, 民族文化推進會, 345~395쪽).
李仁榮, 앞의 책, 90쪽.
118) 成侃, 《眞逸遺藁》 卷首.
119) 崔恒, 《太虛亭集》 卷首.
120) 金宗直, 《佔畢齋集》 彝尊錄 末尾.

러 실기와 족보류가 뒤따랐음이 그 특징이라 하겠다.

한편 이 사가판들을 판각술의 시각에서 고찰하면, 자비 또는 비용을 거두어 값싸게 새기거나, 문중·인척·문하생들이 지방의 관리로 부임하였을 때 지방의 각수를 모아 저렴한 품삯 또는 行下를 지불하는 정도의 염가로 새겨냈기 때문에 판각의 솜씨가 거칠고 인쇄가 조잡하여 책의 품위가 떨어지는 것이 일반적 경향이었다.

〈千惠鳳〉

3. 군사기술

1) 화약과 화기의 전래

火器, 곧 火藥兵器는 화약의 폭발력(화학적 작용)으로 矢箭·石丸·鐵彈 등을 발사하는 근세적 有筒式 화기를 말한다. 그것은 고대의 火攻 때 쓰이던 여러 가지 연장이나 물리적 장치에 의해서 巨石類를 투사하던 投石機인 이른바 石駁(砲, 礮)와는 구별된다. 그리고 근세적 유통식 화기의 출현은 화약의 발명을 전제로 하는 것이다.

이 근세적 유통식 화기는 동·서양에서 다 같이 14세기 초엽부터 출현하였다. 이후 그 기술이 점차 발달함으로써 당시까지의 주된 병기였던 弓矢나 刀劍을 능가하는 큰 살상력과 파괴력을 갖추어 중국에서는 明의 통일사업을 촉진시켰고, 서양에서는 중세 騎士를 무력화시켜 봉건사회를 무너뜨리는 한 요인이 되었다.

우리 나라의 경우 고려말의 倭寇, 조선초의 野人 정벌, 임진왜란, 병자호란, 병인·신미양요, 동학농민전쟁 등 민족적인 대전투에 관한 연구는 당시에 사용된 무기, 특히 화기의 우열을 구체적으로 파악하는 데서 새로이 이해되어야 하며, 이러한 노력은 그대로 확대하여 당시의 전략·전술·군사제도를 상호 연관시켜 이해하는 데까지 나아가야 한다.

우리 나라의 화기에 관한 연구는 문헌을 통한 고찰과 유물에 의한 실증이 반드시 병행되어야만 참된 이해에 도달할 수 있을 것이다.[1] 실물면에서는 國立博物館 收藏品 외에 文化財管理局이나 전국 각지에 상당수의 새로운 자료가 남아 있으며, 문헌으로는 《火器都監儀軌》·《火砲式諺解》 등 귀중한 책자가 있고, 더욱이 역대 《朝鮮王朝實錄》 중에 이에 관한 긴요한 사료가 적지 않게 간직되어 있다.

우리 나라에 화기가 처음 전래된 것은 崔茂宣의 건의에 따라 火㷁都監이 설치된 우왕 3년(1377)에서 비롯되었다고 생각하기 쉬우나, 이는 화약과 화기를 독자적으로 제조하기 시작한 시기로 보아야 하고, 늦어도 공민왕대에는 이미 화약병기가 우리 나라에 전래되어 있었음이 확실하다. 《高麗史》의 화통도감 설치기사[2]나 《太祖實錄》의 최무선에 관한 기록[3]을 주의 깊게 읽으면 우왕 3년 이전에 화기를 익히 알고 있었음을 누구나 간파할 수 있다.

그러나 최무선이 어느 시기에 어떤 경로로 이 기술을 습득하게 되었는가에 대해서는 여러 가지로 생각해야 할 문제가 남아 있다. 또 공민왕대에 명으로부터 처음 들어왔다고 단정하기 어려운 점이 있다. 공민왕대 이전에 이미 화기가 전래되었으리라는 흔적을 찾는 데 주목되는 것은 고려 숙종 때의 發火이며, 다음은 인종 13년(1135)의 火毬이고, 끝으로 여몽연합군이 일본정벌 때에 사용하였다는 이른바 鐵砲이다.

숙종 9년(1104)에 女眞정벌을 위하여 설치한 別武班은 11개의 특수부대로 편성되었는데, 그 중에 發火라는 부대도 존재하였다.[4] 발화부대가 어떠한 임무를 띤 특수부대인지는 단정하기 어려우나 그 명칭으로 보아 火攻부대인

---

1) 조선시대 화기에 관한 연구로는 다음의 글들이 주목된다.
洪以燮, 《朝鮮科學史》(東京 ; 三省堂出版社, 1944).
有馬成甫, 〈朝鮮への傳統〉(《火砲の起源とその傳統》, 吉川弘文館, 1962).
官原兎一, 〈十四·五·六世紀朝鮮における火藥〉(《東洋史學論集》, 1953·1954).
梁在淵, 〈火戲附水戲〉(《中央大學校論文集》 3, 1958).
許善道, 〈麗末鮮初 火器의 傳來와 發達(上·下)〉(《歷史學報》 24·25, 1962).

2) 《高麗史》 권 133, 列傳 46, 신우 3년 10월.

3) 《太祖實錄》 권 7, 태조 4년 4월 임오. 이 기사는 최무선이 사망하자 그의 생애를 기록한 것이다.

4) 《高麗史》 권 81, 志 35, 兵 1, 兵制 別號諸班·五軍.

듯하고, 나아가 화약 사용과도 연관지워 생각할 수 있지 않을까 한다. 당시는 이미 宋에서 화약병기가 발명된 후 약 1세기가 지난 때이고, 조선시대에 들어와 세종 8년(1426) 7월 이후의 기록에 '發火'라는 화약병기가 많이 나타나며, 《國朝五禮儀序例》에서도 대·중·소 3종의 發火圖說을 발견할 수 있기 때문이다.

火毬는 妙淸의 亂 때 쓰인 것으로, 당시 중국에서 온 趙彦의 계책에 따라 砲機로 적의 城樓를 분쇄함과 아울러 화구[5]를 던져 이를 불살랐다고 한다. 충렬왕 원년(1274)의 일본정벌 때 몽고군이 사용한 철포에 대해서는 일본측의 기록이 남아 있을 뿐이고,[6] 중국이나 한국에서는 관련기사를 찾아볼 수 없다. 그것이 화약병기였느냐 아니냐 하는 데 대해서는 논란이 있지만,[7] 몽고군의 화약병기 사용이 확실하다면 당시에 행동을 같이 한 고려군이 제조상의 비법까지는 습득하지 못하였다 하더라도 그 존재 자체를 전혀 알지 못했을 리는 없다. 따라서 비록 일부일지라도 1270년대의 고려에는 이미 화약병기를 아는 자가 있었다고 보아야 할 것이다.[8]

---

5) 화구는 최초로 발명된 화약병기의 일종으로, 화약을 球狀으로 굳힌 것인데 宋 眞宗 咸平 3년(1000) 8월에 唐福이 火箭 火蒺藜와 함께 製進하였다고 한다. 그러면 그 출현은 인종 13년(1135) 보다 100여 년 앞섰고, 또 당시 麗·宋간의 문물교류가 소원하지 않았던 점에 비추어 보면, 이 때의 화구가 반드시 화약병기가 아니었다고 단정하기는 어렵다. 물론 화약사용과는 전혀 관계없는 古代火攻器具의 하나일 수도 있고, 또 현재로서는 꼭 화약병기였다고 주장할 만한 방증을 들 수 있는 것도 아니다.

6) 竹崎季長蒙古襲來繪詞, 八幡愚童記(一名 八幡愚童訓), 《太平記》 권 39, 蒙古寇本朝事.

7) 철포는 원래 金에서 震天雷라고 칭하던 火砲로 金軍은 이것을 守城用으로 사용하였으나 元이 이 火器를 얻어 이것으로써 가볍고 편리한 小形 鐵罐에 화약을 넣고 손으로 당겨 투척하였으니, 이는 화약병기로서의 일대 진보라고 할 수 있다(有馬成甫, 앞의 책, 91~92쪽).

8) 《高麗史》 列傳의 金富軾傳에 보이는 砲石·砲機, 杜景升傳에 보이는 大砲, 朴犀傳에 보이는 大砲車·砲車, 宋文胄傳에 보이는 炮·砲, 金慶孫傳에 보이는 砲車·砲, 韓洪甫傳에 보이는 砲 등도 지금까지는 거의 의심없이 화약병기와는 구별되는 投石機로서의 砲로 해석하였지만, 위에서 논한 화구 등이 화약병기였다면 이에 대해서도 재고해볼 여지가 없지는 않을 듯하다. 그러나 이러한 문제는 霹靂砲의 화약병기 여부 등 송에서 명대에 걸친 화약병기의 발달이 좀더 명백해지고, 또 《고려사》에 대한 사료상의 검토가 완벽하게 이루어진 후에야 확실히 논할 수 있을 것이다.

고려말 화약병기의 전래는 목면·성리학 등과 더불어 원을 통한 신문물의 유입이라는 큰 테두리에서 이루어졌다. 이와 관련하여 충혜왕 후3년(1342) 5월 이후 4월의 佛誕日에 행하는 연등 때의 燈火戲를 가리키는 듯한 火山·火山戲·火山雜戲 등9)과, 화약병기의 존재를 생각하게 하는 火山臺·火箭·火筒 등이 자주 보인다.10)

화기사용을 직접 명시한 것은 공민왕 5년(1356) 11월의 기사로, 宰樞가 崇文館에 모여 서북면의 방어용 장비를 검열할 때 銃筒을 南岡에서 발사하였는데 발사된 箭이 順天寺 남쪽 땅에 떨어져 그 깃이 묻혔다고 한다.11) 총통은 그 명칭으로 보아 有筒式 화약병기임이 틀림없다. 그 발사물은 후대의 것과 같은 전이었으며, 발사거리 역시 지금은 알 수 없지만 당시로서는 남강에서 순천사 남쪽까지로 명백히 밝혀 놓은 셈이다. 이로써 우리 나라에서의 유통식 화기는 공민왕 5년 이전에 사용되고 있었음을 알 수 있다. 그런데 그 총통은 당시 중국의 형세12)나 현재 원의 총통이 전하는 것13)으로 미루어 볼 때 원으로부터 전래된 것으로 보인다.

이 때에 고려에서는 총통에 이어 화전·화통 등의 사용을 통해 화기의 위력을 인식하고, 공민왕 22년부터는 명으로부터 이를 대량으로 지원받아 그 사용에 박차를 가한 듯하다. 공민왕 22년 11월 고려는 張子溫을 명에 보내, 날로 치열해 가는 왜구를 격멸하기 위해 적극적으로 바다에 나아가 추포해야 하므로, 적을 쫓는 배 위에 갖추어야 할 여러 가지 기계와 화약·硫黃·

9) 《高麗史》 권 36, 世家 36, 충혜왕 후3년 5월 임오·권 38, 世家 38, 공민왕 원년 4월 경술·권 41, 世家 41, 공민왕 17년 4월 경술·18년 4월 계유 및 권 132, 列傳 45, 叛逆 4, 辛旽.

10) 《高麗史》 권 43, 世家 43, 공민왕 21년 10월·병신·갑오, 22년 10월 정축 및 권 132, 列傳 45, 叛逆 4, 辛旽.

11) 《高麗史》 권 81, 志 35, 兵 1, 공민왕 5년 9월.

12) 명에서 太祖 朱元璋에게 火龍鎗을 製進한 해는 공민왕 4년(1355)이었다. 당시 중국과 고려와의 문물교류에 필요한 시일을 고려하고, 또 당시 주원장의 정치 세력이 우리 나라에 총통을 전해줄 만큼 성장하였다고 볼 수 없으므로 그 총통은 명에서 전한 것으로 보기 어렵다.

13) 至順三年銘銅砲(1332), 至正十一年銘銅火銃(1351) 등 실물이 현재 남아 있으므로(吉岡新一, 〈古銃物語〉, 《大塚學報》 145, 1963) 원대에 이미 有筒式 近世火器를 사용하고 있었음이 확실하다.

焰硝 등을 본국에서는 마련할 도리가 없으므로 반급해 달라고 하였다. 이듬해 5월 鄭庇 등이 명에서 돌아올 때에는 거절당하였으나, 불과 4일 후인 5월 8일에는 '적극적으로 왜구를 제거하려는 뜻이 있으니 크게 기뻐한다'는 등의 명 태조의 지시에 의하여 염초 50만 근, 유황 10만 근과 기타 필요한 여러 가지 약품을 지원받게 되었다. 그런데 이러한 물품이 언제 고려에 도달하여 어느 정도 실효를 거두었는지, 또 화약만 받았는지, 혹은 총통 등 화기까지도 받았는지는 확실하지 않다.

그러나 고려에서 완제된 화약과 더불어, 그 원료인 염초·유황 등의 반급을 청구하고 있는 사실로 보아 공민왕 말기에는 화기의 사용은 물론, 화약 제조의 단계에까지 도달하고 있었음을 알 수 있다.

2) 화약의 제조

고려말 화약병기의 전래와 제조는 왜구 격퇴를 떠나서는 생각할 수 없다. 화약제조에 최초로 성공한 자는 최무선[14]인데, 그는 왜구 격퇴에 화기의 위력이 절대적임을 간파하고 오랫동안의 노력 끝에 李元[15]이라는 자로부터 焰硝煮取術을 배워서 家僮 몇 사람으로 하여금 이를 습득하게 하였다. 그 후 수년 동안 주위의 몰이해와 비방을 무릅쓰고 마침내 국가의 공식 화약제조소인 火㷁都監을 설치하게 하였다.

화기의 발달에서는 화기보다는 화약이 문제였고 화약을 만들기 위해서는 염초의 확보가 가장 큰 난관이었다. 흑색 화약의 3요소(염초·유황·목탄) 중

14) 《高麗史》 권 133, 列傳 46, 辛禑.
《太祖實錄》 권 7, 태조 4년 4월 임오.
《新增東國輿地勝覽》 권 2, 京都(下) 軍器寺.
柳成龍, 《西厓文集》 권 16, 雜著, 記火砲之始.

15) 李元이 원나라 사람인지, 중국 강남으로부터 온 상인 즉 명나라 사람인지에 대해서는 논란이 있다. 최무선이 원에 들어가서 배워왔다는 주장도 있지만 최무선의 아들로 그 비법을 혼자 전수하여 이후 화약을 발전시킨 崔海山이 입원설을 말하고 있지 않은 이상(《新增東國輿地勝覽》 권 2, 京都(下) 軍器寺 火藥庫記), 최무선은 고려에 온 중국인으로부터 비법을 습득하였다고 보아야 할 것이다. 그러나 최무선의 입원설은 화약병기의 전래라든지, 그 근원이 되는 중원에 있어서의 유통식 화기의 출현 등을 연구하는 데 참고해야 할 것이다.

목탄은 문제가 되지 않았고, 유황은 희귀하기는 하나 일종의 광물이므로 비법이 있을 수 없고, 염초의 획득이 가장 문제였다. 3요소를 합하여 화약으로 劑合하는 기술과 더불어 塵土 중에서 염초를 煮取해 내는 비법이야말로 화기발달의 관건이었는데, 焰硝匠 이원에게서 염초를 구워 쓸 기술을 배웠던 것이다. 또 그가 염초자취법, 즉 화약제조법을 습득한 시기는 우왕 3년(1377)의 화통도감 설치보다 수년이나 앞섰던 것이다.

화통도감의 구성과 규모 등에 대해서는 고찰할 실마리가 전혀 없지만, 도감의 설치 이후 화약은 급속도로 발달해갔다. 도감 설치 이후 大將軍砲·二將軍砲 등 20여 종의 화기가 제조되었고 그 위력은 보는 사람들이 경탄하지 않는 자가 없었다고 할 정도였다.[16] 그리고 우왕 4년 4월에는 개경과 지방의 各寺에 火㷁放射軍을 정하였는데, 大寺에 3명, 中寺에 2명, 小寺에 1명으로 하였다.[17] 즉 화기발사의 전문부대로 보여지는 화통방사군이 중앙과 지방의 각 시에 편성되었음을 알 수 있다. 아울러 이후 화기사용에 관한 기사를 《고려사》에서 적지 않게 찾아볼 수 있다. 즉 화포를 증강하여 水戰에 대비하고, 擊毬와 더불어 화포희를 즐기며, 火箭으로써 적의 樹柵을 불살라 왜구를 격퇴하였는데, 그 절정은 우왕 6년의 전라도 鎭浦전투에서였다. 즉 《고려사》의 邊安烈과 羅世傳에 의하면, 진포로 다가오는 왜선 500척을 화포로 완전히 궤멸시켜 큰 승리를 거두었다고 한다. 이 밖에도 우왕 9년에는 珍島에서 화포로 적선 7척을 불태운 鄭地 將軍이 "일찍이 오늘과 같은 통쾌한 승리를 맛본 일은 없다"고 스스로 감탄하였다.

> 庚申年(우왕 6년) 가을에 왜선 3백여 척이 전라도 鎭浦에 침입했을 때 조정에서 崔茂宣의 화약을 시험해 보고자 하여, (무선을) 副元帥에 임명하고 都元帥 沈德符·上元帥 羅世와 함께 배를 타고 火具를 실어 바로 진포에 이르렀다. 왜구가 화약이 있는 줄 모르고 배를 한 곳에 집결시켜 힘을 다하여 싸우려고 했으므로, 무선이 화포를 발사하여 그 배를 다 태워버렸다. 배를 잃은 왜구는 육지에 올라와서 전라도와 경상도까지 노략질하고 도로 雲峰에 모였는데, 이때 태조가 兵馬都元帥로서 여러 장수들과 함께 왜구를 (한 놈도) 빠짐없이 섬멸하였다. 이로부터 왜구가 점점 덜해지고 항복하는 자가 서로 잇따라 나타나

16) 《太祖實錄》 권 7, 태조 4년 4월 임오.
17) 《高麗史》 권 81, 志 35, 兵 1.

서, 바닷가의 백성들이 생업을 회복하게 되었다(《太祖實錄》 권 7, 태조 4년 4월 임오).

지금 왜구와 우리 수군이 감히 배를 타고 승부를 겨루지 못하는 것은 앞서 鎭浦전투가 있었고, 뒤에는 남해의 승전이 있었기 때문이다. 그 후로부터 지금까지 마음을 고쳐 정성을 바치는 것은 비록 전하께서 펴신 교화에 의한 것이나, 처음부터 火㷁과 火砲로써 우레와 벼락같이 떨쳐서, 그들의 혼을 빼앗고 간담을 서늘하게 하지 아니하였으면, 그 완악하고 사나운 것을 쉽게 굴복시키지 못했을 것이다(《新增東國輿地勝覽》 권 22, 京都 下, 軍器寺).

위의 자료에 의하면 왜선이 우리 선박과 승부를 겨루지 못하게 됨에 따라 여말 30년간의 치열한 賊勢를 물리치고 태평세월을 유지하게 되었음은 오로지 화약병기 때문이었던 것이다. 그런 만큼 화약은 國威를 선양하고 포학하고 난종하는 자를 제거하여 태평시대를 유지하게 하는 큰 물건이었다. 그리고 왜구 섬멸에 결정적 계기가 되었고, 李成桂의 정치적 세력확충에 획기적 계기를 이룬 운봉대첩도 역시 화기의 위력에서 연유하였음을 새로이 인식하여야 할 것이다.

그러나 이처럼 화기가 왜구 격퇴에 유효하였는데도 화통도감은 설치된 지 10여 년 만인 창왕 원년(1389)에 혁파되어 군기시에 合屬되었다.[18] 화통도감이 군기시에 합속되었다 하여 화기가 발달할 수 없는 것은 아니지만, 독립기구에서 다른 기관에 부속되었다고 함은 아무래도 그 비중이 줄어든 것이라고 보아야 하겠고, 또 이후 화기사용에 관한 기록이 현저히 희소해짐은 우연의 일치가 아닌 듯하다.

그러면 화통도감이 혁파된 까닭은 과연 무엇일까. 趙浚은 "무릇 도감은 일이 발생하면 설치하고, 일이 발생하지 않으면 폐지하는 것이 예이다"라고 혁파의 직접 동기를 내세웠으나, 그 동안에 왜구가 줄어들었다고는 볼 수 없다. 이는 표면상의 이유이고 다른 정책적인 배려가 작용하였을 터인데, 우선 冗官淘汰에 의한 경비절약과 官紀確立이 논의되고 있었다. 또 이면적으로 도감혁파의 주장은 조준과 이성계의 관계를 고려할 때, 田制 및 兵制의 개혁과 아울러 새로이 정권을 장악한 이성계일파의 시책으로 보인다. 화기이용에 따

18) 《高麗史》 권 77, 志 31, 百官 2, 諸司都監各色 火㷁都監 및 권 118, 列傳 31, 趙浚.

른 적대세력의 출현, 다시 말해서 이로 인한 병력의 분산을 방지하고자 하는 권력의 통일 내지 유지를 위한 방책이었던 듯하다. 아직 확고한 기초 위에 서지 못한 신흥세력에게는 고도의 군사력을 가진 화약병기의 발달은, 언제 갑자기 자파의 세력을 뒤엎을지도 모르는 결정적 요소로 경계와 억제의 대상이 되기 마련이었을 것이다. 후술하는 바와 같이 조선왕조의 개창 후에도 태조나 세조가 그들 자신은 뛰어난 무인이었는데도 화기발달에 대하여는 도리어 소극적인 태도 내지 억제하는 시책을 베푼 점과 관련지어 생각하면 이해될 듯하다.

당시에 쓰여진 화기의 종류로는 銃筒·火箭·火筒·火㷁·火砲 등을《고려사》에서 찾아볼 수 있고,《太祖實錄》에는 大將軍砲·二將軍砲·三將軍砲·六花·石砲·火砲·信砲·火㷁·火箭·鐵翎箭·皮翎箭·蒺藜砲·鐵彈子·穿山·五龍箭·流火·走火·觸天火 등 18종이 나온다. 크게 보아 화포·화통 등 발사화기와 화전·철탄자 등 발사물의 두 종류로 나눌 수 있으나, 이들 화기가 각각 어떻게 다른지는 잘 알 수 없다.[19]

당시의 화기의 성능을 구체적으로 알려주는 직접적 사료는 없으나 후세의 것과 같이 탄환 종류를 발사하여 적을 살상하거나 파괴하는 능력은 아직 발달하지 못했던 것 같다. 그 대신 矢箭을 발사하여 목적물을 태우는 데 큰 효능이 있었던 듯하다. 그리고 화살이나 탄환에 맞았다는 표현은 전혀 찾아볼 수 없을 뿐더러, 대량 파괴에 따른 심한 轟動을 나타내는 문구도 발견되지 않는다. 그러나 그것은 인력이나 물리적 장치(弩)가 아닌, 화약의 폭발력으로 발사물을 발사한다는 점과 화전 등과 같이 발사물 자체에도 油類가 아닌 화약을 장치한 점에서 종래의 화공기와는 엄격히 구별된다. 발사물의 종류도 시전류에만 그치지 않고 금속제 탄환류의 출현까지 유추할 수 있는데《태조실록》에 보이는 철탄자가 바로 그것이다. 끝으로 발사물의 사정거리 역시 어느 정도였는지 전혀 기록을 찾아볼 수 없으나 그다지 멀지 않은 200보 내외에 불과하였을 것이다.

19) 《고려사》에 보이는 화포·화전·화통 등은 포괄적 명사로《태조실록》에 보이는 대장군 이하 각종이 모두 이 속에 포괄된다고도 볼 수 있으나 정확히는 알 수 없다.

3) 화기제작기술의 부침

(1) 화기발달의 시초(태종대)

고려말에 신흥세력인 이성계일파가 화기발달에 대하여 소극적이었음은 이미 앞에서 언급하였다. 태조가 즉위한 후에도 이러한 정책에는 변함이 없었던 듯하다. 《태조실록》에서 화기에 관한 기록을 찾아보면 다음 세 가지를 들 수 있다. 즉 태조 2년(1393) 정월 초하루에 火戱를 베푼 사실, 또 태조 6년 5월에 軍器監丞이 화통군을 함부로 私役한 사실, 그리고 정종의 즉위교서에 화통군의 役이 너무 과중하니 때에 맞추어 조치하라는 등이 그것이다. 하지만 화기발달에 대해서는 직접적인 시사를 주는 기록이 전혀 보이지 않는다. 뿐만 아니라 화기 이외의 일반 軍器에 대해서도 대체로 권장하는 태도를 취하지 않았다.

이 기간은 긴 세월은 아니지만 화기발달에 있어서 그 기술이 아직 확고하지 못하던 초창기였던 만큼, 매우 위험한 고비였다고 생각된다. 이 고비는 집권자에게 있어서 안으로는 玩賞과 미신(逐疫)의 대상이 되고, 밖으로는 倭·野人 등 외국인에 대한 위압의 상징물로 화희가 성행하였다. 또 최무선 부자의 숨은 공에 의하여 그 기법과 전통이 제대로 유지되어 태종대에 이르고, 이로부터 본격적인 발달의 틀이 잡혀간 듯하다.

태종은 화기발달에 대하여 적극적인 관심을 갖고 애쓴 군주인데, 다음 세종 때의 비약적 발전의 바탕은 이 시기에 마련되었다. 이 사실은 세종이 27년(1445) 봄에 화기발달의 획기적 개선을 이룩하고, 과거를 술회하면서 承政院에 "火砲의 법은 태종 때에 이를 썼으나 그 쏜 화살이 2백~3백 보를 넘지 못하였다"고 하고, 또 의정부에 "태종께서 자주 문 밖에 거둥하여 화포 쏘는 것을 구경하니, 李叔番·崔海山 등이 일을 맡아보는 데 마음쓰는 것이 지극하지 않음이 없었다"고 말한 바를 통해[20] 알 수 있다. 태종이 부왕인 태조와는 달리 화기발달에 적극적이었던 것은, 조선왕조의 세력기반이 그 동안

---

20) 《世宗實錄》 권 107, 세종 27년 3월 신묘.

확고해졌기 때문이었을 것이다.

조선시대의 화기발달의 본격적인 시초는 태종 원년(1401)에 최해산이 등용되면서부터이다. 즉 權近의 상소로 文益漸의 아들 文中庸과 최무선의 아들 최해산이 司憲監察, 軍器主簿에 탁용되었다.[21]

태종 초기 이후에 나타나는 화기에 관한 자료를 종합 정리해보면, 대체로 전대를 이어 궁중에서 화희를 즐기거나 화기를 戰艦에 이용하는 정도로 별다른 진전이 없었다. 오히려 왜구 침입의 감소로 화기가 부실하고 허술해진 감이 없지 않았다. 그러나 이와 같은 상태는 표면에 나타난 현상이고, 내면에 있어서는 꾸준한 연구와 진전이 거듭되고 있었다. 즉 태종 4년 5월에는 軍器監別軍이 신설되고 화통군의 인원이 늘어났다. 또 태종 7년 12월에는 화약의 성능이 종전보다 배나 증가하여, 이에 종사한 火藥匠 33명에게 각각 米 1석을 내려주고 이 밖에 諸色匠人에게도 麤布 50필을 상으로 주도록 하였다. 이러한 발전은 그대로 계속되어 2년 후에는 화기를 裝載한 火車의 제조를 보게 되었다.

> 軍器少監 李韜와 監丞 崔海山에게 말 한 필씩을 주었다. 임금이 解慍亭에 거둥하여 화차 쏘는 것을 구경하고 이 下賜가 있었다. 또 布 50필을 火熥軍에게 주었다. 화차의 제도는 鐵翎箭 수십 개를 銅桶에 넣어서 小車에 싣고 화약으로 발사하면 맹렬하여 적을 제어할 수 있었다(《太宗實錄》 권 18, 태종 9년 10월 병진).

이러한 발전과 개선은 태종초 이래의 노력이 차차 성과를 나타낸 것이다. 태종 7년 除夜의 기록에는 최해산의 이름이 직접 나타나지 않지만, 전후 사정과 화차 기사로 미루어 그가 거기에도 관여하였음을 추측할 수 있다. 그러나 이 이후 화차에 관한 기록은 문종 원년(1451) 정월 16일에 이르러서야 비로소 다시 보인다.[22]

최해산을 중심으로 한 화기의 발전은 시설면의 확충에도 미쳤다. 태종 9

---

21) 《太宗實錄》 권 1, 태종 원년 윤3월 경인.
22) 문종대의 화차가 이 때의 연원을 그대로 이은 것인가에 대해서는 앞으로의 詳考를 기대한다.

년에 別監 李韜와 협력하여 왕에게 아뢰어 먼저 柴門內에 武器庫를 세우고, 이어서 軍器監本監과 火藥監造廳의 축조를 시작하였다.[23] 화약감조청은 태종 17년에 이르러 완성되고 본감은 그 전에 이루어졌다.

태종 7년(1407)에서 9년에 걸쳐 화기는 크게 발전하였는데, 그 이후의 추세는 대략 다음과 같은 세 가지 경향을 지적할 수 있을 듯하다. 첫째는 육지에서의 화기사용에 따른 용도의 확대이다. 앞의 화차가 이미 육상용이었고; 다시 서울의 東郊에서 화기를 習放하거나 육상에서의 攻城時에도 이를 이용하고 있다. 그리하여 태종 5년 7월에는 병선 외에 각지의 성과 '山河險阨設備處'에도 모두 화통을 설치하여[24] 수륙에서 다같이 긴요하게 사용하였다. 나아가 동왕 말엽인 17년 10월에는 새로이 북쪽의 여진을 막는 데까지 이용하였다.[25]

둘째는 발사물로 箭類 외에 石彈子·彈丸 등이 등장하는 점이다. 이는 이제까지 焚燒를 주로 하였던 화기의 성능에 변화가 온 것을 뜻한다. 아울러 태종 10년 10월 기묘에는 '蒺藜砲聲' 같은 천둥이 일어났다고 하였고, 火藥庫記에서는 碗口를 만든 사실을 다음과 같이 전하고 있다.

> 처음에 唐의 배에 있는 화기 1개를 깨뜨려서… 그 후 崔君이 들어와서 그 화기를 보고 말하기를 '이것이 碗口이다'라고 하였다. … 전하께서 최해산에게 명하여 그것을 주조하라고 이르니, 물러나와 대·중·소 20개를 만들어 올렸다. 解慍亭에 나가서 발사시험을 하니 화석포가 150步의 거리까지 나갔으므로 최군은 內乘馬를 받았다(《新增東國輿地勝覽》 권 2, 京都 下, 軍器寺 火藥庫記).

최해산이 주조하여 발사시험을 한 화기로 대·중·소 3종 20개의 완구가 명시되고 있다. 곧 막연히 화통·화포가 아니고 질려포·완구 등 구체적인 화기명이 나타나 있다. 질려포·鐵彈子·鐵翎箭 등이 전에도 나타났지만, 그것은 《태조실록》의 최무선 사망기사에 병렬적으로 기록된 경우뿐이고 《고려사》를 비롯한 여타 사료에서는 찾아볼 수 없었던 것이다. 이러한 화기명의 구체적인 등장은 탄환의 사용과 더불어 주목할 만하다.

---

23) 《新增東國輿地勝覽》 권 2, 京都 下, 軍器寺.
24) 《太宗實錄》 권 30, 태종 15년 7월 신해.
25) 《太宗實錄》 권 34, 태종 17년 10월 무술.

셋째는 火戲의 성행이다. 화희는 화기 전래 초기부터 있었지만 화약의 발달에 따라서 儺戲와 아울러 궁중에서 연말 등에 행하는 玩賞戲의 일종으로 더욱 성행된 것 같다. 태종 13년 12월에는 이미 연례행사로 굳어졌다. 그것은 왕실의 좋은 완상 대상이었을 뿐 아니라, 逐疫·闢厲氣하는 데 필요한 미신적 의식이었고, 또한 倭人이나 胡人에게 위압감을 줄 수 있는 절호의 과시물이었기 때문이다.

다음으로 지적할 수 있는 것은 이 시기의 화기 발달은 태종의 총애를 받은 최해산을 중심으로 하여 독자적으로 이루어졌지만, 중국의 영향이 컸으리라는 점이다. 이미 언급한 완구에 관한 기록을 통해 당시의 완구가 중국의 그것에서부터 발달해 왔음을 살필 수 있다. 또 軍器監別軍 안에 중국인이 많이 소속되어 있었다.[26]

그리고 화기는 태종 15년 이후에 양과 시설면에서 다시 한 번 대발전을 이룩하였다. 태종 15년 4월 신미에는 화통군을 종래의 400명에 600명을 더하여 1,000명으로 확대 개편하였는데, 화통군을 한꺼번에 150% 대폭 증강한 셈이다. 다시 1년 후인 태종 16년 12월 신미에는 사찰을 혁파하고 거기에 속했던 노비를 화통군에 소속시켜 정원을 무려 만 명으로 늘렸다. 이는 화통군의 수를 10배로 확대시킨 파격적인 조처였다. 그러므로 자연히 화통의 增鑄도 이와 비례하였을 것이다. 이와 관련하여 태종 15년 7월 신해에 左代言 卓愼은 화통수가 1만여 자루에 도달하지만 공급이 부족하니, 남아 있는 鑄鐵 2만여 근으로 더 만들어야 한다고 주장하였다.

따라서 화통을 더 만드는 데 필요한 銅鐵의 확보책도 강구되었다. 태종은 15년 3월 계축 이후 억불책에 의하여 몰수된 寺社의 종을 이에 충당하는 한편 각 도 수령에게 명하여 주철을 상납하도록 하였다. 화통군 및 화기의 증강과 병행하여 화약보유량도 국초의 6斤 4兩에서 태종 17년경에는 6,980근으로 거의 1,000배나 증가하였다.

이와 같은 화약과 화기의 비약적 증강에 따라 '화약고'라고도 불리던 화약감조청과 같은 독립건물이 반드시 요구되었을 것이고, 그 축조가 가능할 만

26) 《太宗實錄》 권 25, 태종 13년 정월 정미.

큼 국왕과 일반의 인식이 깊어갔던 것이다. 화약고의 축조는 紫門武庫·軍器監本監 및 弓箭所 造營 등 일련의 무기를 제조하고 보관하는 청사의 보수 및 확충사업의 일환으로, 태종 17년 봄에 軍器寺提調 李從茂의 알선으로 舊禮賓寺의 헌 材瓦로 여러 달 만에 완성되었다. 그 규모와 위치는 상세히 알 수 없으나 그다지 적은 규모가 아니며 군기감에 부속하여 위치한 듯하다.

이와 아울러 화약의 성능도 더욱 향상되어, 태종 18년 元旦의 放火宴에서는 사신들이 기이하게 여기고 크게 탄복할 정도로 비약적 발전을 이루었다. 화약기술의 본고장인 명나라 사신이 찬탄할 정도였다고 하니 그 수준을 짐작할 만하다. "화염이 하늘을 가르고 소리가 궁궐을 진동시켰다"는 등의 거창한 표현은 이제까지 볼 수 없는 것이었다.

한편 이 시기에는 화기가 오래도록 쓰이지 않은 탓으로 개수해야 할 것이 자못 많았다. 또한 화통군과 별군을 화기와 관계없는 崇禮門 行廊 改構 및 京軍營 設築 등에 종사시키며 군기감의 장인과 화통군 및 별군을 半으로 放番하는 조치도 있었다.[27] 그러나 이것은 일시적인 조치들로 태종 때의 화기 발달에 지장이 있을 정도는 아니었다.

그러나 당시의 화포는 거대하고 무거워 사용에 극히 불편하고 화약의 소비량이 많은 것이 흠이었다. 더구나 당시 명에서 이미 성행하였고 조선에서도 세종 중기 이후에는 습득할 수 있었던 一發多箭法을 아직 터득하지 못하였다. 다시 말하면 태종대가 화기발달사에 있어서 향상의 기운을 적극적으로 열고 발전의 실효도 적지 않게 거두었지만, 당시로서는 넘을 수 없었던 한계가 분명히 있었던 것이다.

(2) 화기발달의 진전(세종 전기)

태종대에 본격적인 발달의 바탕을 마련한 화기는 세종 때에 이르러 전에 없던 큰 발전을 이룩하였다. 세종의 치세 32년간을 화기발달면에서 볼 때 즉위년에서부터 15년경까지를 전기, 그 이후 27년 봄까지를 중기, 27년 이후의 5년간을 最盛期로 나누어 생각할 수 있을 것이다. 세종 15년경으로 한 시기

---

27) 《太宗實錄》 권 30, 태종 15년 7월 임자·9월 정유.

를 구획함은, 첫째 당시까지도 최해산 개인의 기술이 이 방면에서의 유일한 근간으로 화약기술이 그의 개인 비법의 범위에서 벗어나지 못하였고, 둘째 한 번에 여러 개의 화살을 동시에 발사하는 소위 多發箭火砲의 출현을 보지 못하였으며, 셋째 서북변경 개척이 이 무렵부터 적극 추진되어 화기의 수요와 발달이 증진되었기 때문이다. 이처럼 세종 전기의 화약 발달에는 태종 때와는 구분되는 여러 가지 독창적이며 발전적인 요소가 발견되지만, 태종 때를 뒤이은 화기발달의 초창기로 볼 수 있을 것이다.

가. 염초생산의 확대와 화약성능의 향상

세종대에 들어서면서 첫째로 주목되는 형상은 焰硝생산의 확대와 화약성능의 향상이다. 최무선이 습득한 비법의 소재는 실로 화기 자체의 주조보다 화약제조에 있었다. 화약제조의 3요소인 염초·유황·목탄의 배합도 배합이려니와 무엇보다도 염초를 굽는 기술, 즉 焰硝煮取法의 습득이 문제였다. 그런만큼 염초자취의 발달은 화기발전의 밑바탕이라고 할 수 있다. 그런데 세종 이전의 기록에서는 염초자취술을 알고 있었다는 내용 이상의 구체적인 기록은 찾아볼 수 없다. 즉 군기감에서 화약을 제조하였고, 태종 17년에는 화약 보유량도 6,980여 근이었는데, 그 원료인 염초를 중국에서 가져다 썼다는 흔적이 없으므로 염초자취술을 알고 있었음이 확실하지만, 자취방법 및 사용 등에 관한 직접적인 기록은 전혀 나타나지 않는다.

그런데 세종대에 들어서면서 크게 달라졌다. 세종 즉위년(1418) 가을에 군기감에서 아뢴 바에 의하면 당시 염초 보유량이 3,316근이었고, 1년 소비량이 약 8,000근이었다. 또 그 해 12월에는 朴訔의 주장에 따라 염초자취의 원료인 焰硝土는 院이나 館 등 공공건물에서만 취하고 일반민가에서는 취하지 못하게 하였다. 염초토는 염초자취에서 가장 중요한 원료이다. 그런데 염초토는 건물의 樓下 等地에 있는 鹼氣가 많이 함유되어 있는 오래된 塵土라야만 되었기 때문에, 이를 채취할 때 자연히 민가에 피해를 입혔을 것이다.

염초자취는 중앙뿐 아니라 지방에서도 행해졌다. 당시 경상도에서는 병조의 지시에 따라 府官 이상은 20石, 知官(郡)은 16석, 縣官은 12석씩 염초토를 제공케 하고, 每一日程마다 都會를 열어서 염초 210근씩을 자취하였는데 金

海·昌原·寧海 등 18곳의 염초토가 가장 우수하였다고 한다.[28] 나아가 세종 13년(1431)경에 이르면 염초자취가 더욱 확대되어 전국적인 범위로 행해졌는데, 이는 세종 13년 6월 갑오에 병조에서 아뢴 것에 따라 '諸道分定焰硝煮取數'를 개정한 사실로 보아 명백하다. 즉 당시 지방에서 춘추 2회로 나누어 자취하는 총액이 3,000근이었는데, 이는 평안도와 황해도에 각 1,500근, 강원도에 940근으로 분정되어 있었다. 평안·황해 2도에 부담이 과중하였으므로, 총액을 1,500근으로 줄이고 이를 평안도와 황해도에서 각 270근, 강원도에서 360근씩 貢案에 실어 常貢으로 상납케 하고, 나머지 부족액 700근은 개성 및 충청·전라·경상도 변두리의 각 관에 매년 軍器監員을 보내어 자취하도록 하였다. 그 결과 전국에서 함경도만 빠졌는데, 함경도도 세종 14년 2월 이후에는 자취하게 된 것 같다.

염초자취가 전국적으로 확대된 것과 아울러 염초납입이 평안·황해·강원 3도에서 상공으로 규정된 것은 주목할 만한 사실이다. 세종 8년 12월 강원도 감사의 關啓에서 "道에서 공물로 바치는 염초는 일찍이 영동 연해의 각 관에서 자취했다"고 한 것으로 보아 염초가 처음으로 공물화하였음을 알 수 있다.[29] 또 위에서 언급한 세종 13년 6월의 결정에 따라 평안·황해·강원 3도에서는 이를 다시 군현으로 나누어 상공으로 상납하였다. 그러나 당시 군현 단위로 상공화된 곳은 3도뿐이었고, 하삼도에서는 그대로 '差人煮取'의 방법을 취하고 있었다.

즉 당시 지방에서의 염초자취에는 두 가지 방법이 있었다. 중앙에서 관원을 보내어 都會所를 설치하고 관원의 직접 감독 아래 자취하는 방법과, 각 군현 단위로 자취량을 분정하여 상공으로 바치게 하는 방법이 그것이다. 후자의 방법에 따르면 자연히 자취기술이 보급되어 생산량이 증가할 터인데도, 되도록이면 전자의 방법을 택하려고 했던 까닭은 자취기술이 민간에 보급되면 왜인이 이를 배워갈까 우려했기 때문이었다.[30] 세종 13년 6월의 개정 때에 하삼도지방을 상공으로 하지 않고 '차인자취'하되 특히 변두리의 각 관에

28) 《世宗實錄》 권 19, 세종 5년 정월 신묘.
29) 《世宗實錄》 권 34, 세종 8년 12월 임신.
30) 위와 같음.

서만 행하게 한 것도 같은 이유에서였다. 이러한 경향은 더욱 강화되어 갔다. 즉 세종 14년 2월 왕이 염초의 부족이 火藥習放을 크게 저해함을 우려하여 그 증강책을 묻자, 贊成 許稠와 判書 申商이 왜인이 많이 살고 있는 하삼도보다 북쪽 멀리 동서 양계에서 자취하자고 제안한 사실을 통하여 알 수 있다.[31] 또 세종 17년 5월에 柳漢은 이미 실시되고 있는 평안·황해·강원 3도의 상공마저 철폐하고 藥工을 보내어 직접 자취를 감독하게 하며 몇 사람의 관계인사 외에는 결코 기술을 배우지 못하도록 할 것을 주장하였다.[32] 왜인에게 전해질 것을 두려워해서 취한 禁秘策은 이후에도 변함없이 계속되었는데, 이는 조선 화기의 기술발달과 생산증가를 크게 저해하고 억압한 중요 원인의 하나가 되었다.

세종 13년 6월 각 도에 나누어 정한 염초의 수량을 개정한 이후 지방에서의 염초자취량이 3,000근에서 1,500여 근으로 줄고, 개정 당시에 외방에서 구운 것을 제외하면 1년에 1,000근이 차지 않는다고 한 것으로 보아 당시 중앙의 자취량이 약 1,000근, 모두 합하여 2,500여 근이었다. 그런데 이것만으로는 당시의 수요를 충족시키기에 부족하였다. 염초와 화약은 화기에 사용되는 외에 火戲에도 적지 않게 소비되었으므로, 화희의 폐지 내지 간소화를 통한 절약이 주장되었다. 한 번의 화희에 소요되는 염초량이 1,000여 근에 달하였는데, 이는 당시 중앙에서의 1년 생산량과 맞먹었던 만큼 함부로 소모할 수는 없었을 것이다. 이에 세종 13년 12월 을묘에는 許稠의 강력한 주장에 따라서 앞으로는 명나라 사신에 대한 화희도 극히 소규모로 이루어지게 되었다. 이와 아울러 1년 후인 세종 15년부터는 연례로 제야에 행해지던 화희의 염초 소비량을 종전의 1,000근에서 30근으로 줄이도록 조치하였다.[33]

한편 염초자취의 보급에 따라 국가통제에서 벗어나 은밀히 자취하는 사람이 생겼다. 이에 병조는 세종 5년 5월 사사로이 염초를 사용하는 것을 금하고 이를 어기는 사람은 私鹽律에 따라 벌할 것을 청하여 허락받았다.[34] 10년

31) 《世宗實錄》 권 34, 세종 14년 2월 임인.
32) 《世宗實錄》 권 68, 세종 17년 5월 임진.
33) 《世宗實錄》 권 50, 세종 15년 2월 계축.
34) 《世宗實錄》 권 20, 세종 5년 5월 신축.

후인 세종 15년(1433) 11월에도 염초로 구슬을 구워 파는 것을 금지하였다.[35] 당시 염초로 彩玉·青珠·水精·青色白珠·青瓦 등을 燔造할 수 있었기 때문에 서울과 지방의 工人들은 사사로이 염초를 자취하여 채옥 등을 만들어 판매함으로써 이익을 취하였다. 그러나 이는 염초가 원래 국방에 중요한 물건이었을 뿐 아니라 硝土의 부족을 더욱 부채질할 것이므로 국가에서 엄중히 금단하였고, 이로써 官營이 아닌 民營에 의한 염초자취기술의 발달은 억제되었다. 물론 수공업자와 상인들의 이익과 직결되는 문제였으므로 禁令이 쉽사리 이행되지는 않아, 세종 5년과 15년에 똑같은 조치가 되풀이되었으며 그 후에도 전혀 없어지지는 않았던 듯하다. 그러나 만약 이와 같은 금령이 없었다면, 염초자취 및 채옥번조 등은 여러 공인에 의하여 자유로이 성행하게 되어 기술상 커다란 발전을 이룩할 수 있었을 것으로 믿어진다.

염초자취와 아울러 하나 더 생각할 것은 화희 및 放砲의 성행과 화약성능의 향상이다. 화기 전래 이래 행해져 오던 화희는 세종대에 들어서서도 연말연시 행사로, 혹은 국왕의 일시적인 취향으로, 또는 외국사신에 대한 과시물로 여전히 성행하였다. 방포는 원래 鑄造시험이거나 사격훈련이었을 것이나 가끔 본래의 목적을 벗어나 진기한 완상대상으로 행해진 듯하다. 이리하여 강변놀이의 일종으로, 궁중에서 사신에 대한 과시물로, 혹은 왕의 무료함을 달래기 위하여 밤중에 행해지기도 하였다.

그러나 당시 이 문제에 관하여 특기할 것은 명나라 사신에 대한 화희 및 방포연 시비와 이를 통하여 엿볼 수 있는 화약성능의 비약적 향상이다. 明使의 觀火는 태종 말기부터 시작되었고, 세종대에 들어서면 왜·야인은 거의 보이지 않고 명의 사신이 주로 등장하게 된다.[36] 그 이유는 태종말 이전에는 중국 것에 비해 화약의 성능이 훨씬 떨어져 화희로 명사에게 아무런 위압감도 주지 못하였으므로 보이지 않다가, 그들에게 우리의 화희를 보여도 좋을 만큼 화약성능의 발달에 자신이 생겼기 때문일 것이다.[37] 그리고 세종 13년말경부

35) 《世宗實錄》 권 62, 세종 15년 11월 신축.

36) 明使의 觀火는 세종 원년 정월에 명의 사신 劉泉의 요청에 의하여 베푼 火棚(火山臺)을 비롯하여, 동왕 11년 이후 빈번히 행해졌으나, 동왕 13년 이후에는 이를 거절 내지 축소하였다.

37) 화희를 참관한 명의 사신이 “甚奇之 讚服無已”, “火發 或樂或驚 起入復出者再”

터 명사에 대한 화희를 거절하려고 한 까닭도 역시 우리 화약성능의 비약적 진보로 설명할 수 있을 것이다. 이 문제에 있어서 가장 강경한 태도를 취한 허조는 그 이유로 화약의 절약과 아울러 우리의 放火의 맹렬함이 중국보다 뛰어나므로 사신에게 보여주지 말아야 하며, 중국에서 변란이 있어 우리 화약을 귀하게 여겨 구한다면 처리하기 어렵다고 하였다.[38] 이처럼 당시 우리 화약은 실로 본고장인 중국에서 구해갈 만큼 우수한 성능을 지니고 있었다.

이와 같은 실정이었으므로 화약의 관리 또한 보다 신중하게 하지 않을 수 없었다. 세종 9년 7월 갑오에 이조는 軍器監 업무 중 가장 긴요한 화약의 監掌을 위하여, 祿官 2인을 임명하되 능력있는 자이면 오랫동안 근무하도록 하였다. 또 세종 13년 10월 병오에는 화약고가 市街 안에 있어 화재의 우려가 있으므로 한적한 곳에 옮기기로 결정하고, 동왕 17년 2월에 이르러 昭格洞에 옮겨 세웠다.

나. 화기개량 및 발명

세종 전기의 화기발달에서 주목되는 또 하나의 현상은 화기의 개량 및 신발명이다. 이에 대해서는 碗口의 개량, 火熇名의 변경, 發火의 출현, 信砲의 사용, 小火砲·相陽砲의 출현 및 鐵彈子의 사용 등을 들 수 있다.

완구의 개량은 對馬島敬差官 李藝가 세종 즉위년 8월 자신이 대마도에서 돌아올 때 그곳에서 水鐵로 주조한 중국식 화통완구를 가지고 와서 종래 銅鐵로 주조하던 우리의 완구를 개량하자고 주장한 것에서 비롯되었다.[39] 완구는 대·중·소 20位(門)를 주조하였는데, 당시까지는 주조재료로 우리 나라에서는 산출되지 않는 동철만을 사용하였으므로 쉽게 만들지 못하던 것을, 수철로 주조하는 중국식 기술을 도입하여 여러 州鎭에 널리 分置하려고 시도하였다. 그러나 이후 상당한 시일을 두고도 수철의 性强不堅한 질을 극복하여 화기를 쉽게 주조할 수는 없었다.

화통명의 변경은 세종 5년 정월에 병조가 아뢴 바에 따른 것이다. 즉 이

했다는 표현과 아울러 그들이 세종 11년 이후 火藥·發火·蒺藜砲 등 우리의 화기를 계속 구해가려고 애쓴 사실은 그러한 추측을 뒷받침해 준다.

38) 《世宗實錄》 권 53, 세종 13년 10월 병오.

39) 《世宗實錄》 권 1, 세종 즉위년 8월 신묘.

제까지는 본국에서 주조한 소화통도 전래 당시의 이름, 즉 唐에서 전래한 소화통이란 뜻에서 이름 붙인 '唐小火熥'을 그대로 따르고 있었는데, 이 때 125자루를 새로 만든 것을 계기로 '唐字'를 없애고 '소화통'으로만 부르도록 하였다.40) 물론 이는 단순한 명칭의 변경만으로도 볼 수 있으나, 다같이 본국에서 만든 것인데도 먼저 주조한 소화통을 이 때 새로 만든 소화통과는 구별하여 '중소화통'이라고 호칭하자고 한 데에서, 기술상의 개량이 있었음을 추측할 수 있다. 그 기술상의 개량이란 바로 중국 것에서 탈피하여 우리의 독자성을 발휘하려는 노력이라고 해석할 수 있을 것이다.

다음 발화에 관해서는 세종 8년(1426) 7월 명의 사신 尹鳳의 청에 따라 蒺藜砲와 더불어 大·中 발화 각 10개를 주었다는 기록에서 처음으로 나타난다.41) 이후 발화는 명사의 청구 대상물품으로 烟臺備置 내지 軍陣用으로 빈번히 기록에 보인다. 이미 발화는 고려 중엽에 편성된 別武班의 한 부대명으로 나타난 바 있는데, 그것이 조선의 발화와 어떻게 관련되는지는 알 수 없다. 그러나 위의 기록으로 화기로서의 발화가 이미 그 이전부터 출현하였고 그 종류 역시 대·중·소의 3가지였음을 알 수 있다.

信砲는 세종 7년 11월에 확실한 기록이 처음 보인다. 군기감으로 하여금 광주성·신도성·백악에 군사를 나누어 보내서 신포를 쏘아 포성이 멀고 가까움을 실험하였다는 것이다.42) 신포가 언제 처음 출현했는지는 알 수 없지만 이미 당시에 신포가 존재하였음을 알 수 있다. 또 그 포성이 箭串坪(현재의 서울 纛島坪 일대)에서 동쪽으로는 廣州山城, 서쪽으로는 北岳까지 각 20리 정도에 이르렀던 모양이다. 신포는 당시 野人의 서북변경지대 침습에 대비하는 신호용으로 烽烟·角聲과 더불어 크게 유효하였던 까닭으로, 세종 10년부터 각 도에 분급되었다. 그 후 적의 침입을 살피기 위해 쌓아올린 연대에는 반드시 소화포·발화 등과 더불어 신포를 갖추었고, 나아가 연대의 간격은 '烟火相望'과 '信砲聲相聞'을 기준으로 정하였다.

소화포는 세종 8년 7월에 120개를 慶源 등에 보냈고,43) 동왕 14년 2월에

---

40) 《世宗實錄》 권 19, 세종 5년 정월 신묘.
41) 《世宗實錄》 권 33, 세종 8년 7월 기해.
42) 《世宗實錄》 권 30, 세종 7년 11월 임술.

는 북방의 연대에 신포와 더불어 비치하도록 했다는[44] 기록을 통해 그 출현을 알 수 있다. 소화포가 어떤 종류의 화기인지는 확실히 알 수 없으나, 명칭으로 보아 휴대에 간편한 소형 화기로 생각된다. 그것은 守城보다는 行陣間의 공격무기로 쓰였을 것으로 짐작되며 서북변경에서 많이 쓰여졌다는 점과 아울러 생각할 때, 그 후의 적극적인 야인정벌과 관련되는 것으로 보인다.

다음은 相陽砲의 출현이다. 이에 대해서는 세종 13년 5월 吉州 사람 朱天景이 弓弩와 더불어 상양포법을 잘 알고 있으므로, 군기감에 불러 올려 작은 모형을 만들어 시험한 기록이 유일하게 남아 있다.[45] 그러나 모형으로서의 시험단계에서 벗어나지 못하였고, 더욱이 주천경이 궁노와 더불어 상양포법을 잘 안다고 하였는데 혹시 화기류가 아닌 弩機의 일종에 불과하였는지도 모른다.

다음은 화포의 개량 및 발명과 더불어 彈子가 발달하였다. 세종 7년 정월에 전라도감사가 唐小鐵彈子 1,578개, 次小철탄자 616개와 天字철탄자 1,104개를 새로이 주조하여 진상하였다.[46] 우선 3종의 탄자가 모두 철탄자라는 점이 주목되고, 차소철탄자는 어떤 것인지 추측키 어려우나, 당소철탄자는 당소화통과 같이 중국에서 전래한 그대로의 탄자로 보인다. 이에 대하여 천자철탄자를 새로 만들었음은 확실히 새로운 기술발달의 산물이라고 생각된다. 더욱이 이보다 2년 전에 당소화통의 개칭도 있었으므로 이러한 추측이 가능하지 않을까 한다. 또 세종 14년 12월에는 서북변경지방에 皮翎箭 및 철탄자를 보내는 것이 좋은지 여부를 묻고 있으므로, 이후 철탄자가 널리 유포되어 갔음을 짐작할 수 있다. 철탄자의 등장은 이제까지의 발사물이 箭類나 石彈類가 주류였던 만큼 이후의 화기성능에 커다란 발달을 가져왔을 것이다.

이러한 개량과 진보로 화포는 그 위력이 한층 증강되어 세종 12년 6월에는 무기 중 가장 중요시되었으며,[47] 동왕 15년 정월에는 放射法도 개량하여 화포 준비인과 발사인을 구분하였다. 이로써 守城에만 주로 쓰이던 화포가 '攻城陷陣'·'臨敵破陣' 등에 적합한 利器의 위치에까지 도달하게 되었다.

---

43) 《世宗實錄》 권 33, 세종 8년 7월 계사.
44) 《世宗實錄》 권 55, 세종 14년 2월 기해.
45) 《世宗實錄》 권 52, 세종 13년 5월 경진.
46) 《世宗實錄》 권 27, 세종 7년 정월 계사.
47) 《世宗實錄》 권 48, 세종 12년 6월 기축.

다. 화포보급의 확대

세종 4년(1422) 8월 慶尙道水軍都安撫處置使가 아뢴 것에 따라 왜구를 막기 위해 전국 해안에 烟臺를 증축하고, 그 위에는 화포를 비치하게 하였다.[48] 그리고 이를 전후하여 水鐵火煸碗口 및 信砲를 전국적으로 보급하려는 조치를 취하였다. 이러한 조치들이 어느 정도 성과를 거두었는지는 모르지만, 화기가 전국적으로 보급되어 간다는 면에서 확실히 주목할 만한 사실이라고 생각된다.

그러나 이 시기에 가장 유의해야 할 점은 화기가 서북변경에서 여진방어에 이용된 사실이다. 이미 태종 17년(1417) 10월 화약과 화통이 경원에 보내졌고, 세종 4년 12월에는 閭延赴防軍에게 銃筒을 익히게 하였다.[49] 또 세종 8년 7월에는 成才別軍 1명을 보내어 경원·鍾城 등지의 官奴 중 영리한 사람에게 소화포를 가르치도록 하였다.[50] 아울러 세종 10년 이후 신포와 발화가 이 지역에서 다량으로 이용되었음은 이미 살핀 바와 같다. 당시 여진은 片箭과 화포를 가장 두려워하였으므로, 세종은 14년 2월 연대·신포·소화포 등을 미리 갖추록 지시하였다.[51] 서북변경에 화포를 더 보내는 것과 放用術의 보급은 세종의 北進策이 적극화함에 따라서 더욱 촉진되었다. 그리하여 세종 중반에 이르러서는 그 시기의 특징을 이룰 만큼 성해져 갔던 것이다.

이 밖에도 화포는 용도가 확대되어 요동지방의 虎狼을 방어하기 위해 사신이 왕래할 때 호송용으로 쓰이기 시작하였고, 명사가 요구하는 품목의 하나로 등장하였다. 뿐만 아니라 明器類로까지 사용하게 되어, 세종 2년 7월의 大行厚德王大妃 齋物品目에서도 화통의 이름을 발견할 수 있다.

라. 화기주조의 증가와 방사군의 강화

화기 주조가 증가했음을 직접적으로 나타내는 기록은 없다. 대체로 태종대까지는 그 주조자료를 廢寺의 廢鐘이나 관아의 깨진 銅器 등을 이용한 것 같다. 그러다가 세종대에 들어서면 倭人 銅鐵匠의 入來, 수철화기로의 改鑄, 왜국 동철의 貿入, 왜인의 동철과 유황의 헌납, 본국 동철생산의 증가, 군기

48) 《世宗實錄》 권 17, 세종 4년 8월 계묘.
49) 《世宗實錄》 권 18, 세종 4년 12월 경자.
50) 《世宗實錄》 권 33, 세종 8년 7월 계사.
51) 《世宗實錄》 권 55, 세종 14년 2월 기해.

감 납입 正鐵數의 확보 등 주조기술과 자료에 대해 획기적인 조치가 취해졌다. 특히 왜인의 동철·鉛·유황의 헌납은 무역량의 증대를 목적으로 하는 그들의 계략과 관련이 있겠지만, 세종 즉위년부터 시작하여 5년 이후 10년 말경까지는 실로 놀랄 만한 양을 도입하였다. 여기서 당시 성행하던 제기주조와 더불어 화기주조의 증가를 넉넉히 짐작할 수 있다.

放射軍의 강화와 관련하여 別軍 관계의 기사가 많이 나타난다. 별군이 다른 역(樂工)으로 대용된다든지, 그 수가 1,000여 명을 넘나든데 불과하였다든가, 그들이 다른 역에 많이 종사함으로써 화포발사법을 제대로 습득하지 못한 점에서는 태종 때의 추세가 그대로 계속되는 것 같다. 그러나 세종 12년 6월 忠淸道都節制使의 牒呈에 의거하여 호조가 아뢴 바에 따라 각 도의 本營에는 10인 이상, 管下 浦鎭에는 數人의 화포방사군을 반드시 두도록 하였다.[52] 이 때의 조치를 계기로 당시까지 경상도를 빼고는 방사군이 본영에 한 명 정도 있고, 진·포에는 전무한 상태에서 벗어나 방사군이 한 명도 없는 진·포는 사라진 듯하다.

또 서북변경인에게 화포방사법을 적극적으로 보급시켰다. 그리하여 서북赴防軍 중 强勇者는 火器習放을 익히게 되었으며, 경원 등에서는 관노까지 이를 배웠다 하니, 방사군의 증가와 이에 따른 기술의 향상을 짐작할 수 있다. 또한 이미 언급한 세종 15년 정월의 放射術 개량도 이와 같은 배경하에서 가능하였을 것이다.

그러나 세종 전기의 화기발달은 일정한 한계를 지닌 것이었다. 우선 세종 7년 11월 箭串川邊에서 放砲했을 때, 화포에 의한 甲冑 관통의 깊이는 화살의 그것과 비슷하였다. 또 화포는 세종 15년 당시까지 대체로 守城用으로 쓰이는 정도였으며, 방사를 맡은 별군이 악공 등 다른 역에 많이 동원되어 별군으로서 화통의 粧變과 接箭放射法조차 모르는 자가 많았다. 그러나 화기가 출현한 처음에는 동서양을 막론하고 화살을 쉽게 누르지 못했으며, 특히 세종 7년의 試放은 세종 전기 중에서도 초반기에 속한다는 사실을 주목해야 할 것이다. 또 화기이용의 부진은 방사술이 발달하지 않은 데 연유한 것이

52) 《世宗實錄》 권 48, 세종 12년 6월 기축.

고, 화기자체는 발달되어 있었다. 그리고 방사술도 이 때에 이르러서는 수성에만 그치지 않고, 광야에서도 이용할 수 있도록 개량되어 갔다. 별군이 다른 역에 종사한 것은 근본적으로 조선왕조의 군사 내지 역역체계의 모순에서 오는 것으로, 별군에만 한정된 현상이 아니었으며 세종 15년(1433)에는 별군을 다른 역에 사역시키지 못하도록 하였다.

마. 개인비법기의 종말

최해산의 활동이 중단되고 많은 기술자가 새로이 등장함에 따라 세종 14년경을 고비로 최해산의 個人秘法時代는 끝이 났다. 최해산이 없이도 화기의 발전이 계속될 정도로 그 기술이 보급되었던 것이다. 기술의 보급으로 최해산의 지위는 떨어졌지만, 父傳의 비법을 遺失하지 않고 자신이 물러서도 좋을 만큼 많은 사람에게 전파·발전시켰던 것은, 그에게 부과된 역사적 사명일 것이며 그가 남긴 공이다.

최해산은 세종 전기에도 홀로 기술상의 우위를 점하고 있어 여러 가지 특전을 누렸다. 세종 2년에는 大護軍職에 있었으며 세종 6년말에는 이미 군기감의 최고위인 判事의 지위에 이르렀다. 세종 7년 이후의 사정은 자세히 알 수 없으나 그 지위에는 변동이 없었을 것이다. 그 후 세종 13년 여름에 이르러 그는 左軍同知摠制로 임명되었지만, 역시 군기감 제조의 책임을 맡고 있었다. 그러나 그를 군기감 제조에서 교체하라는 건의가 나오게 되어 약 반년 후인 세종 14년 3월에는 공조 右參判으로 옮겨졌다. 그 해 4월 18일에는 判鏡城郡事로 멀리 함북지방에 나가게 되었으나, 22일에 왕이 그의 지방 근무를 재차 고려하도록 종용하여 곧바로 中樞院副使가 되어 서울에 머무를 수 있었다. 하지만 그의 군기감에서의 지위와 비중은 거의 부인되고 만 것 같다. 세종 14년 4월에 이루어진 그의 지방근무에 관한 논의에서 黃喜와 孟思誠 등은 "本監(군기감)에서 藥匠이 이미 그 기술을 익혔으니 최해산이 비록 1, 2년 지방에 가 있더라도 큰 폐해는 없을 것"[53]이라고 하였다.

이러한 논의는 화약에서 최해산이 지니는 비중을 보여주기도 하지만, 화약기술의 보급과 신진의 배출에 따라 그의 비중이 약해지고 있었음을 발견할

---

53) 《世宗實錄》 권 56, 세종 14년 4월 경술.

수 있다. 화기제조기술의 전래 이후 약 60년간 오로지 최무선 부자에 의하여 이어지던 비법은, 이제 여러 장인에게 전승됨으로써 새로운 비약과 획기적 발전의 터전을 마련하였던 것이다.

그런데 그는 세종 15년 2월 제1차 야인정벌(婆猪江役) 때에 左軍節制使로 출정하였다가[54] 主將의 명령을 어기고 전과를 올리지 못하여 그 해 5월 파직되었다. 그가 당시 출정 장군으로서 범한 죄과는 실로 파직으로 그칠 성질의 것이 아니어서 사헌부에서 여러 차례 치죄를 청하였으나, 왕은 그가 20년 동안 화포를 오로지 관장한 공로를 들어 허락하지 않았다.

이와 같은 곡절을 겪으면서 세종 15년 9월에 一發多箭砲의 발명에 따른 수상자 명단에서는 이미 최해산의 이름을 찾을 수 없다. 그리고 그 이후에는 邊尙覲 한 사람만이 군기감을 관장하여 걱정된다는 우려가 나왔다.[55]

〈許善道〉

4) 조선 중기의 화기

조선 중기의 화약무기는 임진왜란 전후 즉 1500년부터 1700년 사이에 제작되어 사용된 화약무기들로써 《神器秘訣》[1]·《火器都監儀軌》[2]·《화포식언해》[3] 등에 관련기록이 있다. 화약무기 중 대표적인 것은 총통과 발사물이다.

(1) 총 통

총통은 크게 대형화기·碗口·소형화기, 그리고 외국의 것을 모방하여 만든 외국형 화기로 크게 분류된다.

---

54) 《世宗實錄》 권 59, 세종 15년 2월 을사.
55) 《世宗實錄》 권 63, 세종 16년 3월 무인.

1) 선조 36년(1603)에 韓孝純이 화약병기의 사용방법 등을 기록한 책이다.
2) 광해군 6년(1614)부터 동왕 7년까지 화기도감에서 포의 제작에 관련된 일을 기록한 책이다.
3) 인조 13년(1645)에 李曙가 지은 책으로, 화약제조법과 각종 총통에 따른 화약 사용량에 관련된 기록이 있다.

가. 대형화기

대형화기의 종류에는 天字銃筒·地字銃筒·玄字銃筒·黃字銃筒·別黃字銃筒·완구 등이 있었다. 이 시기의 대형화기들은 외형상 크게 두 번 바뀌었는데 첫번째는 1555년부터 1599년 사이에 제작된 총통들로 세종 때의 총통(제1세대 총통)들과 같이 마디가 대마디처럼 단순하게 생긴 단순 마디형인 제2세대 총통과, 1600년부터 1668년 사이에 제작된 총통들로 띠위에 마디를 올려 놓은 마디띠형의 제3세대 총통으로 나눌 수 있다.

천자총통에는 中藥線 한오리를 쓰며 화약은 30냥을 사용한다. 격목의 길이는 8촌이고 발사물로는 대장군전을 쓰는데 그 무게는 56근 3냥이며 사정거리는 900보였다[4]는 기록이 있다. 위 기록을 보면 천자총통에 사용한 격목의 길이는 8촌으로 세종 때 장군화통의 격목 길이 3촌 7푼 7리보다 길므로 세종 때의 장군화통보다는 큰 규모로 보인다. 현재 유물로 남아 있는 천자총통 중에서 가장 오래 된 것은 명종 10년(1555) 10월에 주조된 제2세대 총통이다.

이 천자총통의 길이는 129㎝, 부리의 안지름이 13㎝, 바깥지름이 22.5㎝, 무게 296㎏으로 청동으로 만든 총통이다. 마디는 세종 때의 총통처럼 원통형 총통의 주위에 있으며 우리 나라의 전통적인 형태로 10개의 마디가 있다. 손잡이는 2개가 있으며 격목통 부근에 마디 두 개가 서로 붙어 있는 것과 약통부분에도 마디가 있는 것이 세종 때의 총통과는 다른 제2세대 대형총통의 특징이다. 이 천자총통은 30량의 화약을 사용하여 무게 56근 3량짜리 대장군전을 900보가량 보낼 수 있는 성능이며, 때로는 납으로 만든 탄환 100개를 장전하여 동시에 발사할 수도 있었다.

아산 현충사의 천자총통은 청동제 제3세대 천자총통으로 전체 길이는 136㎝, 부리의 안지름은 11.8㎝, 바깥지름은 24㎝이다. 위에는 2개의 손잡이가 있으며, 명종 때의 2세대 천자총통과는 달리 약통부분에는 마디가 없고 다만 격목통이나 부리부분보다 직경이 크게 제조되었다. 이러한 형태의 총통은 조선 후기까지 계속된다.

지자총통은 천자총통 다음으로 큰 대형 총통으로, 중약선 한오리를 쓰는데 화약은 20량이고 土隔의 두께는 3寸이고, 새알 같은 철환 200개를 장전하여

---

4) 《화포식언히》, 2쪽.

쓰며, 혹시 장군전을 쏠 때에는 격목이 6촌인데 장군전의 무게는 29근 8냥으로 800보를 날아갔다.[5)]

현존하는 지자총통 중 가장 오래된 것은 육군박물관에 소장된 지자총통(보물 862호)으로서 명종(1557) 12년 3월에 주조된 것과 동아대학교 박물관에 있는 지자총통이다. 육군박물관의 지자총통과 동아대학교의 지자총통은 크기와 형태가 똑같은 제2세대 총통이며 크기는 전체길이 89.5cm, 부리의 안지름이 10.5cm, 바깥지름이 15.5cm이다. 마디는 전부 10개인데 약통을 시작하는 곳에 2개의 쌍마디가 있고 약통에도 2개의 마디가 있으며, 부리와 격목통에 모두 6개의 마디가 있다. 무게는 73kg이며 청동으로 주조되었다.

현자총통은 천자와 지자총통 다음으로 큰 포이다. 현자총통은 중약선 반오리를 사용했으며, 한 번 발사에 쓰이는 화약은 4냥이었다. 발사물은 次大箭이나 隱藏次中箭·鐵丸의 3종류를 사용하였는데, 차대전을 쏠 때는 4촌짜리 격목을 쓰며, 사정거리는 800보였다. 작은 철환을 쏠 때는 길이 2촌의 토격을, 은장차중전을 쏠 때는 3촌짜리 격목을 썼는데 사정거리는 1,500보였다.[6)]

《화기도감의궤》의 현자총통(〈그림 1〉)은 세종 때의 총통과 모양이 비슷하다. 크기도 일총통의 길이가 2척 3촌 9푼 3리인데, 현자총통의 길이는 2척 3촌 5푼으로 비슷한 크기이다. 그러나 무게는 일총통이 41근 8냥인데 비하여 현자총통이 70근으로 일총통보다는 부리의 직경이 더 길고 무게가 무거운 총통으로 추정된다.

〈그림 1〉 《화기도감의궤》의 현자총통

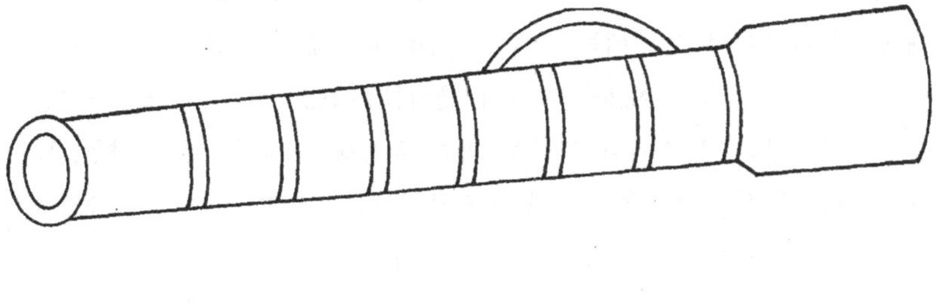

5) 《화포식언해》, 3쪽.
6) 《화포식언해》, 3쪽.

《화기도감의궤》의 현자총통과 비슷한 총통은 진주박물관에서 소장하고 있는 제2세대 현자총통이다. 이 총통은 1983년 8월 거제도 고현 앞바다에서 발견한 것이다. 이 현자총통은 임진왜란 중인 선조 29년(1596) 7월 청동으로 주조된 것으로 현재 국내에 남아 있는 현자총통 중에서는 가장 오래된 것이다. 길이는 79㎝, 부리의 안지름은 7.5㎝, 바깥지름 13.5㎝이다. 부리와 약통 사이의 마디는 모두 8개이며 한 개의 손잡이가 달려 있다.

황자총통은 현자총통 다음의 대형 총통(포)으로, 사용하는 약선은 중약선 반오리이며, 화약은 3냥을 사용했고 격목의 길이는 3촌이다. 발사물은 화살과 탄환의 두 종류를 사용할 수 있는데, 화살은 가죽날개를 붙인 次中箭이나 皮翎次中箭이며 사정거리는 1,100보였다. 탄환은 철로 만든 철환이며, 격목 대신 토격을 쓰는데 토격의 두께는 1촌 5푼이며 한번에 장전하는 탄환의 개수는 40개이다.[7] 현재 국내에 남아 있는 황자총통 중 제2세대 총통은 육군박물관의 황자총통뿐인데 선조 20년에 주조된 것이다.

별황자총통은 황자총통을 개량하여 총통의 약통 뒤에 손잡이를 부착시키고 총통의 무게중심 근처에 正鐵을 받을 수 있도록 격목통의 양쪽에 돌기가 있다. 정철은 다시 삼각다리와 결합시켜 배의 갑판 등에 고정하여 상·하·좌·우로 쉽게 조준할 수 있도록 설계되었다.

별황자총통은 중약선 반오리이며, 화약은 황자총통보다 1냥 많은 4냥을 충전했으며, 발사물은 철환이나 가죽 날개를 단 皮翎木箭을 사용하였다. 철환을 쓸 때는 40개의 철환을 장전하였고 피령목전을 쓸 때 사정거리는 1,000보였다.[8]

현재 육군박물관과 진주박물관에 한 개씩 남아 있는 2기의 별황자총통은 형태상 제3세대이며 명문에는 모두 己酉年(1609)에 제작된 것으로 기록되어 있으며, 크기는 길이가 89.2㎝, 부리의 안지름은 5.9㎝이다. 구조는 크게 발사물을 끼우는 부리, 토격이나 격목을 박는 격목통, 화약을 넣는 약통, 발사각도나 방향을 조절할 때 잡는 柄鐵 등으로 되어 있으며 외견상으로는 죽절부분·무죽절부분·병철 등으로 나뉘어져 있다.

7) 《화포식언해》, 4쪽.
8) 《화포식언해》, 5쪽.

나. 완 구

세종 때의 碗口의 종류는 銃筒碗口 한 가지였는데, 중기에 접어들면서 대·중·소·소소완구 등 4가지로 나뉘어 발전되었다.

대완구는 중약선을 이용하여 약통 속의 화약에 불을 붙여주고, 한 번의 발사에 사용한 화약의 양은 30냥이었다. 격목의 길이는 5촌이고, 무게 74근짜리 단석을 넣고 쏘면 370보를 날아갔다.[9] 《화포식언해》의 기록 중 무게 74근짜리 단석을 발사하였다는 내용으로 미루어 보아 대완구의 규모는 세종 때의 총통완구와 비슷하다는 것을 알 수 있다. 왜냐하면 총통완구 역시 74근짜리 단석을 발사하였기 때문이다.[10] 제2세대형 대완구 중 현재 남아 있는 것은 아직 확인되지 않았다.

중완구에 사용한 약선의 종류는 중약선이며, 길이는 반오리요, 한 번의 발사에 사용한 화약의 양은 13냥이다. 사용한 격목의 길이는 4촌이고 발사물은 돌을 둥글게 깎은 단석인데 그 무게는 34근이고, 사정거리는 500보였다.[11] 2점 정도의 중완구가 현재 남아 있다.

소완구는 중약선 반오리이며, 사용하는 화약의 무게는 8냥이고 격목의 길이는 2촌 5푼이다. 발사물인 단석의 무게는 11근 1냥이며 사정거리는 500보였다.[12]

소소완구는 완구 중 가장 작은 것으로 소소완구에 사용하는 약선은 중약선이고, 그 길이는 3촌이며, 1회의 발사에는 화약 1냥 8돈을 쓰고, 격목의 길이는 1촌 5푼이다. 발사물은 水磨石 한 개를 쓰며 완구에 달려 있는 틀자루 나무를 꼭 잡고 발사한다.[13] 소소완구의 특징은 발사 때 손으로 잡을 수 있는 나무자루가 있는 듯하다. 소소완구 역시 남아 있는 것이 아직까지 확인되지 않았다.

다. 소형총통

勝字銃筒은 선조 초기에 金遲가 전라좌수사로 재임시 창안하여 만든 것으

9) 《화포식언해》, 6쪽.
10) 蔡連錫, 《韓國初期火器硏究》(一志社, 1981), 95~101쪽.
11) 《화포식언해》, 6쪽.
12) 《화포식언해》, 7쪽.
13) 위와 같음.

로 세종 때에 만들어진 우리 나라의 독창적인 소총의 단점을 개량하여 발전시킨 총통이다. 즉 총의 부리를 길게 하여 사정거리를 늘리고, 명중률을 높인 것이다.

승자총통의 종류에는 승자총통·次勝字총통·小勝字총통·別勝字총통·雙字총통 등이 있었으나 김지가 몇 종류의 승자총통을 개발하였는지는 알 수 없다. 기록으로는 선조 16년(1583) 6월에 "고 병사 김지가 새로 제조한 승자총통은 이번 북방사변에서 적을 물리치는 데 크게 유효하였다"[14]고 한 것이 있지만, 현재 선조 8년에 제조된 승자총통이 남아 있는 점으로 보아 승자총통은 선조 8년 전후에 제조된 듯하다.[15]

승자총통은 승자총통의 종류 중에서 가장 먼저 만든 것이며, 가장 일반적인 형태이다. 승자총통은 3촌짜리 중약선을 이용하여 불을 붙이며, 이 때 사용하는 화약의 양은 1냥이고, 화약과 철환 사이에 쓰는 토격은 6푼이며, 철환은 15개를 장전하여 한 번에 발사한다. 철환 대신 가죽날개를 달은 나무화살인 피령목전을 쓰기도 하는데 600보를 날아간다.[16] 그리고 세종 때의 소형총과 같이 격목을 쓰지는 않는다. 승자총통 중 국내에 남아 있는 것이 22점 정도이며, 주로 김해·창원 부근에서 많이 제조되었다.

차승자총통은 승자총통보다 좀 작은 총통으로, 약선은 중약선으로 길이 3촌을 사용하고 화약의 양은 5전, 토격은 3푼, 그리고 발사시 사용하는 철환은 5개이다.[17] 차승자총통은 서울대학교 박물관에 소장되어 있는 것이 하나 있는데(보물 855호) 제조연대는 1588년이며, 무게는 5근 8냥, 화약은 7전이고 마디는 7개로 승자총통과 같다. 전체 길이는 568㎜, 부리 직경 16㎜, 부리 길이 355㎜, 약통 길이 123㎜, 모병 길이 90㎜이다.

소승자총통은 3촌 길이의 소약선을 이용하여 불을 붙이며, 이 때 사용하는 화약의 양은 3돈이다. 그리고 토격의 길이는 2푼이며, 철환은 세 개를 넣고 발사하였다.[18] 그리고 《화기도감의궤》에 기록된 제원은 무게가 7근, 길이 2

14) 《宣祖實錄》 권 17, 선조 16년 6월 신유.
15) 경희대 중앙박물관 소장 승차총통 중 1575년 제조된 것이 1개 있으나 파손되어 손잡이만 남아 있다.
16) 《화포식언해》, 18쪽.
17) 《화포식언해》, 19쪽.

척(61.3㎝), 소약선 3촌, 화약 2전, 철환 1개이다. 소승자총통(〈그림 2〉)은 가늠자가 앞뒤에 있고 손잡이용 개머리판이 붙어 있는 등 조총 및 근대식 총과 비슷한 면이 있다. 현재까지 국내에 남아 있는 소승자총통은 경희대학교 박물관에 소장되어 있는 13점을 비롯하여 모두 24점이다.

〈그림 2〉 《화기도감의궤》의 소승자총통

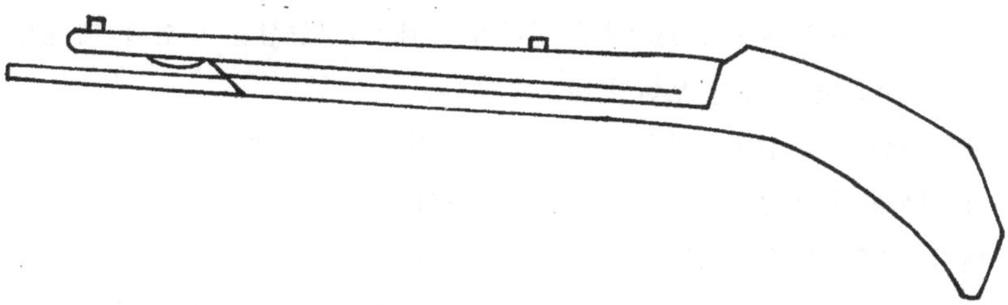

별승자총통과 小銃筒은 승자총통 종류 중에서 가장 큰 것으로 별승자총통 및 소총통에 대해서는 《화포식언해》·《신기비결》·《화기도감의궤》 등에 전혀 언급이 없지만 남아 있는 것은 10개 정도이다. 청동으로 제조한 별승자총통의 평균 전체 길이는 758.2㎜, 부리의 직경은 16㎜, 부리의 길이는 497.2㎜, 약통 길이 154.4㎜, 모병 길이 106.6㎜이며, 보통 무게는 3~3.5㎏ 정도이고, 마디는 보통 8개~9개이다. 한번 발사에 사용한 화약의 양은 5전이며, 선조 25년(1592) 정월에 제조된 별양총통이 가장 먼저 제조된 것인데, 이 총통은 1990년 4월 8일 俗離山의 福泉庵에서 출토된 것으로 현재 속리산 法住寺에 있다.[19]

쌍자총통은 《신기비결》에는 雙眼銃이라고 소개되어 있다. 즉 《신기비결》에는 "좌우에 총이 무릇 6층이며, 매층마다 화약이 2전이고, 所鉛字(납으로 만든 작은 탄환) 1개, 그리고 소약선의 길이는 3촌이다"라고 설명하고 있다. 쌍자총통은 두 개의 총신에 각각 3개의 점화선 구멍이 있으므로 모두 6개의 점화선 구멍이 있다. 각각의 총신에는 약선과 화약 그리고 탄환 2개(혹은 1개)씩을 속에서부터 3층으로 장전하여 모두 6층이 되며, 발사할 때는 앞에서

18) 위와 같음.
19) 《忠淸日報》 1990년 5월 28일.

부터 차례로 계속하여 발사할 수 있다. 쌍자총통의 전체길이는 평균 533㎜이다. 그리고 입지름은 15~17㎜이다.

라. 백자총통

百字銃筒은 소·중·대의 3종류가 있었는데 아마도 한 번에 많은 탄환을 쏠 수 있다고 하여 '百字'총통이라고 이름 붙인 것 같으며 청동으로 만든 우리 나라의 전통적 형식의 총통보다는 마디의 간격이 좁은 것이 특징이다. 임진왜란중인 선조 26년(1593) 정월 명나라 군대가 평양성을 탈환할 때 佛狼機와 함께 사용한 기록이 보인다.[20]

백자총통에 관련된 내용은《화기도감의궤》·《신기비결》·《화포식언히》등에 기록되어 있는데 종합하면 다음과 같다.

먼저 대백자총통은 길이 2척 7촌(84㎝), 무게 28근, 화약 3냥, 철환 15개, 토격 1촌 5푼이다. 중백자총통은 길이 98.8㎝, 무게 17근 8냥, 화약 2냥, 부리직경 24㎜, 토격 1촌, 철환 5개, 제조연대는 1605년이다. 소백자총통은 화약 1냥 5전, 토결 7푼, 철환 3개이다.

현재 백자총통 중에는 중백자총통이 육군박물관에 한 점 소장되어 있다. 이 총통은 선조 38년 9월에 제조된 것으로, 선조 34년 2월 백자총통의 사용기록이 등장한 후 4년 뒤에 제조된 것이다. 이는 당시의 다른 총통에 비하여 총의 길이가 길며, 한 번에 많은 탄환을 쏠 수 있는 장점이 있다.

《화기도감의궤》의 대백자총통으로 보아 대백자총통은 별황자총통과 비슷한 모양인데 보다 좀 작은 규모의 총통으로 보인다.

마. 불랑기

임진왜란 때 중국을 통하여 우리 나라에 보급된 것으로 보여지는 포르투갈제 화포로, 포의 부리를 통해서 화약과 탄환을 장전하는 종래의 우리 나라 고유한 장전방법이 아닌 포의 뒷부분을 통해서 화약과 탄환을 장전하는 발전된 방식으로 고안된 화포가 불랑기이다.

우리 나라에서의 불랑기는 임진왜란 당시 명나라 원정군이 평양성 탈환 때인 선조 26년 정월에 사용한 기록이 있다.[21]

---

20) 柳成龍,《西厓集》雜著, 鳥銃.

선조 36년에 편찬된《神器秘訣》에 불랑기의 발사방법이 등장하는 것으로 보아 우리 나라의 불랑기는 선조 26년부터 36년의 10년 사이에 명나라 불랑기의 원리를 따라 만든 것으로 보인다. 외형적으로 중국이나 일본과 다른 점은 우리 나라의 고유한 방식인 총신의 중간에 대나무 마디처럼 생긴 마디를 넣은 점이다.

우리 나라의 불랑기 종류는 1호부터 5호까지 있었으며 1호가 가장 크며, 5호가 가장 작은 것이다.

불랑기 1, 2, 3호는 각 불랑기에서 사용한 화약의 양으로 1호가 10냥, 2호가 7냥, 3호가 4~5냥의 화약을 사용하였다. 불랑기 4호는 화약은 3냥을 사용했고《화기도감의궤》에 무게 90근, 길이 3척 1촌 3푼(97.16㎝), 子砲의 무게 12근이라는 기록이 있다(〈그림 3〉). 불랑기 5호는 화약은 2냥을 사용했고 "무게 60근, 길이 2척 6촌 5푼, 자포의 무게 6근 4냥, 화약 1냥 5전"이라고 한《화기도감의궤》의 기록이 관련 기록의 전부이다.

〈그림 3〉 《화기도감의궤》의 불랑기

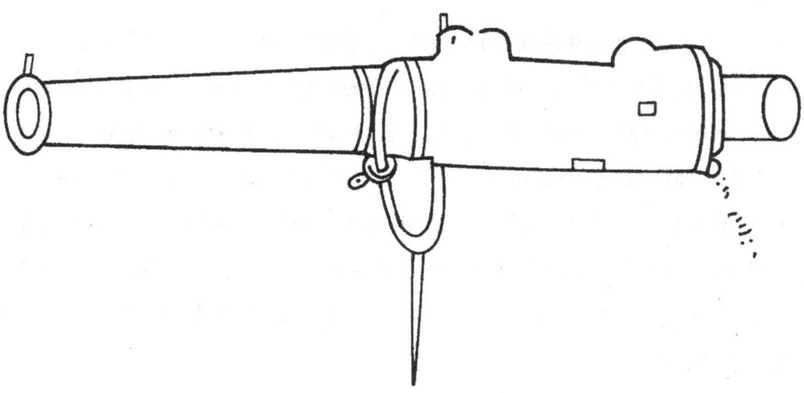

현존하는 불랑기는 불랑기 4호와 5호가 모두 9종 정도인데, 이중 불랑기 4호가 6점이다. 길이는 1m 내외이며, 부리의 직경은 40㎜ 내외이다.

그리고 불랑기 5호는 길이가 80㎝ 내외이겨, 부리의 직경은 25㎜ 내외이다.

21) 위와 같음.

이러한 점으로 미루어 볼 때 불랑기 1호와 2호는 대형포였을 것으로 추정된다.

바. 외국형 화기

먼저 虎蹲砲는 철제이며 임진왜란 때 중국으로부터 들어온 화기로 호랑이가 걸터앉아 있는 형상을 하고 있다고 하여 '호준포'라 불린다. 우리 나라에 처음 소개된 것은 선조 30년(1597)이다.[22]

호준포는 중약선 반오리를 쓰고, 한 번 쏠 때에 사용한 화약의 양은 6냥이다. 토격의 두께는 2촌이며, 한 번에 납으로 만든 탄환 70개를 장전하는데, 탄환 한 개의 무게는 2돈이다. 그리고 철환을 쏠 수도 있는데, 철환은 한번에 30개를 장전하며 철환 한 개의 무게는 2돈이다. 때로는 무게 5돈짜리 납으로 만든 탄환 한 개를 장전하여 쏘기도 하였다.[23] 이러한 까닭으로 호준포는 한번에 작은 철탄환이나 납탄환 수십 개를 발사할 수 있는 소형 철포로써 유익한 포였다.

호준포 중 현재 국내외에 남아 있는 것은 4개 정도 확인된다. 이 중에서 가장 오래된 것은 일본의 有馬成甫가 소장하고 있는 것으로 1631년 제작된 것이다.

특히 미국의 필드자연사 박물관에 소장되어 있는 호준포는 고종 30년(1893) 시카고박물관에 전시용품으로 출품하였던 것인데, 호준포가 중국에서 들어온 것이긴 해도 우리 나라에서도 많이 제조하여 사용한 듯하다. 호준포의 길이는 40~50㎝ 정도이며, 부리의 안지름은 40~50㎜ 정도이다. 철로 포신을 만들고, 그 위에 원형고리를 3~4개 끼워서 튼튼하도록 제조하였다. 앞부분에는 다리가 있으며, U자형의 못으로 앞다리의 양 끝을 큰 못으로 고정하고, 뒷부분도 U자형 못으로 땅에 고정하여 발사할 때 움직이지 못하도록 고안되었다.

다음으로 三眼銃은 총신 3개가 붙은 형태이며 손잡이용 나무를 끼우는 모병이 3개의 총신 뒤에 붙은 구조로 되어 있다. 임진왜란 당시 중국에서 들어온 총통의 한 종류로 청동이나 철로 제조되었다. 부리의 안지름은 보통 10~

---

22) 《한국 고대무기 체계》(육군본부, 1979), 168쪽.
23) 《화포식언헤》, 16쪽.

15㎜ 정도이며, 총신의 길이는 35~40㎝ 정도이다. 3개의 총신에 각각 총환을 장전한 후 주로 말 위에서 사용한 소형 총통이다. 삼안총의 매 총신에 화약 3돈을 채우고 그 위에 흙을 2푼 정도 채운 뒤 마지막으로 철환 한 개씩을 장전하여 사용하였다[24](〈그림 4〉). 현존하는 삼안총 중 가장 오래된 것은 경주박물관에 있는 것으로 선조 26년에 제조된 것이다.

〈그림 4〉 《화기도감의궤》의 삼안총

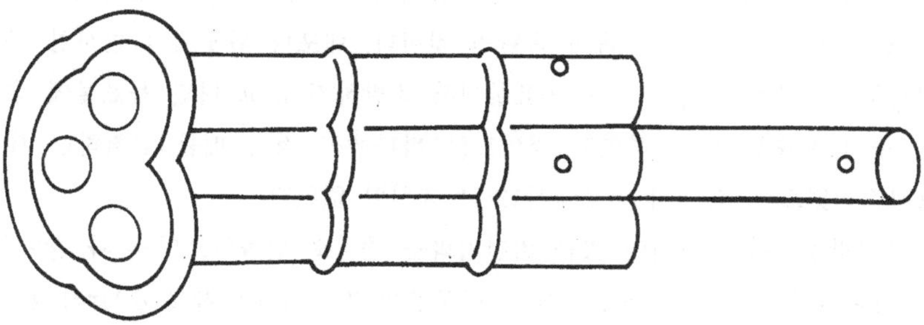

(2) 발사물

각종 총통에 장전하여 사용한 발사물은 크게 화살(箭)과 丸의 두 종류가 있다. 화살의 종류에는 대장군전·장군전·차대전·은장차중전·차중전·피령차중전·피령목전 등이 있었으며, 환의 종류에는 철환·단석·飛震天雷 등이 있었다. 이 중 각종 전과 철환, 단석의 규모는 알수 없으나 특히 비진천뢰는 우리의 독창적인 발사물이다.

비진천뢰는 일반적으로 '飛擊震天雷'로 알고 있었으나, 《화포식언해》나 《戎垣必備》의 기록에는 '비진천뢰'로 기록되어 있다. 비진천뢰는 선조 때 화포장 李長孫이 창안한 우리 나라의 독창적인 발사물인 폭탄이다.

유성룡은 임진왜란 당시 비진천뢰의 위력을 다음과 같이 기록하고 있다.

> 임진년에 왜적이 경주성에 웅거하고 있을 때 병사 朴晋이 군사를 거느리고

24) 《화포식언해》, 20쪽.

> 적을 공격하였으나 패배하고 귀환했는데, 다음날 밤에 진천뢰를 성 밖 2리쯤에서 쏘았다. 남아 있던 적이 처음으로 포성을 듣고 깜짝 놀라 일어나 어찌할 바를 몰랐는데 홀연히 큰 솥 같은 물건이 날아와 적장이 있는 객사의 뜰 가운데 떨어지자, 적이 모여 불을 켜 들고 서로 밀치고 굴렸다. 잠시 후에 포성이 천지를 뒤흔들 듯 발하여 적이 맞아 죽은 자가 30여 명이고 맞지 않은 자도 모두 놀라서 자빠지고 정신을 잃게 되어…(柳成龍, 《西厓集》 雜著, 子母砲).

위의 기록으로 보아도 임진왜란 당시 '비진천뢰'가 얼마나 위력적이었는지 알 수 있다. 우리 나라의 고유한 화기 중에서 비진천뢰만이 유일하게 목표물에 날아가서 폭발하는 금속제 폭탄인 것이다. 대포나 완구에서 발사한 다른 발사물 즉 각종 箭이나 丸은 목표물에서 폭발하지 않고 다만 목표물에 충격을 주어 부수는 일을 하였던 것이므로 바다에서 적의 배를 공격하는 데는 효과적이었으나, 육지의 전투에서는 큰 효력이 없었다.

육군박물관에 소장되어 있는 비진천뢰는 주철로 만들었으며 공과 같이 둥근 형태이다. 직경은 20~21㎝이며, 윗부분에 가로 7.6㎝ 세로 8.4㎝의 4각구멍이 있고, 그 속에 직경 5.1㎝의 구멍이 뚫려 있고 옆구리에도 직경 2.5㎝의 구멍이 뚫려 있다. 연세대학교 박물관에 소장되어 있는 비진천뢰는 직경 20㎝의 공모양이며 주철로 만들었다. 위에는 가로 6㎝, 세로 4.5㎝의 4각구멍이 있으며, 전남 장성 석마리에서 나온 것이다.

(3) 화약무기의 특징

조선 중기 화기의 특징은 초기의 총통 중 대형총통이 장군화통과 이총통의 두 종류에서 천자·지자·현자·황자·별황자 등으로 대형화되면서 종류가 늘어나고 있으며, 소형총통들도 일본의 조총과 같이 총신과 사정거리가 길어지고 여러 종류의 승자총통, 즉 소·차·별·쌍자총통 등으로 발전하였다.

일본의 조총보다는 성능이 뒤떨어지는 승자총통이 나오면서 세종 때의 많은 종류의 소형총통이 승자총통으로 통일되었다. 승자총통 중 소승자총통은 지금의 총과 같은 형태로 발사방향을 조준할 수 있는 가늠자가 부착되었으며, 나무 손잡이가 총의 뒷부분에 부착된 것이었다.

특히 중기에는 서양식 대형총통의 특징을 살린 불랑기가 도입되어 국내에서 토착화되었다. 불랑기는 기존의 국내 총통과는 달리 총통의 뒷부분에서 화약물과 발사물을 장전하는 새로운 방식이었다.

발사물은 대형총통에서는 대형 화살과 환이 병행되어 사용되었지만, 소형 총통에서는 초기와는 달리 화살은 사용하지 않고 소형 환을 사용하였다. 그리고 시한폭탄인 비진천뢰가 처음 개발되어 완구에서 사용되었다.

〈蔡連錫〉

Ⅲ. 문　　학

1. 한문학
2. 국문학
3. 언　어

Ⅲ. 문 학

1. 한문학

1) 한문학의 맥락

(1) 조선왕조 개국과 한문학

조선 전기의 한문학이라는 명칭은 적절하지 않다. 훈민정음이 창제되기 전일 뿐 아니라 일반화도 되기 이전이기 때문에, 적의한 명칭은 '조선 전기의 國文學'으로 불려져야 한다. 훈민정음이 일반화되기 이전과 이후는 다른 의미로 규정될 필요가 있다. 조선 전기 한문학은 중국문학의 장르를 차용하여 민족의 정서를 형상한 국문학으로 정립되어야 한다. 이 시기의 한문학은 四民의 문학이 아니라 士人層의 문학이라는 제한적 성격을 띤 것은 사실이다. 어느 시대를 막론하고 문학은 지식층과 보다 관계가 깊게 마련이다. 한문학의 경우는 이같은 경향이 더욱 강할 수밖에 없다. 동양에 있어서 문학은 다른 세계와 달리 정치와 긴밀하게 접맥된 것으로 인식되었다. 문학이 정치와 불가분의 관계가 있다는 인식은 신라·고려보다 조선시대가 특히 강했다. 조선 전기의 문학은 고려시대의 문학과 불가분의 관계가 있다. 고려시대의 문학 또한 신라의 문학에서 배태된 것은 물론이다.

한국 한문학의 본격적 출발은 賓貢科 출신들이 신라와 발해로의 귀국한 데서 찾아야 할 것 같다. 이들이 귀국하여 활동하기 이전에는 아마도 우리 고유의 민족문학이 근간이었을 것이다. 賓貢諸子들에 의한 중국문학의 본격적 수용과 중국문학에 입각한 문학창작을 민족 고유문학의 위축으로 이해할 수도 있지만, 한문학을 이 땅에 수립하여 민족문학의 기틀을 튼튼하게 하고 새로운 지평을 연 업적은 기억되어야 한다. 唐代부터 시작하여 元代를 거쳐 明初까지 계속된 빈공과는 당시의 선진 중국문학이 계속적으로 수입되어 우리 나라 한문학에 신선한 자극을 주는 진원이 되었다. 빈공과 출신으로서 막대한 영향을 끼친 사람은 孤雲 崔致遠이다. 그의 저서 《桂苑筆耕》과 《孤雲先生文集》은 한국 한문학의 초석이었다. 慵齋 成俔은 한국 한문학의 계통을 다음과 같이 정리했다.

> 한국 문학은 최치원에서부터 발휘되었다. 당의 빈공과에 급제하여 이름을 날리고 지금 문묘에 배향되어 있다. 이제 그의 저서를 통하여 보면 詩句에는 능하나 뜻이 정치하지 못하며, 四六文은 잘 지었지만 용어가 정돈되지 못했다. 金富軾의 경우는 담박하기는 해도 화려하지 않으며, 鄭知常은 화려하나 천양되지 않았고, 李奎報는 다듬을 줄은 알았지만 거두지 못했다. 李仁老는 단련은 되었지만 펴나지 못했고, 林椿은 縝密하나 꿰지 못했고, 稼亭(李穀)은 的實하지만 슬기가 부족했다. 益齋(李齊賢)는 老健하기는 하나 아름답지 못했으며, 陶隱(李崇仁)은 醞藉하나 나아감이 없었으며, 圃隱(鄭夢周)은 순수했지만 맺음이 없었다. 三峯(鄭道傳)은 장대하나 검속할 줄 몰랐으며, 牧隱(李穡)은 시와 산문에 모두 뛰어나 세간에 집대성한 자로 여기지만 鄙踈하고 소략하여 元人의 規律에도 미치지 못했는데, 어찌 당·송의 경지에 들 수 있겠는가(成俔, 《慵齋叢話》 권 1).

최치원을 한문학의 태두로 삼기는 했지만 높이 평가한 것 같지는 않다. 그것은 經術과 문장은 각각이 아니라 하나로 통합되어야 한다는 道文一體的 문학인식에 기인했기 때문이다. 성현의 위의 글에서 고려시대 詞壇과 조선초기 사단의 品格論의 실체를 접할 수 있다. '鍜錬·縝密·老健·的實·鄙踈' 등이라는 평가가 그것이다. 신라의 최치원을 비롯하여 고려의 임춘까지는 이름을 사용하다가, 고려말 가정부터 익재·도은·포은·삼봉·목은에 와서는 갑자기 호를 사용하는 이유도 문제가 된다. 호가 일반화되지 않고 불확실하면 字를 쓸 수도 있는데, 이름을 적은 것은 가정 이곡부터 등장하는 인물들이 조선시대 문학과 보다 긴밀하게 접맥된 때문이 아니기도 하지만, '文以載道論'의 발원과도 관계가 있는 듯하다. 성현은 조선 한문학의 근본을 구축한 사람으로서 陽村 權近과 春亭 卞季良, 집현전 학사 申叔舟·崔恒·李石亨·朴彭年·成三問·柳誠源·李塏·河緯地 등을 열거한 후, 徐居正과 金守溫·姜希

孟 등이 뒤를 이어 계승했다고 했다. 성현은 특히 서거정의 문장이 화려하고 아름다우며 韓愈를 모방하여 성공한 예라고 한 후 文衡(大提學)의 자리를 오랫동안 잡았다고 평했다. 문형직을 장기간 장악한 것은 특별한 의미를 지닌다. 학자들이 문형을 잡은 사람의 문학 성향을 본받기 때문이다. 성현은 강희맹의 문학을 평하면서 典雅하여 天機가 자숙했다고 했는데, 이는 조선 초기에 이미 司空圖의 품격론이 보편화되었음을 뜻한다. 이는 주제파악에 급급하고 있는 오늘의 상황과 견주어 볼 때 금석지감이 있다. 15세기에 이미 문학을 평하는데 있어서 품격론을 척도로 삼은 점은 조선왕조 5백년간의 문학을 이해하는 데 열쇠가 될 뿐만 아니라, '雄放·豪健·典雅·天機自熟·老健·雕鐫' 등의 품격이 15세기 문학의 주된 美意識이었음을 확인하는 것 또한 15세기 문학을 이해하는 데 있어서 하나의 관건이 된다.

성현이 제시한 한국 한문학의 文統에서 최치원을 비조로 삼은 것은 과거와 현재를 불문한 공론이었다. 고려가 멸망한 후 조선에 들어와서 최치원은 다소 격하된 감이 있다. 한문학의 수입에 의한 민족문학의 위축은 일단 짚고 넘어가야 할 사안이다. 그러나 최치원을 비조로 한 한문학의 발휘는 다행스럽게도 그것을 민족문학으로 승화시켰다. 성현이 나열한 최치원·김부식·정지상·이규보·이인로·임춘·이곡·이제현·이숭인·정몽주 등의 고려시대 작가들은 한국 한문학의 문통을 형성하는 주역들이다. 고려시대 한문학의 주제의식과 형상의식은 조선시대의 한문학과 상당히 다르다. 고려시대에는 조선시대에 비해서 주제영역이 광범했고, 형상사유도 그 폭이 넓게 잡혀 있었다. 주제의 경우 기층사유는 물론이고 불교사상과 도가사상·유가사상 등의 제반 이념들이 각각의 무게를 가지고 있었다. 특정의 이념만이 가장 가치있고 여타의 것들은 배제되어야 한다는 식의 발상은 없었다. 이른바 三敎(儒·佛·道)가 동등한 위치에서 각각의 기능을 하고 있었다. 元天錫은 유·불·도 3교의 이치가 동일하다고 주장하고 '會三歸一'의 통합의지를 밝혔는데, 이는 고려시대의 사상계를 대변하는 발언으로 볼 수 있다. 그런데 13세기 무렵부터는 한국 한문학의 이념적 기반이 朱子學으로 이행되는 감이 있다. 성현이 잡은 문통에도 흔적이 발견된다. 이제현과 이곡은 사제간이고 이숭인·정몽주 역시 경학 또는 주자학과 관계가 깊은 인물들이다. 고려 후기 이후 한국

한문학의 문통은 한국 성리학의 道統으로 봐도 무리가 없다. 그러나 고려시대의 학풍은 원천석의 아래의 글 〈三敎一理幷序〉를 통하여 그 다양성을 확인할 수 있다.

> 如如居士의 三敎一理論에 이르기를 세 성인(공자·노자·석가)이 같은 시대에 태어나서 正敎를 수립했다. 유교는 이치를 궁구하고 성정을 극진히 하는 것으로 교리를 삼았고, 불교는 마음을 밝혀 見性의 체득을 위주로 하고, 도교는 眞을 닦고 性을 연마하는 것을 주된 교리로 인식했다. 가정을 다스리고 몸을 닦아 임금을 잘 모시고 백성을 보양하는 일은 儒者들의 주된 임무이다. 精을 아끼고 神을 수양하여 신선이 되어 상승하는 것은 도교 시조의 행적이다. 죽음을 뛰어넘고 삶을 초월하고 스스로 이롭게 하는 것이 남을 이롭게 하는 것이라는 이치는 불교사상의 요체이다. 이들의 극처를 규찰하면 결국 동일한 곳으로 귀착하여 한곳에 모인다. 이로써 보건대 세 성인의 說敎는 한결같이 '治性'에 주안점을 두었다. 이른바 盡하고 鍊하고 見하는 방법에서 약간의 차이가 있지만, 지극하고 광대하며 투철한 경지에의 귀착을 추구하는 것은 모두가 같을 뿐 무슨 막힘이 있겠는가. 단지 세 성인이 각자 문호를 열었고, 문도들이 스승의 가르침에 근거하여 자기의 교리는 정당하고 다른 종교의 교리는 나쁘다고 서로 헐뜯느라 상대의 宗旨를 몰랐을 따름이지, 3교의 性은 확연하게 각각에 구현되어 있다. 이는 마치 나귀를 타고 가는 자가 자기 아닌 타인이 나귀를 탄 것을 비웃는 것과 동일하니 실로 애석할 만한 일이다. 이에 네 수의 시를 지어 居士의 뜻을 계승코자 한다(元天錫, 《耘谷詩史》 권 3, 三敎一理幷序).

원천석의 서문을 장황하게 인용한 것은 이 글의 내용이 오늘을 살고 있는 우리들에게도 경종이 되기 때문이다. 3교는 그 본질이 동일하다는 원천석의 주장은 조선 건국과 더불어 퇴색되었다. 불교·도교는 나쁘고, 오직 유교만이 정당하다는 인식이 士人層에 풍미했다. 한문학 속에 담길 이념은 오로지 유가사상이라야 하고 여타의 것은 배제되어야 한다는 주제의식은 이렇게하여 형성되었다. 불교가 억압되고 도교가 폄하되었지만, 백성의 현실적 삶 속에는 고스란히 온존하고 있었다. 한문학은 사인층의 문학이기 때문에 불교·도교적 주제는 거의 없었다. 그러나 천여 년간 지속된 불교·도교 등의 사유는 내면으로 면면히 흐르고 있었다고 생각된다. 사인층은 그들의 사회적 위상으로 봐서 유가 일변도의 구호를 외치지 않을 수 없었지만, 구호와 내실이 꼭 동일할 수만은 없었다. 유가적 주제의식에 의한 한문학의 전개는 조선 한문학의 새로운 지평을 연 것은 사실이고, 이는 강조되어야 할 특성 중의 하나이다. 원천석은 유·불·도를 평하여 유가는 洒然, 道家는 寂然, 佛家는 湛然이라고 했다. 유가는 엄숙하고 도가는 적막하고 불가는 심오한 것으로 특징지은 그의 표현은 정곡을 찔렀다. 유가문학이 경건과 엄숙을 주조로 삼는 것은 사실이다. 3교는 각각의 특징과 장단점은 있지만, 원천석은 3교의 교리가 근원에 있어서 동일하기 때문에 통합되어 공존해야 한다고 주장하면서 다음과 같이 읊었다.

> 三敎의 宗風은 본래 차이가 없는데,
> 잘못을 계교하고 옳음을 다툼이 개구리와 같다.
> 一般 是性은 함께 구애됨이 없는데
> 釋과 儒와 道를 각기 다투어 무엇하나(元天錫, 《耘谷詩史》 권 3, 會三歸一).

그러나 자기 아닌 타인의 종교나 사상도 존중되어야 하고, 각각의 문화도 제 모습을 지닌 채 함께 공존해야 한다는 고려시대 지식인의 종합적 사유는 조선의 건국과 더불어 수정되기 시작했다. 조선의 건국과 함께 진행된 사상계의 변화가 한국 한문학에 어떤 영향을 끼쳤는지 그 영향의 공과에 대해서 검토해야 할 것이다. 조선 건국 후 불가와 도가적 주제의식의 배제는 한문학사에 굵은 획을 그은 사건이었다. 주제영역이 그만큼 좁아졌다는 사실과 아울러 주제의 순정화가 이룩되었다는 긍정적 평가도 가능하다. 조선 한문학의 주제영역의 획정에는 이황의 다음과 같은 주장도 일익을 담당했다.

> 조선의 祀典에 실려 제향하는 인물들 중에 이해가 되지 않는 분들이 많다. 그 예로 최고운(치원)은 오로지 문장만 숭상했고, 게다가 불교에 탐닉했고 아울러 문집 중에 佛疏 등의 저작이 많아 혐오스럽기 짝이 없다. 그런데도 文廟에 배향되어 있으니, 이는 先聖을 욕되게 하는 것으로 심히 탄식할 일이다.
>
> 南冥(曺植)은 老莊을 창도했고, 穌齋(盧守愼)는 陽明學에 빠져 있으니 두려운 일이다. 高峯(奇大升)만은 백척의 장대 위에서 한걸음 더 올라간 경지에 있다. 그렇지 않았다면 양명학의 미혹이 아마도 중원에만 그치지 않았을 것이니 두렵다(李滉, 《退溪全書》 言行錄 권 2, 類編).

최치원이 문묘에 배향된 사실을, 선성을 욕되게 하는 것으로 인식한 까닭은 이해할 수도 있으나, 최치원 역시 유학을 부정한 선현은 아니었다. 유가의 입장에서 보면 조선의 祀典에 문제가 있을 수도 있다. 문장만을 오로지 숭상했다거나, 또는 불교에 관한 글이 최치원의 문집에 많은 것도 사실이다. 최치원에 대한 이같은 평가는 조선 전기 지식인들의 보편적 견해였던 듯하다. 또 조식이 노장에 얼마간 경사해 있고, 노수신이 양명학을 신봉했다는 이황의 주장에서 우리는 조선 한문학의 이념적 주제영역의 범주를 알 수 있다. 기대승이 없었다면 조선에도 중국처럼 양명학의 피해가 있었을 것이라는 이황의 우려는 조선 주자학자들의 견해를 대변한 것이다.

노장사상과 불교사상·기층사유 등은 고려시대 학술계에서는 용인된 학문이었다. 따라서 고려시대 한문학의 주제는 사상의 자유를 누리고 있었다. 반면에 조선시대 한문학의 주제영역이 선명화 내지 단순화된 것은 태조 李成桂를 추대한 건국 주역들의 사상적 성향과 직접 관련된다. 조선 전기 한문학의 초석은 정도전과 權近·趙浚·卞季良·鄭麟趾·申叔舟·徐居正·成俔 등에 의해 놓아졌다. 정도전과 조준을 제외한 나머지 인물들은 文衡職을 잡고 있었기 때문에 이들의 학술과 문학이 후진들에게 하나의 준거가 되었다.[1] 특히 정도전과 권근은 조선왕조 문학의 지향점으로서, 문학의 이념은 성리학에 근거해야 한다는 대원칙을 세웠다. 한문학과 성리학의 무르녹은 접합은 선조대, 이른바 '穆陵盛世'에 들어와서 성립되어 '性情美學'으로 꽃이 피고 열매를 맺었다.

성리학이 한문학의 주된 이념으로 자리잡는 데 결정적으로 기여한 사람은 정도전이다.[2] 정도전은 불교사상을 논리적으로 비판하면서 문학은 '載道之器'가 되어야 한다고 주장했다. 그는 天文·地文·人文으로 분류하고 詩·書·禮·樂이 人文이고 인문은 道를 근본으로 하기 때문에 문학은 載道的 주제의식이 필수적이라고 주장했다.[3] 정도전의 文以載道論은 권근의 《入學圖說》을

---

1) 조선 초기의 문형은 태조 때는 權近, 태종 때는 卞季良, 세종 때에는 尹淮·權踶·安止, 세조 때에는 崔恒, 성종 때에는 魚世謙·洪貴達, 중종 때에는 申用漑·南袞·金安老·金安國, 명종 때에는 鄭士龍 등이 잡았다. 이들에 의한 한문학의 영향도 검토되어야 한다.

2) 趙東一, 〈鄭道傳의 文學思想〉(《韓國漢文學硏究》 2, 1977) 참조.

위시한 일련의 글들에 의해 이론적 체계가 더욱 공고히 되었다. 정도전과 권근이 조선문학의 이념을 확립한 것은 시대적 요청에 부응한 것이었다. 고려말 기강의 문란과 도덕적 황폐화에 편승하여 문학은 홍미 위주로 흘렀고, 이 같은 문단풍토에서 정도전·권근 같은 걸출한 인물이 나타나 문이재도론을 제창했고, 이것이 도화선이 되어 조선의 新文學이 형성된 것이다. 신왕조에 의한 구왕조 문학의 극복이었다. 그것은 체제의 확립과 지속에의 의지와 맞물려 있었다.

(2) 《동문선》과 조선문학

태조를 중심으로 결속하여 건국의 주역을 담당한 지식인들은, 개국의 기틀을 전통적인 禮樂思想과 右文政策으로 삼았다. 예악사상과 결부된 한국 한문학의 유산은 풍부하다. 그런데 이에 대한 연구는 극히 저조한 실정이다. 그 이유는 예악사상이 봉건적 잔재로 잘못 인식되었기 때문이다.

예악사상과 접맥된 한문학의 꽃은 樂章文學이다. 악장문학의 대표적 작품은 《龍飛御天歌》와 정도전의 〈納氏曲〉·〈靖東方曲〉·〈文德曲〉 등인데 모두가 처음에는 漢文으로 창작된 사실에 유의해야 한다. 이들 악장이 국가의 공식행사 때, 전통적인 향악곡조에 의해 가창된 것 같지만 그 형식은 四言·五言·六言의 고시체로 되어 있다. 악장문학은 《詩經》의 雅·頌에 뿌리를 두고 있다. 《시경》의 아송이 春秋시대 해당 諸侯國들의 체제유지와 직결된 것처럼 악장문학도 조선의 개국과 더불어 그 정신을 참작한 문학이다. 정도전은 아송이 폐지된 뒤부터 사인의 詩情이 원망과 비방에 치우치게 되었고, 뒤이어 昭明의 《文選》이 나온 이후부터 그 폐단에 섬약이 추가되었다고 주장했다.[4] 아송은 춘추시대의 악장이다. 風·雅·頌에서 風雅 또는 아송으로 합쳐져서 사용되고 있는 데는 그만한 까닭이 있다. 소명태자의 《문선》은 風에 근원한 문학작품의 집대성으로 간주할 수 있다. 《문선》을 아송의 폐지와 관련짓는 정도전의 시각은 주목된다. 그렇다면 조선의 개국과 더불어 일찍이 폐지된 아송을 15세기 벽두에 우리 나라에서 정도전이 부흥시킨 셈이다. 현재의 기

3) 鄭道傳, 《三峯集》 권 3, 陶隱文集序.
4) 鄭道傳, 《三峯集》 권 3, 若齋遺藁序.

록을 참작하면 악장은 신라·고려에서는 쉽게 발견되지 않는데 반해, 예악사상에 입각한 명실상부한 악장이 정도전에 의해 조선에서 되살아난 사실은 특히 주목된다.[5] 신왕조의 창설 및 개국의 정당성과 지속을 위해 이미 폐기된 것으로 이해된 예악사상을 부활시켜 악장을 제정한 사실은 형안이다. 정도전은 예악사상을 폐기할 사상이 아니라 15세기에도 중요한 몫으로 기능할 수 있는 이념으로 생각하였다. 아울러 관심을 끄는 점은 정도전이 민족의 전통적 규범과 정서를 바탕으로 하여 民族禮樂으로 전개한 사실이다.

예악사상과 더불어 詩文을 국가 경영의 중요한 것으로 인식한 것은 그 역사가 오래이지만, 외교문서를 작성한다는 차원에서 벗어나 민족의 심성을 체제가 장악한다는 인식은 정도전에게서 보다 강화되지 않았나 한다. 문학의 주제의식과 형상의식을 조선의 국시였던 성리학과 공고하게 결부시킨 것도 정도전이었다. 그는《문선》을 높이 평가하지 않았다.《문선》을 열심히 읽으면서도 높이 평가하지 않은 것은 조선시대 주자학자들의 공통된 견해였다.《문선》의 폄하는 문학의 서정성을 과소평가한 것인데, 이같은 정도전의 시의식에서 시문은 載道之器라는 문학관이 배태되었다.[6] 조선 초기에 재도적 문학론이 활발하게 발휘되지 못한 이유는 태조 7년(1398) 제1차 왕자의 난으로 인한 정도전의 정치적 실각과 관계가 있다. 그가 제거되지 않았다면《東文選》이 그처럼 방대하게 발간되었을까 하는 가정도 해봄직하다. 조선 초기에 道學派와 詞章派의 대립을 인정한다면《동문선》의 발간은 사장파적 시각에서 편찬되었기 때문에 사장파의 승리로 볼 수 있다. 그런데 그 편찬태도에 대해서는 줄곧 문제가 제기되었다. 李睟光은 한국의 역대 시선집을 비평하면서 아래와 같이 말했다.

> 우리 나라의 시문선집은 많지 않다. 佔畢齋 金宗直이 편찬한《靑丘風雅》와《東文粹》가 비록 정선했다고 하지만 지나치게 간소한 것이 흠이다. 오직《東文選》만이 광범하게 수록하고 있긴 하나, 편찬자의 주관적 시각에 준해서 좋

---

5) 조선 초기 樂章에 대한 연구는 梁太淳, 〈樂과 樂章〉(《古典詩歌의 理念과 表象》, 林下 崔珍源博士 停年紀念論叢, 1991)과 曺圭益, 〈鮮初樂章의 國文學的 位相〉(위의 책)에서 밀도있게 검토되었다.

6) 鄭道傳,《三峯集》권 3, 陶隱文集序.

아하는 것은 취하고 싫어하는 것은 배제했다. 《續東文選》은 더욱 심하여 狗尾續貂의 비난을 면키 어려워 식자의 한이 되고 있다(李睟光, 《芝峰類說》 권 7, 經書部三, 書籍).

《동문선》이 널리 자료를 수록한 점은 인정되지만, 편찬자의 주관적 好惡에 의하여 정작 가치있는 시문이 탈락된 점을 아쉬워하고 있다. 도학파와 사장파의 문학적 갈등의 와중에서, 도학파가 사장파의 사장적 시의식을 부정하면서 새로운 의미를 부여하여 제시한 논리가 이른바 吟咏性情論이다. 조선 초기의 도학파들은 《동문선》에 수록된 시문이 음영성정에 어긋날 뿐 아니라 文以載道論에도 저촉되는 작품들로 이해한 것으로 보인다. 《동문선》의 主選者는 盧思愼·姜希孟·梁誠之·李坡·徐居正 등이다. 이들은 도학파라기 보다 사장파에 가까운 훈구사인이다. 《동문선》에 수록된 작자와 작품들은 이들이 추앙했던 인물들과 친분이 닿는 친숙한 작가들일 것은 당연하다. 이수광은 이 점에 대해 불만을 느껴 "愛憎에 기준하여 작품들을 선발했다"라고 판단한 것이다. 그가 "개꼬리로써 담비를 이었다"라고 혹평한 《속동문선》의 주된 편자는 申用漑·金詮·南袞 등인데 이들 역시 도학파로 보기는 어렵다. 《동문선》과 《속동문선》은 시문을 위시한 문장을 중시하는 사장파적 인식에 기저한 인물들에 의해 편찬되어 도학파들에 의해 비판받았지만, 이 두 책에는 민족문학의 중요한 유산의 상당 부분이 담겨 있다. 《동문선》은 조선의 右文政策과 분명히 관계가 있다. 국가적 차원에서 민족문학의 종합정리 및 편찬간행은 뜻깊은 작업이었다. 《동문선》과 《속동문선》은 중국 《문선》을 모방하여 편찬했다. 그러나 단순한 모방이 아니라, 중국의 《문선》보다 더 풍부하게 수록하고 더 훌륭하게 엮어낸다는 의식을 지녔던 것 같다. 우선 양적으로 보아도 《문선》보다 적지 않다. 새로운 정권이 수립되었으니, 전대의 문학을 종합정리해야 한다는 사명이 근저에 깔려 있다. 신왕조가 들어서면 前朝의 역사를 정리하여 편찬하였던 의도와도 연결된 것이다. 고려가 건국되자 《三國史記》를 편찬했고, 조선이 성립되자 《高麗史》를 찬술한 사실이 그것이다. 전왕조의 역사를 국가적 차원에서 간행한 주된 이유는 표방한 명분 못지않게 창출된 정권의 정통성과 합법성 그리고 무궁한 존속에 있다. 《삼국사기》는 고려왕조 창립의 필연성이 주제이고, 《고려사》는 조선왕조체제의 출현이 천명임을 핵심으로 하고 있다. 실증적 기술과 춘추대의 등을 강조하지만, 실질적 주제는 수립된 새 정권의 당위성이다. 바로 직전의 정권이 연출한 역사적 사실들을 당대 체제의 합법성과 정통성을 강조하기 위하여 얼마간의 왜곡을 곁들여 각색하는 것은 그래도 다소는 이해되는 바가 있다. 그러나 5천년의 민족사 전부를 당대의 유한할 수밖에 없는 체제를 위해 자의적으로 재단하는 소행은 민족사를 위해 불행한 일이다. 이같은 인식은 역사적 사실과 마찬가지로 문학도 예외가 아니다. 조선왕조가 건국 후 《고려사》를 편찬하고 《동문선》을 간행한 것도 같은 맥락이다. 체제의 정통성과 합리성을 확보하기 위해 문학을 활용한 조선왕조의 우문정책은 평가되어야 한다. 서거정은 《동문선》 서문에서 다음과 같이 말하였다.

> 근래의 문학을 논하는 자가 '宋대의 문학은 唐대의 문학이 아니고, 당은 漢이 아니고 한은 春秋戰國이 아니며, 춘추전국의 문학은 三代나 堯舜시대의 문학일 수 없다'라고 했는데, 이는 진실로 정당한 견해이다. … 우리 나라의 문학은 宋·元의 문학이 아니고 한·당의 문학도 아니며, 우리의 민족문학이다. 마땅히 역대의 문학(중국문학)과 나란히 천지간에 병행해야 할 것이거늘, 어찌 인멸시켜 전하지 않을 수 있겠는가. … 《周易》에 이르기를 '人文을 관찰하여 천하를 교화한다'라고 했다. 대개 천지에는 自然之文이 있으므로 성인은 天地之文을 모범으로 삼았고, 시대의 운에는 성함과 쇠함의 다름이 있는 까닭으로 文章에도 높고 낮음의 차이가 있다. … 우리 나라의 문학은 삼국시대에 시작되어 고려시대에 성했고 조선시대에 와서 그 성함이 극에 다다랐다(徐居正, 《東文選》 序).

문학은 시대에 따라 변하며 각각의 특성을 지닌 채 진보하는 것이라는 주장이다. 단순한 복고를 거부한 것이다. 여기서 말하는 진보란 시대의 변화에 올바르게 적응하거나, 아니면 정당한 방향으로 시대를 이끌어가는 것을 의미한다. 서거정은 중국문학도 요순시대 이후 춘추전국시대를 지나 한·당·송·명을 거치면서 변화·발달한 사실을 지적하면서 문학사의 발전을 강조했다. 그는 이어서 우리 나라의 문학은 한·당·송·원의 문학이 아니라 우리의 민족문학임을 역설하고 중국문학과 천지간에 당당하게 어깨를 겨루며 대등하게 존재하는 것이라고 역설했다. 人文의 한 분야인 문학을 관찰하면 천하의 교화가 성취되었는지 여부를 알 수 있고, 그 시대의 문장을 통하여 시운의 성쇠를 읽을 수 있다는 내용이다. 우리 나라의 문학이 조선에 와서 최고의 극성시대를 맞았다고 하는 것은 조선왕조의 국운이 최고조에 달했다는 뜻이다. 이같은 사정을 감안할 때 《동문선》은 오늘날의 문학전집류와는 그 성격이 본질적으로 다르다. 《동문선》은 중국문학에서 독립하여 민족문학 수립의 의지와 접맥되었던 것이다. 조선문학의 수립 의지와 민중교화에 목적을 둔 이같은 동문선의 편찬의도는 매우 값진 것이다.

> 삼국시대부터 당대에 이르기까지 辭·賦·詩·文의 몇 가지 체를 수집하여, 주제가 건전하여 교화에 도움이 될 만한 것을 취하고 문체별로 모아 정리한 후 130권으로 편찬하여 올렸다(徐居正, 《東文選》 序).

"문예작품이 비록 六經과는 견줄 수 없지만 또한 가히 문운의 성쇠를 알 수 있다"는 성종의 말은, 문학의 영고성쇠를 인정한 진보적 견해이며, 문운의 興替를 알기 위해 《동문선》의 편찬을 명하고, 이 명령을 받은 서거정 등이 '治敎에 도움이 되는 주제가 건강한 작품'들을 가려 뽑아 《동문선》을 간행했다고 했다. 《동문선》에 수록된 작품 모두가 치교에 도움을 주는 작품으로 단정할 수는 없을 것이다. 문이재도적 문예의식으로 볼 경우 이에 배치되는 작품도 많다. 그러나 '문이재도'의 道가 반드시 주자학적인 사유로 국한되어야 하는지도 문제이다. 문학에 형상된 도는 시대에 따라서 그 의미가 달랐다. 《동문선》을 편찬할 무렵의 도에 대한 인식은 치교나 世敎에 보다 치중되어 있는 것 같다. 문학이 6경에 바탕하고 6경의 날개가 되어야 한다는 주장의 근저에는 치교가 깔려 있고, 문학의 治世的 기능을 載道의 한 부분으로 인식했다. 성리학적 도가 문학에 본격적으로 형상화된 것은 16세기 士林派의 등장 이후이며, 문학의 역할이 치세에서 治心的 기능으로 변모된 것도 이 무렵이다. 물론 치심의 목적은 치세에 있다. 치심이 성리학적 理氣說과 어울려 道心의 시적 형상으로 진행되면 치세적 기능은 약화된다. 16세기 이전의 문학작품에서 성리학적 주제의식과 형상의식을 찾기는 어렵다. 왜냐하면 문학의 본령인 정감을 기저로 했기 때문이다. 후대 사림파의 《동문선》에 대한 불만은 이같은 정황과 관계가 있다. 주제가 건강하여 치세 교화에 도움이 되어야 한다는 《동문선》 편찬자의 견해는 문학이 추구하는 목표의 중요한 부분이기도 하지만, 조선왕조의 건국을 문학으로 뒷받침한다는 의지도 곁들여 있다.

문학을 통한 치교와 세교의 구현은 조선왕조 우문정책의 핵심이다. 私淑齋 강희맹도 《東人詩話》의 서문에서 시문은 세교를 위주해야 한다고 주장했다.

> 단지 시문 중에서 아름다운 것만을 오로지 취하지 않고, 은연중에 世敎의 뜻을 지닌 작품도 포함하고 있으니, 用意가 참으로 정심하다 하겠다(姜希孟, 《私淑齋集》 권 8, 東人詩話 序).

서거정의 《동인시화》가 미사여구의 작품보다 세교를 담은 시문을 주로 선택한 사실을 기리고 있다. 조선 초기의 문예인식은 세교를 중시하고 있었고, 세교와 관계있는 주제의식이 바로 '詞理醇正' 즉 건전한 주제이다. 《동문선》의 간행은 단순한 통시적 시문의 나열이 아니라, 조선문학의 좌표를 설정한 것이다. 조선문학은 중국문학의 한 모퉁이를 장식하는 부속물이 아니라, 중국문학과 대등한 민족문학임을 천명했다. 역대의 시문과 천지간에 나란히 대등하게 존재하는 것이라는 서문의 선언은 《동문선》의 체제와 수록된 작품의 분량과 천여 년에 달하는 시간적 배경을 참작컨대 조금도 손색이 없다. 한문학의 모든 장르를 총괄하고 있는 《동문선》은 그 초점을 중국에 두지 않고 우리 나라에 맞추고 있다. 《동문선》이 우리의 시문을 실은 것은 당연하다. 당연한 사실을 새삼 부각시키는 이유는 한문학의 장르가 우리 나라에 들어와서 완전히 뿌리를 내려 한국 한문학이 된 점을 강조하기 위해서이다.

《동문선》은 성종 14년(1478)에 찬진되었고, 《속동문선》은 중종 13년(1518)에 간행되었다. 《동문선》과 《속동문선》은 조선 전기 민족문학을 정리한 중요한 저술이다. 이 두 저술로 말미암아 중국과 대등한 자리에 어깨를 부비며 횡행할 조선문학의 입지가 마련되었다. 懶軒 金詮은 《속동문선》의 서문에서 《동문선》이 2천년의 시간을 포괄하면서 삼국시대를 거쳐 고려시대를 지나 조선에까지 이르고 있다고 자부했다. 과거를 비난하고 폄하하는 것을 능사로 삼는 오늘의 현실을 감안할 때, 삼국시대와 고려시대의 문학을 높이 평가한 사실은 주목된다. 삼국시대보다 고려시대가, 고려시대보다 조선시대 문학이 훌륭하다는 발전론이 그 근저에 깔려 있다.

《동문선》의 서문을 쓴 서거정과 《속동문선》의 서문을 쓴 김전의 견해는 당대 지식인의 문학적 긍지를 대변했다. 그들은 조선문학이 중국문학과 대등하다고 확신했다. 삼국시대와 고려시대의 문학을 바탕으로 하고 조선의 민족문학 수립의지 위에서 전개된 조선왕조의 문학론은 문이재도였다.

(3) 문이재도론의 전개

조선의 개국과 더불어 형성된 조선문학 정립의 의지는 1세기가 지난 후 《동문선》과 《속동문선》으로 구체화되었다. 조선문학이 고려시대의 문학과 다른 점은 조선왕조 특유의 문학론을 깔고 있었다는 데 있고, 그 문학론의 핵심은 문이재도이다. 문이재도의 道는 시대에 따라 그 해석이 다르다. 시대에 따라 도의 개념을 달리 인식한다는 것은 재도론의 발전이고, 경화되지 않고 생동하고 있다는 반증이다. 재도론은 주제론에 가깝다. 문학의 정당한 주제는 무엇이어야 하는가의 문제는 부단히 추구해야 할 과제이다. 조선조가 왕조의 창건과 문학을 접맥시켰다면, 조선조 문학의 주제는 창업을 구가하는 것이어야 했다. 그러나 건국의 주역들은 이를 문학적으로 승화시켜 세교 또는 치교 등으로 표현했다. 세교와 치교적 주제의식이, 조선의 국시였던 유교적 이념과 접맥될 것은 당연하다. 중국에서 이미 퇴조한 지 오래된 성리학을 국시로 채용한 것도 특이하다. 조선이 성리학을 국시로 삼은 사실은 체제유지의 입장에서 보면 절묘한 선택이었다. 성리학은 조선의 도덕적 재무장에 기여하여 사회를 청정하게 정화시켰다. 고려시대의 부화 화미한 문풍을 건실하게 변모시킨 것도 성리학적 문학론인 문이재도의 功效로 보아야 한다. 문학이 언제까지나 탄식하고 절규하고 음란과 분방만을 일삼을 수는 없다. 우리는 문학의 본령을 질탕한 정감의 형상으로 국한하려는 경향을 은연중 갖고 있다. 문학에 대한 이같은 인식태도는 반성할 필요가 있다. 근래에 와서 도에 대한 해석을 현실문제로 보는 시각도 주목되는 면이다. 문이재도의 도를 현실문제로 보면, 문이재도론은 사실주의적 문학론으로의 파악이 가능하다. 도의 개념이 성리학적 심성론에 한정되는 것도 문제이지만, 위와 같은 현실의 제문제로 이해하는 것 역시 지나치다 하겠다. 여하튼 조선문학의 문이재도는 성리학적 사유가 근간인 것은 부정하기 어렵다.

문이재도적 문예의식은 고려시대 崔滋의《補閑集》서문에서 처음으로 발견된다. 문헌에 나타난 것에 국한하지 않을 경우 재도적 문예의식은 훨씬 위로 올라갈 것이다. 본격적인 재도론의 시발은 도의 어의적 범주를 성리학적 이념을 주개념으로 삼은 이후부터 잡아야 한다. 고려시대의 문예미학은 전래 문헌이 적기 때문에 그 실상이 과소평가되는 경향이 있다. 문예작품의 美意識의 경우 고려시대가 조선 전기보다 오히려 더욱 활발하게 논의된 감이 있다. 조선 전기는 문이재도론의 영향으로 작품의 미학적 검토와 접근이 약화되지 않았나 한다. 고종 8년(1221)에 발간된《破閑集》에 託物寓意的 형상사유가 논의되고 있다.[7] 또 新意와 換骨·奪胎 등도 논의되고 있다. 13세기 무렵부터 시문의 주제 못지않게 미의식에도 관심을 가졌음이 확인된다. 고려시대 한문학은 미의식에 치중했기 때문에 주제의식이 등한시되어 浮華한 시문이 대량으로 생산되었다. 이를 못마땅하게 여긴 조선의 사인들은 부화를 배척하고 典雅를 숭상해야 한다고 강조하였다.[8] 문이재도는 주제의식에 더 치우쳐 있다. 문이재도는 고려문학의 폐단을 극복하려는 의도가 작용했다. 최자는 시문은 경전의 사상을 근간으로 해야 한다고 주장했다.

> 문학은 도를 실천하는 문호이어서 경전의 뜻을 바탕으로 해야 한다. 그러나 氣를 부추기고 언어를 나열하여 당대의 관심을 환기시키려면 險怪를 이용할 수도 있다. 항차 시의 창작은 比와 興과 諷喩의 형상의식을 근본으로 하는 까닭으로 奇怪를 가탁해야만, 氣가 장렬하고 의미가 심오하며 문사가 찬연히 드러나 인심을 감동시키며 오묘한 취지를 발양하게 되어 마침내 正에 귀착함을 목표로 삼는다(崔滋,《補閑集》序).

최자는 文과 詩를 분류하여 문은 경전에 보다 밀착되어야 하고, 시는 比·興·諷喩의 형상의식에 의해 표현되어야 함을 강조하고 반드시 특이하고 비범한 소재나 주제를 가탁하여 형상해야 사람들의 관심을 끌 수 있고, 그렇게 되어야 독자의 심금을 울리게 되고, 독자가 시적 감동을 느꼈을 때 正에 돌아갈 수 있다고 했다. 시의 표현기법을 중시한 것은 주목된다. 최자는 문학을 완

7) 李仁老,《破閑集》下.
8)《續東文選》序(金詮).

전한 재도의 도구로 인식하지 않았다. 비·홍·풍유의 고전적 미의식에 관심을 표명했다. 최자가 말한 정은 성정의 올바름과 관계가 있는 듯하다. 문이재도는 주자학의 전래와 보급에 따라 그 색채가 보다 진해지고 내용이 충실해졌다. 문헌으로 확인할 수 있는 것을 근거할 때 13세기 초엽에 이미 문이재도적 주제의식이 형성되었음을 확인할 수 있다. 문학이 도를 담아야 한다는 의식은 오래 전부터 존재했지만, 그것이 하나의 문학론으로 정립된 것은 13세기로 보아야 한다. 동방이학의 비조 安珦이 원에 가서《朱子全書》를 베껴온 연대가 충렬왕 15년(1289) 전후인데,《보한집》은 고종 41년(1254)에 편찬되었으니,《주자대전》이 수입되기 35년 전에 문이재도론의 맹아가 보인 것이다. 위에 인용한 최자의 글에서 우리는 그가 한문학의 미의식에 많은 관심을 가졌음을 엿볼 수 있다. 특히 '比·興·賦' 중에서 '부'를 배제하고 그 대신 풍유를 거론할 것과 일종의 상징적 표현으로 여겨지는 '寓託'을 강조한 점도 특이하지만 아직 문이재도론이 하나의 문학론으로 정립되지 못했다. 한국문학에서 문이재도론을 이론적 체계를 세워서 본격적으로 전개한 사람은 정도전이다.

> 해와 달과 별은 하늘의 문이요, 산천과 초목은 땅의 문이고, 詩書禮樂은 사람의 문이다. 하늘은 氣로, 땅은 形으로, 사람은 道로써 文을 구현시킨다. 그러므로 人文은 載道之器이어야 하는 것이다(鄭道傳,《三峯集》권 3, 陶隱文集序).

주자학을 전근대적 보수의 대명사로 착각하는 오늘의 안목으로 보면 정도전의 위 문장은 진부할 수 있다. 그러나 15세기 무렵에는 대단히 참신하고 진보적 문학론이었다. 13세기 이후 수입된 성리학은 당시 학자들에게는 충격이요 경이였다. 정도전이 전개한 재도론은 16세기의 재도론과 대비하면 성리학적 심도가 적은 것은 사실이다. 그러나 개국공신에 의한 재도론의 고취는 당시 詞壇에 큰 영향을 끼쳤음이 분명하다. 정도전은 위에 인용한 〈陶隱文集序〉에서 계속하여 道學을 척도로 한 文統을 제시했다. 이는 주자의 道統文學을 연상케 하는 주목되는 선언이다.[9] 그는 민족문학의 문통으로 乙支文德·崔致遠·金富軾·李奎報·李齊賢·李穀·李仁復·李穡·鄭夢周·李崇仁·朴

---

9) 車相轅, 〈宋代古文運動의 理論과 批評〉(《서울大論文集》13, 1967) 참조.

尙衷・朴宜中・金九容・權近・尹紹宗 등을 열거하고 정도전 자신도 문통에 끼어야 한다고 했다.[10] 〈도은문집서〉는 조선 개국 이전 우왕 14년(1388) 10월에 씌여진 글이다. 이 해 6월 태조가 위화도에서 회군하여 창왕을 세웠다. 정도전의 〈도은문집서〉는 본격적 문이재도론을 논의한 것이기도 하지만 한국 최초의 도학을 근저로 한 문통을 수립한 중요한 글이다. 을지문덕・최치원・김부식・이규보는 전통적인 차원에서 논의한 것 같고, 그의 실재적 문통의 시발은 이제현으로 잡고 있다. 이제현을 필두로 이어진 문통의 흐름은 성리학을 문학의 정통이념으로 삼았다. 이곡을 비롯해서 이인복・이색・정몽주・이숭인・박상충・박의중・김구용・권근・윤소종으로 이어지는 문인들 모두가 주자학을 공부했던 인물이다. 정도전은 이들 주자학적 문인들 틈에 자신도 포함된다고 자부했다. 사실 그의 내심에는 주자학적 문통의 확립자는 자신이라는 긍지가 강하게 작용하고 있었다.

정도전이 잡은 문통은 도통과 관련이 있다. 奇大升은 한국 성리학의 도통을 안향・이제현・이색・정몽주・길재・金叔滋・金宗直・金宏弼・趙光祖로 맥이 이어진다고 했다.[11] 문통을 도통과 결부시킨 것은 조선시대 문학의 특징이다. 기대승은 고려시대의 문학을 평하여 〈論思錄〉 上篇에서 애쓴 것은 章句요, 숭상한 바는 詞藻일 뿐이라고 했다. 서정위주의 시문을 격하하고 明道的 시문을 평가하는 선상에서 문통을 짠 것이다. 이는 시문의 이념화로 문학의 전통적 통념을 거부한 획기적인 문예의식이다. 15세기부터 본격적으로 전개된 문이재도론은 최치원 이후 펼쳐진 한국문학의 맥락 속에서 제시된 충격적인 문제제기였다. 문이재도론은 정도전의 실각으로 얼마간 타격을 받았지만, 권근에 의해 계승된 감이 있다. 그러나 15세기의 사단은 반드시 문이재도론에 의해 주도되지만은 않았다. 도통과 문통의 접합이 한문학에 기여한 점도 많지만 理語의 나열을 시로 착각하는 경향의 대두로 말미암아 시문을 독자로부터 소외시키는 결과를 빚기도 했다. 정도전과 권근 등에 의해 제기된 문이재도론은 서거정에 와서 진일보하여 정연한 논리적 체계를 갖추었다.

10) 鄭道傳,《三峯集》권 3, 陶隱文集序.
11) 奇大升,《高峯全集》論思錄 下篇.

> 우리 나라의 문학은 삼국시대에 시작하여 고려시대에 발달했고 조선시대에 와서 극에 이르렀으니 천지기운의 성쇠에 관계됨을 증명한다. 하물며 문학은 도를 꿰는 도구라는 것은, 6경의 문은 문을 지으려는 의도가 없었는데도 절로 도에 부합되는 사실에서 확인된다. 그런데 후세의 문은 문을 지으려는 의도가 앞섰기 때문에 간혹 도에 어긋나는 점이 있다. 지금 문학에 뜻을 두는 사람들은 진실로 도에 마음을 두어 글을 짓는데 급급하지 아니하고, 경전에 뿌리를 두고 諸子를 좇지 말며 雅正을 숭상하고 浮虛를 멀리하여 高明正大를 추구하고, 성경을 우익하면 반드시 道를 자득하게 된다. 만일 억지로 글짓기에만 몰두하고 도에 근본하지 않고 6경의 법도를 배반하여 제자의 경계에 빠지게 되면 문학은 도를 꿰는 도구가 되지 못한다(徐居正, 《東文選》 序).

서거정은 諸子百家에의 탐닉을 배격하고 오로지 6경에 전념할 것을 권고했다. 서거정은 성종 5년(1474)에 《東人詩話》를 출판했고 뒤이어 성종 17년에는 《筆苑雜記》를 발간했다. 저자의 생존시에 두 권의 시화집이 발간된 것인데, 이는 서거정의 당시 위상을 짐작케 한다. 文以貫道를 제창한 그이지만, 그의 문학은 16세기 사림파의 안목으로 본다면 문이재도론에 충실한 편은 아니었다. 서거정은 사장파에 경사한 인물로 여겨질 수도 있다. 그가 제시한 '有意於文'과 '非有意於文'의 대비는 문학작품의 强作을 경계한 것으로 의미가 있다. 시문을 짓기에 앞서 충분한 지식과 수양을 쌓아야 한다는 주장은 이후에도 계승되었다. 문이관도와 문이재도의 차이에 대해서 이견이 있지만, 본질적인 차등은 없는 듯하다. 문이관도나 문이재도는 한결같이 문장을 억지로 지으려는 의도를 배제했다. 이른바 '不文於文'이다. 이 경우 '文'은 미세하게 분석하면 문장을 雕琢한다는 의미도 있다. 글은 충분한 공부와 操存省察에 의해 축적된 和順이 샘물이 절로 솟아나듯 발로되어야 한다는 의식이다. 6경이 문학의 주제와 형상의식의 본원이어야 한다는 주장은 과거부터 있어 왔다. 그러나 그것이 하나의 문예의식으로 구체화되는 시점은 역시 조선왕조의 건국에서 찾아야 한다. 정도전은 중국의 《문선》을 높게 평가하지 않았지만 《동문선》의 찬자들은 "昭明이 여러 작품들을 뽑았기 때문에 고문이 남아 있고, 眞德秀가 群英을 모았으므로 正宗만이 전해졌다. 이처럼 각 시대마다 편찬이 있었던 까닭으로 사람들이 열람할 수 있다"[12]라고 하여 그 가치를 인정했다. 《동문선》에 수록된 시문 대부분이 문이재도와 관계가 없다. 조선의 右文政策의 지표가 문이재도론이었기 때문에 序와 箋에서 이 점을 밝혔고, 아울러 《동문선》 이후의 문학에 뜻을 둔 자들은 반드시 이에 근거해야 한다는 좌표를 설정하는 데 주안점이 있었다.

> 우리 주상께서 舜의 '精一'을 본받고 堯의 '文思'를 계승하고 '風·雅'가 정치와 통한다는 사실을 살펴서 文詞가 도를 싣는 그릇임을 헤아려 과거 현철들의 걸작을 모아서 장래 학자들의 모범이 되게 했다(徐居正, 《東文選》 箋(盧思愼·姜希孟·徐居正·梁誠之 進).

文詞를 載道의 도구로 한다고 했다. 貫道와 재도는 이처럼 혼용되고 있었다. 문이관도와 문사재도에서 문과 문사를 차별을 둔 단어로 본다면 관도와 재도는 얼마간의 변별이 있는 듯하다. 윗글에서 風雅, 즉 문학이 정치와 통한다는 표현에서 우리는 《동문선》이 治化와 敎化의 차원에서 편찬된 것임을 다시 확인할 수 있다. 문학과 정치, 문학과 도학의 관계는 이처럼 완강하다. 문학이 정치, 또는 이념과 결부되면 서정영역은 좁아지기 마련이다. 그러므로 문이재도적 문예의식은 표방되고 주장된 것에 비해, 실재 창작활동에의 적용은 철저하지 못했던 것으로 생각된다. 왜냐하면 문학은 머리보다 가슴에, 이성보다 감성에 근거하기가 쉽기 때문이다. 조선 전기 시인의 맥락을 잡은 것으로 인정되는 林下 李裕元은 조선 한문학의 詩派를 아래와 같이 열거했다.

> 조선의 시인은 徐居正 이후부터 金宗直·金時習·成俔·李冑·朴誾·李荇·申光漢·鄭士龍·奇遵·朴祥·林億齡·林亨秀·朴淳·盧守愼·黃廷彧·高敬命·崔慶昌·白光勳·李達·車天輅·李安訥·權韠·崔岦·林悌·任錪·李春英·李睟光·許筠·李春元·李植·李敏求·鄭斗卿 등이 있다(李裕元, 《林下筆記》 권30, 春明逸史).

이유원은 19세기의 인물이지만 그가 열거한 시인들의 시대는 15~17세기에 국한되어 있다. 서거정을 조선 한시의 정종으로 잡은 것은 주목된다. 위의 士人들은 거의가 성리학에 심취한 자들이 아니다. 조선의 사인들의 경우

12) 徐居正, 《東文選》 箋(盧思愼·姜希孟·徐居正·梁誠之 進).

성리학이 기본 교양이었음은 물론이다. 노수신은 양명학에 심취했다고 이황이 비난한 인물이고, 마지막으로 인용된 정두경은 서정이 흐드러진 분방한 短歌 두 수를 남겼다. 임제 역시 단가를 남긴 풍류객이었다. 이수광·이민구 부자가 들어간 것도 특이하다. 이유원은 도통에 입각한 詩派를 인정하지 않고, 서정에 바탕한 작가를 위주로 문통을 세웠다.

17세기가 지나면서 성리학은 그 광휘를 잃기 시작했고, 이와 더불어 문이재도론도 힘을 잃어 갔다. 그러나 내실과 달리 외피는 유효한 것으로 韜晦되어 얼마간 더 지속하는 것이 관례이다. 사림파와 사림파문학의 전성시대에는 이른바 詩話類는 거의 저술되지 않았다. 시화류는 17세기부터 풍성하게 저작되었다. 조선 전기 특히 16세기는 문이재도론에 근저한 明道詩 계열의 작품이 사단의 주류를 형성했던 것은 사실이다. 그러나 실재 창작활동에는 서정시도 많이 창작되었고 독자들의 관심도 만만치 않았음을 이유원의 글에서 알 수 있다. 이유원이 설정한 조선조 시파에 도학과 관계된 명도시를 즐겨 창작했던 사인들이 빠져 있는 사실이 이를 뒷받침한다. 三唐詩人 및 권필과 이안눌은 한 시대를 풍미했던 사인들이었다. '松都三絶'로 이름난 車天輅와 崔岦이 들어 있고, 김시습을 김종직과 나란히 놓고 있다. 위에 등장한 사인들은 대개가 도학에 근거한 문통에는 포함될 수 없는 사람들이다. 조선의 시파에는 두 가지 큰 흐름이 있었다. 하나는 이유원처럼 전통적 서정시에 바탕을 둔 것이고, 다른 하나는 성리학과 직결된 문이재도적 시의식을 바탕으로 한 명도시를 준거로 한 시파이다. 명도시의 영역은 매우 광범하다. 山水를 매체로 하여 도를 형상한 산수시 등도 여기에 포함되었다. 명도시의 대표적인 품격은 典雅와 冲淡이다. 이를 좀더 포괄적으로 표현하면 溫柔敦厚와 직결된다. 온유돈후는 詩敎이고, 시교의 변용이 문이재도이며, 문이재도의 구체적 창작에의 적용은 전아와 충담이 위주였다. 앞에서 인용한《임하필기》의 '我朝詩派'는 이유원의 독창적 견해라기 보다는 당시 보편화된 일반적인 문통의 실상을 적은 것으로 생각된다. 선현들의 저술에는 '述而不作'적인 편찬의식 때문에 저자가 이전의 기록들을 그대로 옮겨 적는 경향이 허다했다. 서책의 보급이 원활하지 못한 상황 속에서 자료의 번다한 재인용은 필요한 시도로 인정된다.

동양문학의 전통적 미의식은 '比·興·賦'와 이에 수반된 온유돈후와 온유돈후의 문학적 형상과 관련된 전아와 충담의 품격의 고찰로 그 일단을 파악할 수 있다. 이같은 미의식은 송대부터 사단의 핵심적 미의식이 된 문이재도론에 의해 그 범주가 더욱 뚜렷해졌다. 《시경》의 '六義' 가운데 부는 비나 홍보다 평가를 받지 못했는데, 이는 부의 표현기법이 直抒여서 격이 낮은 것으로 파악한 때문인 듯하다. 15세기 이후 특히 16세기에는 홍이 관심을 끌었다. 홍은 서양의 미의식으로는 풀기 어려운 독특한 미학으로, 은유나 상징 등의 표현기법과는 차원을 달리한다. 홍은 독자의 무한한 상상력을 필요로 한다. 홍에 입각한 미의식에 의해 창작된 작품은 범상한 독자를 용인하지 않는다. 홍에 근거한 미의식은 '因物起興'으로 구체화되어 조선 전기 사단의 격이 높은 작가들에게 향유되었다.[13] 온유돈후가 《속동문선》의 箋에서 강조되었기 때문에 그 시대의 문풍에 영향을 더욱 끼쳤다는 가정도 가능하다. 전은 계속하여 조선문학은 雅·頌의 美와 온유돈후한 작풍으로 인해 三代의 문풍을 좇아가게 되었다고 자부했다. 《속동문선》은 문이재도를 확실하게 논의했다. 도가 문에 수용되어야 하며 문이 도를 배제하면 그것은 문이 아니라고 선언했다.[14] 《동문선》의 편찬 당시보다 문이재도론이 훨씬 강화되었음은 느낄 수 있다. 주자학의 전래와 더불어 밀도 깊게 전개된 문이재도론은 향후 6세기 동안 조선문학의 중요한 미의식으로 작가들에게 향유되었다. 15세기를 지나서 16세기에는 문이재도론이 심화되어 성정미학으로 발전되었고 이를 바탕으로 조선문학이 중국문학과 대등한 위상으로 우뚝서게 되었다. 조선 건국과 더불어 본격적으로 전개된 문이재도론은 한국적 굴절을 거쳐 성정미학으로 완성되어 16·17세기의 詞壇에 주된 미의식으로 자리잡았다. 삼국시대를 지나 고려를 경과하면서 한문학이 발휘되어 조선에 와서 명실상부한 조선문학으로 확립되었는데, 그것이 조선문학일 수 있는 까닭은 문이재도론이 승화된 성정미학의 창출과 그 적용에 있다.

13) 李敏弘, 《士林派文學의 硏究》(瑩雪出版社, 1985), 106쪽에서 '入道次第'와 대비시켜 문이재도론의 미학적 승화에 대해 고찰한 바 있다.

14) 《續東文選》 箋(金詮·南袞·崔淑生 進).

2) 사림파의 한문학

(1) 목릉성세와 성정미학

士林派는 勳舊士人에 대항하여 등장한 지식인 집단이다. 이들은 주자학을 이념으로 지닌 士人들이다. 당시 중국의 학계에 비하여 그들은 중국의 지식인들을 능가하는 존재로 확신했다. 사림파가 활동하던 穆陵盛世[15]의 조선학계는 세계 최고의 학문수준을 구가하고 있었다. 당시 세계에서 가장 앞선 학문적 수준을 지녔다는 우월감은 寒岡 鄭逑의 다음과 같은 주장에서 확인된다.

> 지역에는 遠近이 없고 道에는 內外(中國・朝鮮 ; 필자)가 없다. 退陶선생은 평생동안 우리 朱夫子의 학문에 潛心하여, 그를 흠모한 吟詠의 작품이 많은 터에 오히려 元・明의 諸子의 반열에 들지 못한 사실은 잘못이다(鄭逑, 《寒岡先生文集》 권 10, 武夷志跋).

정구의 이 주장은 武夷櫂歌 和韻을 두고 한 것이긴 하나, 문맥 속에는 원・명의 지식인들보다 앞서 있다는 자긍이 담겨 있다. 그런데 철학인 주자학과 문학의 접맥은 문학의 입장에서 많은 위험이 따른다. 왜냐하면 철학의 매체나 도구로 전락할 소지가 많기 때문이다. 그러나 이황과 이이가 도산서원과 은병정사에서 강의를 하고 시를 지었던 16세기 조선 사단의 경우 그것은 기우에 불과했다. 그들은 문학, 즉 시가 지닌 탁월한 가치를 인정하여 문학이 철학의 예속물은 아니라고 생각했다. 16세기에 들어와 성리학은 이론적으로 발전하여 主理論・主氣論 또는 이의 절충이 나타났다. 주리파와 주기파는 확연하게 구획지울 수 없지만, 그들이 창출한 문학의 양상은 분명히 차이가 있었다. 주리・주기론의 분파적 전개는 당대 형이상학의 고도성을 증명하는 것이다. 人性과 物性의 상호 연관에 관한 인식에서 理發과 氣發의 논리가 형성된다. 문학은 이발・기발의 원인이 되는 外物의 有我的 형상과 無我的 형상

15) 金台俊, 《朝鮮漢文學史》(朝鮮語文學會, 1931), 133쪽에서 선조대를 '穆陵盛世'라고 칭했다.

또는 외물에서 象을 취하느냐 義를 취하느냐에 따라 그 양상이 달라진다. 유아적 형상은 주관적, 무아적 형상은 객관적인 묘사로 알려져 있다. 성리학적 시각으로 말한다면 유아는 私요, 무아는 公이다.

性情美學은 사를 배제하고 공을 근간으로 하며 유아를 배척하고 무아를 闡揚한다. 공은 외물과 內我가 간격이 없이 하나가 된 이른바 物我一體를 의미하고, 사는 人欲에 가리워져 天理가 흐르지 못하여 利와 惡에 의해 大公의 도리가 폐색된 것이다. 공과 사의 나뉘어짐은 티끌 정도의 간격이지만, 그 진행의 결과는 하늘과 땅의 거리만큼 넓어진다. 유아로 나아가게 하는 인욕은 인성이 외물과 접촉할 때 나타나는 것이고, 이목구비가 향수하는 聲色臭味는 인욕의 발동으로 말미암는 것인데, 인욕의 발동이 잘못되었기 때문에 공이 아닌 사로 전락한 경우로 이해했다.[16] 그러므로 사림파에게 가장 중요한 것은 올바른 外物認識을 갖는 것이었다. 외물과 내아가 물아일체가 되자면 유아를 버리고 무아가 되어야 한다. 무아의 경지에서는 天理가 流行한다. 천리는 물성과 인성이 하나가 되어야만 자연스럽게 유행한다. 이렇게 될 경우 仁·義·禮·智·信의 五性이 갖추어진다고 했다. 성정미학은 5성의 문학적 구현을 근본 목적으로 삼고 감성과 정감을 배제한다. 성정미학에서 배제한 감성과 정감은 절도에 부합되지 않은 情을 지칭한 것이다. 정은 원래 선한 것인데, 私(有我)에 의해 법도를 벗어난 이른바 横發된 정을 뜻한다. 정이 절도에 어긋난 이유는 외물(사물)과 내아의 잘못된 접촉에서 비롯되는 것으로 파악했다.

조선의 한문학을 검토함에 있어서 성리학의 용어가 지닌 意味網을 파악하는 것이 급선무이다. 性과 情, 志와 意, 心과 命 등의 철학적 어휘들이 지닌 뜻을 밝혀내야 한다. 이들을 규명하지 못할 경우 특히 조선 전기 한문학의 고찰은 변죽만 울리고 말 위험이 따른다. 이 시대의 한문학 작가들 모두가 성리학자였다. 이 점은 15세기보다 16세기가 더욱 두드러졌다. 15세기의 작가들은 성리학을 이념으로 향유하지는 않았으나 16세기의 작가들은 성리학

16) 公·私·人欲·天理의 개념은 盧守愼, 《穌齋集》 內集 下篇(《文集叢刊》 35, 1981, 480쪽)의 일부를 요약했다. 이하 性·情 등의 개념은 노수신의 정의를 따른다. 그가 비교적 간명하게 요약했기 때문이다.

을 철저하게 이념으로 향수했다. 따라서 15세기의 한문학과 16세기의 한문학은 그 양상의 차이가 있었다. 이른바 성정미학은 16세기 작가들에게는 공통의 미학이었다.[17] 성정미학의 잣대를 활용하면 16세기 사림파 한문학의 거의 전부가 밝혀진다. 물론 성정미학과 거리가 있는 작가나 작품도 없는 것은 아니지만 그것은 미미한 지류일 따름이다. 조선 전기의 한문학은 성정미학에 근거하여 전개되었기 때문에 전세계로 확대시켜 놓고 보아도 독특한 광휘를 발하는 독보적인 문학이었을 뿐 아니라, 중국문학의 영향권에서도 벗어나 중국으로부터 독립하여 조선 특유의 조선문학을 창출한 것이다.

16세기 사림파의 한문학이 조선 특유의 한문학일 수 있는 기저는 세계 모든 문학과 변별되는 성정미학적 문학론을 가지고 있었기 때문이다. 그러므로 성정미학을 부각시킴으로써 조선 전기 한문학의 독특한 위상을 밝히고자 한다. 성정미학은 刺詩보다 美詩에 기반을 두고 있다. 사림파는 문학의 주제영역에서 자시 계열의 현실비판 분야를 배제했다. 긍정적인 주제를 형상시켜 인성을 순화하는 데 목적이 있었기 때문이다. 시나 소설에 있어서 작가의 객관적 묘사가 필요한 것 못지않게 한문학 연구에도 객관성이 필요하다. 객관적 연구 시각은 성정미학에서 요구하는 이른바 유아적 시각을 삼가고 무아적 외물인식을 요구하는 것과 동일하다. 유아와 무아에서 유아와 관계없이 '我'는 개입되어 있다. 여기서 말하는 아는 사에 이끌려 공을 밀어낸 감성적 주관과 관계가 있다. 사림파의 한문학은 무아를 전제로 한다. 그러므로 오늘날의 서정성과는 차이가 있다. 무아는 虛心과 직결되어 있다. 마음을 비운다는 것은 유아적 사심을 버리는 것이다. 허심에서 무아가 나오고 무아의 경지에서 以物觀物의 정당한 외물인식이 형성된다. 李睟光은 《性理大全》에 근거하여 허심에 관해서 주목되는 발언을 한 바 있다.

> 聖人의 마음 속에는 만물이 구비되어 있지만, 마음 안에는 하나의 외물도 없다. 무릇 마음 속에 아무것도 없는 까닭으로 능히 외물을 객관적으로 볼 수 있다. 대개 외물을 좇는 자는 외물에 의해 가리워지고, 마음 속에 외물을 배제한 사람은 족히 외물의 물성을 파악할 수 있다(李睟光, 《芝峯類說》 권 5, 心學).

17) 李敏弘, 〈性情美學과 山水詩〉(《韓國漢文學硏究》 15, 1992).

詩文의 제재로서 나타난 외물을 보는 內我의 인식각도에 대한 설명이다. 내아에는 공과 사가 공존해 있다. 사림파에 있어서 내아의 개념 속에는 사가 배척되었다. 사를 배척함으로써 허심이 되고 허심의 상태에서 물아일체가 이룩된다. 물아일체의 상태에서 외물과 접촉된 내아는 性情之正에 도달한다. 성인의 마음 속에는 삼라만상이 구비되어 있지만 그것은 전부 공인 까닭으로 기실 사적으로 소유한 것은 하나도 없다. 성정미학은 성정지정만을 포용한다. 성정지정이 아닌 모든 인욕은 거부한다. 따라서 성정미학에 입각하여 창출된 작품에는 격정도 애욕도 분노도 애상도 없는 까닭으로 독자에게 외면당할 소지가 많다. 이것은 조선의 한문학계에서 가장 큰 광맥의 하나인 사림파의 한문학이 별로 주목받지 못한 까닭이기도 하다. 외물을 사적인 정감으로 인식할 경우, 눈물과 웃음과 탄식과 홍분이 있다. 외물을 자기의 사적인 소유로 했을 때 발현되는 것은 이른바 인욕이다. 盧守愼은 인욕의 구체적 하위 사항을 여섯으로 분류하고 이를 '六訓'이라고 명명한 바 있다. '誼·利·善·惡·公·私'가 그것이다. 이 중 '人欲之私'에서 나온 것은 '이·악·사'이고, 天理가 流行하여 발현된 순수하고 無妄한 것이 '선'이고, 외물과 내아가 兼照하여 사사로움이 없는 것이 '공'이며, 저절로 되어서 천리에 부합된 것이 '의'라고 규정했다. 소위 성정지정의 구체적 사안을 적시한다면 노수신이 규정한 의와 선과 공이 될 것이다.[18] 노수신은 양명학에도 조예가 깊어 주자학자들에게 비난을 받기도 했지만 위에 열거한 字訓은 성정미학의 포용된 성리학적 관용어를 이해하는 데 많은 도움이 된다.

물아일체에서 성정지정이 나오고, 물아일체가 되자면 허심을 해야 하며, 허심이 되어야만 외물을 절도에 맞게 인식할 수 있다. 성정지정은 무엇보다 외물과의 정당한 접촉을 강조한다. 趙翼은 외물과 정당한 접촉을 하려면 役物을 해야 한다고 했다.[19] 외물에 대해서 허심과 역물은 어떻게 하는 것인가. 조선 5백년 동안 그처럼 집요하게 추구했던 물아일체는 어떤 양상의 외물인식에서 얻어지는 경지인가. 조익은 인성이 외물에 사역되어서는(役於物)

---

18) 盧守愼, 《穌齋集》 內集, 下篇, 養正錄 丙一 字訓.

19) 李敏弘, 〈性理學的 外物認識과 形象思維〉(《국어국문학》 105, 1991)에서 役物과 役於物에 대해서 논한 바 있다.

안되고, 외물을 사역해야(役物) 물아일체에 이른다고 했다. 외물을 부린다는 것은 나쁜 인욕에 가리워지지 않고 인성이 지닌 본래의 純善이 외물이 향유한 理를 터득하는 동인을 뜻한다. 외물이 지닌 物性을 왜곡시켜 '이·악·사' 등의 인욕을 유발시켜서는 안된다는 주장이다. 송대의 蘇軾도 이와 비슷한 내용을 다음과 같이 말했다.

> 君子는 가히 외물에 寓意는 할지언정 외물에 留意를 해서는 안된다. 외물에 우의를 하면 비록 보잘 것 없는 미물일지라도 기쁨을 얻고, 비록 고약한 물건이라도 족히 병이 되지 않는다. 반대로 외물에 유의를 하면 미물이라도 병통이 되고 훌륭한 물건일지라도 기쁨을 얻지 못한다. 老子가 이르기를 '五色은 사람으로 하여금 눈을 멀게 하고, 五音은 사람의 귀를 먹게 하며, 五味는 사람의 입을 어그러지게 하며, 들판을 달리며 사냥질을 하는 것은 사람의 마음을 미치게 한다'라고 했다. 그런데도 성인이 위의 네 가지를 폐하지 않는 것은 우의로써 도움을 얻을 수 있다고 여겼기 때문이다(蘇軾, 《蘇東坡集》 前集, 권 32, 寶繪堂記).

寓意는 托物寓意의 준말이다. 외물과 접촉했을 때 內我는 어떻게 대해야 하느냐의 문제는 성리학자들에게 심각한 사안이었다. 조익의 견해를 빌린다면 우의는 역물적 외물인식이라야만 가능한 것으로 여겨졌다. 외물의 범주는 방대하다. 事와 物이 함께 포괄된다. 事物認識이라는 용어가 더 적절하지만 先人들이 외물을 즐겨 사용한 까닭으로 외물인식이라 했다. 인간사회에서 일어나는 제반 사건들은 사에 포함되고 물에는 해와 달을 비롯해서 한줌의 재에 이르기까지 전부가 해당된다. 성리학자들은 땅바닥에 뒹구는 돌멩이 하나에도 理가 있어서, 그 理를 제대로 파악하면 지극한 교훈이 된다고 믿었다.[20] 외물에서 그것이 지닌 理는 어떻게 하면 터득되는가에 대하여 조익은 역물적 외물인식을 거론했고, 이이는 內外無間을 들었다.

외물이 함유한 理는 성리학에서 말하는 天理이다. 천리는 天命이 유행하여 저절로 稟受된 것으로, 자연계의 모든 사물과 인간에게도 함께 있는 것으로 이해했다. 천리가 인간에게 품수되면 그것이 바로 '仁·義·禮·智·信'의

20) 李珥, 《栗谷全書》 권 13, 洪耻齋仁祐遊楓嶽錄跋.

五常이다. 외물에 깃든 理에는 '表裏精粗'와 '淸濁輕重'이 있는데, 성정미학에서 취하는 것은 이것들이 지닌 것 중에서 긍정적인 분야에 한정된다. 소동파는 외물에서 眞樂을 얻자면 留意를 해서 안되고 寓意를 해야 한다고 말했다. 유의와 우의의 대립이다. 외물에 뜻을 留한다는 것은 사심과 관계가 있는 듯하다. 외물을 公이 아닌 利나 私의 시각에서 인식하지 말라는 것이다. 그러면 喪志로 나아가 마음의 병이 생긴다는 의미다. 반대로 우의의 경우는 외물을 공정하고 善하고 誼하게 인식하는 상태라고 하였다. 이같은 외물인식은 범인이 쉽게 할 수 있는 것은 아니다. 그것이 용이하지 않다는 사실을 士林들도 알고 있었기 때문에 진지한 자세로 그 경지로 나아가기 위해 노력했다. 성정미학은 지선지고의 이성을 바탕으로 했다. 그러므로 성정미학의 진가를 완벽하게 터득한 사람은 드물었지만 16세기는 거의 모든 士人이 성리학에 심취했던 만큼 성정미학은 당시의 보편적 문예의식이라 해도 과언이 아니다.

托物寓意는 고려시대부터 논의되고 있었다. 고려시대의 意와 조선시대의 의는 그 개념이 달랐다. 조선시대의 托意는 성리학적 性情論과 관계가 짙다. 반면 고려시대의 의의 개념은 외물에 자신의 정감을 붙이는 오늘날의 감정이입과 비슷하다. 일찍이 李仁老는 승려 白雲子와 林椿의 〈聞鶯詩〉를 대비하면서 이에 대해 말한 바 있다. 백운자와 임춘은 봄날에 우는 꾀꼬리 소리에 의탁하여 자신의 정감을 읊었다. 사림들이 이 두 수의 시를 본다면, 無我가 아닌 有我의 以我觀物的 외물인식에서 형상된 작품으로 인정할 것이다.[21] 이 시는 꾀꼬리를 매체로 하여 悽惋의 정감을 붙였다는 평을 받았다. 荒村과 田家를 배경으로 녹수에 우는 꾀꼬리 소리에 처완의 정감을 붙였는 바, 이는 성리학적 성정과는 거의 관계가 없는 서정일 뿐이다. 사림파의 경우는 이같은 서정시를 吟風咏月이라 하여 높은 시상으로 여기지 않았다. 사림파에 있어서 탁의적 미의식은 성리학적 성정론과 직결되어 있다.

성정미학에서는 음풍영월과 鳥蟲篆刻的 문장의 꾸밈을 배척했다. 음풍영월은 이아관물의 유아적이고 분방한 서정과 관련이 있다. 사림들은 외물의 표피적 현상만을 작품 속에 형상시키면, 외물이 지닌 이면의 천리를 간과하게

---

21) 李仁老, 《破閑集》 권 下, 白雲子.

되어 내아와 외물이 하나가 되지 못해 吟咏性情이 될 수 없다고 생각했다. 이같은 사림파의 서정양상은 오늘날의 詩論으로서는 도저히 해득할 수 없는 부문이다. 따라서 조선 전기, 특히 16세기의 문학을 성정미학으로 풀려고 하는 까닭도 여기에 있다. 성정이 작품 속에 형상하는 데는 일정한 틀과 구도가 있었다. 성정이 오늘날의 서정시에서 말하는 정감과는 확실히 분별되는 것이라고 앞서도 말한 바 있다. 성정미학은 작품활동에 있어서 기본 골격이긴 하지만, 그것은 아직 추상에 가깝다. 실제로 창작활동을 할 경우 보다 구체화된 척도가 요구된다. 그 중요한 척도의 하나로 品格論이 제기되는 것이다.

(2) 사림파의 품격론

'溫柔敦厚'는 李滉이, '優柔忠厚'는 李珥가 중점적으로 강조한 문학의 지표였다. 品格은 風格과 같은 말이지만 우리 선인들은 풍격보다 품격이라는 용어를 즐겨 사용한 것 같다. 조선 전기 한문학에서 논의된 품격은 주제의식과 形象意識을 포괄하는 미학용어인데 반해, 요즘의 한문학 연구는 주제론에 경사되어 있다. 주제론이 학계에 기여한 공적을 과소평가해서도 안되지만, 이제는 진일보하여 미의식의 토대 위에서 주제론이 전개될 때가 되었고, 아울러 우리가 거의 도외시하고 있었던 형상의식도 심도있게 논의할 시기에 이르렀다고 생각된다.

주제의식과 형상의식을 미의식을 바탕으로 하여 함께 검토해야 하는 당위성은, 수레의 바퀴가 적어도 두 개인 사실에 비견된다. 한국 한문학도 지금부터는 품격론에 대한 정밀한 연구가 요구된다. 품격론은 성정미학의 하위영역이다. 이황은 '冲澹蕭散'의 품격 용어를, 이이는 '온유돈후'라는 단어를 거의 사용하지 않는 것은 흥미를 끈다. 이 점은 이황·이이 양현의 문학관의 차이에서 기인한 것이다. 이이가 온유돈후를 몰랐을 리 없고 이황이 충담소산을 몰랐을 까닭이 없다. 그런데도 이들 용어를 가급적 기피한 이유는 소아적 발상이 아니라, 문학의 정당한 세포분열로서의 심화 확충의 의지가 있었는지도 모른다. 사림파문학의 맥락과 융기는 이황·이이에 의해 양대 산맥으로 양분되어 더욱 활발하게 펼쳐졌다. 분파작용을 덮어놓고 蛇蝎視하는 태도는 문제가 있다. 분파는 세포분열로서 영역의 확장을 가져온다는 긍정적인 면도 있음을 인식할 필요가 있다.

품격론은 중국 唐代의 司空圖에 의해 '詩品 二十四則'의 확실한 논리로써 제시되었다. 사공도의 품격론은 우리 나라에 일찍이 유입되어 읽혔던 것 같다. 그의 24시품은 송대 嚴羽의 '妙悟說'과 청대 王士禎의 '神韻說'의 모태가 되었다. 사공도의 24시품은 이황·이이에게도 영향을 끼쳤다. 특히 이이에게 보다 많이 작용하지 않았나 한다. 이이가 第一格으로 삼은 충담소산은 사공도의 冲澹과 접맥되어 있다. 온유돈후가 동양의 가장 오랜 고전적 품격인데 반하여 충담소산은 당시로서는 참신한 인상을 주었던 품격으로 생각된다. 온유돈후가 충담소산의 품격보다 보수적이라는 표현은 아니다. 온유돈후는 사림파문학의 기본 틀이었기 때문에 그것은 보수운운의 의미로 파악할 수는 없다. 이황이 온유돈후의 품격으로 일관했다고 본다면, 이이는 얼마간 다양한 면모를 지녔다고 볼 수 있다. 이황·이이 이후, 퇴계학파와 율곡학파 사인들의 문학양상이 변별되는 요인 중의 하나가 바로 이 품격론의 차이에서 비롯되었다. 南人으로 통칭되는 퇴계학파의 문학이 이념적인 면이 강한 것도 온유돈후의 품격과 관련이 있다. 온유돈후의 주제의식은 시를 통한 성정의 순정과 계몽의식 및 用事의 적절한 구사 등으로 발현되었다. 이황은 고려가요를 비롯한 민중가요와 당시의 한시가 온유돈후의 품격이 부족함을 개탄하면서 그 중요성을 강조한 바 있다.[22]

시는 言志 또는 言學의 주제의식을 근간으로 해야 한다는 주제영역의 경계설정은 퇴계학파의 변함없는 지표가 되었다. 퇴계의 모든 작품이 성리학적 志와 주자학을 지칭한 學만을 형상한 것은 아니다. 오늘날의 서정시로 분류할 수 있는 작품도 있다. 그러나 퇴계문학의 핵심은 성정미학에 기틀을 둔 인간 감정의 최고 정수의 하나인 지에서 찾아야 한다. 지를 시 속에 형상한다는 퇴계의 주장은 역사가 오랜 전통적 시의식이다. 이황은 언지라는 해묵은 시의식을 새로 단장하여 16세기 조선 사단에 유포시켰다. '溫古而知新'의 모범을 보인 것이다. 전통적인 시의식에 새로운 의미를 부여하여 고양하는 과정에서, 동양 사단의 가장 오랜 온유돈후의 품격이 찬연한 광휘가 발휘될

22) 李滉, 《退溪全書》 陶山十二曲跋.

것은 당연하다. 온유돈후의 품격의 구체적 실상을 구명하기는 쉽지 않다. 이황의 門人 鄭惟一은 스승의 詩風에 대해서 다음과 같이 말했는데, 이 글에서 16세기의 士人들이 이미 주제론에서 벗어나 품격론을 개진하고 있음을 확인할 수 있다. 작품의 주제파악에 매달려 이것만이 실증적이며 가치있는 연구방법이라고 주장하는 일군의 학자들과는 雲泥의 격차가 있다.

> 선생은 시 짓기를 즐겨했고, 도연명과 두보의 시를 특별히 좋아했다. 그러다가 만년에는 朱子의 시에 심취했다. 선생의 시는 처음에는 淸麗에 치중했지만, 얼마 후 화려하고 미려한 꾸밈을 제거시켜 한결같이 典實하고 장중하고 簡淡한 것으로 스스로 일가를 이루었다. 또 문장을 지음에 있어서 六經에 근본을 두고 諸子는 참고로 했다. 華와 實이 서로 겸비하여 文質이 중정에 부합되었다. 雄渾하면서 典雅했고, 淸健하고 和平했다. 요컨대 그 귀착점은 粹然하여 하나같이 正에서 나왔다(李滉, 《退溪全書》 言行錄, 권 1, 言行通述).

정유일은 이황의 시와 문을 평하면서 이미 당당한 품격론을 전개하고 있다. 사공도의 24품의 용어를 그대로 사용하고 있는 경우와 약간의 변화를 준 어휘로 구분된다. 雄渾과 典雅는 전자의 경우이다. 정유일은 사공도의 품격론을 정확히 알고 있었다. 특히 웅혼은 사공도의 제일 품격이다. 웅혼의 품격은 탁월한 재주와 뛰어난 학문이 없으면 성취가 불가능한 것으로, 산문에는 오로지 莊子와 司馬遷, 시에는 오직 李白과 杜甫만이 감당할 수 있다고 했다.[23] 정유일은 스승 이황을 평하여, 시는 이백과 두보에 필적하고 산문은 장자와 사마천에 비견된다고 격찬했다. 정유일은 주제론에만 치중하지 않고 '華實'의 양면을 강조했다. 화는 수사학이요 실은 주제론으로 간주된다. 실의 경우는 유가문학의 중요한 부문으로, 환상과 초세속의 관념이 아닌 실질적이고 일상적인 내용이라고 풀어진다. 꽃과 열매는 공존해야 한다. 꽃만 탐스럽고 열매 한 알 맺지 못하는 모란과, 꽃은 볼품없으나 과일은 튼실한 사과나무는 모두가 값진 것이다. 열매를 달지 못하는 모란을 뽑아버려도 안되고, 꽃이 보잘것 없다고 사과나무를 베어서도 안된다. 정유일은 이 둘을 긍정하면서 이황은 화실을 겸비한 작가라고 격찬한 것이다. 주제의식과 형상의식을

23) 洪瑀欽, 《漢詩韻律論》에 수록된 詩品集解 참조.

함께 긍정하는 객관적 문예의식이 16세기 사단에 통했다는 사실은 경종이 아닐 수 없다. 정유일이 지적한 퇴계 시문의 품격 전아는 高古의 품격이 지닌 약점을 보완하여 고상한 운치와 예스런 색채를 주로 한다. 蘭亭과 金谷, 洛杜와 香山에 모인 명사들의 풍류가 눈앞에 전개되는 듯한 면모가 있다는 것이다. 웅혼의 품격이 지닌 호방성에 전아가 어울린 시문이면 여기에서 더 나아갈 바가 없다. 위의 인용문에는 품격과 관계있는 淸麗·典實·莊重·簡淡·淸健 등의 단어들이 열거되었다. 수사학과 관계가 있다고 생각되는 剪去華靡는 문장의 조탁이나 화사한 꾸밈을 배제한 것으로 간담과 연결된 것이다.

온유돈후는 시를 통한 교육 또는 교양을 고취시키는 시의식으로 널리 알려져 있다. 이황에 있어서 온유돈후는 교육적·계몽적 요소가 없는 것은 아니지만, 그 격조는 온유하고 돈후하게 형상화되었고 내용 역시 은근하게 스며있어 쉽게 간파되지 않는 부문이 많다. 시의 주제는 외물의 긍정적인 인식이 추류를 이루고 있다. 정유일은 이황의 시를 평하여 하나같이 '正'에서 나왔다고 했다. '정'은 '性情之正'의 준말이다. 퇴계 시가문학에 있어서, 그가 집중적으로 관심을 가진 분야는 山水詩이다. 특히 은거지 도산서원 주변의 강호를 작품 속에 의욕적으로 형상시켰다. 퇴계시가를 이해하기 위해서는 이황이 하나의 세계로 인식했던 陶山의 산수를 제재로 한 작품의 고찰은 필수적이다. 이황은 〈陶山雜詠〉에서 장문의 記를 짓고 18絶의 7언시와 26절의 5언시를 남겼고, 유명한 단가 陶山十二曲을 창작했다. 이로써 보건대 온유돈후의 품격은 산수시를 통하여 보다 적의하게 구현될 수 있는 듯하다. 도산의 산수는 상당 부분이 이황의 사유재산으로 생각된다. 그러므로 여느 산수보다 더욱 애정이 있었을 것은 당연하다. 여기서는 산수시가 온유돈후의 품격과 잘 부합된다는 면만을 우선 지적해둔다. 퇴계의 시풍에 대해서 문인들의 평을 몇 가지 더 제시하여 온유돈후의 구체적 실상에 대해 좀더 검토하겠다.

> 선생은 시 짓기를 즐겨하여 평생을 두고 공력을 경주했다. 선생의 시는 勁健하고 典實하여 화려하고 현란한 꾸밈이 없었다. 그러므로 처음에는 無味하게 보이지만, 읽을수록 더욱 좋아하게 된다. 일찍이 선생께서 '나의 시는 枯淡하기 때문에 독자들이 좋아하지 않는 자가 많다. 그렇긴 하나 애쓰고 심사숙고하여 창작한 까닭으로 처음에는 냉담하게 여겨지지만 오래 볼수록 깊은 뜻이 있다'라고

하셨고, 또 이르기를 '시는 학자에게 가장 간절한 것은 아니지만, 경관을 만나서 흥이 일어나면 시가 필요하다'고 했다(李滉, 《退溪全書》 言行錄, 권 5, 類編).

이황은 자신의 시를 일러 '枯淡'이라고 규정했고, 문인들은 스승의 시세계를 '勁健典實'하고 '不衒華彩'하다고 평했다. 경건은 사공도의 시품에 나오는 품격의 명칭이다. 고담과 경건은 서로 모순되는 면이 있기 때문에 언뜻 부합되지 않는 상충된 것으로 이해할 수도 있다. 경건은 洗鍊의 품격이 잘못 적용되어 나타날 수 있는 주제의 무기력과 형상의 나약을 지양한 것이다. 세련은 사공도의 시품 典雅 다음에 나오는 품격이다. 정유일은 앞서 퇴계시의 품격을 '雄渾而典雅'라고 지적한 바 있는데, 16세기에 이미 품격론이 활발하게 논의되고 있었음을 다시 확인하게 된다. 품격 세련은, 외물의 청결은 洗濁을 해야 얻어지고 외물의 정미로움은 鍛鍊을 거쳐야 되기 마련인데, 품격 세련의 洗와 鍊은 이같은 의미를 취한 것이다.[24] 품격 세련은 자칫 문장을 조탁이나 분식으로 꾸며서 발랄한 패기를 상실케 할 소지가 있다. 세련 다음에 경건을 배치한 사공도의 의도가 여기에 있다. 퇴계시의 품격을 경건이라고 평한 점은 주목된다. 사인이 景物을 만나서 우러난 성정을 興적인 미의식으로 형상해야 한다는 이황의 시의식을 문인들이 웅혼·전아·경건의 품격으로 규정한 듯하다. 이황이 자신의 시를 고담이라 자평한 것은 그의 확고한 품격의식에 근거한 것이다. 고담은 이황의 경우 주제의식보다 형상의식에 보다 비중을 둔 것으로 생각된다.

이황이 새로운 의미를 부여하여 부각시킨 온유돈후의 품격 속에 웅혼·전아·경건이 포함되어 있었음은 틀림이 없다. 위의 용어는 사공도의 24품에 들어 있는 것이고, 여타의 많은 용어들에서도 품격론과 상관된 점을 확인할 수 있다. 고담을 위시해서 간담·청려·전실·청건 등의 어휘들 모두가 품격론에 포용되는 것들이다. 품격론을 고찰하기 위해서는 품격론에 사용된 용어의 의미망을 천착해야 한다. 이들 용어는 미학적 논리를 깔고 있기 때문에 뜻을 파악하기가 쉽지 않다. 우선 중국측의 자료들을 섭렵할 필요가 있지만, 관계문헌들이 호한하여 난감하게 느껴지긴 하나, 그렇다고 이를 마다할 처지

24) 司空圖, 《二十四詩品》 詩品集解.

가 아니다. 중국측 자료뿐만 아니라, 우리 나라의 기록물도 가히 汗牛充棟이다. 시비평 정도로 범범하게 규정된 방대한 광맥 중에서 그 정수에 해당되는 품격론의 연구부터 우선 시작해야 한다고 제의하는 이유가 여기에 있다. 조선 중기 한문학, 다시 말하면 穆陵盛世의 한문학은 이황·이이의 문학과 그들의 품격론을 고찰하면 그 근간을 알 수가 있다. 實學派 지식인이 등장하기까지는 위 양현의 영향력이 절대적이었기 때문이다. 이황뿐만 아니라 이이 역시 참신한 품격론을 사단에 제시했다. 이이는《精言妙選》의 序와 總叙를 통하여 품격론을 체계화시켰다.《정언묘선》은 중국 한시를 '元·亨·利·貞 仁·義·禮·智'의 8편으로 분류한 시선집이긴 하나, 분류의 척도를 품격론으로 했다는 데 특별한 의미가 있다. 우리 나라의 작품이 한 수도 수록되어 있지 않다는 사실은 유감이지만, 중국문학의 방대한 품격론을 소화하여 조선 사단에 제기한 업적은 높이 평가되어야 한다.《정언묘선》은 후학들에게 필사되어 상당히 넓게 유포된 흔적이 남아 있다.[25] 이이의《정언묘선》은 당시 사단에 품격론을 활발하게 전개시키는 데 결정적인 기여를 했다. 품격론의 체계화 및 논리화에 기여했음은 물론이고 품격론 전개의 선편이 되기도 했다.《정언묘선》의 서문과 총서에 개진된 품격론은 단순한 중국의 모방이 아니라 재정리와 조합 그리고 이이 특유의 혜안에 의해 훨씬 높은 차원으로 승화되어 있음을 확인할 수 있다.

이이가《정언묘선》을 통해 제시한 여덟 종류의 품격은[26] 기존의 품격론을 종합정리한 것으로 16세기 이후 품격론의 전범이 되었다. 이이는 논리화 및 체계화의 명수로서, 그가 천부의 예지로 정리한 여덟의 품격은 율곡파의 사림은 물론이고 여타의 문인들에게도 지표가 되었다. 그것은 중국 품격론의 조선화요, 조선 사단에서 양성된 조선의 품격론이었다. 사인의 의식 속에 침잠되어 흐르던 품격의식이 이이의 논리화 및 체계화로 인해 하나의 論으로 정립된 것이다. 이같은 이이의 취지는 선조 6년(1573)에 쓰여진《정언묘선》

25)《精言妙選》은 규장각과 연세대도서관에 목판본 또는 필사본으로 남아 있고, 근래에 완질에 가까운 것이 발견되었다고 알려져 있다.《栗谷集》에서 總叙 가운데《禮字集》부문은 결락되었다. 근래 발견된 것에도《예자집》은 빠져있는 것으로 알려지고 있다.

26)《禮字集》은 결락되었기 때문에 실재로는 일곱 종류의 품격이다.

서문에 나타나 있다.27)

앞에서도 언급하였듯이 《정언묘선》에 우리 나라 시가 한 편도 수록되어 있지 않고 중국시만 뽑혀 있는데, 그것은 平仄 등을 일상언어로 구사하는 중국 사인들의 작품에서 품격의 기준점을 찾는 것이 보다 적절하다고 생각했기 때문인 듯하다. 그러나 《정언묘선》에 우리 나라 작품이 수록되지 않았다고 해서 이이가 우리 시를 폄하했다고 보는 것은 잘못이다. 그의 의도는 作詩의 규범을 사단에 제시하는 데 있었다. 《정언묘선》에 수록된 중국의 시가 주제별로 편집되지 않은 사실에 주목할 필요가 있다. 율곡은 《정언묘선》의 분류 편찬 의도를 다음과 같이 말했다.

> 세대가 내려올수록 風氣는 점점 혼탁해졌고, 혼탁한 풍기가 발하여 시가 되었기 때문에 性情之正에 근본을 두지 못하고 글귀의 조탁에 의지하여 속된 독자의 기호에 영합함을 일삼고 있다. … 시의 원류가 오랫동안 막혀서 지엽말단의 여러 갈래로 흘러 시를 배우고자 하는 사람이 현혹되어 정도를 찾지 못하고 있다. 이에 감히 가장 정수라고 인정되고 모범이 될 만한 것을 채택하여 八篇으로 엮고 圈點을 찍어서 이름하여 精言妙選이라 했다. 冲淡의 품격을 머리로 삼아서 시의 본원을 인식하게 하고, 점차로 내려가서 美麗한 작품에서는 시의 맥락이 거의 진면목을 잃어버린 실상을 보이려고 했다. 이에 明道의 韻語로써 마쳤다. 이는 시가 矯僞한 경지로 진행되는 것을 막는 데 목적을 두고 작품을 취사선택한 결과이다(李珥, 《栗谷全書》 권 13, 精言妙選序).

이이에 의하면 시는 시대가 진행될수록 퇴보했고, 이같은 현상을 풍기의 혼탁 때문으로 이해했다. 풍기는 품격과 관계가 있다. 미려와 文飾과 雕繪繡藻의 형상의식과, 교위와 移情蕩心의 주제의식을 포괄하여 시의 변천을 품격론을 근간으로 하여 진단하고 있다. 그는 《시경》의 시를 최상으로 인정했다. 충담에서 미려에 이르는 시들을 분류하여 편집한 것은 詩史의 진행을 긍정하고 있었음을 뜻한다. 충담의 시들만 가치가 있고 여타의 것은 무의미한 작품이라고 규정하지 않고, 각자의 품격에 수반된 시들의 가치를 일정하게 인정했다. 충담을 최고로 친 것은 사실이지만 다른 품격들도 충담과 또 다른 효용이 있음을 강조하기도 했다. 그것은 인간심성의 다양성을 폭넓게 수긍했

27) 李珥, 《栗谷全書》 권 13, 序.

기 때문에 가능한 견해이다. 현재 남아 있는 제7의 품격 精工妙麗의 시들을 두고 이이는 다음과 같이 말하였다.

> 《禮字集》에 이르기를, 이는 精工妙麗한 작품들을 주로 뽑았다. 비록 문장을 다듬고 꾸민 것이긴 하나 지나치게 화려한 시들은 아니다. 그러므로 이 시들을 읽으면 정서가 무르녹고 의식이 순수해져, 무미건조한 사람의 정감이 살찌고 정서가 메마른 사람들은 꽃봉오리가 터지듯 풍요롭게 된다(李珥, 《栗谷全書》 拾遺 권 4).

《예자집》에 소속된 품격 정공묘려는 정치하게 문장을 다듬어 미묘한 아름다움을 지닌 시들을 주로 뽑았지만, 정도를 벗어나지 않았다고 했다. 문장의 일정한 수식을 이이가 긍정한 셈이다. 이같은 시들이 독자에게 주는 시적 효용은 情濃意秀라고 하면서 정서가 메마르고 무미건조한 사람을 피가 흐르는 서정적인 인간으로 변화시키는 기능을 가졌다고 했다. 《智字集》은 총서가 결락되어 그 내용을 알 수 없지만, 《예자집》의 경우를 참작컨대, 오늘날의 분방한 서정시와 비견되는 작품으로 엮어졌음이 분명하다. 이이는 주자학자이면서도 현대적 의미의 서정시를 그 나름의 가치를 지닌 것으로 인정했다. 畿湖學派의 영수인 이이가 이같은 시의식을 지녔다는 사실은 이이 이후 기호학파의 문학론과 직결된다. 西人·老論으로 이어지는 율곡파 문인들의 문학이 보다 서정적인 까닭도 여기에 있다.

이황이 웅혼·전아·경건의 품격을 중시했다면, 이이는 충담과 자연의 품격에 보다 관심을 가졌던 듯하다. 이는 사공도의 시품을 기준으로 한 것이다. 사공도 이후 무수한 품격론이 중원 사단에 명멸했다. 선인들은 중국의 품격론을 항상 주시하고 있었다. 이황과 이이 또한 예외가 아니다. 왜냐하면 그들의 언행이나 시문에서 품격과 직결된 용어들이 적지않게 등장하기 때문이다. 《정언묘선》 서문에서 율곡은 "시는 본래 음영성정이다. 성정이 위선이나 거짓이어서는 안된다. 聲音의 高下가 자연에서 나온다"라고 했다. 이 경우 자연은 저절로라는 뜻도 있지만, 품격 용어로써 사용된 것으로 사공도의 《二十四詩品》에서 말한 자연과 같다. 이이는 자연에 대해서 곳곳에서 언급한 바 있지만, 아래의 인용문은 품격 용어로 사용된 점을 뒷받침하는 한 예이다.

《元字集》에 이르기를, 《원자집》은 冲澹蕭散한 작품을 주로 뽑았다. 문장이 꾸밈을 일삼지 않고 자연스런 가운데 묘취가 있지만 古調古意한 까닭으로 이해하는 사람이 적다. 당·송 이후의 여러 작품의 품격이 古體에 미치지 못하나 간간히 近體도 있다. 그러나 모두가 雕琢의 기교를 부리지 않았는데도 절로 성률에 적중한 까닭으로 아울러 뽑았다. 이 《원자집》을 읽으면 淡泊을 맛보게 되고 希音을 즐길 수 있다. 《시경》 3백 편의 遺意가 결국 여기에서 벗어나지 않는다(李珥, 《栗谷全書》 拾遺, 권 4, 精言妙選總叙).

이이는 '충담소산'을 모든 품격의 근본으로 삼았다. 이황이 '온유돈후'를 총칙으로 여긴 것과는 대조가 된다. 이이는 온유돈후와 비견되는 '優柔忠厚'라는 말은 했으나, 온유돈후에 대해서는 거의 언급하지 않았던 것 같다. 온유돈후는 웅혼, 우유충후는 충담과 관계가 있는 듯하다. 온유돈후와 우유충후는 품격론을 포괄하는 용어로 생각된다. 위에 인용한 《정언묘선》 총서에서의 '自然'이 사공도의 열 번째 품격인 '자연'과 접맥된 것은 사실이다. 이이는 사공도의 두 번째 품격인 충담과 관련지어 자연을 중시하고 있다. 이황이 사공도의 품격 웅혼을 중시한 것과 대비된다. 충담은 자연과 어울릴 수 있는 소지가 많다. 품격 자연은 綺麗 다음에 배정되어 있다. 華美가 극에 도달하면 기려의 품격이 지닌 본래의 장점이 상실된다. 기려가 갖고 있는 부정적인 요소가 극대화되면, 기려에 염증을 느끼게 된다. 이같은 상황에서 자연의 품격이 창출된 것이다. 자연의 품격을 시로 형상하여 성공한 작자로 李白과 杜甫·元稹·白居易 등을 들고 있다. 이백의 '不可思議', 두보의 '天衣無縫' 원진과 백거이의 '平易' 등은 자연의 특성으로 거론되었다. 억지로 뜻을 붙이지 않고, 시구의 짜임이나 서정의 流露가 꿰맨 흔적이 없으며, 詩意가 평범하고 쉬운 점도 '자연'의 속성으로 보았다.[28] 품격 자연은 자칫 무미건조한 범속과 평범으로 흐를 소지가 있다. 이를 경계하기 위해 사공도가 그 다음으로 含蓄을 배치한 것은 주도면밀한 용의의 결과이다.

조선 전기에 한문학을 창작했던 거의 모든 詞人들은 확고한 미학사상을 지니고 작품활동을 했다. 이를 좀더 구체적으로 좁힌다면 성정미학이 되겠고, 실제 창작활동과 접맥시킬 경우 품격론이 보다 더 밀착된다. 품격론을

28) 司空圖, 《二十四詩品》 自然.

하나의 '論'으로 정립한 자는 이이이다. 이이 이전에는 단편적이고 고립적으로 언급되었다. 16세기에 와서 이이가 하나의 끈으로 정연하게 엮고 꿰어서 논리체계를 형성시켰고, 아울러 여덟 개의 품격을 정립하여 조선 전기 사단의 詩風을 쇄신코자 했다. 표면적으로 이들 품격론을 볼 경우 성리학적 논리는 없는 것처럼 보인다. 그러나 사공도를 위시한 중국측 품격론과는 달리 성리학적 성정론, 즉 성정미학을 바탕으로 하고 있다는 것은 부인하기 어렵다. 성정미학을 깔고 있으면서도 이를 노출시키지 않았다는 사실은 이이의 탁월한 면이다. 충담에서 출발하여 미려에서 마무리하는 그의 구도는 시를 배우고자 하는 사람들의 수용의 폭에 여유를 준 것이다. 그가 제시한 품격 모두를 어느 하나 폄하하거나 배제하지 않고 각자의 품성과 노력에 따라서 선택하라는 의도였다. 《정언묘선》 총서에서 시를 배우는 사람들의 성향을 분류하고, 독자들의 성품을 구별하여 그 효용면을 밝히기도 했다. 《義字集》의 '懶夫'와 '鄙夫', 《예자집》의 '瘐瘠者'와 '枯槁者'가 그것이다. 게으른 사람과 비속한 사람은 《의자집》에 수록된 시를 읽어야 하고, 정서가 메마르고 무미건조한 사람은 《예자집》에 실린 작품을 읽어야 한다고 했다. 미려한 시를 인정한 것은, 이이의 시의식이 우리가 생각하는 도학자의 편벽된 경향에서 벗어나 있었음을 말해준다. 이는 후세 율곡파 사인의 시의 주제영역이 넓은 사실과 관계가 있다.

목릉성세의 조선 사단에 이이가 정리하고 재조직하고 체계화하여 제시한 冲澹蕭散·閒美淸適·淸新灑落·用意精深·情深意遠·格詞淸健·精工妙麗 등의 選詩척도는 품격론의 전개로 인정된다. 이들 품격용어는 그 개념이 워낙 난해하여 뚜렷하게 밝히지 못하는 것이 유감이다. 게다가 《예자집》의 경우는 결락된 상태이지만 《정언묘선》의 서문을 참작하건대 미려의 품격과 明道韻語의 주제의식과 결부시켜 유추할 수 있다. 위의 용어들 중에 충담소산·한미청적·청신쇄락·정공묘려는 품격어휘로 보아도 무방하나, 용의정심·정심의원은 의문을 제기할 수 있다. 《貞字集》의 선시 기준인 용의정심·句語鍛鍊·格度嚴整[29]은 주제와 수사와 시격을 포함한 것으로 충담소산 등과는 차이가 있다.

---

29) 뜻을 부림에 있어서 정치하고 심오하게 하며 문구를 단련시키고 격도가 엄정하다는 뜻이다(李珥, 《栗谷全書》 拾遺, 권 4, 精言妙選總敍).

《仁字集》의 '정심의원'은 형상의식은 배제되고 오로지 주제쪽만 치우쳐 있다. 景과 사물을 만나서 襟懷를 사출함에 있어서 情意가 심원한 작품을 뽑았다는 것이다. 정의가 심원한 것의 구체적 설명으로 哀而不傷·怨而不悖[30]를 열거했다. 여하간 다소 느슨한 면은 있지만 위의 두 용례도 품격으로 여겨서 크게 어긋나지 않는다. 이이는 시의 기능과 효용으로써 淡泊·心平氣和·魂瑩骨爽·意思不淺近·穆爾長思·氣聳神揚·情濃意秀 등을 나열했다. 심기가 화평하고, 영대가 맑고, 뜻이 천박하지 않으며, 온화하고 조용한 사려, 기가 솟고 정신이 발랄해지고, 정서가 무르녹고 의기가 빼어남을 시의 중요한 효용으로 삼고 있다. 사림파의 문학을 상식적인 文以載道論으로 함부로 논단하는 것이 얼마나 위험한 것인지를 이를 통해 알 수 있다. 문이재도에서의 道를 삼강오륜이나 수신의 덕목 쯤으로 치부하는 것은 문이재도론의 조박을 핥는 것밖에 안된다. 도의 개념을 이해하는 데 위에 제기된 내용들은 많은 참고가 된다.

이황의 "도의를 기뻐하고 심성을 기른다"[31]는 외물인식은 품격 온유돈후의 구체적 표현일 수 있다. 〈陶山雜詠〉에 포용된 많은 한시들은 그같은 외물인식을 바탕으로 하여 창작되었다. "도의를 기뻐하고 심성을 기른다"는 의미는 이이의 《정언묘선》 총서 등에서 그 구체적 개념이 포착되므로, 성정미학이 문학적으로 구현되는 전형은 품격이라고 생각된다. 이이는 그가 제시한 여덟 개의 품격에서 성정미학이 추구하는 지표에 관해서 다음과 같이 말하고 있다.

> 시는 吟詠性情이어야 한다. 음영성정은 淸和를 펼쳐내어 가슴 속에 쌓인 마음의 찌꺼기를 씻어내어 고매한 인격을 향유케 하는 데 주안점이 있다. 淡泊을 맛보며 希音을 즐길 수 있어야 하며, 心氣를 평화롭게 하여 수레를 타고 꽃길을 가는 듯하여 세속의 모든 利慾을 초탈케 하고, 인간 내면의 臭腐를 세척하여 심성을 청결하게 하고, 의사를 천박하게 하지 말아야 하며, 원망이나 음란하고 방탕한 심정을 야기해서 안되며, 나태한 사람을 立志케 하며 비속한 자는 우아한 취향을 지니게 하며, 수척하고 메마른 사람들에게는 정서를 살찌게 하고 꽃피게 하는 기능과 효용이 있어야 한다(李珥, 《栗谷全書》 拾遺, 권 4, 精言妙選總叙).

30) 슬프지만 정도가 지나치지 않고 원망의 마음은 있으나 패륜에 이르지는 않는다는 뜻이다(李珥, 《栗谷全書》 拾遺, 권 4, 精言妙選總叙).

31) 李滉, 《退溪全書》 권 3, 詩 陶山雜詠.

이이의 이 주장을 통하여 목릉성세를 풍미했던 성정미학의 지향점 일부를 엿보게 된다. 이이의 품격론을 사공도의 그것과 대비하면, 용어부터 시작해서 다른 점이 많다. 시대가 흘러왔기 때문에 이이는 사공도 이후 중국의 품격론에 대해서도 주의하고 있었음이 확인된다. 그러나 그는 사공도의 두번째 품격 冲淡에 특별한 관심을 가졌고, 충담과 상통되는 면이 많은 품격 자연에 상당한 비중을 두었다. 자연은 天然과 같은 의미이다. 이이는 일찍이 尹紀理의 아래의 시를 평하여 '出於天然'이라고 감탄하면서 격찬한 바 있다.

> 싸립문 옆 복사꽃은 햇볕 속에 정갈한데
> 무수한 꿀벌들이 어지러이 날고 있다.
> 동자의 말소리에 낮잠을 얼풋 깨니
> 광주리엔 살찐 고사리가 가득하다(李珥 《栗谷全書》 권 32, 語錄 下).

申濆이 富平縣 餘金山에 집을 짓고 당대 명사들을 불러 시를 구했는데, 윤기리가 지은 위의 시를 본 후, 참석했던 명사들이 붓을 던졌다. 이이가 이 시를 보고 감탄하면서 억지로 모사해서 얻을 수 있는 것이 아니고 이른바 천연에서 나온 것이라고 했다.[32] 품격 자연은 분식이나 모사를 극력 배제한다. 조탁이 정도를 넘으면 시의 생기가 말살된다. 이는 품격 綺麗가 지닌 함정이다. 그러므로 자연으로 이행될 것은 당연하다. 자연이라고 해서 아무렇게나 멋대로 하는 것은 아니다. 이 점을 경계하기 위해 孟郊·賈島의 고심함이 뼈에 사무치고, 盧仝(唐 范陽人)·李賀의 험함을 추구하고 그윽함을 추구하는 것과, 李商隱·溫庭筠의 수놓은 비단을 펼친 듯한 것도 궁구해보면 모두가 자신의 개성에서 나온 것이다. 사공도는 "만약 오로지 矯僞만 일삼고 그같은 천품이 없었다면 어찌 세상에 이름이 났겠는가"라고 했다.[33] 위에 열거된 맹교·가도·노동·이하·이상은·온정균 등은 문장을 다듬고 퇴고하여 기려하고 贍富한 경향의 시를 지었던 인물이다. 그러나 이들에게는 천부의 면이 있었기 때문에 그같은 시를 지어서 이름을 날렸고, 그것은 곧 그들의 자연이라고 했다. 이로써 보건대 품격 자연은 平凡·奇

32) 李珥, 《栗谷全書》 권 32, 語錄下.
33) 司空圖, 《二十四詩品》 自然.

異·濃艶·淡泊 등을 모두 포함하고 있는 것임을 느끼게 된다. 기이하고 농염한 시라고 해도 작가의 천성이 기이하고 농염하다면 그것이 바로 자연이라는 주장이다. 이상은과 온정균의 시는 금수를 펼친 것 같이 화려하지만, 그것은 이상은·온정균의 천연에서 기인한 까닭으로 그들 작품의 품격을 자연으로 규정했다. 주제가 아닌 형상의식에 근거한 이같은 품격론은 우리들의 상상력을 뛰어넘고 있다.

그러나 이황·이이는 이와 같은 중국의 품격론의 논리를 전폭적으로 수용한 것 같지는 않다. 이이는 특히 이같은 시들을 美麗로 분류하여 시의 맥락이 거의 단절에 이른 작품으로 규정했다. 이황 또한 화려한 분식을 제거하고 색채를 긁어내며 예리한 내용은 온건하게 할 것을 주장했다.[34] 반면 이이는 미려의 시도 일정한 가치가 있는 것으로 인정하는 여유를 보였다. 이황보다 성정미학에 있어서 서정의 영역을 넓게 잡았다는 증거이다. 영남학파와 기호학파 문학의 차이점은 이것으로부터 나왔다.

성정미학은 주제의식과 형상의식에 골고루 작용했는데, 작용의 실재는 품격론이 척도가 되었다. 특히 어떻게 주제를 형상시킬 것인가에 주의를 집중했다. 성정의 올바름을 주제로 삼아야 한다는 것은 널리 알려진 대전제였다. 그러므로 품격론의 무게는 형상의식에 주어졌다. 당시로서는 性情之正에 위배되는 주제를 시문에 담는다는 것은 모험이었다. 그러나 그같은 모험을 시도한 용감한 詞人들도 적지 않았다. 吟咏性情의 주제의식이, 그것이 지닌 한계성의 극대화로 인해 풍화가 시작되자, 품격론의 전개 양상도 변하기 시작했다. 사공도의 24품 가운데 맨 마지막 품격인 '流動'이 관심의 대상이 되기 시작했다. 이른바 天機流動의 시의식의 대두가 그것이다. 유동을 천기가 흐른다는 의미로만 이해해선 안된다. 왜냐하면 유동은 미학적 용어인 품격론의 일단이기 때문이다. 웅혼에서 시작한 품격은 유동에서 마무리된다. 16세기가 지나면서 조선의 사인들은 웅혼·충담 등에 경주했던 관심을 마무리에 해당하는 유동으로 옮긴 것이다. 張維는 權韠의 시를 천기유동으로 규정하면서 아래와 같이 말했다.

---

34) 李滉, 《退溪全書》 詩行錄, 권 1.

> 용모가 위엄이 있고 기개가 호방하고 언론이 뇌락하여 사람의 마음을 움직였다. 간간이 잡되고 해학스런 면도 있었고 특히 술을 좋아했는데, 술을 마신 후에는 더욱 방만하고 오만했다. 시를 읊으면 風神이 散朗했고, 종이를 잡고 붓을 던지는 것을 기다릴 것 없이 입에 형용되었으며 미첩에 움직여 시가 되었다. 급기야 문장이 이루어지면 情境이 妥適하고 律呂가 조화되어 항상 天機가 流動된 것이 아님이 없었다(權韠, 《石洲集》 張維 序文).

천기는 음영성정의 '성정'과 변별의식을 갖고 사용한 말이다. 유동은 미의식이 깔린 품격 용어이다. 17세기 무렵에는 품격 유동이 성정이 아닌 천기와 부합된다고 생각한 것 같다. 이른바 성정지정의 주제의식에서 재래한 사인들의 답답함과 미진한 듯한 느낌과 관계가 있다. 규범적 서정이 음영성정의 본령이라면, 천기유동은 분방한 정감의 분출에 닿아 있다. 천기유동은 法唐派 사인들의 시적 지표였다. 三唐詩人의 혜성과 같은 출현도 載道的 局促에서 벗어진 서정의 節制와 무관하지 않다. 성정미학이 지닌 요소의 일면이 부정적 모습으로 확충되어 사단을 풍미했기 때문이다. 완벽하고 영원불변한 미의식은 존재하지 않는다. 영원불변의 진리라고 인식하는 순간, 보수와 반동은 시작된다. 미학의 진수는 변화와 발전에서 찾아야 한다. 그러므로 성정미학도 한 시대에서 올바른 기능을 한 후 변화하거나 풍화될 것은 당연하다. 성정미학이 극에 이르면 정체와 고정관념이 배태한다. 이른바 경화요 경직이다. 성정미학의 경화와 경직은 성정미학의 긍정적 본질까지 손상시켜 사인들로부터 버림받게 된다. 음영성정의 경직 내지 경화는 기존의 통용되는 품격으로서는 치유가 불가능하다. 따라서 사공도의 마지막 품격이면서 첫째 품격으로 되돌아갈 수 있는 유동이 등장할 것은 당연하다. 성정의 음영이 아니라 천기가 유동해야만 시가 중홍한다는 논리이다.

사공도가 유동을 그의 품격론에서 마지막에 배치한 것은 의미심장한 것이다. 움직이는 것은 항상 신선하고 생명력이 발랄하게 꿈틀거린다. 시의 품격도 항상 흐르는 물처럼 변화하고 발전하라는 의도로 여겨진다. 품격 유동은 시적 서정영역의 재도적 국촉을 무너뜨린다. 그러므로 목릉성세가 지난 후, 천기를 형상하는 유동의 품격이 대두된 것은 우연이 아니다. 물론 유동이 이

시대에 처음으로 나타난 것은 아니다. 과거부터 존재해왔지만 목릉성세 이후에 유난히 강조되었다. 이는 시의 재도적 굴레를 제거하고 물흐르듯 흘러가는 서정을 위주한 詞人群의 등장과 관계가 있다. 그 대표적 인물이 권필과 許筠·姜籒 등을 들 수 있다. 허균과 강주는 이후에 전개되는 北人文學의 태두로서 하나의 유파를 형성했다. 북인문학의 설정은 南人文學과 老論文學의 설정을 전제로 한 것이다. 문학의 서정영역의 확장은 북인문학의 두드러진 업적으로 생각된다. 이는 조선 전기 한문학 연구뿐만 아니라 후기 한문학 연구에도 검토되어야 할 커다란 과제이다. 이와 같이 목릉성세의 문학론의 주류였던 성정미학은 품격론과 어울려 그 깊이를 더했지만, 시대의 흐름에 따라 서서히 풍화되어 갔다. 품격 유동의 강조는 성정미학의 풍화와 접맥된 것으로 생각된다. 변화와 흐름을 통해 정체와 고정의 벽을 허물고자 하는 사인들의 의지는 값진 것이다.

(3) 사림파의 음영성정

품격론은 그 역사가 오래다. 이는 성정미학이 성립되기 이전부터 존재했다. 중국에서의 성정미학은 周子·程子·朱子로 이어지는 성리학의 확립과 직결되어 있다. 성정미학은 外物과 외물을 인식하는 주체인 內我의 성정에 근거한다. 성리학이 操存省察의 인격수양을 중요한 핵으로 삼고 있다면, 성정미학은 이같은 내아의 성정을 미적으로 형상하는 데 초점이 맞추어져 있다. 그러므로 성정미학은 동서고금을 막론하고 인간이 창출할 수 있는 문예미학의 최고봉이 아닌가 한다. 왜냐하면 광대무변의 사변적 이론체계인 성리학을 배경으로 하고 있기 때문이다.

성정미학의 완성은 이황과 이이가 활동했던 목릉성세에 이룩되었다. 성정미학이 성리학적 사변체계에 국한되지 않고 과거부터 존재했던 품격론과 결부된 사실은 성정미학을 위해 다행이 아닐 수 없다. 중국측 성정미학을 그대로 답습하지 않고 그것을 한국적으로 변용시킨 사실이 특히 주목된다. 사공도의 품격론의 경우도 24품 전부를 그대로 수용한 것이 아니라, 사림파의 미의식이었던 성정미학의 차원에서 선별적으로 향유했다. 사공도의 품격론은 성정미학에 기저한 것이 아니라 순수 문예미학을 바탕으로 했기 때문에 사림파의 문예의식과는 상충되는 부분이 많았다. 이이가 전개한 품격론은 중국의 것을 일단 해체시켜 재조합한 흔적이 보일 뿐 아니라, 조선의 사단풍토에 걸맞게 재창조한 것이다. 이 점은 《정언묘선》 서와 총서를 위시해서 여러 기록들에서 확인된다. 품격론에서 이황의 경우는 이이보다 전통적인 인식을 지녔던 듯하다. 사공도의 품격 용어가 그대로 습용된 사례가 많기 때문이다. 문이재도론을 수용하는 경우에도 이황과 이이 사이에는 얼마간 차이가 있다. 어쩌면 그 차이는 퍽 크다고 볼 수도 있다. 서정의 영역을 놓고 볼 경우 이이가 이황보다 그 폭이 넓다. 托意의 정도를 예로 든다면, 이이가 沖淡·閒美에 치중한 반면 이황은 典雅와 雄渾에 경사되어 있다. 품격과 탁의는 긴밀하게 접맥되어 있다. 이황이 전아와 관계가 깊은 用事의 구사를 훨씬 많이 한 까닭도 여기에서 찾아진다. 이이의 시어 구사는 평이성을 특징으로 하고 있다. 선조는 이이를 평하여 "교만하고 격한 데가 있다"라고 했다. 경연 석상에서 왕을 똑바로 쳐다보느냐는 제자의 질문에 이이는 직시한다고 답변했다.[35] 이같은 정황으로 봐서 이이가 성격상 중국이나 우리 나라의 유명한 시인의 시를 모방한다는 것은 있을 수 없다고 생각된다. 이이는 주자를 그처럼 존숭했지만 자기의 견해와 상충되는 부분에 대해서 만일 주자가 그렇게 봤다면 그것은 주자가 아니라고 말할 정도로 독자성과 독창성이 강했다. 그러므로 이른바 문이재도론의 경우도 그 나름의 선별적으로 수용하기가 십상이지 전폭적으로 답습하는 것은 기질상 맞지 않았다. 그러나 이황과 이이의 문학이 다 함께 성정미학에 근거하고 있었음은 두말할 필요가 없다. 이이는 삶의 괴로움을 抒情하면서 성정미학과 결부시켰다. 즉 그는 '物我一體'라는 말을 시 속에 직접 구사하여 외물과 내아가 합일되어 누가 주체이고 객체인지 모르겠다고 노래하고 있다. 시에서는 이같은 주장이 흔히 있다. 그런데 여기서 문제가 되는 것은 현실적인 고통과 결부되었다는 점이다. 정당한 외물인식은 현실의 세속적 고통도 극복할 수 있다는 시각이다.

35) 李珥, 《栗谷全書》 권 38, 附錄 諸家記述雜錄.

내 만년 삶의 괴로움과
소시에 속세에서 분주했음을 탄한다.
눈은 古書에 있었고
뜻은 羲皇시대를 동경했다.
세상에 분분한 만갈래의 累에서
정신을 온화하게 할 곳이 없다.
표연히 서울을 벗어나
궁벽한 해변에 발자취를 묻었다.
자연에서 나의 마음을 수양하니
내 한몸 모두에 煙霞가 가득하다.
子長(司馬遷)은 내가 사모하는 이이고
悅卿(金時習)은 내가 친애하는 분이다.
산수의 흥취를 탐하는 것이 아니라
오로지 나의 성정을 온전케 하고자 할 뿐
외물과 내아가 하나가 되었으니
누가 주체인지 객체인지 모르겠다.
담담하기는 맑은 호수와 같고
엄숙하기는 가을 하늘과 한가지다.
근심도 없고 기쁨 또한 없는
이같은 경지는 사람이 도달하기 어렵다.
오묘한 이치 헤아리기 어려워
백세 동안 緇磷이 없다.
번잡한 路中子는
날더러 어리석다 한다.
사방을 둘러봐도 知己는 없고
밝은 달만 나의 참 벗일 뿐
浩歌 한 번 길게 외쳐보니
悠悠한 천지에 봄빛만 가득하다. (李珥,《栗谷全書》拾遺, 권 1, 賦詩 寓吟).

이이의 이 五言古詩는 冲淡 그것이다. 율곡이 '冲澹蕭散'을 제1격으로 삼았고 '閒美情適'을 제2격으로 삼은 것은 앞에서도 말한 바 있다. 사공도가 품격 雄渾을 첫머리에 두고 충담을 두번째에 놓은 사실과 대조된다. 雄은 맹렬하게 될 소지가 있고, 渾은 혼탁할 우려가 있다. 시에 있어서 맹렬함과 혼탁함은 버려야 할 것들이다. 충담의 품격이 웅혼 다음에 놓인 이유가 여기에 있다. 이이가 《元字集》 총서에서 주장한 대로, 문장을 분식했거나 조탁한 흔적은 전혀 없고, 古調와 古意를 읽을 수 있는 작품이다. 그의 한시는 대체로 위의 시 같은 경지를 크게 벗어나지 않고 있다. 이이는 자신의 시의식과 품격론을 창작활동에 그대로 적용한 시인이었다. 그는 산수에서 흥을 탐하지 않고 존심양성하고 있다고 했고, 현실세계에서는 그것이 불가능하기 때문에 표연히 서울을 벗어났다고 노래했다. 그리하여 그는 강호에서 風月을 벗삼아 물아일체로 나아갔고, 기쁨도 근심도 없는 경지에 나아가고자 노력한다고 읊었다. 그러나 宦路의 좌절에서 온 고통과, 지기가 없는 외로움, 세상사람들의 몰이해 등의 괴로움을 성리학적 외물인식으로 극복하고, 그것을 성정미학에 기저하여 시로 형상한 것이다.

이황의 음영성정의 영역과 시각이 이이와 차이가 있음은 앞서 언급한 바 있다. 성정미학의 경우도 이이가 좌파적 성격이 있다면 이황은 우파로 볼 수 있다. 여기서 분명히 해둘 것은 좌파가 정당하고 우파가 부당하다거나 우열의 차이가 있다는 것은 결코 아니다. 단지 성격의 차이가 있을 따름이다. 품격론의 전개에 있어서도 典雅에 역점을 둔 것이 충담에 초점을 맞춘 것보다 뛰어나다는 식의 판단은 배제되어야 한다. 품격의 경우도 시대에 따라 관심과 호오의 대상이 달라질 수 있기 때문이다.

이황이 경사되어 있던 전아의 '典'은 법도에 맞고 중후하다는 의미가 함축되어 있고, '雅'는 風雅와 雅飾의 아로서 俗과 대비되는 것이다. 이황의 중심사상의 하나인 敬과도 걸맞는 품격이다. 사공도는 전아를 高古 다음에 배치했다. 본바탕에 근거하는 것을 高라고 하고 간단하고 진솔한 것이 古인데, 이것은 반드시 極處라고 볼 수 없기 때문에 전아로 진행된다고 했다.[36] 이황의 음영성정은 대체로 전아에 바탕을 두고 있었고, 그것은 그의 시의 근간이 되는 미의식으로 생각된다. 이황의 대표적 산수시인 〈陶山雜詠〉의 품격은 전아가 주종을 이루고 있다.

날개를 펄럭이고 비늘을 움직이는 건 누가 시켰나
활발하고 오묘한 天理 天淵에 가득하다.

---

36) 司空圖, 《三十四詩品》 高古 · 典雅 참조.

江臺에 온종일 心眼을 열면
천연은 明誠의 巨編이 된다.

(天淵臺)

콸콸 흐르는 물에 구름 그림자 드리우니
독서의 깊은 비유 方塘에 있는 듯
내 이제 맑은 연못가에 得意함은
흡사 당년에 길이 감탄함과 같구나.

(天光雲影臺)

싯누런 탁류 도도하면 형체를 숨기고
순류가 흐르면 온화가 나타난다.
저같이 사나운 물결 속에서도
천고의 盤陀石은 의연하게 서있다.

(盤陀石)

위에서 인용한 이황의 시 속에서 현대적 의미의 서정은 발견되지 않는다. 이이의 시에서는 현실의 고통과 괴로움이 간혹 담겨 있는 것과 대조된다. 이같은 차이는 성정미학의 인식 시각과도 관계가 있지만, 그들의 각각 상이한 삶과 더욱 연관되었는지도 모른다. 이황은 학문과 강호생활에 대한 집념이 이이보다 강하였다. 이이는 經國齊民의 정치적 경륜의지가 남달리 강했고, 경제적 여건도 좋은 편이 아니었던 사실도 참고가 된다. 天淵臺·天雲臺·盤陀石은 도산 주변에 있는 景物이다. 天淵의 물가에서 鳶飛魚躍의 다른 표현인 '날개를 펄럭이며 나는 새와 비늘을 움직이며 헤엄치고 뛰어오르는 물고기'를 응시하면서, "저같은 조화의 활발함은 누가 시켰는가. 그것은 하늘의 조화이며 하늘의 이치가 유행하는 것이다"라고 감탄하고 있다. 이황은 천연대에서 전개되는 경물을 肉眼이 아닌 心眼으로 보고 있다. 심안으로 본 천연대의 경관에서 얻은 마음은 정감이 아닌 성리학적으로 정제된 性情이다. 천연대를 심안으로 관조하면서 성정으로 인식했을 때, 이황은 그것을 하나의 외물의 위상에서 벗어나 巨編으로 느낀 것이다. 天光雲影臺의 시 역시, 方塘·淸潭에서 물속에 어린 雲影을 보면서 득의에 찬 당년의 감탄을 형상했다. 천운대에서 얻은 이황의 마음 또한 성정이지 정감은 아니다. 탁류가 도도하게 굽이치는 물결을 만나면 몸을 감추었다가 물결이 잔잔해지면 형체를 드러내는 너럭바위를 통하여 격류 속에서 영겁의 시간이 흘렀는데 제 모습을 변함없이 지니고 있는 의연성을 탁의한 시 〈盤陀石〉도 예외가 아니다.

조선왕조 5백년간 명멸했던 모든 詞人들이 한결같이 주장했던 吟咏性情의 실상은 이황·이이의 시들에서 그 진수를 엿볼 수 있다. 음영성정이 깔고 있는 이념은 성리학이고, 성리학 가운데서 특히 외물인식과 관계가 깊다. 그들은 외물 가운데서도 산수, 즉 강호에 집중적으로 관심을 기울였다. 그리고 강호의 美를 볼 것이 아니라 강호의 理를 응시해야 한다고 생각했다. 그들은 노장사상와 불교사상을 극력 배척했다. 그러나 내면으로는 이들 사상이 갖고 있는 긍정적인 면들을 은연중 수용하고 있었다. 이황은 노장사상에 대해서 특히 경계할 것을 주장했고, 이이는 불교사상에 관해서 반대 입장을 분명히 했다. 목릉성세에 생존하는 행운을 얻은 그들은 주자학을 집대성하여 세계사에 우뚝선 업적을 남겼다. 이같은 사상적 축적을 기반으로 하여 고도의 문예미학인 성정미학을 완성했고, 이를 단순히 이론적 정립에만 머물지 않고 그들 스스로 성정미학을 작품을 통해 확실하게 구현시켰으며, 아울러 그들은 이른바 음영성정의 구체적 모범시문을 詞壇에 제시했다. 그들은 또 문학이 주제론에 안주해서는 안된다는 인식에 근거하여 품격론을 제기 또는 전개하여 성정미학의 기반을 탄탄하게 다졌다. 그러나 문학을 지나치게 이성에 근거하도록 유도하여 서정의 폭을 좁혔기 때문에 시를 생경으로 나아가게 한 결함을 배태하고 있었음도 지적되어야 한다. 시공을 초월하여 존재하는 완미한 미학은 있을 수 없다. 그런 것이 있다고 믿는 그 자체가 미학에 있어서 보수적 정체의 출발점이 된다. 그러므로 17세기를 지나면서 성정미학은 풍화되기 시작했고, 뒤따라 음영성정이 아닌 天機流動의 미의식이 대두하여 사단에 뿌리를 내리고 잎이 피고 꽃이 피어 열매를 맺은 것은 조선왕조 文藝美學史의 진행에서 당연한 귀결이었다.

〈李敏弘〉

2. 국문학

1) 훈민정음 창제와 국문학

세종 25년(1443)에 창제되고, 세종 28년에 반포된 訓民正音은 우리말을 정확하게 표기하는 데 아무런 불편이 없는, 세계 문자의 역사에서 획기적인 의의를 가지는 문자이다.

훈민정음이 사용되면서 문학사에서 큰 전환이 이루어진 것은 사실이지만 그 과정이 순탄하기만 했던 것은 아니다. 훈민정음은 먼저 한문을 대신하는 글이고, 한자에 의한 국어 借字表記를 대신하는 국문이라는 두 가지 의의가 있다. 이전의 문학사는 기록문화의 성장에서 한문학이 등장한 첫번째 시기와 차자표기 문학이 시작된 두번째 시기로 나눌 수 있다. 훈민정음의 창제는 본격적인 국문문학의 등장이라는 문학사의 세번째 시대를 여는 구실을 했다. 그러나 한문 및 한자 차자표기에 맞서서 국문이 관장 영역을 확대하고 마침내 그 둘을 퇴장시키기까지는 여러 단계에 걸쳐 많은 진통을 겪어야 했다. 훈민정음의 창제에서 한문학에 대한 국문문학의 승리가 이루어지기까지의 과정을 실상대로 파악하는 역사 이해의 관점이 긴요하다.

훈민정음 창제의 직접적인 의도는 아직 분명하게 밝혀지지 않아 논란이 계속되고 있다. 훈민정음은 창제 당시에, 지배층인 사대부를 위한 문자는 아니었다. 사대부는 한문으로 높은 수준의 문자생활을 하고 있었으며, 더러 불편을 느낀다 하더라도 새로운 문자를 창제할 필요까지는 없었다. 한문을 아느냐 모르느냐 하는 것은 사대부와 일반 백성을 갈라놓는 기준이므로 상하층이 함께 사용하는 문자가 있어야 할 이유는 없었다. 그 뒤에도 사대부는 한문을 계속 사용했으며, 한문을 쓰느냐 아니면 언문을 쓰느냐에 따라서 문화적인 자격에 의한 지체 판가름이 지속되었다. 중세적인 사회관계와 사고방식이 이어지는 한 한문을 버릴 수 없었다.

세종은 훈민정음을 펴내면서 한자음을 바로잡아《東國正韻》을 편찬하는 사업도 아울러 진행했으며, 그 일이 긴요하다는 것을 몇 차례 강조한 바 있다. 그렇다면 훈민정음은 한자음을 표기하기 위한 발음부호였다고 할 수 있을 것이다. 한자음을 바로잡자는 노력은 실패로 돌아갔지만, 훈민정음은 한자의 발음을 표기하고, 한문해독을 도와주는 구실을 계속했다. 그러나 그러한 기능은 우리말을 전면적으로 표기할 수 있게 되었기에 얻을 수 있었던 부산물이라고 볼 수 있다. 한자의 발음부호를 제정하기 위해서 우리말의 음운을 정확하게 분석하고, 발음기관의 모양을 본뜨기까지 하는 노력을 기울일 필요는 없었을 것이기 때문이다.

《訓民正音》 서문에서 세종은 우리말이 중국과 달라 '어리석은 백성'은 이르고자 하는 바가 있어도 마침내 자기 뜻을 능히 펴지 못할 사람이 많다고 하고, 그런 형편을 딱하게 여겨 새로 스물 여덟 자를 만드니 사람마다 쉽게 익혀 날로 쓰는 데 편안하게 하고자 할 따름이라고 창작동기를 설명했다. 즉 훈민정음은 한문을 모르는 어리석은 백성을 위한 문자임을 분명하게 밝힌 것이다. 그러나 훈민정음을 단순히 백성들의 편의만을 위한 문자라고 말하기는 어렵다. 세종은 훈민정음 창제에 반대하는 주장이 일어나자, 吏讀[이두]가 서리들 사이에서 사용되고 있으나 불완전해서 재판을 하는 데 억울한 일이 많은데, 새 문자를 사용하면 그런 일을 시정할 수 있다고 했다. 뜻을 펴지 못하는 형편을 가엾게 여긴다는 것은 특히 이런 경우를 두고 한 말임을 짐작할 수 있다. 곧 훈민정음은 먼저, 다스림을 받는 백성의 뜻을 위로 전하는 데 쓰이도록 창안한 문자라고 할 수 있다.

하지만 더욱 중요한 기능은 위의 뜻을 아래로 펴는 데 있었다. 훈민정음 창제를 반대하는 崔萬理가, 《三綱行實》을 반포한 뒤에도 충신·효자·열녀가 배출되지 않았다 하고, 행하고 행하지 않음은 사람의 자질에 달렸으므로 언문을 사용한다 해도 윤리의 교화가 이루어지지는 않으리라고 하자, 세종은 훈민을 강조하는 儒者의 이치를 들어 그를 반박했다. 새 왕조가 강조하는 新儒學에 입각한 윤리규범에서 아랫사람이 해야 할 일이 무엇인가를 가르치기 위해서는 아랫사람도 읽을 수 있는 문자인 훈민정음이 필요했던 것이다. 《삼강행실》은 한문으로만 되어 있었기에 뜻을 이룰 수 없었고, 거기다 그림을 그려 넣어도 자세한 사연을 전할 수는 없었던 것이다.

조선왕조는 백성을 통치하는 효율적인 방법을 새롭게 모색하는 것이 역사적인 임무임을 깊이 자각해야만 했다. 고려 후기 무신란과 몽고 지배를 겪은 다음에 하층 민중이 지배질서에 항거하는 움직임이 계속 일어나, 마침내 그 위기를 타개하기 위해서 새로운 왕조창업이 불가피하게 되었던 것은 잘 알려진 바와 같다. 새 왕조는 제한된 범위 안에서나마 민중에게 양보를 해서 생업을 안정시키는 한편 민중을 이념적으로 순화시켜 지배질서에 순응하도록 하는 방침을 택했는데, 그러한 방침이 훈민이고, 훈민을 위한 문자가 바로 훈민정음이었다. 농사기술이나 질병 치료법도 가르쳐야 했지만, 더욱 긴요한 과제는 이념교화였기에 훈민정음을 그 방면의 책을 펴내는 데 더욱 힘써 이용하고, 임금의 말을 알리는 敎書나 綸音도 훈민정음으로 적어 펴내야 했다.

하지만 서리들에게 이두 대신에 훈민정음을 사용하게 하자는 뜻은 그대로 실현되지 않았다. 서리는 한문과 언문 사이에서 이두라는 또 하나의 표기 수단이 계속 쓰여야만 자기네의 배타적인 구실을 유지할 수 있었다. 재판기록을 위시한 각종 문서에 언문이 사용되는 것은 그런 이유에서 기대할 수 없는 일이었다. 한편 어리석은 백성이 새로운 문자를 익혀서 뜻을 펼 수 있기까지에는 상당한 시간을 필요로 했겠으나 몇 가지 흥미로운 사례는 일찍부터 나타났다. 훈민정음이 반포된 지 3년 후에 벌써 대신들을 비방하는 諺文壁書가 나왔고, 연산군대에는 그런 것이 자주 보여, 언문을 아는 사람들을 잡아 필적을 대조하고, 언문 책을 불사르고, 언문 사용을 금지하라는 명령이 내리기도 했다. 그 전에 단종 때에는 궁중의 나인이 별감에게 諺簡을 보낸 것이 발각된 일이 있었다 한다. 벽서와 언간은 한문이 아닌 언문으로 뜻을 전하는 두 가지 긴요한 방식이었다.

훈민정음으로 국문문학의 작품을 창작하는 것은 《龍飛御天歌》와 《月印千江之曲》이 창제 직후에 이루어진 것을 보아 처음부터 의도했던 바라고 할 수 있다. 《용비어천가》와 《월인천강지곡》은 단순히 훈민에 필요하기 때문에 한글로 지어진 것은 아니다. 노래는 가락을 붙여 부르고, 또 부르는 행위 자체를 즐기는 것이기에 한문으로 옮기면 그러한 기능이 마멸된다. 그러므로 신라 때부터 향찰·이두의 차자표기를 해서라도 원래의 말을 표기하고자 하였고, 훈민정음에 와서 그 소망이 달성되었던 것이다.

사대부가 한문을 버리지 않고 한문학을 자기네 문학으로 지키면서 시가문학에서는 한시와 함께 국문시가를 즐겨 지으며 시조와 가사를 발전시킨 것은 시가는 노래부를 수 있어야 하기 때문이었다. 李滉은 〈陶山十二曲〉을 지으면서 남긴 跋文에서 그런 사정을 잘 설명했다. 한편 사대부 부녀자들은 한문을 익히기 어려웠기에 국문을 일상생활에 널리 썼고 이는 국문소설의 발달을 가능하게 하는 한 가지 조건이 되었다. 조선 후기에 이르러서 서민을 위시한 하층 민중이 문자생활을 국문으로 하고 현실인식과 흥미를 아울러 갖춘 문학을 요구하게 되자, 국문문학이 한문학과 맞서서 크게 성장했다. 그러다가 중세에서 근대로의 이행기가 끝나자 국문만 사용하고, 문학은 국문문학이라고 하는 데 이르렀다. 이처럼 국문 사용의 확대와 국문문학의 성장은 훈민정음 창제 당시의 의도나 계산과 관계없이 문자생활을 둘러싼 상하층의 경쟁, 중세와 근대의 대결을 통해 이루어졌다. 그렇게 해서 국문은 시대마다 다시 태어났던 것이다.

국문 사용의 저변 확대를 잘 알 수 있게 하는 자료는 국문편지이다. 지금까지 남은 국문편지의 가장 오랜 예는 선조 4년(1571)에 鄭澈의 어머니 竹山安氏가 시묘살이를 하고 있는 아들 형제에게 보낸 것으로 알려졌었다. 그런데 최근에 蔡無易(1537~1594)의 아내 順天金氏의 무덤을 이장하다가 발견한 편지 다발은 백여 쪽이나 되며, 그보다 먼저 쓴 것도 있어 커다란 화젯거리가 되고 있다. 채무이의 후처가 되었다가 40대쯤의 나이로 병사한 순천 김씨의 죽음을 애통하게 여겨, 친정 어머니, 친정 아버지, 그리고 외처에 나갔던 남편이 써 보낸 편지를 시신과 함께 매장했으며, 장모가 사위에게 보낸 편지도 있다. 연대가 가장 오랜 것은 선조 2년으로 판명되었다. 순천 김씨는 임진왜란 전에 남편보다 먼저 죽었으리라고 짐작된다. 노령의 어머니가 앓고 있는 딸에게 써서 보낸 사연이 애절하고, 남편이 아내에게 한 편지는 '하게'형의 다정한 말씨로 이루어져 있다. 채무이는 생원시를 거쳐 6품 관직에 나아갔던 사람이다. 이 자료는 사대부 가문에서 여인네를 발신자 또는 수신자로 한 국문편지가 착실하게 정착되었으며, 그 문체가 우아한 품위를 갖추게 되었음을 알 수 있게 해 준다.[1)]

安敏學(1542~1601)은 사대부 가문에서 태어나 유학에 힘쓰고 천거를 얻어 벼슬길에 나아갔던 사람이며, 한문학의 작가로도 다소 알려져 있다. 그런데 선조 9년에 부인 곽씨가 세상을 떠났을 때 국문으로 제문을 지어 입관을 하면서 함께 넣었던 것이 발견되었다. 어려운 시절에 부인이 자기에게 시집을 와서 시어머니를 모시고 고생을 하며 지내던 일을 말하고, 부부로서의 정을 마음껏 펴지 못한 것을 한탄하고, 죽어 이별을 하는 서러움을 하소연하는 사연이 절실하며 표현은 말을 하듯 자연스럽다. 남자의 글이지만 부녀자들의 문체를 따랐으리라고 생각된다.[2)]

2) 《용비어천가》와 《월인천강지곡》

《龍飛御天歌》는 세종이 鄭麟趾·權踶·安止를 시켜 지은 노래이다. 세종 27년(1445)에 일단 완성되었으니, 훈민정음을 반포하기 1년 전의 일이다. 세종은 원고를 보고서 기뻐하며 노래 이름을 '용비어천가'라 지었다 한다. 그러면서 노래에서 다룬 사적이 널리 알려지지 않았음을 염려해서 崔恒·朴彭年·姜希顔·申叔舟 등에게 명해서 자세한 주해를 붙이도록 했다. 그 다음해에는 《太祖實錄》을 들여 놓고 참고한 일이 있어서 말썽이 일어나기도 했다. 2년 동안 주해 작업 끝에 마침내 세종 29년 2월에 완성을 보게 되었다. 그 해 10월에 간행된 책 550부를 신하들에게 나누어주었다. 《용비어천가》와 그 주해를 맡은 사람들은 대부분 《훈민정음》 창제에 관여했으니, 두 가지 일이 깊이 관련을 가지고 이루어졌음을 알 수 있다.

《용비어천가》는 건국 시조들을 찬양하고, 조선왕조의 창건을 합리화하는 노래이며 삼국시대나 고려시대에도 있었던 건국신화 표방을 재현했다. 민간전승까지 캐서 신이한 내용을 갖추며, 필연적인 힘에 따라 영웅적인 투쟁을 거쳐 위대한 과업을 성취했다고 하는 오랜 전통을 이었다. 조선시대에는 유학

1) 趙健相, 〈淸州出版遺物 諺簡에 대한 연구〉(《忠北大學校論文集》 17, 1979)에서 자료를 소개했다.

2) 具壽榮, 〈安敏學의 哀悼文考〉(《百濟硏究》 10, 忠北大學校 百濟文化硏究所, 1979)에서 자료를 소개했다.

에 입각한 합리적인 통치방식이 더욱 강조되는 단계에 이르렀지만, 문학을 통해 민심을 장악하는 것은 계속 필요한 일이었다. 그런데 이번에는 훈민정음을 표기수단으로 택했기에 잡다하게 변모될 수 있는 설화가 아닌, 엄격하게 다듬어진 서사시를 지어서 보급할 수 있었다. 《용비어천가》를 노래부를 때 곡명은 〈與民樂〉이라고 했는데, 이는 감화가 백성에게까지 미쳐 함께 즐기게 될 것을 기약한 것이다. 임진왜란 이후에 표기법을 고친 約本《용비어천가》를 다시 간행한 것을 보면 그런 의도를 후대까지 잊지 않았음을 알 수 있다.

《용비어천가》라는 책은 세 가지 내용으로 이루어져 있다. 먼저 우리말 노래가 있고, 이어서 같은 사연이 한시로 표시되어 있으며, 그 다음에는 역사적인 사실 또는 설화를 자료로 한 자세한 주해가 있어 이것이 가장 많은 분량을 차지한다. 《용비어천가》라는 작품은 우리말 노래로 한정된다. 그것만으로도 완성된 작품이기 때문이다. 한시가 필요했던 것은 훈민정음의 표기법이 아직 널리 보급되지 않았던 데도 이유가 있지만, 왕조창업을 칭송하는 노래는 詩經體의 한시라야 한다는 관습과 타협한 결과이기도 하다. 해설을 마련하기 위해 《태조실록》과 《太宗實錄》을 편찬하면서 이미 수집한 자료를 활용하는 데 그치지 않고, 8도에 명령을 내려 민간에서 널리 모아들인 이야기까지 보탰다. 사실을 전설로 바꾼 것이 신이한 행적을 입증하는 데 더욱 유리할 수 있었다. 그러나 해설은 산문으로 썼기에 설화가 민간에 되돌려 확산되지는 않았다. 그런데 후대의 구전설화에서는 태조의 행적을 아주 다르게 이야기하므로 서로 비교해 볼 만하다.

노래는 모두 125장이다. 제1장은 한 줄이고, 그 다음부터는 계속 두 줄씩이며, 마지막의 제125장은 세 줄이다. 한 줄이 몇 토막씩인가 살피자면, 본문에 표시해 둔 작은 동그라미를 주목할 필요가 있다. 반 줄이 끝날 때마다 작은 동그라미 표시를 오른쪽에다 해두었고, 반 줄 안에는 작은 동그라미 표시를 중간에다 해두었다. 율격을 고려해 이렇게 했다고 보아 마땅하다. 그러고 보면 한 줄이 네 토막이라고 하겠으나, 한 토막이 예사 노래의 두 토막에 해당하기 일쑤이니, 여덟 토막 형식이라고 할 수 있다. 시조와 비교해 본다면, 시조의 처음 두 줄이 합쳐져서 한 줄을 이룬 것과 같다. 우리말 노래의 기본 율격을 변형시켜 한 줄의 길이를 한껏 늘이는 장엄한 형식을 만들어낸 것이다. 토막 안의 글자수가 일정하지 않고, 한 줄이 여섯 토막으로 줄어드는 예가 있지만 이는 민요를 기준으로 삼는다면 흔히 인정될 수 있는 변형이다. 같은 형식이 《月印千江之曲》에도 쓰였다. 하지만 이 형식은 이후 국문서사시가 나오지 않자 정착되지 못했다. 한편 민간의 구전 서사시인 敍事巫歌에서는 더욱 산만하지만 기본적으로 비슷한 형식을 그전부터 오늘날까지 이어오고 있어 서로 견주어 볼 만하다.

> 海東六龍이 ᄂᆞᄅᆞ샤 일마다 天福이시니 古聖이 同符ᄒᆞ시니
> 불휘 기픈 남ᄀᆞᆫ ᄇᆞᄅᆞ매 아니 뮐ᄊᆡ 곶 됴코 여름 하ᄂᆞ니
> ᄉᆡ미 기픈 므른 ᄀᆞᄆᆞ래 아니 그츨ᄊᆡ 내히 이러 바ᄅᆞ래 가ᄂᆞ니

제1장과 제2장에 전체의 주제가 요약되어 있다. 해동 6룡은 穆祖·翼祖·度祖·桓祖·太祖·太宗이다. 앞의 네 사람은 태조 이성계의 선조인데, 추존해서 그렇게 부른 것이다. 북쪽으로 여진족이 사는 곳까지 밀려갔던 가문이 오랫동안 기반을 다져 마침내 왕조를 창건하기까지 이른 것을 자랑하고, 후손의 영광에 따라 선조들을 높이고자 해서 6대에 걸친 내력을 다루었다. 해동 6룡이 하늘로 날아올랐다는 말은 《周易》의 乾卦 설명에 나타난 상징을 배경에 깔고, 뜻을 마음껏 폈다는 것과 함께 임금의 자리에 올랐다는 것을 나타내니 곧 《용비어천가》라는 노래 이름이 그런 뜻을 지닌다. 그처럼 위대한 과업은 하늘이 복을 실현하면서 이루어졌고, 옛날 성인들의 경우와 일치한다고 하고, 근본이 단단하니 앞으로도 계속 번영을 누리리라는 것을 비유를 들어서 나타냈다.

제1장은 한 줄이고, 제2장은 두 줄인 것은 우연이 아니다. 제1장은 하늘에 날아오르는 것과 함께 하늘이 내린 복을 말했으니, 天·地·人 3才 가운데 天에 해당한다. 천은 첫번째 순서로 나와야 하고, 한 줄이어야 한다. 그 다음의 제2장에서는 뿌리 깊은 나무는 바람에 흔들리지 않고, 샘이 깊은 물은 가뭄에 아니 그친다고 했으니, 모두 땅에 관한 말이다. 천에 이어서 地를 찾아서, 창업의 기반이 흔들릴 수 없게 튼튼하다는 것을 자랑했다. 그리고 제3장 이하는 사람의 일을 다루었으니, 人에 해당한다. 천은 한 줄이고, 지는 두 줄이지만, 인은 계속 겹쳐지는 여러 줄이며, 그러다가 맨 끝의 제125장은 세

줄이다. 한 줄에서 두 줄로, 두 줄에서 세 줄로 나아가는 것을 보여주어 왕조의 창업이 천·지·인 3재와 일치한다는 것을 시가형식을 통해서 구현했다 하겠다.

제1장에서 말한 옛 성인은 중국의 창업주들이다. 제3장에서 제109장까지에서는 다소 예외는 있으나 계속 중국 창업주들의 경우와 여섯 용의 위업을 한 줄씩 나란히 노래해서 서로 대응될 수 있게 했다. 중국의 경우를 먼저 내세우고 기준을 삼았으므로 사대적인 의식을 나타냈다고 하는 견해가 있지만, 오히려 중국과 조선이 대등하다는 것을 강조했다고 보는 편이 타당할 것이다. 조선왕조의 건국도 그와 같은 과정을 밟았기에 성스러운 연원을 자랑할 수 있다는 의식 속에서, 제후국의 왕은 하늘과 바로 연결될 수 없으며 천자가 그 지위를 보장해 주어야 한다는 사고방식을 넘어서려는 의도를 엿볼 수 있다. 외교에서는 실제로 어려운 문제가 적지 않았지만, 문화적인 의식에서는 중국과 대등한 자주성을 가지고자 하는 것이 고려 후기 이래로 거듭 확인된 추세였다. 중세 보편주의를 부정하고 근대 민족주의로 나아간 것은 결코 아니지만, 보편적인 규범과 위엄을 구현하는 데 있어서 자주적이고 적극적인 자세를 가지고자 했다.

각 장이 서로 독립된 내용을 다루고 있어서 일관된 흐름이 두드러지지 않고, 노래에 나타난 사연을 이해하자면 해설을 참고해야 하는 것이 이 작품을 서사시로 보는 데 다소 장애가 된다. 그러기에 단편적인 영웅시의 집합 같으며, 순수한 서사시라기보다는 교술적인 서사시라고 해야 마땅하다. 사실을 존중하는 유학자들로서는 교술적이지 않은 서사시를 마련하기 어려웠다. 그러나 고대의 건국서사시 이래로 영웅의 시련과 투쟁을 찬양하던 전통을 저버리지 않았으며, 오랜 전통과 당대의 가치관을 가능한 대로 조화시키고자 했다. 영웅의 탄생이 예사롭지 않다는 것은 되풀이하지 않았으나, 목조에서 환조까지 4대에 걸친 시련과 방황을 겪은 다음 크게 일어날 조짐을 나타내고, 그 뒤를 이어 태조의 눈부신 활약으로 창업을 하고, 태종의 후계자로서의 과업을 수행한 과정이 개인의 일생을 대신하는 가문의 내력을 통해서 납득할 수 있게 형상화되어 있다.

> 黑龍이 ᄒᆞᆫ 사래 주거 白龍ᄋᆞᆯ 살아내시니 子孫之慶ᄋᆞᆯ 神物이 ᄉᆞᆯᄫᆞ니(제22장)
> 石壁에 ᄆᆞᄅᆞᆯ 올이샤 도ᄌᆞᄀᆞᆯ 다 자ᄇᆞ시니 현 번 ᄠᅱ운ᄃᆞᆯ ᄂᆞ미 오ᄅᆞ리잇가 (제48장)
> 자ᄒᆞ로 制度ㅣ 날ᄊᆡ 仁政을 맛됴리라 하ᄂᆞᆯ 우흿 金尺이 ᄂᆞ리시니(제83장)
> ᄆᆞ리 사ᄅᆞᆯ 마자 馬廐에 들어오나ᄂᆞᆯ 聖宗을 뫼셔 九泉에 가려ᄒᆞ시니(제109장)

이런 대목은 영웅의 시련과 투쟁을 나타내는 데 아주 긴요한 구실을 한다. 제22장에서는 태조의 할아버지 도조가 백룡의 부탁을 받고 백룡과 싸우던 흑룡을 한 번의 화살에 죽였다는 것인데, 신라 때의 居陀知나 고려 건국 시조 중의 作帝建을 주인공으로 한 영웅 이야기의 재현이며, 오늘날까지 서사무가와 설화로 구전되는 유형과 직접 연결된다. 그런데 거타지나 작제건처럼 구출해 준 용의 딸을 데려와 아내로 삼았다는 말은 없고, 자손이 잘 될 것이라는 예언을 들었다는 것만으로 결말을 삼았다. 해설에 의하면, 부탁을 받고 예언을 들은 것이 모두 꿈 속의 일이었다고 한다. 영웅적 행위의 전승에 따르는 설득력을 갖추면서 합리성을 잃지 않으려는 이중의 태도가 보이는 부분이라 할 수 있다.

태조가 남북의 외적과 싸워 나라를 구출한 활약상을 다룬 대목은 제47장에서 제62장까지 이어지면서 작품의 절정을 이룬다. 태조는 고대의 영웅들처럼 말 잘 타고 활 잘 쏘며, 용맹이 뛰어난 무장이다. 제48장에서는 왜구를 토벌할 때의 광경을 묘사했다. 말을 타고 석벽을 올라가 왜구를 무찔렀는데, 다른 사람이라면 할 수 없는 일이었다고 했다. 그런 투쟁 장면이 거듭되어 강한 설득력을 갖는다. 태조 李成桂는 외적을 물리치고 민족을 위기에서 구출했기에 새 왕조의 주인이 될 수 있는 정통성을 확보했다는 논리를 타당하게 폈다. 그렇게 해서 가문서사시가 왕조서사시로 확대되고, 왕조서사시가 민족서사시일 수도 있게 하고자 했다.

제63장에서 제89장까지에서는 태조 이성계의 위대한 인품을 찬양하고, 왕조 창건이 우연한 일이 아니었음을 말했다. 제83장은 그렇게 하는 데 다각적인 의미를 갖는다. 제도를 마련하려면 자(尺)가 있어야 하므로, 하늘이 태조에게 어진 정치를 맡기려고 金尺을 내렸다고 했는데, 왕조가 창건될 때에는 반드시 그런 징조가 있게 마련이다. 신라 시조가 금척을 받았다는 이야기가

전해지고 있으며 신라왕이 지니던 天賜玉帶를 고려 태조 王建이 물려받았다는 말은《高麗史》서두에 올라 있다. 제83장 첫 줄에서는 중국의 사례를 드는 대신에 고려 태조는 9층으로 된 금탑이 바다에 솟아 있는 꿈을 꾸고 임금이 되었다는 것을 말한 뒤 이성계가 금척을 받았다고 해서 하늘이 왕권을 보장해 준다는 전승을 이었다.

태조는 용맹한 무장일 뿐만 아니라, 유학에 입각해 어진 정치를 베풀고 제반 제도를 이치에 맞게 마련한 문화영웅이기도 했다. 제83장에서 자로써 제도가 나므로 어진 정책을 맡기려고 금척을 내렸다는 말은 이런 각도로 이해해야 더욱 깊은 뜻을 찾을 수 있다. 자는 길이를 재는 데 쓰는 것이다. 길이를 정확하게 재야 모든 제도를 이치에 맞게 마련할 수 있고, 다스리는 사람 자신이 스스로를 규제하면서 합당한 정치를 베풀 수 있다. 무력만으로 나라를 장악할 수 있는 시대는 지나갔으며, 문무겸전을 이상으로 삼아야 하므로 과거 제왕의 창업 징조에서는 중요시되지 않던 상징적인 의미를 태조 이성계의 금척에 부여했던 것이다.

제90장에서 제109장까지에서는 태조의 과업을 태종이 이었다고 했다. 태종은 태조와 같은 무장이 아니며, 나라를 구하기 위해서 용맹을 떨치지는 않았다. 그 대신에 왕조 창건에 필요한 정치적인 수완을 발휘하고, 태조가 시작한 일을 자기가 완수하겠다고 싸움을 벌였다. 제109장은 '왕자의 난'이 일어나, 태종이 탄 말이 화살에 맞고 마구간으로 들어오니, 태종비가 태종이 죽은 줄 알고 자기도 함께 저승에 가려고 했다는 내용이다. 창업과 계승의 과정이 끝까지 순탄하지 않았음을 강조하며 태종의 싸움을 비장하게 그리고, 태종비도 아울러 부각시키려 했다. 여성의 활약이 보이지 않는 이 서사시에 세종의 어머니인 태종비만 막판에 모습을 드러낸 것이다.

제110장에서 제125장까지는 작품의 결론이자 후대 임금에게 당부하는 말이다. 선조의 어려움을 기억하고, 건국 당시의 뜻을 잊지 말라고 하고, 정치의 잘못으로 나라가 망하지 않도록 해야 한다고 경계했다. 太平을 누리기만 하며 사치스러운 생활을 하고, 형벌을 능사로 삼고, 교만한 마음을 가져 덕을 잃고, 간사한 무리를 믿고, 백성을 지나치게 수탈하는 것이 모두 잘못된 정치라고 했다. 정치는 치자가 피치자에게 내리는 명령이기에 앞서서 치자

자신이 지켜야 할 행동규범이라는 생각을 구체적으로 보여 주었다. 그런 정치철학으로 결말을 맺은 것이다.

세종 28년(1446) 3월에 昭憲王后 沈氏가 세상을 떠나자 세종은 고인의 명복을 빌기 위해, 아들 首陽大君으로 하여금 석가의 일대기를 한문으로 엮은 《釋迦譜》를 기초로 해서 《釋譜詳節》을 국문으로 마련하게 하고, 이듬해 7월에 완성을 보자 그것을 참고로 스스로 《월인천강지곡》을 지었다. 그 둘이 합본되어 《月印釋譜》로 전하는 것을 보면, 《월인천강지곡》과 《석보상절》의 관계는 《용비어천가》 노래 본문과 나중에 이루어진 해설과 같다고 할 수 있다.

《용비어천가》와 《월인천강지곡》은 거의 같은 시기에 이루어졌으며, 훈민정음을 처음으로 사용한 문학작품이라는 점에서 대등한 위치를 차지할 뿐만 아니라, 노래 형식도 흡사하다. 그러나 《월인천강지곡》에는 한시가 부기되어 있지 않고, 한자어도 국문을 큰 활자로 먼저 적고, 한자는 작게 달아 놓았으며, 해설에 해당하는 《석보상절》도 국문을 택했다. 국문문학의 영역을 확보하자는 데서는 한걸음 더 나아갔음을 알 수 있다. 모두 상·중·하 세 권인데, 그 중에서 상권만 발견되었다. 상권에 실린 노래만 해도 194장이어서 《용비어천가》의 경우보다 많다. 상·중·하 세 권의 노래는 모두 580장 내외가 될 것 같다.

작자는 세종 자신이라고 한다. 혼자 다 지었는지는 의심스러우나, 세종이 직접 짓는다고 했기에, 유학을 이념으로 굳힌 새로운 왕조가 불교를 새삼스럽게 찾는다고 유신들이 거듭 반대하는 여론을 막으면서 완성을 보고 간행할 수 있었을 것이다. 이런 사정에서도 왕조서사시와 불교서사시의 대조적인 성격이 잘 나타난다. 왕조서사시 《용비어천가》는 국가적인 사업으로 여러 신하들에게 명해서 이룩했는데, 불교서사시인 《월인천강지곡》은 왕이 개인이나 가족의 신앙을 나타내기 위해 되도록 드러내지 않고 창작했다. 《용비어천가》는 널리 펴내서 국가적인 이념을 굳히는 데 소용되었다면, 《월인천강지곡》은 세종 자신이나 왕실의 가족들이 마음의 위안을 얻는 데 필요한 것이었다.

釋迦의 일대기는 수많은 불교 경전에서 거듭 다룬 바이고, 노래로 지어 부르는 전통만 해도 일찍이 인도에서 馬鳴의 《佛所行讚》이 나온 이래로 여러 나라에서 거듭 시도되었으며, 고려 때에 雲默의 《釋迦如來行蹟頌》이 마련되었다. 그러므로 새삼스러운 내용이 있는 것은 아니었지만, 같은 소재라도 말을 바꾸어 다시 노래하면 새로운 느낌이 드는 개작이 이루어질 수 있었다. 더구나 그동안 여러 차례 나온 한시가 아닌, 우리말 노래를 처음으로 창작했다는 것은 획기적인 일이 아닐 수 없다. 그렇게 해서 불교문학이 국문으로 자리잡는 계기를 마련했다.

서사시로서의 성격 또한 서로 흥미로운 대조를 이룬다. 《용비어천가》는 창업시조의 행적을 6대에 걸쳐서 노래해 전체적인 연관이 서사시다운 맥락을 지닐 수 있게 했는데, 《월인천강지곡》에서는 석가 한 사람만 다루면서 선조 대대로 있었던 일 대신에 석가가 거듭 태어나면서 전생에서 겪었던 바를 서두로 삼았으니 서로 상통하는 바가 있다. 방황하고 고민하다가 마침내 커다란 과업을 이루어서 칭송을 모으게 되었다는 과정은 서로 다르지 않다. 이 두 작품에서 중국 전래의 유학과 인도 전래의 불교를 각기 우리 것으로 받아들여 삶의 외면과 내면을 성찰하고, 규범화된 가치와 함께 정신적인 각성을 얻으려는 신라시대 이래의 오랜 노력을 재현했다. 그렇게 하는데 우리 전통을 활용하며 문학작품 형성화의 독자적인 역량을 키우는 과제가 훈민정음의 창제로 새롭게 해결될 수 있었다. 하지만, 그 모든 시도가 제왕이 앞장서서 중세문학의 이상을 다시 설정하자는 것이었기에 한계를 지녔다. 서사시를 성립시키는 이념적인 결속은 계속 유지될 수 있었으며, 그 후의 국문문학은 개인적이고 일상적인 관심사를 찾아내는 방향으로 나아갔다. 무속서사시인 서사무가는 계속 전승되었지만, 세종 때 이룬 두 작품이 거기 영향을 미쳤다고 보기는 어렵다.

'月印千江之曲'이라는 말은 부처가 백억 세계에 모습을 드러내 교화를 베푸는 것이 마치 달이 즈믄 강에 비친 것과 같다는 뜻이다. 달은 하나이지만 강에 비친 모습이 수없이 많다는 것은 부처에도 해당하고 중생에도 해당하는 비유이다. 부처는 백억 세계에 몸을 드러내지만 각기 서로 다른 것은 아니다. 수없이 많은 중생은 각기 자기대로의 因緣과 所見을 벗어날 수 없지만 부처를 갈구하는 마음은 한결같다. 이런 상징을 배경에 깔고, 노래의 서두가 다음과 같이 시작된다.

외巍외巍 셕釋가迦뿛佛 무無량量무無변邊 공功득德을 겁劫겁劫에 어느 다 ᄉᆞᆲᄫᆞ리
셰世존尊ㅅ 일 ᄉᆞᆲ보리니 만萬리里외外 일이시나 눈에 보논가 너기ᅀᆞᄫᆞ쇼셔
셰世존尊ㅅ 말 ᄉᆞᆲ보리니 쳔千ᄌᆡ載썅上ㅅ 말이시나 귀예 듣논가 너기ᅀᆞᄫᆞ쇼셔

제1장에서는 높고 높은 석가 부처의 헤아릴 수 없고 끝도 없는 공덕은 무한히 긴 세월인 겁이 겹치더라도 어찌 다 사뢸 수 있겠는가 라고 말했다. 그런데도 제2장에서는 석가세존의 일을 사뢰려면 만 리의 일이나 눈에 보는 것 같이 여기고, 석가세존의 말을 사뢰려면 천 년 전의 말이나 귀에 들리는 것 같이 여기라고 했다. 석가의 공덕은 시간으로나 공간으로나 무한하다고 했고 석가가 실제로 보여준 언행은 만 리 밖, 천 년 전에 있었다고 했으며 석가의 일은 눈으로 보는 것처럼, 석가의 말은 귀로 듣는 것처럼 여기라고 했으니 여기서 시간과 공간이 세 등급으로 나타난다. 무한하고 아득한 것을 지금 당장 보고 듣는 것처럼 나타내자는 것이 노래를 짓는 취지이다.

그렇게 해서 사뢴 내용이 그 뒤를 이어서 나오는 노래이다. 먼저 이루 헤아릴 수 없이 많은 겁을 거슬러 올라간 시기부터 시작해서 석가가 무수한 前生을 살면서 겪었던 일을 하나씩 들었다. 불교서사시란 원래 그렇듯이 시간적인 규모가 엄청나고, 전개되는 사건이 흔히 상상할 수 있는 바를 크게 넘어선다. 그러나 석가가 成佛하게 되는 시기 전후의 일을 서술하는 데 이르러서는 초월적인 것과 일상적인 것이 흥미로운 대조를 이루며 공존하게 했다. 석가는 예사 사람이면서 성불한 부처이기도 하다는 이중의 성격을 부각시켜, 노래를 짓거나 읽는 사람이 석가와 자기를 동일시하면서 또한 석가를 새삼스럽게 숭앙해야 할 이유를 발견하게 한 것이다.

佛經을 통해서 이미 잘 알고, 《석보상절》에서 산문으로 설명할 때에는 예사롭게 보일 수 있는 사건도 노래로 간추리자, 말하지 않은 많은 사연이 함축되어 감명이 달라진다. 한 대목을 들어보자. 성불한 석가가 자기 고장으로 돌아가 임금인 아버지를 만난 장면이다. 거기 優陀耶라는 사람도 등장한다. 우타야는 임금이 자기 아들을 찾아오라고 보냈는데 도리어 부처의 제자가 되어서 부처와 함께 돌아왔다. 오랜만에 만났으니 지난 일을 두고서 할 말이 많았겠는데, 다음과 같이 요약했다.

과過겁劫에 코苦ᅘᆡᇰ行ᄒᆞ샤 이제ᅀᅡ 일우샨ᄃᆞᆯ ᅙᅮᇢ優ᄯᅡ陀야耶 ㅣ ᄉᆞᆯᄫᆞ니이다.
열두 ᄒᆡᆯ 그리다가 오ᄂᆞᆯᅀᅡ 드르샨ᄃᆞᆯ 아바님이 나ᄅᆞ시니이다
쇼少ᄊᆡ時ㅅ事 닐어시ᄂᆞᆯ ᅙᅮᇢ優ᄯᅡ陀야耶 듣ᄌᆞᄫᆞ며 아ᄃᆞᆯ님 ᄯᅩ 듣ᄌᆞᄫᆞ시니
금今ᅀᅵᇙ日ㅅ事 모ᄅᆞ실ᄊᆡ ᅙᅮᇢ優ᄯᅡ陀야耶 ᄉᆞᆯᄫᆞ며 아ᄃᆞᆯ님이 ᄯᅩ ᄉᆞᆯᄫᆞ시니

앞에 든 제115장에서는, 과거 여러 겁을 고행하다가 이제야 성불한 일을 동행한 우타야가 임금에게 사뢰니, 아버지 임금은 아들이 떠난 다음 열두 해를 그리워하다가 오늘에야 소식을 들었다고 일렀다 했다. 여러 겁이라는 시간과 열두 해라는 시간, 성불해서 기뻐하는 마음과 아들을 만나서 기뻐하는 마음이 대조를 이루고 있다. 뒤에 든 제116장에서는 아버지가 아들 소시적의 일을 말하자 우타야가 들으며 아들도 듣고, 오늘날의 일을 우타야가 사뢰며 아들도 사뢴다고 했다. 아들이면서 부처이고, 아버지이면서 衆生이니 만나서 하는 이야기가 이렇게 어긋나지만, 둘 다 기뻐하고 있는 점에서는 다를 바 없다. 우타야는 아버지와 아들, 부처와 중생 사이에서 말을 연결시켜 주는 구실을 하면서 또한 기뻐하고 있다.

《용비어천가》에서는 凡人을 능가하는 영웅의 세계를 그리자고 일상성을 배제하려고 했지만, 《월인천강지곡》에서는 영웅의 세계를 월등히 능가하는 엄청난 상상을 누구나 경험할 수 있는 일상생활의 모습과 함께 나타냈다. 《월인천강지곡》에서의 가족은 왕족이기는 해도 무슨 위대한 과업을 성취하지 않았으며 이별을 서러워하고 다시 만나기를 고대하는 평범한 관계를 맺고 있을 따름이다. 父子·夫婦·母子 사이에 개재된 사연이 다각도로 나타나 있다. 어린 아들이 부처가 된 남편을 따라 가겠다고 할 때 부처의 아내는 예사 어머니처럼 서럽게 통곡했다. 삶의 고난이 무엇이든 정겹게 그려져 있다. 고난을 넘어선 숭고한 세계가 따로 있다고 하기에 얼마든지 부드러울 수 있었던 것이다.

《용비어천가》는 후대의 소설에서 영웅적 주인공의 시련과 투쟁이 전개되는 양상과 상통하는 바 있다면, 《월인천강지곡》은 초월적인 원리와 일상적인 현실, 숭고한 이상과 빈곤한 경험의 이원적인 관계를 설정하는 작품구조와 관련을 갖는다고 할 수 있다. 그러나 이 두 노래는 그런 방향을 미리 택했기 때문에 후대 문학과의 구조적인 유사성이 나타난다고 보는 편이 타당하고,

널리 읽힌 결과 영향을 미쳤다고 하기는 어려울 것이다.

산문으로 된 《석보상절》은 노래로 미처 다 나타내지 못한 내용을 자세하게 풀어놓아, 《월인천강지곡》의 이해를 위해서 큰 도움이 될 뿐만 아니라, 그것대로의 독자적인 의의가 있어 따로 고찰할 필요가 있다. 사실 전달에 충실하면서 품위 있고 우아한 산문 문체를 개척한 점이 우선 주목되고 문장은 길게 이어지면서 혼란이 없고, 기본 줄거리와 곁가지를 적절하게 연결시켜 내용이 풍부해지도록 했다. 자연스러운 대화와 치밀한 묘사도 갖추어 산문을 통한 서사적 표현의 좋은 전례를 만들었다. 한문경전에서 받아들인 불교용어를 그대로 내놓지 않고, 작은 글씨로 주를 달아 되도록 쉬운 우리말로 풀어놓은 것은 무척 소중한 시도이다.

기본 줄거리에 덧보태져 있는 곁가지에는 석가의 전생에 해당하는 본생담이라면서 따로 설정한 이야기가 적지 않으며, 작은 글씨로 주를 달아 수록했다. 독립될 수 있는 작품을 본문과 구별된다는 표시를 하고 첨가한 것들도 있다. 자기 눈동자와 골수를 아버지에게 바친 忍辱太子, 사슴의 딸로 태어나 왕비가 되었다는 鹿母夫人, 어머니가 피살되는 시련을 겪은 安樂國太子, 아우 때문에 장님이 된 善牛太子 이야기는 그 가운데서도 특히 주목되며, 나중에 든 것들 둘은 후대에 국문소설로 개작되었다. 하지만 그 어느 것이든 경험적인 차원에서는 도저히 납득할 수 없는 사건을 들어 불교에서의 이치가 신이함을 입증하기 때문에, 그 비슷한 이치를 구태여 설정하지 않는 서사문학의 전통과 융합되기 어려웠다.

3) 악장과 경기체가

조선 전기 국문 시가문학은 樂章·景幾體歌·歌辭·時調로 이루어져 있었다. 시조는 서정시이고, 나머지 셋은 敎述詩이다. 그 시기 문학의 갈래체계에서 교술시가 다른 무엇보다도 큰 비중을 차지하고 있는 점이 주목된다. 우리말 노래인 악장은 조선왕조의 창업과 더불어 등장했다. 경기체가와 가사는 고려 후기에 생겨났으나 조선 전기에 이르러 본격적인 발전을 이룩하게 되었다. 악장·경기체가·가사는 교술시로서의 기능을 함께 수행하면서 서로 경쟁하기도 했다. 그러다가 조선 후기에 이르면 악장과 경기체가는 자취를 감추고, 가사만 계속 번창한 것이 또 한 번의 커다란 전환이었다.

악장은 나라에서 거행하는 공식적인 행사에 소용되는 노래이다. 목적으로 하는 바나 나타내는 내용은 아주 뚜렷하지만, 독자적인 형식을 형성하는 데 이르지 못했으며, 자연스럽게 지속될 수는 없는 것이었다. 경기체가는 형식이 다른 어느 것보다 까다롭기 때문에 나타내는 내용이 한정될 수밖에 없는 결함을 지녔다. 사물을 하나씩 열거하면서 대상과 직결된 감흥을 노래할 따름이지, 사물의 총체적인 관련에 노래하는 사람의 마음을 깊숙이 개입시킬 수는 없어서, 가사와 좋은 대조가 된다. 心·身·人·物이라는 용어를 사용하면, 그 성향이 한결같지 않음을 납득할 수 있게 분석할 수 있다. 경기체가는 심·신·인이 자아를 물인 세계로 나타낸다면, 가사는 심인 자아를 신·인·물인 세계로 나타낸다고 하겠다. 경기체가를 창안하던 단계에서는 사물의 의의를 발견하고 표현하는 것 자체가 흥겹고 자랑스러운 일이었는데, 사물의 세계를 더욱 복합적이고 유기적인 것으로 인식하고 표현해야 할 필요성이 커지자, 경기체가와 가사의 경쟁에서 가사가 승리하는 것이 필연적인 추세였다.

악장·경기체가·가사는 모두 노래로 부르는 시이고, 음악이면서 문학이다. 그런데 음악으로서의 구실과 문학으로서의 구실을 견주어 본다면 단계적인 차이가 있음을 알 수 있다. 악장에서 경기체가로, 경기체가에서 가사로 올수록 음악으로서의 구실은 줄어들고 문학으로서의 구실이 확대된다. 악장은 조선왕조의 창업과 더불어 통치질서의 상징인 禮樂을 정비하고자 해서 새로 지은 노래이다. 악기 연주가 따를 뿐만 아니라, 呈才로 편성된 것도 있다. 노래 사설은 음악이나 춤이 무엇을 뜻하는가 설명하는 구실을 맡았다 하겠으며 그 자체로서 문학적인 형식을 갖출 필요는 없었다. 경기체가는 기악반주나 춤을 들이지 않고 불렀다. 가사는 원칙적으로 노래를 부른다기보다는 읊기에 알맞은 것이다. 그런데 그 가운데 음악의 비중이 낮은 것일수록 오래 지속되었다. 건국사업에서는 음악을 더욱 중요시했지만, 사대부 문화로서 지속적인 의의를 가지고 거듭 창조된 것은 음악이 아니고 문학이었다.

제왕의 위업을 찬양하는 노래인 악장은 그전부터 있었으나, 조선왕조의 건국과 함께 漢詩는 물론 우리말로 된 것까지 힘써 지어냈기 때문에 새삼스럽게 논의의 대상이 된다. 악장을 頌禱歌·頌祝歌 등의 이름으로 부르기도 하며 새로운 갈래인 듯이 여기지만, 그 연원은 멀리까지 소급해 올라갈 수 있다. 중국 고대 왕조의 악장은《詩經》에 흔적을 남기고 공자가 못내 찬양한 것이어서, 유학에 의한 통치를 하고자 할 때면 언제나 규범으로 등장했으며, 이와는 별도로 신라 유리왕 때 〈兜率歌〉를 지었다는 데서 우리대로의 전통의 출발을 마련했다고 할 수 있다. 고려 조정도 종묘에서 제사를 지내면서 역대 제왕을 칭송하는 악장을 갖추었다. 그런데 조선왕조가 창건되자 예악을 정비해서 나라를 다스려야 한다는 생각을 더욱 철저하게 확인하고, 악장을 제정하는 데 대단한 열의를 보였다.

태조는 즉위하자 관제를 정하면서 예악을 관장하는 부서를 두어, 예악의 정치적 기능에 깊은 관심을 보였다. 이렇게 하는 데 주도적인 구실을 맡은 사람은 물론 鄭道傳이었다. 정도전은 건국의 이념과 제도를 갖추는 작업의 일환으로 태조의 공적을 찬양하고 새로운 왕조의 위엄을 드높이는 악장을 스스로 지었다. 그런데 가사는 새로 지었어도 악곡은 쉽사리 창작할 수 없어 고민이었다. 고려 말엽에 궁중에서 채택한 속악이 온통 음란해서 볼 것이 없다고 비판을 하면서도, 악곡은 쉽사리 바꿀 수 없기에 가사만 새로 제정하는 방침을 취했으며, 세종 때에 아악 정비를 서둘렀어도 사정이 근본적으로 달라지지는 않았다.

새로운 왕조 창건을 칭송하는 노래를 짓는 사업은 광범위하게 전개되었다. 경기체가 중에 그런 내용을 갖춘 것이 여러 편 있고,《용비어천가》도 악장 제정사업의 일환으로 이룩된 최고 성과라고 할 만하다. 제왕이 아닌 부처를 찬양한《월인천강지곡》또한 악장의 연속이라고 할 수 있다. 그러나 경기체가는 독자적인 형식을 갖추고 있는 갈래이면서 얼마동안 악장으로 이용되었을 따름이다.《용비어천가》와《월인천강지곡》은 길게 이어지는 서사시이므로 단형의 교술시인 좁은 의미의 악장과 구별할 필요가 있다. 물론《용비어천가》나《월인천강지곡》도 교술적인 성향을 지니고 있어서 서사시로서는 다소 특이하다 하겠으며, 특히《용비어천가》는 단형악장을 연결시키고 다듬은 것이라고 할 수도 있지만, 앞뒤의 사건전개는 갖추지 않고 특정한 사실 자체를 들어서 칭송하는 노래를 계속 마련할 필요가 있어 정도전의 전례에 따른 악장 창작이 성종대까지 이어졌다.

그러나 악장은 끝내 문학적인 안정을 얻지 못했다. 음악을 선결조건으로 삼아야 했던 점이 계속 불리하게 작용한 것이다. 이미 있는 악곡에 가사를 맞추어 넣으려 하니 문학으로서는 독자적인 형식을 창조하기 어려웠다. 장이 나누어져 있고 餘音이 붙은 것은 고려 속악가사의 전통을 이었다 하겠으나, 율격이나 표현방법은 그 전례를 따를 수 없어서 모호한 상태에 머물렀다. 한시에 토를 단 것에서 우리말 악장이 시작되었는데, 악곡에 맞추려니 토가 필요했던 것이다. 한시가 5언인 것은 세 토막으로, 7언인 것은 네 토막으로 분석할 수 있겠으며, 한시를 기본으로 하지 않은 것에도 그 두 가지 형식이 보이기는 하나, 어느 쪽이든 뚜렷한 특징을 가지고 정착되지는 못했다.

정도전은 태조 2년(1393) 7월에 〈納氏曲〉 또는 〈納氏歌〉·〈窮獸奔〉·〈靖東方曲〉을 지었다. 모두 다 태조의 武德을 칭송한 것이어서 〈武德曲〉이라고 통칭하기도 한다. 다시 그 해 10월에는 〈文德曲〉·〈夢金尺〉·〈受寶籙〉을 지었다. 〈문덕곡〉은 모두 네 장으로 이루어져 있으며, 각 장을 開言路·保功臣·正經界·定禮樂이라고 지칭하기도 한다. 〈문덕곡〉은 태조가 실행해야 할 정치의 도리를 제시한 점에서 〈무덕곡〉과 좋은 대조를 이룬다.

이상 여러 작품은 《三峰集》에 한시 형태로 전한다. 〈궁수분〉·〈수보록〉은 4언이고, 〈납씨곡〉은 7언이며, 〈몽금척〉은 글자 수가 일정하지 않다. 한시의 여러 형식이 두루 쓰였는데, 그 가운데 〈문덕곡〉은 《樂學軌範》에, 〈납씨가〉는 《時用鄕樂譜》에, 〈납씨가〉·〈정동방곡〉은 《樂章歌詞》에 국문 토가 달린 형태로 실려 있다. 〈新都歌〉라고 하는 것 한 편이 《악장가사》에 더 있다. 국문악장이라고 할 수 있는 것은 〈납씨가〉·〈정동방곡〉·〈문덕곡〉·〈신도가〉의 네 편이다.

〈납씨가〉는 태조가 일찍이 元의 잔당 納哈出의 침공을 물리친 공적을 찬양한 노래이다. 《시용향악보》에 전하는 악보를 보면 고려 속악가사 〈靑山別曲〉의 가락에 얹어서 불렀음을 알 수 있다. 〈궁수분〉은 궁한 짐승이 도망친다는 말로 제목을 삼고서 태조가 왜구를 물리친 공적을 서술한 노래인데, 한시로 된 것만 전한다. 나중에 《용비어천가》에서도 특히 중요시된 내용이다. 〈정동방곡〉은 동방을 편안하게 한 공적을 기린다 하면서 위화도 회군을 다룬 것이다. '偉'로 시작되는 반복구가 있어서 특이하며, 경기체가와 상통한다 하겠다. 〈서경별곡〉의 곡조를 따서 불렀다.

〈무덕곡〉에 속하는 세 편은 이처럼 실제로 있었던 일을 들어서 태조를 칭송하며 건국의 정당성을 밝혔고, 〈문덕곡〉은 장차 베풀어야 할 덕치를 다루었다. 태조는 무인이라 문덕을 스스로 갖출 수 없었기에 정도전이 태조의 문덕이 훌륭하다 하고서 자기가 생각하는 이상적인 통치방침을 그 노래에 나타냈다. 개언로라는 데서는 임금 혼자서 만사를 판단할 것이 아니라 언론의 길을 널리 열어야 한다고 했고, 보공신에서는 건국에 힘쓴 공신을 계속 우대해야 한다고 했으며, 정경계에서는 백성의 생업을 보장하고 함부로 침탈하지 않아야 한다고 했다. 정예악에서는 예악을 바로잡는 것이 질서 구현의 길임을 강조했다.

〈몽금척〉과 〈수보록〉은 태조가 꿈에 하늘이 내린 金尺을 받고, 지리산 석벽 속에 있는 이상한 글을 받는 등으로 해서 왕위에 오를 조짐을 보였다는 내용인데, 이것 또한 《용비어천가》에서 다시 다루었다. 그런데 이 둘은 노래로 부르는 데 그치지 않고 唐樂呈才로 편성해서 새 왕조의 궁중 무악 중에서 특히 중요시했다. 정도전이 한시로 지은 사설에 정재의 절차에 따라서 부르는 致語가 갖추어져 있는 것도 그 때문이다. 노래 곡조도 물론 당악을 택했을 것이다. 그렇게 해서 속악곡을 쓴 〈납씨가〉나 〈정동방곡〉과 성격이 다른 노래가 되게 했다.

새 도읍을 찬양한 노래 〈신도가〉는 한시는 없고 국문 악장만 있으니 특이하다 하겠다. 이 작품이 있기에 국문 악장이 한시에 토를 단 형태를 벗어나서 독자적인 영역을 마련했다고 인정할 수 있다. 그러나 아직 한자어가 많고, 율격이 안정되지 못했다. 서술어미는 모두 감탄형으로 되어 있어서 줄을 나누어보는 것은 가능하지만, 한 줄이 몇 토막씩인지는 거의 판별할 수 없다. 전문을 들면 다음과 같다. 한자와 국문 두 가지로 표기된 말은 편의상 한자만 택한다.

녜는 楊州 ㅣ 꼬올히여
디위예 新都形勝이샷다
開國聖王이 聖代를 니르어샷다
잣다온뎌 當今景 잣다온뎌
聖壽萬年ᄒᆞ샤 萬民이 咸樂이샷다.
아으 다롱다리
알폰 漢江水여 뒤흔 三角山이여
德重ᄒᆞ신 江山 즈으메 萬世롤 누리쇼셔

전에는 양주 고을이던 곳에 세운 새 도읍은 모습이 뛰어나다 하고, 개국을 한 성왕이 성대를 일으켰다고 칭송했다. 서울의 성이 성답다고, 경치가 성답다고 감탄한 다음에, 왕조의 수명이 만 년이나 이어지는 동안에 모든 백성과 함께 즐기리라고 했다. 끝으로 앞은 한강수요 뒤는 삼각산인 경치를 들고서, 덕이 겹친 강산 사이에서 만세를 누리라고 축원했다. 천도를 하고, 새 서울 건설사업을 벌여 나라의 위엄을 높이고, 자손만대의 번영을 기약하고자 하는 뜻을 잘 나타냈다. 그러기 위해서 흔히 볼 수 있는 덕담의 격식을 따랐다 하겠으며, 고려 속악가사에서 보이는 여음을 다시 썼다.

權近의 악장도 여러 편 있으나, 노래로 부른 것 같지는 않다. 〈天監〉·〈華山〉 등을 지어서 태조에게 바쳤는데, 모두 다 문집에만 수록되어 있고 《악학궤범》 이하의 노래책에는 전하지 않는 것을 보면 악장으로서 오랜 생명을 누렸는지는 의심스럽다. 문학적인 수식을 널리 동원하고 중국의 고사를 다수 인용해 태조를 찬양하면서 자기의 지식과 능력을 나타냈다 하겠으나, 노래부르기에는 너무 장편이다. 이 밖에 河崙·卞季良 같은 사람들이 지은 악장도 거의 같은 성격을 지닌다. 그 대신에 권근의 〈霜臺別曲〉, 변계량의 〈華山別曲〉 등의 경기체가는 악장으로서 더욱 중요한 구실을 했기에 《악장가사》에 실려 있다 하겠는데, 경기체가를 다룰 때 다시 고찰하기로 한다.

《악학궤범》과 《악장가사》에 전하는 악장으로는 정도전의 작품 외에 尹淮의 〈鳳凰吟〉, 작자 미상의 〈儒林歌〉·〈北殿〉, 尙震의 〈感君恩〉이 더 있다. 이런 노래는 고려 속악을 정리하고, 새로운 노래 사설을 마련하는 과정에서 생겨났던 것으로서, 음악과 깊은 관련을 가지고 있다. 새 왕조의 문물제도를 찬양하고, 임금의 은혜에 감사한다는 상투적인 내용이며, 표현을 잘 하려고 애쓴 흔적은 나타나지 않는다. 거의 다 한시에 토를 단 정도에 그쳤다 하겠고, 그 가운데 〈감군은〉 정도는 우리말 노래로서 어느 정도 틀이 잡힌 편이다. 서두를 들어본다. 한자·국문의 이중 표기는 한자만 택한다.

四海 바닷 기픠ᄂᆞᆫ 닫줄로 자히리어니와
님의 德澤 기픠ᄂᆞᆫ 어ᄂᆡ 줄로 자히리잇고
　享福無疆ᄒᆞ샤 萬歲를 누리쇼셔
　享福無疆ᄒᆞ샤 萬歲를 누리쇼셔
　一竿明月이 亦君恩이샷다.

사해 바다 깊이는 닻줄로 재려니와 님의 德澤 깊이는 어느 줄로 잴 수 있겠는가 하면서 임금의 은덕이 바다보다도 깊다고 한 말은 표현의 묘미를 얻은 드문 예이다. 이 비슷한 구절이 네 장에 걸쳐 네 번 되풀이된다. 그 다음에 향복무강해서 만세를 누리라 하고, '일간명월이 역군은'이라고 한 것은 여음이어서 계속 그대로 쓰인다. 그러나 악장은 기능이 워낙 한정되었기 때문에, 이런 작품이 나와도 널리 영향을 끼칠 수는 없었다.

경기체가는 고려 후기에 생겨났으나, 조선 전기에 이르러서 본격적인 발전을 보게 되었다. 지금까지 발견된 경기체가는 모두 25편인데, 그 가운데 고려 때의 것은 〈翰林別曲〉·〈關東別曲〉·〈竹溪別曲〉 세 편만이고 조선 전기 작품은 22편이며, 조선 후기 것은 느지막이 철종 11년(1860)에 閔圭라는 사람이 지은 〈忠孝歌〉가 한 편 있을 뿐이다. 경기체가가 조선 전기의 특징적인 갈래라는 데서 이 시기 문학의 기본 성격이 확인된다. 사물이나 사실을 서술하고 전달하는 흥취를 자랑하기 위해서 조선 전기의 사대부는 경기체가에 깊은 관심을 가지고, 승려들 또한 이에 동조하여 경기체가의 엄격한 형식을 준수하여, 음악과 문학을 일치시키고자 했다.

경기체가는 우리말 노래이면서도 한자어에 크게 의존하고 있어서 악장과 상통한다고 할 수 있다. 둘 다 한시에서 국문시가로 넘어가는 과도기적인 모습을 보여주고 있다. 그렇지만 악장은 한시이기만 한 것에서 시작해서 우리말 노래로 어느 정도 틀이 잡힌 것에 이르렀다 하겠으나, 경기체가에서는 그러한 진폭과 변이가 나타나지 않았다. 〈한림별곡〉에서 마련하고, 〈관동별곡〉과 〈죽계별곡〉에서 재확인한 형식을 거의 그대로 유지했을 따름이다. 악장은 기능 때문에 존재한다면, 경기체가는 형식을 생명으로 삼았기 때문이다. 더구나 경기체가에서의 한자어는 사물 자체의 이름이자 사물을 인식하는 틀이기 때문에 쉬운 말로 바꾸어놓기 어려웠다. 그런 형식과 표현이 불편하다고 생각해 고쳐 보려 하다가 갈래의 해체를 촉진하고 말았다.

경기체가는 크게 보아 세 부류로 나눌 수 있다. 하나는 악장의 구실을 하는 경기체가이다. 새 왕조의 건국을 찬양하고, 윤리적인 질서를 수립하자는 경기체가는 기능을 보아 악장이라 하겠으나, 형식은 다른 부류와 구별되지 않는다. 나라 노래를 제정할 때 가능한 형식을 두루 이용하느라고 경기체가도 끌어들였지만, 그 때문에 경기체가의 독자적인 성격이 흔들리지는 않았다. 또 하나는 승려의 노래인 경기체가이다. 가사는 원래 승려의 노래였었는데 조선시대에 들어와서 사대부의 노래로 바뀌었고, 경기체가는 사대부의 노래이기만 했던 것이 승려의 노래로도 이용되었으니, 儒佛이 다투면서도 문학갈래는 주고받았다 하겠다. 세번째 부류는 개인적인 노래인 경기체가이다. 사대부가 자기 생활을 다루고 개인적인 관심을 표현한 작품이 차츰 많아져서 경기체가의 주류를 이루었고, 갈래 해체를 촉진하는 조짐도 여기서 나타났다.

권근의 〈상대별곡〉은 악장 구실을 하는, 나라 노래 경기체가의 첫 작품이다. 제목에서 보이는 '霜臺'는 사헌부를 지칭한다. 권근은 정종 원년(1399)에 대사헌이 되어, 사헌부에서 하는 일을 칭송한 이 노래를 지었다. 사헌부는 새 왕조의 기강을 바로잡는 기관이다. 서릿발 같은 기세로 새 왕조에 반대하는 세력을 규찰하고, 엄격한 질서를 수립하는 중대한 임무를 맡았으니, 거기서 일하는 관원은 위의가 대단하고 자부심도 남다르다고 하면서, 다음과 같이 노래했다. 한자 표기로 인용한다.

華山南 漢水北 千年勝地
廣通橋 雲鐘街 건나드러
落落長松 亭亭古栢 秋霜烏府

위 萬古淸風ㅅ 景 긔 엇더ᄒᆞ니잇고
英雄豪傑 一時人才 英雄豪傑 一時人才
위 날조차 몃분니잇고

이것이 제1장이다. 새 왕조의 도읍터가 천년승지임을 말하고, 거리의 경치를 서술하다가 사헌부에 이르렀는데, 거기 쓰인 말이 모두 굳고도 맑은 기품을 나타내는 이중의 의미를 가지고 있다. '영웅호걸 일시인재'가 자기를 위시해서 얼마나 되는가 하고 뽐낸 것은 〈한림별곡〉의 전례를 따랐으면서 새 시대의 기풍을 잘 나타낸다. 고려 고종 때 최씨정권에서 벼슬하던 문인보다야 새 왕조의 역군들이 더 큰 자부심을 가져 마땅하다. 사헌부에서 하는 일을 계속 서술하면서 자부심이 공연한 것이 아님을 나타냈다. 마지막의 제5장은 감격을 총괄하느라고 경기체가의 전형적인 형식에서 이탈했다.

변계량의 〈화산별곡〉은 세종 7년(1425)에 지었으며, 서울을 찬양한 노래이다. '華山'은 삼각산의 다른 이름이며, 서울을 지칭하는 말로도 쓰인다. 서울이 빼어난 고장이라고 칭송하면서 〈상대별곡〉과 비슷하게 시작해, 이하에서는 어진 임금이 들어서서 훌륭한 정치를 베푸는 태평성대가 도래했다는 것을 여러 각도에서 열거해 서술했다. 도의를 바르게 하고, 무예를 익혀 비상시에 대비하고, 백성을 교화하는 데 힘쓴다는 것까지 강조하며 그 시대의 정치철학을 요약해 놓았다. 마지막의 제8장을 들어보기로 한다.

勸農桑 厚民生 培養邦本
崇禮讓 尙忠臣 固結民心
德澤之克 風化之洽 頌聲洋溢
위 長治ㅅ 景 긔 엇더ᄒᆞ니잇고
華山漢水 朝鮮王業 華山漢水 朝鮮王業
위 幷久ㅅ 景 긔 엇더ᄒᆞ니잇고

농상을 권하고 민생을 두터이하는 것이 나라의 근본을 기르는 길이라 하고, 예의와 사양하는 기풍을 숭상하고 충성과 신의를 존중해 백성의 마음을 단단하게 묶어야, 덕택이 지극하고 교화가 흡족해 칭송하는 소리가 넘칠 것이라고 했다. 그렇게 해서 오래 다스리는 광경, 다시 삼각산·한강수와 조선의 왕업이 함께 오래 지속되는 광경을 제시하고 찬양했다. 백성의 생업을 보장하고, 백성을 나라의 근본으로 삼겠다는 정치철학이 집권층에서 거듭 확인되었음을 알 수 있게 한다.

〈歌聖德〉과 〈祝聖壽〉는 세종 11년(1429)에 예조에서 지어 왕조의 안정과 번영을 노래한 곡이다. 〈配天曲〉은 성종 23년(1492)에 왕이 성균관에 거둥한 것을 기념해서 지은 노래이다. 예조는 나라의 기풍을 담당한 곳이며, 노래를 관장했다. 성덕을 칭송하고 성수를 축원하는 것도 예조의 임무이다. 그런데 예조에서 지은 노래가 경기체가이니 경기체가의 대단한 위치가 공인되었음을 알 수 있다. 왕이 성균관에 거둥하면 치하하는 것은 오랜 관습이었는데, 경기체가를 치하하는 노래로 삼아서 또한 주목된다. 그런데 그 가운데 〈축성수〉는 형식이 유별나 경기체가에서 제외되기도 한다.

〈五倫歌〉와 〈宴兄弟曲〉은 작자나 지은 시기를 알 수 없으나 《악장가사》에 전하니 널리 불렸다 할 수 있다. 〈오륜가〉는 예조가 악부에 올리고자 했다는 기록이 세종 14년에 있는 것을 보면 그 이전에 이루어진 듯하고, 〈연형제곡〉도 세종 때의 작품이 아닌가 싶다. 이 두 노래는 윤리의식을 고취하는 것으로 내용을 삼았다. 오륜이 두루 중요하다 하고, 형제의 우애를 따로 강조했다. 태종은 왕위에 오르기 위해서 형제들 사이의 혹독한 싸움을 겪었으며, 세종 때에도 양상은 다르나 비슷한 문제가 있었기에, 형제의 우애를 특히 강조할 필요가 있었을지 모른다.

경기체가가 이렇게까지 존중되자 불교계에서도 경기체가를 받아들여 신앙의 대상을 찬양하는 노래로 삼았다. 불교 승려의 노래는 시대에 따라서 양상이 달라졌다. 均如의 경우에 보건대 한때 詞腦歌(鄕歌)를 특히 중요시했으며, 慧勤의 〈僧元歌〉 같은 것은 가사가 성립되는 길을 열었다. 그런데 조선시대에 들어서자 불교가 억불정책 탓에 수세에 몰렸다. 그래서 유교의 가치를 인정하고, 불교가 유교와 그리 다르지 않다는 주장으로 불교를 옹호했다. 경기체가의 수용도 그런 각도에서 이해할 수 있을 것이다.

己和는 조선 초기의 불교 지도자였다. 억불론의 시련 속에서 불교를 살리기 위해서 〈顯正論〉을 지어서 불교가 유학과 다르지 않다는 논리를 폈다. 새로운 상황에 적응하면서 불교를 옹호하고자 하는 노력이 경기체가를 짓는 데서도 구체화되었다. 기화의 경기체가는 〈彌陀讚〉·〈安養讚〉·〈彌陀經讚〉 세 편이며, 모두 10장씩으로 이루어져 있다. 《涵虛堂得通和尙語錄》에 실려 있는 것을 보면, 각 장에 제목이 붙어 있고, '…景'이라는 말이 들어 있는 구절은 없어서, 정상적인 형태에서 벗어나 있다. 미타에 대한 신앙을 가지고 누구나 부를 수 있는 노래를 짓고자 한 것 같으나, 널리 공감을 얻을 만한 표현을 갖추지는 못했다 하겠다.

義相이라는 승려가 지은 〈西方歌〉라는 것도 전하는데, 세조 때쯤의 작품으로 추정할 수 있다. 모두 9장이며, 불교를 믿어 서방정토로 가자는 내용이다. 형식은 정격이고, 각 장의 마지막 대목은 '나는 됴해라'는 말이 되풀이되고 있는 것이 특징이다. 세조 때의 승려 知訔이 지었다는 〈騎牛牧童歌〉 12장은 더욱 주목되는 작품이다. 작자의 《寂滅示衆論》에 실려 있으며, 거기서 논설로 다룬 내용을 노래로 요약했다. 목동이 소를 타고 돌아가듯이 바른 마음을 찾아 괴로움에서 벗어나자는 것을 단계적으로 서술했다. '긔 엇더ᄒᆞ니잇고' 대신에 '나는 좋아라'를 이두식으로 표기한 말을 되풀이했으니 다소 변격인 셈이다.

승려들의 경기체가는, 이런 작품이 나오기는 했지만 대체로 보아 불교의 관습적인 문구를 열거하는 데 그치고 작자 나름대로의 새로운 창의력을 크게 발휘하지 못했다. 그래서 경기체가의 작품세계를 다채롭게 하는 경쟁에서 사대부가 앞서 나갔다. 경기체가를 자기 표현을 위한 사적인 문학 갈래로 키우는 과업은 사대부가 이룩했다. 그런 전례는 이미 安軸의 〈관동별곡〉과 〈죽계별곡〉에서 볼 수 있던 바이다. 왕조창업을 칭송하는 나라의 노래로 이용되던 경기체가를 본궤도로 되돌려놓은 셈이다. 벼슬길에 나아가는 것을 자랑하고 돌아가 자연에 은거하는 생활을 문제삼고, 윤리도덕을 내세우는 주제도 담아, 경기체가는 사대부의 관심사를 다각도로 충실하게 나타냈다.

그런 작품의 첫 예는 柳穎의 〈九月山別曲〉이라고 알려졌다. 유영은 태조 때에서 세종 때까지 관찰사·대사헌·예조참판 등을 역임한 사람이다. 세종 5년(1423)에 문중 족보 《文化柳氏世譜》를 만들면서, 〈구월산별곡〉을 지어서 거기에 수록했다. 구월산에서 자기 가문이 일어난 것을 자랑하고, 대대로 복록이 끊어지지 않을 것을 기원하며, 일족이 화목하게 살고, 설사 산수에 묻히더라도 충성을 저버리지 않으리라고 했다. 여러 모로 안축의 〈죽계별곡〉과 상통한다 하겠는데, 임금에 대한 도리를 강조한 것은 조선시대 작품답다.

丁克仁은 지방 유생의 처지에서 어렵게 진출해 관위가 종4품에 이르렀다. 세조 때 성균관에서 공부하다가 불교 숭앙을 반대해서 왕의 진노를 샀던 일이 있고, 52세에야 문과에 급제했다. 만년에 치사하고 향리로 돌아갔는데, 성종 3년(1472)에 품계를 높여주는 은전이 내리자 감격해서 악장이라고나 할 수 있는 〈不憂軒曲〉과 함께 경기체가인 〈不憂軒歌〉를 지었다. 스스로 설명을 달아 "임금의 은혜가 망극하다고 생각해서, 고려 〈한림별곡〉의 음절에 의거해 〈불우헌곡〉을 지어 영광과 은총을 읊었다"고 했다. 모두 6장이며, 물러나서 후진을 가르치고 산수 사이에서 노닐다가 더욱 큰 은혜를 입으니 감격스럽다고 한 내용이다.

朴成乾의 〈錦城別曲〉은 작자가 나주 고을의 군수로 재임하고 있던 성종 11년에 지은 것이다. '금성'은 나주의 다른 이름이다. 그 해에 자기가 가르친 제자 10명이 소과에 급제하자 그 감격을 자랑했다. 나주는 자랑스러운 고장이라 하고, 원래 유학이 성하고 인재가 배출되는 곳인데 다시 그런 영광을 차지했다고 했다. 이 작품에 이르기까지 경기체가는 찬양하거나 감격스럽다고 하는 내용을 일관되게 지녔다.

金絿는 〈花田別曲〉을 귀양가서 지었다. 김구는 趙光祖 일파라는 이유로 기묘사화가 나자 32세에서 45세까지 남해도에서 귀양살이를 했다. 그 사이에 부모의 상을 당하고도 가보지 못할 정도의 고난을 겪었다. 그런데 노래 사연에는 고난이 보이지 않고 산수 사이에서 노는 풍류가 나타나 있다. 귀양살이가 괴롭기보다 즐겁다 하고 서울의 번화함과 충족함을 부러워할 필요가 없다고 했다. 마음의 바른 도리를 찾아 도학자다운 자세를 보인 것은 아니고, 노래·기생·술을 즐기는 취락을 내세웠다. 모두 7장으로 이루어져 있는데, 그 가운데 제1장을 들면 다음과 같다.

天之涯 地之頭 一點仙島
左望雲 右錦山 봉내고개
山水奇秀 鐘生豪俊 人物繁盛
위 天南勝地ㅅ 景 긔 엇더ᄒᆞ니잇고
風流酒色 一時一傑 風流酒色 一時一傑
위 날조차 몃부니신고

이처럼 귀양살이를 귀양살이답지 않게 그린 것은 찬양·감격 또는 자기 도취를 노래하는 관습이 이어졌기 때문이라고 할 수 있다. 경기체가가 내심의 성찰에 적합하지 않고, 겸양과는 거리가 멀다는 것을 거듭 확인하게 한다. 李滉이 한림별곡류라 일컬은 경기체가는 교만하게 방탕하며 비루하게 희롱하는 것을 일삼는 노래이니 군자가 숭상할 바가 아니라고 한 말이 이 작품에도 해당한다 하겠다.

周世鵬은 도학자답게 경기체가로 교화를 베풀고자 했다. 중종 36년(1541)에 풍기군수로 있으면서 서원을 처음 세우고, 경기체가 〈道東曲〉 9장, 〈六賢歌〉 6장, 〈儼然曲〉 7장, 〈太平曲〉 5장을 지었다. 〈도동곡〉은 도학을 전한 安珦의 위덕을 기렸으며, 〈육현가〉는 宋나라 때의 도학자 여섯 사람을 칭송했다. 〈엄연곡〉은 군자의 굳건한 기상을 노래했으며, 〈태평곡〉은 공자를 칭송했다. 그런데 대단한 권위를 지닌 내용을 산만한 형식과 경색된 표현으로 나타내 경기체가에 대한 거부반응을 불러일으켰다고 할 수 있다.

이황의 제자인 權好文은 평생 벼슬길에 나아가지 않고 산림처사로 자처하면서 〈獨樂八曲〉 8장을 지어서 산수 사이에서 노닐며 도학을 닦는 자세를 나타내고자 했다. 그러자니 찬양하고 감탄할 만한 대상은 떠오르지 않고 경기체가의 관습과는 어긋나는 표현이 필요했으며, 서정적인 요소도 적지 않게 개입되게 했다. 결국 형식이 아주 산만하고 거의 산문에 가까운 작품이 되고 말아서 경기체가의 해체를 촉진했다. 경기체가는 조선 전기 사대부 시가의 대표적인 갈래로 자리잡았지만, 생활이나 심성을 조용하게 살피며 가다듬기에 부적당해 결국 사라지지 않을 수 없었다. 가사가 성장하자 경기체가가 몰락했다.

4) 시조와 가사

時調는 공식적인 기능은 없으며 개인적인 노래이다. 고려말에서부터 정치적인 변동과 관련되더라도 작자의 감회만 읊는 것으로 관례를 삼았으며, 조선왕조가 들어선 다음에도 그 점에서는 변화가 없었다. 악장이나 경기체가에서 볼 수 있는 바와 같은 왕조창업의 칭송은 시조와 무관하고, 고려를 회고하는 시조는 거듭 이루어져 시조가 개인적인 노래임을 명확하게 확인할 수 있게 한다. 元天錫과 吉再가 망한 나라의 도읍을 돌아보고 비탄에 잠긴 시조를 지었을 뿐만 아니라, 왕조교체를 이룩한 주역 중에서도 강경파이며 창업을 칭송한 鄭道傳 조차도 그리 다르지 않은 시조를 남겼다.

興亡이 有數ᄒᆞ니 滿月臺도 秋草ㅣ로다
五百年 都業이 牧笛에 부쳐시니
夕陽에 지나ᄂᆞᆫ 客이 눈물겨워 ᄒᆞ노라

仙人橋 나린 물이 紫霞洞에 흘너 드러
半千年 王業이 물소릐 ᄲᅮᆫ이로다
아희야 故國興亡을 물어 무슴 ᄒᆞ리오

앞의 것은 원천석이, 뒤의 것은 정도전이 지었다고 한다. 후대의 문헌에만 전하기에 작자에 관한 기록이 다소 어긋나기는 하지만 대체로 그렇게 인정되어 왔다. 그런데 두 작품은 고려 도읍지의 옛 터전을 둘러보고 '오백년 도읍' 또는 '반천년 왕업'이 허망하게 되었다고 한 점에서 문구조차 거의 같은 것을 되풀이했다. 다만 원천석은 젓대소리를, 정도전은 물소리를 들었다. 젓대소리는 쓸쓸한 느낌을 주다가 사라지고 만다면, 물소리는 역사의 흐름을 느끼게 하며 흐를수록 더 커질 수 있다. 그러기에 원천석은 석양에 지나는 객이 되어 눈물을 흘린다고 하며 과거로 돌아가지 못하는 것을 애석하게 여겼고, 정도전은 옛적 나라의 흥망을 새삼스럽게 물어서 무엇을 하겠느냐고 하면서 과거와 현재를 구별했다.

시조는 이런 작품에서 서정시로서의 깊이를 재확인할 수 있다. 자아화되지 않는 세계를 있는 그대로 받아들이는 것은 시조와는 어울리지 않는 일이다. 이미 알려진 한자어라도 작자의 느낌을 절실하게 드러내기 위해서 썼을 따름이다. 왕조 교체기의 고민을 넘어서서 새로운 질서가 자리를 잡은 시기에 이르러서도, 사실을 확인하는 시조는 한 편도 나타나지 않았다. 그 대신에 孟思誠의 〈江湖四時歌〉가 안정기의 정서를 표현하는 길을 열었으며, 黃喜의 작품이 거기에 호응했다. 이 두 사람은 조선왕조가 기반을 다지는 데 큰 구실을 한 이름난 재상이었지만 시골 노인인 양 여유를 가지고 너그럽게 살아간 것으로 알려졌다. 그렇게 해서 태평성대의 모습을 보여주었다.

조선 초기에는 나라 안의 질서를 그 시대의 이상에 맞게 다지는 것과 함께 국경을 확장하고 밖으로 위세를 떨치는 것을 또한 중요한 과업으로 삼았다. 金宗瑞는 함경도 지방에서 여진족을 몰아내고 6진을 개척하는 일을 맡아 커다란 과업을 이룩했으며, 넘치는 기개를 나타낸 시조를 남겼다. 장백산에 기를 꽂고, 두만강에서 말을 씻기면서 썩은 선비들에게 사나이다움을 자랑한다는 시조가 있는가 하면, 다음과 같이 읊은 데서는 더욱 생동하는 표현으로 기개를 나타냈다.

> 朔風은 나무 긋ᄐᆡ 불고 明月은 눈 속에 ᄎᆞᆫᄃᆡ
> 萬里 邊城에 一長劒 집고 셔셔
> 긴 ᄑᆞᄅᆞᆷ 큰 ᄒᆞᆫ 소ᄅᆡ에 거칠 거시 업세라

북풍이 나무 끝에 불고, 명월이 눈 속에서 차다 해서 견디기 어려운 시련을 암시해 놓고 만 리나 되는 변방의 성에 큰 칼 하나를 짚고 서서 길고도 크게 외치는 소리에 거칠 것이 없다고 하면서 무엇이든 위압하는 자세를 보였다. 악장이나 경기체가에서는 나라의 위엄을 높이자면 명나라와의 관계를 적절하게 설정하는 데 우선 힘써야 했지만, 시조는 그런 부담이라고는 전혀 없이 느낀 그대로의 순수한 마음을 나타내면 그만이었다. 무장의 시조는 명분 같은 것을 돌보지 않고 복잡한 생각을 멀리 하기에 더욱 힘찬 가락일 수 있다는 것이 南怡에게서도 확인된다. 그러나 김종서나 남이는 나라 안에서의 권력투쟁 때문에 비명에 죽어야만 했으니, 새 왕조의 고민이 우선 그런 데서

드러났다 하겠다.

세조의 왕위찬탈을 용납하지 않고 단종 복위운동을 벌이다가 처형된 사육신이 더욱이 형장으로 끌려가면서 시조를 지었다는 것은 다소 의심스러운 데가 있다. 그러나 李芳遠과 鄭夢周가 엄청난 결단을 앞에 놓고 시조로 문답을 했다는 전례에서와 같이, 시조는 긴박한 상황에서 즉흥적으로 지어 읊을 수 있었다. 丙子胡亂 후에 청나라로 잡혀가는 사람들이 시조를 지었다는 것도 그래서 가능했을 것이다. 형장으로 끌려가는 사육신이 시가를 지어 자기네 심정을 토로하려 했다면 시조를 택할 수밖에 없었다. 사육신 중에서 네 사람의 시조가 전하는데, 李塏와 成三問의 작품을 들어본다.

房 안에 혓는 燭불 눌과 離別ᄒᆞ엿관ᄃᆡ
것츠로 눈물 디고 속 타는 줄 모르ᄂᆞᆫ고
뎌 燭불 날과 갓트여 속 타ᄂᆞᆫ 줄 모르도다

이 몸이 죽어가서 무어시 될고 ᄒᆞ니
蓬萊山 第一峰에 落落長松 되야 이셔
白雪이 滿乾坤ᄒᆞᆯ 제 獨也靑靑ᄒᆞ리라

이들 뿐만 아니라 단종을 유배하는 일을 맡은 금부도사 王邦衍이 지은 시조도 사육신의 작품에 못지않은 감명을 준다.

조선시대의 사대부는 자연과 정치가 마음에서 만족스러운 화합을 이루어야 한다는 희망을 끝내 버리지 않았다. 하지만 태평성대의 환상이 쉽게 깨어지고 권력투쟁이 언제든지 재연될 수 있는 조건은 서정시인 시조에서 정치가 아닌 자연을 택하도록 강제하였다. 그러다가 士禍가 일어난 후에는 자연을 들어서 정치에 반격을 펴는 경향이 나타났다. 즉 道學政治가 아닌 현실의 정치를 비판하기 위해서 자연에 도학적인 의미를 부여하고 江湖歌道를 표방하게 된 것이다.

秋江에 밤이 드니 물결이 ᄎᆞ노ᄆᆡ라
낙시 드리치니 고기 아니 무노ᄆᆡ라
無心ᄒᆞᆫ ᄃᆞᆯ빗만 싯고 뷘 ᄇᆡ 저어 오노라

이것은 月山大君의 시조이다. 월산대군은 세조의 손자이고 성종의 형으로 왕위에 오르지 못했기에 풍월로 세월을 보냈다. 그의 낚시는 본격적인 어업이 아니며, 假漁翁이 되어 정치를 멀리하고자 하는 심정의 표현이다. 가어옹의 어부가는 고려 이래로 그런 의미를 가지는 것이다. 그런데 여기서는 강호에서마저 제약이 있다는 것을 알고 가어옹 노릇도 열심히 하지 않는다. 추강의 밤물결이 차다는 것으로 시련을 느끼게 하다가, 무심한 달빛으로 자기 마음을 나타내고, 빈 배 저어 온다는 말로 자연에다 자기를 아주 내맡기고 있다. 가득한 듯하면서도 텅 비어 있고, 움직이되 움직임이 없는 것으로 시조 창작의 높은 경지를 구현하고 있다.

이에 비해 勳舊派에 맞서 도학정치를 주장한 士林派는 그런 경지를 찾는 것으로 만족할 수 없었다. 강호에서 노닌다고 하면서 진출의 기회를 찾고, 그런 노력이 좌절되어 사화에서 희생되면 그 쓰라림을 달래기 위해서 강호의 자연으로 정치에 대한 반론을 펴려 했기에, 격조 높은 표현은 반드시 갖추지 못하더라도 뜻이 강한 말을 써야만 했다. 조광조와 함께 기묘사화에서 수난을 겪은 김식의 시조를 그런 관점에서 살필 수 있다. 김식과 마찬가지로 기묘사화 때 귀양을 간 김구는 경기체가 〈화전별곡〉을 지어 애써 향락을 찾는 자세를 보여주었으며, 시조도 그에 화합될 수 있게 지었다. 김구의 시조는 작자의 문집 《自庵集》에 모두 다섯 편이 전한다. 일찍이 중종의 총애를 받을 때 읊은 것은 즐거움을 자랑하고 있지만, 귀양살이하면서 지은 것은 자연의 홍취를 찾기에 갑갑했던 심정을 엿볼 수 있게 한다. 두 작품을 나란히 들어보자.

나온댜 今日이야 즐거온댜 오ᄂᆞᆯ이야
古往今來예 類업ᄉᆞᆫ 今日이여
每日의 오ᄂᆞᆯ ᄀᆞᄐᆞ면 므ᄉᆞᆷ 셩이 가ᄉᆡ리

山水 ᄂᆞ린 ᄀᆞᆯ래 三色桃花 ᄢᅥ오거ᄂᆞᆯ
내 셩은 豪傑이라 옷 니븐재 들옹이다
고ᄌᆞ란 건뎌 안고 므레 들어 ᄉᆞᆨ과라

앞의 것은 궐내에서 숙직을 하고 있을 때 중종이 찾아와 술을 내놓으며 붕우로서 어울리자고 하자 즉석에서 지었다고 하는데, '오늘은 즐겁다'를 계속 되풀이했다. '오늘'은 '금일'로 '즐겁구나'를 '나온다'로 말을 바꾸면서 같은 뜻을 나타냈다. 끝으로 매일이 오늘 같으면 무슨 성가신 일이 있겠는가 했는데, 그럴 수 없었음은 물론이다. 나중 것에도 '셩'이라는 말이 나온다. 자기는 천성이 호걸이라 물에 도화가 떠오는 것을 보고서는 옷을 입은 채 들어가, 꽃을 건져 안고 물에 들어 솟구치고 싶다고 했다. 둘 다 하고 싶은 말을 그대로 나타내며 즐거움을 자랑했는데, 정치에서의 즐거움과 자연에서의 즐거움은 성격이 달랐다.

사림파는 자기 고장인 영남과 호남에서 시조를 키웠다. 시조는 서울에서 벼슬을 하는 생활에서보다 향리로 물러나 자연을 찾고 심성을 닦고자 할 때 스승과 제자, 동학과 벗이 화창을 하며 교류하는 데 더욱 긴요한 것이었다. 이렇게 해서 시조의 맥락이 면면하게 이어져 歌壇이라고 할 수 있는 것이 형성되었다.

시문보다는 도학을 더욱 존중하는 영남지방에서는 시조를 짓되 심성을 닦고 도의를 실천하는 자세를 앞세우는 기풍을 길러 서울 중심의 기존 경향과 경쟁했으며, 호남지방과도 다른 취향을 나타냈다. 시조를 지어 즐기는 풍류가 따로 놀지 않고 도학하는 자세에 수렴되게 하고 강호에서 노닐며 선비로서 마땅히 실행해야 할 도리를 찾자는 江湖歌道 구현을 시조 창작의 목표로 둔 점이 특이했다. 그렇게 해서 시조가 사림파의 문학으로 긴요한 구실을 하며 널리 모범이 될 본보기를 이룩하도록 했다. 서울 쪽이나 호남지방의 도학자 또는 사림파 문인들도 그런 기풍을 따르기까지에는 상당한 시간이 경과해야만 되었다.

영남지방의 시조가 그런 기풍을 지니게 하는 데 앞장선 사람은 李賢輔였다. 이현보는 중앙정계에 제대로 진출한 영남 사림의 첫 세대에 속하며, 경상감사, 형조참판 등의 관직을 역임했다. 그러면서도 전원으로 돌아갈 꿈을 줄곧 품었다 하며, 마침내 귀향하자 관직의 구속에서 벗어나 자연과 다시 어울린 기쁨을 노래했다.

聾巖애 올라 보니 老眼이 猶明이로다
人事이 變ᄒᆞᆫ들 山川이ᄯᆞᆫ 가실가
巖前에 某水某丘이 어제 본ᄃᆞᆺ ᄒᆞ예라

이현보가 귀향해서 지은 시조에 이런 사연으로 이루어진 〈聾巖歌〉가 있다. 농암이라고도 하는 귀먹바위가 고향 강가에 서 있기에 거기 올라가서, 변하는 인사에 휩쓸려 어두워진 늙은이의 눈이, 변하지 않는 산천을 돌아보니 다시 밝아진다고 했다. 그동안 많은 시간이 지났지만 물이고 언덕이고 어제 본 듯한 느낌이라고 해서 변화를 다시 부정했다. 나아가서 세상을 휘어잡는 것은 힘이 들고 자기를 노쇠하게 하는 짓이니, 물러나 그동안 있었던 일을 잊고 자연과 일체를 이루어야 자기 발견의 홍취를 맛본다고 하는 뜻을 이렇게 나타낸 것이다.

그러면서 〈漁父歌〉를 즐기는 것을 더욱 큰 자랑으로 삼았다. 〈어부가〉는 고려 때부터 강호에서 노니는 처사의 노래였는데 이현보에 이르러서 진가를 발휘했다. 자기 자신의 序와 李滉의 跋에 의하면, 누가 지었는지 모르는 채 전해지던 〈어부가〉를 즐겨 부르면서 12장으로 된 長歌는 9장으로, 10장으로 된 短歌는 5장으로 줄였다 한다. 장가는 한문어구의 연속이면서 배 저을 때 하는 말이 여음으로 들어가 있을 따름이고, 단가는 시조형태를 취했으며 작품으로서의 짜임새도 갖추고 있다.

이황은 이현보의 홍취와 주세붕의 교화를 함께 구현하는 조화를 추구했다. 예조판서, 대제학의 지위에까지 올랐으나 관직을 번거롭게 여긴 이황은 전원으로 돌아가 마음의 안정을 얻고 심성을 가다듬고 도학의 근본을 밝히려고 했다. 세상의 구속에서 벗어나 노니는 즐거움을 찾으면서도 玩世不恭에 빠지지 않고 溫柔敦厚한 경지를 살려 강호가도가 내실을 거둘 수 있게 하려고 했다. 윤리적인 규범을 희롱거리로 삼아서는 안된다고 다짐하고, 마음을 부드러우면서도 돈독하게 가져 도리에 합당한 자세를 지켜야 한다는 각오를 표명했다. 밖으로 교화를 베풀기에 앞서서 자기 스스로를 돌아보는 爲己之學에 힘써야 한다고 생각해서 훈민시조를 내놓지 않았다.

이황은 시조를 지어야만 했던 이유를 〈陶山六曲跋〉에다 분명하게 밝혀놓

왔다. 한시는 읊을 수 있을 따름이고 노래 부를 수는 없는 것이기에 우리말 노래를 찾다가, 韓林別曲類라고 한 경기체가는 방탕스럽게 들떠 있는 것이어서 배격하고, 李鼈의 〈六歌〉가 전하는데 완세불공의 뜻이 있고 온유돈후한 맛이 부족해 불만이지만 그 형식을 본따서 〈陶山六曲〉 전후편 12수의 시조를 짓는다고 했다. 시조가 모두 12수여서, 〈도산육곡발〉을 〈도산십이곡발〉로, 〈도산육곡〉을 〈도산십이곡〉으로 일컫는 관례가 생겼다. 발문의 한 대목을 들면 다음과 같다.

> 하나는 言志이고, 하나는 言學이다. 아이들로 하여금 아침저녁으로 익혀서 부르게 하고, 几席에 비기어 듣는다. 또한 아이들로 하여금 스스로 노래 부르고 스스로 춤추며 뛰게 해서, 비루한 마음을 거의 다 씻어버리고, 느낌이 일어나 마음이 녹아 서로 통하게 한다. 노래 부르는 사람이나 듣는 사람이 서로 유익함이 없을 수 없다.

시조는 노래부르고 춤추는 데 소용된다고 했다. 스스로 그렇게 하지 않아도 노래 부르고 춤추는 것을 듣고 보노라면, 넘치는 감흥 때문에 마음이 맑아져서, 뜻을 바르게 하고 배움의 길을 찾는 데 크게 유익하다고 했다. 노래는 도학을 전하는 데 그치지 않고 흥취로 체득하게 하는 더욱 중요한 구실을 맡아야 한다는 것을 기본 이론으로 삼고, 그렇게 하자면 시조가 한시보다 소중하다고 했으니, 시조를 당대 문학의 최고 수준에다 올려놓는 데 모자람이 없는 논리이다.

> 當時에 녀던 길흘 몃 히를 ㅂ려두고
> 어듸 가 ㄷ니다가 이제사 도라온고
> 이제나 도라오나니 년 ㄷ ㅁ숨 마로리

〈도산십이곡〉 본문은 이황이 친필을 새긴 목판으로 전한다. 보다시피 ㅿ음까지 보이고, 시조 자료 중에서 가장 오랜 것이다. 언학이라고 한 후반부의 두번째 작품을 들면 이와 같다. 12수로 된 연시조이지만, 각기 독립된 내용이어서 따로 살펴도 좋다. 여기서는 고향으로 돌아온 감격을 노래했는데, 예전에 다니던 길이 바로 학문의 길이기도 하다. 두 가지 뜻이 겹쳐서 학문을 통해서 바른 마음으로 돌아가는 것이 고향을 찾자는 심정과 다를 바 없다고 했으니, 꾸미지 않는 가운데 깊은 생각을 간직한 표현이 이루어졌다. 다른 작품들도 어찌 보면 너무 직설적이고, 말마저 어둔한 듯하지만 뜻하는 바가 단순하지 않다.

李珥는 도학에 침잠하면 올바른 마음이 스스로 나타나 교화가 베풀어진다는 생각에 반론을 펴고, 나서서 세상을 바로잡는 방책을 강구해야 도리가 실현된다고 했으며, 은거를 자처하는 체질이 아니었다. 그러면서 〈도산십이곡〉과 견줄 수 있는 〈高山九曲歌〉 10수를 지어서 강호가도를 다시금 구현했다. 맨 첫수에서 밝혔듯이 주희의 〈武夷櫂歌〉 시를 본떠서 고산구곡을 노래하며 그 뒤를 잇는다 하면서도, 관념은 배제하고 산수경치만 그린 것 같은 작품 세계를 보여주었다.

一曲은 어듸미오 冠巖에 ᄒᆡ 비췬다
平蕪에 ᄂᆡ거드니 遠山이 그림이로다
松間에 綠罇을 노코 벗 오ᄂᆞᆫ 양 보노라

제1곡을 들면 이와 같다. 첫 마디에서 '一曲은 어듸미오'라고 한 말은 제9곡에 이르기까지 숫자만 바뀌고 거듭 나와 일관성이 있게 하면서 단조로움이 생기게 한다. 해가 비치고 안개가 걷힌다고 하면서 선명하기는 하지만 특별한 흥취는 없는 풍경을 보여주었다. 그 대목에서 천지운행의 질서를 생각해 볼 수 있으나 그렇게 해야 할 이유가 작품에 제시된 것은 아니다. 소나무 사이에 술동이를 놓고 아침 햇빛을 벗 오는 양 본다는 데서는 주홍까지 곁들인 완벽한 조화를 제시했다 하겠으나 다시 살피면 말의 연결이 자연스럽지 못하다. 경치를 그려 이치나 도리를 깨닫게 하려는 의도를 살리기 어렵다는 것을 새삼 절감하지 않을 수 없다. 이이는 시를 짓기보다는 논하기를 더 잘했다.

호남가단을 처음으로 마련한 사람은 宋純이다. 30년 정도 먼저 태어난 이현보나 10년쯤 나이가 적은 이황과 마찬가지로, 송순은 벼슬에서 물러난 다음 고향으로 돌아가 자연에 묻혀 풍류를 일삼았다. 그러면서 몇 가지 점에서 그 두 사람과는 달랐다. 돌아가는 데 대한 자기 합리화의 설명은 늘어놓지 않고 작품을 통해서 감회를 짓고 시조도 즐기는 동안에 주위에 많은 문인들이 모여들어서, 자기 당대에 가단을 이루어 함께 읊조리는 동안에 직접 영향을 끼쳤다.

그런데 송순의 가사와 시조는 문집에 한역한 것들만 실어놓아서 원문을 찾기 어렵다. 〈俛仰亭短歌〉라고 한 것 7수, 〈五倫歌〉 5수를 위시해서 20수쯤 되는 시조를 지었던 것 같은데, 여러 시조집을 뒤져 찾아낼 수 있는 작품이 10수 가량이며 그것마저도 작자가 엇갈린다. 문집에 한역가만 실은 것은 송순이 가사나 시조를 한시에 못지않게 즐겨 지으면서도 그 의의를 입증할 만한 이론을 스스로 갖추지 못했기 때문이 아니었던가 싶다. 이론을 다지거나 이유를 묻지 않고 풍류를 생활화하는 것은 그 후에도 호남가단의 지속적인 풍조였다.

> 늙었다 믈너가쟈 ᄆᆞ음과 議論ᄒᆞ니
> 이 님 바리ᄋᆞᆸ고 어듸러로 가쟌 말고
> ᄆᆞᄋᆞᆷ아 너란 잇거나 몸만 몬져 가리라

〈致仕歌〉 세 수 중에 이런 것이 있다. 조정에 더 머무를 것인가 물러갈 것인가 하는 고민은 다른 사람이 다룬다면 심각하기 마련이다. 그런데 여기서는 님이라고 한 임금에 대한 도리를 저버린 것은 아니지만 웃음이 나오도록 흥미로운 말로 떠나는 사연을 삼았으니, 고민은 어디 가고 여유만 남아 있다. 이현보나 이황의 무거운 거동, 어둔한 문구와는 좋은 대조를 이루었다.

金成遠이라는 사람이 星山 고을에 정자를 짓고 풍류를 즐기자, 여러 사람이 거기 모여들었고, 정철이 〈星山別曲〉을 지었다. 그 모임을 흔히 성산가단이라고 한다. 중심 인물 김성원은 많은 작품을 지었을 듯한데, 전하는 것은 한 편뿐이다. 구름이 달을 가리는 것을 원망하면서 밝은 세상을 그리워한 사연이다. 이황과 더불어 오랜 논쟁을 한 奇大升도 성산가단에 가담했다고 하지만, 부귀를 탐내보아야 삶이 허망할 따름이라고 한 시조만 남겼다. 잠시 벼슬길에 나아갔다가 낙향해서 지낸 끝에 임진왜란 때 의병으로 활약하게 되는 高敬命도 함께 어울렸다.

鄭澈은 관직에 진출했던 기간을 제외한 나머지 반생을 호남 사람으로 자처하면서 그 곳에서 송순 이래의 전통을 잇고 성산가단의 풍류를 체득하는 동안에 자기 재능을 마음껏 발휘할 수 있는 수련을 쌓았다. 가사를 여러 편 지었을 뿐만 아니라 시조 또한 문집에 실린 것만 해도 79수나 된다. 영남가단은 이황 이후에 차차 움츠러들었다 하겠고, 호남가단은 정철에 이르러서 절정을 보인 점이 좋은 대조가 된다.

> 오늘도 다 새거나 호믜메고 가쟈ᄉᆞ라
> 내 논 다ᄆᆡ여든 네 논졈 ᄆᆡ어주마
> 올 길혜 ᄲᅩᆼᄠᆞ다가 누에 머겨 보쟈ᄉᆞ라

먼저 〈訓民歌〉를 들어보자. 강원도관찰사로 나갔을 때 백성을 교화하기 위해 누구나 쉽게 익혀서 부를 수 있는 〈훈민가〉 18수를 지었는데, 그 가운데 16수가 전하며 이런 노래가 있다. 훈민은 조선왕조가 들어섰을 때부터 줄곧 강조했다. 훈민의 의도를 시조를 통해서 실현하려고 송순이나 주세붕이 이미 훈민시조를 지었으며, 정철이 그 뒤를 이었다. 그런데 정철의 〈훈민가〉는 내세우고자 하는 덕목은 전례와 같이 구비했으면서 순탄하게 이어지는 말로 인정과 세태를 생동하게 그려내서 주목된다. 이 노래는 서로 협동하며 부지런히 일할 것을 가르친 셈이지만, 민요의 사설을 그대로 갖다놓은 듯한 느낌을 주어 그런 의도에 구애되지 않는 가치가 있다.

> 어와 동냥지를 뎌리 ᄒᆞ야 어이 ᄒᆞᆯ고
> 헐ᄠᅳ더 기운 집의 의논도 하도할샤
> 뭇 지위 고ᄌᆞ 자 들고 헤ᄯᅳ다가 말려ᄂᆞ다

정철은 정승의 지위에까지 올랐으며 당쟁이 시작되자 서인의 영수 노릇을 했다. 정치적인 활동을 두고서는 엇갈린 주장이 있으나 대단한 치적을 거두었다고 하기는 어려울 것이다. 그러나 이런 시조에서는 당쟁을 개탄하고 나라를 근심하는 마음을 아주 잘 나타냈다. 나라를 집에 비교해, 대들보가 되는 재목을 함부로 다루어서 어쩔 것이냐 하고서, 뭇 목수가 먹통과 자를 들고 허둥대다가 말겠느냐고 걱정했다. 헐뜯어 기운 집이라고 했듯이 나라 형편이 임기응변으로 어려움을 수습하는 지경에 이르렀는 줄 알았기에 걱정이 더 컸다. 그러나 당쟁이 서인에게 불리하게 전개될 때면, 정철은 밀려나야만 했고 다음과 같이 시조에 안타까운 심정을 나타냈다.

> 머귀닙 디거야 알와다 ᄀᆞ올힌 줄을
> 細雨 淸江이 서ᄂᆞ럽다 밤 긔운이야
> 千里의 님 니별ᄒᆞ고 잠 못드러 ᄒᆞ노라

〈思美人曲〉에서 보인 것과 같은 사연인데, 감각적인 표현이 한층 묘미를 얻었다. 임금을 생각하는 마음을 전하자는 것보다는 생동하는 느낌을 살려서 얻을 공감에 더욱 관심을 두었다고 할 수 있다. 여느 시조에서는 찾아보기 어려운 도치법을 써서 처음 두 줄에서는 말을 앞뒤로 바꾸어놓아, 가을밤이 쓸쓸하고 서늘하다는 감각이 새삼스러운 충격일 수 있게 하고, 잠 못 드는 심정의 뜨거운 열기와 대조가 되게 했다. 그러면서 또 한편으로는, 신선이 되어서 학처럼 날아가겠다는 상상에서 탈출을 찾기도 했다. 다음과 같은 데서는 천진스럽고 분망한 생각을 거침없이 엮어냈다.

> 재 너머 成勸農 집의 술 닉닷 말 어제 듯고
> 누운 쇼 발로 박차 언치 노하 지즐 ᄐᆞ고
> 아ᄒᆡ야 네 勸農 계시냐 鄭座首 왔다 ᄒᆞ여라

시조가 한시보다 나은 점은 조용히 관조하는 시에 그치지 않고 넘치는 흥취를 움직임으로 살릴 수 있다는 데서 인정된다. 우리말이 풍부하게 갖추고 있는 서술어의 활용형이 큰 구실을 해서 그런 효과를 돋보이게 한다. 여기서는 '…듯고'와 '…ᄐᆞ고'로 연결되어 석 줄이 한 문장이고, 누운 소를 발로 박차 지즐탔다는 말까지 들어가서 단숨에 재 넘어 간 거동이 선연하게 나타났다. 정철의 시조는 설명이 아닌 표현으로 규범화된 수사를 배격하고 직접적인 경험을 생동하게 나타내서 충격을 주었다.

林悌는 울분에 찬 생애를 보내며, 벼슬을 버린 채 명산을 찾아 기개를 토로하면서 호남가단의 맥락을 이었다. 한문과 한시에서 독자적인 작품세계를 다양하게 보여주었을 뿐만 아니라, 시조도 즐겨 지었다. 한시에서 艶情詩를 짓는 솜씨를 자랑했듯이, 시조에서도 기생과 관련된 사연을 앞세웠다. 그런 노래나 짓고 돌아다니는 것은 선비의 처신이 아니고 강호가도 구현과 거리가 멀다 하겠으나, 임제는 그런 명분에 매이지 않았다.

北天이 몱다커늘 우장 업시 길을 나니
산의는 눈이 오고 들에는 챤 비 온다
오늘은 챤 비 마즈시니 얼어 잘가 ᄒᆞ노라

이 시조는 寒雨라는 기생을 만나 지은 것이라고 한다. 기생 이름에다 빗대어 희롱을 하다가 잠자리를 같이하게 되었다고 한다. 궁상맞고 처량한 느낌을 아주 잘 나타내서 관심을 끌었던 것이다.

임제가 기생을 상대로 시조를 지어 희롱거리로 삼았던 것은 기생이 시조를 넉넉히 이해했던 사정을 말해 준다. 기생이 시조를 이해할 뿐만 아니라 스스로 짓기도 한 것은 그보다 훨씬 오래 전부터 있었던 것이다. 시조는 술자리에서도 부를 수 있는 노래였다. 기생이 사대부의 술자리에서 시중을 들자니 시조를 부를 줄 알아야 격이 높다 했을 것이다. 제대로 자격을 갖춘 기생이라면 가무, 음률을 두루 익히고 한시에도 입문을 해야 했으니, 시조를 뺄 수 없었다. 이렇게 해서 원래는 사대부문학이기만 했던 시조의 작자층이 확대되는 전환이 이루어졌다.

명종 때쯤 송도에서 명기로 이름이 난 黃眞伊는 뛰어난 재능과 발랄한 개성을 자랑하며 여러 명사들과 어울렸다 하며, 徐敬德만은 유혹하지 못했다는 일화를 남겼다. 기녀가 갖추어야 할 기예에 두루 능했으며 한시도 어지간히 지었다고 하지만, 특히 시조를 통해서 뛰어난 창조력을 아낌없이 발휘했다. 기녀시조답게 사랑 노래를 지으면서 사대부시조에서는 생각할 수 없었던 표현을 갖추어 관습화되어 가던 시조에 생기를 불어넣었다.

어뎌 내일이여 그릴 줄을 모로던가
이시라 ᄒᆞ더면 가랴마는 제 구ᄐᆡ야
보내고 그리는 情은 나도 몰라 ᄒᆞ노라

황진이의 시조는 작자가 엇갈려서 정확하게 헤아릴 수는 없으나 대략 여덟 수쯤 되는데, 이별한 사람을 그리워하는 것이 가장 큰 비중을 차지한다.

사랑의 노래는 곧 이별의 노래라는 고려 속악가사에서 볼 수 있던 전례를 이어 후대로 넘겨줄 전통을 확인했다 하겠다. '어뎌'라는 말을 앞세워서 이별을 하자 미처 알아차리지 못하던 그리움을 깨닫게 된다는 사연을 그냥 말하듯이 나타냈으면서 기발하고 신선하다. '졔 구틔야'는 앞뒤에 다 걸리는 말이다. 앞에 걸려서는 '졔 구틔야 가랴마는'의 도치형을 만들고, 뒤에 걸려서는 '졔 구틔야 보내고'라는 뜻을 가지며 '졔'라 한 자기도 경우에 따라서 다른 사람을 일컫는 말이 된다.

> 冬至ㅅ돌 기나긴 밤을 한 허리를 버혀내여
> 春風 니불 아레 서리서리 너헛다가
> 어론 님 오신 날 밤이여든 구뷔구뷔 펴리라

여기서는 시간을 휘어잡고자 했다. 님이 오는 봄밤은 짧고 님이 오지 않는 겨울밤은 길다는 것이야말로 어찌 할 수 없는 삶의 逆說같은데, 긴 밤의 허리를 잘라 이불 아래 넣는다면서 그런 역설을 그냥두지 않았다. 이별의 슬픔을 되씹고 있는 노래에서는 있을 수 없는 '서리서리'와 '구뷔구뷔'라는 말로 주어진 불행을 자아확대로 극복하려는 의지를 구체화했다.

> 梨花雨 훗华릴 제 울며 잡고 離別ᄒᆞᆫ 님
> 秋風落葉에 져도 날 생각는가
> 千里에 외로운 꿈만 오락가락ᄒᆞ노매

전라도 扶安 기생 梅窓이라고도 하는 李桂娘이 지은 시조에 이런 것이 있다. 이계랑은 아리땁고 애절한 마음씨를 한시로 나타내는 솜씨가 상당했으며, 시조에서도 그런 특색을 보였다. 배꽃에 비가 흩뿌릴 때 울며 잡고 님과 이별했다는 것으로 이별이 갑자기 미친 듯 닥쳐와 좋지 못한 사랑을 마구 흔들어 상처를 잔뜩 남긴 사연을 아주 선명하게 집약했다. 그리고는 움직임이 스산해지게 하고, 자기 혼자 그리움을 잊지 못하는 사연이 앞 대목과 선명한 대조를 이루게 했다.

조선시대 가사의 첫 작품은 丁克仁의 〈賞春曲〉으로 알려져 있다. 정극인은 벼슬을 버리고 향리인 전라도 泰仁에 돌아가 만년을 보내는 동안에, 성종 3년

(1472)에 〈不憂軒歌〉와 〈不憂軒曲〉을 지어 임금의 은혜에 감격함을 노래하는 한편, 같은 무렵 〈상춘곡〉을 마련해 산림에 묻혀지내는 생애를 그렸다고 알려져 있다. 그런데 이 작품을 과연 정극인이 지었던가 의심스러운 점이 있다. 후대에 편찬된 문집에 비로소 수록되었으며, 표기법이 도저히 정극인 시대까지 소급될 수 없다는 것을 우선 증거로 삼고, 형식이나 표현이 너무 가다듬어져 있으며, 나타낸 내용이 정극인의 평소 생각과 다르다는 점까지 들어 정극인 창작설을 부정한 견해[3]가 있다. 그러나 좀더 신중하게 생각할 필요가 있다.

당대에 표기된 자료가 발견되지 않는다는 것은 국문시가나 소설을 다룰 때 거의 공통적으로 당면하는 고민이다. 시대가 흐르면 작품을 전사하는 사람이 표기법을 바꾸는 것은 흔히 있는 일이기에 그 점이 작자 판별에서 결정적인 증거력을 갖지 않는다. 가사는 고려말에 생겨났을 뿐만 아니라 이미 온전한 틀을 갖춘 민요의 한 형식을 받아들였으리라는 점을 고려한다면 형식이나 표현이 산만하지 않다고 해서 구태여 의심스럽게 생각할 필요가 없다. 평생 진출하기를 열망하고, 직위를 높여준 은전에 감격한 정극인이 산림처사로 자처하고 세상을 멀리하며 참다운 기쁨을 찾는다는 노래를 지은 것은 사대부의 양면성을 아주 잘 나타내주는 처사였다. 그러므로 〈상춘곡〉이 정극인의 작품이라는 것을 의심할 수는 있으나 아직 부정할 단계는 아니다. 〈상춘곡〉이 후대 누구의 작품이라는 추론은 〈상춘곡〉이 정극인의 작품이라는 기존의 견해보다 증거력이 상대적으로 모자란다.

紅塵에 뭇친 분네 이 내 生涯 엇더혼고
녯 사룸 風流롤 미출가 못 미출가
天地間 男子 몸이 날만훈 이 하건마는
山林에 뭇쳐 이셔 至樂을 모롤 것가
數間茅屋을 碧溪水 앏픠두고
松竹 鬱鬱裏예 風月主人 되어셰라

서두가 이렇게 시작된다. 산림에 묻혀, 몇 칸 초가를 푸른 시냇물 앞에 두고, 송죽이 울창한 가운데 풍월주인 노릇이나 하는 것이 적막한 일이고, 천

3) 최강현, 《가사문학론》(새문사, 1986).

지간에 남자로 태어나 구태여 찾을 바가 아님을 전제로 삼고서, 그런 생활을 여러 모로 변명하고 합리화했다. 옛사람의 풍류를 따르는 길이 거기 있다 하고, 지극한 즐거움을 몰라서 그러는 것은 아니라고 했다. 거의 마지막 대목에서는, 부귀와 공명이 자기를 꺼리니 청풍이나 명월이 아닌 다른 벗이 없다고 해서 내심을 더 드러냈다. 산림처사로서의 생활을 다루는 隱逸歌辭는 이런 내용을 되풀이해서 지녔다. 밀려나서 은거를 하는 것이 바라지 않던 바일수록 자기는 신선인 양 자부하고, 세속의 먼지 속에서 헤어나지 못하는 사람들이 가엾다고 해야 심리적인 보상이 이루어졌다. 그러면서 자연과 화합하는 즐거움을 찾는 미의식이 생동하는 표현을 얻어 사대부문학의 가장 큰 성과로 축적되고 국문 시가 발전에 크게 기여했다.

曺偉의 〈萬憤歌〉는 절실한 사연과 능란한 표현을 갖춘 장편 가사여서 이와 좋은 대조를 이룬다. 조위는 金宗直의 처남이자 문인이다. 성종의 총애를 받았으며, 벼슬이 호조참판에 이르렀다. 《杜詩諺解》를 맡아서 냈으며, 시로써 이름을 얻었다. 그런데 戊午士禍를 만나 평안도 義州로, 다시 전라도 順天으로 귀양을 갔다가 거기서 죽었다. 〈만분가〉는 순천에서 귀양살이가 원통하다는 것을 하소연한 작품인데, 최초의 유배가사여서 주목된다.

李緖의 〈樂志歌〉 또한 유배가사이지만 이와는 다른 세계를 보여준다. 이서는 왕족인데 누명을 쓰고 전라도에서 14년 동안이나 귀양살이를 해야만 했다. 귀양이 풀린 다음에 서울로 돌아가지 않고 潭陽에서 은거하다가 세상을 떠났다. 〈낙지가〉는 이름부터 뜻을 즐기는 노래라고 하고서, 귀양살이의 원망을 늘어놓지 않고 수난에서 오히려 기쁨을 찾으려고 했다. 유배가사이면서도 은일가사의 면모를 지니고 있다.

먼저 자기가 자리잡은 고장부터 자랑했다. 곤륜산 일지맥에서 시작해서 8도를 다 돌아 호남으로 가서는 자기가 거처하는 삼간초옥에 이르렀다. 버림받은 처지이면서도 자기 위치가 천하의 중심과 연결되어 있다 하고서, 다음 순서로 공간에서 시간으로 넘어가 고금 隱士들의 행적을 들고서 자기는 예외자일 수 없다고 했다. 특히 중국 後漢 때 사람 仲長統의 〈樂志論〉을 본받겠다고 했다. 중세적인 수사법의 온상인 전례나 고사에 대입시켜야 스스로의 자세를 가다듬을 수 있기에 한문에 토를 단 것처럼 보일 정도로 한자어 투성이이기는 하지만, 정치적인 수난에 굽히지 않는 의식을 다지자는 은일가사로 나아가는 길을 열었다.

宋純의 〈俛仰亭歌〉는 더욱 중요한 위치를 차지했다. 송순은 늦게까지 벼슬해 지위가 우참찬에 이르렀다가 만년에 치사하고 고향인 전라도 담양으로 돌아가 그 근처의 여러 문인과 교류하며 여생을 풍류로 즐겼다. 못 다 이룬 것 때문에 좌절감을 가질 필요가 없었고, 거추장스러운 고장에서 우뚝하게 서서, 구김살 없는 마음으로 바라보는 자연에서 저절로 얻는 흥취를 자랑한다고 했다. 사철의 경치마다 홍겹다는 것을 두루 말한 다음에, 결사에서 다음과 같이 읊었다. 은일가사가 어디까지 나아갈 수 있는가를 보여주었다고 하겠다.

> 人間을 쩌나와도 내 몸이 겨를 업다
> 니것도 보려 ᄒᆞ고 져것도 드르려코
> ᄇᆞ람도 혀려 ᄒᆞ고 ᄃᆞᆯ도 마즈려코
> ᄇᆞᆷ으란 언제 줍고 고기란 언제 낙고
> 柴扉란 뉘 다드며 딘 곳츠란 뉘 쓸려료
> 오ᄂᆞᆯ리 不足거니 내일리라 有裕ᄒᆞ랴

이렇게 분망한 생활을 한다고 했다. 자연은 한가롭게 멈추어 있지 않고 바쁘게 움직이며 생동한다. 자연의 움직임을 받아들이고, 그 생동감에 동참하는 분망함이 풍류일 수 있다. 그런 풍류를 즐기노라니 괴로움도 쓸쓸함도 없다. 이 작품에 이르러서 자연의 흥취를 즐기는 정서가 흡족한 표현을 얻어, 그 뒤에 두고두고 모범이 되며 많은 영향을 끼쳤다. 그러나 신선이 된 듯이 행세하고 마는 것은 유가의 도리가 아니라는 점을 잊지 않아, '이 몸이 이렁굼도 亦君恩이샷다'는 말로 마무리를 삼았다.

白光弘의 〈關西別曲〉과 楊士俊의 〈南征歌〉는 둘 다 명종 10년(1555)에 이루어진 견문가사이면서 여러 모로 좋은 대조를 이룬다. 그 해에 백광홍은 멀리 북쪽의 국경에 이르기까지 평안도 지방을 순행한 경험을 가사로 다루고, 양사준은 남쪽에서 일어난 왜란을 평정하는 데 참가했다가 스스로 겪은 바를 가사에다 전했다. 문인이 무인의 임무를 맡은 계기가 있어 이루어진 이

두 작품은 사대부 가사가 작자 신변의 문제를 다루는 데 그치지 않고 더 넓은 세계를 찾아나설 수 있는 소중한 전례를 보여주었다.

백광홍은 전라도 출신의 선비로서 일찍이 李恒의 문하에서 수학하고, 여러 명사와 교유하며, 자기 아우 白光勳과 함께 문장으로 이름을 얻었다. 평안도 병마평사로 갔다가 〈관서별곡〉을 지었다. 그 무렵 북쪽 국경지대에서 별다른 일이 일어난 것은 아니지만, 거기서 견문하고 체득한 것이 작자에게는 대단한 충격을 주었다. 그렇지만 충격을 표현하는 방법에서는 사대부 문인다운 수법을 사용했다. 임금의 명령을 받아 관서로 떠났다는 서두에서는 행장에 지닌 것이라고는 칼 하나뿐이라면서 기개를 나타냈으나, 세태보다는 경치에 관심을 가졌으며, 둘러보는 명승지마다 한시에서 흔히 볼 수 있는 문구를 동원해서 자기 감회를 나타냈다. 멀리 장백산을 바라보며, 오랑캐 땅의 동정을 살피고, 압록강에 배를 띄우기까지 하고서, 국경에 아무 일도 없어 나라가 태평하다는 것을 확인했는데, 자세한 사정을 있는 그대로 묘사하기보다는 기존의 개념을 앞세웠다.

楊士俊은 楊士彦의 아우인데, 생몰연대를 알 수 없다. 명종 10년에 乙卯倭變이 일어나자 종군해서 〈남정가〉를 지었으며, 벼슬이 정랑에 이르렀다고 한다. 을묘왜변은 임진왜란을 예고한 변란이다. 왜적이 전라도 지방에 침입해서 여러 고을을 유린해 한때 사태가 위급하게 되었는데, 영암전투를 계기로 전세가 역전되었다. 양사준은 金景錫의 막하에서 靈巖전투에 참가하고, 스스로 겪은 바를 보고했다. 우리쪽의 시체가 들에 가득한 참상을 먼저 그리고, 작자 일행이 전장에 도착하게 된 경위를 말한 다음에, 치열한 전투장면을 노래했다.

정철의 가사는 사대부 가사의 최고 경지를 보여주었다. 정철은 이이와 같은 해에 태어나서 10년 가까이 더 살았다. 사림파가 집권세력으로 등장해서는 동인과 서인으로 분열된 시기에 서인의 영수로서 재상의 지위에 올랐다. 도학으로 이름을 얻지는 않았으며, 정치적인 활동에는 시비가 있으나, 시조와 가사에서 이룬 업적은 탁월하다. 원래 서울 사람이었으나 아버지를 따라가서 전라도를 고향으로 삼았으며 송순의 영향을 깊이 받고, 그 곳 명사들과 교유하는 동안에 이미 개척된 작풍을 두루 계승하고 발전시켜 시조와 가사를 대단한 경지로 올려놓았다. 정철의 작품은 목판으로 새겨 문집에 실어놓았으므로 작자 시비가 있을 수 없고, 이본에 따른 차이가 약간 있기는 하지만 원래의 모습이 충실하게 전하고 있다고 인정된다. 정철에 이르러서 국문시가가 작품수, 표현기교, 취급방식에서 한시에 못지 않은 위치를 차지할 수 있게 되었다. 정철의 가사는 〈星山別曲〉·〈關東別曲〉·〈思美人曲〉·〈續美人曲〉의 네 편이다. 〈將進酒辭〉를 가사에 포함시키기도 하지만, 시조와 더 가까운 독립된 형태의 작품이라고 보아 마땅하다.

〈성산별곡〉은 호가 棲霞堂이었던 金成遠이 息影亭이라는 정자에서 노니는 데 찾아가 주인의 생활을 흠모하면서, 적막한 강산에 묻혔어도 모든 시름을 잊을 만한 즐거움을 누린다는 것을 아주 화려한 문체로 나타낸 작품이다. 송순의 〈면앙정가〉를 본받았으면서도, 계절마다 새롭게 펼쳐지는 경치를 묘사하며 자연과 더불어 느끼는 홍취를 표현하는 수법이 더욱 뛰어나다 하겠다. 그래서 마치 신선의 경지라도 체득한 것처럼 자랑하는 한편, 험한 세상에 나아가서는 뜻을 이룰 수 없기에 부득이 물러났다고 거듭 암시했다. 기발하게 생동하는 표현으로 풍류를 기리는 것은 소외와 좌절에 대한 보상 때문이라고 할 수 있다.

그러나 〈관동별곡〉은 서두에서부터 말이 다르다. 강호에 병이 깊어 죽림에 누웠다가 "關東 八百里에 方面을 맛디시니, 어와 聖恩이야 가디록 罔極ᄒᆞ다"하며 일어났다. 임지로 떠나는 거동이 가볍고 걸음마다 홍이 난다. 가는 곳마다 경치를 노래하면서 아주 득의한 심정으로 현란한 수식을 거칠 것 없이 늘어놓았다. 안축의 〈관동별곡〉을 가사로 재현했다고 할 수 있는데, 경기체가이기에 막혀 있던 물결을 터놓은 듯이 흐름이 도도하다. 백광홍의 〈관서별곡〉과는 이름에서부터 대조를 이루면서, 정철은 국토를 놀이터로 삼고, 나라를 생각하는 마음을 풍류에 도취하는 기백으로 바꾸어 놓았다.

> 놉흘시고 望高臺 외로울샤 穴望峰이
> 하놀의 추미러 므ᄉᆞ일을 ᄉᆞ로리라
> 千萬겁 디나ᄃᆞ록 구필 줄 모ᄅᆞᄂᆞ다

이렇게 묘사한 바위에서는 아득히 높은 것을 지향하는 불굴의 정신을 느끼게 하지만, 그런 주제를 일관되게 내세우지 않았다. 부드럽고도 기괴하고, 예사롭지만 놀랍고, 섬세하다가 갑자기 커지는 것을 뒤섞어, 말로 쌓아올린 금강산을 이룩했는데도, 인공이라고는 가하지 않고 자연이 저절로 그렇게 된 것처럼 느끼게 한다. 전에 볼 수 없었던 국토 예찬이고, 능란한 수법의 眞景山水畵라는 점에서는 커다란 의의를 가진다. 국문시가의 표현능력이 한시를 오히려 능가한다는 것을 입증한 성과 또한 대단하기에 뒤의 사람들이 두고두고 감탄하며 칭송했다.

〈사미인곡〉과 〈속미인곡〉은 이른바 '忠臣戀君之詞'라고 한 시가의 흐름을 이었고, 가까이는 조위의 〈만분가〉를 모형으로 삼았다. 자기 처지를 천상 백옥경에서 버림받아 하계로 내려온 여인에다 비한 것이 그 증거이고, 말도 비슷한 데가 있다. 그러나 내용보다 표현을 중요시하면서 자기 나름대로의 새로운 길을 개척했다. 무슨 연유에서 배척을 받았으며, 다시 나아간다면 어떤 경륜을 펴겠다든가 하는 말은 아무 데도 비치지 않으면서, 설득은 버려 두고 공감을 얻으려고 했다. 버림받은 여인의 애절한 심정을 절실하게 하소연하는 사설이 순탄하면서도 긴장되게 맺혀 있고, 부드러우면서도 휘어잡는 맛이 있어, 표현능력이 뛰어나다.

가사는 오랫동안 사대부 남성의 문학이었다. 사대부는 남성 중심의 사회를 이룩해서 여성은 규방에다 감금해 놓고, 한문학에서는 물론 국문문학에서도 문학창작의 능력을 남성이 독점하려고 했다. 그런데 이러한 구속을 뚫고 여류가사가 등장하는 것이 또한 필연적인 추세였다. 여성은 국문을 익히는 데 열의를 가졌으며, 가사로 하소연해야 할 사연을 더 많이 지니고 살았다. 여자들이 길쌈 같은 것을 하면서 흥얼거리던 민요에는 글로 적으면 바로 가사가 될 수 있는 것이 적지 않아 가사의 저층을 이루었다.

여류가사가 어떤 작품에서부터 시작되었는지는 고증하기 어렵다. 그러면서 許楚姬가 지었다고 하는 〈閨怨歌〉가 이른 시기 작품으로 인정될 따름이다. 허초희는 許蘭雪軒이라는 호로 더 잘 알려져 있다. 뛰어난 재능을 지녔으나 불행하게 살다가 일찍 세상을 떠나기까지 한시를 통해서 번민을 하소연하고 선계의 환상을 찾는 독특한 작품세계를 이룩하는 한편 가사도 지었다고 하나, 허초희의 생애와 관련된 사연을 지니고 있다 하겠고, 표현의 절실함을 허초희의 한시와 견줄 수 있다.

〈鳳仙花歌〉라는 작품도 허초희가 지은 것이 아닌가 하는 추측을 자아낸다. 허초희의 한시에 그 비슷한 것이 있어서 작가 추정의 증거로 쓰인다. 봉선화로 손톱에 물을 들이는 풍속을 소재로 해서, 봉선화를 자세하게 관찰해서 묘사하고, 여성다운 꿈과 소망을 나타낸 가사이다. 섬세하고 예리한 표현이 인상 깊게 나타나 있다. 〈규원가〉 같은 신세타령과 〈봉선화가〉 같은 꽃노래는 민요에서 나란히 존재하며 여성의 두 가지 관심사를 나타내고, 조선 후기 규방가사의 自嘆歌類와 花煎歌類로 계승되었다.

5) 설화와 소학지희

어느 시대에나 그렇듯이 조선 전기에도 구전설화가 이루 헤아릴 수 없이 많았으리라고 생각되나 구체적으로 다룰 만한 자료가 남아 있지 않다. 이용할 수 있는 것은 오직 문헌설화인데, 문헌설화는 구전설화의 모습을 어느 정도나마 나타내주는 자료이면서 또한 기록하고 다듬은 사람의 작품이라는 이중의 성격을 갖는다. 여기서는 두번째의 성격에 초점을 맞추어 설화 또는 설화집이 그 시대 산문의 판도에서 어떤 위치를 차지하며 무슨 의의를 가지는가 살피고자 한다.

조선 전기에 기록된 설화라면 고려의 멸망과 조선의 창업에 관련된 것들을 먼저 들어야 마땅하다. 우선 《高麗史》에서도 고려는 망할 수밖에 없었다는 것을 입증하고자, 왕실 또는 궁중의 형편과 민간의 풍속을 나타내는 설화를 다수 동원했다. 공민왕이 요승이라고 한 辛旽에게 휘둘린 다음에도 정상에서 벗어난 음란한 짓을 하다가 무뢰배에게 피살되었다던가 우왕과 창왕은 신돈의 아들이라던가 하는 것들은 사실인지 설화인지 구별되지 않는다. 민간에서는 요망한 무리가 허황된 말로 민심을 현혹시키고 있었기에 질서를 잡자면 왕조교체가 필요했다는 것을 입증하는 데도 설화가 긴요하게 이용되었다. 그런가 하면 효자나 열녀는 이름 없는 백성이라도 그 행적을 찾아내서 기려야 한다는 취지를 살리느라고 설화에 관심을 가지기도 했다. 새 왕조 창업의 필연성과 위훈을 나타내는 설화는 애써 모아서 《태조실록》을 편찬할 때 반영하고, 《용비어천가》를 짓는 데 이용했다. 설화를 역사화하고, 그것이 다시 민간으로 설화가 되어 퍼져나가기를 바랐다.

그 다음 시기가 되면 망국의 설화든 창업의 설화든 좀더 과장되었음을 확인할 수 있다. 成俔의 《慵齋叢話》에서는 고려 초기부터의 설화를 모아서 姜邯贊이 노승으로 변한 호랑이를 물리쳤다던가 하는 말을 앞세우고, 신돈의 이야기를 다시 하되, 신돈은 양기를 돋구기 위해서 이상스러운 짓을 일삼았고, 누런 개를 보면 깜짝 놀랐으며, 늙은 여우의 정기라고 일컬어졌다 했다. 태조가 왕위에 오르기 전에 신이한 일이 있었다는 이야기도 계속 보태지다가 외경심을 자아내기보다는 흥밋거리로 바뀌었다. 그러면서도 한편으로는 고려가 망할 때 72인의 충신이 세상을 등지고 杜門洞으로 들어갔다던가, 왕족인 왕씨는 10만이나 잡혀 죽고 남은 사람들은 성을 바꾸었다던가 하는 등으로 사실인지 유언비어인지 모를 말들이 생겨나 조선왕조에 대한 반감을 나타내기도 했다.

그런데 야사임을 표방하는 인물전설은 잡기류의 저술마다 넘치게 실려 있으나 문학 갈래의 동태를 살피는 데서는 그리 긴요하지는 않다 할 수 있고, 그 대신에 서거정의 《太平閑話滑稽傳》에서 시작되는 滑稽傳類는 대체로 보아 전설이 아닌 민담을 모으고, 그 가운데서도 음담패설에 특히 깊은 관심을 보였기에 별도로 주목할 필요가 있다. 서거정은 《東人詩話》·《筆苑雜記》를 짓고, 그 둘만으로는 모자란다고 생각해 한가한 이야기나 하며 즐기겠다는 뜻을 밝혀놓고, 서문에서 변명을 했다. 늘 긴장을 하고 지낼 수는 없으니 웃음을 찾아 마음을 늦출 필요가 있다고 전제하고, 골계전을 지은 것은 세상 근심과 무료함을 없애고자 할 따름이라고 했다. 하기야 서거정은 이미 이룬 지위가 대단하니 다소 탈선을 해도 격하될 염려가 없으며, 규범이 될 만한 본격적인 시문을 지을 때에는 너무 긴장해서 그런 휴식이 필요했을 만하다.

사실은 거기 수록된 이야기야 대부분 자기 주위에서 늘 주고받던 것들이었으나 글로 쓰는 데는 용단이 필요했다. 앞에 실은 이야기는 거의 다 잡기류에 흔히 들어 있을 법한 인물전설에 지나지 않고, 뒤에 가서야 특정 인물과 결부되지 않은 민담이 나오고, 사대부로서의 위엄을 떨쳐버린 내용이 보이기 시작한다. 김선생이라는 인물이 벗을 찾아갔는데 대접이 소홀하자 자기가 타고 간 말을 잡아서 안주를 하자고 했고, 그러면 무엇을 타고 돌아가야 하겠느냐는 말에 뜰에서 노는 닭을 타고 가면 될 것이 아닌가 라고 대답했다는 이야기만 해도 묘미가 있다.

어떤 대장이 아내를 호되게 무서워했다. 그래서 어느 날 부하 장졸들에게 아내를 무서워하지 않는 사람이 있으면 따로 세운 기 앞에 서라고 했더니, 한 사람뿐이었다. 어째서 그런 용기를 가졌는가고 길게 칭찬을 하자. 자기 아내가 늘 사람많이 모이는 데로 가면 여색에 관한 말이나 하니 조심하라고 하길래 사람이 없는 쪽에 가 섰다고 한다.

姜希孟은 다 같이 점잖은 처지였으면서도 그런 한계를 넘어섰다. 서거정의 《골계전》에 서문을 붙인 데서는 "사실에는 좋고 나쁜 것이 없고, 풍속을 경계하는 것이 소중하며, 말에는 다듬어지고 거친 것이 없고 이치에 이르면 귀중하다"고 해서 방향전환의 필요성을 찾았고, 자기가 엮은 《村談解頤》에 음담패설을 서슴지 않고 넣었다. 《촌담해이》는 시골에서 하는 이야기로서 턱이 빠질 정도로 우스운 것을 뜻하는 말이다. 강희맹은 자기 자신이 농부들과 직접 어울려서 《衿陽雜錄》에서는 민요를 채록하더니 민담까지 찾아 하층의 전승을 받아들였다. 한 예를 들어보자.

어떤 선비가 아름다운 첩을 친정에 보낼 때 염려가 되어 玉門이 미간에 있다고 하는 멍청이 하인을 뽑아서 동행하게 했다. 그래도 미심쩍어 몰래 뒤따라가 보았더니, 둘이서 즐기고 있는 것이 아닌가. 선비가 하인을 추궁하자 하인은 얼른 알아차리고, 물을 건너다가 아씨가 넘어져서 어디 다친 데가 없는가 살피다가 배꼽 밑에 구멍이 나 있는 것을 발견하고 꿰매려고 했다고 대답했다. 선비는 그 말을 듣고 안심을 하고, 본래부터 있던 구멍이니 염려할 것이 없다고 했다 한다.

농부들이 하는 이야기를 모아서 그런지 내용이 거칠다. 그러나 자세하게 살피면 상당히 묘미를 갖추고 있다. 선비는 어리석은 하인을 속이려 했지만, 결과적으로 자기가 속았는데 그런 줄도 모르고 안심하고 있었다는 것이다. 속이고 속는 사연이되, 어리석어 쉽게 속는다고 가장하는 것이 가장 큰 지혜임을 일러준다. 상전에게 정면으로 맞설 수 없는 하인은 이런 지혜를 발휘해야 상전을 골탕먹일 수 있다. 저자는 그 이야기 끝에 '太史公曰'이라고 하는 거창한 말을 붙여서, 간계를 알아차려 미리 다스리지 못한 것을 나무랐지만, 비난을 듣지 않기 위해서 딴전을 부렸다 하겠다.

宋世琳은 강희맹과도 다른 처지에서 《禦眠楯》을 지었다. 문과에 급제해서 말직에 있다가 연산군 때 정치가 어지러워지는 것을 보고 병을 구실삼아 물러났던 사람이다. 재능과 포부를 지녔으나 기회를 얻지 못해서 여생을 헛되이 보내게 된 울분을 달래느라고 음담패설이나 찾았던 사정을 자기 아우가 붙인 서문과 鄭士龍의 발문에서 밝힌 바 있다. 책 이름은 잠을 막는 방패라는 뜻으로 정해 대단치 않은 것으로 위장했으나, 모아놓은 이야기는 유학의 교화에 대해서 거칠게 반발했다 할 만큼 원색적인 내용으로 가득 차 있다. 은근히 암시를 하는 데 그쳐도 될 내용도 구체적으로 지적해 샅샅이 드러내는 것을 취미로 삼았다.

서거정은 골계전이 따로 있을 만하다는 선례를 보여주는 데 그치고, 강희맹은 시험삼아 음담패설에 관심을 가져보았다고 한다면 송세림은 한걸음 더 나아가서 난잡한 내용으로 흥미를 삼고 노골적인 표현에 솜씨를 발휘했다. 《어면순》이야말로 최초의 본격적인 음담집이기에 널리 익히고, 많은 영향을 미쳤다. 成汝學의 《續禦眠楯》 이하 후대의 음담집은 대부분 《어면순》을 모형으로 삼았다.

成俔의 《慵齋叢話》는 좁은 의미의 골계전이나 음담집이 아님은 물론이지만, 거기 들어 있는 이야기 중에는 음담패설로서 상당한 경지에 이른 것들이 더러 보인다. 여색을 탐내는 중이 상좌에게 골탕을 먹었다고 하는 연쇄담이 그 좋은 예이다. 여색을 탐하는 중이 상좌에게 속아서 공연히 나무 위에 올라가고, 까무라쳐 넘어지고, 물을 건너고 하는 짓이 불도를 닦는다고 하는 이면의 허위를 폭로하기에 충분하다.

그런데 《용재총화》에서 인물전설이나 음담패설이 아닌 다른 종류의 설화가 적지 않게 들어 있으며, 그 가운데에서 특히 주목되는 것은 제5권의 安生 이야기나 제7권 말미의 朴生 이야기 따위이다. 주인공은 성만 나와 있고 이야기를 통해서 비로소 소개된다. 사건은 복잡하게 얽혀서 길게 이어진다. 설화의 전승적인 유형을 따왔다고 하기보다는 실화에 가까운데, 예사롭지 않은 사연을 갖추었기에 관심거리로 등장했던 것이다.

笑謔之戲는 재담으로 웃기는 놀이이다. 한 사람이 자문자답할 수도 있고, 몇이서 배역을 나누어 할 수도 있다. 탈을 쓰거나 해서 특별한 분장방법은 택하지 않고 소도구 같은 것은 필요한 대로 동원했다. 오늘날 볼 수 있는 만담 비슷한 것이 아닌가 싶어 연극으로 인정하기에는 다소 미흡한 점이 있다 하겠으나, 조선 전기 여러 문헌에서는 優戲·俳優戲라고도 일컬었으며, 소개해 놓은 내용을 보면 연극으로 손색이 없는 갈등의 전개를 갖춘 것이 더러 있다.

소학지희는 궁중의 놀이가 아니고 광대의 무리가 민간에게 재주를 팔면서 하던 것이다. 고려 때의 전통과 연결시켜 보자면, 《고려사》 列傳, 廉興邦 대목에 있는 기사가 다시 주목된다. 혹독하기로 이름난 벼슬아치 염홍방이 어디를 가다가, 길거리에서 광대가 세력이 대단한 집 종이 백성을 괴롭혀 소작료를 거두는 장면을 연출하는 것을 보았다고 했다. 그런 것이 바로 소학지희라 할 수 있다. 그런데 조선시대에 들어와서는 민간에서 하던 것은 기록에 오르지 않는 대신에 산대희에 포함되거나 그런 기회가 아니더라도 임금 앞에서 공연한 것은 관심거리가 되고 좀더 자세한 내용이 기록되기도 했다.

광대가 임금 앞에서 소학지희를 한다는 것은 예사로운 일이 아니다. 광대는 천인 중에서도 천인이고, 하는 수작이 도무지 엉터리이다. 그런 수작을 듣고 임금이 웃는 것은 체모에 어긋난다. 이런 명분론을 부정할 수 없었다. 그런데도 임금은 항상 근엄한 자세를 유지하려고 하지 않고 파격적인 심심풀이를 원했다. 위계질서의 맨 위에 있으니 그만한 재량권을 가지고, 극과 극은 통한다는 것을 보여주고 싶어했다. 하지만 그래도 도리를 갖추어야 했기에, 임금이 소학지희에 귀를 기울이는 것은 민정을 파악하고 나라를 다스리는 데 도움이 되는 말을 듣기 위해서였다고 소학지희의 내용을 기록한 문헌마다 주석을 달아놓았다.

소학지희는 내용이 정해져 있지 않다. 그때그때 즉흥적으로 지어낸 것 같은 기발한 내용이 인기를 끌었으며, 이 점에서 탈춤과는 아주 다르다. 그 당시 용어로 '時事之事'라 한 것을 가장 중요한 소재로 삼았다. 그런 것이라야 임금에게 도움이 된다는 명분에 맞고 흥미로울 수 있었다. 그런데 광대는 임금을 즐겁게 하는 데 그치지 않고, 백성을 못살게 구는 관원의 횡포를 임금에게 알릴 수 있는 기회를 적극 활용했다. 그 결과 잘못을 시정하는 데 이르기도 했지만, 임금의 비위를 거스르면 벌을 받아야만 했다. 임금 앞에 불려간 광대는 벌을 받을 각오까지 하면서 백성의 뜻을 대변했다고 할 수 있으며, 허튼 수작을 언론의 수단으로 삼았다.

임금 앞에서 풍자를 한 사례는 세조 때에 나타난다. 세조는 신유학의 명분에 매이지 않으려고 했기에 그럴 수 있었을 것 같다. 나례를 하는 광대가 관리의 탐욕에 따르는 사연과 민간의 세세한 일들을 자문자답으로 연출해 미치지 않은 데가 없었다고 한다. 세조 10년(1464) 12월의 일로 《世祖實錄》에 기록되어 있다. 또한 세조 14년 5월 高龍이라는 광대가 맹인이 다른 사람을 취하게 하는 내용의 소학지희를 하자 세조가 보고서 웃었다고 한다. 세조는 이처럼 너그러운 태도를 가지고 풍자에 관심을 보였다.

그런가 하면 임금의 진노를 산 사례는 연산군 때의 기록에서 찾을 수 있다. 연산군 5년(1499) 12월에 孔潔이라는 광대가 《大學》의 강령과 조목을 희롱거리로 삼다가 무례하다고 매를 맞고 쫓겨나 역졸이 되는 벌을 받았다 한다. 孔吉이라는 광대는 이상적인 군주는 만나기 어렵지만, 훌륭한 신하야 어느 때든지 있게 마련이라는 내용으로 소학지희를 벌이다가 매를 맞고 귀양갔다. 연산군의 폭정에 아무도 나서서 간할 수 없을 때에 미천한 광대가 그런 용기를 가졌던 것은 주목하지 않을 수 없는 일이다.

하지만 수난이 계속된 것은 아니고, 그 뒤의 자료에서는 광대가 풍자하고자 하는 뜻을 이루었다는 사례가 흔히 보인다. 중종 때쯤 되면 소학지희를 통해서 민심을 파악하는 관례가 어느 정도 공인되지 않았나 싶다. 자료가 《조선왕조실록》이 아닌 개인 저작에 실린 것들도 있어서 무엇을 어떻게 풍자했는지를 좀더 알아낼 수 있다. 漁叔權의 《稗官雜記》를 보면 좋은 예가 둘 나란히 실려 있다.

세상에 전하는 말이라면서 이렇게 말했다. 관가에서 巫稅布를 아주 엄중하게 징수해서, 관가 차사가 문에 당도해 고함지르고, 들이받아 무너뜨릴 때마다, 온 집안이 창황하고 분주하게 술과 음식을 갖추어 대접하고, 기일을 늦추어 달라고 애걸했다고 한다. 이렇게 하는 것이 며칠씩 계속되기도 하며, 괴로움과 피해가 아주 심했다. 마침 때가 되어 優人이 이 일로 놀이를 지어 궁중 안뜰에서 공연하자, 임금이 그 세를 면제하라고 명령했다. 우인 또한 백성에게 유익하였던 것이다. 그 당시까지 우인들이 놀이를 전하면서 그 일로 사건을 삼는다고 했다.

어느 임금 때의 일인지 밝히지 않은 것은 세상에 전하는 말을 기록했기 때문이다. 무세포는 무당에게 부과하는 세금이며, 천민을 수탈하는 방법의 하나이다. 광대는 무당 가문에서 나왔거나 무당과 가까운 관계에 있기에 무세포 때문에 겪는 고통을 소학지희의 내용으로 삼아서 임금 앞에서 그것을 공연했던 것이다. 여기서 광대의 처지와 관심사를 좀더 확인할 수 있다. 더욱 주목되는 일은 기록을 할 당시까지 광대의 무리가 그 놀이를 전승하고 있었다는 사실이다. 소학지희는 매번 새로 창작되지 않고 전승되기도 하며 민간에게도 인기를 모았음을 알 수 있게 한다. 이 기사에서 다룬 소학지희는 여러 측면에서 검토해 보건대 무당굿놀이에서의 재담 같은 것이 아니었을까 하는 추측도 해볼 수 있다.

중종 때에 定平府使 具世璋은 탐욕스럽기만 하고 염치를 모르는 사람이었다고 한다. 말 안장을 파는 백성을 관가 뜰로 불러들여 자기가 직접 값을 흥정하면서, 비싸다느니 싸다느니 하며 며칠을 힐난하다가 마침내 관가 돈으로 그것을 샀다. 우인이 때가 되자 그 일로 놀이를 꾸몄다. 임금이 물으니 정평부사가 말 안장을 사는 사건이라고 했다. 그러자 임금이 잡아다가 심문하라고 명령했으며, 결국 죄를 다스렸다. 우인과 같은 자도 능히 탐관오리를 규탄할 수 있다고 했다.

이 사례는 시기와 규탄의 대상이 되는 벼슬아치의 이름도 명시했다. 물론 놀이를 할 때에는 누구라고 밝히지 않은 채 거동만 보이며 대사를 주고받았을 터인데, 임금이 물으니 유래를 말했던 것이다. 놀이는 놀이 자체로서 흥미롭게 진행되고 일반화된 의미를 가질 수 있었겠는데, 유래를 밝히자 특정 인물에 대한 비판으로 이해되고, 정평부사 구세장의 죄를 다스리게 하는 계기를 만들었다. 그래서 오늘날 신문에 나는 비판적인 기사와 같은 구실을 했다.

작자미상의 《芝陽漫錄》에서는, 명종이 심사가 불편해서 광대를 불러다가 소학지희를 하게 했다고 하고 그 내용을 소개했다. 특별한 기회가 아닐 때 심심풀이로 소학지희를 찾은 좋은 예라 하겠다. 그 내용은 이조판서와 병조판서가 못나 조카와 바보스러운 사위를 서로 정실로 등용하는 사건을 연출하자 임금이 크게 웃었다는 것이다. 이 경우에는 이조판서나 병조판서가 높은 지위에 이른 벼슬아치를 뜻하고 특정인을 나타내지는 않은 것 같다. 그러기에 임금은 웃는 것 이상의 반응은 보이지 않았다.

그런가 하면, 柳夢寅의 《於于野譚》에는 貴石이라는 광대가 했다는 소학지희의 두 가지 사례를 자세하게 들었는데, 서로 대조적인 성격을 갖는다. 귀석은 우선 '서울의 優人으로서 俳戲를 잘하기에' 명종이 어머니를 위해서 進豊呈을 할 때 뽑혀서 놀이를 했다 한다. 진풍정이란 궁중에서 하는 큰 잔치의 하나이며, 산대희를 그 절차에 포함시키는 것이 관례이다. 산대희의 일환으로 소학지희도 했던 것이다.

귀석이 그 때 했다는 놀이가 이렇게 서술되어 있다. 풀을 묶은 꾸러미 넷을 바치는데, 큰 것이 둘, 중간 것이 하나, 작은 것이 하나였다. 수령으로 자칭하는 자가 동헌에 앉아서 진상하는 일을 맡은 아전을 불렀다. 우인 하나가 그 아전이라고 하고서 무릎으로 기어서 수령 앞에 갔다. 귀석은 소리를 낮추고서, 큰 꾸러미 하나를 들며 말하기를, "이것은 이조판서께 바쳐라" 하고, 큰 꾸러미를 또 하나 들며 "이것은 병조판서께 바쳐라" 했다. 중간 것 하나를 들고서는 "이것은 대사헌에게 바쳐라"고 했다. 그러고 나서 작은 꾸러미를 들고서, "이것으로 진상을 하라"고 했다고 했다.

귀석은 이 연극을 창작하고 주연했다. 자기는 수령의 역을 하면서 동헌이라고 가상한 곳에 앉았고, 다른 사람 하나로 하여금 상대역이 되어 진상품을 맡은 아전 노릇을 하게 했다. 배역을 나누어서 공연했던 상황을 분명하게 알 수 있다. 진상품이라면서 풀을 묶어서 만든 꾸러미를 사용했으니 소도구를 갖추었다. 그러나 마당에서 공연했을 따름이었겠고, 무대장치를 하지는 않았을 것이다.

내용은 지방 수령이 이조판서·병조판서 그리고 대사헌에게 개인적으로 보내는 뇌물만 소중하게 알고, 임금에게 공식적으로 바치는 진상품은 하찮게 여기는 세태를 풍자한 것이다. 맨 나중에 든 작은 꾸러미가 임금에게 바칠 진상품이라니, 누가 보아도 웃을 일이고, 임금은 은근히 화가 나지 않을 수 없다. 지방 수령과 조정의 고관들이 결탁해서 임금을 속이고 무엇이든지 함부로 가로채는 데 불만을 나타내자고, 간략하면서도 효과적인 설정을 했던 것이다. 여기서 내세운 이조판서·병조판서·대사헌이야 위세를 자랑하는 고관을 뜻할 뿐이지 특정인은 아니다.

그런데 그 다음 순서로 든 놀이는 귀석이 자기 주인의 억울한 처지를 하소연한 것이다. 이번에는 귀석이 宗室의 종이라고 소개했다. 종실의 종이면서 광대로 이름이 났다는 말이다. 귀석의 주인인 종실 양반은 實職을 얻지 못해 딱한 처지면서도 여러 陵이며 殿에서 제사를 지내는 일을 맡도록 뽑혀 수고만 많았다. 귀석이 진풍정 놀이에 참가해서 소학지희를 맡은 기회에, 다른 광대 몇 사람과 함께 그 일을 두고 스스로 지은 연극을 연출하고 주연했다고 한다. 등장인물이 여럿이고, 말도 두 필이나 필요한 연극이다.

종실 양반이 비루먹은 말을 타고 가고, 귀석은 연극 속에서도 그 양반의 종 노릇을 하며 고삐를 잡았다. 그러나 어느 재상으로 가장한 광대가 준마에 올라 많은 시종을 거느리고 거들먹거리며 갔다. 길을 비키라고 외치는데, 종실 양반이 걸려들었다. 종인 귀석을 잡아다 땅에 꿇리고 매질을 했다. 귀석은 원통한 처지를 큰 소리로 하소연하였다. 자기 주인은 재상보다 지위가 낮지 않은 처지이면서 고생만 하고 있는데, 무슨 잘못이 있다고 그런 횡포를 부리느냐고 했던 것이다. 이 경우에는 임금 앞에서 자기 주인의 사정을 대변하고자 해서 연극을 한 것이다. 그 얼마 후에 자기 주인이 실직을 얻게 되었다고 한다.

귀석의 작품은 소학지희가 상당한 규모를 갖춘 연극으로 발전했음을 입증해 준다 하겠는데, 그 뒤에는 오히려 그런 사례가 보이지 않는다. 조선 후기로 넘어오며 소학지희는 두드러진 구실을 하지 않았던 것으로 보이고, 그 대신에 탈춤의 시대가 찬연하게 열렸다. 그래도 소학지희가 없어지지는 않았을 터이니, 어떻게 계승되었는가 살피지 않을 수 없다. 과거에 급제한 사람이 광대를 불러서 놀 때 광대가 선비를 우스꽝스럽게 표현했다는 儒戲는 소학지희의 연장이 아닌가 싶고, 줄타기를 하는 광대의 재담에도 그런 요소가 보인다. 하지만 그 어느 것도 축소된 모습이다. 소학지희가 탈춤이나 판소리로 계승되었다고 하기는 어려우니, 그 행방을 추적하는 작업이 미해결인 채로 남아 있다. 연극의 형태를 두고 본다면, 무당들의 연극인 무당굿놀이 또는 거리굿이 소학지희와 가장 가깝다 할 수 있으나, 이런 관계는 소학지희의 모체가 된 연극이 그것대로 전승되고 발전을 보인 결과로 보아야 할 것 같다.

〈趙東一〉

3. 언 어

1) 문자생활

(1) 한자와 한글

조선 초기의 문자생활은 앞선 시기와 마찬가지로 한자로 행해졌다. 나라의 공적인 기록이나 문서는 모두 한자로 쓰여졌던 것이다. 한자로 된 글은 중국의 古典漢文, 우리가 흔히 말하는 한문이거나, 한자의 새김[釋·訓]이나 소리[音]를 빌어서 국어를 표기한 吏讀文(흔히 吏讀[이두]라고만 부르기도 한다)이다. 역대의 實錄이나 각종 法令, 關文이나 牒呈 등 관아의 공문 등이 그러한 예이다. 이 중에서 이두문이 나타나는 경우는 실무와 관련된 법령이나 공문 등이다. 중국과 우리 나라가 당시에 주고받은 外交文書에서 실무와 관련된 것은 吏文으로 작성되었는데, 나라 안에서의 이두문은 바로 그 이문과 같은 성격이다.[1] 이러한 이두문 사용의 예는 조선시대를 통하여 刑律로 사용된 《大明律直解》(태조 4년 ; 1395)의 번역문에서 단적으로 보게 된다. 질이 매우 나쁜 죄 열 가지 곧 '十惡'의 하나인 '惡逆'에 대한 규정(권 1, 4)을 원문과 번역인 이두문으로써 예시한다. 이두문에 나오는 이두는 밑줄을 치고, 이두문의 현대어 번역을 괄호안에 넣어 붙인다.

謂毆及謀殺祖父母父母夫之祖父母父母 殺伯叔父母姑兄姊外祖父母及夫者
祖父母及父母果 夫矣祖父母及父母等乙 打傷爲於 謀殺爲於 父矣兄弟在 伯叔

---

1) 安秉禧, 《國語史硏究》(文學과 知性社, 1992), '제3부 차자표기법 연구' 참조.

父果 伯叔妻在母果 父矣同生妹在姑果 吾矣兄果 長妹果 母矣父母果 夫果等乙 謀殺爲行卧乎事(조부모 및 부모와 남편의 조부모 및 부모 등을 때려 상하게 하거나 살해하려고 음모하며, 아버지의 형제인 백부, 숙부와 백숙부의 아내인 백숙모와 아버지의 동복누이인 고모와 나의 형과 누나와 어머니의 부모와 남편 등을 살해하려고 음모하는 일).

원문과 이두문을 대조하면 내용에서도 차이가 있다. 《대명률》이 중국 명나라의 법률이어서 우리 나라 실정에 맞추어서 원문 내용을 가감하거나 바꾸기도 하였기 때문이다. 위 '惡逆'의 규정에서는 백숙부 등을 살해하는 것으로 되었으나, 이두문은 살해하려고 음모하는 일로 적용범위를 확대하고 있다.[2] 이러한 차이는 우리 나라 法制史의 연구대상은 되지만, 국어의 역사를 살피는 데는 아무런 의미가 없다.

국어사의 관점에서는 이두문과 원문을 대조하여 이두문의 성격을 밝히는 일이다. 그러한 대조로 드러나는 이두문의 특징은 다음 두 가지로 요약된다. 첫째 문장의 핵심이 되는 어구는 한자어를 그대로 사용하나 한자어의 어순은 국어의 어순으로 바꾼다. 위의 이두문에 나타나는 '打傷, 謀殺'이란 타동사는 목적어 뒤에 나타나나, 원문의 타동사 '毆及謀殺'은 목적어 앞에 나타나는 것이 바로 그러한 예이다. 둘째 어구의 문법적 관계를 위하여 국어의 助詞와, 動詞 '하-'와 繫辭(이른바 指定詞 또는 잡음씨) '이-'의 活用形이 이두로 표기된다. 위의 조사 '果[과/와], 矣[의], 乙[을/를]', 활용형 '爲旀[하며], 在[인], 爲行卧乎事[하는 일]' 등이 그것이다.

이러한 한자로 행하는 문자생활, 곧 한문과 이두문에 의한 문자생활은 공적이 아닌 경우에도 마찬가지였다. 학자들의 문집이나 민간에서 서로 주고받는 文書 등이 그러하였던 것이다. 문집은 한문으로 이루어지고 일상생활과 관련된 재산 매매나 증여의 文記, 和會文記 등 문서는 이두문으로 작성되는 것이 관례였다. 한문과 이두문의 구별된 사용이 공적인 문자생활과 똑같았던 것이다.

그런데 이러한 문자생활은 진솔한 감정을 제대로 표현하지 못한다. 한문은 말할 것도 없고, 국어가 어느 정도 표기되는 이두문도 사정은 크게 다르

---

2) 安秉禧, 위의 책, '제3부 제22장 《大明律直解》의 이두'에 원문과 이두번역의 차이가 논의되어 있다.

지 않다. 위에 제시된 이두문을 보면 알 수 있지만, 국어가 완벽하게 표현되지 못한다. 더욱이 이두문을 읽고 작성하는 일은 한문의 그것에 비교하면 쉽지만, 천민은 말할 것도 없고 아녀자나 양민에게도 결코 쉽지 않다. 한자와 한문에 대한 상당한 지식이 필수적이기 때문이다. 세종이 〈訓民正音序〉에서 적절히 지적한 바와 같이 어리석은 일반 백성은 말하고자 하는 바가 있어도 끝내 제뜻을 펴지 못하는 자가 많을 수밖에 없다. 여기에서 세종 25년(1443) 겨울에 音素文字이면서 音節文字인 훈민정음 곧 한글이 창제되었던 것이다.

한글은 한자에 비하면 배우고 사용하기가 여간 쉬운 문자체계가 아니다. 한글로 쓴 문장은 한문이나 이두문이 나타내기 힘든 미묘한 감정이나 일들도 쉽고 정확하게 나타낼 수 있다. 한자로는 엄두도 못내던 사람들에게도 훌륭한 문자생활의 길이 열리게 된 것이다. 그러나 한글은 한자에 의한 문자생활을 대신하지 못하였다. 공적인 문자생활은 여전히 한자로만 행해졌다. 공적이 아닌 문자생활에 국한하여 한글이 사용되었다. 한자나 한문을 공부하기 위하거나 백성의 교화나 종교의 홍보를 위한 문헌의 간행에, 아녀자들의 주고받는 편지에 한글이 사용된 것이다. 사사로이 전답이나 노비를 물려주거나 매매할 경우에도 법적인 보호를 받기 위하여는 모든 문서가 이두문으로 작성되어야만 하였다. 한글이 창제됨으로써 형성된 한자와 한글에 의한 우리 나라 문자생활의 이러한 二重構造는 조선 초기에 이루어져서 19세기말까지 계속되었다.

(2) 한글의 사용과 보급

한글은 공적인 문자생활에 등장하지 못하였으나, 창제 이후 꾸준히 보급되고 사용의 영역을 확대하여 나간 것으로 보이나, 쉽게 보급되고 당장 널리 사용된 것은 아닌 듯하다. 이는 한글이 사용된 문헌 이른바 한글문헌을 살펴보면 짐작되는 것이다.

한글창제 이후의 약 50년, 곧 15세기 후반기의 한글문헌은 상당한 양에 이른다.[3] 세종 28년의 《訓民正音》(解例本)을 비롯하여 연산군 3년(1497)의 《神仙太乙紫金丹》까지 약 40부의 문헌이 현재 전한다. 그 중에는 1부이면서 25

권인 《月印釋譜》, 24권인 《釋譜詳節》도 있으므로 상당한 분량의 책이 간행된 것이다. 내용으로 보면 가장 많은 것은 불교관계 문헌으로, 전체 한글문헌의 약 60%를 웃돈다. 그 밖에 語學書·詩歌書·儒教書·醫學書 등으로 나뉜다. 한편 이름만 알려지고 책은 전하지 않는 《初學字會》 등 漢字학습서도 있다. 여러 방면의 한글문헌이 간행된 셈이다.

이들 문헌에서 주목할 일은 모두 서울에서 간행되었다는 사실이다. 금속활자로 간행된 《釋譜詳節》·《月印千江之曲》·《楞嚴經諺解》·《杜詩諺解》 등과 목판으로 간행된 《훈민정음》(해례본)·《龍飛御天歌》·《月印釋譜》·《三綱行實圖》 등은 校書館에서 이루어진 것들이다. 목판으로 된 《능엄경언해》·《法華經諺解》 등 刊經都監의 한글문헌 9부는 모두 중앙의 간경도감에서 간행된 책들이다. 한문본 불경이 간경도감에서 왕명을 받아 全州·羅州·尙州·晉州 등에서 간행된 사실과는 대조적이다. 15세기 말기의 한글문헌인 《六祖法寶壇經諺解》와 《施食勸供》도 仁粹大妃의 명령에 따라 정교한 목활자로 간행되었으므로 교서관이나 圓覺寺와 같은 중앙의 사찰에서 이루어진 문헌임에 틀림없다. 책의 엉성한 됨됨이와 刊記에 따르면 한글문헌의 地方版은 15세기의 마지막 해에 나타나기 시작하여 16세기에 들면 점차 많아진다. 그 최초의 책은 연산군 9년(1500) 陜川 鳳栖寺에서 간행된 《牧牛子修心訣諺解》이다. 그러나 이 책도 중앙의 간경도감에서 간행한 것을 복각한 책이다. 다시 말하면 중앙의 原刊本을 중간한 것이다. 지방에서의 원간본인 한글문헌은 金安國이 관찰사로 있으면서 중종 13년(1518) 경상도에서 간행한 《二倫行實圖》·《呂氏鄕約諺解》·《正俗諺解》 등이 최초의 예가 아닌가 한다. 그 뒤로 중앙의 원간본을 복각한 책과 함께 원간본인 한글문헌이 지방에서도 잇따라 나오게 되었다. 이것은, 한문으로 된 문헌은 고려시대에도 지방판이 있는 사실에 비추어서 한글의 보급이 지방에서 한글문헌을 간행할 정도로 잘 되지 않은 데 원인이 있는 것으로 해석된다.

사실 한글의 보급이 15세기 후반의 중앙에서도 잘 되지 않았음을 말하는 증거가 있다.[4] 《世宗實錄》 권 136~147, 樂譜 중의 권 140~145에는 《용비어

3) 한글문헌에 대하여는 安秉禧, 《國語史資料硏究》(文學과 知性社, 1992)에 전적으로 의존한다.

천가》의 한글가사도 실려 있다. 이 악보는 성종 3년(1472)에 된 필사본인데, 한글가사의 표기에는 상당한 誤字가 나타난다. 오자에는 한글의 合字法에 어긋나는 것도 있다. 한글가사를 베낀 사람이 한글을 제대로 몰랐다고 인정되는 오자인 것이다. 그러므로 지방에서의 한글보급은 16세기 전반에도 미미하였음을 짐작하게 하며, 그것을 증언하는 기록도 있다. 崔世珍이 중종 22년(1527)에 편찬한《訓蒙字會》凡例의 한 항목이 그것이다. 어린이에게 한자를 익히게 하기 위하여 편찬된 이 책의 앞머리에는 '諺文字母 俗所謂反切二十七字'라는 제목으로 한글자모와 그 합자법에 대한 설명이 있다. 이에 대하여 최세진은 범례의 한 항목에서 시골에는 한글을 모르는 사람이 많으므로 '諺文字母'로써 한글을 먼저 익히게 하여《훈몽자회》를 공부하도록 하기 위함이라고 밝혀 놓았다. 이 증언은 위에서 설명한 한글문헌의 지방판 간행이, 적어도 원간본의 경우 16세기 이후의 일이라는 사실과 맥을 같이한다고 생각된다.

그러나 16세기 중기에 들면서는 한글보급이 전국에 걸쳐 광범하게 이루어진 것으로 보인다. 그 분명한 증거는 제시할 수 없으나, 첫째로 1세기에 걸쳐 여러 방면의 많은 한글문헌이 간행되어 널리 읽혔을 것이고, 둘째 한자와 한문의 학습에서《훈몽자회》범례의 한 항목에서 말한 이유로 經書諺解를 읽기 위하여 한글학습이 필요하였을 것이고, 셋째 한글로 표기된 가사나 시조 등 국문학의 발달이 한글의 보급과 사용을 촉진하고, 넷째 이른바 諺簡 등으로 여성에 의한 한글의 사용이 보편화된 정황으로 미루어서 한글의 보급과 사용의 광범함을 추측하게 되는 것이다. 특히 1977년 봄 淸州市 北一面의 順天金氏 묘에서 나온 한 무더기의 언간은 16세기 후반의 것으로 추정되어 당시 여성에 의한 한글편지가 성행하였음을 단적으로 말하고 있다. 16세기에 들면서 서서히 나타나서 중기 이후로 각처에서 간행된 한글문헌도 그러한 한글보급을 전제하여야 설명할 수 있는 일이다. 이로써 한글은, 비록 한자와 같이 공적인 영역이 아니지만 우리 나라 문자생활에서 확고한 위치를 차지하였다고 할 것이다.

---

4) 조선 초기의 한글사용과 보급에 대하여는 安秉禧, 앞의 책(1992a), '제2부 제16장 훈민정음 사용의 역사' 참조.

2) 언어

(1) 한글문헌과 그 언어

한자를 빌어서 국어를 표기한 자료, 곧 이두와 같은 차자표기자료는 국어의 모습을 매우 암시적으로 보일 뿐이다. 예컨대 조사를 표기한 '果·矣·乙'이나 동사를 표기한 '爲弥'가 현대에의 '과/와, 의, 을/를'이나 '하며'에 해당하는 어형을 나타내는 사실은 인정되나, 표기될 당시의 실제 어형이 어떠하였으리라고 명확하게 나타내지는 않는다. 명사 말음에 따른 '과/와, 을/를'의 교체나 모음조화에 따른 '이/의, 올/을' 등의 교체는 전혀 알 수 없는 일이다. 이에 비하면 한글문헌의 국어자료는 당시 국어의 분명한 모습을 보여주고 있다. 기본적으로 音素文字인 한글은 표기될 당시의 언어사실을 그대로 文字化하였기 때문에, 한글문헌은 語彙와 文法體系는 말할 것도 없고 音韻體系까지도 소상히 알려준다. 구체적으로 말하면, 한글이 창제된 15세기 중엽의 국어에는 어떤 음운이 어떤 체계로 존재하였고, 그것이 16세기에 이르러 어떻게 변화하였는가를 한글문헌은 보여주는 것이다.

그런데 한글문헌이 보여주는 모든 언어사실이 그대로 실재한 것일 수는 없다. 자료의 성격이나 표기자의 규범적 태도, 또는 方言의 교섭 등에 따라서 언어사실이 모습을 바꿀 수 있다. 첫째로 조선 초기의 한글문헌은 대부분이 諺解書인 사실을 주목할 것이다. 언해서는 한 大文씩 한문의 원문에 한글로 구결을 달고서 번역을 대조하는 체제로 되어 있고, 그 번역은 거의 直譯이다. 지나치게 한자어가 나타나는가 하면, 한자 '以, 得' 등을 '뻐, 시러곰'으로 옮겨놓는 일이 있다. 이것으로 입말[口語]에서 한자어의 사용을 주장하고 轉移語 '뻐, 시러곰'의 존재를 말하는 것은 자료의 지나친 믿음이 가져온 잘못이다.

둘째로는 조선 초기, 특히 15세기 중엽의 한글문헌이 보이는 자료의 규범성이다. 그 전형적인 예가 한글문헌의 한자음이 《東國正韻》에 따라 표기된 사실이다. 다 알다시피 《동국정운》은 당시의 한자음을 크게 교정하여 인위적으로 규범화한 것이다. 그리하여 《동국정운》에 따른 한자음은 당시의 실재한 한자음이 아니다. 예컨대 15세기 한글문헌에서 '骨髓, 氣韻, 對答, 時節'은 '곯쉉, 킝운, 됭답, 씽졇'(이상 《月印釋譜》 권 1)과 같이 한자에 夾註로 표기된다. 이는 《동국정운》에 따라 표기된 교정된 한자음인 것이다. 한자 없이 한글로만 표기될 경우에는 '골슈(牧牛 2b), 긔운(金三 1, 6b), ᄃᆡ답(杜詩 25, 45b), 시절(內訓 3, 32a)'로 나타난다.5) 이것이 당시의 실제 한자음이다. 이와 같이 심하지는 않으나 고유어의 표기에서도 어느 정도의 '교정된 표기'가 있을 것으로 생각된다. 창제 당시에 한글을 가리키는 말인 '訓民正音'을 '百姓 가르치시는 正한 소리'(訓諺 1a), '正音'을 '우리 나라 말을 正히 반드시 옳게 적는 글'(釋詳序 5b)이라고 한 데서 미루어 알 수 있는 일이다.

셋째로 당시의 한글문헌은 당시 정치·경제·문화의 중심지인 서울말, 곧 共通語를 반영하는 사실이다. 方言은 교통의 불편으로 사람과 사람 사이에 교류가 빈번하지 못할 때에 생겨난다. 교통이 발달하고 교육제도가 정비되어 국어교육을 강화하고, 거기에 대중매체가 발달하면 方言差는 줄어들게 마련이다. 여기에서 조선 초기 국어의 방언은 현대어보다 훨씬 큰 차이를 갖고 있었다고 생각된다. 그런데 당시의 한글문헌은 언어의 동질성을 보인다. 이것은 위에 말한 언어의 규범성을 확보하려는 표기태도가 작용하였겠지만, 한글문헌이 그 배경에 규범성의 바탕으로서 서울말인 공통어를 갖고 있기 때문이라고 생각된다. 16세기에 나타나기 시작한 지방판 한글문헌에서는 간혹 15세기나 16세기 중앙의 그것과는 다른 국어의 모습을 보이는 일이 그 근거다. 선조 4년(1571)에서 선조 6년 사이에 함경도 咸興에서 간행된 《村家救急方》과 선조 10년 전라도 順天의 松廣寺에서 간행된 《蒙山法語諺解》와 《誡初心學人文》 등에는 口蓋音化가 완성되었음을 말하는 어형이 나타난다. 선조 8년 전라도 光州에서 간행된 《千字文》에는 다른 문헌에 보이지 않는 독특한 어형이 나타난다. 이들은 모두 당시의 西南방언(전라방언)과 東北방언(함경방언)의 존재를 알리는 문헌이다. 더욱이 전라도 출신인 柳希春이 편찬한 《新增類合》을 본 선조가 한자의 새김에 '土俚'가 많다고 하여 수정을 지시하였

5) 조선 초기 한글문헌을 인용할 경우에는 국어학계의 관례를 따라 문헌 이름을 약호로 한다. 예컨대 '牧牛, 金三, 杜詩'는 각각 《牧牛子修心訣諺解》, 《金剛經三家解》, 《杜詩諺解》(原刊本)를 가리킨다.

는데,[6] 이 '토리'는 서남방언을 가리킨 것으로 공통어와 방언 사이의 차이를 증언하는 것이다.

위의 사실을 감안할 때, 적어도 15세기 한글문헌에 보이는 국어는 오늘날의 표준어에 필적하는 서울말임을 알 수 있다. 물론 한문 원문에 지나치게 이끌린 직역이나 교정된 한자음은 서울말의 언어사실이 아니다. 여기에 음운, 문법, 어휘로 나누어서 설명하려는 조선 초기의 국어는 바로 그러한 언어를 대상으로 한 것이다. 그러나 16세기 지방판이 보이는 중요한 방언현상은 필요할 경우에 언급할 것이다.

(2) 음 운[7]

조선 초기 국어는 音節의 높낮이가 단어의 뜻을 구별하는 聲調言語(tone language)이다. 성조는 한글창제에서 글자 오른쪽에 찍히는 傍点으로 표시하도록 규정되었다. 방점이 1점이면 去聲으로서 높은 성조, 0점이면 平聲으로서 낮은 성조, 2점이면 上聲으로서 처음이 낮고 나중이 높은 성조를 나타낸다. 현대국어는 음절의 長短으로 말뜻이 구별되는 '눈[雪]:눈[眼], 말[語]:말[斗], 밤[栗]:밤[夜]'(각각 앞의 말이 長音) 등이 '눈(상성, 雪):눈(거성, 眼), 말(상성, 語):말(거성, 斗), 밤(상성, 栗):밤(평성, 夜)' 등과 같이 음절의 높낮이로써 말뜻이 구별되어 방점으로 다르게 표시되었던 것이다. 그런데 상성은 평성과 거성이 결합된 複合聲調라고 설명되기도 한다. 예컨대 '부텨'[佛]는 두 음절이 모두 낮은 성조인 평성이나, 여기에 높은 성조인 거성의 主格조사 '이'가 결합되면 '부톄'로 되고 그 성조는 평성과 상성으로 되는데, 이것이 복합성조의 예증이다.

성조를 나타내는 방점표기는 16세기 후반까지 계속된다. 그러나 15세기 말 문헌인 《神仙太乙紫金丹》에 이미 방점표기가 폐기되었고, 16세기 문헌에

---

6) 柳希春, 《眉巖日記草》 丙子(선조 9년 ; 1576) 7월 22일.
安秉禧, 앞의 책(1992b), 413~437쪽 참조.

7) 이하 音韻, 文法의 서술은 주로 다음 저서가 바탕이 되어 있다.
李基文, 《國語史概說(改訂版)》(塔出版社, 1972).
허 웅, 《우리옛말본》(샘문화사, 1975).
安秉禧·李珖鎬, 《中世國語文法論》(學硏社, 1990).

서는 표기에 상당한 혼란이 나타나다가 임진왜란을 계기로 하여 그 뒤에 새로이 간행된 문헌에서는 방점표기가 완전히 사라지게 된 것이다. 18세기에도 방점표기가 있는 문헌이 간행되었으나, 그것은 원간본에 방점표기가 있는 문헌을 복각한 데 말미암는다. 그러므로 성조는 16세기에 들면서 혼란을 보이다가 장단에 자리를 물려준 것으로 추정된다. 곧 평성과 거성은 짧은 소리, 상성은 긴 소리로 바뀐 것이다. 그러나 방언 중에는 동남방언(경상방언)과 동북방언에서 15세기의 성조체계와 완전히 일치하지는 않으나 아직도 성조가 존재한다는 보고가 있다.

母音에는 현대어에 없는 ·[ʌ]가 존재한다. 이 모음은 제2음절 이하에서는 16세기에 ㅡ로 변하였고, 제1음절에서도 근대어의 ㅏ로 변하였다. 예컨대 'ᄂᆞᆯ[刃]>날, ᄃᆞᆯ[月]>달, ᄆᆞᅀᆞᆷ[心]>마음, ᄀᆞᄅᆞ치-[教]>가르치-' 등이다. 현대어의 單母音 ㅐㅔㅚ는 조선 초기에는 글자 구조 그대로의 二重母音이다. 이들이 단모음으로 변한 것은 근대어의 일이다. 그러므로 15세기 국어는 ·ㅗㅏㅡㅜㅓㅣ의 7母音體系를 갖는다. 이들이 한 形態素 안이나 語幹과 語尾의 통합에서는 陽性母音인 ·ㅗㅏ와 陰性母音인 ㅡㅜㅓ는 각기 그들끼리 결합하고, 中性母音 ㅣ는 결합에서 중립적이나 음성모음과 더 많이 결합되었다. 이러한 현상을 母音調和라고 부르는데, ·의 소실과 ㅐㅔㅚ의 單母音化로 현대어에서는 擬聲語와 活用에서 그 흔적을 남기고 있다.

子音에는 현대어에 없는 有聲摩擦音 ㅸ[β], ㅿ[z]이 더 있다. 이들은 모두 有聲音 사이에만 나타나는데, ㅸ은 15세기 후반에 /w/로 변하고 ㅿ은 16세기 후반에 탈락하였다. 예컨대 '사ᄫᅵ>새우, 글ᄫᅪᆯ>글왈>글월, 아ᅀᆞ>아우, 두ᅀᅥ>두어', 이 밖에 유성마찰음 'ɦ'도 하나의 音素로 존재하다가 16세기에 소실된 것으로 추정된다. 15세기 동사 '말-'[勿]에 어미 '-고라, -오라'가 통합된 활용형인 '말오라(<말고라), 마로라'에서 '말오라'가 '마로라'와 달리 표기되는 것은 '말오라'의 '-오라'에는 頭音으로 /ɦ/이 있기 때문이라 생각되는 것이다.

자음의 결합에 나타나는 특이한 현상은 語頭子音群의 존재이다. 단어의 頭音에 ㅂ과 다른 無聲子音의 결합이 존재하는 것이다. 이들은 ㅂ系 合用竝書로 표기되었는데, 'ᄠᅳᆮ[意], ᄡᆞᆯ[米], ᄧᅡᆨ[隻], ᄢᅮᆯ[蜜], ᄣᅢ[時], ᄩᅧ디-[析]' 등이 그 예이다. 이들에서 예사소리와 된소리 앞의 ㅂ은 후행하는 자음에 동화되어 된소리로 되고, 거센소리 앞의 ㅂ은 탈락되어 어두자음군이 없어진 것은 16세기의 일이다. 그러나 複合語에서는 '좁쌀[粟], 접때[며칠 전]' 등 그 흔적이 현대어에도 남아 있다.

조선 초기 국어의 ㄷ, ㅌ은 i나 半母音 y 앞에서도 자유롭게 나타나나, 근대어에서 구개음화를 일으켜 ㅈ, ㅊ으로 변하였다. 그러나 16세기 후반의 지방판 문헌에서는 이 구개음화뿐 아니라, 語頭의 ㄱ, ㅎ도 구개음화를 일으킨 예가 나타난다. 1577년 松廣寺 간행의《誡初心學人文》등에 'ᄒᆞ논지(<ᄒᆞ논디, 蒙法 1b), 住쥬持디人인(<듀디인, 初心 10b), 定졍(<뎡, 初心 19a), 兄셩弟뎨道도(<형뎨도, 法語 15a)' 등이 나타나고, 1572년경 함흥에서 간행된《村家救急方》의 첫머리 '鄕名'에 '디남셕(<지남셕, 指南石), 사ᄃᆞ새지ᄅᆞᆷ(<…기ᄅᆞᆷ, 沙月鳥油)' 등이 나타난다. 그러므로 서울말인 共通語와는 달리 서남방언과 동북방언에서는 구개음화가 16세기에 완성되었음을 알 수 있다. 당시 자료가 없으나, 근대어의 자료 등으로 미루어서 동남방언도 사정은 마찬가지가 아닌가 한다.

(3) 문 법

조선 초기 국어의 문법체계는 현대어와 크게 다르지 않다. 세밀한 부분에서 차이가 있다. 그 주된 내용을 體言과 助詞, 活用의 순서로 설명한다.

체언도 그 末音에 用言의 語幹과 같이 ㅎ이 있다. 예컨대 'ᄒᆞ나[一], 돌[石]' 등은 조사가 연결되면, ㅎ이 드러나서 'ᄒᆞ나히 · ᄒᆞ나ᄒᆞᆫ · ᄒᆞ나ᄒᆞᆯ · ᄒᆞ나콰, 돌히 · 돌ᄒᆞᆫ · 돌ᄒᆞᆯ · 돌콰' 등으로 된다. 이러한 체언은 약 80에 이르는데, 근대어에 들면서 말음 ㅎ은 '가히[犬], 불휘[根]' 등 한 단어 안의 ㅎ과 함께 약화되어 탈락하였다. 현대어에서는 복합어 '수탉, 조팝' 등에 그 흔적을 남겼을 뿐이다.

格助詞에서는 우선 主格助詞가 '이'뿐이라는 점이 다르다. 母音體言 뒤에서는 'ㅣ, ø'의 형태로 나타난다. 예컨대 '世尊이, 부톄(←부텨+ㅣ), 불휘(←불휘+ø)' 등과 같은데, 현대어의 모음체언 뒤의 '가'는 16세기 후반의 한 諺簡에 나타난 것이 유일하나, 17세기 이후에는 문헌에도 산발적으로 나타난다. 屬格助詞는 母音調和에 따라 'ᄋᆡ/의'가 나타나나, 尊稱體言에는 'ㅅ'이 연결됨이 특이하다. 예컨대 '부텻 功德, 如來ㅅ 法, 世尊ㅅ ᄠᅳᆮ', 與格助詞는 속격조사에 '그에,

게(<그에)'가 통합되어, 예컨대 '사ᄅᆞ미그에 · 사ᄅᆞ미게, 겨지븨그에 · 겨지븨게, 부텻그에 · 부텻게 · 부텻긔' 등으로 쓰인다. 呼格助詞는 존칭체언 뒤에는 '하'가 쓰임이 특이하여, 예컨대 '님금하 아ᄅᆞ쇼셔, 世尊하 니ᄅᆞ쇼셔' 등으로 나타난다. 존칭체언의 속격조사 'ᄉ'과 호격조사 '하'는 근대어 이후에 소멸되었다.

補助助詞로는 근대어 이후에 없어진 '(ᄋᆞ/으)란, 두고, 곰/옴, 잇ᄃᆞᆫ' 등이 특이한 것들이다. 이들이 나타나는 例文 하나씩 들고 괄호 안에 현대어로 풀이한다.

제 ᄡᆞᆯ란 ᄀᆞ초고(제 쌀은 감추고, 月釋 1, 45)
光明이 ᄒᆡᄃᆞᆯ두고 더으니(光明이 해와 달보다 더하니, 月釋 1, 26a)
各各 ᄒᆞᆫ 아ᄃᆞᆯ옴 내야(각각 한 아들씩 내어, 釋詳 6, 9b)
ᄉᆞᆯ히 여위신ᄃᆞᆯ 金色잇ᄃᆞᆫ 가ᄉᆡ시리여(살이 여위신들 金色이야 변하실까, 月印 上, 其 62)

활용의 유형으로는 動詞와 形容詞가 비슷한 유형이나 繫辭(이른바 指定詞)가 다른 유형이다. 계사는 체언의 주격형이 어간으로 되는데, 동사와 형용사의 語尾頭音 ㄷ, ㄱ은 각각 ㄹ(다만 '디ᄫᅵ'는 예외)과 ɦ으로 변하고 母音語尾 앞에는 ㄹ이 덧난다. 예컨대 '아ᄃᆞ리라(-라←-다), · 弟子ㅣ로다 (-로다←-도다), 아ᄃᆞ리오 (-오←-고) · ᄒᆞᆫ가지어니 (-어니←-거니), 아ᄃᆞ리로ᄃᆡ (-로ᄃᆡ←-오ᄃᆡ) · ᄒᆞᆫ가지롬 (-롬←-옴)' 등이 그러하다. 모음어미 앞의 ㄹ은 어간의 말음으로 분석하여 계사의 어간을 체언에 '-일/이'가 통합하여 이루어진다고 해석하기도 한다. 이러한 계사의 특이한 활용은 근대어에 동사와 형용사의 그것에 통일되었으나, 현대어에서도 일부 그 흔적이 남기도 하였다.

先語末語尾의 경우에서는 먼저 敬語法語尾가 주목된다. 謙讓法(客體높임법)은 어간에 '-ᅀᆞᆸ-'이 직접 통합되어 문장의 客語로 지시되는 사람이 主語로 지시되는 사람이나 話者보다 上位者임을 표시하는 경어법이다. 예컨대 '우리ᄃᆞᆯ히 世尊ᄋᆞᆯ 보ᅀᆞᆸ고, 菩薩이 世尊ᄭᅴ 묻ᄌᆞᄫᆞ샤ᄃᆡ'에서 객어로 등장한 '世尊'은 화자는 물론이고 주어로 등장한 '우리, 菩薩'보다 상위자이므로 동사 '보-, 묻-'에 겸양법어미가 통합된 것이다. 尊敬法(主體높임법)은 용법이 현대어와 같으나 母音語尾 앞에서 '-시-'가 '-샤-'로 교체하여, 예컨대 '가샤, 가샴, 가샤

ᄃᆡ'로 나타난다. 恭遜法(相對높임법)은 文末語尾 앞에 '-이-'가 통합되어 '가ᄂᆞ이다, 가니잇가' 등과 같이 사용된다. 근대어에 들어 겸양법은 용법이 위축되어 어미 '-습-'은 공손법어미로 변하고, 존경법어미 '-샤-'는 '-시-'로 통일되고, 공손법어미 '-이-'는 형태가 약화되어 겸양법어미와 융합된 '-습니다, -습니까'에 흔적을 남기게 되었다.

또 하나 16세기 이후에 소멸한 先語末語尾로 意圖法語尾가 주목된다. 화자의 강한 의도나 의지를 나타내는 서술에 사용되는 '-오/우-'가 그것이다. 예컨대

> (太子ㅣ)닐오ᄃᆡ 金으로 ᄣᅡ해 ᄭᆞ로ᄆᆞᆯ ᄠᅳᆷ 업게 ᄒᆞ면 이 東山ᄋᆞᆯ ᄑᆞ로리라 須達이 닐오ᄃᆡ 니ᄅᆞ샨 양ᄋᆞ로 호리이다 (釋詳 6·246).

에서 'ᄑᆞ로리라(←ᄑᆞᆯ-오-리라), 호리이다(←ᄒᆞ-오-리이다)'의 '-오-'는 각각 화자인 '太子, 須達'의 의도나 의지를 나타낸다. 이러한 說明文에서는 '-오-'가 화자 자신의 일을 서술할 때 사용되므로, 1인칭의 주어에 호응하는 인칭어미라고 설명하는 학설도 있다. 그러나 의문문에서는 2인칭의 주어에도 '-오-'가 나타나는 일이 있으므로 현재로는 意圖法이라 함이 무난한 것으로 보인다. 이 어미는 冠形形에서도 사용되는데, 이 경우는 15세기 후반에도 혼란을 보이고 있다.

語末語尾에서는 의문법에서 설명의문과 판정의문이 대립되는 어미로 나타남이 가장 특징적이다. 설명의문은 의문사를 제시하여 설명을 요구하는 것으로 '-고, -오'계통의 어미, 판정의문은 命題를 제시하여 가부를 묻는 것으로 '-가, -어'계통의 어미로 표시된다. 예컨대

> 이 엇던 光明고 (月釋 10, 76)
> ᄆᆞᅀᆞᆷ과 눈괘 이제 어듸 잇ᄂᆞ뇨(楞嚴 1, 46b)
> 이 ᄯᆞ리 너희 죵가 (月釋 8, 94b)
> 모ᄃᆞᆫ 사ᄅᆞ미 비 브르ᄂᆞ녀 아니ᄂᆞ녀(楞嚴 1, 53b)

에서 앞 두 문장은 의문사가 나타나는 설명의문, 뒤의 두 문장은 판정의문을 나타내는 의문문이다. 15세기에도 공손법어미 '-이-'와 결합된 경우에는 설명

의문에도 '-가'가 사용되었으나 체계 전반의 변화는 근대어에 들어서 설명의문의 어미가 판정의문의 어미로 대체된 데서 일어난 것으로 추정된다. 그리하여 현대어에서는 설명의문과 판정의문은 형태상 동일하나 억양에서 구별되는 결과가 되었다.

(4) 어 휘

조선 초기 국어의 語彙體系는 앞선 시기에 확립된 漢字語體系가 固有語體系와 이중구조를 이루고 있었다. 여기에 몽골어와 近代中國語에서 직접 차용한 外來語가 없지는 않으나, 한자어에 비교하면 극히 소수에 지나지 않는다. 이러한 사실은 한자가 혼용된 조선 초기의 한글문헌에서 그대로 확인된다. 예컨대 〈訓民正音序〉의 전반을 언해한 다음 글을 보더라도

> 나랏 말ᄊᆞ미 中國에 달아 文字와로 서르 ᄉᆞᄆᆞᆺ디 아니ᄒᆞᆯᄊᆡ 어린 百姓이 니르고져 홇 배 이셔도 ᄆᆞᄎᆞᆷ내 제 ᄠᅳ들 펴디 몯홇 노미 하니라

에서 한자로 표기된 '中國, 文字, 百姓'은 한자어인데, 특히 '百姓'은 원문인 한문에 '民'으로 쓰인 것을 번역한 것이다. 그러므로 이들 한자어는 한자나 한문에서 유래하였으나 그 쓰임이 고유어와 똑같은 자격을 가진 말이라고 인정된다.

한자어는 한글문헌에서 완벽할 정도로 한자로 표기되는데, 간혹 한글로 표기되는 예들이 있다. 앞에서 《東國正韻》에 따른 한자음 표기가 인위적으로 교정된 것임을 말하는 예증으로 든 한글표기의 한자어들이 그러하다. 이들은 이미 고유어와 구별이 어려운 '먹[墨], 붇[筆], 소[俗]'등과 함께 한자나 한자어와의 類緣性을 잃은 것이 아닌가 한다. 특히 音韻變化까지 표기에 반영된 '샹녜(月釋 2, 47a와 楞嚴 6, 20b), 비왕(牧牛 42b), 셜웝(번朴 上, 75a)' 등은 더욱 그러하다. 여기 '샹례'는 '常例'(月釋 1, 15a)로 표기되는 어형의 '例'가 선행한 鼻音에 동화된 것이고, '비왕, 셜웝'은 '誹謗(蒙法 58a), 說法(月釋 1, 15a)'으로 표기되는 語形에서 有聲音 사이의 ㅂ이 약화된 것이다.

그러나 이 시기는 고유어의 세력이 현대어보다는 훨씬 큰 것으로 생각된

다. 당시의 한글문헌에서는 현대어에서 한자어에 자리를 물려주고 사라진 고유어가 많이 나타나기 때문이다. 그러한 예는 基本語彙라 할 'ᄀᆞᄅᆞᆷ[江], 마ᅀᆞᆯ[官衙], 뫼[山], ᄇᆞᄅᆞᆷ[壁], 온[百], 즈믄[千], ᄀᆞᅀᆞᆷ알-(관장하다), 가ᅀᆞ멸-(富하다)' 등 상당한 양에 이른다. 이러한 현상은 한자와 한문의 보급과 함께 문물제도가 漢化한 결과로 이해된다. 그리하여 근대어를 거쳐 현대어에 이르러서는, 사전의 올림말만으로 따지면 한자어가 고유어보다 많다는 통계가 나오게 된 것이다.

〈安秉禧〉

Ⅳ. 예 술

1. 음 악
2. 건 축
3. 도 자
4. 회 화
5. 서 예
6. 공 예
7. 조 각

Ⅳ. 예 술

1. 음 악

태조 이성계(1335~1408)가 왕위에 오름으로써 1392년에 시작된 조선왕조는 고려 후기부터 새로 등장한 신흥사대부에 의해 건국되었다. 조선왕조의 개국공신들은 모두 신흥사대부 출신들이었기 때문에, 그들은 새 왕조의 건국과 함께 유교적 정치이념을 실천하려고 노력했고, 따라서 禮樂사상에 의한 아악부흥의 노력이 본격적으로 전개되었다. 그러므로 조선 초기 음악사의 시대적 특징은 아악부흥이라는 특징에 의해서 규정될 수 있고, 조선 초기를 아악부흥시대라고 부를 수 있다.

건국 직후의 정치적 혼란이 안정되자, 새 문화창조의 움직임이 활발히 전개되었고, 따라서 음악문화의 꽃이 만발하게 되었으니, 그 때가 바로 세종대였다. 세종 이후 세조와 성종에 이르는 동안의 음악적 업적은 일단《樂學軌範》에 정리되었다. 조선 초기의 음악문화는 고려의 향악·당악·아악 등을 전승한 바탕 위에 새로운 음악문화를 창제함으로써 한 단계 높은 차원으로 발전시킨 결과였다. 조선 초기에는 왕립음악기관의 정비, 새 율관제작과 악기제조, 아악부흥, 새 기보법 창안, 당악정재와 향악정재의 창제, 새 향악곡의 창제, 악보와 악서편찬 등이 이루어졌다.

아악의 부흥은 새 왕조의 정치적 지배세력들이 유교적 정치이념을 구현하기 위해 예악사상에 의해 통치하려고 노력한 성과였다. 비록 아악부흥이 중국문헌을 바탕으로 이루어졌지만, 그것은 어디까지나 조선초 유신들이 새롭게 복원시킨 재창조의 성과, 곧 외래음악문화를 자주적으로 수용한 결과였다. 이런 아악부흥의 과정에서 아악은 왕립음악기관의 *左坊*에 소속되었고, 고려 때 좌방에 소속되었던 당악은 *右坊*의 향악과 함께 통합되었다. 우리가 조선 초기를 아악부흥시대라고 불러야 하는 당위성을 바로 여기서 찾을 수 있다. 이렇듯 조선 초기에 이르러 아악의 위치가 높아짐에 따라 당악이 우방의 향악과 통합됨으로써, 당악의 향악화가 촉진되었다.

정간보를 위시하여 오음악보와 합자보 등의 새 기보법 창안은 한국음악사의 발전과정에서 중요한 의미를 갖는다. 새 기보법들은 당시의 향악·당악·아악·고취악 등과 같은 음악의 실상을 후대에 남겨주는데 결정적으로 이바지했을 뿐만 아니라, 특히 정간보는 有量樂譜(memsural notation)의 일종이므로, 그 기보법의 창안은 동양음악사에서도 획기적인 사건의 하나였기 때문이다.

새 율관제작은 아악부흥과 향악의 창제 및 악기제작에 매우 중요한 구실을 담당했다. 또 새로 창제된 악곡 중에서 여민락·정대업·보태평이 현재 국립국악원에서 연주되고 있음을 상기할 때, 선초 향악의 창제도 중요한 의미를 지닌다. 현행 문묘제례악의 뿌리도 역시 세종대의 아악부흥 때 이루어진 결과에서 찾아져야 하므로, 아악부흥의 음악사적 의미도 더불어 중요시되어야 마땅하다. 향악정재와 당악정재의 창제는 선초 공연예술의 발전에 크게 공헌했고, 또한 그 반주음악인 향악과 당악의 전승에 결정적으로 이바지하였다. 그러므로 새로 창제된 정재의 음악사적 의미를 새롭게 조명해야 할 당위성이 바로 여기에 있다. 고려의 가무백희는 조선시대의 민간연예인들에 의해서 전승됨으로써 민속연예의 발전에 바탕이 되었다.

당악의 향악화는 고려시대에 찾아볼 수 없던 조선 초기의 새로운 경향이므로, 그 사실은 시대구분의 한 준거로 꼽힐 수 있다. 《악학궤범》에서는 당악의 향악화라는 양식적 변천을 쉽게 찾아볼 수 있으니, 예컨대 당비파·월금·아쟁과 같은 당악기가 당악과 향악에 두루 연주된 사실이 바로 그러한 실례의 하나다. 요컨대 조선 초기의 음악문화는 조선 중기와 후기를 거쳐 현재까지 연주되는 전통음악의 뿌리 구실을 하고 있다는 점에서 그 역사적 의미를 지니고 있다.

1) 왕립음악기관의 역사적 변천과 활동범위

고려왕조의 典樂署와 雅樂署라는 두 왕립음악기관이 조선왕조에 그대로 전승되어 건국 초기의 음악활동을 주관했지만, 음악활동의 일부를 관장했던 기관으로 奉常寺·慣習都監·樂學이 있었다.[1] 건국 초기부터 난립했던 여러 음악기관은 세조 12년(1466) 掌樂署와 樂學都監으로 통폐합되었다가 성종 때 掌樂院으로 일원화되었다.

(1) 왕립음악기관의 역사적 변천

가. 아악서와 전악서 및 봉상시

고려의 왕립음악기관이었던 아악서와 전악서는 조선 건국 이후에도 궁중음악의 중추적 역할을 담당하였다. 아악서는 종묘제례악의 연주 중 악기로 연주된 아악만을 관장했고, 전악서는 궁중잔치에서 연주되는 향악과 당악을 관장했다. 한편 종묘제례악의 연주 가운데 노래와 춤은 봉상시의 소관업무였다.

본래 종묘제향에 관한 일을 관장했던 봉사시는 태조 원년(1392)의 설립 당시에 정3품의 判事 이하 17명의 관리를 거느린 관청이었다. 봉상시는 종묘제례악의 연주 중에서 등가의 노래 및 헌가의 文舞와 武舞를 관장했는데, 노래와 佾舞는 봉상시 소속의 齋郎과 武工에 의해서 공연되었다. 병조에서 선발된 나이 어린 무공이나 이조에서 뽑힌 연소자인 재랑은 전문음악인들이 아니었다. 재랑과 무공의 임무는 세조 3년(1457) 장악서가 설립된 이후 좌방의 樂生들에게 넘어갔다. 그러므로 조선초 봉상시의 연주임무는 아악서와 아악연주와 구별되었다.[2]

종묘제례악 중에서 악기로 연주하는 아악만을 관장했던 아악서는 樂工이라는 전문음악인을 거느리고 있었고, 또 악공들의 교육과 연습을 맡았던 遞兒職 祿官들도 소속되어 있었다. 태종 9년(1409) 당시 11명의 체아직 녹관들이 아악서에 소속되었는데, 그들은 종5품의 典樂 1명, 종6품의 부전악 1명, 종7품의 典律 2명, 종8품의 부전율 3명, 종9품의 直律 4명이었다. 세종 30년(1488)에 전악은 令으로, 부전악은 부령으로, 전율은 郎으로, 부전율은 丞으로, 직율은 부승으로 각각 바뀌었다가, 이들은 세조 3년 장악서가 설립된 이후 좌방에 소속되었다.[3]

---

1) 李惠求, 〈慣習都監〉(《韓國音樂論叢》, 수문당, 1976), 302~315쪽.
宋芳松, 〈朝鮮初期의 音樂機關〉(《樂掌謄錄硏究》, 嶺南大 民族文化硏究所, 1980), 27~61쪽.
張師勛, 〈朝鮮時代의 掌樂機關〉(《世宗朝音樂硏究》, 서울大 出版部, 1982), 209~287쪽.

2) 李惠求, 위의 책, 302~303쪽.

한편 전악서는 아악서처럼 악공과 체아직 녹관을 거느리고 있었다. 태종 9년(1409) 당시 17명의 체아직 녹관들이 전악서에 소속되었는데, 그들은 종5품의 전악 1명, 종6품의 부전악 1명, 종7품의 진율 4명, 종8품의 부전율 5명, 종9품의 직율 6명이었다. 아악서의 녹관 11명보다 6명이 더 많은 데서 알 수 있듯이, 전악서의 연주활동이 아악서보다 더 활발하였다. 세조 3년(1457) 전악서가 아악서와 통폐합된 이후에 그들은 장악서의 우방에 소속되었다가 장악원으로 넘어갔다.[4)]

아악의 연주를 관장했던 아악서와 봉상시, 그리고 향악과 당악의 연주를 맡았던 전악서, 이상 세 왕립음악기관은 개국 이후 약 60여년 동안 존속하다가, 전악서와 아악서가 통폐합되어 장악서로 개칭됨에 따라서, 봉상시의 임무가 장악서로 이관되는 역사적 변천과정을 거쳤던 것이다.

나. 악학과 관습도감

음악을 학문적으로 연구하는 樂學은 공양왕 원년(1389)에 최초로 설립되었으나, 고려왕조의 멸망과 함께 없어졌다가 태종 6년에 다시 설립되었다. 十學의 하나로 설립된 악학에 提調官을 두었고, 세종대에 이르러 제조·提學·別坐의 관직을 두었다. 악학의 관리들은 과거에 급제한 사람 중에서 선발되었으므로, 전악서나 아악서의 체아직 녹관들과 구별되었다. 이들의 주요 임무는 악서와 악보의 편찬, 음악이론과 역사 연구, 의례고증 및 율관제작 감독 등이었다.[5)]

관습도감은 고려 우왕 때 최초로 설립되는데, 아악서나 전악서의 경우처럼 조선왕조로 계승되었다. 관습도감은 제조·判事 등의 당상관과 부판사·使·副使·판관·녹사 등의 당하관을 거느렸는데, 이들의 임무는 악공이나 管絃盲人 및 女妓의 習樂을 관장하는 것이었다. 관현맹인의 관현반주 및 여기의 노래는 대체로 궁중잔치에서 연주되었던 향악과 당악이었으므로, 관현맹인과 여기에 의한 향악과 당악의 습악이 관습도감의 주된 임무였다.[6)]

---

3) 宋芳松, 앞의 책, 33~38쪽.
4) 宋芳松, 위의 책, 29~33쪽.
5) 宋芳松, 위의 책, 30~32쪽.

음악이론의 연구를 담당했던 악학 및 관현맹인·여기의 습악을 맡았던 관습도감은 조선 건국 초기부터 반세기 가량 음악행정에 관한 업무를 관장했다. 그러나 세조 3년에 이르러 악학과 관습도감은 樂學都監으로 통폐합되는 역사적 변천과정을 거쳤다.

다. 장악서와 악학도감

장악서는 아악서와 전악서를 통폐합하여 세조 3년에 설립되었는데, 궁중음악활동의 연습과 연주를 담당하는 음악기관이었다. 장악서의 직제는 두 갈래로 구분되는데, 하나는 아악서에 두었던 직제를 전승한 左坊(雅樂)이었고, 다른 하나는 전악서에 두었던 직제의 右坊(鄕樂·唐樂)이었다. 좌방은 종5품의 영, 종6품의 부령, 종7품의 낭, 종8품의 승, 종9품의 부승을 두었고, 우방에는 종5품의 전악, 종6품의 부전악, 종7품의 전율, 종8품의 부전율, 종9품의 부전율, 종9품의 직율이 있었다.[7]

〈표 1〉 장악서 소속 체아직 녹관의 명칭 품계 및 인원 일람표

	세조 3년(1457) 이전	세조 3년	세조 4년
좌방(악생)	가성랑 영 (종5품) 1명	1명	1명
	순화랑 부령(종6품) 1명	1명	1명
	사음랑 낭 (종7품) 2명	2명	2명
	화성랑 승 (종8품) 3명	2명(감 1명)	2명
	화절랑 부승(종9품) 18명	15명(감 3명)	12명(감 3명)
	합 계 25명	21명(감 4명)	18명(감 3명)
우방(악공)	사성랑 전악 (종5품) 2명	1명(감 1명)	2명(증 1명)
	조성랑 부전악(종6품) 1명	1명	1명
	사협랑 전율 (종7품) 3명	2명(감 1명)	2명
	조협랑 부전율(종8품) 5명	4명(감 1명)	4명
	조절랑 직율 (종9품) 8명	6명(감 2명)	6명
	합 계 21명	16명(감 5명)	17명(증 1명)

6) 李惠求, 앞의 책, 307~311쪽.
7) 宋芳松, 앞의 책, 54~57쪽.

악학도감도 악학과 관습도감을 통폐합하여 같은 해에 설립했는데, 이 음악기관은 장악서와는 달리 음악행정을 관장하는 관서였다. 악학도감의 관리들로는 제조·사·부사·판관·별좌가 있었고, 이들은 모두 과거 출신의 관료들이었다. 악학도감의 업무 일부가 세조 12년(1466) 관제개편 때 장악서로 흡수되면서 독립기관으로서의 기능을 상실했으므로, 드디어 중종 6년(1518)에는 폐지되었다.[8] 악학도감의 폐지로 인하여 왕립음악기관은 掌樂院으로 일원화되었다.

〈표 2〉 장악원의 역사적 변천 일람표

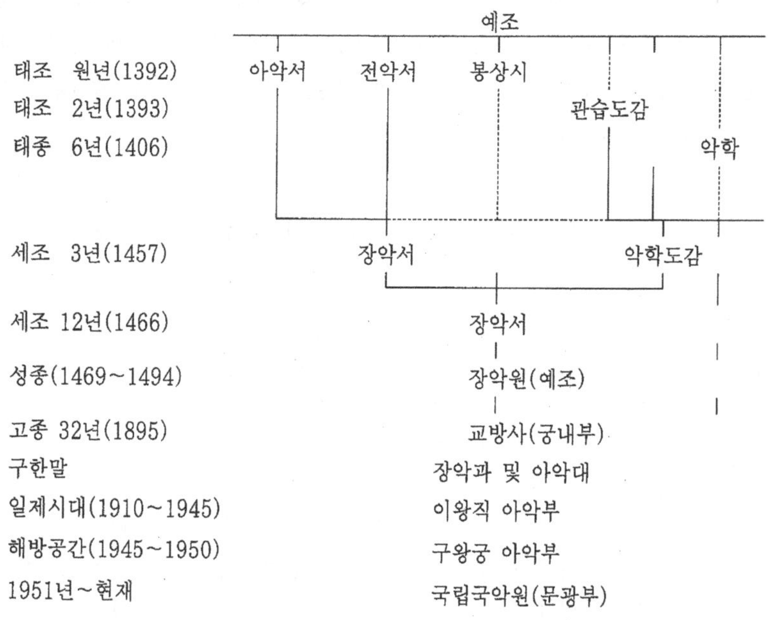

(2) 장악원의 직제와 활동범위

가. 장악원의 직제와 음악인

장악원은 장악서의 직제를 그대로 계승했기 때문에, 음악교육과 연주를 담

8) 宋芳松, 위의 책, 57~60쪽.

당했던 체아직 녹관 및 음악행정을 관장했던 관리를 모두 거느렸다. 성종 때 정비된 《經國大典》에 의하면,[9] 장악원의 관리들은 제조 2명, 정3품의 正 1명, 종4품의 僉正 1명, 종6품의 주부 1명, 종7품의 直長 1명으로 도합 6명이었는데, 이들은 음악행정을 관장하였다.

장악원에서 실제 음악교육과 습악을 담당했던 체아직 녹관의 직제는 《경국대전》 吏典의 雜職에[10] 규정되어 있다. 장악원의 잡직으로 정6품의 典樂 1명, 종6품의 부전악 2명, 정7품의 典律 2명, 종7품의 부전율 2명, 정8품의 典音 2명, 종8품의 부전음 4명, 정9품의 典聲 10명, 종9품의 부전성 23명으로 도합 46명이었다. 장악원 소속의 체아직 녹관 46명은 악공 출신의 20명, 악생 출신의 19명, 악사 3명, 管絃盲 4명으로 구성되었다.[11]

장악원에는 이들 이외에, 잡무를 맡았던 差備奴 7명과 관리를 쫓아다니던 跟隨奴 5명 등 12명이 있었다. 성종 때 실제 음악연주에 종사했던 우방의 악공은 572명이었고, 좌방의 악생은 399명이었으며, 노래와 춤을 담당했던 管絃盲·舞童·歌童·女妓들이 장악원에 소속되어 있었다.[12]

〈표 3〉 성종대 장악원의 직제 및 인원 열람표

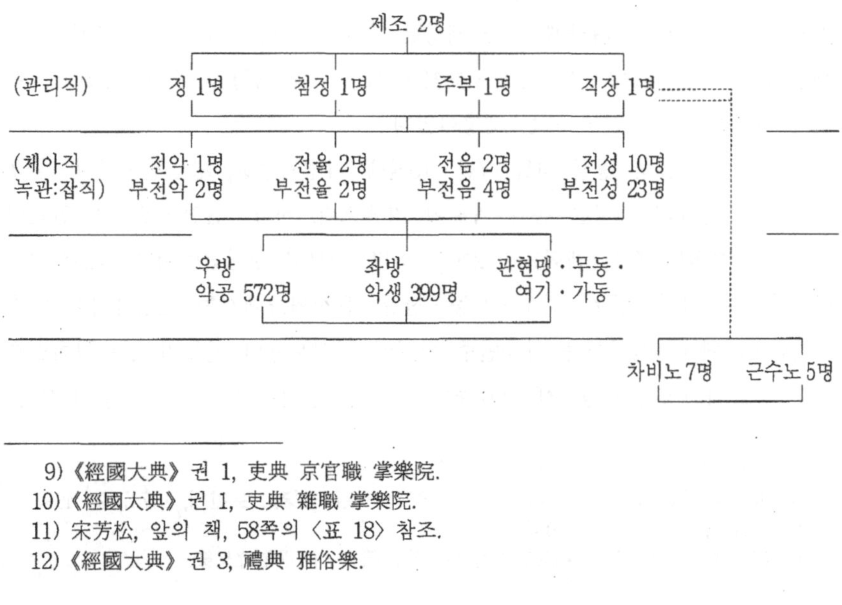

9) 《經國大典》 권 1, 吏典 京官職 掌樂院.
10) 《經國大典》 권 1, 吏典 雜職 掌樂院.
11) 宋芳松, 앞의 책, 58쪽의 〈표 18〉 참조.
12) 《經國大典》 권 3, 禮典 雅俗樂.

장악원의 우방에 소속된 악공은 전악서의 악공들이 연주하던 향악과 당악을 담당했으며, 좌방 소속의 악생은 아악서의 악공 및 재랑과 무공이 맡았던 아악연주 및 일무와 노래를 맡았다. 성종대에 이르러 악공은 천인계급에서 선발하도록, 또 악생은 양인 중에서 뽑도록 법으로 규정했으며,[13] 이런 사회적 신분제도가 조선 후기까지 존속되었다.

관현맹인은 궁중잔치 가운데 內宴에서 음악연주를 담당했고, 무동과 여기는 내연에서의 노래와 춤을 맡았다. 관현맹인은 양인과 천인 중에서 뽑혔고, 무동과 여기는 천인계급에서 선발되었다. 여기들은 평상시에는 濟生院・內醫院・惠民署 소속의 醫女나 尙衣院의 針線婢로 활동하다가 왕대비나 왕비의 내연이 있으면 장악원에서 노래와 춤을 익혀 잔치에 참여했다.[14]

나. 장악원의 활동범위

예조에 소속되었던 장악원은 예악・제향・연향・조회 등의 궁중의식에 필요한 음악연주를 모두 관장했던 정3품의 독립기관이었다. 《경국대전》과 《樂學軌範》에 의하면, 장악원의 연주활동은 주로 제향・연향・朝儀에 관련된 의식절차에 따라서 이루어졌다.[15]

국가적인 행사로 지냈던 제향은 그 규모나 중요성에 따라서 大祀・中祀・小祀로 구분되었다. 대사에 드는 제향은 宗廟・永寧殿・社稷에서 지내는 제사였고, 중사는 風雲雷雨・先農・先蠶・雩祀・文宣王廟의 제향이었으며, 馬祖와 명산대천이 소사에 드는 제향이었다.

종묘제향은 음력 정월・4월・7월・10월에 거행되었고, 영녕전・사직・풍운뇌우・문선왕묘의 제향은 봄과 가을에 지냈으며, 선농・선잠・우사는 일년에 한번씩 제향했다. 《악학궤범》 권 2에 의하면, 종묘와 영녕전에서는 俗部祭樂이 연주되었고, 사직・풍운・뇌우・선농・선잠・문선왕묘에서는 雅部제악이 연주되었다.[16] 제례의식에서는 아악연주 이외에 의식무용인 佾舞가 필수적이었으므로, 종묘제례의식의 경우에 보태평지무와 정대업지무가 반드시 포함되었다.

---

13) 위와 같음.
14) 張師勛, 〈朝鮮時代 女樂의 敎育〉(《黎明의 東西音樂》, 보진재, 1974), 9~40쪽.
15) 宋芳松, 앞의 책, 82~91쪽.
16) 《樂學軌範》 권 2, 俗樂陳設圖說 時用雅部祭樂・時用俗部祭樂.

임금이 문무백관을 거느리고 정기적으로 조회하는 의식을 朝儀라고 하는데, 조의에서도 음악연주가 필수적으로 포함되었다. 즉 正朝와 冬至 및 聖節과 千秋節에 望闕禮를 지낼 때, 朝參 때, 文武科 殿試 때, 생원과 진사의 放榜 때 장악원은 악사와 악공을 보내서 음악을 연주하였다. 또 임금의 행차에 꼭 따르는 前部鼓吹와 後部鼓吹의 구성과 연주도 장악원의 몫이었다.

궁중잔치 곧 연향은 규모에 따라서 進宴·進饌·進爵·進豊呈으로 구분되었다. 단오나 추석의 行幸의식 또는 講武의식 때 의정부나 육조가 베푼 잔치, 忠勳府의 진연, 정조와 동지의 회례연, 養老宴 등과 같은 궁중잔치에서도 장악원은 노래와 춤 그리고 음악을 제공하였다.

2) 아악의 부흥

송의 大晟雅樂이 고려조정에 소개된 12세기부터 아악의 전통은 고려음악사의 흐름을 새로운 방향으로 발전시켰고, 조선 초기에 이르러 신흥사대부들에 의해서 시도된 아악부흥정책은 조선음악사의 발전과정에 새로운 지평을 열었다. 따라서 아악은 장악원의 좌방을 차지했던 당악을 우방으로 밀어내고 그 자리를 차지하였다. 아악은 장악원의 악생들에 의해서 연주되었고, 악공들이 연주한 향악·당악과 쌍벽을 이루었다.

(1) 건국 초기의 악가제정

조선왕조의 건국과 함께 개국공신들은 새 왕조의 탄생을 축하하는 樂歌를 제정하여 태조와 태종에게 헌정했는데, 악가제정에 공헌한 개국공신은 鄭道傳과 河崙이었다. 정도전은 태조 2년(1393) 納氏歌·靖東方曲·夢金尺·受寶籙과 같은 새로운 악가를 만들었고,[17] 하륜은 태종 2년(1402) 覲天庭과 受明命이라는 악가를 지었다.[18]

납씨가는 태조의 무공을 서술하고 창업을 송축하는 노래였고, 태조의 威化

17) 《太祖實錄》 권 4, 태조 2년 7월 기사.
18) 《太宗實錄》 권 3, 태종 2년 6월 신유.

島 회군을 찬양한 노래가 정동방곡인데, 노래의 가사는 정도전에 의해서 창제되었으나, 노래의 곡조는 기존 악곡의 선율을 차용하였다. 즉 납씨가의 선율은 고려 향악곡의 하나인 青山別曲에서 차용했고,[19] 정동방곡의 것은 西京別曲의 선율에서 따왔다.[20] 납씨가와 정동방곡은 모두 태조의 왕비인 神懿王后를 모신 文昭殿의 제향과 纛祭 의식을 거행할 때 아헌·종헌·철변두 절차에서 연주되었다.[21]

태조 이성계의 건국과 관련된 내용을 담은 정도전의 몽금척과 수보록 및 하륜의 근천정과 수명명은 당시의 고취악을 본받아서 창제되었다. 수보록과 몽금척 그리고 근천정과 수명명은 모두 조선 초기에 당악정재로도 만들어져《악학궤범》에 수록되었다.[22] 새 왕조의 건국을 송축하는 노래의 가사는 정도전·하륜과 같은 문신들에 의해서 창제되었으나, 그 노래의 곡조는 기존 악곡에서 차용했다는 점에서 서로 공통적이었다. 새 노래 중에서 몽금척·수보록·근천정·수명명이 당악정재로도 창제됨으로써 조선초 공연예술의 발전에 크게 이바지하였다.

(2) 세종대의 율관제작과 악기제조

세종대의 아악부흥은 올바른 율관제작 및 악기제조가 없었다면 불가능하였을 것이다. 왜냐하면 율관제작은 음악이론의 근본이었고, 악기제조 중 편종과 편경의 제작은 아악부흥의 시작이었기 때문이다. 세종 7년(1425) 경기도 南陽에서 磬石을 발견하고 해주에서 기장의 발견[23]은 음악사적 관점에서 보아 획기적인 사건들이었다. 왜냐하면 기장이 올바른 율관제작에 필수적인 낱알이었고, 또 아무리 올바른 율관이 제작되었다고 하더라도 경석이 없으면 편경의 제작이 불가능했기 때문이다. 따라서 조선초 율관제작과 경석의 발견은 앞 시대와 구분하는 기준의 하나로 삼을 수 있다.

---

19) 張師勛,《國樂論攷》(서울大 出版部, 1966), 52쪽.
20) 張師勛, 위의 책, 62쪽.
21) 成俔,《樂學軌範》권 2, 俗樂陳設圖說 纛祭.
22) 成俔,《樂學軌範》권 4, 時用唐樂呈才圖說.
23)《世宗實錄》권 59, 세종 15년 정월 을묘.

가. 박연의 율관제작

음악이론의 학문적 연구는 樂學의 주요 임무였는데, 세종대에는 樂學別坐 朴堧이 율관제작에 직접 관여했다. 박연은 세종 7년 해주산 기장 한 알의 폭을 1分으로 삼았고, 열 알의 길이를 1寸으로 삼았으며, 9촌을 황종율관의 길이로 삼아서 黃鍾尺을 만들었다.[24] 제1차로 제작한 황종율관의 소리가 중국 編磬의 황종음보다 조금 높았기 때문에, 실제로 악기제작에 쓸 수 없었다. 그후 박연은 두번째로 중국편경의 황종을 표준으로 삼아 세종 9년 그 황종율관을 三分損益하여 12율관을 제작했으므로, 제2차 율관제작의 성공 이후 악기제조가 시작될 수 있었다. 세종 12년에는 남쪽지방에서 생산된 기장으로 박연이 세번째 율관제작을 시도하였다.

나. 악기도감과 주종소

악기제조를 위해서 임시로 설치했던 樂器都監이 세종 6년에 설치됨으로써 아악부흥의 작업이 본격적으로 전개되었다. 그 때 많은 아악기들이 제조되었고,[25] 세종 12년 9월에 설립된 樂器監造色에서도 아악기를 제조하였다.[26] 아악기의 제조가 본격화되었지만, 특수한 아악기의 제조는 이러한 과정을 거쳐서 이루어졌다.

아악기 중 가장 만들기 어려운 악기가 編鐘과 편경이었는데, 그 이유는 편경의 재료인 磬石을 구하기 어렵기 때문이었다. 세종 7년 당시 석경이 한 틀밖에 없었고, 나머지는 흙을 구어서 만든 瓦磬이었으므로, 편경제작은 필수적이었다. 다행이 세종 7년에 발견된 남양의 경석으로 편경제작이 가능하게 되었는데, 악학별좌 박연의 감독 아래서 석경 12매짜리의 편경이 세종 9년 5월에 완성되었다.[27] 그 이듬해 여름까지 종묘·영녕전 등의 제사에서 사용될 편경과 특경 모두 528매가 제작되었는데,[28] 이 경석 528매는 16매까지의 편경 33틀을 만들 수 있는 숫자였고, 12매짜리의 편경 44틀을 만들 수 있

---

24) 李惠求, 〈朴堧의 律管製作 年代〉(앞의 책), 300쪽.
25) 《世宗實錄》 권 26, 세종 6년 11월 기축.
26) 《世宗實錄》 권 49, 세종 12년 9월 기미.
27) 《世宗實錄》 권 36, 세종 9년 5월 임인.
28) 《世宗實錄》 권 59, 세종 15년 정월 을묘.

는 숫자였다. 그러므로 종묘·사직·풍운뇌우·선농·선잠·우사·문선왕묘에서 필요한 편경을 세종 10년(1428)에 구비할 수 있었다. 그러나 편종제작은 편경이 갖추어진 이후에야 시작되었다. 편경과 짝을 이루는 편종제작도 쉬운 일이 아니었으므로, 편종제작을 위한 임시관청인 鑄鐘所가 세종 11년에 따로 설립되었는데, 그 다음해인 세종 12년에 주종소에서 제작한 편종을 악학제조 柳思訥이 세종대왕께 헌정하였다.[29] 또 조회의 헌가에 사용될 편종을 같은 해 10월에 주종소에서 제작하자, 악학별좌 南汲이 그 편종을 임금께 올렸고,[30] 회례연에 쓰일 편종은 세종 13년에 주종소에서 완성되었다. 이렇듯 주종소의 설립 이후 많은 편종이 제작되었기 때문에, 아악이 본격적으로 발전할 수 있었다.

(3) 세종대의 아악제정과 박연

세종대 아악부흥의 실제적 작업은 음악이론가 박연에 의해 이루어졌다. 박연을 중심으로 제정된 아악은 조회아악·회례아악·제례아악의 세 가지로 구분된다. 임금이 문무백관을 거느리고 정기적으로 갖는 조회나 회례의식에서 절차에 따라 연주된 아악이 조회아악과 회례아악이고, 제례아악은 종묘·사직·풍운·뇌우·선농·선잠·우사·문선왕묘의 제사의식에서 연주된 아악의 총칭이다.

가. 조회아악의 제정

조회아악에 대하여 최초로 논의한 때가 세종 12년 9월이었고,[31] 그 논의를 실천에 옮긴 것은 다음해 정월이었다. 세종의 뜻을 받들어 儀禮詳定所와 박연이 조회에 쓰는 아악에 대하여 그들의 의견을 예조에 올렸고, 예조는 그들의 의견을 약간 수정하여 임금의 재가를 얻었는데,[32] 재가받은 내용은 이러했다. 첫째는 매달 초하루의 조회에서 아악을 연주한다는 것이었고, 둘째는 조회 때 헌가에서만 음악을 연주한다는 것이었으며, 셋째는 조회아악의

29) 《世宗實錄》 권 49, 세종 12년 8월 무진.
30) 《世宗實錄》 권 50, 세종 13년 10월 기사.
31) 《世宗實錄》 권 49, 세종 12년 9월 기유.
32) 《世宗實錄》 권 49, 세종 12년 9월 정사.

연주는 달에 따라서 정월에는 태주, 2월에는 협종, 3월에는 고선 등의 악조로 이루어져야 한다는 것이었다.

그에 따라 조회아악의 연주에 사용될 아악기의 제조를 위한 악기감조색이 세종 12년에 설립되었고, 조회아악에서 사용될 의물과 복식도 박연의 상소에 의해 제조되었다.[33] 조회의식에 따른 악기 및 음악 그리고 의물과 복식이 마련되자, 세종 13년 정월 초하루 朝賀에서 조회아악이 처음으로 연주되었는데, 그 때 등가악현과 헌가악현은 아래처럼 《世宗實錄》 권 132의 23장에 도설되었다.[34] 이렇게 제정된 조회아악은 세종대 이후에는 연주되지 않았고, 다만 《樂學軌範》 권 2에 기록으로 전할 뿐이며, 성종대에는 예전처럼 당악과 향악이 조회의식에서 연주되었다.

세종대 조회아악의 등가악현과 헌가악현

협율랑
갈 강
절고 금 금 금 금 금 금 절고
옥경 슬 슬 슬 슬 슬 슬 금종
전악 전악
가 가 가 가 가 가 가 가 가 가 가 가
협율랑
경 가 가 가 가 가 가 가 가 가 가 가 가 종

생 적 우 지 화 관 소 관 소 약 훈 우 지 생 적

아악령 금월부 홍개 청개 수경장 홍개 청개

무무 문무
정 도 도 정 둑 둑
순 무 무 무 무 무 순 무 무 무 무 무 무
탁 무 무 무 무 무 탁 무 무 무 무 무 무
요 무 무 무 무 무 요 무 무 무 무 무 무
탁 무 무 무 무 무 탁 무 무 무 무 무 무
응 무 무 무 무 무 응 무 무 무 무 무 무
아 무 무 무 무 무 아 헌 무 무 무 무 무 무

33) 위와 같음.
34) 宋芳松, 《韓國音樂通史》(一潮閣, 1984), 264쪽.

상독 무무 무무 무무 무무 무무 상독 현 무무 무무 무무 무무 무무 무무

삭고		건고			응고	삭고 건고 응고	삭고		건고			응고
편종		편경			편종		편경		편종			편경
	어										축	
편경	슬가	슬가	금가	금가	금가		금가	금가	금가	슬가	슬가	편종
편종	관약	관약	관약	관약	관약		관약	관약	관약	관약	관약	편경
편경	생우	생우	생우	화우	화우		생우	생우	생우	생우	화우	편종
편종	소적	소적	소적	소적	소적		소적	소적	소적	소적	소적	편경
편경	지부	지부	지부	지부	지부		지부	지부	지부	지부	지부	편종
편종	훈	훈	훈	훈	훈		훈	훈	훈	훈	훈	편경

나. 회례아악의 제정

세종 13년(1431) 정월 조회의식에서 최초로 조회아악이 성공적으로 연주되자, 같은 해 8월 회례의식에서도 아악을 연주하자는 의견을 孟思誠 이하 신하들이 상소하였다.[35] 이에 대해 세종은 향악을 함께 사용해야 함을 주장했으나,[36] 마침내 군신들의 요청에 못이겨 아악을 사용하도록 윤허하였다. 따라서 다음해인 세종 14년의 회례의식에서 文武之舞를 쓰기로 했고, 아악기와 의물을 구비하자, 그 이듬해 정월 勤政殿에서 會禮雅樂이 처음으로 연주됐는데, 그 때의 등가악현과 헌가악현은《世宗實錄》권 132의 24장에 도설되었다.

회례아악의 연주절차에 관한 기사는《세종실록》에 기록됐지만,[37]《樂學軌範》에 의거하여[38] 회례아악의 연주곡목을 정리하면 대략 이렇다. 隆安之樂·舒安之樂·休安之樂·受寶籙之樂·文明之曲·覲天庭之樂·荷皇恩之樂·受明命之樂·武烈之曲 등 아홉 회례아악곡은 모두 연주하는 그 달에 해당하는 율을 궁으로 쓰는 隨月用律에 기보되어 있다.[39] 이 회례아악곡 중에서 정도

35)《世宗實錄》권 53, 세종 13년 8월 계사.
36)《世宗實錄》권 55, 세종 14년 3월 정해.
37)《世宗實錄》권 132, 五禮, 嘉禮儀式 正至會儀.
38) 成俔,《樂學軌範》권 2, 俗樂陳設圖說 世宗朝會禮宴儀.
39) 成俔,《樂學軌範》권 2, 俗樂陳設圖說 世宗朝隨月用律.

전의 수보록 및 하륜의 근천정과 수명명은 주희의《儀禮經傳通解》권 14의 詩樂에 나오는 선율을 차용했고, 그 나머지 아악곡들도《의례경전통해》의 魚麗·南山有臺·鹿鳴·皇皇者華의 선율을 차용하여 만들어졌는데,[40] 그 내력을 알기 쉽게 정리하면 아래의 〈표 4〉와 같다.

〈표 4〉 주희의《의례경전통해》에서 차용한 회례아악곡의 곡명 일람표

악 곡 명	창 제 자	《의례경전통해》의 출처	
융안지악	남급·박연	어리 제4 5 6장	권 14, 3b4~6
휴안지악	남급·박연	남산유대 제1장	권 14, 4a8~4b1
수보록지악	정 도 전	녹명 제1장	권 14, 1b5~7
문명지곡	남급·박연	황황자화 제1·2장	권 14, 3a1~3
근천정지악	하 륜	남산유대 제2장	권 14, 4b2~4
하황은지악	남급·박연	남산유대 제3장	권 14, 4b4~6
수명명지악	하 륜	남산유대 제4장	권 14, 4b6~8
무열지곡	남급·박연	황황자화 제3·4장	권 14, 3a3~6

기존 악곡의 선율을 차용하여 새 악곡을 만드는 창작법은 서양음악사의 15·16세기 패로디(parody)미사곡의 창작법[41]과 비교될 수 있는데, 이런 창작법은 조선 초기 음악사에 나타난 하나의 특이한 점이다. 이렇게 제정된 회례아악은 조회아악의 경우처럼 세조 이후에는 연주되지 않았고, 다만《악학궤범》권 2에 기록으로만 남아있을 뿐이고, 성종대에는 예전처럼 당악과 향악이 회례의식에서 연주되었다.

다. 제례아악의 정비

조선시대의 제사는 규모에 따라서 大祀·中祀·小祀로 구분되었다. 종묘·영녕전·사직은 대사에 속했으며, 중사에 드는 제사는 풍운뢰우·선농·선잠·우사·문선왕묘였고, 마조와 명산대천은 소사에 들었다. 대사 중에서도 종묘

40)《世宗實錄》권 50, 세종 12년 12월 병신.

41) Willi Apel, *Harvard Dictionary of Music*(Rev. Ed. Cambridge, Mass.: Harvard University Press, 1970), pp. 643~644.

는 가장 중요시되는 제사였으므로, 새 왕조의 건국과 함께 종묘악장이 개작되었다. 그렇지만 원구·사직·문선왕묘의 악장은 태조 4년(1395)에도 그대로 사용되었고,[42] 선농의 악장은 태종 원년(1401)에 비로소 제정되었다.[43] 종묘제례악은 고려왕조의 것을 그대로 답습하는 전통이 세종 초기까지 전승되었음은 세종 12년(1430)에 올린 박연의 상소문에서 확인할 수 있다.[44] 세종초 종묘제례악을 포함한 제례아악의 문제는 등가악과 헌가음악이 陽律과 陰呂이론에 어긋났다는 점이었다.[45] 따라서 세종대의 아악정비는 필수적이었는데, 그 결과는 네 가지로 요약된다. 첫째 元 林宇의《釋奠樂譜》의 악곡을 바탕으로 삼았고, 둘째 등가의 음려와 헌가의 양율을 정립했으며, 셋째 등가악현에 편종과 편경을 추가시켰고, 넷째 종묘의 영신과 헌가악에서 악장을 사용한 점이다.[46]

아악의 정비 때 임우의《석전악보》이외에 주희의《의례경전통해》가 중요한 문헌의 하나로 사용되었다.[47] 아악정비 이전의 종묘제례악에서 無射宮이 등가와 헌가에 모두 사용되었으나, 등가에서는 음려인 夾鍾宮을 쓰게 했고, 헌가에서는 양율의 하나인 무역궁을 사용하도록 정비하였다. 또 종묘제례악을 위시하여 사직·원구·선농·선잠 등의 제례악도 양율과 음려에 맞도록 정비하였다. 등가악현에 편종과 편경이 추가된 점 이외에, 헌가에 晉鼓와 路鼗를 첨가시킨 것이 아악정비의 한 특징이었다. 이렇게 정비된 제례아악 중에서 종묘제례악의 등가악현과 헌가악현을《세종실록》에서 옮기면 아래와 같다.[48]

42)《太祖實錄》권 8, 태조 4년 11월 병자.
43)《太宗實錄》권 2, 태종 원년 12월 을해.
44)《世宗實錄》권 47, 세종 12년 2월 경인.
45)《世宗實錄》권 17, 세종 4년 8월 을유.
46) 李惠求,《韓國音樂序說》(서울大 出版部, 1967), 165~166쪽.
47)《世宗實錄》권 50, 세종 12년 윤12월 정유 및 권 136, 雅樂譜序.
48) 宋芳松, 앞의 책(1984), 274쪽.

세종대 종묘제례악의 등가악현과 헌가악현

가경										가종			
금	금	금	금	금	금	금	슬	슬	슬	슬	슬	슬	슬
가	가	가	가	가	가	가	가	가	가	가	가	가	가
가	가	가	가	가	가	가	가	가	가	가	가	가	가

노고

편종	응종종	응종경	편경	편종	황종종	황종경	편경	편종	대려종	대려경	편경

노고 어 축 노고

편경	관	관	관	관	관	관	관	관	관	관	편종
무역경											태주종
무역종	약	약	약	약	약	약	약	약	약	약	태주경
편종	화	생	생	생	화	생	생	생	화	생	편경
편경											편종
	우	우	우	우	우	우	우	우	우	우	
남려경											협종종
남려종	소	소	소	소	소	소	소	소	소	소	협종경
편종	적	적	적	적	적	적	적	적	적	적	편경
편경											편종
	지	지	지	지	지	지	지	지	지	지	
이칙경											고선종
이칙종	부	부	부	부	부	부	부	부	부	부	고선경
편종	훈	훈	훈	훈	훈	훈	훈	훈	훈	훈	편경

이 때 정비된 제례아악의 틀은 대체로 조선시대를 거치면서 크게 변천하지 않았다. 다만 종묘제례악만이 세조 때 바뀌어 세조 9년(1463)부터는 제례의식에서 연주되던 아악 대신에 보태평과 정대업이 제례악으로 연주되었으며, 그 전통이 현재까지 국립국악원에 전승되고 있다.

요컨대 세종대에 정비된 아악 중에서 조회아악과 회례아악은 세종 이후에는 연주되지 않았지만, 제례아악의 전통은 현재까지 전승되고 있다. 제례아악 중 종묘제례악은 세조 때 보태평과 정대업으로 바뀐 이후 그대로 전승되고 있고, 문묘제례악도 현재까지 연주되는 귀중한 문화유산의 하나이다. 여기서 우리가 주목해야 할 점은 비록 세종대의 아악부흥이 중국문헌을 바탕으로 삼은 것이지만, 한국사람에 의한 창조적 재현이라는 사실이다. 이러한 아악의 창조적 재현은 한국음악사의 발전을 이끌어간 한민족의 창조역량 중 외래음악의 자주적 수용능력의 한 결실이라는 점에서 그 음악사적 의미를 찾을 수 있다.

라. 박연의 업적

위에서 살펴보았던 세종대의 아악부흥에서 주도적 역할을 담당했던 음악이론가는 朴堧(1378~1458)이었다. 박연의 자는 坦夫이고 호는 蘭溪이며, 본관은 밀양으로, 충북 영동에서 태어났다. 태종 5년(1405) 생원에 급제한 박연은 집현전 校理·사간원 正言·사헌부 持平·세자시강원 文學을 거쳐, 세종 6년(1428) 奉常判官 겸 樂學別坐, 세종 14년 관습도감의 別監을 지냈고 공조참의·중추원부사·악학제조·예문관 대제학·중추원사 등을 역임하였다.

박연의 음악사적 업적은 악서편찬, 율관제작과 악기제조, 조회아악 및 회례아악 제정, 제례아악의 정비로 요약될 수 있다.[49] 중국문헌에 의해서 시도됐던 아악부흥은 박연과 같은 음악이론가의 창조적 복원작업 없이는 불가능하였을 것이다. 특히 제례아악 중 문묘제례악은 중국에서도 찾아볼 수 없는 귀한 음악유산의 하나로 현재까지 국립국악원에서 연주되고 있다. 박연의 업적 가운데 편경의 제작도 음악사적 관점에서 중요시되어야 마땅한데, 그 이유는 세종대의 편경이 조선 초기 음악사 연구에 결정적 입증자료의 하나이기 때문이다. 또한 박연의 업적 모두가 성종 때 成俔이 《樂學軌範》을 편찬할 때 중요한 영향을 미쳤다.

49) 李惠求, 〈朴堧이 後世에 준 音樂遺産〉(앞의 책, 1967), 173~174쪽.

(4) 아악이론과 음악양식

세종대의 아악부흥은 朱熹의《儀禮經傳通解》및 林宇의《釋奠樂譜》에 의거한 창조적 복원의 결과였다고 이미 언급하였다.《의례경전통해》에는 唐 玄宗때 鄕飮酒禮에서 나온 風雅 12詩譜를 전하는데, 황종궁으로 된 12편의 詩樂을 근거로 삼아 세종대의 조회아악이 복원되었다. 일명 大成樂譜(또는 大晟樂譜)라고 하는《석전악보》는 元 世祖 至元 26년(1289)에 편찬된 악보인데, 이 악보에 전하는 17곡이 세종대 제례아악의 근거로 사용되었다.[50] 이 두 악보에 의한 아악이론과 음악양식은 대략 다음과 같다.

가. 아악이론의 개관

아악이론은 12율과 7성에서 시작되는데,《세종실록》권 136 및 권 137의 아악보도 12율과 7성으로 기보되어 있다. 12율이란 한 옥타브 안에 소리의 높낮이에 따라서 차례대로 배열한 열두 반음 곧 12율인데, 12율은 황종율관을 근거로 三分損益法에 의하여 산출되었다. 기본음 황종에서 차례로 배열한 12율은 1) 黃鍾(c), 2) 大呂(c#), 3) 太簇(d), 4) 夾鍾(d#), 5) 姑洗(e), 6) 仲呂(f), 7) 蕤賓(f#), 8) 林鍾(g), 9) 夷則(g#), 10) 南呂(a), 11) 無射(a#), 12) 應鍾(b)이다. 12율 중에서 홀수인 황종·태주·고선·유빈·이칙·무역 등의 여섯 율은 陽律 또는 六律이라고 했고, 짝수인 대려·협종·중려·임종·남려·응종 등의 여섯 율을 陰呂 또는 六呂라고 했는데, 양율과 음려를 합해서 12율이라고 하였다.[51]

세종대의 아악보에서 12율은 선율을 기보할 때에도 쓰였고, 樂調의 경우 기본음의 높낮이를 표시할 때에도 사용되었다. 선율의 기보에서 12율은 음정관계를 나타내는데 사용되었으니, 예컨대 황종(c)과 태주(d) 사이 또는 중려(f)와 임종(g) 사이의 음정관계는 2율 즉 두 반음(장2도)의 관계를 의미하고, 황종과 협종(d#) 사이 또는 중려와 이칙(g#) 사이의 음정관계는 3율 즉 세 반음(단3도)의 관계를 뜻한다. 악조의 경우에 12율은 旋法(mode)을 나타내는 명칭과 함께 사용되었는데, 12율명은 그 선법의 중심음의 높낮이를 표

50)《世宗實錄》권 136, 樂譜 雅樂譜序.
51) 成俔,《樂學軌範》권 1, 時用雅樂十二律七聲圖.

시한다. 실례를 들면 황종궁은 황종과 궁으로 구분되는데, 황종이라는 율명은 宮調의 중심음이면서 그 중심음의 높낮이를 표시한다. 그러므로 대려궁은 황종궁보다 1율 높은 궁조이고, 태주궁은 황종궁을 2율 轉調시킨 궁조인 셈이다.

12율은 궁조에서 뿐 아니라 商調·角調·徵調·羽調에서도 사용될 수 있다. 이렇게 12율이 돌아가면서 중국 五調에 한번씩 중심음 겸 어느 조의 높낮이라는 두 기능을 가질 때, 결과적으로 60조가 성립된다. 《악학궤범》 권 1의 60조이론은 宋의 蔡元定(1135~1198)이 지은 《律呂新書》에서 인용된 것이다. 《의례경전통해》에 실린 12편의 시악은 모두 황종궁으로만 되었으므로, 악보의 해독 때 황종궁만을 고려하면 된다.

7성이란 중국음악의 한 옥타브 안에서 5성과 2변으로 이루어진 음계를 뜻한다. 5성은 궁·상·각·치·우이고, 2변은 변치와 변궁이므로, 7성의 음계는 궁(c)·상(d)·각(e)·변치(f#)·치(g)·우(a)·변궁(b)의 순서로 구성된다. 이 7성의 음계를 서양의 솔페지오로 파·솔·라·시·도·레·미로 읽으면, 그 음정관계를 쉽게 알 수 있다. 아악은 7성을 사용하고 향악은 5성을 사용한다는 《악학궤범》 권 1의 설명[52]도 아악은 7음음계에 바탕을 두지만, 향악은 5음음계에 근거한다는 이치로 이해되는 바이다. 이러한 7성이 12율과 함께 음정관계를 표시하기 위해서 세종대에 사용되었음이 《세종실록》 권 136의 조회아악보에서 확인된다.[53]

나. 아악곡의 음악양식

세종대에 창제된 조회아악이나 회례아악 중 대표적인 文明之曲을 분석하면, 아악의 음악양식이 쉽게 드러난다. 문명지곡은 《의례경전통해》 시악 12편 중 皇皇者華 제1·2장의 선율을 차용했다고 앞서 지적하였다.[54] 문명지곡의 선율과 가사를 제시하면 다음의 〈보례 1〉과 같다.

52) 《樂學軌範》 권 1, 時用雅樂十二律七聲圖.
53) 宋芳松, 앞의 책(1984), 279쪽의 보례 참조.
54) 宋芳松, 위의 책, 269쪽의 〈표 26〉 참조.

〈보례 1〉 《의례경전통해》 시악 12편 중 황황자화 제1·2장[55]

1 장	황 남 임 남	임 고 임 남	유 임 유 고	응 남 청태 청황
	황 황 자 화	우 피 원 습	선 선 정 부	매 회 미 급
2 장	황 고 유 고	청황 고 임 남	임 남 황 고	유 고 태 황
	아 마 유 구	육 비 여 유	재 치 재 구	주 원 자 추

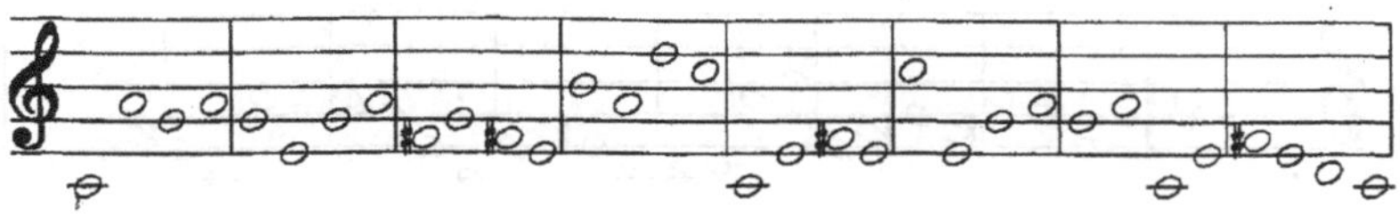

皇皇者華 于彼原隰 駪駪征夫 每懷靡及 我馬維駒 六轡如濡 載馳載驅 周爰咨諏

1 장	皇皇者華	아름답고 아름다운 초목의 꽃들이여
	于彼原隰	언덕에만 피었으랴 진 펄에도 피어 있다.
	駪駪征夫	여럿이 빨리 가니 사신 가는 사람이여
	每懷靡及	어느 때나 맡은 사명 못 다할까 걱정이네.
2 장	我馬維駒	내 말은 무슨 말인가 두 살 먹은 망아지라
	六轡如濡	네 필의 여섯 고삐 선명하고 윤택하다.
	載馳載驅	달리고 또 달리고 몰아치고 또 몰아쳐
	周爰咨諏	두루두루 멀리 물어 직책을 다하려오.

(《국역세종실록》 22책, 악보 의례경전통해, 42·48쪽)

〈보례 1〉에 제시된 황황자화의 선율이 문명지곡에서 거의 그대로 차용되는데, 다음 〈보례 2〉에서 확인할 수 있듯이, 다만 문명지곡에서 청황종과 청태주가 황종과 태주로 한 옥타브 아래로 옮겨졌을 뿐이다. 그러나 새로 창제된 문명지곡의 가사는 황황자화처럼 4언 1귀의 한문시로 되었는데, 그 뜻은 태조 이성계와 태종 이방원의 공덕을 찬양한 내용이다.

---

55) 《世宗實錄》 권 137, 儀禮經傳通解 詩樂.
《儀禮經傳通解》 권 14, 皇皇者華.

〈보례 2〉 문명지곡의 선율과 가사[56]

황 남 임 남 임 고 임 남 유 임 유 고 응 남 태 황
어 황 태 조 성 덕 재 궁 응 천 순 인 엄 유 대 동

황 고 유 고 황 고 임 남 임 남 황 고 유 고 태 황
무 위 기 즙 문 치 이 융 심 인 후 택 수 유 무 궁

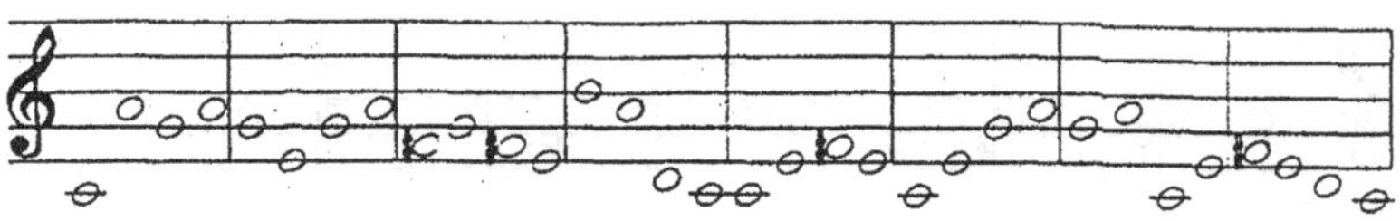

於皇太祖 聖德在躬 應天順人 奄有大東 武威旣戢 文治以隆 深仁厚澤 垂裕無窮

於皇太祖 聖德在躬 아! 위대하신 태조시여 성덕을 지니셨도다.
應天順人 奄有大東 천명받고 인도따라 우리 동방을 널리 소유하셨도다.
武威旣戢 文治以隆 무위를 거두시고 문치로서 융성시켜,
深人厚澤 垂裕無窮 깊은 인애와 두터운 혜택을 끝없는 후세에 끼치셨도다.

(《국역악학궤범》 권 1, 153쪽)

황황자화나 문명지곡의 선율은 황종(c)·태주(d)·고선(e)·유빈(f#)·임종(g)·남려(a)·응종(b)·청황종(c)으로 구성되었으므로 7음음계로 구성되어 있었던 셈이다. 두 악곡의 樂調는 황종을 중심음으로 삼은 궁조 즉 黃鍾宮인데, 혼히 황종궁을 正宮이라 한다고 주희는 주석을 달았다.[57] 따라서 황황자화와 문명지곡이 7음음계의 황종궁이라는 사실은 첫번째 음악적 특징으로 꼽힐 수 있다.

황황자화 및 문명지곡의 가사는 한 글자에 한 음씩 붙는 一字一音式 곧 실라빅 스타일(syllabic style)로 되어 있다. 이것이 두번째 음악적 특징으로 꼽힐 수 있는데, 이것은 향악의 一字多音式 즉 멜리스마틱 스타일(melismatic

56) 《儀禮經傳通解》 권 14, 皇皇者華.
57) 《儀禮經傳通解》 권 14, 皇鍾淸宮(俗乎正宮).

style)과 대조적이다.

황황자화와 문명지곡의 악조는 모두 황종궁이므로, 두 악곡의 선율이 황종으로 시작하여 황종으로 끝났다. 두 악곡의 시작음과 종지음이 모두 황종인 점이 아악곡의 세번째 특징으로 꼽힐 수 있다. 요컨대 아악곡이 7음음계로 구성되었고, 일자일음식의 가사붙이는 법으로 되었으며, 시작음과 종지음이 같은 황종이라는 세 가지 점은 세종대 아악의 양식적 특징이었다.

3) 향악과 향악정재

조선 초기의 향악은 고려 왕립음악기관의 *右部*에 소속되었던 향악을 전승했는데, 고려 때 *左部*의 당악과 함께 장악원의 우방에 소속되었다. 향악이 당악과 함께 장악원의 우방에 소속된 이유는 조선초의 아악부흥으로 인하여 아악이 당악을 밀어내고 좌방의 위치에 들어갔기 때문이었다. 따라서 향악과 당악은 장악원의 악공에 의해서 연주되었고, 악생에 의해서 연주된 아악과 구별되었다.

(1) 향악기와 향악곡

가. 향악기

고려의 향악기들이 거의 그대로 선초의 향악기로 전승됐음은 세종 12년(1430) 임금께 올린 儀禮詳定所의 상소문58)에서 확인된다. 즉 그 당시 악공의 취재 때 언급된 거문고·가야고·향비파·젓대·장고·해금·당비파·향피리 등 8종의 향악기 중에서 당비파를 제외한 나머지 7종은 모두《高麗史》樂志에 기록된 향악기와 같다. 그런데 세종대의 향악기 중에서 해금·장고·당비파는 성종대에 이르는 동안 당악기로 분류되었다.《악학궤범》권 7의 향부악기도설에는, 거문고·가야고·비파·젓대·향피리·小管子·草笛 등 7종만이

58)《世宗實錄》권 47, 세종 12년 3월 무오.

향악기로 설명되어 있다. 세종대에 향악기로 취급되었던 해금·장고·당비파는 모두 《악학궤범》에서 당악기로 도설되었는데,[59] 그 이유는 成俔이 악기의 역사적 유래에 따라서 세 악기를 분류했기 때문이었다. 그리고 젓대 곧 대금의 도설에서는 "중금과 소금의 제도와 악보도 같다"[60]라고 했는데, 이것은 대금을 대표적으로 도설했음을 의미한다. 따라서 중금과 소금은 생략되었음이 확실하므로 고려 향악기의 뼈대를 이룬 三絃과 三竹이 조선 초기의 향악기로 모두 전승되었음을 알 수 있다.

성종대에 새로 나타난 향악기는 소관자와 초적인데, 세로로 잡고 부는 횡적의 일종인 소관자는 吹孔 1개와 指孔 3개짜리의 관악기였고, 초적은 목동들이 입에 넣고 불던 풀잎피리의 일종이었다.[61] 소관자와 초적은 조선초 궁중에서 많이 연주되어 영조 20년(1744)까지 궁중에서 연주되었으나,[62] 그 이후에는 더 이상 사용되지 않았다. 한편 초적은 민간에서 草笒이라는 이름으로 전승되는 것과 관련이 있을 것이다.

요컨대 조선초의 향악기는 고려 향악기의 기둥인 삼현과 삼죽의 전통을 그대로 전승하면서, 그 바탕 위에 소관자와 초적을 첨가시킴으로써 수적으로 늘었다. 그러나 조선초의 향악기 중에서도 거문고·가야고·젓대·향비파·향피리가 대표적이었으므로, 조선초 향악도 고려의 향악을 거의 그대로 전승했다고 보아도 무방할 것이다.

나. 향악곡

조선 초기의 향악곡을 전하는 고악보는 《世宗實錄樂譜》·《大樂後譜》·《時用鄕樂譜》·《琴合字譜》 등이다. 《經國大典》에는 악공의 취재 때 사용된 향악곡인 三眞勺 등 33곡의 이름이 전한다.[63]

---

59) 《樂學軌範》 권 7, 唐部樂器圖說 杖鼓·唐琵琶·奚琴.
60) 《樂學軌範》 권 7, 唐部樂器圖說 大笒.
61) 《樂學軌範》 권 7, 小管子·草笛.
62) 張師勛, 《韓國樂器大觀》(문화재관리국, 1969), 219쪽.
63) 《經國大典》 권 3, 禮典.

〈표 5〉 조선 초기의 향악곡명 일람표

곡명 \ 문헌명	세종실록악보	대악후보	시용향악보	금합자보	경국대전	비고(악조명)
1. 치화평	○	○	×	×	○	
2. 취풍형	○	○	×	×	○	
3. 봉황음	○	○	×	×	○	
4. 만전춘	○	○	×	×	○	
5. 진작	×	○	×	×	○	
6. 이상곡	×	○	×	×	○	
7. 납씨가	×	○	○	×	○	
8. 횡살문	×	○	○	×	○	
9. 감군은	×	○	×	○	×	
10. 서경별곡	×	○	○	×	×	평조
11. 만대엽	×	○	×	○	×	평조
12. 한림별곡	×	○	×	○	○	
13. 쌍화점	×	○	○	×	×	평조
14. 보허자	×	○	×	○	○	
15. 영산회상	×	○	×	×	×	
16. 북전	×	○	×	○	○	평조 및 우조
17. 동동	×	○	×	×	○	
18. 정읍	×	○	×	×	×	
19. 자하동	×	○	×	×	○	
20. 유림가	×	×	○	×	○	평조
21. 사모곡	×	×	○	○	×	계면조
22. 나례가	×	×	○	×	×	평조
23. 정석가	×	×	○	○	×	평조 계면조 통용
24. 청산별곡	×	×	○	×	×	평조
25. 유구곡	×	×	○	×	×	평조
26. 귀호곡	×	×	○	×	×	평조
27. 생가요량	×	×	○	×	×	평조
28. 상저가	×	×	○	×	×	평조
29. 풍입송	×	×	○	×	×	평조
30. 야심사	×	×	○	×	×	평조

곡명 \ 문헌명	세종실록악보	대악후보	시용향악보	금합자보	경국대전	비 고(악조명)
31. 성황반	×	×	○	×	×	계면조
32. 내당	×	×	○	×	×	계면조
33. 대왕반	×	×	○	×	×	평조
34. 잡처용	×	×	○	×	×	평조
35. 삼성대왕	×	×	○	×	×	평조
36. 군마대왕	×	×	○	×	×	평조
37. 대국 1 2 3	×	×	○	×	×	평조
38. 구천	×	×	○	×	×	평조
39. 별대왕	×	×	○	×	×	평조
40. 여민락	○	×	×	○	×	

위에 나열된 향악곡들은 유래에 따라서 세 갈래로 구분될 수 있다. 첫째는 조선 초기까지 전승된 고려의 향악곡들이고, 둘째는 조선 초기에 창작된 향악곡들이며, 셋째는 조선 초기부터 조선 후기까지 전승된 향악곡이다. 첫째 갈래에 드는 향악곡은 滿殿春·眞勺·紫霞洞·夜深詞·思母曲·西京別曲·北殿·靑山別曲·翰林別曲·動動·井邑·風入松·鄭石歌·履霜曲·相杵歌·維鳩曲·歸乎曲 등 17곡이다.

둘째 부류에 드는 향악곡은 致和平·醉豊亨·鳳凰吟·納氏歌 등 4곡이고, 感君恩·慢大葉·靈山會相·與民樂 등 4곡은 셋째 부류에 든다. 조선 초기 무당의 노래로 알려진 향악곡은 城皇飯·內堂·大王飯·雜處容·三城大王·軍馬大王·大國·九天·別大王 등 9곡이고, 儒林歌·儺禮歌·笙歌寥亮과 같은 향악곡의 출처는 불분명하다.

고려 향악곡은 조선 초기에도 연주되었을 뿐 아니라 그 선율이 조선초에 창제된 새 음악에 많이 차용되었다. 즉 청산별곡과 서경별곡은 정도전의 납씨가와 정동방곡의 선율로 각각 차용되었다.64) 풍입송의 선율은 維皇曲과 종묘제례악의 隆化에 차용되었다.65) 서경별곡의 선율은 종묘제례악의 永觀에

64) 張師勛, 《國樂論攷》(서울大 出版部, 1966), 52쪽(靑山別曲)·62쪽(西京別曲).

차용되었고, 청산별곡의 일부도 休命의 선율로 차용되었다.[66]

본래 靈山會相佛菩薩의 가사를 지녔던 영산회상은 성종대의 觀音讚이나 本師讚처럼 불교음악의 일종이었는데, 중종 때 그 가사가 壽萬年詞로 개작되었다가, 조선 후기에 이르러 가사는 아주 떨어져나가는 변천과정을 거쳐 결국 기악곡으로 변해버렸다.[67] 中大葉·數大葉과 함께 현행 가곡의 모체로 알려진 慢大葉은《梁琴新譜》에 의하면 鄭瓜亭의 三機曲에서 유래되었다[68]고 하는데, 그 형식이 현행 가곡과 같았다.《龍飛御天歌》의 한문가사로 노래된 여민락은 본래 관현반주의 성악곡이었는데, 선조 5년(1572)까지 노래와 관현반주와 함께 연주되다가 조선 후기를 거치면서 완전히 기악곡으로 변천되었다.

다. 세종대에 창제된 향악곡

향악곡의 창제는 기보법의 창안이나 아악부흥처럼 세종대에 이루어진 중요한 업적 중의 하나였다. 향악에 대한 세종의 음악관[69]이 "우리 나라의 음악이 비록 다 잘 되었다고 할 수는 없으나, 반드시 중국음악에 비해서 부끄러울 것이 없다"라는 말에 드러나 있는데, 향악곡의 창제는 그러한 맥락의 결실이었다. 세종 때 만들어진 향악은 크게 둘로 나눌 수 있으니, 하나는 鳳來儀와 용비어천가이고, 다른 하나는 定大業과 保太平이다.

《세종실록》 권 140~145에 전하는 봉래의는 前引子·進口號·與民樂·致和平·醉豊亨·後引子·退口號 등 7곡으로 구성된 방대한 악곡으로서, 정재연주 때처럼 관현반주에 맞추어 춤과 노래로 공연되는 종합공연예술의 일종이었다. 전인자는 전주곡에 해당하는 기악곡이고, 후인자는 후주곡의 기악곡이며, 진구호와 퇴구호는 정재를 추는 여기들이 관현반주 없이 부르는 일종

65) 張師勛, 위의 책, 75쪽(豊入松)·100쪽(滿殿春).
66) 李惠求, 〈休命과 靑山別曲의 比較〉(앞의 책, 1976), 55~70쪽.
67) 李惠求, 〈靈山會相〉(앞의 책, 1967), 397~400쪽.
68) 梁德壽, 《梁琴新譜》(통문관, 1959), 4쪽.
69) 《世宗實錄》 권 50, 세종 12년 12월 계유. 세종의 音樂思想에 대한 자세한 논의는 張師勛, 《世宗朝音樂硏究》(서울大 出版部, 1982), 112~115쪽 참조.

의 노래였다. 여민락은《용비어천가》의 한문가사를 관현반주에 맞추어 부른 노래였고, 치화평과 취풍형은 용비어천가의 국한문가사를 관현반주에 맞추어 부른 노래였다.《용비어천가》는 조선왕조의 건국에 관한 사적의 내용을 읊은 125장의 서사시로, 세종 27년(1445)에 완성되었다.[70] 1~2장은 노래를 지은 연원을 담았고, 3~8장은 태조 이성계의 조상에 대한 내용이며, 9~89장은 태조의 무공과 문공을 찬양한 것이고, 90~109장은 태종에 관한 치적을 읊었으며, 110~125장은 후대의 왕들에게 경계할 일을 열거하였다.[71]《용비어천가》의 가사는 순 한문으로 지은 것과 국한문으로 지은 두 가지였는데, 한문시는 여민락의 가사로 사용되었고, 국한문시는 치화평과 취풍형의 가사로 사용되었던 것이다.

본래 회례의식에서 춤을 추는 文舞의 반주음악으로 창제된 정대업과 보태평은 세종 29년에 악보로 완성되었는데, 역대 조종의 공덕과 건국의 어려움을 담은 내용의 노래였다.[72] 정대업과 보태평을 만든 이유는 수보록·몽금척·근천정·수명명 등의 기존 악가들이 태조 한 사람의 공덕만을 찬양했기 때문이었다. 본래 회례연에서 연주되었던 정대업과 보태평은 세조 때 약간 개작되어 종묘제례악으로 연주된 이후 현재까지 국립국악원에서 전승되고 있다.

라. 고려 향악곡의 개작

고려의 향악곡들이 조선왕조에서 널리 연주되자, 그 가사와 곡조가 문제점으로 부각되지 않을 수 없었다. 왜냐하면 향악곡의 가사나 곡조가 유교적 관점에서 보아 매우 건전하지 못했기 때문이었는데, 예컨대 태종 2년(1402) 예조에서 올린 상소문[73]은 고려 향악곡에 대한 대표적인 비판의 사례였다. 따라서 고려 향악곡이 개작되기 시작하였고, 특히 가사의 개작이 많이 이루어졌다. 만전춘·後庭花·서경별곡·雙花店과 같은 향악곡의 가사가 조선 초기에 개작되었는데, 가사의 내용이 대체로 남녀간의 사랑을 읊은 것이기 때문

70)《世宗實錄》권 147, 龍飛御天歌 龍飛御天歌序.
71) 서울대 동아문화연구소편,《國語國文學事典》(新丘文化社, 1980), 445~447쪽.
72) 宋芳松, 앞의 책(1984), 296~299쪽 참조.
73)《太宗實錄》권 3, 태종 2년 6월 정사.

이었다. "만전춘과 후정화가 궁중잔치나 行幸 때 쓰이는 것은 무방하지만, 정전에서 임금이 군신을 대할 때 연주되는 것은 사체에 어긋난다"라고 성종 19년(1488) 李世佐가 상소한[74] 이유도 바로 여기에 있었다.

세종 때 만전춘의 선율이 정대업의 순응에 차용되면서, 그 노래의 가사도 尹淮에 의해서 개작되었다. 《樂章歌詞》에 전하는 만전춘의 본래 가사 및 《세종실록》 권 146에 전하는 개작된 만전춘의 가사 일부를 예시하면 다음과 같다.

만전춘의 원래 가사와 개작된 가사

원래 가사	개작된 가사
어름우희 댓닙자리보아 님과 나와 어러주글망정	山河千里國에 佳氣 鬱葱葱ᄒᆞ샷다
어름우희 댓닙자리보아 님과 나와 어러주글망정	金殿九重에 明日月ᄒᆞ시니 群臣千載에 會雲龍이샷다
정든 오늘밤 더듸 새오시라 더듸 새오시라	熙熙庶俗ᄋᆞᆫ 春臺上이어늘 濟濟群生壽域中이샷다
(《樂章歌詞》)	(《국역세종실록》 22책, 363~364쪽)

성종 21년에 고려 향악곡이 다시 시비의 대상으로 떠올랐고, 쌍화점 · 이상곡 · 북전의 가사 중에서 음란한 내용이 개작되었다.[75] 개작된 쌍화점의 가사는 쌍화곡이라는 이름으로 《時用鄕樂譜》에 전하고, 원래의 가사는 《악장가사》와 《大樂後譜》에 전하는 데, 《대악후보》에 실린 쌍화점의 원래 한글가사와 《시용향악보》에 실려있는 개작된 쌍화곡의 한문가사 일부를 소개하면 아래와 같다.

〈쌍 화 점〉	〈쌍 화 곡〉
쌍화뎜에 상화사라 가고신디 휘휘아비	寶殿 之傍 雙花 薦傍
내손목을 주여이다 이말솜이 이뎜밧스끠	來瑞 我王 馥馥 其香
(《大樂後譜》 권 6)	(《時用鄕樂譜》)

74) 張師勛, 《韓國音樂史》(正音社, 1976), 175쪽.
75) 張師勛, 위의 책, 178쪽의 각주 136) 참조.

(2) 향악의 음악양식

향악기와 향악의 경우에서 확인했듯이, 조선초 향악의 음악양식도 고려 향악에 그 뿌리를 두고 있었다. 고려 향악의 5음음계, 평조와 계면조의 두 선법, 여러 가지 형식과 종지형 등과 같은 음악양식이 조선초 향악에 그대로 전승되었다는 뜻이다. 그것은 조선초에 새로 창제된 악가들이 모두 고려 향악곡의 선율을 거의 그대로 차용했기 때문이었다.

가. 향악의 악조개관

고려 향악의 평조와 계면조는《시용향악보》나《대악후보》등의 고악보에 의거해서 논의되었을 뿐이지, 두 악조만이 고려 향악에 사용되었다는 의미는 아니다. 거문고의 경우에 嚾子調·啄木調·憂息調, 또 가야금의 獺竹調와 河臨調가 세종 12년(1430) 당시에 이미 사용되었을 뿐 아니라,[76] 성종대의《악학궤범》에서도 언급되었다.[77]

우식조로도 불리우는 거문고의 최자조는 清太簇를 중심음으로 삼은 계면조 旋法의 악조명이고, 역시 거문고의 탁목조는 清黃鍾을 중심음으로 삼은 평조 선법임이 드러났다.[78] 가야고의 하림조는 清姑洗를 중심으로 삼은 평조 선법 또는 청대주를 중심음으로 삼은 계면조 선법의 두 의미를 지닌 악조명이라고 지적된 바 있다.[79] 이러한 악조들이 고려 및 조선초의 향악에서 사용되었던 실례들이다.

조선초 향악의 악조는 중심음의 높낮이를 나타내는 調(key) 및 음계(scale)의 구조적 특징을 나타내는 선법(mode)의 두 의미를 그 개념 속에 포함하고 있다. 최자조·우식조·탁목조·하림조와 같은 향악의 악조명들은 조와 선법의 의미를 모두 지닌 명칭들이었다. 그러나 평조와 계면조는 선법의 뜻만을 나타내는 악조명이었다. 이렇듯 조선초의 악조명은 두 갈래로 구분될 수 있

76) 宋芳松,《韓國音樂史硏究》(嶺南大 出版部, 1982), 384쪽.
77)《樂學軌範》권 1, 樂調總義.
78) 宋芳松, 앞의 책(1982), 387~396쪽.
79) 宋芳松,〈鄕樂 河臨調의 音樂史學的 考察〉(위의 책), 381~415쪽.

었으니, 하나는 선법의 뜻만을 나타내는 악조명이었고, 다른 하나는 선법과 조의 의미를 나타내는 악조명이었다.

향악의 악조에 대한 이론적 설명은 조선초에 이르러 처음으로 시도되었다. 대체로 향악 악조의 선법에 대한 이론적 설명은 중국의 악조이론에 의거했지만, 중심음의 높낮이에 관련된 조에 대한 설명은 조선초에 사용되었던 우리말에 근거했다. 평조와 계면조 선법은 중국 5조의 徵調와 羽調에 의거해서 설명되었으나, 조는 우리말에 근거를 둔 七調로 설명되었다.

나. 향악의 음계 · 선법 · 조

악조라는 말은 악곡의 음조직과 관련된 음악용어이다. 음조직의 골격은 한 옥타브 안의 음들을 차례로 배열한 음계이고, 음계의 음 기능과 관련된 용어가 바로 旋法이다. 어떤 선법에서 중심음의 높낮이와 관련된 음악용어가 調이다. 그러므로 악조는 음계 · 선법 · 조와 모두 관련된 복합적 의미의 음악용어인데, 그 말은 《악학궤범》에서도 이미 사용되었다.

고려 향악의 음계가 5음음계였듯이, 조선초 향악의 음계도 5음음계였다. 향악의 5음음계에 대한 이론적 설명이 《세조실록악보》와 《악학궤범》에 전한다. 《세조실록악보》에 의하면, 향악의 평조와 계면조에 대한 설명이 五音略譜와 더불어 전개되었다.[80] 《악학궤범》에 전하는 5음음계에 대한 이론적 설명의 내용은 이렇다. 아악의 1균은 궁 · 상 · 각 · 변치 · 치 · 우 · 변궁의 7음으로 되었지만, 향악의 1균은 변치 · 변궁의 2음을 뺀 5음만을 쓴다.[81] 《시용향악보》와 《대악후보》에 전하는 조선초 향악곡의 음계를 정리해보면, 다음의 〈표 6〉과 같다.

---

80) 《世祖實錄》 권 48, 新製略定樂譜 宗廟迎神熙文之樂.

81) 《樂學軌範》 권 1, 五音配俗呼.

〈표 6〉 《대악후보》와 《시용향악보》에 전하는 향악곡의 음계 일람표

악보	곡명 \ 오음약보	하5	하4	하3	하2	하1	궁	상1	상2	상3	상4	상5	비 고
대악후보	만대엽	○	○	○	○	○	○	○	○	○	×	×	5음음계
	감군은	○	○	○	○	○	○	○	○	×	×	×	5음음계
	영산회상	×	×	×	○	○	○	○	○	○	×	×	5음음계
	정동방곡	○	○	○	○	○	○	○	○	×	×	×	5음음계
	유황곡	○	○	○	○	○	○	○	○	×	×	×	5음음계
시용향악보	납씨가	○	○	○	○	○	○	○	○	×	×	×	5음음계
	유림가	○	○	○	○	○	○	○	○	○	×	×	5음음계
	나례가	○	○	○	○	○	○	○	○	×	×	×	5음음계
	잡처용	○	○	○	○	○	○	○	○	○	○	×	5음음계
	대국 1	○	○	○	○	○	○	○	○	○	×	×	5음음계

향악의 5음음계를 바탕으로 삼은 조선초의 평조와 계면조도 고려의 전통을 그대로 전승하였다. 먼저 두 선법이 어느 고악보의 어떤 악조에서 사용되었는지를 알기 쉽게 정리하면 다음의 〈표 7〉과 같다.

〈표 7〉 《대악후보》와 《시용향악보》에 전하는 향악곡의 악조 일람표

향 악 곡 \ 선 법 명	평 조	계 면 조	고 악 보
만전춘	○	×	대악후보
서경별곡	○	×	대악후보 · 시용향악보
만대엽	○	×	대악후보
쌍화점	○	×	대악후보 · 시용향악보
북전	○	×	시용향악보
유림가	○	×	시용향악보
사모곡	○	○	시용향악보
나례가	○	×	시용향악보
정석가	○	○	시용향악보
청산별곡	○	×	시용향악보

선 법 명 / 향 악 곡	평 조	계 면 조	고 악 보
유구곡	○	×	시용향악보
귀호곡	○	×	시용향악보
생가요량	○	×	시용향악보
상저가	○	×	시용향악보
풍입송	○	×	시용향악보
야심사	○	×	시용향악보
성황반	×	○	시용향악보
내당	×	○	시용향악보
대왕반	○	×	시용향악보
잡처용	○	×	시용향악보
삼성대왕	○	×	시용향악보
군마대왕	○	×	시용향악보
대국	○	×	시용향악보
구천	○	×	시용향악보
별대왕	○	×	시용향악보

평조는 중국 5조의 徵調와 같고, 계면조는 중국 5조의 羽調와 같다고 《세조실록악보》 및 《악학궤범》에서 이론적으로 설명하였다. 중국의 치조와 같다는 평조 선법은 양악의 솔페지오로 솔(sol)선법으로 이해하면 쉽고, 중국의 우조로 설명된 계면조 선법은 라(la)선법으로 이해하면 알기가 쉽다. 〈표 8〉에 예시되었듯이, 평조 선법은 중심음으로부터 장2도＋단3도＋장2도＋장2도＋단3도의 음정관계로 되었지만, 계면조 선법은 단3도＋장2도＋장2도＋단3도＋장2도의 음정관계로 구성되었다.

중심음의 높낮이와 관련된 조의 개념은 고려 향악의 악조이론에서는 명시되지 않고 선법명과 함께 조명이 사용되었으니, 최자조·탁목조·우식조·하림조가 그 실례이다. 그러나 선초의 악조이론에서는 조의 개념이 선법과 분리되어 따로 설명되었으니, 《악학궤범》의 7조이론이 바로 그것이다.

〈표 8〉 평조 선법과 계면조 선법의 비교표

평조 선법	궁	상1		상2	상3	상4		상5
중국 치조	치	우		궁	상	각		치
솔페지오	솔	라		도	레	미		솔

계면조 선법	궁		상1	상2	상3		상4	상5
중국 우조	우		궁	상	각		치	우
솔페지오	솔		도	레	미		솔	라

평조 계면조

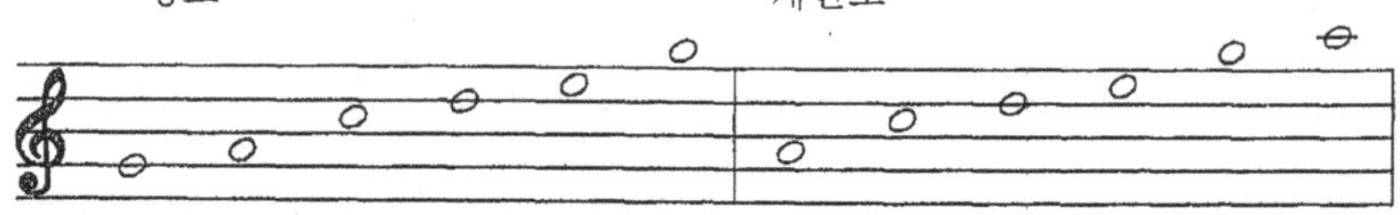

솔 라 도 레 미 솔 라 도 레 미 솔 라

> 악조총의를 상고하건대, 율려신서에 의하면 12율이 돌아가며 각각 궁이 되고, 또 12율이 각각 5조가 되므로, 모두 60조가 된다. 지금 아악 역시 12율의 궁을 쓴다. 그러나 속악은 다만 7조만 쓴다. 즉 협종과 고선 두 음이 모두 궁인 것이 一指이다. 중려와 유빈 두 음이 모두 중심음인 것은 二指이고, 임종 한 음이 중심음인 것은 三指이다. 이칙과 남려 두 음이 중심음인 것은 四指인데, 속칭 횡지이다. 무역과 응종 두 음이 중심음인 것은 五指인데, 속칭 우조라고 한다. 청황종 한 음이 중심음인 것은 六指인데, 속칭 팔조라고 부른다. 청대려와 청대주 두 음이 모두 중심음인 것은 七指인데, 속칭 막조라고 부른다(《樂學軌範》 권 1).

선초 향악의 7조는 一指·二指·三指·四指·五指·六指·七指인데, 4지의 속칭은 橫指였고, 5지의 속칭은 羽調였으며, 6지의 속칭은 八調, 7지의 속칭은 邀調였다. 1지의 중심음은 협종·고선이었고, 2지는 중려·유빈이었으며, 3지는 임종이었다. 4지(横指)의 중심음은 이칙·남려였고, 5지(羽調)는 무역·응종이었으며, 6지(八調)는 청황종이었고, 7지(邀調)는 청태주였다. 향악기의 조현법에 의하면 1지는 고선궁, 2지는 중려궁, 3지는 임종궁, 횡지는 남려궁, 우조는 응종궁, 팔조는 청황종궁, 막조는 청태주궁으로 설명되었다.[82]

〈표 9〉 조선초 향악에 사용된 7조 일람표

향악의 7조		가야고·향비파	거문고·악조총의
낙시조	1지	고선궁	협종궁 고선궁
	2지	중려궁	중려궁 유빈궁
	3지	임종궁	임종궁
	4지(横指)	남려궁	이칙궁 남려궁
우조	4지(横指)	남려궁	이칙궁 남려궁
	5지(羽調)	응종궁	무역궁 응종궁
	6지(八調)	청황종궁	청황종궁
	7지(邀調)	청태주궁	청태주궁

위의 〈표 9〉에 의하면 향악 7조는 중심음의 높낮이에 따라서 두 갈래로 구분되는데, 樂始調와 羽調가 그것이다. 낙시조는 1지·2지·3지·4지(横指) 네 조의 총칭인데, 낮은 조라는 뜻의 조명이다. 우조는 4지(横指)·5지(羽調)·6지(八調)·7지(邀調) 등 네 조의 총칭으로, 높은 조의 의미를 지닌 조명이다. 다시 말해서 낙시조는 협종에서 남려까지의 낮은 음을 중심으로 삼은 네 악조의 조명이었고, 우조는 남려에서 청태주까지의 높은 음을 중심음으로 삼은 네 악조의 조명이었다. 조명으로서의 우조는 두 가지로 사용되었는데, 하나는 5지의 속칭으로 사용된 조명이었고, 다른 하나는 낙시조의 대칭으로 사용된 조명이었다.

82) 《樂學軌範》 권 7, 鄕部樂器圖說 伽耶琴 樂時調平調·羽調·平調.

다. 향악의 양식적 특징

임진왜란 이전의 향악은《대악후보》·《시용향악보》·《금합자보》와 같은 고악보에 전한다. 그러므로 향악의 양식적 특징은 이 고악보에 나오는 향악곡을 중심으로 장고형·종지형·형식 등으로 나누어 점검하면 쉽게 드러나게 된다.

조선초 향악곡에 사용된 장고형은 열 가지 유형으로 구분된다.[83] 다음의 〈악보 1〉에 제시된 실례에 의하면, 橫殺門의 장고형은 鼓·鞭·雙의 반복으로 이루어졌다. 이 장고형의 고는 16정간의 2行에 걸쳐있고, 편과 쌍은 16정간의 1행에 걸쳐있다. 이런 장고형은 진작과 자하동에서도 발견된다. 이외에도 많이 사용된 장고형으로 鼓·鼓·搖·鞭·雙 및 鼓·搖·鞭·雙이 있는데, 고·고·요·편·쌍의 장단형은 動動과 井邑에 사용되었고, 西京別曲에서는 고·요·편·쌍이 사용되었다.

〈악보 1〉《시용향악보》의 횡살문[84]

〈악보 2〉《시용향악보》 소재의 대국[85]

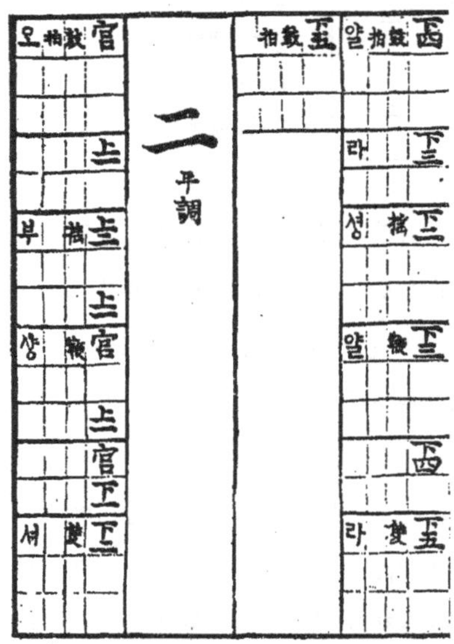

83) 李惠求, 〈音樂〉(《한국사》 11, 국사편찬위원회, 1974), 347쪽.

84)《時用鄕樂譜》(《韓國音樂學資料叢書》 권 22, 국립국악원, 1987), 75쪽.

85) 위의 책, 107쪽.

조선초 향악곡에 사용된 종지형은 크게 두 가지로 구분될 수 있다. 하나는 궁·하1·하2·하3·하4·하5로 끝나는 하행종지형이고, 다른 하나는 그와 반대의 상행종지형이다. 〈악보 1〉에 제시된 횡살문의 종지형은 하5에서 궁으로 끝나는 상행종지형의 전형적인 실례이고, 〈악보 2〉에 제시된 大國의 '얄라셩 얄라'는 하행종지형의 대표적인 실례로 꼽힐 수 있다. 이런 하행종지형의 향악곡은 납씨곡·나례가·청산별곡·유구곡에서도 발견된다. 횡살문에 보이는 상행종지형은 유림가·사모곡·쌍화곡·정석가과 같은 향악곡에서도 발견된다.

조선초 향악곡의 대표적인 형식으로 慢大葉의 노래형식이 꼽히는데, 이 형식은 조선 중기의 中大葉과 조선 후기 數大葉의 형식과 밀접한 관계를 맺고 있다. 아래의 〈표 10〉에서 확인할 수 있듯이, 만대엽의 5장형식은 중대엽의 5장형식에 직접적으로 관련되었고, 현행 가곡의 5장형식과도 역사적으로 관련되었다. 조선초 만대엽의 5장형식이 음악사적 관점에서 중요한 의미를 지니는 이유가 바로 여기에 있다.

〈표 10〉 《금합자보》의 만대엽 형식과 《양금신보》의 중대엽 형식의 비교표[86]

《금합자보》의 만대엽	《양금신보》의 중대엽
1지 : 오ᄂᆞ리 오ᄂᆞ리나 2지 : ᄆᆡ일에 오ᄂᆞ리나 3지 : 졈므디도 새디도 오ᄂᆞ리 (중여음) 4지 : 새리나 5지 : ᄆᆡ일 댱샹의 오ᄂᆞ리 오쇼셔 (대)여음	1지 : 오ᄂᆞ리 오ᄂᆞ리쇼셔 2지 : ᄆᆡ일에 오ᄂᆞ리쇼셔 3지 : 졈그디도 새디도 마ᄅᆞ시고 (중여음) 4지 : 새라난(나ᄂᆞᆫ) 5지 : ᄆᆡ양 댱식에 오ᄂᆞ리쇼셔 (대)여음

향악의 가사붙이는 법은 〈악보 1〉에서 볼 수 있듯이 한 글자에 여러 음이 붙은 一字多音式(melismatic style)이다. 〈악보 1〉의 횡살문 가사 'ᄒᆞᄉᆞᆸ노이다' 중에서 '이'에는 여섯 음이 붙어 있고, '다'에는 아홉 음이나 붙어 있으므로

86) 宋芳松, 앞의 책(1984), 317쪽의 〈표 33〉에서 인용함.

전형적인 일자다음식의 실례이다. 향악의 이런 일자다음식은 雅樂의 一字一音式(syllabic style)과 대조를 이룬다. 빠르기의 경우 성종대에 이르러서는 진작·자하동·횡살문 같은 느린 곡은 옛날 곡이 되어버렸고, 이상곡·만전춘·북전·쌍화점 같은 빠른 곡이 유행하였다.87)

(3) 향악정재와 민속악

가. 향악정재

조선초의 향악정재는 고려의 전통을 전승한 바탕 위에서 새로 창제된 것이 많기 때문에, 전승받은 고려의 향악정재와 조선초에 새로 창제된 향악정재로 구분될 수 있다. 舞鼓·舞旱·動動은 전승받은 고려의 향악정재였고, 세종대에 창제된 향악정재로 정대업·보태평·봉래의가 있고, 牙拍·響鈸·鶴舞·鶴蓮花臺處容舞合設·教坊歌謠·文德曲은 성종대에 연주된 향악정재들이었다. 아박정재는 고려시대의 동동정재에서 유래된 것인데, 동동정재를 출 때 무용수들이 아박을 들고 추었기 때문에, 아박정재라는 새 이름이 붙여졌다.

이러한 향악정재의 반주음악은 정대업·보태평·여민락·치화평·취풍형·보허자령·영산회상만·여민락령·소포구락 등이었고, 唱詞로 불린 노래들은 용비어천가·동동·처용가·봉황음·정읍·本師讚·觀音讚·彌陀讚·문덕곡 등이었다.88) 세종 때 회례연에서 연주되었던 정대업과 보태평은 세조 때 종묘제례악으로 개정된 이후에도 음악과 춤이 계속 연주되면서 오늘에 이르고 있기 때문에, 음악사적 관점에서 과소평가할 수 없는 귀중한 음악유산이다.

나. 민속연예

조선초의 민속연예는 고려의 百戱歌舞에서 연주된 노래·춤·음악·재주·곡예 등을 전승한 공연예술을 포함한다. 이런 공연예술이 고려시대에는 八關會나 燃燈會·儺禮·衛仗같은 국가적 행사와의 관련 속에서 발전했으나, 조선왕조에 이르러서는 국가적인 뒷받침없이 민간사회에서 명맥을 유지해야만

87) 李惠求, 앞의 글(1974), 356쪽.
88) 《樂學軌範》 권 5, 時用鄕樂呈才圖說.

했다. 고려의 전통 중에서 오직 나례만이 조선시대에도 왕실에 계승되었고, 나머지는 제대로 궁중에서 이어지지 않았기 때문이었다.

성종 19년(1488) 明의 사신으로 왔던 董越의《朝鮮賦》에 의하면, 山臺雜戲라는 민속연예가 평양·황주·한양의 환영식에서 벌어졌는데, 그것은 무동의 춤·땅재주(筋斗)·곰놀이·줄타기(踏索)·탈춤(竹廣大)·불놀이(吐火)·魚龍之戲 등의 종목으로 구성되었다.[89] 成俔의《虛白堂集》권 7에 있는 觀儺詩를 보면, 가면놀이·접시돌리기·줄타기·꼭두각시놀이·솟대놀이 같은 민속연예 종목이 나례의식 중에 포함되었다.[90]

공연예술 관련의 민속연예인들은 고려 때와 마찬가지로 천인 출신들이었는데, 흔히 才人·水尺僧·才人白丁·儺禮優人 등으로 불리었다. 이들은 일정한 곳에 머물러 살지 못했고, 떠돌이생활 속에서 어렵게 생계를 꾸려나가면서 자신들의 공연예술을 후대에 전해주었다.

4) 당악과 고취악

조선초의 당악은 고려시대와 비교해서 쇠퇴의 길을 걷지 않을 수 없었는데, 그 이유는 아악부흥에 있다. 조선초 아악부흥으로 말미암아 아악이 장악원의 좌방을 차지하게 되자, 본래 좌방에 소속되었던 당악은 우방의 향악과 함께 통폐합되었기 때문이다. 당악이 향악과 함께 우방에 소속됨으로써, 향악화의 길을 걷는 일은 시간문제였고, 겨우 명맥을 유지하는 정도였다.

(1) 당악과 당악정재

가. 당악기와 당악곡

세종 12년(1430) 당시 악공의 취재에서 당악연주에 사용된 악기는 당비파·아쟁·대쟁·당피리·당적·퉁소·봉소·용관·생·우·화·금·슬·장고·교방고·방향 등 16종이었다.[91] 이 16종의 당악기를《高麗史》樂志의 것과 비교

89) 李杜鉉,《韓國假面劇》(문화재관리국, 1969), 129~130쪽.
90) 李杜鉉, 위의 책, 130쪽.
91)《世宗實錄》권 47, 세종 12년 3월 무오.

해 보면, 당비파·아쟁·대쟁·당피리·당적·통소·장고·교방고·방향 등 9종이 세종대에 전승되었고, 또 모두가 성종대 《악학궤범》(1494)에서도 당악기로 분류되어 있다.[92] 한편 봉소·용관·생·우·화·금·슬은 당악기라기 보다는 아악기였으므로, 그것들은 모두 《악학궤범》에서는 아악기로 분류하였다.

《악학궤범》에서는 세종대의 당악기 9종 이외에도 박·해금·태평소·월금을 당악기로 분류하였다.[93] 박은 관현합주와 정재공연 때 필수적인 타악기의 일종이었고, 해금과 태평소는 元의 胡樂이나 雜技에 사용됐던 현악기와 관악기였다. 중국에서 유래된 월금은 성종 당시에는 이미 당악에서는 연주되지 않고, 오직 향악에서만 연주되었다.

장악원 소속의 악공 취재 때의 당악 시험곡이 《경국대전》에 전하고 있고,[94] 《대악전보》·《고려사》 악지·《악학궤범》에도 당악곡명이 전한다. 이 당악곡명을 알기 쉽게 정리하면, 〈표 11〉과 같다.

〈표 11〉의 당악곡들은 악곡의 유래에 따라서 세 갈래로 구분할 수 있다. 첫째는 고려조정에 수입된 宋의 詞樂이고, 둘째는 당악정재의 반주음악으로 사용된 당악곡이며, 셋째는 조선초에 창작된 당악곡들이다. 먼저 송의 사악에 드는 당악곡들은 洛陽春·太平年慢·還宮樂·淸平樂·水龍吟·夏雲峰·憶吹簫·金殿樂, 이상 여덟 곡이다. 《고려사》 악지의 43곡 중에서 오직 8곡의 사악만이 조선초에 전승되었고, 나머지 35곡은 제대로 전승되지 않고 사라졌다.

당악정재의 반주음악은 송의 사악과는 대조적으로 많이 전승되었으니, 步虛子·五雲開瑞朝·萬葉熾瑤圖·班賀舞·折花·小拋毬樂·白鶴子·獻天壽·衆仙會·賀聖朝·會八仙·破子·金盞子·瑞鷓鴣·千年萬歲, 이상 16곡이다. 이 16곡의 당악곡들은 〈표 11〉의 비고란에 밝혔듯이 오양선·헌선도·수연장·포구락·연화대와 같은 당악정재의 반주음악으로 연주되었다.

92) 《樂學軌範》 권 7, 唐部樂器圖說.
93) 《樂學軌範》 권 7, 唐部樂器圖說 月琴·奚琴 및 鄕部樂器圖說 太平簫.
94) 《經國大典》 권 3, 禮典. 번역은 宋芳松, 앞의 책(1984) 328쪽 참조.

〈표 11〉 조선 초기에 연주된 당악곡 일람표

문헌명 / 악곡명	《경국대전》	《대악전보》	《고려사》	《악학궤범》	비고(당악정재)
삼진작	○	×	×	×	
여민락	○	○	×	×	
낙양춘	○	○	○	×	
오운개서조	○	○	○	○	오양선 연화대
만엽치요도	○	○	○	○	오양선
보허자	○	○	○	○	오양선
파자	○	○	○	○	오양선 수연장
환환곡	○	○	×	×	
태평년만	○	×	○	×	
보태평	○	×	×	×	
정대업	○	×	×	×	
풍안곡	○	×	×	×	
전인자	○	○	×	×	
후인자	○	○	×	×	
반하무	○	×	○	○	연화대
정동방	○	×	×	×	
환궁악	○	×	○	×	
절화	○	○	○	○	
소포구락	○	○	○	○	포구락
청평악	○	×	○	○	포구락
수룡음	○	○	○	○	포구락
하운봉	○	○	○	×	포구락
억취소	○	○	○	×	
백학자	○	×	○	○	연화대
헌천수	○	×	○	○	연화대 헌선도
중선회	○	○	○	○	연화대
금전락	○	×	○	×	
하성조	○	×	○	○	연화대
회팔선	○	○	○	○	헌선도
금잔자	○	×	○	○	헌선도
서자고	○	×	○	○	헌선도
천년만세	○	○	○	○	헌선도
성수무강	○	×	×	×	

그리고 조선초에 창작된 당악곡으로는 三眞勺·여민락령·여민락만·桓桓曲·보태평·정대업·豊安曲·전인자·후인자·靖東方·聖壽無疆, 이상 11곡이었다. 정동방곡은 정도전에 의한 樂歌였고, 보태평·정대업·전인자·후인자·여민락만·여민락령은 모두 세종 때 창제되었으며, 그 나머지 당악곡들은 조선초에 창제되었다.

나. 당악정재

조선초의 당악정재는 두 갈래로 구분될 수 있으니, 하나는 고려왕조에서 전승된 것이고, 다른 하나는 선초에 복원되거나 창제된 당악정재들이다. 獻仙桃·壽延長·五羊仙·포구락·蓮花臺 등 다섯 가지는 고려조정에서 전승한 당악정재들이었다. 金尺·受寶籙·覲天庭·受明命·荷皇恩·賀聖明·聖澤·六花隊·曲破 등의 아홉 가지는 선초에 복원되거나 창제된 당악정재였다.[95]

조선초에 복원되거나 창제된 아홉 당악정재 중에서 곡파와 육화대만이 宋詞의 大曲에서 유래한 것이고, 그 나머지들은 모두 태조와 태종의 공덕을 칭송한 내용의 당악정재들이었다. 육화대는무용수들이 꽃을 들고 추는 송의 花舞를 본떠서 만든 것이고,[96] 《고려사》 악지의 惜奴嬌曲破와 관련된 곡파는 세종 7년(1425)에 복원되었다.[97]

夢金尺의 준말인 금척과 수보록은 정도전이 태조 2년(1393) 새로 지은 악장[98]에 바탕을 두고 만든 당악정재인데, 그 내용은 모두 태조의 건국을 칭송한 이야기로 구성되었다. 근천정과 수명명은 하륜이 태종 2년(1402)에 지어 악장[99]을 근거로 만들었는데, 태종의 공덕을 칭송한 내용의 당악정재였다. 세종이 明으로부터 왕의 인준을 받은 내용의 당악정재가 하황은이고,[100] 卞季良이 세종 원년에 명나라 황제의 등극을 축하하는 내용의 악장을 바탕으로 꾸민 당악정재가 하성명[101]이다.

95) 張師勛, 《韓國傳統舞踊硏究》(一志社, 1977), 132~176쪽.
96) 車柱環, 《唐樂硏究》(汎學圖書, 1976), 233쪽.
97) 《국역악학궤범》 권 1, 223쪽.
98) 《太祖實錄》 권 4, 태조 2년 7월 기사.
99) 《太宗實錄》 권 3, 태종 2년 6월 신유.
100) 《국역악학궤범》 권 1, 217쪽 〈하황은〉의 각주 참조.
101) 《국역악학궤범》 권 1, 220쪽 〈하성명〉의 각주 참조.

조선초에 새로 만든 당악정재의 내용 모두가 조선왕조의 건국과 관련된 이야기들이었지만, 그 반주음악은 대체로 고려 때의 당악정재에서 연주되던 것들이었다. 예컨대 五雲開瑞朝引子·會八仙引子·步虛子令·金錢子慢·千年萬歲引子·獻天壽慢·賀聖朝令 등의 일곱 곡은 모두 고려의 당악정재에서 연주되었던 반주악곡들이었다. 다시 말하자면 새로 창제된 당악정재의 반주음악은 송의 詞樂에 근거한 것이 아니고, 송의 敎坊樂에 뿌리를 두고 있었다.[102]

(2) 당악의 향악화와 음악양식

가. 당악의 향악화

고려왕조에서의 당악은 宋의 교방악사들에 의해서 본래의 모습을 유지할 수 있었으므로,[103] 당악이 왕립음악기관의 좌방을 차지하였다. 그러나 송의 멸망에 이은 고려왕조의 멸망은 당악의 전통이 제대로 조선왕조에 전승될 수 없는 결정적인 계기로 작용했다. 그러한 여건 아래에서 조선왕조의 개국공신인 유학자들이 아악부흥을 건국초부터 서둘러 시도했으니, 당악은 좌방의 자리를 아악에게 양보해야만 하였고, 우방의 향악과 통합된 당악의 향악화라는 역사적 변천과정은 필수적이었다.

당악의 향악화라는 역사적 변천의 흔적은 《악학궤범》 권 7의 당부악기에 도설된 당악기[104]를 분석해보면 뚜렷하게 알 수 있다. 당악기가 어느 갈래의 음악에 사용되었느냐에 따라서 세 갈래로 구분될 수 있는데, 첫째는 당악연주에만 쓰인 당악기이고, 둘째는 향악연주에만 사용된 당악기이며, 셋째는 당악과 향악연주에 쓰인 당악기가 그것이다. 당악연주에만 쓰인 당악기는 방향·대쟁·당적·당피리·퉁소의 다섯 악기였고, 향악연주에서만 사용된 당악기는 월금과 해금이었으며, 셋째로 향악과 당악연주에 모두 사용된 당악기는 박·교방고·장고·당비파·아쟁·태평소의 여섯 가지였다. 향악연주에만 사용되었거나 향악연주와 당악연주에 모두 사용된 8종의 당악기들은 당악의 향악화에 결정적인 구실을 담당했다.

---

102) 宋芳松, 앞의 책(1984), 333쪽의 〈표 36〉 참조.
103) 《太宗實錄》 권 22, 태종 11년 12월 신축.
104) 《樂學軌範》 권 7, 唐部樂器圖說.

〈표 12〉 《악학궤범》 시절 향악과 당악에 사용된 당악기 일람표

당악기명	당악	향악	향악·당악	비 고
1. 방향	○	×	×	敎坊燕樂에 쓰임
2. 박	×	×	○	舞鼓정재에 쓰임
3. 교방고	×	×	○	
4. 월금	×	○	×	
5. 장고	×	×	○	
6. 당비파	×	×	○	
7. 해금	×	○	×	
8. 대쟁	○	×	×	
9. 아쟁	×	×	○	
10. 당적	○	×	×	散形에 의함
11. 당피리	○	×	×	산형에 의함
12. 퉁소	○	×	×	산형에 의함
13. 태평소	×	×	○	군대 및 정대업 연주에 쓰임

박·교방고·장고와 같은 타악기는 향악정재와 당악정재의 연주에서 모두 사용되었다. 당비파는 세종 12년(1430)에 이미 향악을 연주할 악공취재 때 향악기의 하나로 취급되었고[105], 군대의 행진음악 또는 신호용으로 사용된 태평소는 성종 때 정대업 중의 昭武·奮雄·永觀 연주에 사용되었다.[106] 이러한 사실로 미루어 조선왕조의 건국초부터 당악의 향악화가 진행되었음이 확실하다.

나. 보허자의 음악양식

步虛子는 송의 詞樂 중에서 유일하게 악보와 가사가 전하는 당악곡이다. 본래 이 당악곡은 오양선의 연주 도중 女妓들이 노래불렀던 보허자령의 碧煙籠曉詞와 관련이 있다.[107] 보허자의 가사는 한문으로 된 尾前詞와 尾後詞로 구성되어 있는데, 모두 《고려사》 악지와 《악학궤범》에 전하고 있다. 그리고 보허자의 악보는 《대악후보》에 전한다.

105) 《世宗實錄》 권 47, 세종 12년 3월 무오.
106) 《樂學軌範》 권 7, 唐部樂器圖說 太平簫.
107) 《高麗史》 권 71, 志 25, 樂 2.

미전사

(拍) (拍) (拍) 푸른 연기 새벽 하늘에 자욱한데,
碧煙籠曉 海波閑○ 江○上○ 바다 물결 한가롭고, 강가의 두어
(拍) (拍) (拍) 봉우리 차갑도다.
敎峰寒○ 佩環聲裏 異○香○ 패환 소리 속의 기이한 향기,
(拍) (拍) (拍) 인간세상에 나부끼는데,
翲落人間 弭絳筋○ 五雲端○ 강절이 오색 구름 끝에 멈추도다.

미후사

(拍) (拍) (拍) 완연히 함께 아름다운 벼의 상서
宛然共指 嘉禾瑞○ 微○一笑 가리키고, 한 차례 웃어 붉은
(拍) (拍) (拍) 얼굴 웃음 띠도다.
破朱顔○ 九重嶢闕 望○中○ 구중의 높은 궁궐 바라보는 가운데
(拍) (拍) (拍) 하늘을 향해서 만만년 두고두고
三祝堯天 萬萬載○ 對南山○ 남산처럼 수하시기를 빌도다.

(《국역악학궤범》 권 1)

《대악후보》의 악보에 의하면, 보허자의 가사는 매 16정간의 1행에 한 글자씩 기록되었고, 4행마다 박이 한번씩 들어갔다.[108] 미전사의 '閑'자나 '江' 또는 '上'자, 그리고 미후사의 '瑞'자나 '微'자는 모두 두 배로 길게 연장되었기 때문에, 16정간의 2행을 차지했다. 그러나 보허자의 한 글자가 차지하는 時價가 동일하므로, 拍을 한 단위로 볼 때 4/4박자의 一字一音式(syllabic style)의 성악곡이었음을 알 수 있다.[109] 《대악후보》의 보허자 음계는 6음음계이고, 6음음계의 선법은 중려의 중심음으로 삼은 仲呂宮이었다.[110] 보허자의 6음음계는 당악의 7음음계와 향악의 5음음계의 중간에 해당하는데, 이것은 보허자의 향악화를 보여주는 결정적인 단서이다. 《대악후보》가 세조대의 음악을 담고 있음을 상기할 때, 보허자가 그 당시에 이미 향악화의 길을 걷고 있었음이 확실하다.

108) 《大樂後譜》 권 6, 步虛子 指入 (《韓國音樂資料叢書》 권 1, 183~187쪽).
109) 李惠求, 〈步虛子考〉(《韓國音樂硏究》, 국민음악연구회, 1957), 94~95쪽.
110) 李惠永, 위의 책, 94~95쪽.

보허자의 악보에 의하면 44행 위에 還入이라는 표시가 있는데,[111] '다시 돌아 들어간다'는 의미의 환입은 보허가의 형식을 나타내는 중요한 용어이다. 보허자의 미전사 첫부분인 '벽연롱효해파'의 선율과 미후사의 첫부분인 '완연공지가화서'의 선율만이 서로 다를 뿐이고, 미전사의 '강상' 이하와 미후사의 '미일소' 이하의 선율은 서로 같다. 그러므로 보허자의 형식은 환입형식 곧 도드리형식인데, 이 형식은 서양음악의 달 세그노(Dal segno)형식과 비교될 수 있다.[112]

(3) 고취악

선초의 고취악도 다른 갈래의 음악과 마찬가지로 고려시대의 전통과 무관하다고 보기 어렵다. 비록 衛仗의식과 鹵簿의식의 일부가 조선왕조에 이르러 제대로 전승되지는 않았지만, 고취악과 관련된 다른 궁중의식은 고려왕조의 것과 대동소이했기 때문이다. 그러나 조선왕조에 이르러 달라진 점은 첫째 팔관노부나 연등노부가 없어진 사실, 둘째 위장의식이나 노부의식의 취각군사와 취라군사가 악공으로 대치된 사실, 셋째 위장의식이 없어짐에 따라서 기악과 잡기가 궁중에서 연주되지 않았다는 사실 등 세 가지로 요약될 수 있다.[113]

가. 고취의 종류와 악기편성

성종대에 연주된 고취의 종류는 《악학궤범》 권 2에 의하면 殿庭鼓吹·殿後鼓吹·前部鼓吹·後部鼓吹 등 네 가지였다. 네 종류의 고취는 다시 악공들의 연주형태에 따라서 두 부류로 구분될 수 있으니, 하나는 악공들이 앉아서 연주하는 전정고취와 전후고취였고, 다른 하나는 악공들이 행진하면서 연주하는 전부고취와 후부고취였다.

악사 2명과 악공 50명으로 구성된 전정고취는 매달 5일 문무백관이 모이는 朝參의식 때 文武科殿試나 放榜 때, 또 拜箋의식 때에 연주되었다.[114] 전

111) 《大樂後譜》 권 6, 步虛子 還入(《韓國音樂學資料叢書》 권 1, 186쪽).
112) 張師勛, 〈步虛子論攷〉(《國樂論攷》, 서울大 出版部, 1966), 10~11쪽.
113) 宋芳松, 앞의 책(1984), 342~343쪽.
114) 《樂學軌範》 권 2, 俗樂陳設圖說.

후고취는 악사 1명과 악공 18명으로 구성되었는데, 임금이 궁궐 밖을 행차할 때와 환궁할 때에 연주되었다.[115] 전정고취나 전후고취의 악기편성은 현악기와 관악기로 고르게 편성되었다.

전부고취와 후부고취는 글자의 뜻대로 임금의 수레 앞뒤를 따르면서 악사 1명과 악공 50명이 行樂계통의 고취악을 연주하는 악대였다.[116] 전부고취와 후부고취가 모두 포함되었던 노부의식은 大駕鹵簿와 法駕鹵簿였고, 小駕鹵簿에서는 전부고취만이 따랐다. 대가노부는 종묘와 사직에 제향을 올리려고 행차할 때 갖춘 의식이었으며, 觀射와 行幸 때에는 소가노부를 갖추었다.[117] 전부고취와 후부고취는 행진하면서 연주하는 악대였으므로, 현악기보다도 관악기와 타악기로 편성되었다.

성종대의 전부고취 악현 일람표

맨손	맨손		맨손		메사는람 방향 메사는람		맨손		맨손	맨손
당적	맨손		장고	메사는람	교방고	메사는람	장고		맨손	당적
				메사는람		메사는람				
당적	장고		장고				장고		장고	당적
당비파	통소	통소	통소				통소	통소	통소	당비파
당비파	대금	피리	피리				피리	피리	대금	당비파

115) 《樂學軌範》 권 2, 俗樂陳設圖說 五禮儀鼓吹(《국역악학궤범》 권 1, 103쪽).
116) 《樂學軌範》 권 2, 前部鼓吹(《국역악학궤범》 권 1, 104~106쪽).
117) 《世宗實錄》 권 132, 五禮, 嘉禮 鹵簿.

5) 악서와 기보법

(1) 악보와 악서편찬

가. 세종대와 세조대의 악보편찬

세종대의 아악부흥과 향악창제는 한국음악사에서 빛나는 업적으로 꼽히는데, 이와 같이 빛나는 업적이 《세종실록악보》에 그대로 전해오고 있다. 《세종실록》에 의하면, 세종 12년(1430)에 《조회악보》 1질, 《제사악보》 1질, 주희의 《의례경전통해》 와 임우의 《대성악보》 1질 등 3질의 악보가 편찬되었다.[118] 그 후 세종 29년에 많은 악보가 편찬되었으니, 《치화평보》 5권·《취풍형보》 2권·《여민락보》 2권·《보태평보》 1권·《정대업보》 1권·《발상보》 1권·《시용속악보》 1권이 그것이다.[119]

조회아악이 완성되고, 회례아악과 제례아악의 제정이 착수되었던 때가 세종 12년이었으므로, 조회악보와 제사악보 그리고 《의례경전통해》와 《대성악보》의 편찬은 아악부흥과 무관하지 않다. 《용비어천가》의 완성이 세종 27년에 이루어졌음을 상기할 때, 《용비어천가》의 가사를 바탕으로 삼은 치화평 등의 악보는 세종 27년과 세종 29년 사이에 완성되었음이 분명하다. 《세종실록》 권 136~147에 32井間譜와 律字譜로 기보된 이러한 악보들은 15세기 음악사연구에 귀중한 음악사료들이므로, 음악사적 관점에서 큰 의미를 지니고 있다.

세조 때 五音略譜와 16정간보가 창안되고, 회례아악이었던 정대업과 보태평이 종묘제례악으로 개정됨에 따라서 악보 편찬작업이 필수적으로 따르게 되었는데, 그 결과가 바로 《세조실록》 권 48과 권 49에 전하는 《세조실록악보》이다. 종묘악과 원구악을 오음악보와 16정간보로 전해주는 《세조실록악보》는 조선초 제례아악 연구에 필수적인 고악보의 하나이기 때문에, 그 악보는 《세종실록악보》와 함께 결코 과소평가될 수 없는 귀중한 음악사료이다.

---

118) 《世宗實錄》 권 50, 세종 12년 윤12월 정유. 鄭麟趾의 雅樂譜序에 의하면, 《儀禮經傳通解》 및 《釋奠樂譜》 각 1질을 만들었음이 분명하다.

119) 《世宗實錄》 권 116. 세종 29년 5월 을묘.

나. 성종대의 《악학궤범》 편찬

조선초 악서편찬의 대표적인 실례는 성종 24년(1493)에 편찬된 《악학궤범》이다. 장악원 提調 柳子光, 예조판서 成俔, 장악원 主簿 申末平, 전악 朴棍과 金福根이 성종의 명을 받들어 조선왕조 건국 초기의 음악문화를 집대성한 《악학궤범》은 전래된 儀軌와 악보를 바탕으로 삼아 많은 중국문헌들을 참고해서[120] 편찬한 음악이론서이다.

《악학궤범》 권 1에는 60조 이론을 비롯한 중국음악이론 및 향악·당악·아악의 이론이 정리되었고, 권 2에는 성종 당시의 제향·조회·연향에 따른 악기 陳設法이 포함되었으며, 《고려사》 악지에 전하는 당악정재와 향악정재가 권 3에 전한다. 성종 당시의 당악정재는 권 4에 도설되어 있고, 성종 때의 향악정재는 권 5에 도설되었으며, 권 6에는 아악기가 도설되었다. 당악기와 향악기의 도설은 권 7에 실려있고, 권 8에는 정재복식과 의물도설이 있으며, 음악인의 복식도설은 권 9에 실려 있다.

음악사적 관점에서 보아 《악학궤범》의 중요성이 두 각도에서 조명될 수 있는데, 첫째 조선왕조 500여년 동안 궁중음악의 부흥에 길잡이 구실을 했다는 사실이고, 둘째는 음악사 이외 국어국문학사·무용사·복식사·의물사 연구에 필수적인 문헌이라는 사실이다.[121] 이러한 사실은 《악학궤범》의 처음 간행된 이후, 임진왜란 직후인 광해군 2년(1610)에 처음 복간되었고, 병자호란 이후인 효종 6년(1655)에 두번째로 복간되었으며, 영조 19년(1743) 아악재건에 힘쓸 당시에 세번째로 복간되었음을 통해 알 수 있다. 즉 공연예술과 관련된 여러 사료들을 싣고 있어 《악학궤범》이 조선시대 문화사연구에 필수적이다.

다. 고악보

앞서 언급된 《세종실록악보》와 《세조실록악보》 이외에도 선초의 고악보로는 《시용향악보》와 《대악후보》가 있다. 《세종실록》 권 136~147에 전하는 《세종실록악보》는 32정간보와 율자보로 기보되었다. 조회아악보는 권 136

120) 宋芳松, 〈樂學軌範의 文獻的 硏究〉(앞의 책, 1982), 283~318쪽.
121) 자세한 내용은 宋芳松, 앞의 책(1984), 352~353쪽 참조.

에, 제사아악보는 권 137에, 정대업과 보태평은 권 139에, 봉래의는 권 140~145에, 봉황음과 만전춘은 권 146에 각각 실려 있다.《세종실록악보》는 세종 12년(1430)과 세종 29년에 간행되었던 악보들을 집대성한 결과였다.

《세조실록》 권 48과 권 49에 전하는《세조실록악보》는 16정간보와 오음악보로 기보되었다. 종묘제례악 영신과 전폐의 熙文之樂, 진찬의 豊安之曲, 초헌의 보태평 11곡, 아헌의 정대업 11곡, 철변두의 雍安之樂, 송신의 興安之樂이 권 48에 실렸고, 원구제례악 영신과 전폐의 희문지악, 진찬의 隆安之樂, 초헌의 基命之樂, 아헌의 宣威之樂, 종헌의 濯征之樂, 철변두의 成安之樂, 송신의 永安之樂·創守之曲·敬勤之曲이 권 49에 실려 있다.

연산군 때 편찬되었으리라고 추정되는[122]《시용향악보》는 16정간보와 오음약보로 기보된 1책의 고악보이다. 이 고악보에는 납씨가·유림가·횡살문·사모곡·쌍화곡·나례가·정석가·청산별곡·유구곡·귀호곡·생가요량·상저가·풍입송·야심사·성황반·내당·대왕반·잡처용·삼성대왕·군마대왕·대국 1 2 3·구천·별대왕이 전한다.

영조 35년(1759) 徐命膺에 의해서 편찬된《대악후보》는 16정간보와 오음악보로 기보되었는데, 7권 7책에 세조대의 음악을 담은 고악보로서, 세종대의 음악을 담은《大樂前譜》와 한 짝을 이룬다. 권 1에는 원구악·창수곡·경근곡이 있고, 권 2에는 종묘제례악(희문·풍안지악·보태평·정대업·옹안지악·흥안지악)·유황곡·정동방곡이 있으며, 권 3에는 치화평과 취풍형이 실려있다. 봉황음이 권 4에, 진작·이상곡·만전춘·납씨가·횡살문·감군은·서경별곡이 권 5에, 만대엽·감군은·한림별곡·서경별곡·쌍화점·보허자·영산회상이 권 6에, 북전·동동·정읍·자하동이 권 7에 각각 전한다.

요컨대《세종실록악보》와《세조실록악보》는 주로 세종과 세조 때의 음악적 업적을 집대성해 놓은 고악보이지만,《시용향악보》와《대악후보》는 조선초까지 전승되었던 고려의 향악곡들을 많이 전해주고 있다는 점에서 매우 중요하다.

---

122) 金東旭, 〈時用鄕樂譜의 背景的 硏究〉(《韓國歌謠의 硏究》, 乙酉文化社, 1961), 169~171쪽.

(2) 새 기보법의 창안

새 기보법의 창안은 조선시대 음악사에서 빛나는 업적으로 꼽힐 뿐 아니라 동양 음악사에서도 획기적인 업적으로 평가되고 있다. 새 기보법 중 井間譜는 음의 時價(time value)를 표시할 수 있는 有量樂譜(mensural notation)의 하나였기 때문이다. 그러나 정간보는 음의 시가를 표시할 수 있지만, 음의 높낮이를 표시할 수 없다는 약점을 지니고 있었다. 그러므로 정간보는 창안되었을 때부터 음고를 표시할 수 있는 율자보나 오음약보 등과 함께 사용되었다.[123]

가. 정간보 및 오음약보의 창안

우리 나라 최초의 유량악보인 정간보는 1행의 井間수에 따라서 32정간보와 16정간보로 구분된다. 32정간보는 세종 때 창안되었고, 16정간보는 세조 때 창안되었는데, 정간을 사용한 기보법이라는 점에서 서로 공통적이다. 정간보의 악보가 우물 井자처럼 생긴 정간으로 구성되었기 때문에, 정간보라는 명칭이 생겼다.

32정간보가 율자보와 함께 사용된 실례는 《세종실록악보》에서 발견된다.[124] 율자보에 의해서 음의 높낮이가 표시되었고, 32정간보에 의해서 그 음의 시가가 표시되었다. 32정간보의 시가 표시방법이 불합리했었는지는 분명하지 않지만, 32정간보는 세종 이후에는 더 사용되지 않았고, 세조대에 이르러 16정간보로 개선되었다.

세조 때 창안된 16정간보는 주로 오음약보와 함께 기보되었는데, 그 실례가 《세조실록악보》[125] 또는 《시용향악보》나 《대악후보》에서 발견된다. 16정간보의 1행은 6大綱에 의해서 세분되었는데, 6대강은 3·2·3·3·2·3정간으로 구분하기 위해서 그은 여섯 개의 굵은 줄을 뜻한다. 그런데 16정간보 및 32정간보의 시가 해석에 관한 연구들이[126] 여럿 있지만, 아직 완전히 풀리지 않고 있다.

---

123) 李惠求, 〈韓國의 舊記譜法〉(앞의 책, 1957), 16~21쪽.

124) 《世宗實錄》 권 138, 樂譜 定大業之舞樂譜. 보례는 宋芳松, 앞의 책(1984), 357쪽의 〈악보 11〉 참조.

125) 《世祖實錄》 권 48, 樂譜 新製略定樂譜. 보례는 宋芳松, 위의 책, 357쪽의 〈악보 12〉 참조.

126) Jonathan Condit, *Source for Korean Music, 1450~1600,* Ph.D.Diss., Cam-bridge University, 1976.
Hong Jung-soo, *Die Fruhe Chonggan-Notation*, Ph.D.Diss. Freien Universitat

16정간보와 함께 세조 때 창안된 오음약보는 5음음계의 향악을 기보하기 위하여 창안된 기보법이었다. 이 기보법의 명칭이 뜻한 바대로 생략된 다섯 글자로 음의 높낮이를 표시했는데, 중심음인 宮보다 높은 음들은 상1·상2·상3·상4·상5로 표시했고, 궁보다 낮은 음들은 하1·하2·하3·하4·하5로 표시한 기보법이었다. 이 기보법은 음의 높낮이를 눈으로 쉽게 구별할 수 있는 장점을 지녔지만, 두 가지 단점을 갖고 있다. 하나는 궁의 높이를 표시할 수 없다는 단점이었고, 다른 하나는 음과 음 사이의 음정을 표시할 수 없다는 단점이었다.[127)]

이러한 단점을 극복하기 위해 황종궁 또는 협종궁으로 표시함으로써 궁의 높낮이를 보완했고, 평조 또는 계면조라는 선법명을 악곡의 앞부분에 표시함으로써 음정관계를 알 수 있도록 보완하였다. 《세조실록악보》 중 종묘영신의 희문지악 바로 아래에 적힌 淸黃鍾調 및 黃鍾爲徵라는 글이[128)] 바로 오음약보의 두 가지 단점을 보완한 것이다. 즉 청황종조란 궁의 높이가 청황종이라는 뜻이고, 황종 위치는 황종을 중심음으로 삼은 徵調 곧 평조 선법의 다른 말이다. 그리고 평조 선법과 계면조 선법을 이론적으로 설명할 때 오음약보와 율자보를 함께 사용한[129)] 이유도 모두 오음약보의 단점을 보완하기 위해서였다.

오음약보는 본래 5음음계의 향악을 기보하기 위해서 창안되었기 때문에, 7음음계의 당악이나 아악의 기보에는 적합하지 않은 기보법이었다. 당악이나 아악을 오음약보로 기보할 때에는 工尺譜나 율자보의 도움이 필수적이었다. 오음약보에 공척보가 함께 사용된 실례는 《세조실록악보》 중 풍안지악[130)]에서 발견되고, 율자보가 함께 사용된 보기는 《대악후보》 권 6의 보허자[131)]에서 발견된다.

(Berlin, 1981).
全仁平, 〈井間譜에 關한 硏究〉(《韓國音樂學論文集》, 한국정신문화연구원, 1982), 143~189쪽.
李惠求, 《井間譜의 井間 大綱 및 長短》(세광음악출판사, 1987), 6~249쪽.

127) 李惠求, 위의 책, 6~8쪽.
128) 보례는 宋芳松, 앞의 책(1984), 357쪽의 〈악보 12〉 참조.
129) 《世祖實錄》 권 48, 樂譜. 번역은 宋芳松, 앞의 책(1984), 360쪽 참조.
130) 《世祖實錄》 권 48, 新製略定樂譜 進饌 豊安之樂. 豊安之樂에서 공척보의 凡자와 一자가 쓰였다.
131) 《大樂後譜》 권 6, 步虛子에서 율자보의 무역이 쓰였다.

나. 합자보와 육보의 등장 및 기타 기보법

合字譜는 정간보나 오음약보처럼 조선초에 창안된 기보법의 하나인데, 그 이름이 의미하듯이 글자를 모아서 만든 기보법이다. 《五洲衍文長箋散稿》에 의하면 성종대에 成俔이 朴棍과 金福根의 도움을 받아 《事林廣記》와 《大成樂譜》를 참고해서 만든 기보법이 바로 합자보라고 한다.[132]

합자보는 흔히 거문고의 합자보로 알려져 있지만, 성종대에는 가야고·향비파·당비파의 합자보가 있었다. 조선초에는 합자보가 16정간보나 오음약보에 비해서 널리 사용되지는 않았지만, 조선 후기로 내려오면서 가장 흔히 사용된 기보법의 하나가 되었다. 거문고의 합자보는 대체로 두 가지 글자와 하나의 약자 및 하나의 부호로 구성되었다. 글자나 약자·부호는 줄의 이름이나 약자인 絃法, 거문고의 괘 순서를 표시한 글자, 왼손의 줄 짚는 법인 指法, 오른손 술대의 사용법인 執匙法은 부호로 표시되었다.

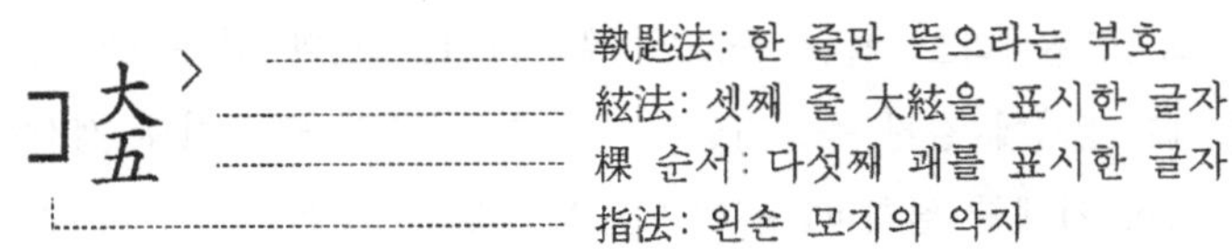

조선초에 정간보·오음약보·합자보가 창안되기 이전부터 사용되던 최초의 기보법은 肉譜였는데, 고려시대에 이미 비파·거문고·가야고·젓대·피리의 육보가 사용되고 있었다.[133] 육보는 악기의 소리를 흉내내어 소리나는 대로 적은 口音을 바탕으로 삼은 기보법인데, 거문고의 합자보 설명에 나오는 'ㅅ랭' 또는 '다랭'이 구음의 좋은 실례이다.[134] 《琴合字譜》의 '冬·瑟·堂·士·澄·豆·興'이 거문고의 구음이고, '여힌·너·힌니·니인·너·누·러'는 젓대의 구음인데,[135] 육보는 조선 후기에 이르면서 육보가 합자보와 함께 많이 사용되었다.

〈宋芳松〉

132) 李惠求, 앞의 책(1957), 12~15쪽.
133) 《世宗實錄》 권 48, 樂譜.
134) 《樂學軌範》 권 7, 鄉部樂器圖說 玄琴·鄉琵琶·伽耶琴.
135) 宋芳松, 앞의 책(1984), 364쪽의 〈악보 14〉 참조.

2. 건 축

1) 건축기법과 특징

건축문화의 흐름에서 계기가 된 시점을 경계로 하여 시기를 구분하면 4기로 나눌 수 있다. 제1기는 유사 이래 신라통일이 이룩된 무열왕대까지, 제2기는 문무왕대로부터 고려 원종대까지, 제3기는 고려 충렬왕대로부터 임진왜란 이전까지, 제4기는 임란 이후부터 大韓帝國末까지로 구분할 수 있다. 조선 전기는 제3기의 후반에 해당한다.[1)]

이 시기 건축의 특성은 栱包구성에서 花斗牙系[2)]의 공포가 주류를 이루고 있던 흐름에 花栱系[3)]라고 하는 새로운 법식이 등장하면서 새로운 시대양상을 띤다는 데 있다. 화두아는 기둥에만 포작을 쌓아 완성하는 공포이다. 이른바 중국의 下昂이라고 하는 구조와 우리의 柱三包와 같은 공포구조인데, 건축사의 제1·2기에 걸쳐 목조건물의 주류를 이루었다. 그런데 제3기부터는 화공계가 점점 기세를 떨치고 제4기까지 영향을 미쳤다.

화두아계는 고구려·백제·신라의 문화 특성에 따라 삼국이 제각기 특색있는 발전을 하였다. 제2기에 삼국통일의 영향으로 그 차이가 줄어들었지만 제3기에 들어서면서 목조건물이 지역에 따라 제각기 유형을 달리하게 되었다. 오늘날 현존하는 제3기의 목조건물은 고구려계의 고려건축, 백제계의 고려건축, 신라계의 고려건축으로 나누어 살필 수 있다. 鳳停寺 극락전, 浮石寺 무량수전, 修德寺 대웅전, 강릉 객사문이 그 대표적 예이다.

그런데 제3기 중반 즉 조선 초기에 이르면 이렇게 분류할 수 있었던 특색이 점점 모호해졌다. 한 지역의 뛰어난 작품을 모본으로 삼고 그것을 모방하

---

1) 申榮勳, 〈韓國建築史〉(《韓國文化史大系》 Ⅳ, 高麗大 民族文化硏究所, 1970), 131쪽.
2) 花斗牙는 《三國史記》 권 33, 志 2, 屋舍에 보이는 공포의 명칭이다. 흔히 우리가 쓰고 있는 '柱心包系의 공포'라는 新造語 대신에 그 이전부터 써왔던 이 명칭을 썼으면 한다.
3) 《朝鮮王朝實錄》 기록에 花栱과 草工이 보인다. 화공을 요즈음 흔히 쓰는 多包系拱包의 재래 명칭으로 보고 사용하려 한다.

거나 복사하는 경향이 짙어졌기 때문이다. 이는 화공계의 등장에 연유하는 것으로 이해된다.

화두아계가 진솔하고 기능적이며 천장을 연등으로 그냥 드러내어 두는 등의 골격을 지녔던 것에 비하여, 화공계는 매우 장식적이며 의도적이어서 화려하고 장대한 것을 좋아하는 성향과 맞물리면서 대단한 선풍으로 주류를 형성하기에 이르렀다. 공포의 경우에, 기둥 위에만 설치하고 간살이는 비어두고 담백하게 처리하는 화두아계와 달리 화공계는 기둥과 기둥 사이의 간격에도 포작을 다시 쌓아 공포를 형성하고 포작 자체에도 草刻하며 천장으로 소란반자를 해서 매우 장엄하게 조영하였다.

화공계는 궁실보다는 사원건축에서 먼저 시험하기 시작하였던 것으로 이해된다. 사원에서의 시험이 어느 정도 성과를 거두었을 때 유행을 타고 궁실건축에도 채택되었을 것으로 보인다. 왜냐하면 현존하는 最古의 사례가 心源寺 普光殿이라는 목조건물일 뿐 아니라, 사원의 석조 건축물에서도 찾아볼 수 있기 때문이다.

그 후 조선 초기에는 민가에서도 화공을 사용하기 시작하여, 점차 가옥이 화려해졌다. 세종은 검약을 위해 '家舍制限令'을 내려 백성들 집에 화공을 쓸 수 없다고 제한하였다. 조선 건국 후에도 허용되거나 묵인되던 고려 이래의 관행이 국가기강 확립이라는 명분으로 억제되기 시작한 것이다. 화공으로 대변되는 건축구조는 화사하여 조금만 더 장엄하면 궁실의 건축양상과 대등하게 되기도 하였다. 따라서 개국공신의 고대광실의 집이 지나치다고 지적되기도 하듯이 장중하며 화려하였다.

특히 조선의 건국이념인 유교예의가 일반화되면서 군주와 백성을 엄격히 구분하려는 경향이 강해지고, 살림집을 南面으로 짓는 일조차 삼가도록 검약을 강조하고 신분에 따른 격조를 제한하게 되면서부터 집의 장식적 요소는 억제되거나 생략되는 경향이 생겨났다. 그 결과 지금까지 구애받지 않았던 사원건축물에도 은연중 제약이 가해지는 추세가 되었다. 특히 외부로 드러나는 장엄이 현저하게 위축되어 고려시대까지 지극히 장식적이던 기와지붕이 검소한 형상으로 정돈되기에 이르렀다. 鷲頭 등에 도금하는 일 등도 억제되었다. 이러한 경향은 억불정책이 강화되면서 더욱 심해져 성종 이후에는 고려시대의 융성한 모습을 다시 보기 어렵게 되었다.

이런 추세는 조선 전 기간에 결쳐 지속되었다. 임진왜란 이후 재건하는 건축물이 아주 검약한 구조가 되었던 것은 전란 중에 야기된 경제적 파탄에도 원인이 있지만, 초기부터 장려되던 검약의 시류가 파급된 결과이기도 하였다. 고려 중엽 이래 다포계의 건축구조가 사원건축을 위시하여 전 건축계를 풍미하던 흐름은 조선 초기에도 지속되었지만 장식적인 요소가 제거되고 기능 위주였으므로 견실한 형용으로 조성되곤 하였다.

그러나 긴장된 양상의 지속은 반발을 초래하여, 임진왜란 이후 民藝적인 자유분방한 방향으로 선회하는 계기를 잉태하였다. 역대 건축사에서 일정한 기간이 경과하면 반대적인 성향의 새로운 건축이 대두한다는 원칙이 이 때에도 나타나 다시 전환의 시기를 맞았던 것이다.

건축의 法式은 옛부터 전하는 것에서 벗어나지 않아, 삼국시대 이래의 흐름이 의연히 지속되었다. 반면에 技法은 도구의 발달에 힘입어 새 시대에 걸맞게 발전하였다. 그 예를 창과 문의 구조에서도 찾아볼 수 있다. 내릴톱과 실톱의 발전이 이루어지면서 가는 나무오리로 짜서 맞추어 무늬를 형성하는 창과 문짝이 제작되기에 이르렀다. 꽃살무늬만 하여도 이제까지는 널빤지에 무늬 밑그림을 그려 칼로 조각했다. 즉 透刻한 곳으로 빛이 통과하여 조명하는 방도였으므로 투박하고 문이 무거웠다. 이에 비하여 짜서 완성시킨 살대무늬의 창이나 문은 가볍고 밝아 이제까지 보다는 진일보한 것이 되었다. 톱이라는 도구의 향상에서 힘입은 것이다. 또 자귀나 도끼로 판자를 켜내는 작업에서 岐鋸라는 쓸톱의 등장은 획기적인 단계로 접어들게 하였다. 原木에서 여러 장의 판자를 동시에 켜낼 수 있어서 작업의 능률이 제고되었고, 낭비요소가 격감되어 목재수급에 이로운 국면이 열렸다.

목재 가공기술이 발전한 데 비하여 석수들의 작업은 위축되는 형편이었다. 세종의 가사제한령에서 살림집에는 柱礎 외에는 다듬은 돌을 쓰지 못하게 하였다. 집에 만들어지던 석조기단 등이 억제되었으므로 수요가 격감하여 자연히 감퇴될 수밖에 없었다. 지붕장식이 생략되거나 소략하게 치장하는 흐름에 따라 燔瓦匠들의 기능도 저하되었다. 즉 단순화되어 테라 코타(terra-cotta)에 해당하는 조각이나 공예적인 고급기능의 발휘가 퇴보하게 되었다.

조선 초기의 건축은 한양 도성건설에 집약되었다고 할 수 있는데 천도 초기 태조 때의 건축은 경비를 절감하는 일에 치중되었다. 이에 비하여 태종은 長廊의 건축 등으로 도성면모를 일신하는 획기적인 사업을 이룩하였다. 세종 때에는 도성을 土築에서 石造로 개축하거나 남대문인 崇禮門을 새로 지을 정도로 재건하였다.

태조 때부터 백성들의 살림집이 국가에서 나누어 준 집터에 건설되어 초가집이 도성내에 밀집하였다. 세종 때 큰 불이 나서 성내 2/3 가량의 집들이 타버리는 참사를 겪게 되자 도로를 정비하고 방화시설을 갖추며 救火제도를 재정비하였다. 경제기반이 공고하게 되면서 가사제한령에도 불구하고 살림집 규모가 장엄하고 화려해졌다. 그리고 그런 추세에 따라 궁실과 公廨들도 점차 커지는 경향이 나타났다. 그 결과 중종 때에는 제한을 어겼다는 이유로 관리가 탄핵되고 살림집이 헐리는 사건까지 생겼고, 심지어는 이층 건물이 살림집에 들어서기까지 하였다.

조선 초기 건축물들도 다른 시대와 마찬가지로 다양한 면모를 갖추고 있었다. 더욱이 전시대 건축물들이 섞여 있었으므로 훨씬 다기한 양상을 띠게 되었다. 지방에서는 삼국시대 이래 고려시대까지 지어진 건축물들이 혼재되어 있었기 때문에 더욱 다양하였다. 그러나 임진왜란 이후 중앙과 지방의 건축물들은 거의 자취를 감추고 말았다.

임진왜란 이후 다시는 볼 수 없게 된 건축물이 이 시대까지 존재하였다는 사실과 난후 복구된 건축물이 그 이전의 건실한 기풍을 차츰 잃게 되었다는 점을 서로 비교하면 조선 초기 건축의 성격을 파악할 수 있다. 지금은 비록 문헌으로 논증할 수밖에 없지만 후기에 남은 잔형을 통해 초기의 면모가 어느 정도 추정된다는 점도 주목해야 할 사항이다.

한편 조선 중기 이후의 사원건축의 변모는 이미 조선 전기에 잉태되기 시작하였다. 즉 금당에서 佛壇이 위축되거나 후방으로 후퇴하기 시작하였는데, 이에 따라 법당에 많은 사람이 들어가 의식을 행하게 되었다. 그 결과 초기에는 바닥에 塼을 깔다가 후기에는 마루를 깔게 되었으며 조명이 쉽고 보온할 수 있는 문을 달게 되는 변화를 초래했다. 그 후 이런 변화가 궁실·관아에도 채택되고, 그 여파가 살림집에까지 미쳤다. 이는 결국 한옥을 定制化시키는 바탕이 되었다. 따라서 조선 전기는 새로운 양식을 시험하는 시기이기도 하고, 가장 한국적 특성을 배양하는 시기이기도 하며, 한옥의 기본이 마련되는 제4기를 준비하는 단계이기도 하다.

2) 도성의 건설

(1) 도성건설의 개요

한양의 도성건설은 태조에 의하여 발의되고 착수되었으나, 태종에 의하여 완성되었다고 할 수 있다. 세종 이후의 역대 임금은 태종이 갖추어 놓은 골격을 조금씩 보완해 가면서 도성건설을 지속하였다.

태조는 등극하자 곧 도읍을 옮기기를 희망하였지만, 역성혁명에 동조하지 않았던 세력에 의하여 일단 좌절되었다. 태조는 등극 이전에 南京에 주목하였으므로, 혁명에 성공하자 李恬에게 한양부를 수리하게 하였다.[4] 당장 옮기고 싶었으나 侍中 裵克廉 등의 반대로 좌절되었다. 그 후 계룡산이 吉地란 설에 따라 도성건설에 착수하였으나[5] 마땅한 곳이 아니어서 곧 중지시켰다.[6]

우여곡절 끝에 한양에 천도하기로 하고, 태조 3년(1394) 9월 건설에 착수하였다.[7] 도성건설은 매우 큰 토목사업으로, 백성들의 부담에 의하여 이룩될 수밖에 없는 工役이었으므로 임금이 독단적으로 단행할 수 없었다. 국세가 튼튼해진 이후에 도성을 건설해도 되지 않겠느냐는 반대를 무시하기 어려웠던 것이다.[8] 그러나 태조는 기회가 있을 때마다 신도성의 궁실과 성곽 신설을 강조하였고,[9] 한편으로는 공역이 계속되었다.

도성건설이 진척되고 윤곽이 드러나게 되자 태조와 추종세력들은 새로운 도성 면모에 우선 안도하였다. 그러나 반대세력들도 은연중 의견을 모아 태

4) 《太祖實錄》 권 1, 태조 원년 8월 임술·갑자.
5) 《太祖實錄》 권 3, 태조 2년 2월 을유.
6) 《太祖實錄》 권 3, 태조 2년 12월 임오.
7) 《太祖實錄》 권 3, 태조 3년 3월 병오.
8) 《太祖實錄》 권 6, 태조 3년 11월 기해.
9) 《太祖實錄》 권 11, 태조 6년 4월 임인.

조의 도성건설을 중단시켰다. 그 후 태조는 정종에게 양위하였고, 정종은 開京으로 환도해야 하는 형편에 몰렸다. 물론 정치적 이유도 있었으나 경제적 문제도 있었던 것이다.

태종이 즉위하고도 바로 한양천도를 단행할 형세가 되지 않았다. 上王과의 약속도 있었으므로 기회를 기다리고 있던 태종은 5년(1405) 10월 한양천도를 단행하였다.[10] 그런데 왕자의 난을 겪은 경복궁이 싫었으므로 鄕校洞에 離宮을 지었다. 태종의 수도건설은 자기가 머물 집을 건축하는 일로부터 시작하여 청계천 정비로 기틀을 잡았다. 都市街廓 설정과 도로개설이 그에 따라 완성된다는 생각에서였다. 태종은 청계천 준설, 護岸정비, 도로와 가곽이 확정되자 行廊(長廊)을 경영하였고, 이것이 완성되자 비로소 도성이 면모를 갖추게 되었다고 만족스러워 하였다.

태종에 의하여 근간이 이룩되었고 세종 이후로는 부족한 부분을 단속적으로 보완되었으므로, 임진왜란 이전까지 건설공역이 계속되었다.

(2) 태조의 도성건설

가. 정 도

수도를 정한 후 남경의 판도에 따라 도성의 터전을 정하느냐, 아니면 河崙의 毋岳명당설에 따라 도읍을 경영해야 하느냐의 문제가 대두되었다. 결국 남경의 형국에 따라 坐向을 설정하는 것이 합당하다는 중론에 따르기로 결정하였다. 그리고 正宮은 白岳山을 背山으로 하고, 남향할 것이냐 동향시킬 것이냐의 의논은 鄭道傳 등의 君主南面說에 따르기로 하였다.

도성 성벽은 주변 산의 능선을 따라 성의 터전을 정하였는데, 태조 스스로 참여하여 확정하였다. 여기에는 도성의 보전을 고려한 武將 출신다운 태조의 식견이 발휘되었다.[11] 태조가 무장이던 시절에 왜구와 싸운 경험이 있었으므로 만일의 사태에 대비하는 배려가 있었던 것이다.

---

10) 《太宗實錄》 권 10, 태종 5년 10월 임신.

11) 《高麗史》 권 39, 世家 39, 공민왕 9년 7월 신미.
고려 말엽 왜구의 발호가 극성스러웠다. 공민왕이 천도 의사를 가졌던 것은 예성강 어구까지 넘나드는 왜구의 예봉을 피하려 한 데 기인한다.

태조는 白岳을 주산으로 삼아 도성을 배치하기로 하자, 백악·仁旺·木覓과 駱山의 능선을 이어나가면 훌륭한 성채가 되리라 판단하였던 듯하다. 그러나 방어선 구축에 중점을 두는 바람에 도성 안에서 이용할 수 있는 면적은 축소되고 말았다. 아직 개성에 주요 행정기관이 있었을 때 圖上으로 신도시에 이주할 대소 신료들에게 분급할 집터를 산정한 바 있었다. 고려시대 이래 도성내에 신분에 따라 나누어 주던 면적을 기준으로 삼았다. 그러나 방어선 구축 후의 성내 사용가능 면적은 500結에 불과하여 정1품에게 60負를 주려던 당초계획을 수정하여 35부로 반감하게 되었고 백성들에게는 10부씩을 줄 수밖에 없었다.12)

태조와 無學大師 自超, 정도전은 백악에서 龍首의 모습을 발견하는 신비를 보았다. 태조는 그런 백악을 鎭國伯으로 봉하고 사당을 지어 큰 제사로 받들었다. 그리고 목멱산은 목멱대왕으로 봉해 백성들에게는 치성을 드리지 못하게 하였다.13) 산천에서의 發福이 국가에 이르기를 바랐던 것이다.

나. 정도전의 도성건설 참여

정도전은 조선왕조 건국에 크게 기여하였다. 태조의 절대적인 신임을 받은 그는 지식이 풍부한 이론가이기도 하였지만, 도성건설의 계획을 수립하고 공역을 뒷바침하는 실무적인 인물이기도 하였다. 궁궐을 비롯하여 坊里의 이름까지 연유를 설명하면서 지어 바쳤다.14) 그리고 도성의 형용이 일단락되자 그는 신도시 찬양의 시를 지어 바치며 감격하였다.

태조 때의 한양 도성건설은 정도전의 행적을 통하여 살펴볼 수 있다. 지리설에 따라 논의가 분분할 때 태조는 陰陽刪定都監을 열고, 관계 지식인과 書雲觀 관원들이 모여 지리도참에 관한 여러 책들을 연구하여 이론을 단일화하도록 하였다. 이 때 정도전이 중심인물이 되어 작업하였다.15) 정

---

12) 《太祖實錄》 권 7, 태조 4년 정월 기유.
13) 《太祖實錄》 권 8, 태조 4년 12월 무오.
14) 고종 때에 景福宮을 重建하면서 宮과 殿名을 재검토하였다. 개정을 전제로 하였던 것이나 더 좋은 이름을 찾지 못했다. 오히려 좋은 이름을 지은 정도전에게 감사하면서 그의 산소에 제관을 파견해 제사지내게 하였다. 새삼스럽게 감복하였던 것이다.

도전은 하륜의 무악명당설을 물리치고 여론을 일으켜 자초의 동의를 얻어내고 태조의 결심을 굳히게 하였다. 해박한 지식을 가진 그는 음양설에 구애되었다기 보다는 유학자답게 설득력있는 견해로 중의를 압도하였다.

수도가 한양으로 결정되자 태조는 곧 新都宮闕造成都監을 열고 判事들을 임명하였으며[16] 도시계획에 權仲和와 정도전을 참여시켰다.[17] 그리고 공역이 시작될 단계에 이르자 정도전에게 皇天后土之神에게 제사지내게 하였다. 종묘와 궁궐 開基시에도 제사를 지냈으나, 이 때에는 중추원부사 崔遠과 중추원사 權近을 제주로 파견하였다. 태조 4년(1395) 정월에는 사직단을, 7월에 궐 서쪽에 長生殿을 지었다. 9월에 종묘와 궁궐이 완성되자, 정도전은 신궐 침실 사면의 벽에 써붙일 '可法可戒'의 문구를 경사에서 가려 뽑아 嘉言으로 간추려 바쳤다.[18]

태조 4년 윤9월에는 도성조축도감을 열고 판사, 부판사, 使와 副使, 판관과 녹사들을 임명하고 정도전에게 명하여 도성 쌓을 자리를 정하게 하였다.[19] 백악산·인왕산·목멱산과 낙산의 능선을 따라 59,500척의 길이를 쌓았다. 실제의 시공에서는 600척씩을 1區로 삼고 전체를 97구로 나누어 시공하게 하였다. 59,500척의 城基長을 600척씩 97구로 나누면 1,300자 가량이 남는다. 이는 인왕산 꼭대기 자연암석지역의 성벽을 쌓지 않은 구역에 해당한다. 97구를 천자문의 순으로 명명하고 1字區를 다시 100자씩 여섯 등분해서 동원된 부역인원의 비례에 따라 나누어 맡아 시공하게 하는 계획을 세웠다. 계획안이 제출되자 태조는 친히 나아가 성 쌓을 자리를 살피고 곧 개기한다는 사실을 백악산과 오방신에게 알리는 고사를 지내게 하였다.[20]

태조 5년에 동북면, 강원도, 경상도, 전라도와 서북면에서 동원된 民丁 118,070명이 공역에 착수하였다.[21] 600자 구간마다 표시를 위하여 성벽돌에

---

15) 《太祖實錄》 권 6, 태조 3년 7월 기유.
16) 《太祖實錄》 권 6, 태조 3년 9월 무술.
17) 《太祖實錄》 권 6, 태조 3년 9월 병오.
18) 《太祖實錄》 권 8, 태조 4년 9월 계축.
19) 《太祖實錄》 권 8, 태조 4년 윤9월 갑술.
20) 《太祖實錄》 권 9, 태조 5년 정월 무진.
21) 《太祖實錄》에는 총인원수만 기록되어 있고 각 도에서 몇 명씩 동원되었는지에 대해서는 언급이 없다. 동북면은 백악산 동쪽부터 숙청문까지, 강원도는 숙청문

'崑字六百尺', '餘字六百尺'을 새겼다. 태조 5년(1396) 정월 9일부터 2월 28일까지 작업하여 석성과 토성으로 쌓았다.[22] 이 도성 쌓기를 1차공사라고 하는데 부실하거나 미진한 부분의 보완을 위하여 2차공사가 그 해 8월 6일부터 9월 24일까지 49일간 시행되었다. 경상·전라·강원도에서 79,400명이 차출되어[23] 무너진 부분을 다시 쌓고 성문마다 陸築을 하고 虹蜺門 여는 작업도 시행하였다.[24]

태조 6년 정월에 황해도에서 민정을 동원하여 성벽을 보수하고 동대문에 옹성을 쌓았으며 8월에는 경기도 사람들을 불러다 성벽의 무너진 부분을 수축하였다. 이로써 도성축조는 일단락되었으나 남대문은 그 이듬해 2월에 가서야 준성되었다.[25]

정도전은 새로 이룩된 궁궐을 景福宮, 법전을 勤政殿으로 하는 등 여러 전각의 이름을 지어 바쳤고 도성 4대문과 4소문의 이름, 방리의 명칭까지도 지어 아뢰었다. 또 그는 성벽을 쌓고 있던 기간 중에 경복궁의 미비한 부분을 보완하는 감역을 맡아 태조 6년 4월에는 궁실을 짓는 일을 대략 마무리하였다. 그 후 정도전은 有備庫 신축공사를 맡아 스스로 감독하였다.[26] 이어서 문묘, 관아, 종루 등도 완성하였다.

(3) 태종의 도성건설

태종의 도성건설에 대해서는 감역관 朴子靑의 행보를 따라 살펴보면 명료하게 알 수 있다. 태종은 우선 박자청·李稷·辛克禮를 제조로 임명하여 향교동에 이궁을 짓는 일부터 시작하였다.[27] 이 궁을 昌德宮이라 하였고 내전과 외전의 일곽이 구성되었다. 《太宗實錄》에는 중요 건물만 기록되어 있는데, 이것을 태조가 창건한 경복궁과 견주어 보면 정궁과 이궁과의 규모 차이가 분명하게 드러난다.[28]

에서 동소문, 경상도는 동소문에서 남대문, 전라도는 남대문에서 서대문, 서북면은 서대문에서 백악산 서쪽까지의 근방을 축성하였다.

22) 《太祖實錄》 권 69, 태조 5년 2월 병진.
23) 《太祖實錄》 권 10, 태조 5년 8월 신묘.
24) 《太祖實錄》 권 10, 태조 5년 9월 기묘.
25) 《太祖實錄》 권 13, 태조 7년 2월 을유.
26) 《太祖實錄》 권 12, 태조 6년 10월 갑오.
27) 《太宗實錄》 권 2, 태종 5년 10월 정해.

태종 6년(1406)에 박자청은 中軍摠制에 繕工監을 겸하게 되었는데, 기술인으로서 인정받은 것이었다. 이듬해 그는 이직과 더불어 문묘를 새로 짓는 일에 감역하였고 문묘가 준공되자 중군도총제 및 繕工監事로 진급되었다.

태종 7년 8월에 개경의 迎賓館을 본따 커다란 연못까지 구비된 慕華樓를 지었다. 박자청은 이 경험을 바탕으로 廣延樓의 연못과 慶會樓의 연못, 대규모의 경회루 조영의 공역을 치러 냈다. 貞陵의 정자각, 齊陵의 조포사인 衍慶寺를 개건하는 일도 하였는데, 이 때 興敎寺의 탑을 연경사에 이건하였으며 興天寺 舍利閣을 수리하였다. 상왕이 붕어하자 박자청은 국장도감과 造墓都監의 제조를 맡았고 이직의 협조를 얻어 健元陵 조성을 주관하였다.[29]

태종 10년에는 大市를 열고 장사하는 데 편의를 도모하게 하였다.[30] 태종의 도시계획구상에서 行廊을 대규모로 지으려는 의도는 여기에서 비롯된 것이다. 행랑의 조성과 함께 태종의 도성건설에서 대표적인 업적은 開川작업이었다.

태종 11년 윤12월에 開渠都監을 열고 제조들을 임명하였는데 공조판서 박자청이 이직과 더불어 중심인물이 되었다.[31] 개거할 자리의 측량과 설계가 진행되었고 이듬해 정월 보름부터 전라·경상·충청도 군인을 징발하여 시공하기로 하였다. 여기에는 반대도 있었으나 개천하는 일이야말로 도성내의 수로를 정비하는 것이고, 개천이 확고해지면서 동서관통의 도로가 확정되고 그에 따라 도로망이 설정되므로 그 사업은 필연적이었다. 태종 때의 개천은 제1차 사업인데, 장의동에서 종묘, 창덕궁 문앞에 이르는 구간이 준설되고 호안이 석축되거나 나무로 만들어졌다. 그리고 대·소광통교와 혜정교, 정선방 동구와 신화방 동구의 다리는 모두 돌로 가설되었다.[32]

개천작업이 마무리되자 태종은 그날로 개거도감을 行廊造成都監으로 대체하고 역도 2,315인을 동원하였는데, 역도 중에는 승군 500인이 포함되었다. 태종의 행랑건설은 세 차례에 걸쳐 시행되었다. 제1차 사업은 개천역이

28) 《太祖實錄》 권 8, 태조 4년 9월말의 기록과 《太宗實錄》 권 10, 태종 5년 10월 신사의 기록을 비교해 보면 알 수 있다.
29) 《太宗實錄》 권 22, 태종 8년 5월 을묘.
30) 《太宗實錄》 권 19, 태종 10년 2월 갑진.
31) 《太宗實錄》 권 22, 태종 11년 윤12월 경오.
32) 《太宗實錄》 권 23, 태종 12년 2월 경오.

끝난 직후부터 시작되었다. 태종은 이미 행랑을 지을 자리를 정하고 측량과 설계를 하였으며 소용될 재목을 확보해 놓았으므로 일이 순조롭게 진척되었다.[33] 472칸이 완성되고 창덕궁의 정문인 敦化門 5칸도 함께 준공되었다.[34]

태종 13년(1413) 2월에 행랑조성역이 다시 시작되었다. 경복궁 남쪽부터 종묘 앞까지 길 좌우로 881칸을 짓고, 종묘 남쪽에 층루 5칸을 세우고 청운교 서편에 있던 종루 2층 5칸을 巡禁司 남쪽으로 이건하였다. 광통교의 북쪽과 용산강에 軍資庫를, 서강에 豊儲倉을 새로 지었다. 2,641명의 부역군과 500인의 승군을 전판사 李暕 등이 감독하되, 공조판서 박자청, 星山府院君 이직, 知議政府事 李膺 등의 지휘를 받아 시행토록 하였다.[35]

태종 14년 7월에 시작된 제3차 사업에서는 종루에서 남대문까지와 종묘 앞 누문에서 동대문에 이르는 구간에 행랑을 건설하기로 계획하였다. 동북·서북면의 승군 600인과 경기 豊海道의 船軍 1,000인을 부역시키고 박자청이 지휘하도록 하였다. 행랑을 지을 자리에 있는 여염집들은 보상해주고 철거하였는데,[36] 기와집 126칸과 초가집 1,360칸이 여기에 해당되었다. 3차 사업에서 몇 칸의 행랑이 축조되었는지는 알 수 없으나 1·2차에 1,232칸을 지었으므로 적어도 2,000칸 이상이 이룩되었을 것이다.

3차에 걸친 행랑조성사업의 결과 동대문에서 종루를 거쳐 남대문에 이르는 대로 좌우와, 종묘에서 창덕궁 문앞까지와 경복궁 문앞까지의 도로에 행랑이 들어서게 되었다. 대규모 사업에서 일부의 하자가 있었고,[37] 화재로 인한 손실도 있었으므로 방화벽을 쌓고 물을 비축하여 화재에 대비하게 하였다.[38]

태종대에 토목공사는 계속되었지만 개천과 행랑조성으로 도성의 골격이 형성되어 그 면모를 갖추게 되는 기반을 마련하였다.

---

33) 《太宗實錄》 권 22, 태종 11년 윤12월 기사 및 권 23, 태종 12년 2월 을축.
34) 《太宗實錄》 권 23, 태종 12년 6월 을사.
35) 《太宗實錄》 권 25, 태종 13년 2월 을묘.
36) 《太宗實錄》 권 28, 태종 14년 9월 경진.
37) 《太宗實錄》 권 30, 태종 15년 7월 임자.
38) 《太宗實錄》 권 30, 태종 15년 10월 계축.

(4) 세종과 그 이후의 도성건설

국왕이 양위하면 時御所였던 궁을 떠나 따로 옮겨사는 것이 관례였다. 세종은 즉위하면서 상왕인 태종을 위해 창덕궁 옆에 신궁을 경영하고 壽康宮이라 하였다.[39] 세종 즉위년(1418) 11월 7일 태종은 수강궁으로 옮겼는데 그 궁이 어떤 규모로 경영되었는지에 대하여는 《世宗實錄》에 언급이 없다. 여러 단편적인 자료에 의하면 수강궁에 정전이 있었고 月臺가 부설되어 있었으며[40] 內庭과 外庭, 宮門, 南廊과 正門이 있었음을 알 수 있다.[41]

성종의 모후와 대비들이 창덕궁을 떠나 수강궁으로 이어하길 바랐으나 수강궁은 성종 때에 이르러 이미 낡았으므로 우선 경복궁으로 모시고 수리를 시작하였다. 그러다가 성종 14년(1483)에 새로 짓게 되었고, 궁의 이름도 昌慶宮으로 바꾸었다.[42] 그러나 원로 신하들이 이 공역을 반대하였으므로 완성단계에 접어들어서야 창경궁이란 명칭을 쓰게 하였다.[43]

성종은 수리도감을 열어 창경궁의 일을 맡아보게 하였고[44] 법전은 당연히 남향해야 한다고 생각했다가 동향도 무관하다고 생각을 바꾸었으며 승정원을 비롯한 여러 관아를 갖추어 여기에서도 정사를 볼 수 있게 하였다. 이로 인하여 창경궁은 수강궁과는 완전히 다른 면모가 되었으며, 그 후 연산군이 瑞葱臺를 쌓았다.[45]

이 밖에 세종초에 도성 내외에 여러 이궁이 이룩되었는데 이는 대부분 상왕인 태종의 주관으로 이루어졌다. 그 중 도성내에는 蓮花坊 新宮과 泉達坊 신궁이 들어섰다. 세종 때의 대표적 사업인 도성 개축도 태종이 주관하였다. 태종은 재위시에도 개축을 기획하고 있었으나 지나친 백성들의 노고를 염려하여 자제하고 있다가 세종에게 양위한 후 스스로 사업을 맡았다. 도성수축

---

39) 《世宗實錄》 권 2, 세종 즉위년 11월 기유.
40) 《世宗實錄》 권 2, 세종 즉위년 11월 경신.
41) 《世宗實錄》 권 3, 세종 원년 정월 계축조에 의하면, 수강궁은 세종 원년 정월에 수리되었다.
42) 《成宗實錄》 권 152, 성종 14년 3월 갑오.
43) 《成宗實錄》 권 170, 성종 15년 9월 신해.
44) 《成宗實錄》 권 171, 성종 15년 10월 무오.
45) 《燕山君日記》 권 58, 연산군 11년 5월 신묘 및 6월 을축·기묘.

도감을 열어 도제조와 제조들을 임명하고[46] 수축할 부분을 정하였으며 동원할 인원을 계산하여 총 403,755명이 40일간 작업해야 한다고 보았다. 세종은 태조 때 다시 쌓을 때도 그만한 인원이 동원되지 않았다고 의문을 표시하여 다음과 같이 다시 인원을 조정하였다.

1. 경기도 丁夫	20,188명
2. 충청도 정부	56,112명
3. 강원도 정부	21,200명
4. 황해도 정부	39,888명
5. 전라도 정부	49,104명
6. 경상도 정부	87,368명
7. 평안도 정부	43,392명
8. 함길도 정부	5,208명
합 계	322,400명
	(실제로는 322,460명임)
9. 工匠	2,211명
10. 各色軍	115명

이날 우의정을 도제조에 추가하고 33명의 제조와 사, 부사, 판관, 녹사 등 190인을 더 참여시켜[47] 세종 4년(1422) 2월 23일에 도성 개축을 끝냈다. 태조 때의 토축을 모두 석축으로 바꾸고 수구문을 증치하였으며 서전문을 닫고 돈의문을 여는 작업을 진행하였으며 도로도 열었다.[48]

세종은 태종같이 수많은 인원을 동원하여 대규모로 진척시키는 방도를 취하지 않고 동왕 6년부터 16년 2월에 이르기까지 농한기를 이용하여 조금씩 손을 대어 나아갔다. 수문을 더 설치하고 호안을 석축으로 하고 돌다리로 바꾸지 못하였던 정선방·연화방·창선방·덕성방의 다리를 석교로 가설하고 모화관 앞과 건춘문 앞 내도 개천하는 등 지류세천에 이르기까지 정비하였다.[49] 또 세종은 마전다리 앞과 한강변에도 水標를 세웠고 측우기도 만들어

---

46) 《世宗實錄》 권 13, 세종 3년 10월 임인.
47) 《世宗實錄》 권 14, 세종 3년 12월 을해.
48) 《世宗實錄》 권 15, 세종 4년 정월 갑술.
49) 《世宗實錄》 권 12, 세종 3년 7월 계해·4년 정월 을해·12년 6월 을미·16년 2

보급하였다. 이외에도 강령전을 고쳐 짓는 일, 건춘문 개건, 여러 개천의 호안석축을 쌓는 일, 남대문 밖에 못을 파는 일들이 계속되었다. 세종 30년에는 남대문 중수공사에 착수하였다.[50]

문종 원년(1451) 정월에는 무너진 도성을 개축하면서 동대문을 수리하였는데 신통치 못하여 10월에 다시 고쳐 짓기 시작하였다.[51] 이 작업은 단종 때 가서야 끝이 났다.

세종대 이후로는 태조와 세종에 의하여 기반이 조성된 것을 고치거나 보완하고 더 필요로 하는 것을 추가하는 정도로 도성건설이 지속되었다고 하겠다.

3) 읍성의 축조와 관아시설

(1) 읍성의 축조

조선시대에는 각 고을의 治地에 읍성을 쌓았다. 산곡 내륙의 읍치는 그렇지 않았지만 요충지에는 으레 읍성 쌓는 것을 기본으로 알았다. 읍성이 행정구역 단위에 축조되었다고 하여 행정적인 성격을 지닌 것으로 보고 있으나, 군사적 목적으로 축성되는 성채와 다를 바 없었다. 유사시에는 관원과 군인·백성들이 합세하여 성을 지키면서 적을 막았다. 평상시의 행정적인 기능과 유사시의 군사적인 기능을 함께 지녔던 것인데, 이는 조선시대의 행정·군사의 편제에서 牧使와 兵使의 이원적 조직을 갖추었던 것과도 관련이 있다.

《新增東國輿地勝覽》에 의하면 조선 초기·중기의 행정구역은 모두 330개소에 달하였다. 그 중 읍성은 한양의 도성을 비롯하여 160기의 성이 기록되어 있다. 읍치에는 읍성 이외에 다른 성이 있는 경우도 있었다. 예컨대 昌城都護府에는 읍성 이외에 靑山城·行城이 더 있었고 평양부에는 內城과 外城

월 기유 등의 기사 참조.

50) 이 때 공사가 견고하지 못하여 성종 때에 남대문이 기울자 성종 10년에 다시 수리하였다. 이 사실은 1962년 남대문 중수공사시 상량문에 나타나 있다.

51) 《文宗實錄》 권 6, 문종 원년 10월 병인.

이 있었다.[52] 이런 성이 전국에 30기가 더 있었다. 《신증동국여지승람》의 고적조에도 성의 이름이 수록되어 있으나 이들은 거의 폐기된 전대의 것이므로 성곽조에 기록된 190기만이 당대의 것으로 보인다. 이 성들을 분류하면 다음 〈표〉와 같이 돌로 쌓은 석성이 179기이고, 흙으로 쌓은 토성은 11기였다.

〈표〉 조선 초기 행정구역과 읍성

지역 \ 구분		행정구역	읍성이 있는 군현	읍성			비 고
				계	석축	토축	
한성부		1	1	1	1		都城
개성부		1	1	2	2		內外城
경기	좌도	22	1	1	1		水原都護府
	우도	15	1	1	1		喬桐縣
충청	좌도	21	5	5	5		
	우도	33	19	20	19	1	乾至山城 포함
경상	좌도	35	20	23	23		慶州, 梁山, 寧海山城 포함
	우도	31	21	22	19	2	咸陽沙近城 포함
전라	좌도	21	8	11	11		南原 蛟龍山城 포함
	우도	36	25	28	26	2	珍島 金鴨 南姚浦城 포함
황해	좌도	14	2	2	2		
	우도	10	6	6	6		
강원	좌도	9	9	11	9	2	三陟, 沃原城, 通川北山城 포함
	우도	17	1	1	1		
함경	좌도	13	8	11	11		永興 山倉洞城, 甲山外城 三水 鴨綠江行城 포함
	우도	9	9	12	10	2	土築 2개소는 미상 鏡城南山城 등 포함
평안	좌도	21	12	18	17	1	平壤外城, 昌城의 青山城과 行城, 朔州의 行城 등 포함
	우도	21	11	16	14	1	渭原 加工軍洞行城, 洞口行城 碧潼行城 등 포함
계		330	160	190기	179기	11기	

52) 《新增東國輿地勝覽》 권 53, 昌城 및 권 51, 平壤.

읍성이 행정적인 성이라 한다면 요새에는 군사적인 목적에서 축성된 성이 따로 있었다. 경우에 따라서는 하나의 군·현에 읍성과 함께 行城·山城·營城·鎭城·堡城·倉城·所城·戍城·長城·關城 등이 있었는데, 《신증동국여지승람》에는 그런 성이 555기가량 있다고 하였다. 또 옛날에 쌓은 것 중에 잔형이 남아 있는 성이 200여 기나 된다고 하였다. 읍성 외에 군대 주둔용 등의 작은 성들을 따로 두었던 것은 요소에 분산 주둔하였다가 서로 도우며 기습하거나 구원하는 전법을 구사하기 위한 것이었다.[53]

下三道에는 진·성·수·소 등의 작은 성들이 많았다. 그것은 고려말부터 조선 초기까지 왜구의 침입이 지속되어 그들을 막는 일이 큰일이었기 때문이다. 그래서 세종대부터 문종대에 걸쳐 축성이 집중적으로 이루어졌다.

단종 때에도 하삼도의 성벽 중 퇴락한 것의 보수문제가 논의되었다. 충청·경상·전라도 都體察使 鄭苯의 청에 따라 경상도의 蔚山 柳浦石堡, 충청도의 瑞山城을 쌓았고 조성중이던 경상도 昆陽·機張·東萊·固城·巨濟城의 海子와 鎭海·河東城의 敵臺, 그리고 전라도 興陽·順天·光陽城의 擁城을 각 읍 수령 책임하에 완성케 하고, 충청·경상·전라도의 관찰사들에게 감수하도록 하였다.[54]

정분은 전에도 문종에게 東西兩界의 축성은 대신을 보내어 계획하고 추진하는 일을 감독케 하였지만 하삼도는 감찰사의 지휘하에 전례에 따라 이룩하는 것이 번거롭지 않아 실리가 있다고 하였다. 그리고 중앙에서 꼭 사람을 보내야 한다면 전문가를 畵工과 함께 파견하여 각 도의 감사와 고을의 수령이 공동으로 살펴서 城基를 정한 것을 낱낱이 그려서 廟堂에 복명하면 그것을 대신들이 검토하여 결정함이 좋겠다고 아뢰었다.[55] 이는 대신이 지방에 거동하면서 일어나는 여러 가지 부작용을 방지하려는 데 목적이 있었다.

그런데 하삼도의 읍성들은 城制가 제각기여서 보완되어야 할 부분이 적지 않았다. 당시 법으로 정하였던 성제의 대요는 하삼도의 읍성 실태를 직접 조사한 도체찰사 정분이 개축시에 반드시 교정해야 한다고 지적한 31기 성의

---

53) 《文宗實錄》 권 3, 문종 즉위년 8월 을해.
그런 견해를 문종대 兵曹의 인식에서도 찾아볼 수 있다.
54) 《端宗實錄》 권 2, 단종 즉위년 8월 신유.
55) 《文宗實錄》 권 4, 문종 즉위년 10월 무인의 司諫院左正言 具人文의 啓.

불완전한 점들을 검토하면 파악할 수 있다.

정분은 慶州읍성의 둘레에 해자가 없다고 하면서 당시 읍성의 규모와 시설을 다음과 같이 기록하였다.

> 경주부읍성 둘레 4,075尺, 높이 11척 6寸, 성가퀴 높이 1척 4촌, 敵臺 26, 門 3, 無擁城 성가퀴 1,155, 城內 우물 83, 海子 아직 파지 못함(《文宗實錄》 권 9, 문종 원년 9월 경자).

이어서 정분은 30곳의 성을 지목하면서 현재 상태와 보완할 부분을 지적하였다.[56]

수시로 이러한 진단을 함에 따라 거제의 읍성도 새로 城基를 정하고 읍성 해자를 개축하였다. 원래보다 동북쪽으로 1,000여 척 확대시켰으면 좋겠다는 건의를 받고, 巡察使로 하여금 편리한지 여부를 살펴 성기를 정하기로 하였다.[57] 이에 따라 도체찰사 정분이 기존의 읍성을 살핀 후 법도에 맞지 않게 쌓았으므로, 성의 둘레를 1,916척으로 쌓으면 성의 백성들이 다 들어갈 수 있겠다고 하였다. 또 古丁部曲의 지세가 평탄하고 골이 깊으니 샘을 파서 물을 얻기에 좋고 살기에도 좋으므로, 읍성을 이리로 옮기는 것이 좋겠으며 내년 10월쯤에 축성하면 편의하겠다고 하였다. 단 永登浦와 玉浦와의 사이가 너무 떨어져 있어서 주야로 들에서 일을 하다가 왜구의 습격을 받으면 요해지를 잃을 염려가 있으니 두 포의 사이에 栗浦를 두어 木柵을 설치하고 船軍을 영등포에 20명, 옥포에 30명을 배치하여 군관 한 사람으로 하여금 통솔하게 하자고 하였다. 또 知世와 吾兒의 사이도 너무 떨어져 연계되기 어려우니 그 사이에 助羅浦를 설치하고 나누어 지키게 함이 옳겠다고 보고하였다.[58]

이 건의에 대하여 읍성을 옮기는 것은 좋으나 沙等里에 읍성을 건설한 지 얼마되지 않아 난감하다는 여론이 있어, 문종은 이를 다시 검토하게 하였다. 그러나 이 때 倭護軍 藤九郞으로부터 왜구가 침입할 기미가 있다는 첩보가 왔으므로 그에 대한 대비책이 마련되어야 했고 대신들은 읍성을 옮기는 일

56) 《文宗實錄》 권 9, 문종 원년 9월 경자.
57) 《文宗實錄》 권 3, 문종 즉위년 9월 계묘.
58) 《文宗實錄》 권 4, 문종 즉위년 10월 무술.

이 마땅하다고 하였다.59)

하삼도의 방비가 자주 침구하는 소규모 집단의 기습공격을 방어하는 대책이었다면, 북방은 육로로 대규모 집단이 일시에 국경을 침범하는 사변을 제어하려는 방책이었다고 할 수 있다. 고려말 홍건적의 침입을 경험한 일이 있었으므로 문종초에도 그에 대한 대비책을 미리 마련하자는 분위기였다.60)

또 중국쪽에서 심상치 않은 사태가 전개되고 있다는 소식이 전해지면서 좌의정 黃甫仁이 장성을 쌓아 대비해야 한다고 주장하였다.61) 또 하삼도의 읍성 정비안을 준비하고 있던 정분은 태종 때 성산부원군 이직이 함길도 도체찰사로 임명되어 吉州·端川·北靑·甲山 등에 산성을 쌓는 일의 타당성을 조사한 결과 축성해야 한다고 보고하였던 사실을 들어 함길도·평안도 지역에서 산성축조에 착수해야 한다고 주장하였다.62) 함길도 절제사 李澄玉도 야인들의 동정이 심상치 않다고 변방사태를 보고하면서 會寧·慶源 등의 성이 견고하지 못하고 穩城과 鍾城의 성도 완성되지 못하였으므로 더 쌓아야 할 필요가 있다고 하였다.63)

성을 쌓는 데에는 돌이나 흙으로 쌓는 방법 외에 목책으로 방어벽을 만드는 수도 있었으며 鹿角木柵 등의 기법도 있었다. 예를 들면 함길도 會寧鎭의 甫乙下口子城은 목책으로 하라는 분부가 있었으나 목재는 다루기 어렵다고 하여 토축하게 해달라는 건의가 있었다. 결국 황보인이 돌 뜨는 곳도 가까우므로 석성으로 하는 것이 유익하다는 주장에 따라 원래 책정된 150명에 50명을 더 주어 성벽을 쌓게 하였다.64)

함흥과 온성·갑산 등지에서 읍성의 기능에 따른 증설사업도 실시되었다. 함흥에서는 안변 이북, 북청 이남의 여러 고을에서 5,000명을 동원하여 본래의 성에 10,314척을 더 쌓아 咸興府城을 완성하였다. 穩城府城은 7,000명을 동원하여 서·남쪽으로 500자 넓이를 추가하였다.65)

---

59) 《文宗實錄》 권 7, 문종 원년 5월 계묘.
60) 《文宗實錄》 권 5, 문종 원년 정월 기사.
61) 《文宗實錄》 권 1, 문종 즉위년 5월 임신.
62) 《文宗實錄》 권 3, 문종 즉위년 9월 경신.
63) 《文宗實錄》 권 5, 문종 원년 정월 무신.
64) 《文宗實錄》 권 8, 문종 원년 7월 계묘.

평안도 방면의 축성도 논의되어 평양성을 비롯한 여러 고을의 읍성이나 산성들이 수축되거나 신설되었는데 그 중에서도 義州城에 관심이 집중되었다. 처음에는 문종 원년(1451) 2월 초하루에 공사를 시작해서 그믐날 끝내기로 하고 사전준비를 진행하였으나 문종의 지시로 계획이 변경되었다. 문종은 당장 성벽을 쌓아 고치는 일보다는 퇴락한 성문을 고치고 池壕를 깊게 하는 한편으로, 전돌과 석회를 굽게 하여 5,600인의 인력으로 강이 얼었을 때 수송해 이듬해 봄이나 가을에 성벽을 쌓는 것이 좋겠다고 하였다. 이로 보아 의주성이 석성이지만 磚壁이 사용되었음을 알 수 있다.[66] 의주성의 구조는 皇甫仁·金宗瑞가 제시한 다음의 개수지침을 살펴보면 짐작할 수 있다.

> 남문에서 동문에 이르기까지는 더 쌓는 성벽 높이를 30척, 短墻 높이 두 자, 성가퀴의 높이를 석 자로, 남문은 문루를 헐고 다시 짓고 문 밖 옹성은 虹橋를 없애고 대신 懸門을 설치하되 그 위에 건물을 간결하게 짓는다. 동문도 문루를 더 쌓고 홍교를 치우고 문루를 세우며 그 밖에 다시 옹성을 더 쌓아서 현문을 설치하고 지붕을 씌운다. 또 서문의 옹성에도 역시 현문을 설치하고 지붕을 구성한다. 또 동문에서 북문까지의 城子는 높은 곳은 단단하게 쌓였으므로 낮은 곳만 덧쌓는다(《文宗實錄》 권 7, 문종 원년 4월 경진).

이 지침에 따라 우선 10월까지 선군 1,000명을 동원하여 於外洞 등으로 석재를 옮기고 이듬해 공역이 시작되면서 다시 필요한 자리로 운반하였다. 또 의주의 선군 250명을 7월 1일부터 9월말까지 동원하여 전돌을 굽게 하고 특히 성문의 취약성을 고려하여 문짝에 사용할 鐵楪釘 등의 제작에 힘쓰기로 하였다.[67]

성문에 懸門을 설치하자는 안이 김종서에 의하여 제기되었다. 이에 대해 현문의 체제에 약점이 있다는 이유로 반대하는 의견도 있었지만,[68] 상당히 견고하여 방비에 큰 효과가 있을 것이라는 점이 고려되어,[69] 문종 원년 6월 의주성에 새로 만든 현문을 설치하는 시험을 하였다.[70]

---

65) 《端宗實錄》 권 1, 단종 즉위년 6월 무인.
66) 《文宗實錄》 권 5, 문종 원년 정월 기유.
67) 《文宗實錄》 권 7, 문종 원년 4월 경진.
68) 《文宗實錄》 권 6, 문종 원년 3월 임자.
69) 《文宗實錄》 권 6, 문종 원년 2월 신미.
70) 《文宗實錄》 권 8, 문종 원년 6월 임신.

한편 외따로 떨어져 있는 성으로는 효과적인 방어가 어려우므로 장성을 쌓거나 행성을 쌓는 것이 바람직하다는 의견이 제기되었다. 황보인이 함길도에 장성을 쌓자고 주장하였고,[71] 사헌부 장령 河緯地가 문종 즉위년 가을에 함길도의 행성을 쌓기로 한 것은 세종이 돌아가신 시기에 해당하니 늦추자고 하였으나 문종이 세종의 뜻이라고 하여 그대로 시행하였다.[72] 또 함길도 관찰사 金文起는 야인들의 동정이 조금 뜸한 틈을 타서 온성에서 회령에 이르는 행성을 쌓자고 건의하였다.

행성의 이점은 同知中樞院使 趙克寬에 의하여 다음과 같이 지적되었고, 이 건의가 채택되어 온성과 종성에서부터 회령에 이르는 구간에 행성이 축조되었다.[73]

> 沿邊의 여러 鎭이 賊路에 연접하여 있으니, 만일 행성이 없으면 우리의 單弱한 군졸만으로는 부지하기 어렵습니다. 행성을 쌓는 일이야말로 국가에서 제일 가는 급한 일입니다(《文宗實錄》 권 6, 문종 원년 2월 임오).

《신증동국여지승람》 온성도호부 성곽조에는 석축한 읍성과 함께 행성에 대한 기록이 있다. 이에 의하면 온성도호부의 행성은 길이가 143,768척, 높이가 12척이었으며, 종성도호부의 행성은 석축한 길이가 62,408척, 토축한 길이가 85,600척이고 3,582척은 木柵하였다. 읍성은 따로 석축한 것이 있다고 하였다. 회령도호부의 읍성은 중종 2년(1507)에 증축한 것인데, 그 길이가 11,720척, 높이가 15척이었다.

《신증동국여지승람》 三水郡條에 의하면 읍성과 함께 군 북쪽 1리에 '鴨綠江行城'이 있었는데 석축의 길이가 1,517척, 높이가 5척이었다. 평안도에서는 昌城·朔州·渭原·理山·碧潼 등 압록강에 연하여 있는 고을에 행성을 쌓아 두만강가의 행성과 대등하게 하였다.[74] 이들 행성은 장성이라 불리우기도 하였다.[75]

---

71) 《文宗實錄》 권 1, 문종 즉위년 5월 임신.
72) 《文宗實錄》 권 2, 문종 즉위년 6월 기축.
73) 《文宗實錄》 권 6, 문종 원년 2월 정해.
74) 《新增東國輿地勝覽》 권 53 및 권 55의 昌城都護府 行城·朔州都護府 行城·渭原郡 加乙罕洞 行城·理山郡 行城·碧潼郡 行城 참조.
75) 《文宗實錄》 권 7, 문종 원년 7월 임인.

이와 같이 문종대에는 축성을 통해 북방과 하삼도의 방어책을 마련하였다.

(2) 관아의 시설

경복궁이 완공되자 정문인 광화문 남쪽으로부터 黃土峴까지 대로가 열리고, 대로 좌우연변에 의정부를 비롯한 三軍府, 六曹, 司憲府 등의 관사가 태조 4년(1395)에 세워졌다.[76] 官衙는 衙舍·公廨라고도 하는데, 정치·경제·행정과 교육·의례에 소용되는 온갖 유형의 건물이 필요하였으므로 수도뿐만 아니라 전국 각 지방 고을마다 건설되었다. 관아는 신축되기도 하고 고려 이래의 옛 건물이 그대로 이용되기도 하였다.

한양에는 고려 때의 南京 離宮을 비롯하여 창덕궁을 지은 터전에 있었던 향교 등 전대의 건물들이 있었다. 그러나 그들은 대부분 훼철되었고 새 왕조에 소용되는 관아들이 새로 지어져 태조 7년경에 일단락되었다. 〈新都八景〉 세번째 폭의 列署星拱은 그런 관아의 즐비한 모습을 묘사한 것이다.[77]

태종 때 완성된 행랑으로 도성의 면모가 달라지고 필요에 따른 시설이 추가로 건설되어 《신증동국여지승람》에서 보는 바와 같은 공해가 완성되었다. 행정조직 세분화에 따라 6조에만도 수많은 예하 관공서가 생기고 관아건물이 신축되었다.[78] 또 창덕궁 등 임금의 時御所 부근에 일종의 분소인 朝房이 설치되었다.[79]

당시 관아건물이 어떤 구조였는지 알아내기는 힘들다. 기록이 단편적이고 임진왜란으로 거의 소멸되어 유구가 잔존하지 않기 때문이다. 더러는 초기에 구조된 것이 중도에 폐지되기도 하였다. 그 예로 태조 4년 경복궁 광화문 밖 서편에 지은 종각을 들 수 있다. 세종은 이를 동서로 5칸, 남북으로 4칸 규모의 樓로 고쳐 짓고 종을 달아 아침저녁으로 시각을 알리게 했다. 세조는 큰 종을 주조하여 괘종하였다. 한편 태종은 종묘 앞에 다락집을 지었다. 이들 중 일부는 후대에 이르러 자취를 감추었다.

대부분이 없어지면 곧 다시 重建하되 옛 모습에 방불하도록 하는 일을 존

76) 《太祖實錄》 권 7, 태조 4년 9월 경오.
77) 《太祖實錄》 권 13, 태조 7년 4월 임인.
78) 《新增東國輿地勝覽》 권 2, 京都 下, 文職武職公署.
79) 예컨대 刑曹의 朝房은 昌德宮 金虎門 밖에 있었다. 이는 다른 관아에서도 마찬가지였다.

중하였다. 그러므로 후대 기록을 통하여 전대의 형상을 어느 정도 추정해 볼 수 있다. 아주 영성하지만 일부 유구가 남아서 당시를 고찰하는 데 도움이 되기도 한다. 그 중의 한 예가 社稷署이다.

사직서는 사직단을 관리하는 관아로 세종 8년(1426) 6월에 설립되었다. 《社稷署儀軌》(〈그림 1〉)[80]에는 사직서 관아건물이 배치되어 있는 모습이 수록되어 있다. 遮帳庫·祭器庫와 좌우의 月廊, 중문채가 있고, 남쪽으로 樂工廳, 部將直所가 있고 동향한 정문이 있다. 현재 정문 외에는 없어졌거나 후기에 중건된 것이다. 지금의 위치는 도시계획에 따른 도로의 신설로 이동된 것이지만 좌향을 그대로 둔 채 옮겨진 것이어서 동향한 상태는 원래와 같다. 정문은《사직서의궤》 작성 이전부터 있었고 임진왜란 때 훼손되었어도 옛 제도에 따라 제자리에 중건된 것으로 이해된다.

〈그림 1〉 사직서 전도 (《사직서의궤》 권수 도설)

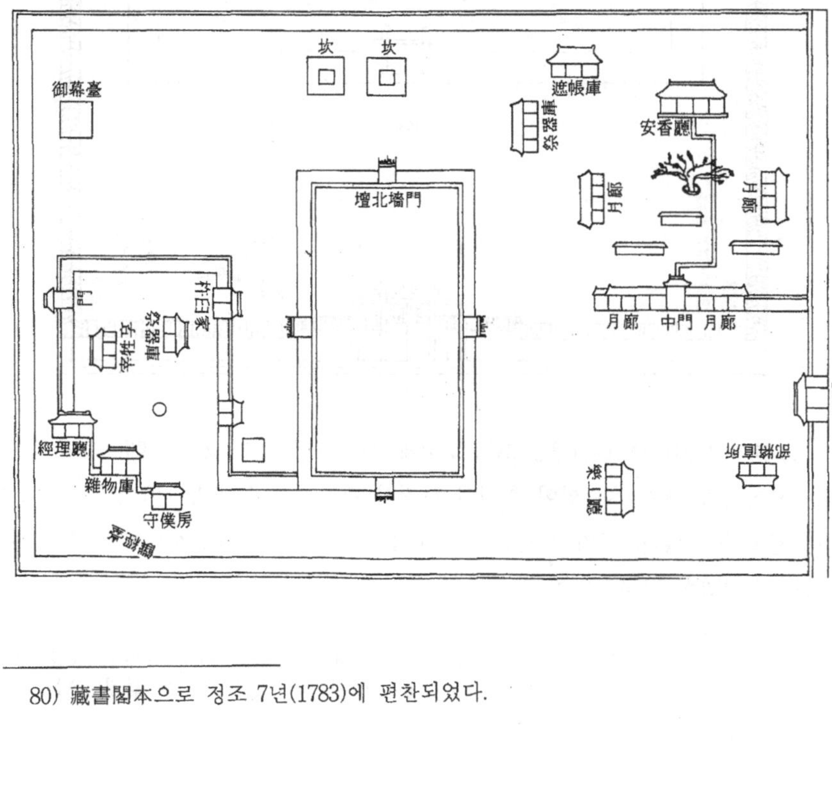

80) 藏書閣本으로 정조 7년(1783)에 편찬되었다.

〈그림 2〉 《국조오례의》에 실린 사직단도

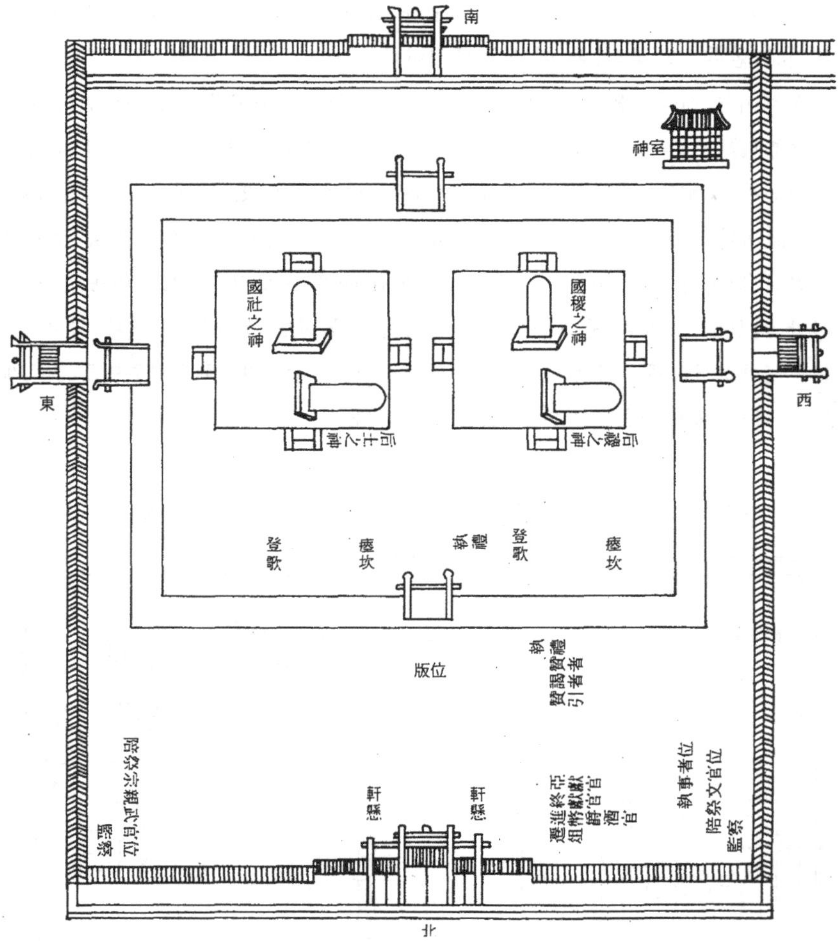

그런데 《國朝五禮儀》(성종 5년 ; 1474)에 수록되어 있는 社稷壇圖(〈그림 2〉)에는 사직서가 제외되어 있어 후대의 사직서 관아건물이 초기에도 동일하였는지는 정확하지 않다. 단지 사직단의 유구와 유지가 있어 대동소이하지 않았을까 하는 추정만이 가능하다.[81)]

81) 1985년에 사직단 주변의 간이발굴이 있었다. 6·25사변 이후 퇴락한 것을 다시 옛 모습대로 재현시키기 위한 조사였는데 사단과 직단, 주변의 담장, 유문 등의

이 밖에 후기의 기록이 남아 있어 옛 모습의 일부나마 짐작해 볼 수 있는 관아가 있다. 그 중에서 형조의 예를 살펴보겠다. 형조의 本衙는 경복궁 광화문 밖 대로 우측에 있었다. 그 북쪽에 병조가, 남쪽에 공조가 있고 서쪽에 律學廳 일곽과 사역원이 있었으며 뒷마당에는 蓮塘이 있었다. 형조 본아의 중심건물은 10칸 규모의 堂上廳事로, 행각 2칸, 茶廚 1칸, 兒房(숙종 39년에 창건됨) 4칸, 행각 3칸, 곳간 2칸, 廚 1칸으로 일곽을 이루었다. 청의 앞뜰에 왼쪽으로 嘉石, 우측에 肺石이 있었다. 이 밖에 형조 본아는 다음과 같은 건물로 이루어져 모두 127칸이었다.

郎官廳事 6칸, 좌우방 4칸, 上直房 3칸 반, 茶廚 1칸
西廊 掌務庫 1칸, 奴婢色庫 2칸, 馬廐 4칸, 廚 1칸, 大門 1칸, 挾門 1칸
南廊 樓上庫 8칸, 樓下庫 8칸, 續案庫 7칸
東廊 續案庫 3칸, 刑房庫 2칸
書吏長房 2칸, 廳 24칸, 靑寫廳 4칸, 詳覆房 2칸
堂上三門 3칸, 郎官中門 1칸, 挾門 3칸, 大門 1칸

그리고 창덕궁 금호문 밖의 朝房의 규모는 다음과 같다.

堂上廳事 3칸, 上房 2칸, 茶廚 1칸
郎官廳事 3칸, 房 2칸, 茶廚 1칸
律學廳事 1칸, 房 1칸, 東門 1칸
書吏廳事 3칸, 房 2칸
大門 1칸, 馬廐 1칸, 厠 1칸, 北挾門 1칸

율학청은 청사 4칸, 방 3칸, 중문 1칸, 좌우공랑 2칸, 대문 1칸의 구조이다. 典獄署는 서린방에 있었는데 그 구조는 다음과 같으며 지방의 刑獄에 비해 규모가 컸다.

廳事 3칸, 房 1칸
書吏長房 2칸, 廳 1칸, 使令廳 3칸, 上直房 1칸, 軍士守直房 1칸

구성은 《국조오례의》 사직단도나 《사직서의궤》의 사직단도의 형상과 흡사하여서 초기나 후기의 것에 큰 변동이 없었음을 알 수 있다.

男獄 동 3칸, 서 3칸, 북 3칸
女獄 남 2칸, 서 3칸
獄門 1칸, 大門 2칸, 挾門 1칸, 紅箭門 1칸(이상은《秋官志》에 의함).

《신증동국여지승람》宮室조에 의하면 한성부에 소속된 관아로는 종루와 종각 외에 한성부 본아와 太平館·모화관·동평관·북평관과 용산의 독서당이 있었다. 개성부 궁실조에는 경덕궁과 목청전, 태평관·영빈관이 있다고 하였는데 태평관과 영빈관은 고려시대 건축물을 그대로 이용한 것이다. 이어서 개성부 공해조에는 개성부 本司와 惠民局·군기감·사포서·奉常寺·西籍田이 기록되어 있다.

《中京誌》에 의하면 管理營, 保勤堂, 三節軒, 百和堂, 聽候堂, 愼簡亭, 版籍庫, 乃成堂, 貳衙, 平近堂, 日哦軒, 會星軒, 태평관, 분봉상시, 서적전, 司倉, 田籍廳, 平市廳, 전수청, 수미청, 혜민청, 武庫, 工房庫, 훈련원, 禁盜廳, 巡廳 등이 있었다고 한다. 이는 비록 중기 이후의 사정을 기록한 것이긴 하지만,《신증동국여지승람》과 중복되는 관아가 있는 것으로 보아 조선 초기에도《신증동국여지승람》에 기록된 것보다는 더 많은 건물이 존재하고 있었을 것이다.

《신증동국여지승람》은 경기도부터 다루고 첫머리에 廣州牧을 거론하였는데 客館 동북에 있다고 하는 청풍루·무진정·압구정 등 樓亭 조항만 있고 정작 객관에 대해서는 언급하지 않았으며 공해의 항목조차 없다. 그런데 읍지에는 231칸의 행궁, 29칸의 左殿, 4칸의 右室, 객사(36칸), 관아(123칸), 향청(16칸), 州司(11칸), 作廳(27칸), 군기청(12칸), 관청(11칸), 종각(6칸), 刑獄(21칸) 등이 실려 있다.《신증동국여지승람》에서 관아의 기록이 생략되어 있음을 알 수 있다. 그러므로《신증동국여지승람》만으로는 조선 초기 각 지방의 관아가 어느 정도였는지 알 수 없다.

《신증동국여지승람》의 경기도편에서는 振威縣, 高陽郡, 積城縣, 長湍都護府, 江華都護府에만 궁실조를 두고 객관을 표기하였다. 강화의 경우는 객관 대신에 公衙를 싣고 새로 지은 건물을 설명하였다. 그에 비하여 황해도편에서는 여러 고을의 객관을 보완하여 수록하고 있는데 누락되었던 사실의 보충이었다고 보인다.

객관은 대부분의 고을에 있었고 고을의 핵심이었다. 全州府의 경우에는 도시계획에서 도로망을 객관 위주로 설정하고 바둑판처럼 구획하였다.[82] 현존하는 객관은 殿牌(闕牌)를 봉안하는 主舍와 좌우의 翼舍가 본건물이 되는 구조인데 동쪽의 익사를 東軒이라 부르기도 하였던 것 같다.

海州牧의 객관동헌은 원래 태조 7년(1398)에 창건된 것을 성종 6년(1475)에 중건하였다.[83] 東西軒으로 되어 있어 현존하는 객관의 기본과 흡사하였음을 알 수 있다.[84] 동헌 앞뜰에 여러 칸의 욕실을 짓고 그 아래에 연못을 파 연을 심고 고기를 키웠으며, 동헌 옆에는 鳳地樓를 지어 사신을 맞이하였다.

현존하는 객사는 부속건물이 없어지고 본건물만 남아 있어 그 형용을 다 알기는 어렵지만, 衙舍에 비해 장대하여 고을 건물 중에서 으뜸이었다. 초기의 것이 오늘에 이어진다는 의미에서 후기 객관의 예를 들어 보자. 安城郡의 경우는 객사 동헌 12칸, 대청 6칸, 중문 3칸, 서헌 8칸, 외문 3칸, 행랑 4칸이었고, 龍仁縣 객사는 대청 3칸, 동헌 6칸, 서헌 6칸, 대문 3칸, 서문 1칸이었다. 韓山郡은 동헌 15칸, 대청 6칸, 서헌 6칸, 중대문 9칸, 외대문 6칸, 소중문 2칸이었고, 沃川郡은 壁大廳 3칸, 동대청 5칸, 허헌 4칸이었다. 陰城縣 객사는 동대청 3칸, 벽대청 3칸, 서별실 4칸, 남장랑 4칸, 중문 1칸, 대문 3칸이었고, 永春縣은 전대청 9칸, 동대청 6칸, 토대청 6칸, 남청방 6칸, 문간 3칸이었으며, 瑞山郡은 전패봉안 정청 6칸, 동헌 12칸, 서헌 10칸, 남청방 8칸, 중대청 8칸, 하마대 5칸으로 49칸의 규모였다.

객관에는 樓亭이 부설되는 예가 많았다. 밀양의 객관인 密州館에 지은 嶺南樓가 지금도 자태가 남아 있듯이 경치가 뛰어난 자리를 찾아 지었다. 세조 3년(1457)에 완성한 海州 객관의 廣遠樓나 羅州牧 객관 동편의 撫夷樓 등이 유명한데 鄭麟趾에 의하면, 누정은 노닐며 감상하는 것보다는 정무에 시달린 마음을 달래며 성정을 맑게 하는 데 그 목적이 있다고 하였다.[85] 그래서 누

---

82) 〈全州城圖〉(全州市立博物館所藏). 이 〈전주성도〉는 조선 중기 작품인데, 絹本着色의 八幅大屛으로 작자미상이다.

83) 《新增東國輿地勝覽》 권 43, 海州牧 徐居正重新記.

84) 《新增東國輿地勝覽》 권 35, 光山縣 宮室 成俔重修記.

85) 《新增東國輿地勝覽》 권 36, 咸平縣 樓亭.

정도 관아의 한 유형으로 받아들여졌다.

《신증동국여지승람》에서는 조선 초기 濟州牧에는 弘化閣·朝天館·右蓮亭·觀德亭·定遠樓가 손꼽힐 만하다고 적고 있다. 그 중 관덕정은 지금도 남아 있다. 이 밖에 제주목의 관아에 대해서는 숙종 때 제주목사를 지낸 李衡祥이 재직시의 지견을 토대로 지은《南宦博物》을 통해 자세히 알 수 있다. 여기 나오는 건물은 후기에 보완된 것이라기보다는 전기에도 있었으나《신증동국여지승람》에서 누락시킨 것으로 보아야 옳을 것이다. 이 책에 의하면 제주목에는 35칸 크기의 객사 영주관을 비롯하여 18칸의 관덕정, 左衛廊 48칸, 우위랑 56칸, 上衙 37칸, 연희각(東軒) 14칸, 망경루 17칸, 종루 3칸, 율림당 5칸, 愛梅軒 8칸, 우련당 10칸, 홍화각 9칸, 군관청 31칸, 공수 18칸, 영청 30칸, 군뇌청 4칸, 마방 4칸, 별청 3칸, 군기고 14칸, 장춘원 4칸, 화약고 4칸, 장관청 8칸, 향청 12칸, 州司 3칸, 司倉 50칸, 군향고 17칸, 貳衙 47칸, 운주당 9칸, 군관청 8칸, 作廳 7칸, 형옥 21칸 등이 있었다.[86]

중기 이후에 편찬된 각 고을의 현존하는 읍지에 의하면, 아주 규모가 작은 산곡간이나 해변의 고을일지라도 객사와 衙舍가 있었고 鄕廳과 作廳, 鄕射堂, 훈련원이 함께 있는 수도 많았다. 규모가 크거나 감영·병영·수영과 같은 곳에는 대단위의 건축군이 집결되어 있었다. 이러한 경향은 조선 초기에도 마찬가지였을 것이다. 《조선왕조실록》 등에서는 종종 治地가 합당하지 않아 다른 곳으로 移邑한 예를 찾아볼 수 있다. 이 때에는 읍내의 제반 건물이 새로 들어서게 되어 큰 역사가 진행되었다.

객사 등의 修治나 重新 등의 기록 등에서는 凉廳과 燠室이 구비되었음을 언급하고 있으며 제주목의 홍화각에 구들시설이 되어 있었다. 조선 초기에 이미 마루와 구들 들인 온돌방이 널리 보급되어 있었던 것이다. 그러나 그것이 곧 제주도 살림집에도 구들이 채택되었다는 의미는 아니다. 구들과 마루의 보급은 관이 주도하였다.

---

86) 李衡祥,《南宦博物》(韓國精神文化硏究院,《古典資料叢書》 1, 1979), 148~150쪽. 이형상은 화원을 시켜 당시의 풍물을 그리게 하고 그것을《耽羅巡歷圖》로 편집하기도 하였다.

4) 사전의 건축

(1) 사단의 조영

태종은 11년(1411) 3월 신하들의 반대에도 불구하고 한강 南郊에 圜丘壇을 다시 쌓았다. 태조 때 쌓은 단이 협소하여 불편하였으므로, 고려와 송나라 제도를 참작하여 장중하게 조성해 단과 신주, 재궁이 완비되었다.[87] 태종은 卞季良에게 제문을 지어 제사지내게 하였는데, 그는 "우리 동방은 단군이 하늘에서 하강한 곳"이므로 당연히 제천단에서 치제할 수 있다고 주장하였다.[88]

국초에 단군에 대한 논의가 대두되었다. 예조전서 趙璞은 종묘, 籍田, 사직, 산천, 서낭, 문묘 등에 제사할 일과 함께 평양부로 하여금 '東方始受命之主'인 단군과 '始興敎化之君'인 기자에게 제사지내야 한다고 하였다.[89] 또 이조에서는 명산대천·서낭신들을 鎭國伯·啓國伯·護國伯으로 봉하자고 하였다.[90] 태조는 한양으로 천도하자 백악산을 진국백, 남산을 목멱대왕으로 봉하였다.[91] 이에 따라 태종은 송악서낭신에 주던 녹봉을 백악서낭신에게로 돌렸다.[92]

국가에서 大祀를 받드는 제천단 외에 중·소사를 받드는 雩祀·풍운뢰우·선농·선장단·靈星·노인성·司寒·馬步·厲壇 등이 조성되었다. 이 중 여단은 사직단·서낭당과 함께 지방 고을마다 설치되었다. 풍운뢰우단은 사방 2장 3척, 높이 2.7척이고 사면에 돌층계를 쌓았다. 바깥둘레에는 낮은 담장 壝를 한겹 축조하였는데 1면의 길이가 25보, 환구단의 세겹 유 중에서 제일 안쪽에 쌓는 담장 길이와 같게 하였다. 영성단은 높이 3척, 동서 길이 1장 3척, 남북 길이 1장 2척, 사방의 계단, 유 한겹 길이 25보의 규모였다.[93]

도성 사직단은 태조 4년(1395) 정월에 착공하여 곧 준공하였다.《국조오례

87)《太宗實錄》권 21, 태종 11년 3월 정축.
88) 李肯翊,《燃藜室記述》別集 권 4, 祀典典故.
89)《太祖實錄》권 1, 태조 원년 8월 경신.
90)《太祖實錄》권 3, 태조 2년 정월 임술.
91)《太祖實錄》권 8, 태조 4년 12월 무오.
92)《太宗實錄》권 11, 태종 6년 정월 무술.
93)《太宗實錄》권 21, 태종 11년 정월 임신.

의》에 의하면 社는 동쪽에, 稷은 서편에 있는데, 두 단의 사면은 2장 5척이고 높이는 3척, 사방에 계단이 있었으며 3급식이었다. 이는 《신증동국여지승람》의 규격에 대한 기록과 부합하고 현존하는 유구를 실측해 보아도 별 차이가 없다.[94] 세종 때 집현전에서 사직단이 좁으므로 개축하고 周尺을 營造尺으로 바꾸는 것이 좋겠다는 의견을 제시하였으나 세종은 태조 때의 것이 엄연한데 어찌 고칠 수 있느냐고 하면서 유보시켰다.[95]

한편 태종은 태조가 정한 유의 바깥을 넓혀 남·서·북은 산기슭에 이르도록 하고 동쪽은 140보를 확보하였다.[96] 또 담장을 쌓고 정문을 내 사직서가 경내에 들어올 수 있게 하였다.

사직단 단의 구성은 장대석 세벌대를 약간 되올림하면서 쌓은 것이다. 아래 위의 장대석에 비하여 두벌대의 돌은 무사석만큼 높아졌다. 마치 건물의 기단을 형성하듯이 한 것인데 이는 중국 사직단이 층급을 이루며 조성되어 있는 것과 다른 구조로 조선적인 특색을 지녔다고도 할 수 있다. 이로 미루어 지금은 보기 어렵게 된 다른 祀壇들도 그와 같은 구조였으리라 추정된다.

태종은 즉위한 지 얼마 안되어 좌명공신들과 더불어 馬巖壇에 가서 歃血同盟의 의례를 지냈고,[97] 세종 때 朴堧은 환구단 부근에 風師·雨師의 단이 있었다고 하였다.[98] 그렇다면 지금은 볼 수 없게 된 구조물들이 당시에는 더 있었을 가능성이 높다.

(2) 사묘 건축

태조는 즉위년(1392) 9월에 太廟(宗廟)를 조성할 땅으로 옛 소격전 자리를 고른 후 10월에 太廟造成都監을 열어 12월부터 공사에 착수하였다. 이 공역은 3년 정월에 마쳤는데[99] 한양으로 천도하고 도성건설에 착수하면서도 태

94) 서울特別市, 《서울社稷壇考證調査 및 復元基本計劃報告書》(새한建築文化硏究所, 1985), 9~10쪽 참조.
95) 《世宗實錄》 권 57, 세종 14년 9월 병진.
96) 《太宗實錄》 권 27, 태종 14년 4월 경신.
97) 《太宗實錄》 권 1, 태종 원년 2월 신축.
98) 《世宗實錄》 권 83, 세종 20년 12월 기사.
99) 《太祖實錄》 권 2, 태조 원년 9월 무신. 10월 정사·기사 및 권 4, 태조 2년 12

조는 태묘 짓는 일을 서둘렀다. 태조 4년 9월 경복궁과 함께 완성된 태묘의 규모는 大室 7칸, 同堂異室 內作石室 5칸, 左右翼室 각 2칸, 功臣堂 5칸, 神門 3칸, 東門 3칸, 西門 1칸이었다.

또 둘레에 담장을 두르고 담장 밖에 神廚 7칸, 享官廳 5칸, 좌우행랑 각 5칸, 남행랑 9칸, 齋宮 5칸 등을 지었다.[100] 공사가 완성되자 宗廟移安都監을 열고 개성으로부터 4대 신주를 모셔왔다. 백관들이 공복을 갖추어 입고 盤松亭까지 나아가 맞이하고, 판문하부사 權仲和가 이안제를 주관하였다. 그리하여 皇高祖考穆王·皇高祖妣孝妃, 皇曾祖考翼王·皇曾祖妣貞妃, 皇祖考度王·皇祖妣敬妃, 皇考桓王·皇妃懿妃의 4대 신주가 祔廟되었다. 태조 7년에는 종묘 남쪽에 산을 만들었다.

태종 6년(1406) 2월에 이조판서 이직 등이 공사를 감독하여 재궁을 지었고,[101] 9년 3월에는 남쪽에 만든 산을 증축하였다.[102] 태종 8년 5월에 상왕이 붕어하자 魂殿인 文昭殿에 영정을 봉안하고 제사를 지내다가 태종 10년에 종묘에 이안하였다. 이 때 太祖祔廟都監을 열고 성산군 이직과 예조판서 徐愈를 제조로 삼았으며 태종이 친히 나가 종묘를 살폈는데, 그 구조가 매우 허술하였으므로 보완책이 논의되었다. 본전 앞 부분에 처마를 보수해서 비가 들여치지 않게 하면 좋으나 어두워질 염려가 있었으므로 제삿날 비나 눈이 와도 가릴 수 있게 동서로 廊을 짓기로 결정하였다. 또 공신당이 너무 초라하므로 다시 짓기로 해서 5월에 착공하였다.[103] 공역이 마무리되면서 7월에 太祖康憲大王과 神懿王后의 신주가 종묘에 봉안되었다. 이 부묘의례는 후대를 감안하여 논의가 여러 차례 거듭될 정도로 아주 신중히 진행되었다.

태종 13년 정월에 궐문 앞과 마찬가지로 종묘동구에 나무로 표를 만들어 세워 모든 관리들이 이곳을 지날 때에는 말에서 내리도록 했다.[104] 또 3월에는 남쪽에 만든 산 밖으로 담장을 두르기도 하고 享官淸齋廳을 재전의 동남

월 을해 및 권 5, 태조 3년 정월 정미·4월 경인.
100) 《太祖實錄》 권 8, 태조 4년 9월.
101) 《太宗實錄》 권 11, 태종 6년 2월 신사.
102) 《太宗實錄》 권 17, 태종 9년 3월 을사.
103) 《太宗實錄》 권 19, 태종 10년 5월 임진.
104) 《太宗實錄》 권 25, 태종 13년 정월 신축.

으로 이건하였다.[105] 태종 16년(1416) 정월에는 종묘 담장을 트고 북문을 냈으며 9월에는 창덕궁 동남 협문에서 종묘 북쪽담에 이르기까지 담장을 쌓았다. 또 그 해 7월에는 祭器庫와 宰牲房을 새로 지었다.[106]

태조 때 종묘 정전은 신실 5칸의 규모로 추존한 4대를 모시고 태조를 부묘하니 가득찼다. 세종 원년(1419) 9월에 정종이 승하하니 신주 모실 자리가 없어 遷主의 조치가 논의되었고 본전 서쪽에 별묘를 세우기로 하였다. 이것이 바로 永寧殿인데, 세종 3년 7월에 風水家 李陽達·高仲安 등이 정전 서쪽에서 길지를 고르고 8, 9월에 시공하여 10월에 준공하고 12월부터 천위를 시작하였다.[107] 영녕전은 정전 4칸, 동서의 협실 각 1칸 그리고 월대 층계 담장 등은 종묘와 똑같게 조영하였다.[108]

세종 14년 정월 安崇善이 태조의 혼전인 문소전과 태종의 혼전인 廣孝殿을 따로 설치한 일이 사리에 합당하지 않으니 경복궁 북쪽의 좋은 터전에 5칸 규모로 原廟를 짓고 合祀해야 한다고 주장하였다. 세종은 이를 받아들여 그 달 보름날 풍수가들을 시켜 터를 잡게 하고, 한편으로는 태조의 영정과 태종의 신주를 어떻게 모셔야 타당한가 등의 절차까지도 검토하게 하였다.[109] 원묘에 봉안하였다가 때가 되면 종묘에 부묘하는 일을 제도화하려 한 것이다.

명종 원년(1546) 6월에 종묘 정전 3칸을 늘이는 공사를 착공하여 9월에 준공하자 29일에 인정전에 옮겨 모셨던 신주들을 다시 봉안하였다.[110]

선조 25년(1592)에 종묘·영녕전과 일곽의 여러 건물이 불에 탔다. 그래서 조선 중엽에 간행된《국조속오례의》에 실린 도면을 통해 현존하는 유구가 옛 모습을 간직하고 있음을 알 수 있을 뿐이다.

현존하는 종묘의 石壇과 석계가 초기의 것인지, 중건할 때 새로 구축한 것인지는 분명하게 밝힐 수 없지만, 제도는 초기의 것이 그대로 지속되고 있

105)《太宗實錄》권 25, 태종 13년 3월 경술.
106)《太宗實錄》권 31, 태종 16년 정월 기유 및 권 32, 태종 16년 9월 을묘·7월 병진.
107)《世宗實錄》권 12, 세종 3년 7월 무인·10월 무술 및 권 14, 세종 3년 12월 을사.
108)《世宗實錄》권 12, 세종 3년 8월 병신.
109)《世宗實錄》권 55, 세종 14년 정월 병인·을해·병자·무인·기묘.
110)《明宗實錄》권 3, 명종 원년 6월 병오 및 권 4, 명종 원년 9월 계미·갑신·10월 무자.

다고 보아도 좋을 것이다. 版位의 상태로 보아 제관들은 동문으로 출입하였던 것 같다. 그 동문 안의 석계 소맷돌에 새겨져 있는 구름무늬 조각이 강한 암시를 주고 있기 때문이다. 즉 종묘는 神域이고 신역은 하늘의 나라이니, 곧 구름 위이다. 제관들은 구름 위로 올라가 신위에게 제향하는 노릇을 하였다. 제관이 드나드는 동문 안의 석계 소맷돌을 딛고 올라서면 구름의 위가 되니 곧 신의 세계였던 것이다. 처음에는 進饌할 때에도 동문으로 해서 泰階를 올라가게 되어 있었고 구름무늬 소맷돌은 태종 이전에 설치되어 있었던 것으로 추정된다. 예조가 옛 제도를 다시 탐구하여 정문으로 들어가는 것이 옳다고 해서 태종 16년 정월에 바꾸었기 때문이다.111)

〈그림 3〉 《국조오례의》에 실린 종묘도

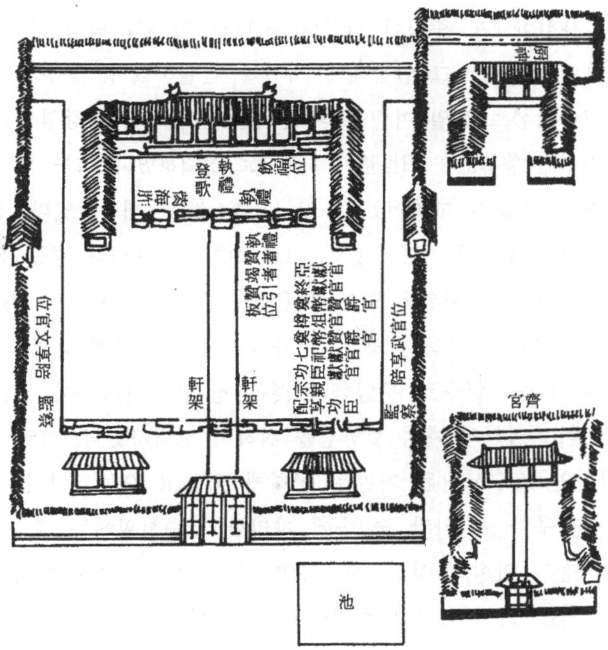

111) 《太宗實錄》 권 31, 태종 16년 정월 임인.

(3) 학교 건축

서당은 사설의 초급 교육기관으로 인근 자제들이 모여 훈장에게 초보교육을 받았다.[112] 일정한 교과과정이 있는 것도 아니었고 校舍가 따로 설치되지도 않았다. 살림집의 일부 시설을 활용하는 것이 고작이었다. 서당에서 초보교육을 이수하면 서울에서는 四學, 지방에서는 鄕校에 들어가 수학을 계속하였다. 小科에 합격하면 생원·진사의 칭호를 얻고 성균관에 들어갈 자격을 얻었다.

4학·향교·성균관은 국가설립 교육기관이며, 4학·성균관은 중앙정부에서, 향교는 지방관청의 지원을 받았다. 이들은 대부분 소정의 교육시설을 구비하였으므로, 명륜당을 비롯한 제반 교육시설과 함께 文廟가 구내에 병설되는 것이 보통이었다. 성현의 가르침에 따라 성심껏 연찬한다는 목표가 있었기 때문이다.

조선시대에는 사설학교 설립이 증대되어 중기 이후로 대성황을 이루었다. 특히 書院이 사설학교의 중심이 되었다. 저명한 학자와 덕망있는 자를 배향하기 위한 사당을 짓고, 그 일곽내에 서원을 건설하였다. 廟學의 제도에 따른 것이다. 교육시설로 쓰일 여러 채의 건축물이 일곽내에 경영되었다.

조선시대 서원은 豊基郡守 周世鵬이 처음으로 설립하였다. 그는 부임지 順興이 고려시대 유학자 安珦의 고향이었으므로, 文成公廟를 개설하였다. 신라시대의 절인 宿水寺가 마침 폐사의 지경에 있었으므로 이를 이용하였다. 중종 38년(1543)에 유생들의 교육을 목표로 서원을 열고 '白雲洞書院'이라 하였다. 그 때문에 최초의 서원에는 불교가람의 우뚝한 당간지주와 석조물들이 함께 하게 되었다.[113]

주세붕에 이어 풍기군수로 부임한 李滉은 정부에 건의하여 '紹修書院'이라는 사액을 받고 서원의 재정 뒷받침을 위하여 노력하였다. 이로 인하여 최초의 사액서원인 소수서원은 기반을 굳히게 되었고 오늘날까지 그 유구가 남아 있다. 소나무가 잘 자란 숲 속에 자리한 소수서원에는 강당을 비롯한 서원의 교육시설과 안향의 사묘, 중종 39년에 추배된 문정공 安軸과 문경공 安輔, 그리고 인조 11년(1633)에 주세붕을 배향한 사당이 들어섰다. 이들 건

112) 《增補文獻備考》 권 209, 學校考 8, 鄕學.

113) 보물 제59호인 높이 3.65m의 당간지주가 서있고, 경내외에는 절에 사용되던 불상 대좌나 석등의 잔재들이 있다. 1953년도에 25구의 불상이 출토된 바도 있다.

물은 대부분 중기 이후에 들어선 것이지만 강당 등은 숙수사 당시의 법당이었다는 구전이 있고 강당이 동향인데 비하여 후대에 건축된 사당과 서원건축물들이 남향으로 당초의 형상을 잘 지니고 있다.

이황은 예안에서 易東書院을 주도적으로 설립하고, 그 밖에 10여 곳의 서원건립에 참여하였다. 이로부터 서원 설립이 성행하여 중종 때에 4개소, 명종 때에 18개소, 선조 때 63개소나 되었다. 이런 추세는 숙종대에 이르러 166개소가 신설되는 폭발적인 증가 양상을 보여 모두 약 417개소가 개설되기에 이르렀다. 이 밖에 祠宇의 명칭으로 서원과 유사한 기능을 지닌 것이 492개소 더 생겨났다. 이들 중 서원은 200여 개소, 사우는 70여 개소가 사액을 받고 공인되었다.

이들 중에는 고종 때의 서원철폐령에서 존속하도록 허가된 47개소에 포함된 것들도 있다. 따라서 그 중 일부는 지금도 건축물을 그런대로 유지하고 있으므로 옛 모습을 짐작하게 한다. 그 중에 陶山서원·玉山서원·筆巖서원·藍溪서원·西岳서원 등이 유명하다.

도산서원은 선조 7년(1574)에 이황의 제자와 유림들에 의하여 창건역이 시작되었다. 이들은 이황이 명종 10년(1555)에 향리에서 돌아갔을 때 지은 陶山書堂을 중요시하였고 이황을 배향할 尙德祠를 지었다. 보물 제211호인 상덕사 일곽은 낮은 담장과 신문이 있고 상덕사는 정면 3칸, 측면 2칸의 家廟 유형의 담박한 작은 건물이다. 앞쪽의 반 칸을 퇴로 개방하였고 팔작의 기와지붕이며 홑처마 구성이다.

강당인 典敎堂(보물 제210호)이 서원의 중심에서 높은 댓돌 위에 위풍당당하게 위치하였다. 정면 4칸, 측면 2칸의 규모인데 그 중 閑存齋라 편액한 2칸의 방을 제외하고는 마루깐 대청으로 기둥간살이가 개방되어 있다. 역시 홑처마이며 팔작의 기와지붕이다. 앞뜰 좌우로 정면 3칸, 측면 2칸 규모의 동서재가 있는데 동편에 博約齋, 서편에 弘毅齋라 편액하였다. 陶山歌가 있어 유명할 뿐만 아니라 豹菴 姜世晃이 강가에서 멀리 서원을 바라다보며 그린 陶山圖가 있어 당대의 서원 전경을 엿볼 수 있다.

옥산서원은 경주 安康面 옥산리에 있으며 李彦迪을 배향하였다. 선조 5년 이언적의 고택인 獨樂堂(보물 제413호) 이웃에서 서원건설이 착수되어 일단락되자 선조 7년에 '옥산서원'이라 사액하였다.

대문 亦樂門에 이어 無邊樓가 섰는데 정면 7칸, 측면 2칸으로 구조가 특이해서 가적지붕의 예도 볼 수 있다. 무변루에서 건너다보면 마당 저쪽에 강당인 求仁堂이 있는데 커다란 '옥산서원'의 현판이 걸렸다. 당 앞뜰 동서로 敏求·闇修齋가 있고 구인당 뒷뜰에 사당 體仁廟가 있다. 외곽에 文集板閣이라 편액한 版庫가 있다. 마루를 바닥에서 띄운 京의 형태인데 판벽을 한 정면 3칸, 측면 1칸의 맞배지붕의 건물로 통풍을 고려해서 지은 것이다. 여기에는 李彦迪이 저술한《大學章句補遺》·《學續或問》·《求仁錄》·《晦齋集》등을 판각하여 간행한 판본들이 보존되어 있다. 이 밖에 서원에는《禮記》등 약 230여 종의 2,000권이 넘는 서적이 보존되어 있다.

서원의 구조는 중심축을 설정하고 대문에서 사당에 이르는 중요 건물을 축선상에 배치하고 그 이외의 건물들은 좌우로 벌려서 늘어 놓는 법도에 따라 건설하는 것이 일반적이었다. 그러나 더러는 지형에 맞추어 비교적 자유스럽게 배치하기도 하였다. 사당은 따로 담장을 두르고 神門을 설치하는 방식으로 조영되었고, '後廟前學' 즉 뒤에 사당을 두고 앞에 講學하는 건물을 두는 규범을 따르는 것이 보통이다.

향교도 대략 흡사하여 樓門(風化樓 등)을 들어서면 마당에 동·서재가 있고 그 중심에 명륜당이 섰는데 前學의 일곽이다. 명륜당 뒷마당에 東西廡가 있고 그 북쪽에 大聖殿(또는 大成殿)이 있는데, 이는 대를 높여 담장으로 두르고 三門형의 신문을 내는 별도의 일곽을 이루고 있다.

이러한 보편적인 배치법과 다른 예도 있다. 밀양향교는 문묘와 좌우로 병렬되어 있다. 또 대성전이 앞에, 명륜당이 뒤편을 차지한 예도 있다. 이런 중심곽에 祭器庫나 廚舍 등의 부속건물들이 따로 부설되는 수도 적지 않다.

향교는 으레 지금도 옛고을마다 남아 있다. 牙山郡의 경우는 溫陽·아산·新昌縣이 합병한 것이어서 온양향교·아산향교·신창향교가 잔존하고 있다. 조선시대의 다른 유형의 건물들이 거의 사라진 현재의 입장으로 보면, 향교와 문묘는 특이한 예를 이루고 있다고 할 만하다. 그러나 이들은 대부분 임진왜란 이후에 중건·이건·개건·변경된 건물들이므로, 초기의 형상을 온전히 보존하고 있는 것은 아주 드물다. 겨우 몇몇이 손꼽히고 있을 뿐인데 문묘건물 중에서는 강릉 문묘 대성전이 대표적이라 할 만하다.

강릉시 교동에 있는 문묘 대성전은 15세기 말엽에 조영되었다고 전한다. 고려시대에 창건된 花浮山 아래의 학교건물이 낡게 되자 성종 3년(1472) 과거시험에 급제한 이 학교 출신들이 주동이 되고 유력인사의 도움을 얻어 성종 17년에 공사를 시작하였다. 대성전과 동서무가 먼저 이룩되고 이듬해에 명륜당·동서재·전사청·제기고·教授衙·有司房 등이 완성되었다. 이듬해 南樓와 前廊이 준공되어 70여 칸의 일곽이 형성되었다. 인조 22년(1644)에 중수되었고 그 중 12칸은 개건되었는데 대성전은 성종 17년에 이룩된 이후로 제모습을 지니고 있다고 알려져 있다. 정면 5칸, 측면 3칸으로 홑처마이고 맞배의 기와지붕이다. 구조는 아주 간결하면서도 활달하며 花栱을 써서 구조하였다(보물 제214호). 《증보문헌비고》에 따르면 고려 때에는 문묘를 둔 학교가 없었는데 강릉에 문묘를 둔 학교가 충렬왕 때 세워지면서부터 여러 고을에서 잇따라 세우게 되었다고 한다.114)

조선시대 학교건물의 대표는 한양의 성균관과 문묘로, 지방 향교나 서원의 모범이 되었다. 廟庭碑에 의하면 성균관은 태조 6년(1397) 3월에 축조되기 시작하여 7년 7월에 개학하였다. 그 터는 서울 동북부에서 산이 그치고 평지를 이루며 냇물이 돌아흐르는 곳이고 陽을 面한 자리였다고 한다.

聖哲의 廟宇는 높은 곳에 자리잡고 學은 문묘 뒤에 있다. 학의 중앙건물은 명륜당이고 좌우에 협실이 있으며 그 남쪽에 행랑이 있다. 규모가 매우 큰데 대소 건물이 96칸이었다고 碑文은 설명하고 있다. 성균관은 정종 2년(1400)에 불에 타 태종 7년(1407) 3월에 재건되었다. 옛 터에 따라 중건하되 문묘 서쪽에 神廚와 西廡 아래에 동서문을 증건하였으며 이직과 박자청이 감역하였다.115) 이 때 재건된 내용을 기록한 묘정비가 다시 섰으며 변계량이 비문을 지었다.116)

태종 13년 9월에는 예조판서 黃喜가 동서재가 좁아 생도들이 병에 걸리므로 개수해야겠다고 건의하였고 식당을 새로 짓는 일도 윤허받았다.117) 학생

114) 《增補文獻備考》 권 209, 學校考 8, 鄕學.
115) 《太宗實錄》 권 13, 태종 7년 2월 기해·3월 을해.
116) 《太宗實錄》 권 20, 태종 10년 9월 계사.
117) 《太宗實錄》 권 26, 태종 13년 9월 기묘.

은 재에 기숙하면서 巾服을 갖추고 아침저녁으로 식당에 모여 나란히 앉아 회식하면서 到記에 기록하는 것이 당시의 제도였으므로,[118] 식당은 중요한 건물이었다. 또 생도들이 아프자 세종은 동서재 각 5칸에 구들을 들여 온돌방을 만들어 주었다.[119] 세종 15년(1433)에 동서무 4칸씩을 증축하고, 25년에는 묘정비각을, 성종 3년(1472)에는 전사청을 신축하였으며, 6년에 泮水를 개탁하고, 존경각을 지었으며, 21년에는 향관청을 지었다.

이들은 임진왜란 때 모두 불에 타버리고 말았다. 지금의 건물들은 전란 후 중건한 것들이다. 대성전은 선조 35년(1602) 7월에 준공되었고 명륜당 일곽은 선조 39년에 완성되었다. 지금 보물 제141호로 지정된 것은 이 때 중건한 문묘 대성전이다. 옛 자리에 다시 세워서 규모에는 변동이 없었겠지만 대성전의 공포가 다포계로 조성된 점은 혹시 중건시의 시대성을 반영한 것이 아닐까 여겨진다.

대성전 앞에 배례청이 있다. 명륜당도 그전대로 세 건물이 나란히 있되 가운데의 명륜당 좌우에 협실이 있는 방식을 그대로 따랐다. 공포가 익공계이다. 이 점도 중건시의 시대성이 반영된 것으로 보인다. 초기의 건물과 달라졌을 가능성을 배제하기 어렵다.

도성 안에는 四學이 있었다. 태종 11년(1411) 10월에 남부학당의 校舍가 남부 誠明坊에 건설되었다. 중부학당의 교사는 세종 4년에 북부 觀光坊에 신축되었고 서부학당의 교사는 세종 17년에 서부 餘慶坊에 마련되었다. 동부학당도 사찰을 이용하다가 독립된 건물을 확보하였는데, 세종 20년에 교사가 北平館으로 전용되어 동부 창선방 乳牛所의 건물로 옮겼다. 이들 학교의 교사가 어떤 정도의 규모였는지에 대한 자료는 찾기가 어렵다.

도성 안에는 특수학교도 있었다. 종친들만 수학하는 宗學도 그 중 하나였다. 세종 9년 대군 이하 왕의 8촌까지의 종친과 부마를 훈육하기 위하여 창설하였는데 교사는 경복궁 건춘문 밖에 있었다.[120]

譯學·醫學·陰陽學·算學·律學·書學·道學·樂學 등은 각각 소관 아문에서 교육하였으므로 이들을 위한 교사는 따로 건립되지 않았다. 역학은 司

118) 《增補文獻備考》 권 208, 學校考 7, 雜考 食堂.
119) 《世宗實錄》 권 29, 세종 7년 7월 병술.
120) 《世宗實錄》 권 37, 세종 9년 9월 을축 및 권 41, 세종 10년 7월 임술.

譯院에서, 의학은 典醫監과 惠民署, 음양학은 觀象監, 산학은 호조, 율학은 형조, 화학은 圖畵書, 도학은 昭格署, 악학은 掌樂院에서 가르쳤다.

세종 때 賜暇讀書制가 실시되자 독서당의 건립이 필요해졌다. 처음에는 각자 집에서 글을 읽게 하였으나 번잡하여 정진하기 어려우므로 절에서 숙식하며 글을 읽었다. 그러나 명분상 문제가 있어 독립된 독서당의 건립이 요망되었다. 그리하여 성종 24년 5월 南湖讀書堂의 別構一堂 건물이 이룩되었고 중종 때에는 한강가 豆毛浦에 湖堂을 짓고 연구소로 사용하게 하였다. 이 독서당도 임진왜란으로 소실되었다. 독서당은 일종의 도서관 기능을 지녔으므로 조선 초기는 각급 학교시설과 함께 소규모이나 도서관이 있었다고 할 수 있다.

5) 사원의 건축

《조선왕조실록》의 태조 때부터 선조 25년(1592) 임진왜란이 일어나기 이전까지의 기사에서 절이름이 거명된 것을 찾아보면, 대략 340개소 가량이 된다. 이 중엔 중종 때 경기, 전라도의 사찰을 훼철하면서 거론된 것도 있다. 사찰의 창건을 억제하기 위하여 훼철하였을 뿐만 아니라 기존의 사원도 철거시켰다.

기존의 사찰이란 圖籍[121]에 등재되어 있는 것을 의미하는데 여기의 도적이 《동국여지승람》이었다고 해석하는 것이 일반적이다. 《신증동국여지승람》에 등재되어 있는 각 고을의 사찰수는 대략 1,692개소이다.

조선 초기의 불교정책은 군주에 따라 일관되지 않았고 그로 인하여 사원이 개창 또는 중창되거나 훼철되는 미묘한 사태를 겪었다. 태조의 건국이념은 '崇儒'에 있었지만 스스로는 불심이 강하여 등극 이전, 재위중, 양위 후에 많은 사찰과 인연을 맺었다. 그 중에서 유명한 것이 檜巖寺이다. 태조는 그가 임금이 될 포부를 털어놓았던 釋王寺의 승려 無學 自超를 회암사에 주석하게 하였다. 자초는 懶翁과의 인연으로 회암사와 관련이 있었지만 그곳은 태조가 역성혁명을 하는데 일종의 기지와 같은 역할을 하였던 것으로 보이고, 그래서 혁명이 성사된 후 태조는 회암사를 특별히 대우

121) 《中宗實錄》 권 91, 중종 34년 6월 을해·경자·병오·무신.

하였다.[122] 이같은 회암사는 지금도 거대한 터전에 유구와 유지를 남기고 있다. 고려 말엽에 창건된 것이긴 하지만 조선 초기에 중창된 사원으로서는 가장 규모가 장대하다.[123] 李穡이 지은 〈天寶山檜巖寺修造記〉에 의하면 법당을 위시한 대소 전각이 262칸에 이르렀다고 한다.[124] 유지에 남아 있는 건물지의 발굴 등을 통하여 확인되는 것만 보아도 중층의 건물이 조영되었었고, 주변의 축석한 石臺의 구성 또한 대단하다. 또 일부의 석물과 지공·나옹·무학 등 왕사들의 독특한 팔각의 부도가 아직 남아 있어 당시의 장관을 짐작할 수 있다.[125]

태조가 먼저 죽은 신덕왕후를 위하여 정릉 옆에 경영한 것이 興天寺이다. 태조는 山役을 하면서 절도 짓기 시작하였고[126] 3층 사리탑을 목조하기로 하여 동왕 7년(1398) 4월에 터를 잡고 5월부터 공사에 착수하였다. 정종 원년(1399)에 완성되자[127] 태조는 신덕왕후와 함께 왕자의 난 때 살해된 어린 왕자와 사위를 위하여 여기에서 제를 올리고 몰살당한 왕씨들의 명복을 빌었다. 또 태조는 사리탑에 부처 분신사리 4매를 봉안하고 楡洞에 지은 법당에도 사리를 봉안하였다.[128] 태종 때 박자청을 시켜 사리탑을 중수하였으나 중종대 무렵에 홍천사는 없어지고 말았다.

홍천사는 조선왕조의 陵寢寺社로 경영된 것이다. 이 밖에 능침사사로는 衍慶·開慶·興敎·正因·奉先·報恩·奉恩·奉陵·奉國·龍珠寺 등이 조영되었는데, 이 중 봉은사까지가 초기의 것에 해당한다.[129] 이들 중에는 오늘

---

122) 《太祖實錄》 권 2, 태조 2년 정월 정묘.
태조는 회암사에 대하여 飯僧, 問安, 賜米, 賜物, 設法席, 賜田, 重修, 施納, 訪問 등 꾸준한 관심을 보였고 태종 2년에는 그 곳에 거처를 마련하고 오래 머물 생각을 하기도 하였다.

123) 楊州郡 檜泉面 檜巖里 天寶山 아래에 있다. 고려 충숙왕 15년(1328) 指空이 창건, 禑王 2년(1376) 懶翁 중창, 태조의 중창, 세조비 정희왕후가 성종 3년(1472)에 중창한 바 있다.

124) 李穡, 《牧隱文藁》 권 2, 〈天寶山檜巖寺修造記〉.

125) 《85' 檜巖寺址 現況調査 一次調査報告書》(楊州郡, 1985. 7).

126) 《太祖實錄》 권 10, 태조 5년 12월 병술.

127) 《定宗實錄》 권 2, 정종 원년 10월.

128) 《定宗實錄》 권 4, 정종 2년 4월.

129) 조선 초기의 능침사사 일람표

날에도 향화가 계속되는 사찰도 있으나, 임진왜란 등으로 훼손되었기 때문에 당초의 盛觀을 알아 볼 수 없어 조선 전기의 능침사사의 구조는 알기 어렵다. 영릉의 보은사인 神勒寺는 전대부터의 사찰을 활용한 것이어서 능침사사로 특별히 경영한 것은 아니었다.

이 밖에 태조는 興德寺·興福寺 등을 개창하고 海印寺 탑 중수와 안변 釋王寺의 수축을 도왔다. 또 태조는 津寬寺 중수에 힘을 썼고 演福寺에는 5층 목탑을 세웠다.[130] 이러한 호불정책은 태조가 불교와 인연이 깊기 때문이라고 할 수 있다.[131]

태종은 자신의 능침에 절을 세우지 못하게 할 정도로 숭유의 기풍을 지녔지만, 태조를 위하여 회암사에 많은 田結을 주고 개풍군 興敎寺의 탑을 연경사로 이건하고, 松林縣 禪興寺의 탑을 開慶寺에 옮겼다. 그러나 한편으로 태종은 전국의 사찰 중에서 232개소만 인정하여 불교사원을 정리하였다. 이어서 세종은 이들 사찰의 종파인 曹溪·天台·摠南의 셋을 합쳐 禪宗으로, 華嚴·慈恩·中神·始興의 네 종파를 통합하여 敎宗으로 삼았다. 또 홍천사를 선종의 都會所로, 홍덕사를 교종의 도회소로 삼아 전국의 36개 사원만 인정하였다. 그러나 세종 11년(1429)부터는 억불정책을 완화하여 홍천사를 중창하

	사찰명	위치		수호능명
태조 6년(1397)	興天寺	西部	皇華坊	貞陵(神德王后)
정종 원년(1399)	衍慶寺	開豊郡	上道面	齋陵(神懿王后)
태종 8년(1408)	開慶寺	楊州郡	東九陵	健元陵(태조)
세종 2년(1420)	興敎寺	開豊郡	興敎面	厚陵(정종)
세조 3년(1457)	正因寺	高陽郡	陵西面	敬陵(단종) 昌陵(예종)
예종 원년(1469)	奉先寺	南楊州郡	榛接面	光陵(세조)
성종 4년(1473)	神勒寺*	驪州部	陵西面	英陵(세종)
명종 17년(1562)	奉恩寺	江南區	三成洞	宣陵(성종) 靖陵(중종)

* 神勒寺는 報恩寺.

130) 《太祖實錄》 권 3, 태조 2년 3월 계유.

131) 《太祖實錄》 권 1, 總書에는 태조의 가계와 불교와의 깊은 인연이 실려 있다. 즉 度祖의 어머니 최씨부인이 아들이 없던 중에 洛山 관음굴에 가서 기도하였다. 하룻밤 꿈에 한 스님이 나타나 귀한 아들을 낳게 될 것이라고 예언하였는데 마침 아들이 태어났다. 그가 도조이고 그의 아들 익조도 굴에 다니며 치성을 다하였다. 그래서 결국 태조를 얻게 되었다는 것이다. 이러한 기록은 태조의 불교 귀의를 숙명적으로 합리화한 내용이라고 하겠다.

고 경복궁 文昭殿 옆에 내원당을 지었다.

세조는 수양대군 시절에 《釋譜詳節》을 지었을 정도로 '호불대왕'이라 불렸다. 上院寺·洛山寺·神勒寺·海印寺·금강산 乾鳳寺·表訓寺·楡岾寺·양주 회암사·영암 道岬寺 등을 중수하였다. 그 중에서 지금도 전하여 오는 낙산사 석탑과 도갑사 해탈문은 불교건축의 대표적인 작품으로 손꼽히고 있다. 또 大圓覺寺의 10층석탑과 홍천사의 大鐘은 조선 초기 건축과 공예를 대표할 만하다고 할 수 있다. 둘 다 현존하고 있어 당시의 기술과 예술성이 어떤 정도였는가를 알려주고 있다.

한편 세조는 세종 초기에 폐사되어 관사가 따로 없는 관청의 공해로 이용되고 있었던[132] 홍복사터에 원각사를 세웠다. 세조는 10년(1464) 5월 조성도감을 열고 孝寧大君, 臨瀛大君, 永膺大君, 永順君, 영의정, 좌의정, 雲城府院君, 河城尉 등을 도제조로, 예조·호조·병조판서와 中樞院副使를 제조로, 僉知中樞院事와 도승지를 부제조로 임명하였다.[133]

큰 법당, 大光明殿, 東西禪堂, 중문인 적광문, 중외문인 반야문, 총문인 해탈문과 법뢰각이라는 종각 그리고 큰 법당 뒤편에 대장경을 간직하기 위한 해장문과 海藏殿이 이룩되었다. 중요 건물에는 청기와를 덮었는데 8만 장이 소요되었다.[134] 공역은 부역군인 2,100명과 기능인들에 의하여 진행되고 부지확보를 위하여 철거된 민가가 200여 채나 되었다.[135] 또 원각사의 대종이 주성되었는데 구리 5만 근이 소요되었고[136] 세조 11년 정월에 완성되었다.[137] 세조 13년 4월에는 탑이 준공되었다.

---

132) 大殿과 東西禪堂이 아직 있었는데 관습도감이 西禪堂에, 예장도감이 동선당에, 대전 뒷편 건물은 중부 유생들이 모이는 처소로 사용되었다(《成俔, 《慵齋叢話》 권 7).

133) 《世祖實錄》 권 33, 세조 10년 5월 을묘.
이렇게 도심 창사에 수뇌부가 대거 참여하였던 것은 효령대군이 회암사에서 圓覺법회를 열었을 때 여래가 現相하고 甘露하였으며 탑의 繞塔精勤시에 放光이 대낮 같고 아름다운 안개가 가득차고 사리분신이 수백이 되는 기적이 일어났기 때문이라고 한다(《世祖實錄》 권 33, 세조 10년 5월 갑인).

134) 《世祖實錄》 권 33, 세조 10년 6월 계사.

135) 《世祖實錄》 권 33, 세조 10년 6월 정해·정유.

136) 《世祖實錄》 권 33, 세조 10년 6월 무술

137) 《世祖實錄》 권 35, 세조 11년 정월 갑자. 그런데 종의 명문에는 4월에 완성되었다고 하였다.

원각사는 연산군 10년(1504)에 폐사조치되었다.[138] 임진왜란을 겪은 뒤 원각사터에는 석탑과, 성종 2년(1471) 金守溫이 비문을 지어 세운 비석만이 남아 있었다. 그후 중종반정 이후에 원각사를 다시 세울 일을 의논하기도 하였으나 실현되지는 못하였다.

활발했던 도성에서의 사원건축은 성종대를 지나면서 쇠퇴되기 시작하였고 임진왜란 이후에는 중창되지 않았다. 반면 지방에서는 대군·군·공주·옹주 등의 원찰이나, 비·빈의 비호나 토호세력들의 지지 속에서 전대로부터 존속되어 오던 사원들이 향화를 계속하였고 수보, 중수, 중창이 지속적으로 이루어지고 있었다. 이들의 대부분은 임진왜란 등의 병화로 사라지고 말았지만 그 중에는 다음과 같이 오늘날에도 잔존하고 있는 것이 있어서 당대 건축의 추세를 짐작할 수 있다.

목조건축물로는 松廣寺 국사전(1404년, 국보 제56호), 無爲寺 극락전(1476년 이전, 국보 제13호), 도갑사 해탈문(1473년경, 국보 제50호), 15세기의 송광사 하사당(보물 제263호), 觀龍寺 약사전(보물 제146호), 해인사 대장경판전(국보 제52호), 開心寺 대웅보전(보물 제143호), 개심사 심검당, 銀海寺 거조암 영산전(국보 제14호), 淸平寺 회전문(1557년경, 보물 제164호), 淨水寺 법당(1423년경 중수, 보물 제161호), 14세기경의 鳳停寺 대웅전(보물 제55호) 등이 있다. 그리고 淨巖寺 수마노탑(보물 제410호), 원각사탑(국보 제2호), 신륵사 다층석탑(1472년, 보물 제225호), 낙산사 칠층탑(1468년 이전, 보물 제499호), 水鍾寺 팔각오층탑(1493년), 碧松寺 삼층탑(1520년, 보물 제474호), 회암사 사리탑(1407년, 보물 제888호), 福泉庵 수앙호상탑(1486년), 學祖燈谷和尙塔(1514년), 靑龍寺 普覺國師 定慧圓融塔(1393년, 국보 제197호), 龍門寺 正智國師碑(1398년, 보물 제531호), 원각사비(보물 제3호), 億政寺 大智國師碑(1393년, 보물 제16호), 청룡사 보각국사 정혜원융탑비(1394년, 보물 제658호) 등이 있다.

조선 초기에 개창된 사찰이라도 현존하는 전각은 모두 임진왜란 이후에 중창된 것들이어서 거론하지 못한 예도 적지 않다. 억불정책 때문에 피폐된 것이 적지 않지만 오늘날까지 전하고 있는 대부분의 사찰이 온전히 유지되고 있

138) 《燕山君日記》 권 54, 연산군 10년 7월 무술.

으므로 조선왕조가 불교건축에 기여한 바는 적지 않았다. 그러나 전대에 비하여 규모나 장엄함 등에서 많이 위축된 것만은 틀림없는 사실이다.

사원건축기법에서는 중기 이후의 사원건축의 변모가 이미 초기에 잉태되었다. 사원 宗派의 교리에 따라 조금씩 法殿의 형태를 달리하였던 듯하다. 龕室로서의 기능이 요망되는 유형과 법당으로 개방되는 것을 전제한 유파에 따라 형상을 각각 구성하였던 듯하다. 金堂과 대웅전 등 본존 봉안에 따른 호칭이 법전에 부여되는 차이이기도 한데 후기에 이르러 금당이 쇠퇴해 버리는 경향이 이미 이 때 잉태되기 시작하였다.

삼국시대와 통일신라, 고려시대 사원의 금당터 발굴에서 드러난 바로는 本尊·脇侍·眷屬 들이 금당 중심부에 자리잡거나 좌정하고 있었다. 그리고 거대한 불단이 조성되고 장엄된 光背가 장중하였다. 그런데 조선 후기 이후가 되면 법전의 대좌가 빈약해지고 건물 중심부에서 뒷편으로 물러 앉았다. 봉정사 대웅전이나 무위사 극락전에서 불단이 위축되거나 후방으로 후퇴한 사례를 볼 수 있듯이 이미 조선 초기에는 그런 기미가 무르익기 시작한 것으로 보인다.

본존이 건물중심에 진좌하던 때의 금당을 감실형이라 한다면 뒷편으로 불단이 치우쳐 있는 것을 법당형이라 할 수 있다. 감실형에는 승속의 출입이 억제되었지만 법당형에는 승속의 출입이 허용되는 특색을 지녔다고 하겠다. 본존이 후방에 치우침에 따라 대좌가 위축됨은 물론이고 광배가 차츰 쇠퇴해 가다가 마침내는 사라져 갔다. 대신 부처 배후의 後佛壁에 탱화를 부착하기 시작하였고 이를 '上壇幀畵'라 불렀다.

감실형일 때에는 건물 내부의 어두운 점이 크게 문제시되지 않았다. 당내에 당연히 부처가 진좌하고 있다는 신념으로 頂禮를 올리면 되었지만, 법당형이 되어 사람들이 드나들면서 조명이 문제점으로 등장하였다. 감실형의 경우 중앙에 板扇을 두 짝 단 거대한 板門을 설치하고 좌우 협간이나 퇴간에 光窓을 내는 정도였다. 나머지는 벽체로 정리하여 감실로서의 진중함이 돋보였다. 그러나 법당이 되면서는 사정이 달라졌다. 사람들이 드나들며 안에서 의식을 하자니 밝아야 했다. 판문짝 대신 빛이 많이 통과하는 문짝을 달아야 했고, 겨울에 실내에서 추위를 견디기 위하여 광창 대신에 창호지를 바른 구조물을 설치하여야 했다. 이는 커다란 변화를 초래하여 새로운 도구와 기법의 훈련이 요구되었고, 지금까지보다 防風 또는 防寒에 뛰어난 구조가 요망되었다. 여기서 중기와 후기에 볼 수 있는 분합문이 배태되었다. 살대가 제작 조립되었고 꽃살무늬구조로 장엄하였다.

감실시대에는 드나드는 사람이 극히 제한되고 특별한 의례가 금당에서 이루어지지 않았으므로 건물바닥에 별다른 주의가 없어도 괜찮았다. 심하면 맨바닥이어도 무방하고 地衣를 덮는 정도로 용납되기도 하였다. 물론 격조있는 금당에는 方塼을 깔기도 하였다. 민무늬이기도 하고 무늬를 베풀기도 하였다. 이는 불단의 장엄한 무늬가 있는 壁甎과 연계되면서 아름답게 치장하는 요소가 되었다. 사원의 건물터에서 수습되는 방전·벽전류가 그런 것들이고 부여 절터에서 출토된 山景文塼類도 그런 유형에 속한다. 산경문전류는 무늬가 마모될 정도의 軟質로, 바닥에 까는 寶相華文方塼類에 비하면 매우 약하였다. 불단 벽면에 부착하여 장식하던 것이므로 경질이어야 할 까닭이 없었기 때문이다.

그런데 시대가 변하고 법당화하여 사람들이 드나들기 시작하면서 민무늬 바닥이기는 하지만 들어가 절하는 사람에게는 불편하게 되었다. 구들과 마루의 생활에 익숙한 이들에게 塼을 깐 바닥은 생소하였으므로 마루를 방전 위에 덧깔았다. 무위사 극락전의 경우[139]처럼 마루의 채택은 법당 건물에 획기적인 변화를 초래하였다. 새로운 감각이 팽배한 결과인데 이는 궁실과 관아에도 여파를 미쳤다. 이러한 새로운 흐름의 대두는 고려시대 이전에는 볼 수 없었던 경향이라는 점에서 조선 초기의 특색이라고 할 수 있다.

6) 민가의 건축

《大東輿地圖》의 水系圖法 표현은 우리 나라 지형을 기록하는 적절한 방법이다. 《대동여지도》에서 實査한 각 지역의 특성을 갖춘 집들을 기록하다 보면

139) 1957년에 해체·중수하면서 마루밑에서 조선 초기의 방전 깐 바닥이 출현하여 마루를 제거한 바 있다.

큰 산이 막힌 골짜기 문화현상이 다른 지역과 차이가 있음을 알게 된다. 골짜기 물은 내를 이루어 흐르며 내와 같이 이쪽 지역과 저쪽 지역을 구분한다.

살림집은 풍토의 영향을 강하게 받는다. 춥거나 풍우가 대작하거나 山谷間140)에 큰 짐승이 횡행하는 고장의 집은 폐쇄적인 구조인 것이 보통이다. 고온다습하고 넓은 들에 연하여 있으며 玉畓에서 수확이 풍요로우면 집구조는 매우 개방적 성향을 지닌다.

지역적 특성의 예를 낙동강 연안에서 살필 수 있다. 낙동강 서쪽 연안은 尙州·善山·龜尾·漆谷 등지로 넓은 들에 잇대어 있는 고을들이 중심을 이루고 있다. 이에 비하여 동쪽 연안은 산곡간이 첩첩한 지형으로, 安東·奉化·英陽·靑松 등은 깊은 산골 마을들이다. 안동과 봉화 일대의 보편적 살림집 구조는 지극히 폐쇄적이다. 한 채로 이룩된 집으로는 까치구멍집, 도투마리집, 귀틀집이 있고, 여러 채가 일곽을 이룬 ㅁ자집·트인ㅁ자집·날개집 등도 대문만 닫아 걸면 외부인의 접근이 어려운 특징을 지녔다. 선산·상주 일대는 다분히 개방적으로 一자형집이 대부분이다. 골짜기의 집 중에 겹집이 혼재한다고 해도 앞에 퇴를 두고 개방하여 누구나 걸터앉을 수 있을 만큼 접근이 손쉽도록 되어 있다.

그런데 이처럼 상반된 두 지역의 성향이 河回마을 일대에서는 미묘하게 절충되고 있다. 하회마을의 기와집과 원초형 초가들에서 그런 점이 발견된다. 폐쇄성향이 짙은 집과 一자나 ㄱ자형의 개방성향을 지닌 집들이 혼재하고 있는 것이다. 이는 낙동강 양편 연안의 보편적 성향이 다르기는 하지만 필요에 따라서 두 요소가 절충될 수 있는 인자를 지니고 있음을 의미한다.

절충의 사례는 상주 養眞堂에서 극명하게 살필 수 있다. 양진당은 명종 10년(1555)에 출생한 趙靖을 위하여 그의 장인인 金克一이 지어준 것으로, 상주 낙동면 승곡리 낙동강가에서 약 1.5km 떨어진 나즈막한 蠶頭山을 등지고 남향판에 자리잡고 있다. 바로 문앞이 문전옥답이고 들이 펼쳐져 있다. 폐쇄성향이 짙은 안동에 세거하는 안동 김씨가 사위를 위하여 낙동강 서안에 집을

140) 산곡간이란 표현은 고구려 특징적 형상을 두고 산이 많아 골짜기에서 사람들이 살고 있다는 데서 온 말이다(《三國志》 권 30, 魏書 30, 烏丸鮮卑東夷傳 30, 高句麗).

지어준 것이다. 그런데 파견된 도편수가 재치가 있어, 폐쇄적인 고장에서 성장한 사람이 개방적 고장에서 순화되며 살 수 있게 절충형 집을 지었다. 안동지방의 폐쇄성향을 겹집 두줄배기로 처리하면서 땅에서 뚝 떨어진 공간에 마루를 깔아 거처를 삼는 다락집을 지어 마무리하였다. 개방적인 상주지방 형태에, 폐쇄적인 안동지방의 형상이 연합한 형용으로 완성된 것이다.

이런 연합의 性情은 한옥의 중요한 품성이기도 하다. 한옥의 특징이라고 할 수 있는 구들 들인 온돌방과 마루 깐 대청은 전자가 지극히 폐쇄적이라고 하면 후자는 아주 개방적이다. 전자는 추운 지방에서 발현하였고 후자는 고온다습한 지역에서 발달하였다. 이 이질적 요소가 오랜 세월 절충하다가 마침내 연합하여 한옥이란 새로운 유형을 탄생시킨 것이다. 연합한 후에도 폐쇄적인 방은 벽체로 폐쇄시키고 대청에서는 기둥간살이를 탁 터주어 개방을 유감없이 지속시켰다. 상주 양진당은 마루 들인 다락집에 두줄배기 겹집을 올려 앉히면서 구들 들인 방을 설치한 데 특징이 있다.

조선 초기는 가까운 산에도 원시림이 남아 있던 시절이어서 비록 엄격한 禁松제도가 있기는 하였지만 피해목이나 궁실용재 벌채 등의 기회를 통하여 입수되는 듬실한 松材가 있어 장대한 집을 지을 수 있었다. 현존하는 조선 초기의 살림집들은 대체로 규모가 당당하다. 특히 안동·봉화·영주·영양·영덕·청송 등지는 태백산이란 거대한 원시림이 있는 고장으로, 이른바 '춘양목'이라 부르는 양질의 소나무가 자라고 있어 목조의 집을 당당한 규모로 지을 수 있었다.

세종은 집의 규모가 자꾸 커지고 사치스러워진다고 한탄하였다. 새로이 국가가 수립되고 안정기에 접어들자 경제력의 축적되어 그 바탕 위에서 능력껏 집을 지으니 저절로 듬실해질 수밖에 없었다. 세종은 집의 규모를 억제시켜 낭비를 막고 국력을 더욱 견고히 해야 한다는 생각에서 수입해 쓰는 眞彩나 朱漆의 단청과 假漆을 못하게 하고, 생산이 어려운 석회 사용을 억제하였다. 또 지맥을 손상시키는 채석과 그것을 다듬어 쓰는 돌일에도 제한을 두게 하였다. 그러나 기존 건물이나 여러 사람이 모이는 곳, 외국인과의 거래

가 이루어지는 곳, 장려해서 널리 보급시켜야 할 家廟는 예외로 하였다.[141]

세종은 집의 격조에도 주목하여 花栱을 쓰지 말라고 하였다. 공포를 지칭하는 것인데 살림집에서도 주심포나 다포계의 공포구성을 할 수 없다는 제한이다. 이는 임진왜란 이후의 궁궐에서 翼工이라는 주심포나 다포계의 공포에 비하여 소략해진 형태가 채택되었던 것처럼 절약과 검소를 위주로 하는 禁制였다고 할 수 있다. 화공을 쓰게 되면 출목이 생기고 출목과 공포가 구성되면 조각이 뒤따라야 하고 그렇게 되면 단청이나 주칠의 유혹에서 벗어나기 어렵게 되므로 처음부터 아예 그 싹을 없애버리려 하였던 것이다. 세종 22년(1440)에 국왕은 집현전의 연구를 통하여 작성된 間閣의 규격 제한과 더불어 사용자재의 제한을 '萬歲之法'으로 정하였으나, 이 家舍制限令의 규제 수치가 구조상 불합리한 점이 있어 동왕 31년에 개정하였다.[142]

그러나 세조나 성종 때에도 세종 때나 다름없이 규제 이상의 집을 짓는 자들이 있었다. 이는 문제가 되어 훼철당하기도 하였으나 오히려 묵인되는 수가 많았다. 왕의 규제지시에도 불구하고 별다른 효과가 없자 성종 9년(1478)에 다시 가사제한령의 개정을 반포하였다. 간각의 크기를 증대하려는 노력이 담겼으나 이것도 지켜지기 않았다. 성종 자신도 桂成君의 집을 지어주면서 규제를 어겼으므로 규제는 더욱 어렵게 되었다.

중종 10년(1515)에도 국왕이 규제에 어긋난 집을 한성부로 하여금 조사하게 하였더니 280여 채에 이르렀다. 정승의 집부터 법을 어겨 우의정 成希顔의 집은 다듬은 돌을 사용하였고,[143] 좌의정 宋軼은 법보다 크게 지었을 뿐만 아니라 단청도 하였다.[144] 그러나 이러한 위법은 묵인되었고 이 흐름은 곧 시세에 반영되어 적발된 280여 채의 집을 당장 다 헐어낸다면 인심이 소요할 것이므로 40여 칸씩 넘치게 지은 집만 훼철하고 나머지는 그냥 두어도 괜찮치 않겠느냐는 의견도 제시되었다.[145] 이런 흐름은 임진왜란 이전까지 계속되었다.

---

141) 《世宗實錄》 권 43, 세종 11년 정월 신미·권 45, 세종 11년 3월 경술·권 51, 세종 13년 정월 정축 및 권 94, 세종 23년 12월 갑오.
142) 《世宗實錄》 권 90, 세종 22년 7월 정묘 및 권 123, 세종 31년 정월 정미.
143) 《中宗實錄》 권 16, 중종 7년 6월 갑인.
144) 《中宗實錄》 권 22, 중종 10년 윤4월 경신.
145) 《中宗實錄》 권 22, 중종 10년 윤4월 갑자.

임진왜란 이후가 되면 초기의 흐름과는 전혀 달라진다. 현존하는 집들은 태반이 임진왜란 이후 위축된 경제상태에서 좌절된 기술을 통하여 조영된 것들이다. 7년에 걸친 전란으로 건축경제가 위축되고 축적되었던 능력이 무산되어 버렸고 기술전수 技門이 파멸하였다. 이는 전문기술인과 기능인들의 손실에서 빚어진 결과이기도 하다. 그리하여 전란 이후 복구가 진행되었어도 건축은 전쟁 전의 성관을 되찾지 못하였고 오히려 쇠미로 흐르는 결과가 초래되었다.

건축사에서 조선 전기는 삼국, 통일신라, 고려시대로 이어지는 흐름에 연속되는 것으로, 오히려 임진왜란 이후의 후기 살림집이 예외에 속한다. 따라서 오늘날 남아 있는 조선 후기 이후의 건물을 통하여 전기의 살림집을 규명하는 일은 자칫 함정에 빠지기 쉽다. 현존하는 초기의 당당한 규격의 집과 문헌에 표현되고 있는 양상을 접합시켜야만 당대의 살림집이 당당하였다는 점을 비로소 알 수 있다.

그런데 조선 초기 살림집의 구조적인 유형은 전대나 후기가 별차이 없었다. 도시의 하위층이나 시골 농부 집은 훈련된 목수나 기능인에 의하여 조성되는 것이 아니었으므로 시대적인 특성보다는 풍토에 적응하는 집을 짓는 것으로 만족하였기 때문이다.

〈申榮勳〉

3. 도 자

1) 분청사기와 조선청자

(1) 분청사기

가. 분청사기의 정의

粉靑沙器는 회색 또는 회흑색의 태토 위에 白土를 粉粧하고 施文한 후 그 위에 담청색의 靑磁釉, 또는 白磁釉에 가까운 釉藥을 입힌 것이다. 도자기의

色을 결정하는 중요한 요소의 하나인 燔造法의 경우 우리 나라는 瓦質土器 이후 삼국시대, 통일신라, 고려시대에 이르기까지 대체로 還元焰燔造로 일관하고 있었다. 고려 말기부터 일부 酸化焰燔造와 中性焰燔造가 있었으며 분청사기에도 일부 산화염번조와 중성염번조가 이어져서 釉色이 담갈색 또는 담황색을 머금게 되었다.

따라서 태토의 색이 회색 또는 회흑색인 바탕 위에 어떠한 방법으로 施粉(白土化粧)하여 문양을 나타내느냐에 따라서 여러 가지 종류로 구분할 수 있다. 분청사기는 태토의 색도 다양하고 그 위에 환원염과 산화염에 따라 담청·담갈·담황의 유약이 시유되므로 헤아릴 수 없이 다양한 발색을 내고 있다. 그러나 기본적으로 회색 태토가 담청색 유약 속에 비쳐 보여서 표면은 회청색인 경우가 많으며 그 위에 백토를 분장하였기 때문에 결국 '백토를 분장한 灰靑沙器'인 것이다. 곧 '분장된 회청사기'라는 말이며 이것을 줄여서 '분청사기'라고 한다.

일반적으로 沙器라고 하면 磁器와 陶器를 총칭해서 사용한 말이라고 생각한다. 史書에도 도자류를 靑磁·白磁·綠磁·靑華磁器·畫磁器·畫沙器·靑畫·白沙彩磁 등으로 필요에 따라 세분하여 사용하기도 하며 통틀어 瓷器·甆器·沙器·磁器·陶器 등으로 표기하는 경우도 있다. 특히《朝鮮王朝實錄》과《承政院日記》등 왕실의 기본사료에는 司饔院에서 번조하는 모든 도자기를 거의 전부 '沙器'라고 하였으며 '磁器'라는 말도 같이 쓰고 있다. 그러나《慶尙道地理志》에는 磁器·陶器·沙器를 구분하였으며,《世宗實錄地理志》에도 磁器所·陶器所를 분명히 구분해서 사용하였고,《新增東國輿地勝覽》에도 자기·도기·사기를 각각 구분하고 있다. 그리고 匠人의 명칭은《經國大典》등 법전에는 沙器匠과 甕器匠으로 양분되어 있다. 이러한 사서에는 비교적 전문적인 필요에 의해서 사용한 것이 분명한데 현재 우리는 자기·사기·도기·옹기의 네 가지가 서로 어떻게 다른 뜻으로 사용되었는가 하는 문제를 정확히 알지 못하고 있다.

종래에 자기는 백자를, 도기는 분명한 근거없이 분청사기를, 옹기는 김치독과 같은 옹기와 질그릇을 지칭하는 것이라고 생각하여 왔다. 그러면 사기는 과연 무엇을 지칭하는 것이냐 하는 문제가 남게 된다. 사기가 일반적으로 도자기를 지칭하는 것이나 이렇게 전문적으로 구분하여 사용할 때에는 자기와 사기가 구분되어 사기는 분청사기, 도기는 옹기와 같은 뜻이 아닌가 하는 추측도 가능해진다.

나. 분청사기의 특징

분청사기는 器形과 粉粧施文의 결과 나타나는 몇 가지 특징을 갖고 있다. 기형은 대부분 고려 말기 청자기형이 바탕이 되고 그 위에 풍만하고 율동적인 변형을 보이고 있는데 이러한 형태는 동시대에 제작된 백자에서 찾아볼 수 없는 경우가 많다.

梅甁의 경우 고려 말기에 비해 구연부가 외반되고 어깨의 곡선으로부터 시작하여 굽에 이르기까지 S자형의 심한 글곡을 보이며, 대접은 구연이 외반된 것이 훨씬 더 커졌으며 분장문이 있는 경우 동체의 선이 비스듬히 거의 곧게 뻗어 올라가며 굽위의 동하부를 한번 수평으로 깍아내는 형태를 하고 있다. 扁甁의 경우 둥근 몸체의 양면을 두들겨서 편평하게 하며 처음부터 납작하게 만든 백자편병(분청사기에도 약간의 예는 있음)에 비하여 풍만한 느낌을 준다. 胎缸(태항아리)도 같은 15세기의 것 중에서 백자태항(대체로 후반기 것)은 홀쭉하게 높은데 비해 분청사기는 풍만하고 비례가 낮은 것이 보통이다.

분청사기의 문양은 蓮花·蓮瓣·牡丹·牡丹葉·草花·柳·魚·龍·波濤·忍冬·鳥·菊花·菊瓣·唐草 등이 큰 주류이며 그외에 蝶·梅花·雨點·如意頭·卍字·雷文 등이 있다. 또한 이들 문양들은 서로 조합되거나 단순화되며 자유롭게 변형하면서 다양한 효과를 나타내고 있다. 대부분은 고려시대 상감청자에 등장하였던 것이지만 고려 말기에 이르면서 一般器皿에 문양을 시문할 만한 여유가 없었음인지 이러한 문양들이 거의 잠적하였다가 조선시대에 되살아나서 새롭고 다양하게 되었다.

이러한 현상은 불교 또는 그 밖의 어떤 그유한 신앙과 사상체계의 순박한 발현이며 일부 외국의 문물을 받아들여 대담하게 소화한 경우도 있다. 분청사기는 조선적인 유교의 사회기반 위에서 성장하였지만 고려 이래의 불교와 여러 가지 다른 요소가 자유분방하게 조화되어 나타난 것이라고 할 수 있다.

분청사기는 施文하는 방법과 도구에 따라 다르며 施粉하는 방법에 따라 각 지방마다 독특한 특징를 나타내고 있다. 인화문의 경우 문양이 치밀하고 분장한 후에 표면을 잘 깎아내어 윤곽이 분명히 나타나며 담청색의 유약과 회색을 띠는 경질태토가 잘 어울려 신선미가 있는 것은 주로 영남지방에서 제작되며, 같은 인화문이지만 개체의 문양이 크고 印花文 자체가 소략하게 시문되거나 그 위에 엷게 분장하고 표면을 잘 긁어내지 않아서 표면이 백색으로 보이는 경우는 치밀함보다는 소략한 듯 대범하고 여유가 있으며 분명함보다는 자유분방함이 있는 것을 특징으로 하는 호남지방의 인화문이다.

영남지방에는 長興庫 등 다양한 官司銘과 함께 地方銘을 새겼으나 호남에는 오직 內贍寺와 光州의 옛이름인 茂珍內贍이 새겨진 외에 다른 지방명을 새긴 예가 아직 발견되지 않았으며 관사명도 인화문으로 찍어서 마치 문양과 같은 효과를 내고 있다. 또 영남지방의 경우 귀얄문은 있지만 彫花文이나 剝地文과 같이 다양하고 대담하며 자유분방한 특징을 보이는 문양이 거의 눈에 띄지 않는 데 비해 호남지방에는 박지·조화문 분청사기가 크게 유행하고 있다. 아마도 영남지방에서 대의명분과 명리를 내세우는 性理學이 크게 발전하고 있으며 불교에서도 敎宗勢가 강하였고, 호남에서는 전통적으로 禪宗이 깊이 뿌리를 내려 자유분방하며 활달한 것이 발전할 수 있지 않았나 한다.

분청사기의 시문기법이 중국의 磁州窯와의 관계가 있을 것이라는 의견이 있었으나 분명히 양자를 비교해서 증명하기는 어렵다. 아직 北宋代 이후 자주요에 관한 연구가 미흡하고 자료가 불충분하여 분명히 알 수 없으나 분청사기의 인화·상감·귀얄·분장 등 기법과는 전혀 관련을 찾아볼 수 없으며 상호 문양이 유사해 보이는 박지·조화문과는 어떤 관련이 있었던 것이 아닌가 하는 문제를 제기할 만하다고 생각된다.

다. 분청사기의 발전과정

분청사기의 발생과 발전과정은 고려 말기의 상감청자와 조선초의 분청사기를 비교하면 금방 이해할 수 있다. 연대를 알 수 있는 고려말의 청자 중에는 〈青磁象嵌'正陵'銘대접〉과 〈青磁象嵌'寶源庫'銘梅瓶〉·〈青磁象嵌'丁亥'銘접시,

대접〉·〈青磁象嵌'良醞'銘扁甁〉·〈青磁象嵌'司膳'銘접시〉·〈青磁象嵌'乙酉司醞署'銘梅甁〉 등이 있다. 이들은 모두 14세기 중엽으로부터 14세기말에 이르는 것이나, 아직까지 분청사기의 면모를 보이는 것은 하나도 없으며 일부 소략한 印花施文만이 분청사기와 공통점이다.

초기 분청사기 중에서 연대를 알 수 있는 것 중에는 '恭安府(1402~1420년)'·'敬承府(1402~1418년)' 등 조선초에 잠시 설치되었다가 폐지된 관청의 이름이 새겨진 대접과 접시 등이 있다. 이들을 비교해 보면 인화문이라는 공통점은 있으나 유약·태토 등이 밝아지고 인화문이 훨씬 조밀하여진 것을 알 수 있어서 초기 분청사기의 양상을 살필 수 있다.

상감문의 경우 貞昭公主墓 출토의 〈粉青沙器象嵌草花文胎壺〉(1412~1424)와 墓誌로 추정되는 〈'正統五年'銘象嵌蓮魚文大盤〉(1440)이 있으며, 박지문과 鐵畵文은 세종 12년(1430)이 下限이라고 추정되는 高峯和尙舍利塔 출토의 〈粉青剝地鐵彩蓮魚文骨壺〉가 있고, 〈粉青 '成化十四年'銘귀얄문항〉(1478)·〈粉青'成化二十三年'銘鐵畵墓誌片〉(1487) 등이 있어서 인화문과 상감문이 조선 초기부터 같이 발전하였으며 곧이어 박지문이 발전하고 그 뒤에 귀얄·철화문 등이 차례로 발전하여 대체로 15세기 중기에는 모든 시문기법이 완성되었음을 알 수 있다.

분청사기는 귀얄과 분장이 많아지면서 문양보다는 백토분장 위주로 되다가 점차 태토와 유약이 白磁化되어 갔다. 경기도 楊州郡 別內面 靑鶴里窯址에는 유약과 태토가 분청사기와 흡사하나 백자에 더 가깝고 문양은 분청사기 인화문과 똑같은 파편이 있다. 이와 유사한 것으로 山田萬吉郞이 소개한 전라남도 咸平郡 大東面 鄕校里에서 발견된 〈'萬曆十五年'銘墓誌〉(1587)와 경기도 양주군 별내면 청학리요지의 자료는 각각 분청사기의 특징이 조금 남아 있으나 이미 백자화된 것이다. 태토도 거의 백자에 가깝고 인화문과 銘文은 있으나 백토시분은 하지 않은 상태로 기형과 문양만이 분청사기의 특징을 지니고 있을 뿐이다. 이와 같이 분청사기가 백자화되는 단계에서 임진왜란이 일어나고 이것이 마지막 계기가 되어 분청사기는 완전히 백자에 흡수되었다고 생각한다.

라. 분청사기의 종류

가) 분청사기 인화문

印花文은 灰色胎土에 도장같이 만든 施文道具로 크고 작은 문양판을 찍는 것으로, 큰 문양은 개별적으로, 작은 문양은 집단으로, 기면 전체에 조밀하게 시문하고 그 위에 백토를 분장하면서 메꾸어 넣은 후 긁어내어 결국 상감과 같은 효과를 나타낸 것이다. 인화문 분청사기에는 官司銘과 燔造地方의 이름이 표시된 것이 상당량 있다. 요컨대 태종 17년(1417)에 호조에서는 長興庫와 司饔房에서 시행하는 貢納砂器와 木器에 관한 폐단의 시정을 上啓하고 이어 장흥고·공안부의 砂·木器에 차후부터는 '長興庫' 3자를 새기고 기타 각 司에 봉납하는 사·목기에도 장흥고의 예와 같이 각기 司號를 새겨서 조작 상납할 것을 상계하였고, 왕의 윤허를 받아 시행케 되었다.[1] 이로써 태종 17년 이후에 상납된 사기에는 각 관사의 이름이 기명에 새겨지게 되었음을 알 수 있다. 이제까지 발견된 관사명은 恭安府·敬承府·仁壽府·德寧府·사선서·長興庫·內贍寺·內資寺·禮賓寺 등이 있으며, 지방명으로는 慶州·慶山·密陽·金山·茂長·永川·星州·梁山·彦陽·禮安·蔚山·蔚珍·晋州·昌原·陜川·三嘉·鎭海·淸道·咸安·軍威·高靈·宜寧·善山·金海·昆南·義興·海州·三陟·光(光州) 등이 있다.

조선초(태조~세조)에 존폐했었던 관사인 공안·경승·덕녕·인수부의 銘文이 들어 있는 器皿과 〈'正統三年'銘胎誌〉(1438)와 함께 출토된 〈粉靑沙器'長興庫'銘印花文대접〉 등에서 인화문 분청사기의 발생·세련 과정을 대접류를 중심으로 간략히 살펴보면 다음과 같다.

고려말 청자상감은 태토·유약이 거칠고 기형과 굽이 둔탁하고 문양은 내·외기면 중 대체로 한 면에만 소략하게 몇 개의 커다란 인화시문을 하거나 몇 가닥의 線象嵌이 있을 뿐이었다. 조선시대에 들어와 정종대까지는 이러한 상감청자에서 釉胎가 조금 밝아지고 대접의 경우 구연이 외반된 기형이 늘어나기 시작하는 제일보를 내딛었으나 크게 변모되지 않았다. 태종대까지는 분청사기의 면모를 많이 드러내어 유태가 훨씬 밝아지고 시문이 보다

---

1) 《太宗實錄》 권 33, 태종 17년 4월 병자.

조밀해졌으나 일정한 곳에만 여러 가지 문양대가 한꺼번에 설정되어서 여백이 많다. 또한 외면에는 아주 소략한 시문만이 있는 경우가 많은데 卍字文이나 如意頭·蓮瓣文이 등장하며 인화문은 개체의 크고 작은 菊花瓣이 주가 되어 연판문·여의두문·蝶文 등이 있다.

우선 <'敬承府'銘접시>는 태종 18년 무렵 제작된 것으로 생각되나 문양면으로는 거의 완성된 분청사기의 면모를 지니고 있는 예이다. 세종 원년(1419)에서 19년 사이에 존재하였던 '昆南郡'이라는 銘이 있는 <'昆南郡長興庫'銘접시>는 <'경승부'명접시>보다 조금 뒤의 작품이나 세련도는 이 접시와 거의 같다. <'정통3년'명태지>와 함께 출토된 <'長興庫'銘대접>에서 보면 태종대보다 훨씬 발전하였다. 주문양인 국화판은 조금 작아졌으나 작은 것에 섞여 큰 화판이 있고 개체 하나하나가 인화시문되면서도 아직 여백이 남아 있다. 세종말이나 문종·단종 때 만들어졌다고 생각되는 <'彦陽仁壽府'銘대접>과, 세조 2년(1456) 무렵에 만들어진 <'德寧府'銘대접>을 보면 세종·단종 때까지 인화문의 완성을 보았으며 세조대에 전면이 인화문으로 꽉 채워지고 표면의 백토분장이 훨씬 많아져서 문양이 가장 세련된 상태였다고 생각된다. 이 때에 여의두문은 사라지고 卍자문도 작아지며 주문양인 국화판이 개체가 아닌 무리진 문양으로 되었다. 즉 아주 작아진 국화판 하나하나를 길게 묶어서 한꺼번에 3~4개에서 10개, 15개의 국화판 시문이 가능하게 되었으며 국화판이 원권형으로 바뀌기도 하였다. 따라서 국화판 자체도 여백이 없으며 기면 내외 각 문양대 사이의 여백은 거의 없고 질서정연한 문양대가 따로따로 설정되었다.

문양구성은 내면 구연에 당초문대, 넓은 측사면에 주문양인 群集菊花瓣文帶, 내저주연에 연판문대가 설정되고 내저에는 주위에 나비문과 그 안에 국화판문이 있다. 외면에는 구연에 당초문대, 넓은 측사면에는 주문양인 集團菊花瓣文帶, 제일 밑인 굽 위 주변에는 연판문대가 설정되는 것이 통례이며 굽에도 국화판이나 卍자문이 인화시문되는 경우가 있다.

이러한 상태는 세조 3년에서 10년 사이에 제작된 '三嘉仁壽府'·'軍威仁壽府'銘대접에서 살필 수 있다. 세조 때 가장 세련된 인화문의 상태는 대접류 외에도 <'天順六年'銘胎誌>와 함께 발견된 <粉靑沙器印花文胎缸>이나 성종 8년

(1477) 이전에 번조되었다고 생각되는 光州 無等山의 忠孝洞窯址에서 발견되는 세련된 한 무리의 분청사기 인화문 기명들에 의해서도 이러한 면모를 살필 수 있다.

그리고 청자에 가까운 자료로, 태종 4년(1404)에 사망한 崔雲海公墓 출토의 〈靑磁象嵌印花文鍾子〉가 있다. 誌石이 없어 안장한 연대는 명확하지 않지만 문양이나 인화시문이 세련된 상태여서 지방과 가마에 따라 어떤 것은 급속도로 세련되고 있었음을 알 수 있는 자료라고 생각된다.

인화문은 지방에 따라 혹은 가마에 따라 시대적인 차이가 있다. 따라서 경상도·전라도·충청도·경기도에서 각기 다른 특징을 보이고 있으며 대체로 세조·성종 이후 인화시문과 귀얄시문이 병용·병행되었다. 또는 인화시문과 상감·박지·조화시문이 병용되면서 또 다른 면에서의 세련을 보이다가 점차 귀얄시문이 많아지며 시분하지 않고 인화시문만 된 것이 그 말기적인 상태라고 생각된다. 16세기에 이르면 인화시문 방법도 달라져서 인화도 아주 얕게 하여 개체의 형태가 분명하지 않다. 국화판은 거의 圓圈으로 바뀌고 낮게 인화시문한 후에 귀얄로 시분하고 시분을 긁어내지 않은 채 그대로 두어 인화와 귀얄문이 동시에 병용된다. 인화시문된 문양도 세조·성종 때의 구성과 종류에서 변질되어 각 문양대 간의 분명한 구획이 없어지고 당초·연판·국화판·접문 등이 그 형태를 고수하려 하지 않고 그것이 波狀의 雨點으로, 승렴문으로 혹은 渦文으로 흡수되어 귀얄시문과 대체로 병용된다.

각 지방의 특색은 전체가 획일적으로 다른 것은 아니지만 대체로 경상도의 인화문에서는 시문이 조밀하고 기면이 매끄러우며 인화에 백토감입이 분명하여 어떤 규범과 질서를 추구하는 듯한 느낌이 있다. 이러한 인화문의 예는 '金山長興庫'·'金山長興庫執用' 등 명문이 있는 추풍령 남쪽 金泉에서 발견되는 것과 軍威·慶州·彦陽 등지에서 발견되는 것이 대표적이다. 호남지방에도 인화문 요지는 많이 있으나 광주 무등산요 중에서 15세기 중엽이라고 추정되는 영남식의 매끈하고 정연한 인화문이 있는 외에는 거의 인화시문이 조밀하지 않고 인화시문된 개체가 집단화되거나 약간 커다란 개체의 문양형태가 서로 어울려 춤을 추듯 자유분방하게 어우러지는 경우가 많다.

충청도와 경기지방은 영·호남의 특징을 모두 지니고 있는 경우도 있지만 대체로 영남지방의 인화문과 흡사하나 영남과 같이 조밀하고 정치한 세련미는 모자란다. 인화문 분청가마는 영·호남, 충청·경기가 비슷하다고 생각되는데 관사명과 함께 지방명을 새겨 넣은 것 중 거의 전부가 경상도에 집중되어 있는 것은 매우 흥미있는 일이다. 영남 이외에 호남·호서에서도 관사명이 있는 요지는 많이 발견된다. 특히 호남에서는 '內贍'銘이 많고 '禮賓'銘도 발견되고 있으며 충청도 계룡산에서는 인화와 귀얄이 병용된 器面에 鐵砂로 '禮賓'·'內資寺' 등의 문자를 쓴 것은 있지만 지방명을 쓴 예는 아직까지 발견되지 않았다.

분명한 지방명이나 관사명 이외에 지방명의 약칭이거나 관사명의 약칭 또는 그 의미를 잘 알 수 없는 명문으로는 다음과 같은 것이 있다.

河河·段皿(殷皿)·公·黃·羅·鳴·寶·司·山·禮戒·長·直指·禾·壬申(干支)·供字·供·李 등이 있고, 그 밖에 광주 무등산 충효동요지에서는 성종 8년(1477) 무렵에 제작된 거친 분청사기에 상감으로 光·光公·光別·光二·光上·公이라는 명문이 나타나므로, 이것은 지방관요의 일종으로 보인다. 그 밖에 나타나는 문자는, 仁·丁四·丁四一·丁三公·別丁三·丁閏二(1477년)·山別·金·奉·山未·月·田·禾才·中·貴一·鄭·萬·朴主·李井·龍小分·冀山·毛·豆·內孝·李萬·春·金·成金·朴·金一·羅·朴夫·申奉·朴文·得夫·金山·閑生·金水·朴德只·金禾中·金生·李生·崔·徐·德生·閑生·永水 등이 있다.

나) 분청사기 상감문

象嵌文은 고려말 청자상감과 직결되는 것이며 조선청자상감과 시원을 같이 하므로 조선초에는 물론이고 시대가 약간 내려와도 구분이 애매한 경우가 많다. 그러나 조선시대에 들어오면 기형과 태토·유약·문양 등에서 분청사기의 특징이 나타나기 시작한다.

상감문은 인화문과 병용되는 경우가 많다. 인화문대접이나 접시의 경우 구연의 당초문대는 모두 상감기법이고 관사명도 刀刻하여 상감으로 나타내는 예가 많으며 기타 瓶·壺·獐本·扁瓶에도 인화문과 혼용되는 경우가 많아서 성립과 발전과정은 인화문과 거의 같은 시대로 잡을 수 있다.

한 예로 〈'恭安'銘대접〉은 내면에 흑백상감으로 蓮唐草文을 나타내고 외면에는 卍字文帶를 거칠게 나타내고 있으며 문양은 기면에 비해 고려청자상감보다는 많아졌으나 고려말에는 느낄 수 없는 활력이 있다. 이보다 앞서서 제작되었으리라고 생각되는 것으로 〈靑磁象嵌'義成庫'銘梅甁〉이 있으며, 고려말의 매병의 형태에서 형태와 유태가 변모해서 분청사기의 특질을 잘 나타내고 있다.

관사명을 새기는 규정은 태종 17년(1417)에 상납하는 器皿에 刻銘케 하기 이전인 12세기 전반에도 있었다. '尙藥局'銘을 새긴 靑磁盒이나 '燒錢色'·'巡馬' 등 관사명 등이 많이 남아 있으며 12세기 말기에도 '宴禮色'·'乙酉司醞署'·'良醞'·'司膳' 등의 관사명을 새긴 예가 남아 있다. 특히 '司醞署'·'양온' 등은 매병의 肩胴部에 있는 명문으로 앞의 〈청자상감'의성고'명매병〉과 새겨진 위치가 같아서 태종 17년 이전에도 甁類의 견동부에는 관사명을 각명하는 예가 있었을 것으로 생각된다.

貞昭公主墓 출토의 〈粉靑沙器四耳缸〉은 하한이 세종 6년(1424)이며 분청사기의 면모를 이미 완전하게 지닌 상태이다. 구연 바로 밑인 어깨에 卍자문대가 있고 굽다리 위인 하부에 연판문대가 있으며 넓은 몸체 전면을 상감과 인화문을 곁들인 초화문을 자유분방하고 활달한 문양으로 채웠다. 회색태토에 담청색의 유약이 시유되고 광택이 있으나 이미 거의 전형적인 분청사기의 면모를 갖추고 있다. 이 항아리보다 약간 시대가 뒤지는 〈'正統五年'銘象嵌蓮魚文大盤〉은 내면 주연으로부터 넓은 면에 흑색상감으로 誌文을 상감하고 내저에 연어문을 상감하였고 연화문은 모란과도 닮았는데 線象嵌이 아닌 面象嵌法으로 나타내었다. 태토에는 철분이 많고 유약은 청색이 좀 짙은 靑磁釉와 흡사한 상태이나 문양과 상감기법 등에 조선시대적인 분청사기의 면모를 지니고 있다.

광주시 충효동요지에서도 인화문 외에 상당히 세련된 상감문이 출토되었다. 상감문은 주로 祭器에 있는데 표면에 뇌문과 파상문 같은 문양을 상감한 것 등이 있으며 유태와 문양 등이 극히 세련된 상태여서 15세기 중엽에는 상감문이 더욱 세련된 상태였음을 보여 주는 자료라고 하겠다.

이상 몇 가지 예의 상감분청을 통하여 이미 조선 초기에 어느 정도 면모를 갖춘 상감문이 있었고, 〈'정통5년'명상감연어문대반〉을 통하여 이미 세종 20년 무렵에는 선상감 이외에 면상감이 상당히 세련을 보이고 있으며 금곡리가마 출토품에서 보는 것과 같이 15세기 중엽에 더욱 세련된 모습을 나타내었음을 알 수 있다. 인화문이나 상감문의 경우 분청사기의 세련은 문양으로 인하여 가능한 표면이 거의 백색으로 화장되었으면서 유태가 정선되고 기면에 개체의 문양과 각 문양대 간의 구성이 세련되고 높은 조화를 이루었을 때가 그 정점에 이른 때이다.

상감문도 인화문과 마찬가지로 15세기 중엽을 정점으로 하여 점차 인화문이나 귀얄문 등과 병용되는 경우가 늘어나서 문양으로서의 특색보다는 분장효과로서의 문양으로 변하여 가고 있었다. 앞서 말한 세종 20년 무렵의 면상감 예는 15세기 중엽경이라고 추정되는 기명에 그 수효가 많으며 문양이 선에서 면으로 바뀐 것도 백색으로 이행되는 추이에 의해서 발생한 문양이라 생각된다.

단종 2년(1454)에 죽은 溫寧君의 묘에서 항아리 2개와 접시 2개가 〈塗銀靑銅匙箸〉와 같이 발견되었다. 항아리나 접시의 태토가 조금 거칠지만 분청사기라기보다 백자태토에 가깝고 渦圈文·雨點文·蓮瓣·波狀文을 일부에 아주 얇게 시문하고 그 위에 아주 흐리고 얇은 백토분장을 하여 상세히 살피지 않고는 백자인지 분청사기인지 분간하기 어려운 점이 있다. 접시의 형태로 보아 고려말에서 변형된 모습이 아직 남아 있지만, 15세기 중엽 분청사기의 특질을 발휘하여 세련된 시기에 더욱이 王家에서 이러한 종류를 부장품으로 넣은 것으로 보아 서울 근교(北漢山 기슭)의 어떤 가마에서 번조된 지방적 특색을 지닌 것이라고 생각된다.

다) 분청사기 박지·조화·귀얄·분장문

剝地文이나 彫花文은 귀얄로 시분하는 것이 기본이 되기 때문에 박지·조화문과 귀얄문과의 성립·발전의 선후를 따지기는 어려울 것이다. 그러나 대체로 초기에는, 귀얄시문은 문양을 나타내기 위한 배경으로 더 많이 이용되었으며 점차로 귀얄시문만을 한 예도 늘어나서 粉粧文과 함께 표면이 백색으로 이행되어 가는 끝 마무리를 하였다고 생각된다.

귀얄문이나 분장문이 발생 당시부터 완벽하게 백토화장에만 충실하지 않았던 것은 처음에는 대세가 청자에서 백자로 서서히 이행되는 과정이었기 때문이다. 또한 다종다양한 문양이 생겨난 것은 조선 전기 문화가 주관을 지니고 주변문화를 과감하고 다양하게 흡수하여 실용적이면서 활력에 넘치고 융통성있게 새로운 창조를 거듭하고 있었기 때문이다.

박지와 조화문 분청 중에 연대가 분명한 자료는 극히 드물지만 松廣寺의 高峯和尙浮屠에서 발견되었던 〈粉靑剝地鐵畵舍利壺〉가 있다. 고봉화상은 세종 10년(1428)에 입적해서 동왕 11년에 부도가 세워졌다고 하므로 이 사리항아리의 하한은 세종 12년이 될 것이다. 이 항아리는 舍利塔, 즉 浮屠 보수시에 잠깐 꺼냈다가 사진만 찍고 다시 納塔하였으므로 지금 사진만 남아 있어 확실한 상태를 알 수 없으나 대단히 세련된 박지기법의 수준을 보여 주고 있다. 백토분장, 즉 백색으로 표현된 문양과 문양 간의 間地인 여백은 흑색으로 되어 있는데 이는 문양과 간지의 대조를 더욱 선명히 하기 위하여 거기에 鐵彩를 하였던 것으로 생각된다. 또한 주문양의 능숙한 선과 호방하고 대담한 표현은 물론이며 주문양의 상하인 어깨부분과 저부에 연판문을 배치하는 등 문양대의 구성 또한 원숙한 단계에 이르고 있어서 이미 세종 12년 훨씬 이전에 박지문은 상당히 세련되어 있었음을 짐작케 한다.

광주 무등산 충효동요지에서는 박지문·조화문 분청사기의 여러 가지 다양한 문양파편이 발견되었다. 유태가 정선되었으며 모란문·연화문 등이 다양하고 자유분방하게 변형되어 기면을 장식하고 있다. 이 외에 분명한 편년자료는 아니지만 15세기 중엽 무렵이라고 생각되는 박지문·조화문 중에서 자유분방하고 활달·대담하면서 문양으로 세련되고 유태가 정선된 기명을 많이 볼 수 있다.

이상에서 박지문·조화문은 세종 초기에 이미 상당히 세련되어 있었으며 15세기 중엽에 이를수록 문양이 더욱 활달·분방한 자유로운 변형을 이룩하고 유태도 대단히 精緻하여졌음을 알 수 있다. 그러나 15세기 중엽 이후에는 특별한 발전이나 세련이 있었다기보다는 유태가 더욱 정치하여졌으며 문양이 자유로운 변형을 하여 마치 현대의 추상과 같은 효과를 나타내었다고 할 수 있다. 16세기에 이르면 점차 문양이 단조로워지고 결국 귀얄분청의 수효가 늘어나고 분장이 성행하면서 표면이 백자와 같이 되어 갔으며 태토가 백자태토로 이행이 되면 구태여 백토분장이 필요없게 되었을 것이다.

박지·조화·귀얄·분장문도 지방적인 특색이 있으며 또 지방에 따라 그 가마의 수효에도 약간의 차이를 발견할 수 있다. 귀얄분청사기는 전라·경상·충청·경기도에 모두 분포되어 있으나, 분장문과 박지·조화문은 주로 전라도와 충청도에 있으며 특히 전라도에 더욱 많이 편중되어 있다. 그 질과 문양의 대담하고 자유분방한 세련은 다른 곳에서는 호남지방의 분청에 미치지 못한다.

경기지방에서 발견되는 귀얄분청은 저질의 회흑 또는 갈색태토에 얕게 음각이나 인화로 시문하고 또 위에 시분하고는 다시 긁어내지 않은 상태의 것이 대부분이다. 서울 근교 우이동에서 牛耳嶺을 넘어 五峯 밑에 있는 분청사기가마에서 출토되는 기형은 고려말과 아주 흡사한 접시·종지·대접 등 소품들이며, 태토는 회색이고 농도가 얕은 백토물에 담가서 시분하는 소위 분장문으로 그 위에 담청색의 유약을 시유하였다. 이러한 현상을 보면 고려말의 타락한 청자에서 분청사기로 옮겨지는 과정에는 여러 지방에서 거의 공통적인 방법이 채택되었으나 일부에서 특이한 방법이 초기에 일정 기간 존재하였음을 알 수 있다.

라) 분청사기 철화문

鐵畵文은 회흑색의 저질 태토 위에 반드시 귀얄로 백토분장을 하고 그 위에 철화로 자유분방한 문양을 빠른 운필로 나타내고 얇게 시유하였으며 대체로 산화와 중성염번조로 표면에 담황이나 담갈색을 머금은 예가 많다. 이러한 분청사기 철화문은 충청남도 公州郡 反浦面 鶴峯里·花山里 등 鷄龍山麓 東鶴寺 계곡에서 번조되어 '鷄龍山粉靑'이라는 별칭이 붙기도 하였다.

물론 이 일대의 가마에서는 철화문분청사기 외에도 인화문·상감문·귀얄문 등과 또 이러한 기법을 병용한 것 등 여러 가지의 분청사기가 번조되었으며 백자도 번조되었다. 단지 철화문만은 다른 곳에서 번조한 예가 없었기 때문에 특히 이러한 명칭이 붙게된 것이다.

계룡산요지에서는 인화문과 상감문 등도 있어서 15세기 전반부터 開窯하였다고 생각되지만 철화문은 대체로 15세기 후반에 세련되어 16세기까지 이어지는 것이라고 생각된다. 철화문의 경우는 일반 기명에 편년자료가 될만한 것이 없고 학봉리요지 조사 때에 출토된 것과 그 외에 몇 개의 鐵畵誌石片이 있을 뿐이다. 철화지석에는 '成化二十三年'(성종 18 ; 1487)·'弘治三年'(성종 21 ; 1490)·'嘉靖十五年'(중종 31 ; 1536)銘 파편이 있어, 적어도 여기에 표시된 연대 이후의 것이 틀림없으며 이와 유사한 것으로 역시 성종 이후라고 생각되는 '天子之'銘·'宜寧郡'銘 墓誌 등이 있다. 그러므로 앞으로 보다 앞서는 편년자료가 나오지 않는 이상 철화문은 인화·상감문보다는 조금 늦게 세련되어 16세기까지 계속 번조되었다고 할 수 있을 것이다.

명문이 있는 편년자료는 아니지만 기형의 변화에서 연대의 차이를 생각할 수 있다. 분청사기는 청자에서 유래되었기 때문에 시대의 흐름에 따른 조선적인 변형은 있으나 고려청자의 기형과 흡사한 것이 많으며 동시대 조선백자와는 기형이 다르다. 특히 매병은 고려청자에서 이어진 것이며 분청사기에는 많으나 조선백자에는 매병의 형태가 없다. 매병은 분청사기에서도 상감문에 가장 많고 박지·상감·인화 병용에도 그 예가 약간씩 있으나 철화문과 귀얄문에서는 찾아볼 수 없다. 편병의 경우에는 처음부터 편평하게 만든 것과 둥근 형태를 만들고 내면을 두드려 약간 편평하게 만든 두 가지의 경우가 있는데, 후자의 형태를 지닌 편병의 예를 백자에서는 발견할 수 없다. 분청사기에서는 박지·조화문류에 가장 많고 상감·인화문에도 그 예가 있으나 철화문에서는 찾아볼 수 없다. 매병이나 이런 편병 종류는 15세기에 성행하고 16세기에 들어서면 점차 그 형태가 사라진다. 瓶(玉壺春瓶의 형태)은 백자나 분청사기에도 공통적 형태로 모든 분청사기에 다 있는 형태이다. 그러나 인화문·상감문의 경우에는 병의 아래 부위가 풍만하여 무게중심이 아래에 있으나 철화문의 경우에는 가운데의 동체가 풍만한 경우가 많아서 인화나 상감문병보다는 무게중심이 약간 위로 올라가고 있다. 백자의 경우에는 15~16세기의 병이 아래 부위가 풍만하며 16세기 후반부터 시작하여 17세기에 들어서면 점차 동체가 풍만해져서 무게중심이 위로 올라간다. 이러한 병의 형태에서 철화문과 17세기 백자의 공통점을 발견할 수 있다.

형태의 문제는 아니지만 자유분방한 분청사기 철화문과 17세기 백자 철화문과는 문양의 소재는 다르지만 자유분방한 표현이라는 공통점을 찾아볼 수 있다. 이러한 일련의 사항들은 철화문이 다른 분청사기류보다 조금 늦게 세련되어 그 세련이 16세기 무렵까지 지속되었던 한 요인으로 생각된다. 계룡산에서 번조되는 분청사기 철화문이 인근의 燕岐郡에서도 발견되어 거기에 가마가 있었으리라는 설이 있으나 아직 분명치 않으며 막연히 호남지방에도 그러한 가마가 있다고 하지만 확인된 바는 없다.

또 계룡산 철화와 다른 분청사기 철화문이 있다. 계룡산 철화문은 陶質로 그 질이 조잡하고 철분이 많이 섞인 회흑색·흑갈색 태토 위에 반드시 귀얄로 시분하였으며 시분할 때 기명의 하부는 그대로 남겨 놓은 경우가 많다. 태토가 계룡산 철화문보다는 질이 조잡하지 않아서 색이 회색이며 시분은 귀얄시문이 아닌 백토물에 담그는 소위 덤벙, 또는 담금분장문(粉引)이며 철화의 발색도 그렇게 진하지 않고 철화의 소재도 비교적 간결한 초화문으로 筆線도 가늘어서 계룡산 철화문과는 다른 면을 지니고 있다. 이러한 종류의 분장문이 전라남도에 가장 많고 전라북도에도 있는데 충청남도에는 定山에 요지가 있을 뿐 그 이외의 곳에서는 거의 찾아 볼 수 없으므로, 이 가마는 전라도 지방이라고 생각되며 瓶·碗의 기형으로 봐서 16~17세기에 걸치는 시기의 것으로 생각된다.

(2) 조선청자

朝鮮靑磁는 바로 고려청자로부터 점점 변형하면서 발전된 것으로, 초기에는 고려청자에서 바로 계승되는 양식으로 태토빚음눈과 인화시문을 주로 하였다. 접시·대접 등 小形器皿을 주로 생산하는 가마에서 분청사기상감문도 있어서 서로 분명히 구분하기 어려운 복잡한 양상을 이루고 있지만, 이러한 초기적 양상은 세종 때가 되면 청자만을 생산하던 가마가 거의 사라지고 분청사기와 백자에 흡수되었으며 오히려 백자가마에서 본격적으로 조선청자를 생산하게 되었다.

조선과 고려시대와의 확연한 차이는 전국적으로 제작지가 확산되었다는 점이다. 고려청자요지는 대체로 서해안지방과 남해안 중에서도 전라남도를 중심으로 있으며 그외 지방에는 극히 드물다. 그러나 조선시대에 들어와서는 경기·충청·전라·경상도 등 한반도 남부 방방곡곡에서 거의 균형있게 발전하며, 황해·강원·평안·함경도까지도 고려 때보다는 훨씬 많은 가마가 생겨나고 있었다. 이러한 양상은 《세종실록지리지》에 수록된 전국 방방곡곡의 자기소·도기소가 324개소에 달하고 있으며, 이는 고려시대보다 도자기의 수요가 격증되었음을 뜻하는 것이다. 초기부터 백자가 본격적인 생산을 시작하지 않은 상태에서 인화시문과 태토빚음눈을 주로 한 조그마한 기명을 생산하는 청자가마가 일시나마 전국에 확산되었다. 그 중에서 고려청자와 거의 흡사한 청자가마도 상당수 있었다고 생각되며 이러한 가마들은 분청사기와 백자가마에 흡수되면서 세종 때까지 지속되었다.

조선청자의 진면목은 백자가마에서 생산된 청자이지만 여기서는 두 가지 계통의 청자를 구분하여 설명하고자 한다.

첫째, 과도기적 청자는 〈靑磁象嵌柳蓮文'德泉庫'銘梅甁〉에서 그 초기적인 모습을 살필 수 있다. '덕천고'는 고려시대부터 있었으나 태종 3년(1403)에 '內贍寺'로 개칭되었으므로, 이 병의 제작시기는 고려말이나 조선 건국초로 볼 수 있다. 형태나 문양 등으로 보아 고려말보다는 조선 건국초의 특징이 두드러지게 나타나고 있는데, 즉 구연이 외반되고 어깨부터 굽에 이르기까지 매병의 곡선이 'S'자형으로 굴곡져 있으며 하부의 芭蕉文은 조선에 들어와 비로소 문양으로 등장하는 새로운 문양이 시문되며 문양구성도 고려말의 구성보다는 짜임새가 있다. 이보다는 조금 발전되었으나 고려청자상감의 여운이 남아 있는 작품으로는 '沙籠介'·'籠介', 또는 〈'崔元'銘靑磁象嵌梅甁〉이 있고, 〈'德泉'銘梅甁〉보다 유태가 훨씬 발전한 양질의 조선청자로는 〈'宣德十年'銘靑磁象嵌墓誌〉가 있다. 이는 珠聯形과 長方形의 2종류가 있으며, 전자는 안팎에 흑상감으로 후자는 안팎에 흑·백상감으로 誌文을 나타내었는데, 〈'덕천'명매병〉보다 유태가 훨씬 세련되었으며 장방형 묘지의 주련은 상감으로 연속된 卍字文을, 주련형 묘지의 양 측면에는 양각의 15세기에 전형적인 연속 卍자문을 나타내고 있다. 전주지방에서 번조되었다고 생각되는 이 묘지는 유태와 주련 문양, 특히 주련의 형태 등이 상당한 세련을 보여 조선청자가 세종 때에 매우 높은 수준에 이르고 있었음을 말해 준다. 이 밖에 세종 때 것으로 〈'선덕10년'명묘지〉와 거의 같은 시기이나 조금 뒤늦게 제작된 3개의 묘지가 있다. 하나는 '全羅道觀察使曺沇之墓'라고 전후에 똑같이 백상감으로 지문을 나타낸 장방형 묘지이며, 다음은 '正統六年'銘이 있는 黑象嵌墓誌이며, 세번째는 '景泰元年'銘이 있는 靑磁象嵌墓誌이다.

'덕천'명 등도 분청사기 상감문과 흡사한 면이 있지만 유태가 청자의 특징을 보다 강하게 지니고 있다. 첫째와 둘째 것에는 아무 문양이 없고 지문만을 상감으로 나타내었으나 셋째 것의 측면에는 15세기의 특징있는 卍자문을 역시 백상감으로 나타내었다. 유태는 첫째와 둘째 것은 태토가 靑灰色이며 유약도 청색이 짙은데, 셋째 것은 유태가 양자보다 밝으나 〈'선덕10년'명묘지〉만큼 세련되지는 않았고, 〈'덕천'명매병〉보다는 발전하였으며 字體나 문양이 조선적인 활달한 면을 보여주고 있다.

이상과 같은 몇 가지의 편년자료로 청자상감이 세종 때에 조선적으로 변모·발전하고 있음을 알 수 있으나 그 이후의 편년자료는 발견되지 않는다. 편년자료 이외에 일반 청자기명 중에도 양식적으로 15세기 후반경까지 시대가 내려갈 만한 것을 볼 수 없었으므로 고려청자와 직결되는 조선청자는 15세기 중엽까지 지속되었다고 생각된다. 이러한 청자들은 기형이 거의 대부분 고려청자에서 조금씩 변형된 것이며 문양도 연화문·버들문 등 청자말기의 문양에서 변모하였으며 분청사기상감문과 공통점이 있다.

둘째로 백자가마에서 생산되는 청자는 두 가지가 있다. 하나는 청자태토와 같은 회색태토 위에 청자유를 시유한 전형적 청자이고, 다른 하나는 백자태토 위에 청자유를 시유한 異格靑磁로 白胎靑釉磁라고 할 수 있을 것이다. 두 가지 모두 유약에 기포가 많아서 유색은 짙은 편이나 밝게 느껴지는 경우가 많고 기형과 문양은 청자나 분청사기보다 판이한 양상을 보이고 있다. 그 대체의 흐름만을 경기도 광주 중앙관요에서 생산된 청자를 중심으로 기술하고자 한다.

세종 때부터 백자가마에서 번조한 청자는 일반청자와 백태청자의 두 종류가 있으며 문양은 음각·압출양각·반양각·상감수법으로 운문·국판문·조문·당초문 등을 나타내었다. 문양소재는 고려적인 것도 약간 섞여 있으나 원말명초 중국자기의 문양과 흡사한 것이 있고 기형도 초기백자와 같은 것이 대부분이다. 유태는 일반청자보다도 훨씬 밝아졌으며 특히 백태청자는 백자태토 위에 고운 청자유가 시문되어 신선한 분위기를 내고 있다.

국립중앙박물관에서 발굴조사한 道馬峙가마에서는 백자·청화백자·청자·청자상감·분청사기 등 다양한 사기가 발견되었으며, 청화백자는 명나라 초기의 것과 같은 것도 발견되었으나, 일단 명나라 초기 청화의 번안단계를 지나 회화적인 구성이 조선적으로 변모한 청화백자라고 생각한다. 청화백자의 시험파편도 두 개 발견되어 세조 때에 土靑으로 청화백자를 번조하려던 《조선왕조실록》의 기사[2]와 일치하는 시기의 가마라고 생각한다. 여기에서 발견되는 청자도 역시 일반청자와 백태청자의 두 종류가 있으며 백태청자 중에는 표면에 白磁釉를 내면에는 靑磁釉를 시유한 예도 있다.

문양은 역시 음각·반양각·투각이 있으나 수는 극히 적다. 상감도 수는 극히 적으나 문양은 당초문·매국화·연판문이 있고 인화시문이 많으며 상감이 시문된 기형은 고려 때부터 있던 향로형식이었다.

이상이 15세기 중엽 무렵까지 조선청자의 양상이었으며 이러한 양상은 대체로 15세기 후반 무렵까지 지속되나 점차 분청사기와 상감청자에서 문양이 사라진 상태였다. 16세기 무렵으로 생각되는 가마는 백자기명 밑에 유약을 긁어내어 '左'·'右'의 음각명문이 있는 파편을 반출하는 가마가 있다. 이들 가마에서는 素文의 백태청자만이 발견되나 태토는 반드시 순백의 양질태토에 한하지 않고 중품이나 하품 백자태토에 청자유를 시유한 것이 많다.

17세기에 들어서면 굽 밑에 역시 유약을 긁어내어 음각으로 '좌'·'우'명과 함께 干支와 숫자를 나타내는 것이 특징이다. 이러한 굽밑의 음각명은 17세기 후반 1670년 무렵까지 지속되며 이들 가마에서는 모두 청자를 반출한다. 또 청자를 반출하는 가마로 지금까지 조사된 것은 1650년대까지이므로 대체로 17세기 중엽까지는 청자가 계속 번조된 것이 틀림없다. 문헌상으로는 "司饔院沙器는 大殿은 백자를 사용하고 東宮은 청자를 사용하며 內資·內贍·禮賓寺의 소용은 舊例에 의하여 靑紅阿里畵를 사용하라"[3]는 기록으로 볼 때, 이 때까지 청자가 궁중에서 사용되었던 것 같다. 17세기 중엽까지 백자가마

---

2) 《世祖實錄》 권 30, 세조 9년 5월 임자·권 31, 세조 9년 윤7월 경신 및 권 34, 세조 10년 8월 무자.
《睿宗實錄》 권 8, 예종 원년 10월 을유.

3) 《光海君日記》 권 102, 광해군 8년 4월 임술.

에서 번조된 청자는 역시 백태청자로 17세기에 들어서 일반백자의 질이 하락되어 가던 것과 마찬가지로 15세기나 16세기 청자 중 양질의 청자에는 미치지 못하는 조질의 청자가 생산되었으며, 특히 중엽의 것은 유약에 황색이나 암록 또는 갈색을 머금은 것이 많으며 기형은 완전히 백자와 같고 문양은 찾아볼 수 없다.

2) 조선백자

(1) 세계도자사와 조선백자

가. 세계도자사의 흐름

世界陶磁史의 큰 흐름은 산화염의 低火度土器(瓦器)에서 환원염의 고화도 도기(陶器, 炻器)로 발전하며 이 단계에서 자연적으로 灰釉(自然釉)가 발생하게 된다. 자연적으로 생긴 유약에 대하여 눈을 뜨게 되어 人工灰釉가 만들어져서 灰釉陶器가 되고, 이것이 태토와 유약을 정제하여 청자로 이어지게 되며 얼마 후 순수한 백자로 발전하게 된다. 서양에서는 저화도토기 상태에 오래 머물러 있었으나 그 대신 낮은 온도에서 녹아 유약이 될 수 있는 저화도 鉛釉와 錫釉(소다유)가 일찍 발달하였다.

청자는 磁器質窯業의 선구적인 역할을 충분히 수행하였지만 엄격한 의미의 자기질요업의 완성은 백자에서 이루어진다. 중국의 경우 六朝時代인 6세기초 南朝에서 초보적인 백자(부여 무령왕릉 출토 白磁燈盞)가 제작되었다고 생각되는 자료가 있지만, 지역적 원료상의 특성 때문에 이보다 조금 뒤늦은 시기에 河北省에서 발달하였다고 생각되는 초보적인 백자가 육조말부터 널리 유행하고 있었다(北齊 武平年間 河南安陽范粹墓 出土). 이와 비슷한 시기인 수·당대에 河南省의 鞏縣窯에서도 백자를 생산하였다. 이러한 하북성 지방의 粗質白磁의 기반과 浙江省에서 발달한 청자의 영향으로 수나라 때를 거쳐 당나라 때에 이르면 하북성 邢窯에서 양질의 백자가 생산되며 定窯에서도 백자가 생산되었다. 정요백자는 북송대부터 금대에 이르기까지 독특하고 아름다운 백자를 생산하여 소위 北方白磁의 전형을 이루었다.

南方白磁에 대해서는 江南省 吉州窯産으로 알려져 있던 白磁半陽刻鳳首水瓶 등이 있으며 근래에는 廣東省 潮州窯産으로 추정되고 있는 백자도 백자형성의 기반으로 알려지고 있다. 그러나 중국백자의 근간을 이루는 것은 江西省 景德鎭窯 백자이다. 경덕진요는 唐末五代부터 시작되었으나 현대의 백자와 같은 수준의 緻密質 백자의 모태가 되는 양질의 靑白磁를 생산하기 시작한 때는 북송대이다. 남송대와 원대 중기인 14세기초에 와서 백자의 질에 매우 혁신적인 변화가 나타났다. 이 때까지 청백자의 유약은 투명하며 청색을 띠지만 태토는 순백이며 대체로 器壁이 얇고 치밀질이 아니다. 그러나 같은 경덕진요에서 14세기초에는 소위 樞府白磁라고 하는 혁신적인 치밀질 백자가 생산되기 시작하였다. 靑華白磁와 辰砂白磁(銅畵白磁, 琉璃紅)도 청백자에서 비롯되었으나 본 궤도에 오르는 것은 역시 치밀질 백자가 생산됨으로써 가능해질 수 있었다.

나. 조선백자의 전개

우리 나라는 나말여초에 이미 백자를 생산하였으며 12세기 중엽 扶安郡 柳川里窯에서는 많은 양의 양질 백자가 생산되고 있었다. 조선 초기까지 이어져 내려온 고려백자는 태토의 내화도가 강하고 유약은 얇고 미세한 빙열이 있으며 태토와 유약이 서로 박락되는 현상이 두드러지며 간혹 이보다 치밀한 것도 있으나 큰 흐름은 역시 치밀질 백자는 아니었다. 12세기를 정점으로 백자의 생산은 급격히 줄어들었으며 내화도가 높은 양질의 백토 생산이 많은 남쪽 지방에서 그 명백을 유지하면서 여말선초에 이르렀다.

14세기까지 중국백자는 청백자가 주류를 이루고 있었지만 원대에 치밀질 백자인 추부백자가 생산되어 본궤도에 올랐으며 명대에는 청백자가 현저하게 줄어들었다. 우리 나라에는 언제부터 새로운 樞府系 치밀질 백자가 유입되어 새로운 치밀질 백자가 시작되었는지 분명하지 않으나 현재까지 조사자료에 의하여 다음의 두 가지 예를 들 수 있다.

첫째로 1987년 관악산 남서쪽인 安養市 石水洞에서 발견된 14세기 백자요이다. 여기서는 기형도 다양하고 시문기법도 음각·양각·상감·퇴화문이 있으며, 문양의 종류로는 완자문·연판문·연주문·화문·集線毛彫文 등으로 다양하다. 파편을 보면 일그러지거나 잘못 구워진 것이 대부분이며 질도 종래의 고려백자와 유사한 것과, 새로운 치밀질 백자와 유사한 것으로 양질과 조질이 함께 나온다. 이와 같이 여러 가지 종류의 백자와 양질과 조질 백자가 함께 발견되고 있는 이유는 거의 청자 일색인 시대상황에서 새로운 백자를 받아들여 번조하기 시작하여 종래 고려백자 계통도 만들고 새로운 치밀질 백자도 만들게 됨에 따라 실태가 매우 다양해졌기 때문이다. 여기서 주목할 것은 백자를 생산하는 가마가 이미 고려말에 나타났으며 그 질과 기종 및 문양 등에 종래에 없었던 새로운 면모가 늘어나고 있었다. 즉 이미 14세기에 종전에 거의 생산되지 않았던 희귀한 고려계 백자와 새로운 치밀질 백자를 생산하기 시작하여 15세기에 들어 백자시대를 맞은 서장이 시작되었다는 사실이다.

둘째는 李成桂가 즉위 1년 전에 金剛山(江原道 淮陽郡 長陽面 長關里 金剛山 月出峰 出土)에 舍利塔을 세우면서 넣었던 舍利藏置들 중에 포함된 백자들이 있다. 그 중 大鉢 2개에는 각각 發願文이 陰刻되었고 그 내용 중에 '辛未四月日防山砂器匠沈□'이라는 절대연대를 가르키는 干支(신미년;1391)와 방산이라는 지명, 심룡이라는 사기장의 이름이 있다. 방산이 어디인지 확실하지 않으나 《世宗實錄地理志》咸吉道 鍾城都護府條에 '방산'이라는 지명이 있는데 만약 이 백자들이 함경도지방에서 만들어졌다면 수도인 개경에서 멀리 떨어진 지방에서도 이미 백자를 생산할 수 있었고 장인의 이름을 새길만큼 책임을 질 수 있는 가마와 이름을 날린 장인이 있었다는 사실을 말해주고 있다. 이 백자들의 질은 아직 조질이며 검은 티가 많고 유약은 녹청색을 머금었지만 형태는 고려청자에서는 전혀 찾아 볼 수 없었던 형태로 조선초 백자의 형태와 일치한다. 고려말 중국에서 새로운 백자시대가 시작되었고 그 물결이 우리 나라에 커다란 영향을 미친 흔적이 아직은 많지 않으나 이러한 새로운 자료가 앞으로 더 발견되리라 생각된다.

(2) 조선백자의 시작과 확산

조선 전기 백자에서 문제가 되는 것은 새로운 치밀질 백자가 언제 어디서부터 시작되었으며 새로운 백자의 확산은 어느 정도였는가 하는 문제이다.

조선왕조는 성리학을 지도이념으로 표방하고 건국한 나라이다. 새나라의 새로운 근본 이념에 맞는 정책과 제반 시책이 필요하였을 것이며, 이 때 백자 제조기술의 습득과 백자의 확산은 그 시책에 적합한 것이었다. 치밀질 백자는 기술적으로 전혀 새로운 것이고 검약을 기본 덕목으로 삼는 유학의 사상에도 白色의 백자는 합당한 색상이었다고 생각된다.

《세종실록지리지》에는 전국의 도자기 가마를 조사하여 자기와 도기로 나누고 소재지와 품질을 상세히 기록하였다. 새로운 나라에서 새로운 질과 조형을 갖춘 백성들의 생활용기로 생산지와 품질을 파악한다는 것은 반드시 필요하였으며 유교주의를 표방하며 실천에 옮기는데도 반드시 필요하였을 것이다. 이와 같이 중요한 磁器所 139개소와 陶器所 185개소의 현재 위치와 거기서 생산되었던 자기와 도기의 성격 등을 아직 정확하게 파악하지 못하고 있다. 324개소의 도기소와 자기소 중 上品으로 표시된 곳은 廣州·尙州·高靈 등 3군데이며 中品은 자기소 45개소, 도기소 32개소 등 77개소이다.

고려시대에는 청자가 번창하였지만 청자가마는 물론 청자에 관한 기록이 거의 없고 초기에 서남해안 일대에 산재하던 가마가 康津과 扶安으로 집결되면서 다른 지방에는 소규모의 가마가 불과 수개 소에 지나지 않았다. 고려말에는 다시 분산되어 전국으로 가마가 확산되었는데, 바로 세종 때에 이들 가마에 대한 면밀한 조사가 진행되어 가마의 확산과 도자기 수요의 확대가 전국적으로 급속히 이루어졌다는 사실을 확인할 수 있다. 그리고 이에 대한 국가적인 시책이 필요하였으리라는 것도 이해된다.

조선초에 이미 名窯로 알려진 광주 白磁窯는 세종 때부터 御用器를 번조하는 中央窯가 되었다고 생각되며 다른 지방의 모든 가마들도 그대로 존속하고 있다. 이 많은 가마들이 지향하고 있는 것은 백색으로의 발전이었으며 결국 모든 가마가 백자가마가 되는 것이었다.

이성계가 세운 금강산 월출봉 사리탑에서 발견된 것은 백자였다. 그 때까지 청자가 존재하였고 분청사기가 태동하는 단계였으나 사리탑에 入納하는 중요한 그릇을 백자로만 번조했다는 것은 그 시대상황을 말해주는 한 증거라고 하겠다. 《慵齋叢話》에는 "세종 때 御器는 오로지 백자만을 사용하였다"라고 하였으며, "왕실용기도 銀器에서 백자로 교체시켰다"고 기록하고 있다.[4] 세종 때 金宗瑞가 경상도 고령현의 백자를 보고 "白沙器는 귀현의 사기가 매우 좋다는 말을 여러 번 했다"[5]는 《岾畢齋集》의 기록 등으로 보아 백자에 대한 높은 안목과 이해와 관심이 매우 높았음에 틀림이 없다. 새로운 백자에 대한 이해와 수요는 지방과 일반인에게까지 널리 확산되었다. 세종 6년(1424) 8월의 기록에는 "평안도에는 원래 磁器匠人이 없었으므로 중국사신의 내왕접대에 사용되는 器皿이 깨끗하지 않다. 그래서 충청도 각 관사로부터 숙련된 자기장 2명을 여기에 보내어 자기를 제조하고 가르치게 하였다"[6]는 기록이 있어, 이미 충청도에는 자기제작이 활발하여 자기장인을 평안도에 파견할 수 있었고 평안도에까지 자기가 확산되었던 사실을 알 수 있다. 이러한 자기(백자)의 확산으로 세조 12년 4월에는 "자기는 진상 이외는 공사를 불문하고 일절 사용을 금지하며…"[7]라는 기록과, 같은 해 6월에는 "白磁器는 獻上品, 이미 번조된 것, 사용중인 것을 제외하고는 공사간에 일절 사용을 금한다…"[8]라고 하여, 백토의 남용을 방지하기 위하여 産地를 빠짐없이 공조와 승정원에 기록하여 비치하도록 하였다. 그러나 이러한 금령에도 불구하고 계속 늘어나서 중종 32년(1537)에는 변방인 함경도 六鎭에서 조차 모두 백자를 사용한다는 말이 나올 정도로 조선 초기부터 새로운 백자의 제조와 수요가 신장·확산되어 16세기가 되면 거의 전국에 걸쳐 백자가 확산되고 있음을 알 수 있다.

조선백자의 태동은 이미 고려말에 시작되었으며 조선 초기에 양질의 백자를 생산할 수 있을 만큼 급속도로 발전하고 있었다. 《세종실록지리지》에 상품 자기소가 광주·상주·고령에 있다고 하였는데, 광주에는 牛山里·樊川里 등 요지에서 조선초로 생각되는 우수한 백자(상품)요지를 발견·조사한 바 있으며, 광주시 무등산록의 충효동 금곡리가마에서는 성종 8년(1477)에 제작된 것이 분명한 양질의 백자가 대량 발견된 바 있다.

또한 세종 7년(1425)에 명의 사신 尹鳳이 聖旨라 하고 10개의 탁자에 쓸

4) 成俔, 《慵齋叢話》 권 2.
5) 金宗直, 《佔畢齋集》 彝尊錄 下, 先公事業 4.
6) 《世宗實錄》 권 25, 세종 6년 8월 경신.
7) 《世祖實錄》 권 38, 세조 12년 4월 무오.
8) 《世祖實錄》 권 29, 세조 12년 6월 병오.

沙器進獻을 요구한 사실은[9] 세종초에 이미 우리 자기가 백자의 선진국인 명의 황실에서 필요할 만큼 발달하고 있었음을 말해 주는 것이다. 그 구체적 내용도 "매 탁자마다 대·중·소의 椀이 각각 1개, 대·중·소의 楪兒 각각 5개, 대·중·소의 獐本 10개면 될 것이다"라고 한 것을 보면 수량도 많고 탁자에 필요한 격식을 갖추었다는 것을 알 수 있다. 윤봉의 요구에 대하여 조정에서는 "광주목사에게 명나라에 보낼 '대·중·소 백자 장본 10개'를 精細하게 번조하여 바치라"고 하였다.《용재총화》에서 광주의 백자가 가장 정절하다고 한 것과 일치되는 내용으로 당시 광주에서는 매우 우수한 백자를 생산하고 있었음을 입증하는 기록이다. 이 때 명은 永樂帝에서 善德帝로 이어지는 기간으로 명의 백자가 매우 높은 수준에 이르고 있었다는 것은 말할 나위도 없다. 앞으로《세종실록지리지》에 기록된 자기소와 도기소를 전면 조사한다면 조선 초기 백자산업의 모습이 더욱 분명히 밝혀질 것이다.

(3) 조선백자의 변천

조선백자의 시대구분은 일반역사·정치사·사상사의 구분을 따르거나 미술사의 시대구분을 따를 수도 있으나, 일반역사와 미술사의 시대구분을 참조하면서 백자 그 자체의 변천을 시대구분의 기준으로 삼았다. 다시 말하면 조선백자의 시대구분을 전기/중기/후기로 나누면서 경기도 광주일대의 요지를 조사하고 백자의 질과 조형을 비교한 결과 현저하게 변모하는 시점을 시대구분의 분기점으로 삼으면, 전기는 태조 원년(1392)에서 인조 27년(1649)까지로, 중기는 효종 원년(1650)부터 영조 27년(1751)까지로, 후기는 영조 28년(1752) 이후로 구분할 수 있다. 그러나 여기에서는 조선 전기 백자의 변천상황만을 살펴보고자 한다.

조선 전기 백자의 변천상황을 보다 세분하면, 15세기는 백자가 완성되고 발전하는 시기이며, 16세기는 15세기 백자가 전국으로 확산하고 조금씩 변모하는 시기이다. 뒤이어 17세기 전반에는 임진왜란과 병자호란으로 도자기 산업이 일시 크게 위축되었으나 16세기에 이어 다시 백자가 확산되고 백자 기

9)《世宗實錄》권 27, 세종 7년 2월 을묘.

형의 일부와 질이 점차 변모하는 시기이다. 이러한 시기구분을 염두에 두고 구체적으로 살펴보고자 한다.

조선시대는 국초부터 백자의 생산과 관리에 힘을 기울이고 전국민들의 백자에 대한 선호도 대단히 높아서 급속한 발전을 이루었다. 《용재총화》 권 10에 "세종대의 어기는 백자만을 사용한다"라는 기록과 세종 7년(1425)에는 명의 사신이 백자를 요구한 사실이 있었으며, 광해군 때에도 왕은 백자를 사용한다고 한 기록들을 보면 이미 조선 초기에 우수한 백자를 생산할 수 있었던 실정을 잘 알려주고 있다.

조선백자는 처음 경기도 광주·관악산·북한산 등을 중심으로 발전하기 시작하여 점차 지방으로 확산되었으며, 그 중에서 광주는 중앙관요로 조선백자가마의 핵심이었다. 광주에서 생산되는 백자는 전기와 중기 초반까지는 상품·중품·하품이 있었으며 중기 후반 이후부터 후기까지는 거의 상품 위주로 생산하였다. 상품 백자는 우수한 태토와 유약을 선정하고 수비하여 그릇을 빚고 초벌구이하고 유약을 씌운 다음 이를 다시 匣(匣鉢; 개비)에 넣고 번조하였기 때문에 형태와 질과 색이 아주 우수한 것이며 이를 匣燔이라고 불렀다. 갑번은 왕실에서 사용하는 것이었으나 모든 사람들이 분원의 갑번자기를 쓰고 싶어하였다. 《세종실록지리지》에 의하면 당시 상품 백자는 경기도 廣州牧 樊川里, 경상북도 尙州牧 中牟縣 北楸縣里와 巳未隈里, 경상남도 高靈縣 曳峴里 등 4개소의 가마가 있었다. 광주 번천리 가마는 상품 백자를 생산하고 있었음이 밝혀졌으며 고령에서도 상품 백자가 발견되었으나 아직까지 상주의 상품 백자요지는 발견되지 않았다.

조선 전기의 상품 백자는 경기도 광주의 중부면 번천리·오전리와 退村面 道馬里·牛山里·觀音里·도장골·亭支里 등이 있고 초월면에는 武甲里에서 상품 백자가 발견되었다. 상품 백자는 갑에 넣고 번조하여 티하나 없는 청정한 것으로 유약은 거의 빙열이 없고 약간 푸르름을 머금었으며 약간 두껍게 시유되었고 은은한 광택이 있다. 잘 번조된 것은 유약 내에 기포가 적절히 포함되었고, 표면에 미세한 요철이 있어 면이 부드러우며 태토는 순백으로 유약과 태토가 밀착되어 박락된 예가 없으며 가는 모래받침으로 번조하였다. 이 백자의 색은 마치 함박눈이 펑펑 쏟아지고 난 후에 맑게 갠 하늘 아래서 소복이 쌓인 포근한 눈을 보는 것 같다. 중품은 상품의 굽받침과 대체로 유사하지만 태토 내에 약간의 철분이 함유되어 태토색이 담회색이며 유약내에도 미량의 철분이 들어 있어 회청색을 머금어 표면색은 담담한 회청색이다. 유약에는 미세한 빙열이 있는 경우가 많으며 가는 모래받침으로 번조하였다. 하품은 태토가 순백이고 유약 내에는 미량의 철분이 함유되어 있어 약간의 푸르름을 머금고 있다. 기면에 물레자국이 남아 있는 경우가 많고 죽절굽이 많으며 태토빚음눈으로 번조하였다.

전기백자의 기형은 원만하고 유연하면서 조선 초기 국가이념을 형상화한 품격이 있다. 원만하면서 풍만하지 않고 유려한 선이 아닌 유연한 선의 흐름에서 절제하면서 내면에 선비다운 자부심을 엿볼 수 있다. 조선 전기 후반에는 임진왜란과 정유재란으로 나라가 크게 황폐하였으며 우리의 도자기산업도 크게 위축되었다. 일본은 임진왜란을 '陶磁器戰爭' 또는 '茶碗戰爭'이라고도 부른다. 그 이유는 일본보다 선진문화국인 우리가 가지고 있는 선진기술인 도자기에 대한 오랜 선망과 이를 갖고자 하는 욕망이 침략 원인 중의 하나였기 때문이다.

3) 청화백자

세계도자사의 큰 흐름으로 볼 때 14~15세기는 청자문화에서 치밀질 백자문화로 이행하는 시기이다. 중국은 우리보다 한 발 앞서 元代(14세기 전반)에 이미 청자·청백자시대에서 치밀질 백자(추부·추부계 백자)의 시대로 이행하였으며, 우리 나라는 고려말 14세기 후반부터 치밀질 백자가 생산되고 15세기초부터 본격적인 치밀질 백자시대로 이행하였다.

중국의 청화백자는 청백자로부터 시작되었으나 치밀질 백자에서 정착되었으며 우리 나라의 청화백자도 치밀질 백자로부터 시작되었다.

조선 전기의 청화백자가 언제부터 만들어지게 되었고 어떻게 발전하였는가는 아직 명확하게 밝혀지지 않은 실정이다. 여기서는 문헌기록과 광주지방 요지의 출토품 등을 통하여 그 개략을 기술한다.

《孝宗實錄》에는 태종이 고려의 국자박사로 재임 당시(1383년 이후) 애용하였던 靑華盞이 있어 이것을 보물로 아껴 학자들이 모이는 자리에서 특히 이 청화잔이 酒杯로 사용되었다고 하며, 그 후 성종대에 이르러 이 청화잔이 깨어져서 왕명에 의하여 새로 만들어서 이에 대신하였으나 임진왜란을 당하여 없어졌다고 한다.[10] 이로 볼 때 고려시대에 이미 중국의 청화백자가 전래되었던 것으로 판단된다. 또한 세종 때에는 琉球로부터 상당량의 청화백자가 진상되었다는 기록이 있고, 세종 10년(1428), 11년, 12년, 32년에도 다량의 청화백자가 명으로부터 직접 들어왔다는 기록이 있어서 명으로부터 수입한 청화백자가 상당히 많았던 것으로 생각된다. 이러한 진상품이나 명으로부터의 증여품 이외에도 사신의 왕래에 따른 유입품의 양도 많았는데, 이러한 사실은 명의 사신들에 의한 유출을 방지하기 위하여 백자 구입을 일절 금했다는 기록으로도 증명되고 있다.

명으로부터 전래된 청화자기에 대한 기록 외에 조선에서의 제작을 시사하는 기록으로는 세종 29년에 왕이 '靑畵大鍾'과 '白沙大鍾' 등을 成均館에 하사했다는 기록이 처음이다. 그러나 여기서 말하는 '청화'가 조선의 청화백자인지 또는 중국 수입품인지 여부는 확실하지 않다. 《世宗實錄》〈五禮儀〉 嘉禮序例 尊爵條에는 '白磁青花酒海'로 이름붙인 雲龍文이 그려진 壺가 있는데, 이 '酒海'는 명에 주문하여 만들어졌을 수도 있으나 조선에서 만들었을 가능성이 더 많다. 이 시대에 제작된 것이 분명한 예로는 〈靑華白磁三山鐵砂雷文山罍〉가 있다. 이 산뢰는 《세종실록》〈오례의〉 가례서례와 《國朝五禮儀序例》에 나오는 산뢰와 유사하여 〈오례의〉와 《국조오례의서례》가 간행된 그 사이에 만들어졌을 것으로 생각된다.

이와 같이 세종 때에는 일찍이 명으로부터 수입된 코발트 연료를 써서 특수한 기명을 만들어 썼을 가능성이 크다. 문종과 단종 때를 거쳐 세조 때에 오면 청화백자를 번조하였다는 내용이 많아서 청화의 제작은 확실해진다. 일찍이 세조 원년(1455)에 왕명으로 궁중의 주방에서 사용되는 金盞을 '畵磁器'로 교체한다고 하였고, 세조 7년에 완성된 《經國大典》 刑典에는 "庶人은 남녀를 불문하고 '靑華酒器'의 사용을 금하며 사대부들도 주기 이외의 청화자

10) 《孝宗實錄》 권 15, 효종 6년 7월 을미.

기를 쓰는 자는 엄벌로 다스린다"라고 하여, 청화자기 사용에 대한 엄격한 금제를 내리고 있다. 이러한 사실은 중궁전에서는 화자기를 사용케 하고 사서인의 청화백자 사용을 금할 정도로 일반화되고 있었다는 점을 말해준다.

종래 화자기는 백자흑상감 혹은 철화백자를 지칭하고 그 당시의 청화백자는 명으로부터의 유입품이었을 것이라는 의견도 있으나 《조선왕조실록》의 용례에 비추어보면 화자기는 청화백자를 지칭하는 것이 확실하다. 한편 명나라 청화백자의 유입문제에 대해서는 청화백자의 유입을 금한다는 왕명이 내려졌음에도 불구하고 세조 때에 화자기가 많이 사용되었다는 사실을 종합해 볼 때, 이 무렵의 청화백자는 조선에서 번조되었을 가능성이 높다고 생각된다. 이러한 판단을 더욱 확실히 뒷받침해주는 자료로는 《용재총화》 권 10에, "세종 때의 어기로는 백자가 전용되었으나, 세조 때에 이르러 '彩磁(청화백자)'도 병용되었다"는 기록으로 증명할 수 있다. 또 "채자는 중국에서 구해온 '回回靑'으로 번조한 것인데 畵樽·罍·盃·觴 등이 중국과 다름이 없었다. 그러나 회회청은 중국에서도 귀하였기 때문에 다량으로 입수하기가 어렵다.… 그럼에도 불구하고 중국에서는 窮村茅店에서도 청화백자를 쓰고 있어 가서 알아 본 즉 '土靑'이라 하였는데 토청 또한 아직 구하지 못해서 조선에는 畵磁器가 드물다"라고 하였다. 이는 세조 때에 중국에서 구해온 회회청을 사용하여 수량은 많지 않으나 청화백자가 번조되고 있었다는 사실을 말해 주는 것이다.

또 《세종실록》에 왕이 申叔舟에게 하사한 '畵鍾'은 도공에 명하여 그림과 御詩를 써 넣은 것으로 이같은 화종은 御宴에 사용되었다는 기록이 있는데, 이 화종도 청화백자일 가능성이 높다. 세조 7년에 와서 법으로 그 사용을 금할 정도로 청화백자의 수요가 증가하였으나 중국에서는 금령으로 회회청의 유출을 금지하고 있어서 중국에서 들어온 회회청으로는 원료가 부족하였다. 《용재총화》에서도 토청에 대하여 언급하였지만 세조 때에는 토청에 대한 많은 기록이 있다. 먼저 세조 9년 5월에 전라도 敬差官 丘致桐이 康津에서 회회청을 구하여 바쳤으며,11) 같은 해 윤7월에는 경상도 경차관 柳緩이 密陽

11) 《世祖實錄》 권 30, 세조 9년 5월 임자.

府와 義城縣에서 회회청 相似石을 구하여 바쳤다.[12] 다음해 8월에는 전라도 경차관 구치동이 順天府에서 채취한 회회청 상사석으로 畵沙器를 번조하였다.[13] 예종 원년(1469) 10월에는 전라도관찰사에게 명하여 "강진의 회회청을 시험하였더니 그 중에 양질의 것이 있는데 관찰사가 직접 사기번조에 입회하여 회회청 擬似沙土를 써서 청화자기를 시험번조하여 보고하라"는 내용과 또 "읍인 중에 회회청을 발견한 자는 관리로 등용하고 특히 상을 내린다는 교지를 전라도는 물론 전국에 널리 주지시키라"고 하였다.[14] 이로 볼 때 순천·강진에서 토청(回回靑相似石·靑鐵回回靑擬似沙土)을 사용하여 청화백자를 번조한 것이 틀림없으며, 청화백자를 제작하기 위하여 상당한 노력을 하였음을 알 수 있다.

이와 같이 청화백자를 자체 제작하려는 움직임이 있은 후 성종 때에는 中國畵器(청화백자)의 유입을 국법으로 금하고 있었음에도 불구하고 사대부가에서는 대소 연회에 화기가 아니면 거들떠 보지도 않는 등 사치풍조가 극에 달했다. 이에 정부에서는 여러 차례 화기의 유입 사용을 일절 금하는 명령을 내렸다.[15] 이는 청화백자의 지나친 사용으로 당시 조선에서 번조한 물량이 부족하였음을 시사하는 것이다. 이러한 내용의 금령이 거듭 내려지면서 중국 청화백자의 유입과 국내 번조 또한 감소한 것으로 생각되지만 머지않아 다시 재개된 것 같다.

16세기에 청화백자 관련 기록은 아직 확인되지 않았지만 17세기에 들어오면 왕실의 연례에 사용되는 청화백자가 없어서 假畵를 사용한다는 기록이 보일 정도로 청화백자가 한층 더 적어졌음은 틀림이 없다.[16] 이러한 현상은 "중국사신의 접대에 사기 200여 竹(1죽은 열 개)이 소요되나 사용 후 반환된 수는 파손·분실 등으로 인해 불과 40~50죽에 이르는데, 그 가운데는 깨진

---

12) 《世祖實錄》 권 31, 세조 9년 윤7월 경신.
13) 《世祖實錄》 권 34, 세조 10년 8월 무자.
14) 《睿宗實錄》 권 8, 예종 원년 10월 을묘.
15) 《成宗實錄》 권 14, 성종 3년 정월 을미 및 권 77, 성종 8년 윤2월 무신·신해·임자.
16) 《光海君日記》 권 127, 광해군 10년 윤4월 신유.
《仁祖實錄》 권 37, 인조 16년 10월 경술.

龍樽(靑華白磁雲龍文壺) 한 쌍을 반환한 자가 있다. 그 담당자는 법에 의하여 엄벌로 다스려야 마땅하다"[17]는 기록으로도 알 수 있다. 이와 같이 사옹원 관리가 용준의 파손을 그토록 강조하고 있는 상황으로 미루어 보면 청화백자의 부족이 심각했음을 알 수 있다. 이와 같이 부족한 가운데도 번조되는 청화백자의 안료는 토청보다는 호조가 수입한 회회청에 의존하고 있었던 점은 위의 사실들로 보아 짐작이 되나 청화백자의 생산은 극도로 제한된 것으로 추측된다.

청화백자는 세종말 무렵부터 시작하여 세조초 무렵까지 회회청을 사용하여 번조하였다. 그러나 명의 회회청 수입이 극도로 어렵게 되자 세조 9년에서 예종 때에 걸쳐서는 토청을 개발하여 번조를 시도하였으나 수요에 미치지 못하였다. 이에 엄한 금령에도 불구하고 성종 때에는 명으로부터의 수입이 많아졌고 회회청도 어느 정도 재수입되었던 실정을 알 수 있다.

청화백자의 파편은 광주요지에서 발견되는데 백자 전체에서 편년을 추정해 보면 청화를 그리기 시작한 때는 세종말 무렵부터로 생각된다. 《세종실록 지리지》 편집 당시의 요지라고 생각되는 우산리·번천리의 상품 백자를 번조한 요지에서 청화백자 파편이 발견되고, 또한 이들과 연결되는 가마로 보이는 도마리·무갑리의 상품 백자를 번조한 요지에서도 나오고 있으므로, 세조·예종·성종 때의 청화백자의 실상을 살펴보는 것이 가능하다. 특히 1964~1965년에 걸쳐 발굴·조사된 도마리요지에서는 많은 자료가 나온 바 있다. 16세기로 추정되는 관음리·정지리의 '左'·'右' 銘이 있는 백자가 나오는 요지에서는 지표조사에서 아직 청화백자 파편의 발견은 없었으나, 번천리 5호요지 발굴조사에서 〈白磁陰刻'嘉靖33년'銘墓誌片〉(1554)과 함께 〈靑華白磁折枝文전접시片〉이 출토되었다. 한편 지표조사에 의한 것이지만 17세기 전반까지 사용된 요지인 炭筏里·詳林里에서도 청화백자는 발견되지 않았다. 다만 仙東里요지(1640~1649년) 지표조사에서 청화백자편 2점과 선동리 2호요지(1640~1641년) 발굴조사에서 청화로 쓴 〈'祭'字銘碗片〉 접시 두 편이 발견되었다. 이러한 요지의 상황으로 미루어 보면 청화백자는 15세기에 시작되어

17) 《仁祖實錄》 권 49, 인조 26년 윤3월 경자.

다년간 생산이 계속되다가 16세기 들어 생산이 다소 저하되고 17세기가 되면 임진·병자 양란 등으로 인해 더욱 위축되어 전기의 종말을 맞고 이후 조선 중기에 들어 점차 청화백자의 번조가 회복되어 갔다.

이와 같은 사실을 뒷받침하는 15세기의 편년자료로는, 세조 13년(1467)에 죽은 '鄭軾'이라는 관리의 이름을 써 놓은 〈白磁青畵梅花折枝文碗〉이 있는데 '정식'의 몰년으로 보면 이 완의 하한이 1467년이 되므로 세조 때이거나 그 이전의 제작임에 틀림없다. 문양은 내면 중앙에 청화로 복판화륜을 두고 외면에는 굽다리에서부터 매화 두 가지가 양쪽으로 펼쳐져 있는데, 남송 이래 명에 이르기까지 계승된 南宋院體화풍의 樹枝法으로 가지가 몇 굽이 급격하게 꺾여지면서 전개되고 있으며 가는 매화가지나 예리한 매화판의 처리 등에서 격조 높은 문인화의 경지를 보여주는 그림이다. 다음 〈白磁青華'弘治二年'銘松竹文壺〉는 성종 20년(1489)에 만들어진 것으로 기형이 당당하며 문양으로 들어간 松竹은 극히 사실적으로 묘사되었는데 윤곽을 거의 나타내지 않은 가느다란 점과 선을 여러 겹 중첩하여 그렸다. 소나무 가지는 앞서 언급한 '鄭軾' 銘碗처럼 급격하게 꺾이지 않았으나 마디마디가 약간씩 꺾이어 명초 수지법의 여운을 남기고 있고, 구연부에도 사실적인 연당초문이 시문되어 있으며 죽문에는 죽순이 곁들여 있다. 이 두 개의 청화백자의 질은 대체로 우산리에서 도마리·무갑리로 이어지는 전형적인 상품 백자와 같은 질이며, 문양은 의장화된 도식적인 것을 수반하지 않은 사실적인 것이다.

한편 도마리요지에서는 대체로 세 가지 부류의 청화백자 파편이 출토되었는데, 첫째 부류는 문양·유태·굽처리 등이 명초의 청화백자와 거의 같아 구별이 어려운 것이고, 둘째 부류는 유태와 번조수법은 우리 것이나 문양구성과 문양자체가 명초 청화백자와 매우 흡사한 것을 말하며, 셋째 부류는 문양·유태·굽처리 등에서 명의 청화백자의 요소를 찾아 볼 수 없는 조선의 특징을 나타내고 있는 것들이다. 첫번째에 속하는 청화백자의 기형은 주로 완과 접시 등의 파편으로 구연부에 의장화된 문양대가 있고 주문양도 역시 도식적인 문양으로 구성된 데 비해, 두번째는 소량이지만 明風의 종속문양이 있고 역시 명풍의 주문양이 있다. 세번째에 속하는 것들로 대접·접시 등의 파편이 많다. 전접시의 경우를 보면 구연에 단순화된 명풍에서 완전 변형된 종속문양대를 두르고 외면에는 칠보문 등을 시문하고 있다. 주문양대는 명의 청화문양과는 무관한 사실적인 산수·성좌·화조·시명 등으로 의장화된 도식적 문양이 아닌 회화적인 문양인 점이 특징이다.

여기에서는 이 밖에 청화백자의 발색을 시험해 본 試色片이 다수 발견되었는데 그 발색은 갈색을 띤 것, 흑색을 띤 것, 그리고 鐵沙 발색에 가까운 것 등이고, 문양은 문자문·당초문 등 보통 부서진 파편을 이용하여 만든 것들로 발색이 나쁜 것들이다. 짐작하건대 토청을 사용하여 試燔한 것임에 틀림없다. 요컨대 조선시대의 청화는 초기에는 회회청을 중국으로부터 수입하여 명의 청화백자와 질과 문양(주문과 종속문이 있고 문양자체는 도식화되었으며 기면 전체에 가득차서 여백이 없다)이 같은 것을 일시나마 만들었을 가능성이 있다고 생각된다. 그 이후에는 바로 질은 우리 것이지만 문양은 명의 것 그대로 종속문과 주문양을 갖추고 문양자체도 명풍인 것을 만들었으며 바로 뒤이어 회화적인 문양의 조선적인 특징을 가진 청화백자를 만들게 되었다. 이 시기에 토청을 사용하여 시험하였는데 도마리요가 여기에 해당되며, 그 시기는 대체로 세조말에서 성종 때의 기간이다.

지금까지 살펴본 15세기 청화백자의 발전과정을 다시 한번 유형별로 크게 나누면 ① 明 양식과 같은 것 ② 명 양식과 유사한 것 ③ 독자 양식의 세 가지 유형으로 나눌 수 있다.

초기 명 양식의 청화백자는 기형·유태·굽처리 등이 명 청화와 거의 일치한다. 여기서 한 가지 생각할 점은 이 청화백자들이 우리 제품인지 또는 중국 제품인지를 분간하기 어려운 것들이다. 세종 때 이후 청화백자의 사용과 수입에 대한 각종 금령이 빈번하였음에도 불구하고 사용과 수입은 계속 증대하고 있었기 때문이다. 특히 성종 때에 아무리 국법으로 여러 차례 엄금하여도 시정되지 아니하여 왕이 자탄할 지경에 이르렀다는 실정으로 볼 때 중국 청화자기가 많이 있었음에 틀림이 없다. 그러면 귀하고 값이 비싼 중국 청화백자가 왜 우리 나라 가마터에서 발견되느냐 하는 문제이다. 첫째는 중국에서 회회청을 수입해다가 우리 가마에서 똑같이 만들어낸 우리 제품일 수 있다는 것이다. 《용재총화》 권 10에서도 "세종 때에 이르러 彩磁를 섞어 썼는데 중국에서 회회청을 구하여 술단지·술통·술잔 등에 그림을 그려서 중국 것과 다를 바 없었다"라고 한 것을 보면 당시의 안목으로 보아도 우리 제품이 중국 것과 같았다고 생각된다. 둘째는 수입 회회청으로 우리 가마에서 명의 청화자기와 똑같은 것을 만들기 위하여 표본으로 가지고 있었던 것일 가능성도 있다. 그러나 도마리가마에서 발견된 청화백자 파편들을 보면 가마 파편 특유의 일그러지고 휘어지고 부풀어 오르고 다른 파편이나 갑발과 붙어 있던 자리 등이 그대로 남아 있는 것들이 있어, 수입되어 표본으로 쓰였을 가능성은 매우 희박하며 그 중 일부가 표본일 가능성이 있다.

다음은 명 양식과 유사한 청화백자이다. 명의 청화자기를 直模하던 시기를 지나면 유약·태토·번조수법은 우리 제품인데 문양이 명대 청화문양과 흡사하고 기형도 유사한 종류가 있다. 이 종류의 분명한 편년자료는 없지만 다음과 같은 몇 가지 이유로 세조 9년(1464) 土靑을 개발하기 이전의 제품이라고 생각된다. 이 제품들에 사용된 코발트는 수입 회청을 사용한 것이 거의 틀림없다고 생각되기 때문이다. 세조 9년 이후 예종 때에 토청을 개발하고 토청으로 화자기를 번조하였으나 이후에는 토청에 관한 기록이 없다. 성종 때에는 다시 회회청을 수입하고 명에서 유입된 청화자기가 만연되었기 때문에 명풍의 청화자기를 제작하지 않았을 것이므로 그 이전에 제작된 것이라 생각된다. 이를 뒷받침하는 자료로 명 양식과 유사한 청화백자와 전혀 다른 독창적인 우리 양식의 청화자기로 성종 때에 제작된 것이 있다.

이것은 분명한 편년자료인 〈백자청화'홍치2년'명송죽문호〉(성종 20 ; 1489)로 명 양식의 제작연대를 추정하는데 중요한 자료이다. 이 항아리는 백자의 질 자체가 우리 제품임이 확실한 것은 물론, 문양의 구성과 내용이 명대 문양과는 전혀 다른 우리 독자의 문양으로 바뀐 상태이기 때문에, 명 양식 청화백자와는 전혀 다르므로 우리식 청화백자를 만들기 이전의 것이라고 생각된다. 이 양식에 속하는 것으로 일본에 있는 〈白磁靑華寶相唐草文壺〉의 문양은 主文과 從屬文이 있고 주문·종속문이 보다 명대 문양 구성과 같으며 문양 자체도 유사하다. 이 항아리와 기형이 거의 같고 제작연대 추정이 가능한 月山大君 胎壺(1454년, 또는 그 이전이거나, 1454~1462년 사이 제작)인 〈粉靑沙器印花文胎壺〉가 있다. 이 항아리의 하한이 세조 7년이므로 이와 거의 같은 기형이고 문양구성도 둘 다 견부와 하부에 종속문으로 연판문이 있는 점 등으로 보아, 명 양식과 유사한 상기 일본에 있는 항아리의 편년 추정을 가능케 한다. 또한 이 청화항아리의 견부와 저부의 연판문에는 연판내에 寶相如意頭文이 있으며 이러한 연판내 문양은 원대의 청화에 많이 있으나(특히 항아리 등 큰 그릇의 연판문에 있음), 이 항아리의 연판문에는 연판문 윤곽선 안쪽 가운데에 문양이 돌출되어 있다. 이러한 연판문 윤곽선에 문양이 붙어 있는 예는 명 永樂연간의 〈靑華白磁人物文壺〉뿐이다.[18]

이와 관련하여 명 양식과 유사한 청화백자의 문양구성을 살펴 볼 필요가 있다. 이 양식의 문양 중 종속적인 파도문·당초문 등이 대체로 명초 洪武·영락연간의 문양과 유사점이 많고 주문양으로 등장하는 보상당초문도 이 기간에 등장하는 문양과 유사점이 많아서 문양 자체로만 보아도 세조 9년 이전에 해당한다. 14세기 중엽 무렵 元 양식을 갖추고 명 宣德연간(1426~1435)까지 주문양과 종속문양으로 구성되어 있다. 주문양은 그릇의 중심부위에 큰 면을 차지하며 도식적인 것이 많고 종속문은 원대에는 이중 삼중으로 된 것도 있다. 이러한 문양구성에는 문양이 도식화된 데다 여백이 거의 없으며 문양으로 꽉 차 있는 경우가 대부분이며 필치가 대담하면서 힘이 있고 청화발색이 진하며 농담의 변화가 있다. 선덕연간에도 회화적 문양과 여백을 두는 것이 없지는 않다. 그러나 선덕연간을 지나 成化(1464~1487)·正德연간(1506~1521)에 이르면 선덕연간의 문양구성에서 변하여 종속문이 줄어들어 상·하 부위 중 한 군데만 있거나 종속문이 없이 주문양만 있는 경우도 있고, 선덕연간의 일부 회화적인 문양을 단순화한 것과 여백을 살린 특유의 회화적 문양이 등장하며 필치가 가늘고 간결해진다. 이와 같이 元 이후 선덕연간(대체로 15세기 전반기경까지) 청화문양과 그 이후 성화·정덕연간 청화백자문양의 특징이 서로 다르다.

명 양식과 유사한 우리 나라의 청화백자 문양을 중국과 비교해 보면 원 이후 선덕연간까지의 청화백자 문양과 흡사하다. 문양은 주문양과 종속문이 있고 주문양은 기면의 중심부에 넓게 배치하고 종속문은 그릇의 상·하인 구연부나 견부와 하부 등에 좁은 帶狀으로 배치하고 주문·종속문이 모두

---

18) 《陶器講座－中國 Ⅲ 元·明－》(雄山閣, 1971), 도판 48 참조.

도식적이며 여백이 거의 없이 기면이 문양으로 꽉 차 있으며 필치가 힘이 있고 발색에 농담의 변화가 있다. 따라서 명 양식과 유사한 우리 나라 초기 청화자기는 15세기 전반기에 해당한다.

끝으로, 우리 나라 독자 양식의 청화백자는 토청을 개발할 무렵부터 시작하여 처음에는 명 양식과 유사한 구성이었으나 명 양식의 종속문은 그대로 있으면서 점차 주문양이 기면의 여백을 살리면서 회화적으로 된다. 이 상태에서 다시 종속문이 사실적 문양이 되거나 단순화되면서 항아리·병의 경우 상·하에 있던 종속문이 상부에만 있게 되고, 저부는 직선으로 대체되기도 하며 접시의 경우 뒷면의 문양이 점차 없어진다. 이 시기의 분명한 편년자료는 앞에 제시한 동국대박물관 소장 〈'홍치2년'명송죽문호〉(1489)이다. 이 항아리는 질도 상품 갑번일 뿐 아니라 형태도 뛰어나고 청화의 발색도 밝으면서 농담의 변화가 있어 깊이가 있다. 구연부에 사실적인 연당초문이 있고 기면 전부에 송죽문을 회화적으로 포치하였으며 하부에는 문양과 기면을 마무리하듯 一條帶線이 있다. 토청으로 번조를 시도하기 시작하면서 주로 토청으로 청화백자를 번조하던 시기를 지나 다시 회회청을 명에서 수입하여 만든 뛰어난 작품이다. 명에서 회회청이 다시 수입되고 명 청화백자의 남용이 조정에서 커다란 문제가 되던 때에, 이와 같이 독자적 문양구성과 뛰어난 회화적 문양의 당당한 항아리를 만들 수 있었다는 것은 성종 때의 문화적 역량이 매우 높았기 때문이다. 또한 세조 9년 토청 개발에서 비롯된 조선 전기의 독자적 청화백자 발전이 여기서 완성된 것이다.

16세기 청화백자로 연대가 확실하게 밝혀진 편년자료는 앞에서 인용한 번천리 2호요지 출토의 〈백자청화절지문전접시편〉 하나뿐이다. 보고서[19]에 의하면 1554년 명문이 있는 墓誌와 같이 출토되었다고 하므로, 16세기 중엽의 청화백자의 상황을 알 수 있는 귀중한 자료이다. 보고서의 접시 단면도를 보면 15세기 전접시와 유사하며 같은 보고서에 보이는 다른 전접시보다 조금 古式으로 보인다. 문양은 주문양과 종속문양이 있고 주문은 절지의 일부만 남아서 잘 모르겠으나, 절지의 표현에 굴절함이 없어 완만하고 여백이 많으

19) 이화여대 박물관·한국도로공사, 《광주조선백자요지 발굴조사보고-번천리 5호·선동리 2, 3호-》(이화여대박물관, 1986), 121쪽.

며 종속문은 단순화되었으며 이면에는 문양이 없다. 지금까지의 추측으로는 16세기에는 종속문이 없어졌다고 생각되었는데, 단순하지만 일부에 남아 있다는 것을 알게 되었다.

그 밖에는 기년명이 있는 묘지 자료가 몇몇 있어서 그 당시 청화백자의 상황을 짐작할 수 있을 뿐이다. 이러한 묘지로는 〈'正德三年'銘淑儀文氏墓誌〉(1509)·〈'隆慶己巳年'銘王子全城君丹陽郡夫人權氏墓誌〉(1569)·〈'萬曆四年'銘朴公墓誌〉(1576)·〈'萬曆十四年'銘尙宮金氏墓誌〉(1586) 등이 있다. 이들 청화백자 묘지의 질은 대체로 정치한 편이나 유색은 담청을 머금은 회색조를 띠고 있고 청화발색은 흑갈 또는 흑색을 띤 조질로 15세기의 기명에 보이는 선명한 발색과는 차이가 있다. 그런데 〈'만력14년'명김상궁묘지〉의 경우는 16세기의 일반적인 묘지의 발색과는 전혀 다른 아주 고운 靑藍色을 띠고 있고 유색 또한 회색 기운이 여타의 묘지들 보다 약하고 회청색조를 띠고 있어 당시의 상급 청화안료를 사용하여 번조한 것으로 보인다.

이상 16세기까지의 청화백자와 백자편년에 따른 기형·유태·굽처리 등의 특징으로 보아 16세기라고 추정되는 청화백자를 들어보면 송죽인물문호·운룡문병·매죽문병·매조문호·청화백자매조죽문병 등이다. 이들을 통해서 보면 대체로 기형상의 곡선이 15세기에 비해 이완된 감이 있고 문양은 종속문이 거의 없어지고 주문양이 있는 경우가 많고 주문양은 회화적인 문양이 15세기 이래 단절되지만 여백이 더욱 넓어져 확대된 공간감을 주고 있다. 또한 문양의 주조를 이루는 매화와 대나무의 경우를 보면 15세기와 비교했을 때 강하게 굴절하는 남송원체풍에서 비롯된 명초의 수지법에 비하여 굴절이 덜하고 형식화되거나 이완되어 화격이 대체로 떨어지고 있음을 볼 수 있다.

17세기에도 16세기와 마찬가지로 연대가 확실한 편년자료는 드물다. 17세기 중엽의 요지인 광주 선동리요지에서 청화백자 파편 2점이 채집되었고 선동리 2호요에서 청화백자 파편 3점이 발견되었으나, 이들 파편은 제기·접시 등 파편으로 내저에 청화로 원을 그리고 '祭'자가 있을 뿐 문양이 없어 그 당시 문양의 특징 등을 알 수 없다. 그러나 선동리 2호요지 조사시에 철화백자 파편이 상당량 발견되었고, 지표조사시에도 많은 양이 발견되어 17세기 중엽 도자기 문양을 짐작할 수 있게 되었다. 이들 철화문 자료에 의하면 16

세기 청화백자에서 사라졌던 종속문이 새로 등장한다. 항아리의 구연에는 당초문이, 어깨에는 연판문이, 하부에는 파도문이 시문된 것을 볼 수 있다. 이밖에 대체로 16세기말에서 17세기 전반 무렵으로 생각되는 청화백자 明器들이 근래에 나오고 있어 이 시기의 청화백자 문양을 짐작할 수 있다.

湖巖美術館 소장 〈青華白磁明器一括〉이 그 좋은 예이다. 이 일괄품 중에 주목되는 것으로는 굽바닥에 청화로 '萬曆年製'를 二行四字로 쓴 전접시가 있다. 만력은 중국연호이므로 이 전접시가 중국제품이 아닌가 하는 생각이 들 수도 있으나, 이와 함께 나온 명기 접시나 잔들의 유태 및 굽의 처리 등으로 보아 조선에서 만든 것이 확실하다. 또한 청화의 발색도 엷어서 만력연간의 청화발색과는 차이가 있다. 그런데 만력연간은 1573년에서 1619년 사이로 1592년에서 1597년 사이의 기간은 임진왜란과 정유재란이 발발하여 요업이 거의 경색지경에 이르렀던 때이다. 그러므로 만력연간의 제작이라면 1573년에서 1592년 사이의 어느 시점에 만들어졌다고 볼 수 있고, 또 전란이 끝난 후 1619년 사이에 만들어졌을 가능성도 전혀 배제할 수는 없다. 또한 이와 같은 중국연호를 우리 나라 기명에 써넣는 경우 반드시 그 시기의 제작임을 나타냈다기보다 일종의 장식적인 의미로 쓰인 예가 있기 때문에 17세기 전반 어느 시기에 만들었을 가능성도 생각할 수 있다. 그러나 일괄품 중의 다른 전접시나 편병·연적 특히 투각향로 등의 기형으로 미루어 보아 대체로 17세기 전반으로 볼 수 있을 것이다. 그러면서 특히 투각향로는 이와 같은 기형이 선동리 2호요지에서 발견되었기 때문에 이와 유사한 일련의 유물들이 17세기 중엽에 가까운 때의 것들이라고 생각된다.

그러면 여기서 이 일괄품에 나타난 문양·청화의 발색 등을 살펴보자. 문양은 16세기의 조선청화에서 보면 매·죽·송·인물문 등과는 전혀 다른 오밀조밀한 초화문 및 칠보문으로 구성되어 있다. 초화문의 경우 절지로 각종 이름모를 풀과 꽃에 칠보와 이따금 나비 등 곤충을 그려 넣은 것도 있는데, 중국에서는 이러한 초화문은 嘉靖연간(16세기 후반)부터 나오기 시작한다. 칠보문은 중국에서는 도교팔보문이라 하여 명초의 영락·의종연간(15세기 전반)부터 가정·만력연간까지 계속 이어지나 그 양상은 변화가 있다. 조선청화에서도 15세기의 명초 문양을 답습한 전접시의 뒷면에 그러한 문양이 나오고 있으나 여기 명기들에 보이는 칠보문은 15세기의 것과는 많은 차이를 보이고 있다. 칠보문에는 술이 돌려진 것과 술이 없는 것이 동시에 나온다. 주위에 꼬리 모양의 술장식 등은 15세기에는 보이지 않는 것으로 17세기 후반~18세기 무렵의 기명에 그러한 칠보문이 나타나고 있다. 명기들의 청화발색을 보면 청색이 아주 고운 발색과 흑색이 많이 나는 발색 및 엷은 담청색 등인데, 앞의 두 가지 발색은 앞서 본 16세기 후반의 〈'만력14년'명김상궁묘지〉의 색조와 유사하나 후자의 엷은 청색의 발색은 중기의 농담이 적은 청화발색에 가깝다.

17세기는 임진왜란을 겪고 뒤이어 병자호란이 일어나 국가적으로 매우 어려운 상황이었다. 이러한 상황 속에서 회회청의 수입은 거의 불가능하였다고 생각되며 청화백자의 제작도 불가능한 입장이었다. 그 대신 철화문이 백자에 이용되었으며 17세기 중엽 무렵에 부장용 등 아주 특수한 경우에만 청화백자가 번조되었다고 생각된다. 이 때 청화의 이용은 선동리 발견 '祭'字銘 접시들과 같이 제기에 글씨로 표시하는 정도였다. 부장품 등 아주 특수한 경우 명 청화백자 문양의 영향으로 오밀조밀한 초화절지문·칠보문·곤충문 등이 기면에 가득 시문되나 일정하지 않고 종속문도 다시 나타나는 등 새로운 양상을 보인다. 그러나 이러한 현상은 일시적인 것으로 17세기 후반과 그 이후로는 단절되었다.

4) 조선백자의 문양

백자의 문양은 시문기법에 따라 크게 두 가지로 나눌 수 있다. 첫번째는 전통이 오래 이어져 내려온 것으로 태토에 문양을 나타내고 그 위에 유약을 입혀 번조하는 방법이다. 두번째는 태토 위에 유약을 씌워 완전히 번조하고 난 다음에 유면에 소오다釉·錫釉나 주로 鉛釉의 低火度熔融材를 섞어 문양을 나타낸 후, 600~800℃의 낮은 火度에서 다시 한번 구워내어 문양을 나타내는 것이다. 다시 말하면 첫번째는 釉下施文이고 두번째는 釉上施文이다. 유하시문으로는 백자에 陰刻(押印陰刻도 있음)·陽刻(半陽刻도 있으며 押印陽刻도 있음)·透刻 등으로 문양을 나타낼 수 있으며 象形으로 형상을 나타낼 수도 있다. 또한 酸化鐵·酸化銅·산화코발트 등의 顔料로 그림을 그려 문양을 나타내기도 한다. 음각·양각·투각·상형 등은 백자의 태토와 유약에 의한 문양 표현수단이고 산화철·산화동·코발트 등은 백자와는 전혀 다른 彩料를 가지고 문양을 나타내는 것이다. 따라서 음각·양각·투각·상형 등은 백자 자체 내에 변화를 주는 순수한 백자이며 채료로 문양을 나타내면 다른 색에 의해서 그 겉모습이 달라진 것으로 순백자라고는 하지 않는다. 우리 나라 백자는 이러한 유하시문을 하였으며, 유하시문보다는 아주 문양이 없는 순수한 백자를 더욱 사랑하였다.

중국에서는 鉛釉彩料로 문양을 나타내는 유상시문이 금대로부터 시작하여 원대를 거쳐 명대에 크게 발전하고 청대에 극성하였다. 그들이 사용하는 상품 백자에는 거의 전부 유상시문이 있을 정도로 鉛釉系에 채료를 섞어 나타내는 문양을 즐겼다고 할 수 있다. 우리는 중국과 몇 천년 동안 교류가 빈번하면서도 명대 이후 그들이 그토록 좋아했던 유상시문을 한번도 번조하려고 시도해 본 일이 없었다. 우리는 독특하고 독창적이며 우수한 문화전통을 가지고 있었기 때문에 아무리 화려하고 우수한 문화라 해도 함부로 우리에게 들어올 수 없었고, 우리 자신은 우리의 사랑을 받을 수 있는 것을 선별해서 받아들여 자기화하였던 것이다.

조선시대는 백자시대라고 할 수 있다. 분청사기와 청자가 백자에 흡수되고 17세기 후반부터는 거의 백자 일색이었으며 그 중에도 아주 문양이 없는 純白磁가 90% 이상이었다. 조선 전기에는 백자에 음각과 양각은 발견된 예가 없고 매우 드물지만 투각과 상형이 있으며 산화철로 문양을 나타내는 철화백자와 산화코발트로 문양을 나타내는 青華白磁(青畵白磁), 黑象嵌을 시문한 象嵌白磁가 있다.

중기에도 음각이 발견된 예는 아직 없으나 아주 드물지만 양각(陽印刻)이 있고 투각과 상형이 점차 늘어나며 청화백자·鐵畵白磁·銅畵白磁(辰砂白磁)가 있으며, 철화와 청화를 또는 철화·청화·동화·양인각을 같이 사용하는 경우도 있다. 후기에는 중기부터 다종다양해진 기종과 함께 문양의 내용도 다양해지고 문양의 표현기법도 폭이 넓어졌다. 수량은 매우 적지만 음각이 있으며 양인각과 투각·상형이 중기보다 더 늘어나고 청화백자는 급격히 그 수량이 많아졌다. 철화백자도 중기 말경부터 그 수량이 많아졌으나 철화문은 증가하지 않았다. 중기에서 비롯된 철화와 청화·동화 또는 철화와 동화·청화를 같이 사용하는 경우가 있으며 양인각과 상형에 여러 가지 안료를 같이 사용하는 경우도 있다. 또 후기에는 전면을 안료로 바르는 청화채·철채·동채가 등장하고 청화채음각·동채양인각·철채양인각도 나타난다. 철채에 청화와 동채 및 양인각을 같이 사용하는 경우도 있으며, 드물지만 露胎面과 시유면을 같이 이용하여 문양을 나타내는 방법도 있다.

조선백자는 후기로 내려올수록 다종다양한 기형과 문양이 창출되어 후기의 후반경에는 마치 만화방창한 듯 화사한 국면을 연출하였다. 그러나 기형과 문양의 지나친 기교나 실용과 기능에 벗어나는 예는 거의 없었다. 19세기 당시 사회 일각에서는 순백자만을 지향하지 말고 보다 적극적으로 제반 백자기술을 도입하여 다양하고 화려한 문양이 있는 백자도 생산하여야 한다는 주장도 나왔다. 이러한 시각이 점차 확산되고 시장경제가 발달하여 매우 다종다양한 器種과 문양이 후기에 등장할 수 있었다고 생각된다. 그러나 수구적인 안목과 넓은 시각을 지닌 정책의 미흡으로 자율적이고 분방한 발전은 이룩하지 못하고, 또한 검약사상에 길들여진 순백자에 대한 선호도는 끝까지 우리 마음에 자리를 잡고 있었다.

조선백자는 기능미를 살려 간결·소탈하고 단정·정직하며 그 속에 유머와 해학이 있다. 언제나 자연스럽고 어딘가 익살스러우며 단순·간결한 데서 아름다움을 찾았다.

5) 사옹원과 분원

(1) 사옹원

조선왕조는 태조 원년(1392)에 고려시대에 이어 司膳署를 설치하였으며 바로 이것을 司饔房으로 개칭하였다. 그리고 세조 13년(1467)에 司饔院으로 개칭하여 조선시대말까지 존속시켰다. 성종 16년(1485)에 완성·반포한《경국대전》吏典 正三品衙門條에 사옹원을 두고 여기서 供御膳 및 闕內供饋 등의 일을 관장한다고 하였다. 즉 왕에게 御膳을 공궤하는 일과 기타 궐내에서의 음식 제공에 관한 일을 맡았던 것이다.

사옹원에서는 어선 및 기타 궁중의 일반 膳食을 모두 관장하였으므로 법전에 그 소임이 명시된 바는 없으나, 선식에 필요한 제반 음식 자료와 어용 및 궁중 소용의 器皿번조도 그 소관이었던 것이다. 이를 뒷받침해 주는 것으로 《경국대전》 工典 京工匠 司饔院條에 보면, 사옹원 소속 沙器匠 380명, 內需司에 사기장 6명, 경기·충청·전라도 등의 外工匠 99명이 기록되어 있다. 따라서 사옹원 이외에 내수사와 각 지방에서도 사기를 번조하였지만 사옹원에서의 사기번조가 그 소관 업무 중에서 매우 큰 비중을 지녔다. 이 밖에 몇 가지 사료에 사옹원 자기번조의 임무를 기록한 것이 있다. 《高麗史》에는 趙浚의 奏議가 기록되어 있는데, 그 중 "사옹원에서 매년 사람을 각 도로 보내어 內用甆器를 監造한다. 그러나 私利를 취하는 자가 많아서 王都까지 와서 進獻하는 수량이 대폭 줄어들어 그 폐단이 크다"[20]라는 내용으로 볼 때, 고려시대에 이미 사옹원에서는 왕실용 御器燔造를 소관하고 있었음이 분명하다. 또한 조선시대에도 태종 때에 "外方에서 貢上하는 사기와 목기는 사옹방에서 이를 맡아 시행한다"라고 하였으며,[21] 《경국대전》에는 사옹원에서 사기번조를 감조한다는 기록은 없지만, 실제로는 고려에 이어 사옹방에서 궁중에 공상하는 사기와 목기를 맡아서 관장하였다.

중종 25년(1530)에 완성된 《新增東國輿地勝覽》 廣州 土産條에는 "매년 사옹원 관원이 御用之器를 감조한다"라고 하였으며, 《용재총화》 권 10의 "자기는 모름지기 백토를 사용해서 정치하게 번조하여야만 사용할 수 있다. 외방 각 도에서 자기를 번조하는 자가 많으나 오직 고령에서 만든 것이 가장 精絶하다. 그러나 광주의 것은 더욱 정절하다. 매년 사옹원 관원을 좌우편으로 나누어 각기 書吏를 인솔하고 봄부터 가을까지 사기를 감조하여 御府에 輸納하며, 그 공로에 따라 등용도 하고 하사품을 내리기도 한다"라는 기록으로 보아 사옹원의 임무를 확인할 수 있다. 《신증동국여지승람》은, 《동국여지승람》을 성종 12년(1481)에 완성하였다가 印行치 못하고 새로 증보하여 중종 25년

20) 《高麗史節要》 권 34, 공양왕 원년 12월 임인.
21) 《太宗實錄》 권 33, 태종 17년 4월 병자.

에 완성하여 頒行하였으므로, 위의 기록은 성종 12년 이전의 기록이다.《용재총화》도 인행은 중종 25년이나 그 저자인 成俔이 죽은 해인 1504년 이전의 기록임에 틀림없다.

중종 때 이후 사옹원에서의 자기번조 기록은 그 수를 헤아릴 수 없으며 조선말까지 사옹원의 중요한 임무는 사기번조였다. 이러한 기록 중에서《경국대전》이후 간행한 법전을 보면《大典後續錄》工典 工匠條에 "사옹원 沙器匠人 子枝는 他役에 差定하지 아니하며 그 業은 世傳한다"라고 했고,《續大典》工典雜令에는 "사옹원의 번조자기는 1년에 두 번 진상한다"라고 하였다.《경국대전》이 완성되어 六典이 모두 시행된 성종 때 이후에는 사옹원의 자기번조를 기본 법전에 명시하고 있는 것이다.

(2) 분 원

고려말부터 이미 사옹원에서 사기번조를 감조하였다. 성종 6년에 전부 시행하였지만 예종 원년(1469)에 육전이 다 완성된《경국대전》에 의하면 세조 말년 무렵에는 이미 사옹원의 사기번조가 그 소임 중에서 매우 중요한 업무였다. 이후 사옹원의 사기번조는 법전뿐만 아니라《조선왕조실록》·《승정원일기》·《비변사등록》·《일성록》등 왕실의 기본 사료와 일반 문집에도 그 기록이 허다하다.

이들 기록에서 점차 중앙에 있는 사옹원보다는 직접 사기를 번조하는 곳인 지방의 사기(磁器·陶器)번조소에서 발생하는, 또 거기에 관계되는 기록이 많아지기 시작한다. 그 중에서도 경기도 광주의 사기가 주로 보이기 시작하며, 이 광주사기소가 바로 사옹원의 分院으로 사옹원 사기번조를 현지에서 시행하는 일대 중심지가 되었다.

앞에서 본 바와 같이 세종 7년(1425) 명의 사신 尹鳳이 사기를 요구하였을 때, 광주목사에게 하명하여 精細燔造하여 진상하라고 한 것은 광주가 지역적으로 왕도와 가까운 탓도 있지만 광주사기가 精品이기 때문에 특별히 광주목사에게 번조를 지시한 것일 것이다. 이를 뒷받침해 주는 것이 바로《세종실록지리지》의 내용이다. 여기에 기록된 자기소·도기소에는 각 所의 수와 소재지 생산품의 질을 상·중·하로 기록하였다. 324개소의 자·도기소의 생산품 중에 상품을 생산하는 곳은 경기도 광주목의 자기소 4개소 중 樊川里 1개소, 경상도 상주목의 자기소 3개소 중 中牟縣北 楸縣里·已未隈里의 2개소, 고령현의 자기소 중 曳峴里 1개소 등 4개소뿐이며, 중품 생산지는 77개소(자기소 45개소, 도기소 32개소)이다. 세종 때의 이 두 기록 중 명에 진헌하는 백자를 광주목사에게 傳旨하여 정세번조케 하였다는 데 주목해야 할 것 같다. 즉 국초부터 사옹원에서 사기번조에 관여(監造에 해당함)했음은 분명하지만 광주에 사옹원 전속의 분원이 있었다면 사옹원에 명해서 번조하여 진상케 하였을 것이다. 따라서 광주사기가 정절한 상품이기는 하지만 이 때까지는 분원이 설치되지 않았다고 볼 수 있다. 또한《세종실록지리지》의 기록에도 다만 광주에 자기소·도기소가 있다고 했을 뿐 사옹원이나 분원과의 관련에 대해서는 언급이 없다.

이보다 늦은 기록으로《신증동국여지승람》에는 전국에 자기·사기·도기를 생산하는 곳이 40개소가 기록되어 있으나, 廣州 土産條에만 "매년 사옹원 관원이 畵員을 인솔하여 가서 御用之器를 감조한다"라고 하였고, 앞에서도 살펴보았듯이《용재총화》에도 광주의 백자가 고령현의 백자보다 우수하며 광주자기는, "매년 사옹원 관원을 파견하여 봄부터 가을까지 이를 감조하여 왕실에 수납하도록 했다"라고 하였다. 이 두 기록은 앞의 세종 때 기록과 달리 사기를 감조하는 데 광주목사가 아닌 사옹원 관원이 직접 현장에 내려가서 감조한다고 했다는 점이 달라진 것이며,《용재총화》에서는 감조하여 왕실에 직접 수납한다고 구체적인 기록까지 하고 있다.

여기에 문제가 되는 것은 광주백자가 최상품이라는 관점보다는 세종 때에 광주목사가 정세하게 번조하여 진상하던 것을 이 때에 와서 사옹원에서 감조하여 왕실에 수납하였다는 사실에 초점을 맞춰야 할 것이다. 이것은 광주의 번조소(자기소·도기소)가 광주목사 예하의 지방관요에서 사옹원 예하의 중앙관요로 변모된 때문이 아닌가 한다. 이러한 변화가 언제 이루어졌는지는 모르나《경국대전》공전에 기록된 경공장과 외공장으로 전후의 관계를 연결지을 수 있지 않을까 한다. 즉 경공장이 사옹원 소속으로 380명이 있고 외공장이 경기·충청·경상·전라 4도 소속으로 99명이 있는데, 그 중 외공장 99명은 경기도에 7명, 충청도에 23명, 경상도에 30명, 전라도에 39명이 있으며,

경기도의 사기장이 가장 적다는 내용이다. 그러나 여기서 외공장을 모두 합하여도 99명인데 사옹원 소속 사기장은 380명으로 외공장의 4배에 가깝다. 경기도 광주의 백자가 우수하여 왕실용 백자를 점차 광주에서 번조하였는데 단지 감조할 뿐 아니라 사옹원의 사기장인이 직접 광주에서 사기를 번조하였고, 사옹원에서는 이들 380명의 사기장인을 감독하고 사기를 번조하여 왕실에 수납할 때까지 모든 과정을 전담하게 되었을 것이다. 따라서 경기도 사기장 7명은 왕실용 사기번조가 아닌 경기도 내 지방관아용 사기를 제조한 것으로 보인다.

이렇게 사옹원 소속 사기장인이 사옹원 관원의 감독하에 직접 왕실용 사기를 광주에서 매년 번조하게 되었다면, 이미 광주가 왕실용 사기번조의 본거지가 된 것이며 한 걸음 더 나아가 광주에 사옹원 분원을 설치하여 매년 사옹원 관원이 광주에 가서 사기번조를 직접 감독하지 않더라도 분원에서 사기번조의 제반 실무를 담당하게 되었을 것이다.

이러한 추측은 앞으로 새로운 사료의 발견으로 더욱 분명히 밝혀져야 하겠지만, 다음과 같이 분원을 설치하여 조선말까지 분원에서 사기번조의 제반 실무를 이행하고 있었다는 기록은 이러한 추측을 뒷바침해 준다.

사옹원 분원에 관한 최초의 기록은 《승정원일기》의 인조 3년(1625) 정월과 8월 기사에 보인다. 특히 8월 기사에는 "분원은 앞서부터 수목이 무성한 곳을 찾아서 이동하면서 설치하는 것이다. 그러나 지금 분원을 설치한 곳은 나무를 베어 燔木으로 사용한 지가 벌써 몇 년이 되었으므로 번목이 거의 없다. 그러므로 부득이 수목이 무성한 곳을 찾아서 옮겨 설치하여야만 사기를 번조할 수 있다"[22]라는 구체적인 설명을 하고 있다. 이 기록을 통해서도 분원은 인조 3년 이전에 이미 광주에 설치되었으며 분원을 설치하는 곳은 일정하지 않고 수목이 무성한 곳을 따라 이동하였음을 알 수 있다.

이러한 기본 사료 이외에 李魯의 《松岩集》 권 3, 書記條에 "隆慶 4년(선조 3;1570) 여름에 舅監察文公이 沙器廣州地의 司饔分監官이 되었다. 畵工 2인이 禮部로부터 파견되었는데 龍樽을 만들기 위함이었다"라는 기록이 있다.

---

22) 《承政院日記》 8책, 인조 3년 8월 3일.

여기에 분원이라고 명기되지는 않았으나 '사기광주지의 사옹분감관이 되었다'라고 했으므로, 이미 광주에는 사옹원의 분감관이 있었으며 이것이 바로 분원감관이라고 여겨진다. 따라서 인조 3년 이전에 분원이 광주에 설치된 것과 연관하여, 선조 3년에는 이미 분원이 광주에 설치되었다고 생각한다.

분원은 이후 고종 21년(1884)에 민영화되기까지 존속되어 왕실용 사기번조의 어려운 소임을 해 나갔다. 분원 민영화 후에도 왕실용(國用) 자기를 여기서 進拜했기 때문에 관청과의 관계는 어느 정도 유지되었으나, 이후 분원은 30명의 서리 가운데서 선출되는 都諸員에 의해서 관권의 지배 없이 경영되었다. 분원이라는 명칭은 그대로 사용되었으며 지금도 그 지방 이름이 京畿道 廣州市 南終面 分院里이다.

(3) 분원의 운영개요

분원의 운영은 물론 사옹원의 감독과 분원에 파견된 관리들에 의한 것이지만, 분원에서 사기를 번조하기 위해서는 沙器匠人, 燔造柴木, 사기원료인 백토가 항상 문제의 중심이 되고 있다. 분원 사기장인은 《경국대전》 공전에 의하면 사옹원 소속 경공장이 380명이었다. 이 380명은 그대로 후대에까지 분원 사기장인 수로 오래 계승되었다. 인조 3년 7월의 기록을 보면, "本院沙器匠 1,140명은 戶와 奉足을 합한 것으로 호는 분원에서 사기제조에 종사하는 사기장인이고, 봉족은 지방에 있으면서 身役 대신 保布를 수납하는 外居匠保로 원래 交代立役하였다. 호는 380명이고 호에 봉족이 2인이므로 합하면 1,140명이 되는 것이다"[23]라고 하였다. 그후에도 外寇의 침입·흉년·작업량의 과다 등으로 인한 고역으로, 사기장인이 軍役으로 移屬하는 등 도망하고 別定差使員(外方守令)이 外居匠人의 起送(動員)을 잘 이행하지 않으므로 항상 그 수에 증감이 있었다. 중종 때 이후 모든 官營工匠制가 官匠의 이탈로 점차 붕괴되기 시작하고, 더욱이 사기의 제조는 임진왜란으로 더욱 큰 타격을 받았으며, 다시 병자호란과 계속되는 흉년과 기근 등으로 稅收가 줄어 지극히 어려운 상황이었다. 그러나 광주분원만이 끝까지 중앙관요로 존속될 수

---

23) 《承政院日記》 7책, 인조 3년 7월 2일.

있었던 것은 당시로는 왕실용 사기번조라는 막중한 사명이 있었기 때문이다.

법전에도 중종 38년(1543) 이후 사옹원 사기장인 子枝의 세습을 규정하고 사옹원에서는 법전과 御器燔造라는 사명을 항상 내세워 세수입과도 직결되는 사기장인의 확보가 가능하였다.

분원 사기번조에서 또한 중요한 것은 柴木의 조달 등 여러 가지 비용의 확보였다. 시목을 위하여는 원칙적으로 광주군 내의 6面과 楊根郡 내의 1면을 折受받아 이를 사옹원 또는 分院柴場이라 하여 여기서 燔木을 조달케 하였다. 이것도 때로 이동이 있어 숙종 때에는 '楊根三面'이라고도 했으며, 광주 武甲山이 守禦廳으로 移屬된 후에 광주·和川 접경 지역에 또는 아주 멀리 禮泉에 분원시장을 절수하기도 했다. 또한 영조 3년(1727)에 강원도 春川·狼川·麟蹄·楊口·洪川 등지의 司饔院柴場 혁파문제가 논의된 바 있는 것을 보면, 분원시장은 상당히 광범위하였으며 단지 京都와의 거리, 백토의 집산문제로 분원이 광주 6면과 양근 1면의 시장 내에서만 이동한 것 같다.

분원은 광주·양근시장 내에서 번조소를 항상 이동해야만 했다. 그것은 한번 분원이 자리잡아 사기를 번조한 지 10년이 지나면 근처 수십리 안에 무성한 시목이 모두 번목으로 없어져서 부득이 다른 곳으로 옮기게 되므로, 대체로 10년이 분원 이설의 기준처럼 되었던 것이다. 그러므로 문헌과 더불어 광주 현장에 아직까지 남아 있는 몇 백 군데의 요지를 조사하면 보다 분명한 조선도자사의 편년이 가능할 것이다.

그러나 숙종 때에 이르면 광주·양근시장 내의 화전민이 늘어나고 일반 家戶가 늘어나서 새로운 燔所로 이동하여도 몇 년을 지탱할 수목이 없어지게 되자, 시장 내에 거주하는 사람들에게서 시목을 家戶稅로 거두고 또한 각 시장 내에서 火田稅와 가호세를 받아 이를 운영케 되어 여러 가지 폐단이 발생하였다. 그러다가 점차 牛川江邊과 한강변으로 이동하여 水上流下木에서의 收稅를 포함한 여러 수세로 운영되며, 결국 영조 28년 양근군 南終面으로 옮기면서 그 이상의 이동없이 조선말까지 계속되었다.

〈鄭良謨〉

4. 회　　화

우리 나라 역사상 繪畵가 가장 다양한 양상을 띠며 제일 높은 수준으로 발전하였던 것은 말할 것도 없이 조선시대이며 그 중에서도 초기(1392~약 1550년)는 그 기초가 다져진 시기로 특히 중요하다.

조선 초기에는 고려시대 회화의 전통을 계승하고 또 중국의 화풍을 수용하여 다양한 한국적 화풍을 형성하였으며, 조선 중기(약1550~약1700년)는 물론 일본 室町시대의 수묵화에까지 큰 영향을 미침으로써 동아시아 회화사에 있어서 획기적인 기여를 하였다.

山水畵를 위시하여 人物畵·翎毛畵·花鳥畵·草蟲畵 등 다방면의 회화가 발전하였는데, 이의 제작에는 王公·士大夫 출신의 화가들과 화원들이 주축을 이루었다. 고려시대에 큰 몫을 하였던 僧侶화가들의 활동은 抑佛崇儒政策 때문에 자연히 위축될 수밖에 없었다. 그러나 승려화가들에 의한 佛敎繪畵 발전은 주목할 만하였다.

국초부터 圖畵院이 설치되어 圖畵署로 개편되기는 하였지만 繪事를 관장하는 국가기관이 세워져 국가와 조정이 회화수급에 적절히 대처하고 이를 중심으로 직업화가인 畵員들이 생계를 유지하면서 회화의 발전에 크게 기여할 수 있었던 사실도 회화사에서 매우 중요한 일이었다고 믿어진다. 조선시대에는 초기부터 대체로 왕공·사대부 출신의 화가들이 새로운 외래화풍을 수용하고 새로운 화풍을 창출하였으며 화원들을 이론적인 측면에서 이끌어 가는 역할을 했던 반면에, 화원들은 회사의 실무를 담당하여 기반을 다지는 역할을 수행하였다. 그러므로 사대부 출신 화가들과 화원들은 초기부터 조선왕조의 화단을 이끌어 가는 수레의 양쪽 바퀴와도 같은 역할을 하였던 것이다.

조선시대에는 초기부터 억불숭유정책이 철저하게 시행되었던 관계로 회화를 비롯한 모든 미술분야에 성리학의 영향이 짙게 미치게 되었다. 이와 함께 道家思想의 영향도 비록 표면에 표출되어 나타나지는 않았지만 당시의 회화에 크게 미쳐서 山水畵의 발전에 현저한 기여를 하였다고 믿어진다. 이 시대에 實用畵 이상으로 鑑賞畵가 주를 이루며 유행하였던 사실도 이러한 성리학과 도가사상의 영향과 무관하지 않음이 분명하다고 볼 수 있다. 이 밖에 비록 억불숭유정책 때문에 치명적인 피해를 보긴 하였지만 불교회화가 나름대로 명맥을 유지함은 물론, 고려시대의 찬란했던 佛畵의 전통을 이어 높은 경지의 발전을 이룩하였던 사실도 높이 평가해야 할 업적이라 하겠다.

조선 초기에는 이처럼 회화상의 괄목할 만한 업적들이 이루어졌던 것이니 유존작품이 희소하다는 사실만으로 결코 가볍게 보아서는 안될 사항들이 많음을 유념해야 하겠다.

1) 고려전통의 계승과 중국화풍의 수용

조선 초기의 화풍이 형성된 배경에는 두 가지 요소가 크게 토대가 되었다고 볼 수 있다. 즉 고려 후기로부터 이어받은 회화 전통과 중국으로부터 받아들인 화풍이 그것들이다.

(1) 고려전통의 수용

비록 고려와 조선왕조 사이에는 정치적·사상적 차이가 현저하였던 것이 사실이며 이는 미술의 경우에도 어느 정도 대동소이함을 부인하기 어렵다. 예를 들어 불교를 바탕으로 한 고려의 靑磁와 유교를 기반으로 한 조선의 白磁가 보여 주는 차이는 두 왕조의 문화적 성격의 상이함을 잘 드러내 준다. 그러나 이와는 달리 고려의 청자와 조선의 粉靑砂器를 비교하여 보면 두 왕조 사이에 불가분의 문화적 연결고리가 맺어져 있음을 쉽게 확인할 수 있다. 조선의 분청사기는 고려의 청자와 마찬가지로 푸른색 유약을 입혔다는 점에서 공통된다. 다만 유약을 입히기 전에 白土粉粧을 했다는 점이 두드러진 차이인 것이다. 이것은 곧 고려의 미술문화와 조선의 미술문화가 지니고 있는 공통점과 차이점이라 하겠다. 이러한 점이 고려의 회화와 조선 초기의 회화 사이에도 존재하고 있는 것이다. 다만 이러한 관계를 도자기의 경우처럼 여실히 보여주는 유존작이 많지 않기 때문에 단정을 내리기 어려울 뿐이다.

조선 초기의 회화가 고려시대의 전통을 계승하였는가의 문제는 다음에서 알 수 있다.

① 고려시대의 圖畵院이라는 화원이 그대로 조선 초기에 계승된 사실

② 고려시대에 전해져 자리잡은 北宋代 文同과 蘇軾 등의 湖州竹派 墨竹畵의 화풍과 화론이 조선 초기에 이어진 사실

③ 고려시대에 수용되어 고려 불화 등에 구사된 북송대 郭熙派 화풍의 전통이 조선 초기에 安堅派 화풍 형성에 토대가 된 사실

④ 고려시대에 수용되어 유행한 瀟湘八景圖가 조선시대로 이어져 초기부터 크게 풍미한 사실

⑤ 고려시대에 유행한 文人契會와 契會圖의 전통이 조선 초기로 계승된 사실

⑥ 고려시대에 수용되어 자리잡은 趙孟頫의 松雪體 서예가 조선 초기에 이어져 安平大君의 독자적 서체를 형성하게 된 사실

⑦ 고려 후기 佛敎繪畵의 전통이 조선 초기로 계승된 사실

이러한 사실들로 볼 때 조선 초기 회화가 고려시대의 전통을 계승하였다는 점은 분명하게 확인된다.[1] 고려시대에는 중국 宋·元代 회화를 수용하여 자체의 여러 가지 화풍을 형성하였던 것인데, 이것들 대부분이 조선의 화단으로 전승되어 조선 초기의 화풍을 이루는 데 바탕이 되었던 것이다.

(2) 중국화풍의 수용

고려 후기로부터 이어받은 이러한 다양한 전통들 이외에 조선 초기에는 明으로부터 畵院體 화풍과 浙派 화풍이 전해져 수용되었다.[2] 浙江省 출신인 戴進과 그의 추종자들에 의해 형성된 절파 화풍은 이 지역 출신들이 대거 北京에 진출하여 화원이 됨에 따라 院體 화풍과의 구분이 어렵게 되었던 것인데 이 두 가지 화풍이 외교관계를 통하여 조선 초기에 우리 나라 화단에 전해졌던 것이다. 그러나 이 화풍들은 소극적으로 수용되는 데 그치고 크게 유행하는 단계로까지 이어지지는 못하였다. 이 시기에 수용된 절파 화풍은 유예기간을 거쳐 조선 중기에 주도적인 화풍으로 자리를 굳히게 되었다.[3]

---

1) 安輝濬, 〈朝鮮王朝時代의 繪畵－初期의 繪畵를 中心으로－〉(《심포지엄 韓國美術史의 現況》, 翰林科學院叢書 7, 圖書出版 藝耕, 1992), 315~316쪽.

2) 安輝濬, 위의 글, 316~318쪽.

3) 明代의 浙派 화풍에 관해서는 다음의 연구가 참고된다.
鈴木敬, 《明代繪畫史硏究·浙派》(東京 ; 木耳社, 1968).
故宮博物院編, 《明代宮廷與浙派繪畫選集》(北京 ; 文物出版社, 1983).

이처럼 조선 초기에는 고려시대에 전해져 자리를 잡았던 화풍들이 계승되는 이외에 새로운 화풍들이 명으로부터 수용되어 다양하고 풍부한 참고 자원이 되었다. 이 화풍들을 정리해 보면 대략 다음과 같다.

① 李·郭派(李成·郭熙派) 화풍 또는 郭熙派 화풍
② 馬·夏派(馬遠·夏珪派) 화풍 또는 南宋 院體 화풍
③ 高克恭系의 米法山水 화풍
④ 明代의 院體派 및 浙派 화풍
⑤ 李公麟系의 白描 畵法
⑥ 文同·蘇軾 등의 湖州竹派의 墨竹 화풍

主山을 웅장하게 나타내고 인간이나 동물을 개미처럼 작게 표현하는 巨碑派的 경향, 침식된 黃土地帶의 특징을 살린 雲頭皴法, 붓을 잇대어 써서 필흔이 보이지 않게 표현하는 독특한 필묵법, 산허리나 언덕의 밑 부분에 묘사된 照光效果, 게의 발톱처럼 나뭇가지를 표현하는 蟹爪描法, 針葉이 송충이 털처럼 보이는 소나무의 묘사법 등을 두드러진 특징으로 하는 ①의 郭熙派 화풍은 북송의 화원이었던 곽희에 의해 확고하게 자리잡힌 화풍으로 북송대는 물론 금·원·명·청대까지도 그 전통이 계승되었는데, 우리 나라에는 이미 11세기에 전해져 고려불화의 배경 산수에까지 파급되었다.[4] 이러한 전통이 조선 초기에 계승되어 당시 주도적 화풍이었던 安堅派 화풍의 형성에 중요한 바탕이 되었던 것이다.

Richard M. Barnhart et al, Painters of Great Ming : The Imperial Court and Zhe School(Dallas Museum of Art 1993).

우리 나라의 浙派系 화풍에 관하여는 安輝濬, 〈韓國浙派畵風의 硏究〉(《美術資料》 20, 1977), 24~62쪽 참조.

4) 郭熙의 화풍이 이미 11세기에 고려에 전해졌음은 그의 작품 〈秋景烟嵐圖〉 2폭이 고려에 선물로 증정되었던 사실에 의해 확인된다. 이 사실을 곽희의 아들 郭思가 쓴 〈畵記〉에 기록되어 있다(鈴木敬, 〈『林泉高致集』の〈畵記〉と郭熙について〉, 《美術史》 109, 1980 참조).

곽희 화풍이 13~14세기의 고려 불화의 산수표현에서 중요한 몫을 했음은 〈五百羅漢圖〉와 日本 鏡神寺 소장의 〈水月觀音圖〉 등을 통해서 밝혀진다(安輝濬, 《韓國繪畵史》, 一志社, 1980, 그림 29 및 80쪽).

安輝濬, 〈高麗佛畵의 繪畵史的 意義〉(《高麗, 영원한 美 : 高麗佛畵特別展》, 三星美術文化財團, 1993), 186쪽 및 圖 26·27 참조.

———, 《大高麗國寶展》(三星美術文化財團, 1995), 圖 1·2 참조.

〈그림 1〉 송하보월도

이상좌, 15세기말~16세기초, 絹本淡彩, 190×82.2㎝, 국립중앙박물관 소장

화면의 한쪽 구석에 무게가 주어지는 一角構圖, 나지막한 산과 넘치는 물을 특징으로 하는 殘山剩水式 표현, 근경을 강조하고 원경을 대담하게 안개 속에 감추거나 생략하는 근경 중심의 구성, 확대지향적인 공간처리, 북송대에 비하여 현저하게 커진 인물의 비중, 산이나 언덕의 표면에 가해진 도끼자국 모양의 斧劈皴法 등을 특색으로 하는 ②의 馬夏派 화풍도 조선 초기의 산수화풍 형성에 중요한 몫을 하였다. 李上佐의 작품으로 전칭되는 〈松下步月圖〉(〈그림 1〉), 正使로 일본에 갔던 集賢殿學士 梁需가 찬한 〈芭蕉夜雨圖〉 등의 작품들 이외에도 안견파 산수화에 보이는 넓은 공간구성 또한 이 마하파 화풍의 영향과 전혀 무관하지 않다고 믿어진다. 마하파 화풍 이외에도 劉松年 등의 南宋院體畵도 알려졌을 것으로 추측된다. ③의 원대 高克恭系 米法山水 畵風도 李長孫·崔叔昌·徐文寶 등에 의해 수용되는 등 괄목할 만한 비중을 지녔었다. 북송대의 米芾과 米友仁 부자가 창출한 미법산수 화풍은 南宋畵의 한 지류로서 米點을 위주로 한 표현이 특징이나 원대에 이르러서는 고극공이 米法, 董源과 巨然의 礬頭, 靑綠山水의 전통 등을 혼합하여 미법산수 화풍을 크게 변화시켰던 것이다. 이 고극공계의 새로운 미법산수는 고려시대에 전해져 조선 초기로 계승되었으며 이장손 등의 화풍 형성에 참고가 되었다.

남송대 마하파 화풍이나 院體 화풍을 위주로 하고 북송대의 곽희파 화풍과 그 밖의 화풍을 절충한 ④의 명대의 浙派 화풍이나 원체 화풍은 그것들이 토대로 삼은 화풍들의 보편적인 특징들 이외에 거칠고 강한 필법, 짙고 강렬한 묵법, 현저한 흑백의 대조 등이 두드러져 보이는데, 이러한 명대의 화풍은 북경 화단을 통하여 조선 초기에 전해져 일부 화가들에 의하여 수용되기 시작하였다. 姜希顔의 〈高士觀水圖〉(〈그림 2〉)와 안견의 작품으로 잘못 전칭되고 있는 필자미상의 〈赤壁圖〉 등은 절파 화풍의 영향을 받은 대표적인 예로 간주된다.[5)]

〈그림 2〉 고사관수도

강희안, 15세기, 紙本水墨, 23.4×15.7㎝, 국립중앙박물관소장

5) 安輝濬·李炳漢, 《安堅과 夢遊桃源圖》(圖書出版 藝耕, 1993), 141~142쪽.
安輝濬, 〈俗傳 安堅筆 〈赤壁圖〉 考究〉(《弘益美術》 3, 1974), 77~86쪽.

이상의 ①~④는 조선 초기의 산수화풍의 형성에 있어서 특히 중요한 역할을 하였다. 이 중에서 ②와 ④는 山水人物畵와 관련해서도 중요시된다.

⑤의 李公麟系의 白描 화법과 ⑥의 湖州竹派의 墨竹 화풍은 모두 북송대에 형성된 화풍으로 이미 고려시대에 전해져 조선 초기로 계승된 것들이다. 이 화풍들이 조선 초기의 인물화와 묵죽화에 많은 참고가 되었음은 물론이다.

이러한 화풍들 이외에도 더욱 다양한 화풍과 화가들이 조선 초기 화단에 알려졌었음을 申叔舟의《保閑齋集》畵記에 적혀 있는 安平大君의 소장품 목록만 보아도 쉽게 확인된다.[6] 이처럼 다양한 화풍들을 선별적으로 수용하고 참고하여 조선 초기 화가들은 자신들의 독자적인 화풍을 창출하였던 것이다. 전반적으로 보면 조선 초기의 화가들은 대체로 연대가 올라가는 송대의 화풍들을, 당시로서는 현대회화라고 볼 수 있는 명대의 화풍들보다 훨씬 선호하고 참고하는 경향을 띠었다. 이는 아마도 이미 고려시대에 수용되어 계승되었다는 역사적 필연성과 조선 초기에 팽배하였던 古典主義的 경향이 크게 작용하였기 때문일 것이다.[7] 이 밖에도 당시의 미의식에 이 화풍들이 부합하였던 점도 간과할 수 없다. 이러한 점들과 관련하여 조선 초기의 산수화단에서는 북송대의 곽희파 화풍을 참조하여 형성된 안견파 화풍이 절대적인 우위를 차지하였던 반면에 이웃하는 일본에서는 동시대인 室町시대부터 안견파 화풍을 수용하면서도 남송대 마하파 화풍을 줄곧 선호하였던 사실이 주목된다.

2) 왕공·사대부와 회화

조선시대에는 회화가 왕공·사대부와 화원들에 의하여 발전하였다. 그러나 억불숭유정책에 따라 고려시대까지 회화 발전에 크게 기여하였던 승려화가들의 활동은 극히 미미하게 되었다. 승려화가들은 조선시대에 이르러 일반회

---

6) 稻葉岩吉, 〈申叔舟の畵記〉(《美術硏究》 19, 1933), 267~274쪽.
安輝濬, 앞의 책(1980), 93~96쪽 및 121쪽.
———, 〈高麗 및 朝鮮王朝初期의 對中 繪畵交涉〉(《亞細亞學報》 13, 1979), 157~170쪽.

7) 이 시대의 古典主義的 경향에 관하여는 安輝濬·李炳漢, 앞의 책, 27~30쪽 참조.

화보다는 불교회화에 대체로 한정될 수밖에 없었다. 따라서 조선시대의 일반 회화는 왕공·사대부와 화원들이 양 축을 이루며 발전시켰다고 하겠다.

왕공·사대부들은 새로운 화풍을 수용하거나 창출하고 화원들의 試取, 승진심사, 지도를 담당함으로써 사실상 화단을 주도했다고 볼 수 있다. 畵論에 밝고 畵格이나 畵品을 아는 이른바 '知畵格者' 또는 '知畵品者'로서의 이들의 역할은 지극히 크고 중요하였다. 화원들은 이들의 지도와 감독, 보호와 후원을 받으며 국가적 繪事에 종사하였던 것이다. 이러한 경향이 초기부터 형성되어 말기까지 이어져 내려갔음은 말할 것도 없다. 이처럼 왕공·사대부들이 화단을 이끌어 갔던 것은 유교적 또는 성리학적 文治主義의 결과라 하겠다.[8)]

조선 초기에 왕공 출신으로 회화와 관련하여 특별히 주목되는 인물로는 세종을 비롯하여 문종·성종·연산군 등의 군왕들, 세종의 셋째 왕자인 安平大君과 여덟째 왕자인 永膺大君, 孝寧大君의 아들인 永川君 李定, 성종의 열한번째 아들인 利城君 李慣, 臨瀛大君의 증손인 杜城令 李巖 등의 왕자들과 왕손들을 꼽을 수 있다.

잘 알려져 있는 바와 같이 조선의 국기를 튼튼히 다지고 문화의 기반을 굳건히 형성한 세종은 학문과 문장은 물론, 음악과 그림에도 조예가 깊었다. 세종은 潛邸時에 난초와 대나무 8폭을 손수 그려서 注書 辛引孫에게 하사하기까지 하였다.[9)] 문인화의 주요 화제이며 후대에 四君子를 이룬 난초와 대나무를 세종이 그렸다는 사실은 당시 왕실에서 문인화를 즐겨 그렸음을 말해 준다. 이러한 점은 세종의 첫째 왕자인 문종 역시 눈 속의 매화 한 가지를 그리고 七言律詩를 한 수 제하여 동생인 안평대군에게 주었던 사실에서도 확인된다.[10)]

세종의 예술적 재능과 애호사상은 문종 이외에도 안평대군과 영응대군에게도 강하게 전해졌다. 안평대군 李瑢이 세종연간의 문화계를 주도하였고 詩·書·畵·樂에 모두 뛰어났던 것은 잘 알려져 있다. 그는 趙孟頫의 松雪體를

8) 安輝濬·李炳漢, 위의 책, 27~29쪽.
9) 《世宗實錄》 권 109, 세종 27년 7월 정유.
《文宗實錄》 권 8, 문종 원년 6월 무진.
10) 尹根壽, 《月汀漫錄》.
吳世昌, 《槿域書畵徵》(普文書店, 1975), 46쪽.

토대로 했던 당대 최고의 서예가였고 최대의 中國書畵 수장가였으며, 안견의 강력한 후원자였다. 세종연간의 회화의 발전은 안평대군과 분리하여 생각할 수 없을 정도로 막중하였다.[11]

영응대군 李琰도 역시 書畵에 뛰어났으며 음악을 좋아했을 뿐만 아니라 세종 때부터 궁실에 전해지고 소장되었던 모든 珍寶를 문종으로부터 하사받아 엄청난 서화수장가가 되었다.[12]

이처럼 세종과 그의 아들들인 문종, 안평대군, 영응대군의 사례들에 의거하여 볼 때, 조선 초기의 회화는 세종 때부터 왕실의 애호와 후원하에서 크게 발전하기 시작하였다고 볼 수 있다. 이와 같은 왕실의 회화 애호 분위기와 풍류는 당시 集賢殿 학사들을 비롯한 사대부들과 화원들에게까지 널리 미치게 되었음은 말할 것도 없다.

세종 때와 문종 때에 걸쳐 팽배하였던 왕실의 회화에 대한 애호와 후원은 세조 때 이후 잠시 주춤하는 듯하다가 성종 때 이르러 다시 생기를 띠게 되었다. 성종은 난초와 대나무 등을 직접 그렸을 뿐만 아니라 궁궐 내에 화원들을 모이게 하여 草木과 禽獸 등을 모사하게 하기도 하였다.[13] 또한 당시의 대표적 화원이었던 崔涇과 安貴生에게 德宗의 御眞을 성공적으로 그렸음을 치하하고 파격적으로 堂上官에 제수하여 많은 논란을 야기시키기도 하였다.[14] 이러한 사례들은 성종이 회화를 진실로 사랑하고 애호하였음을 분명하게 보여준다.

연산군도 성종 못지 않게 회화를 비롯하여 百工技藝를 장려하고자 힘써서 玩物喪志의 위험을 신하들로부터 경고받기도 하였고 궁궐 내에 성종 때에 일시 설치되었던 內畵廳을 상례화하기도 하였다.[15] 이처럼 연산군도 세종이나 성종처럼 회화를 매우 아꼈음이 분명하다.

---

11) 安輝濬·李炳漢, 앞의 책, 34~51쪽.
12) 安輝濬·李炳漢, 위의 책, 51~54쪽.
13) 吳世昌, 앞의 책, 63쪽.
《成宗實錄》 권 95, 성종 9년 8월 계사.
14) 安輝濬, 〈朝鮮王朝時代의 畵員〉(《韓國文化》 9, 1988), 161~166쪽.
15) 《燕山君日記》 권 47, 연산군 8년 12월 신해.
安輝濬, 《朝鮮王朝實錄의 書畵史料》(韓國精神文化硏究院, 1983), 107~111쪽.

이 밖에 효령대군의 아들인 永川君 李定은 뛰어난 산수화가였던 인물로 전해지며, 성종의 아들인 利城君 李慣은 恭靖大王 및 定安王后의 영정을 봉심하는 일을 成世昌과 함께 하였다.[16] 이로 보면 이성군 이관은 '지화격자'였음이 분명하다. 그리고 세종의 넷째 왕자 임영대군의 증손인 두성령 이암은 私奴 이상좌와 더불어 중종 어용을 담당하기도 하였다.[17] 이로써 보면 그는 초상화에도 뛰어났던 것으로 추측되지만 그는 오히려 강아지 그림에서 뛰어난 업적을 남겼다. 이 밖에 寧海君 李瑭의 아들인 吉安都正 李義도 墨梅를 잘 그렸다.[18]

이처럼 조선 초기에는 여러 군왕과 왕자나 왕손들이 직접 회화를 즐겨 그리고 그것을 애호하며 후원함으로써 회화가 높은 수준으로 발전하는 계기를 마련하였던 것이다.

왕이나 왕족들 이상으로 회화의 창작에 직접 기여하고 화원들에게 영향을 미쳤던 것은 사대부들이었다고 하겠다. 그들은 학문적으로 무장되어 있어서 화론에 밝았고 중국으로부터 전래된 화풍을 폭넓게 이해하고 수용하였으며 화원들을 지도하는 위치에 있었다.

조선 초기에 활동한 사대부 출신 화가들 중에서 가장 주목되는 자들은 姜碩德·姜希顏·姜希孟 부자들이었다. 이들은 모두 시·서·화에 뛰어났던 인물들로 조선 초기의 회화에 끼친 영향이 대단히 컸다. 강석덕의 작품은 남아 있지 않으나 그의 영향은 두 아들 강희안과 강희맹에게 직접 미쳤을 것으로 믿어진다. 강희안은 〈고사관수도〉 등을 남겼고 그의 동생 강희맹은 도화서의 최고 책임자인 提調를 지내며 당시의 화단에 영향을 미쳤던 것이다.[19]

이들 이외에도 尹三山·鄭穰·金紐·金瓘·孫舜孝·柳自湄·金時習·尹晳·南伋·金宏弼·李宗準·柳藕·洪彦弼·李荇·宋世琳·成世昌·金淨·崔壽城·梁彭孫·申潛·安珽·李文楗·安瓚·高雲·蔡無逸·柳辰仝·趙昱·王希傑·蔡無敵·鄭世光 등등 많은 사대부들이 그림을 잘 그렸던 것으로 기록에 남

16) 永川君 李定에 관해서는 安輝濬·李炳漢, 앞의 책, 53~54쪽 참조.
李慣의 어진 봉심에 관하여는《中宗實錄》권 94, 중종 35년 10월 무진 참조.
17)《仁宗實錄》권 1, 인종 원년 정월 임자.
18) 吳世昌, 앞의 책, 64쪽.
19) 安輝濬·李炳漢, 앞의 책, 55~62쪽.

아 있으나 실제로 작품을 남기고 있는 사대부 화가들은 극히 드물다. 어쨌든 이처럼 많은 사대부들이 그림에 뛰어났다고 기록에나마 전해지고 있는 것은 조선 초기 회화의 발달에 사대부들의 공이 적지 않았음을 분명하게 밝혀 준다고 하겠다.

묵죽을 잘 그렸다고 전해지는 세종 때의 朴彭年을 포함한 집현전 학사들을 위시하여 조선 초기의 수많은 사대부들은 회화를 좋아하고 진흥시키는 데에 직접·간접으로 기여하였던 점도 간과할 수 없는 중요한 일이다.

이와 같이 조선 초기의 왕공·사대부들은 회화의 창작과 후원, 화원들에 대한 지도, 새로운 화풍의 수용 등 여러 면에서 회화의 진흥과 발달에 적극 기여하였던 것이다. 이러한 경향은 비단 조선 초기에 한정되지 않고 그 후 중기를 거쳐 후기와 말기까지 이어져 내려갔다.

3) 도화서와 화원

조선 초기부터 왕공·사대부들과 함께 회화의 발달에 쌍벽을 이루며 기여했던 것은 말할 것도 없이 화원들이었다. 畵員·畵史·畵師·畵工 등으로 일컬어진 이들은 주로 圖畵署에 소속되었던 사람들이 대표적이고 중심적 역할을 하였던 것이 사실이나, 이들 이외에도 한양의 巨商들에게 소속되어 있던 私畵員들도 적지 않았던 것으로 믿어진다.[20]

왕공·사대부 출신의 화가들이 주로 산수나 묵죽 등 순수한 감상을 위한 그림의 제작에 참여하고, 어진의 제작시에 감독을 맡으며, 이론적 측면에서 화원들을 선도했던 반면에 화원들은 회화의 실무를 맡아 어진을 그림은 물론 궁중과 조정에서 이루어지는 각종 행사를 담아 그리는 儀軌圖를 위시한 記錄畵와 地圖의 제작 등 일체의 실용적 목적의 그림들을 그리는 이외에 왕공·사대부들의 요청에 따라 기록적 성격을 띤 초상화와 契會圖를 제작하기도 하고 山水·人物·翎毛·花草 등 감상을 위한 다양한 그림들도 그렸다.[21] 또한 중국이나 일본에 파견되는 사절단을 따라가서 그림을 통한 문화외교에

20) 《中宗實錄》 권 75, 중종 28년 7월 갑인.
21) 安輝濬, 앞의 책(1980), 121~122쪽.

큰 몫을 담당하기도 하였다. 이처럼 화원들의 역할은 지대하였다.

화원을 양성하고 그들이 몸담아 활동하면서 국가적 繪事에 임하도록 설치되었던 기구가 바로 도화서였다. 국초부터 국가적 회사를 관장하기 위하여 설치되었던 畵院의 본래 이름은 도화원이었으나 1463년부터 《經國大典》이 편찬되었던 1469년 사이 어느 때인가 도화서로 개칭되었는데 이는 화원의 격을 낮추어 조정한 결과로 믿어진다.[22]

도화서의 조직과 구성은 《경국대전》의 禮典·工典 등에 의하여 밝혀진다. 도화서는 예조에 소속된 종6품 아문으로 구성원은 正職인 京官職으로서 提調 1인과 종6품인 別提 2인이 있었다. 도화서의 최고 책임자인 제조는 예조판서가 겸하는 것이 상례였다. 이외에 雜職으로 20인이 있었는데 이들 중에 時仕 화원인 종6품 善畵 1인, 종7품 善繪 1인, 종8품 畵史 1인, 종9품 繪史 2인과 仍仕 화원인 西班遞兒職 3인(종6품 1인, 종7품 1인, 종8품 1인)이 주를 이루었다.[23] 이처럼 도화서는 경관직인 제조와 별제 밑에 선화·선회·화사·회사 등의 직함을 지닌 화원 5명, 서반체아직 화원 3명, 직책이 없는 화원 12명이 함께 소속되어 있었다. 이 밖에 도화서에는 畵學生徒 15명, 差備奴 5명, 跟隨奴 2명, 褙貼匠 2명도 소속되어 있었다.[24] 생도들은 화업을 닦아 화원들이 될 사람들이며 차비노와 근수노는 도화서의 잡역에 종사하였을 것이다. 배접장 2명은 화원들의 작품들을 배접하거나 표구하였을 것이 분명하다. 이와 같이 조선시대의 도화서 조직은 초기부터 매우 체계적이고 짜임새 있었음을 알 수 있다.

《경국대전》에서 확인되는 도화서의 직제나 화원 및 생도의 숫자 등은 시대의 흐름에 따라 약간씩 변하였다. 별제 이외에 敎授職이 신설되고 篆字官 2명이 배치된 점이나 생도의 수가 30명씩으로 증가된 것은 그 좋은 예들이다. 이 밖에 경관직인 종6품의 별제는 본래 도화서로 하향 변경되기 전인 도화원 시절에는 정5품 혹은 종5품의 別坐였던 점도 주목된다.[25] 즉 도화원이 도화서로 격하되면서 그 실무책임자인 5품의 별좌가 종6품인 별제로 하향 조정된 것임을 알 수 있다.

22) 安輝濬, 앞의 글(1988), 149~152쪽.
23) 安輝濬, 위의 글, 148~153쪽.
24) 安輝濬, 위의 글, 151~152쪽.
25) 安輝濬, 위의 글, 152쪽.

화원의 선발은 試取를 통해서 이루어졌다. 역관이나 의원처럼 잡과에는 속하지 못하였다. 이는 圖畵가 특수한 재능을 필요로 하는 특수분야일 뿐만 아니라 잡과에 속하는 다른 분야들에 비하여 그 중요성이 상대적으로 낮게 인식되었기 때문으로 추측된다.

화원의 시취에 관해서는《경국대전》예전의 取才條를 통하여 이해할 수 있다. 시취에 응하는 자는 竹·山水·人物·翎毛·花草의 5과목 중에서 두 가지를 택하여 시험을 치게 되어 있었다. 채점방식은 죽을 1등, 산수를 2등, 인물과 영모를 3등, 화초를 4등으로 하되, 화초를 기준으로 하여 잘 그린 것에 해당하는 通은 2分을 주고 합격권에 든 略은 1분을 주었다. 인물과 영모 이상의 주제에는 각각 1분씩 더하는 방식으로 채점하였다. 이러한 채점방법을 알기 쉽게 풀어서 적어 보면 다음과 같다.

竹(1등 과목)	通 : 5分(4+1)
	略 : 4分(3+1)
山水(2등 과목)	通 : 4分(3+1)
	略 : 3分(2+1)
人物·翎毛(3등 과목)	通 : 3分(2+1)
	略 : 2分(1+1)
花草(4등 과목)	通 : 2分
	略 : 1分

이러한 채점방식에 의거해서 볼 때 어떤 응시자가 1등 과목인 대나무와 3등 과목인 인물을 택하여 대나무는 略을 받고(4분) 인물은 通을 받았다면(3분), 총점은 7분이 되었을 것이다. 한편 또 다른 응시자가 3등 과목인 영모를 택해여 약을 받고(2분) 4등 과목인 화초를 선택해서 통을 받았다면(2분) 총점은 4분에 불과했을 것이다. 이처럼 등차가 낮은 과목들을 선택하는 것은 등차가 높은 과목들을 택하는 것보다 훨씬 불리했음을 알 수 있다. 바꾸어 말하자면 등차가 높은 과목들을 택하여 시험을 치는 것이 등차가 낮은 과목들을 택할 경우보다 훨씬 유리할 수밖에 없었음을 알 수 있다. 이러한 연유 때문이었는지 조선시대에는 소수의 예외를 제외하고는 화원 중에서 화초를 전문으로 그린 화원이나 그 방면에 일가를 이룬 화원이 거의 없었

음이 주목된다. 즉 화원의 시험제도가 회화 분야별 발전에 영향을 미쳤던 것으로 믿어진다.

대나무를 1등 과목으로 설정했던 것은 북송대 문동·소식 등 호주죽파 문인화론의 영향을 받았기 때문으로 생각되고, 산수를 2등 과목으로 했던 것은 당시 왕공·사대부들의 자연관과 풍류사상을 반영했던 것 이외에, 그것이 감상화의 대종을 이룰 뿐만 아니라 화가의 창의력과 화풍의 변천을 가장 잘 드러내는 장점을 지녔기 때문으로 추측된다. 또한 초상화를 포함한 인물을 비교적 낮은 3등 과목으로 정했던 것은 낮은 등차에도 불구하고 어진제작과 그것을 통한 가장 빠른 출세의 길이 보장되므로 화원 지망생이면 누구나 중요시하였기 때문으로 판단된다. 이처럼 조선시대에는 이미 초기부터 화원들의 시취에 세심한 배려를 하고 있었음이 간취된다.

조선시대에는 도화원 혹은 도화서를 통하여 수많은 유능한 화원들이 배출되었다. 특히 조선 초기에는 세종과 성종 때를 중심으로 하여 安堅·崔涇·安貴生·裵連·石敬·李上佐 등 회화사상 뚜렷한 화원들이 배출되었다.

안견은 잘 알려져 있듯이 세종 때에 안평대군의 후원을 얻어 대성한 조선시대 최고의 산수화가로 조선 초기는 물론, 조선 중기의 화단과 일본의 室町시대 대표적 수묵산수화가였던 周文[슈우분] 일파의 화풍에 지대한 영향을 미쳤으며 불후의 명작인 〈夢遊桃源圖〉(〈그림 3〉)를 남겼다.[26]

〈그림 3〉 몽유도원도

안견, 1447년, 絹本淡彩, 38.6×106.2㎝, 일본 奈良 天理大 중앙도서관소장

26) 安輝濬·李炳漢, 앞의 책.

세종 때에 등장하여 성종 때에 대성했던 최경은 인물화의 최대 거장으로 산수화의 안견과 병칭되었던 화원으로 어진제작의 공로로 성종에 의해 당상관에 제수되는 파격적인 대우를 받아 많은 논란을 빚은 바 있다.[27] 이는 조선 초기의 최대의 화원이었던 안견이 종6품인 善畵를 거쳐 정4품 서반체아직인 護軍이 되었던 것보다도 훨씬 파격적인 것이어서 성종 때에 엄청난 논란을 야기시켰던 것이다. 경기도 安山의 소금장이 집의 아들이었던 최경은 이러한 논란과 높은 명성에도 불구하고 작품이 전혀 전해지지 않고 있어 아쉽기 그지없다.

안귀생과 배련은 최경과 함께 성종 때에 활동했던 대표적 화원들로 산수와 인물에 모두 뛰어났었다. 안귀생은 최경과 함께 당상관에 제수되었을 정도로 인정받던 인물인데 수양대군의 인솔을 받아 鄭陟·姜希顔·梁誠之 등과 함께 三角山 普賢峰에 올라 山形과 水脈을 살펴보고 京城地圖의 제작에 참여하기도 하였고 중국 사신에게 줄 金剛山圖를 제작하기도 하였다.[28] 이러한 예들은 조선 초기에 배련도 최경·안귀생과 함께 昭憲王后와 세조·예종의 어진제작에 참여하였으며 그 공으로 加資陞職되기도 하였고 금강산에 파견되어 그 산형을 그려 오기도 하였다.[29] 한편 배련의 아들 裵孟乾은 생원진사시를 치기 위하여 증조 이하로는 높은 관직을 지낸 조상이 없음을 아쉽게 생각하여 고조를 증조로 칭하고 아버지의 이름 '連'을 '蓮'으로 고쳤다가 발각되기도 하였다.[30] 이는 안견의 아들 安紹禧가 문과에 등제하여 典籍을 지냈던 것과 대조를 보이는 것으로 조선 초기 화원들의 신분 상승과 관련하여 주목을 끈다.[31] 안귀생과 배련도 당시의 높은 평가와 명성에도 불구하고 최경과 마찬가지로 전하는 작품이 전무하다.

---

27) 安輝濬, 앞의 글(1988), 161~165쪽.

28) 安貴生의 당상관 제수에 관한 전말은 安輝濬, 위의 글, 163~166쪽 참조.
안귀생이 京城地圖와 金剛山圖를 제작했던 사실은 《端宗實錄》 권 11, 단종 2년 4월 무술 및 권 14, 단종 3년 윤 6월 정미 참조.

29) 裵連에 관한 《世祖實錄》 및 《成宗實錄》의 기록들은 安輝濬, 앞의 책(1983), 70·73·84·94·103쪽 참조.

30) 《成宗實錄》 권 224, 성종 20년 정월 계해.
安輝濬, 앞의 글(1988), 166쪽.

31) 安輝濬, 위의 글, 159~160쪽.
安輝濬·李炳漢, 앞의 책, 78~79쪽.

石敬은 명종 4년(1549)에 이상좌와 함께 중종영정을 제작했던 石璟과 동일인물로 간주되는데 안견파 화풍을 따른 〈山水圖〉와 〈雲龍圖〉를 남기고 있다.[32] 한편 이상좌는 본래 어느 사대부의 노복이었다가 그림 재주 덕택에 중종에 의해 면천되어 도화서 화원이 되었다고 전해지고 있는데, 슬하에 역시 화원으로 조선 중기에 성공한 아들들 李崇孝와 李興孝, 손자 李楨을 두어 대표적 화원가문을 이루었다. 남송 때의 화원화풍인 마하파 화풍을 따랐던 것으로 알려져 있으나 논란의 여지가 있다. 산수와 인물을 모두 잘 그렸던 것으로 전해진다.

이 밖에도 많은 화원들의 이름이 기록에 보이나 대부분 전해지는 작품이 없어 구체적인 양상의 파악이 어렵다. 이상 대강 소개한 화원들만 보아도 조선 초기에 화원들의 역할이 지대하였음을 엿볼 수 있다.

4) 회화의 제경향

(1) 안견의 화풍

이미 앞에서 소개하였듯이 조선 초기에는 여러 가지 화풍들이 수용되고 자리를 잡았다. 그 중에서도 제일 두드러지고 가장 영향력이 컸던 화풍은 안견이 이룬 화풍이다. 안견은 그 이전의 전통을 광범하게 섭렵하고 여러 대가들의 장점을 참조하여 자신의 화풍을 형성하는데 토대로 삼았는데 그 중에서도 북송의 곽희에 의해 주도된 곽희파 화풍과 남송의 화원들인 마원과 하규가 형성한 마하파 화풍이 특히 중요하게 참고되었다. 이 두 가지 화풍은 비록 송대에 형성되었지만 중국에서도 후대에 수백년에 걸쳐 영향을 미치게 되었고 한국이나 일본에도 다소간을 막론하고 수용되었던 것이다. 안견이 이 두 가지 화풍을 현명하게 참고하였음은 뒤에 살펴볼 그의 유일한 진작인 〈몽유도원도〉와 여러 傳稱作品들을 통하여 확인된다. 그러나 안견 화풍의 기조가

---

32) 화원 石璟과 李上佐가 그리고 利城君 李慣이 감조했던 中宗影幀은 방불하지 않아 待罪하였던 내용의 기록이 전한다(《明宗實錄》 권 9, 명종 4년 9월 갑술).
石敬의 〈산수도〉에 관해서는 安輝濬, 《韓國繪畵의 傳統》(文藝出版社, 1988), 188~189쪽 참조.
석경의 〈雲龍圖〉는 安輝濬, 《東洋의 名畵 1 : 韓國 I 》(三省出版社, 1985), 圖 39 및 159쪽의 해설 참조.

되었던 것은 곽희파 화풍인데 이 화풍은 고려시대에 이미 소개되어 일본의 鏡神寺 소장의 대형 〈水月觀音圖〉 전경의 바위 묘사에서 볼 수 있듯이 정착되었음이 확인된다.[33] 이러한 고려화된 화풍이 조선 초기로 이어져 안견 화풍의 토대가 되었다고 볼 수 있다. 이 밖에 안견이 오랫동안 따르며 모셨던 안평대군의 중국화 소장품 속에 곽희파 계통의 작품들이 가장 많이 포함되어 있었던 사실도 안견 화풍의 형성과 관련하여 크게 주목된다.[34]

안견은 산수화에서 조선시대를 통틀어 후기의 정선과 함께 최대의 거장이었던 인물이지만 산수화 이외에 초상화는 물론 花卉·梅竹·蘆雁·樓閣·駿馬·儀仗圖 등등 다양한 주제의 그림을 그렸음이 기록들에 의하여 밝혀진다.[35] 그러나 "산수에 안견, 인물에 최경"으로 지칭되었던 사실에서도 쉽게 알 수 있듯이 안견의 특장 분야는 역시 산수화였음에 이론의 여지가 없다.[36]

기록에 의하면 안견의 대표작이 〈靑山白雲圖〉였던 것으로 전해지고 있으나[37] 현재 세상에 남아 있는 것 중에 논란의 여지가 없는 작품은 〈몽유도원도〉 한 점뿐이어서 이것이 그의 대표작이 될 수밖에 없다(〈그림 3〉).

〈몽유도원도〉는 안평대군이 세종 29년(1447) 4월 20일에 도원을 여행하는 꿈을 꾼 후 그 내용을 안견에게 명하여 그리게 한 것으로 3일 만에 완성되었다. 이 작품의 제작경위는 안평대군이 쓴 발문에 의하여 밝혀져 있다. 이 발문의 내용은 陶潛(淵明)의 〈桃花源記〉와 깊은 연관성을 지니고 있어서 도가사상의 영향을 엿보게 한다.[38] 이 점은 이 그림의 도원 부분 아래쪽 물가에 어부가 타고간 배가 보이고 도원의 상단에 바위산들이 고드름처럼 매달려 있어서 方壺를 연상시키고 있는 점에서는 물론, 이 밖에도 이 작품에 찬문을 쓴 申叔舟·李塏·河演·宋處寬·金淡·高得宗·姜碩德·鄭麟趾·朴堧·金宗瑞·李迹·崔恒·朴彭年·尹子雲·李芮·李賢老·徐居正·成三問·金守溫·千峰(卍雨)·崔脩 등 당대의 대표적 인물들이 자필로 쓴 글들의 이곳저곳에서도 드

33) 주 4) 참조.
34) 安輝濬, 앞의 책(1980), 91쪽.
35) 安輝濬·李炳漢, 앞의 책, 94~95쪽의 〈安堅作品目錄〉 참조.
36) 吳世昌, 앞의 책, 52쪽.
37) 〈靑山白雲圖〉에 관해서는 安輝濬·李炳漢, 앞의 책, 88~91쪽 참조.
38) 安輝濬·李炳漢, 위의 책, 112~124쪽.

러난다. 어쨌든 이처럼 〈몽유도원도〉는 안견의 그림, 안평대군과 이들 혜성과도 같은 21명의 인물들이 직접 짓고 쓴 시와 글씨가 어우러져 '시·서·화' 三絶의 경지를 이루고 있어서 일종의 종합적인 예술품이라 할 수 있다.

〈몽유도원도〉는 여러 가지 특징을 지니고 있다. 먼저 이야기의 전개가 전통적인 우측에서 좌측으로 진행시키는 방법과는 반대로 왼쪽 하단부에서 시작하여 오른쪽 상단부에서 마무리되도록 하고 있는 점이 주목된다. 즉 화면의 좌 하단부로부터 우 상단부로 대각선을 이루듯 이야기를 전개시키면서 점차 상승감과 고조감을 증가시키고 끝맺음하도록 배려한 구성의 묘가 두드러진 특징을 드러낸다. 또한 좌측으로부터 우측으로 옮겨가면서 현실세계, 도원의 바깥쪽 입구, 도원의 안쪽 입구, 도원의 네 부분이 무리를 이루며 보태지듯 전개되고 있다. 네 부분은 따로따로 떨어진 듯 하면서도 서로 이어져 하나의 통일된 장관을 이루고 있다. 도원의 바깥 입구와 안쪽 입구의 산허리를 끼고 이어지는 산길은 이러한 연계성을 강하게 시사해 준다. 왼편의 현실세계는 나지막한 토산인데 반하여 나머지 도원과 그 곳으로 이어지는 입구 부분들은 환상적인 바위산들로 이루어져 있는 것도 매우 대조적이다. 그리고 도원은 사방이 산으로 둘러 싸여져 있으면서도 넓은 면적을 차지하고 있는데 이러한 광활한 시각적 효과를 효율적으로 나타내기 위하여 안견은 도원을 부감법을 써서 비탈지게 표현하고 제일 가까운 하단에 위치한 산들의 높이를 대폭 낮추어 표현하는 지혜를 발휘하였다. 이 밖에도 高遠·平遠·深遠이 대조를 이루는 구성, 산들의 밑둥에 보이는 照光효과의 표현, 나무, 산과 물, 집들의 묘사에서 간취되는 섬세한 필묵법과 유려한 설채법도 안견의 대가다운 면모를 잘 드러낸다. 이러한 점들은 안견이 곽희파의 영향을 바탕으로 하여 자신만의 독특하고 수준높은 경지를 개척했음을 입증하여 준다. 전체적인 구도와 구성은 말할 것도 없고 세부의 묘사에 이르기까지 안견의 탁월한 창의성과 지혜, 고도로 숙달되고 세련된 표현력과 묘사력이 극명하게 드러나 있다.

안견 화풍의 면모는 그의 여러 전칭 작품들에도 잘 나타나 있다. 그 중에서도 이른 봄, 늦은 봄, 이른 여름, 늦은 여름 등 사계절의 모습을 8폭에 그린 〈四時八景圖〉는 화풍으로나 연대로나 안견 화풍을 이해하는데 〈몽유도원도〉와 함께 가장 참고할 만하다[39](〈그림 4~5〉).

〈그림 4〉 사시팔경도

전칭 안견, 第2葉 '晩春', 15세기, 絹本 淡彩, 35.2×28.5㎝, 국립중앙박물관소장

〈그림 5〉 사시팔경도

전칭 안견, 第7葉 '初冬'

이 화첩의 8폭은 다소간을 막론하고 공통점을 지니고 있다. 우선 구도면에서 각폭은 한쪽 縱半部에 무게가 치우쳐 있는 이른바 偏頗構圖를 지니고 있다. 따라서 한 폭씩 떼어서 보면 균형이 맞지 않는다. 그러나 '初春'과 '晩春', '初夏'와 '晩夏', '初秋'와 '晩秋', '初冬'과 '晩冬' 등 두 폭씩 마주놓고 보면 좌우가 균형을 이루게 된다. 이른 경치는 오른쪽에 무게가 주어져 있고 반대로 늦은 경치는 왼쪽에 무게가 쏠려 있어 대를 이루기 때문이다.

또한 각 폭은 몇 개의 따로따로 떨어져 있는 景群으로 구성되어 있다. 이들 경군들은 서로 떨어져 있지만 시각적으로는 마치 유기적으로 연계되어 있는 것처럼 조화를 이루고 있다. 그리고 이들 경군들 사이에는 넓은 수면과 안개가 펼쳐져 있어서 확대된 공간을 형성한다. 이러한 확대 지향적인 공간 개념은 남송대의 원체화, 특히 마하파 화풍과도 연관이 된다고 믿어지지만, 편파구도, 경군들이 흩어져 있으면서도 시각적 조화를 이루는 구성과 함께

---

39) 安輝濬・安炳漢, 위의 책, 138~140쪽.
安輝濬, 〈傳 安堅筆 '四時八景圖'〉(《考古美術》 136・137, 1978), 72~78쪽.

안견 화풍의 큰 특징을 형성한다. 또한 이러한 특징들은 안견과 그의 추종자들의 작품들에 보편적으로 나타난다.

이처럼 〈사시팔경도〉에는 북송대 이후의 곽희파 화풍과 남송대의 마하파 화풍을 함께 참조한 것이 엿보인다. 전자는 필묵법, 해조묘의 수지법, 계절의 변화에 따른 표현상의 두드러진 차이, 자연의 웅장함과 인간의 미미함을 대조적으로 드러내는 巨碑派적인 경향 등에서 뚜렷하게 드러나며, 후자는 확대지향적인 공간개념과 안개에 싸인 먼 곳의 土坡 등에서 엿보인다. 상이한 회화의 전통들이 이처럼 융합되어 나타나 있음을 보면 안견이 전대의 대가들의 좋은 점들을 따서 절충하여 자신의 화풍을 형성하였음이 분명하게 확인된다. 〈사시팔경도〉에 보이는 이러한 제반 특징들은 조선 초기 안견과 그의 추종자들, 소위 안견파 화가들의 작품들에서 보편적으로 간취된다.

이 밖에 안견의 작품으로 잘못 전칭되고 있는 작품들 중에는 국립중앙박물관 소장의 〈赤壁圖〉나 〈瀟湘八景圖〉처럼 명대의 절파계 화풍의 영향을 수용하였거나 16세기에 형성된 짧은 선이나 점으로 이루어진 소위 短線點皴을 지닌 것들이 섞여 있어 안견 화풍의 이해에 혼란을 일으키고 있기도 하다.[40]

안견 화풍은 15세기는 물론 16세기에 이어져 변화를 겪게 되었다. 구도도 전형적인 편파구도만이 아니라 대칭구도도 유행하였는데, 편파구도도 앞에서 살펴본 〈사시팔경도〉처럼 주어진 쪽에 2단을 이루는 偏頗二段構圖와 梁彭孫의 〈山水圖〉(〈그림 6〉)와 16세기의 일련의 〈소상팔경도〉들에서 보듯이 한쪽에 근경·중경·원경(후경)이 3단을 형성하는 편파3단구도로 나뉘어진다.[41] 또한 일본에서 개인 소장의 〈讀書堂契會圖〉의 경우처럼 대칭구도를 이루거나 단선점준과 현저한 흑백의 대조를 보여 주는 경향도 대두하였다(〈그림 7〉).[42]

---

40) 安輝濬·李炳漢, 위의 책, 140~142쪽.
安輝濬, 앞의 글(1974), 77~86쪽.
———, 〈國立中央博物館所藏 瀟湘八景圖〉(《考古美術》 138·139, 1978), 136~142쪽.

41) 安輝濬, 앞의 책(1988), 162~202쪽.
———, 〈朝鮮初期 安堅派 山水畵 構圖의 系譜〉(《蕉雨 黃壽永博士 古稀紀念美術史學論叢》, 通文館, 1988), 823~844쪽.

42) 安輝濬, 앞의 책(1980), 110·142~143쪽.
———, 〈16世紀 朝鮮王朝의 繪畵와 短線點皴〉(《震檀學報》 46·47, 1979), 217~239쪽.

이와 같이 안견파 화풍은 15세기를 거쳐 16세기로 이어지면서 큰 변화를 겪게 되었으며 이 시대 모든 국가적인 기록화의 기본을 이루게 되었다. 이러한 경향은 조선 초기는 물론 조선 중기로까지 계승되었다. 안견 화풍의 영향을 받았던 조선 초기와 중기의 화가로는 石敬·梁彭孫·鄭世光·申師任堂·金禔·李不害·姜孝同·李正根·李興孝·李楨·李澄·金明國·李成吉·趙涑 등이 알려져 있다. 이 밖에도 현재 전해지고 있는 조선 초기 대부분의 필자미상의 산수화들이 안견파의 화풍을 반영하고 있어서 그 절대적인 영향의 심도를 엿보게 한다.

〈그림 6〉 산수도

양팽손(1488~1545), 16세기 전반, 紙本水墨, 88.2×46.5㎝, 국립중앙박물관소장

이 밖에 안견의 화풍은 李自實이 1550년에 그린 〈觀音三十二應身圖〉와 필자미상의 〈五百羅漢圖〉 등 일부 조선 초기 불교회화의 산수배경에도 뚜렷하게 나타나고 있어서 그 영향이 일반회화에 그치지 않고 불교회화에까지 파급되었음이 확인된다.[43]

〈그림 7〉 독서당계회도

필자미상, 1531년경, 紙本水墨, 91.5×62.3㎝, 일본 개인소장

안견 화풍의 영향은 이처럼 조선 초기와 중기의 화단에 폭넓게 미쳤을 뿐만 아니라 일본에 전해져 室町시대 수묵산수화의 최고봉이었던 周文과 그의 일파에 지대한 영향을 미치기도 하였다. 文淸도 안견의 화풍을 따라 그렸던 화가로 일본에 건너가 활약하며 그 곳의 화단에 기여하였다. 이러한 점에서 안견의 화풍은 국내적으로나 국제적으로 큰 공헌을 한 우리 나라의 가장 대표적인 화풍이라 할 수 있다. 사실상 우리 나라 역사를 통틀어서 대내외적으로 이처럼 폭넓게, 그리고 그토록 장기간에 걸쳐 영향력을 행사한 특정 화가나 화파는 그 예를 다시 찾을 수 없다.

43) 《高麗, 영원한 美：高麗佛畵特別展》, 圖 19~19-3 · 31~31-2 참조.

(2) 강희안과 강희맹의 화풍

조선 초기의 화단에서 안견의 화풍과 현저한 대조를 이루었던 것으로 강희안(1419~1464)의 화풍을 먼저 들지 않을 수 없다. 안견과 동시대인으로서 안평대군을 중심으로 서로 잘 알고 지냈음이 확실한 강희안은 전형적인 사대부화가였고, 아버지인 강석덕, 동생인 강희맹과 더불어 시·서·화에 뛰어났던 인물이다. 그의 작품으로 전해지고 있는 것 중에 대표적인 것으로는 〈고사관수도〉가 꼽힌다(〈그림 2〉).

이 작품에서는 무엇보다도 인물이 중심이 되고 산수는 인물을 위한 배경의 역할을 하고 있는 점이 주목된다. 이는 자연이나 산수가 절대적인 비중을 차지하고 인물이나 동물은 상징적으로 작게 표현하던 안견파 화풍과는 대조를 이루는 상반되는 경향이다. 산수 배경의 비중이 극히 작아져서 인물 중심적인 구성을 보여준다. 小景山水人物畵의 범주에 속하는 이러한 구도와 구성은 남송대 梁楷의 〈出山釋迦像〉으로부터 명대의 浙派 화가였던 張路의 〈漁夫圖〉로 이어져 내려간 전통과 연관이 깊다고 믿어진다.[44] 특히 이 작품들과 강희안의 〈고사관수도〉는 절벽을 배경으로 하여 인물을 부각시킨 점에서 상호 긴밀한 연관성을 나타낸다.

또한 필묵법과 皴法에서도 당시로서는 새로운 화풍이었던 절파 화풍의 수용이 감지된다. 그러나 거침없는 활달한 필치와 화면 전체의 분위기에서는 직업화가의 작품들에서도 보기 힘든 문인적인 격조와 취향이 느껴진다.

이 밖에 주인공인 고사가 턱을 고인채 물을 바라보고 있는 모습은 중국의 대표적인 화보인 《芥子園畵傳》 중의 권 4, 人物屋宇譜에 게재된 '高雲共片心'과 맥을 같이하고 있어 흥미롭다.[45] 아마도 강희안과 《개자원화전》이 공동의 소재를 다룬 중국의 고대회화를 나라와 시대를 달리하여 함께 참조했던 결과가 아닐까 추측된다. 아무튼 강희안의 이 〈고사관수도〉는 15세기 화단의 또 다른 경향과 복합적 성격을 드러내고 있다는 점에서 괄목할 만하다고 하겠다.

---

44) 洪善杓, 〈仁齋 姜希顔의 '高士觀水圖'硏究〉(《정신문화연구》 27, 1985), 93~106쪽.

45) 李東洲, 《우리 나라의 옛그림》(博英社, 1975), 41쪽 및 圖版 11~13 참조.

강희안의 작품으로 전칭되고 있는 것으로는 片畵들이라고 믿어지는 국립중앙박물관 소장의 〈高士渡橋圖〉·〈折梅揷甁圖〉·〈小童開門圖〉가 있는데, 이 그림들에 보이는 인물들과 바위·나무 등은 절파계 화풍의 영향을 보여준다.46) 이 밖에 국립중앙박물관 소장의 〈橋頭煙樹圖〉와 일본 小倉컬렉션의 〈山水圖〉 등이 있는데 후자의 경우에는 안견 화풍과 절파 화풍이 절충되어 있어 흥미롭다.47)

강희맹의 작품으로 유일하게 전해지고 있는 것은 역시 오쿠라 컬렉션 소장의 〈獨釣圖〉이다.48) 한 쌍의 고목이 서 있는 강가에서 배를 탄채 낚시를 드리우고 있는 선비를 소재로 다룬 이 그림은 원대 李郭派 화가였던 李衎과 李士行 부자의 산수화에 보이는 구도와 친연성을 보여준다.49)

강희안과 강희맹 형제는 안견의 그림을 구하고 찬문을 썼던 것이 《晋山世稿》의 기록을 통하여 확인된다.50) 이로써 보면 그들은 안견의 화풍을 잘 알고 있었음이 분명하며 어느 정도의 영향도 받았을 가능성을 배제할 수 없다.

(3) 이상좌의 화풍

조선 초기의 화단에서 관심을 끄는 또 하나의 인물이 노예 출신으로 화원이 되었던 이상좌이다. 그는 16세기 전반기에 활약하면서 산수화와 인물화를 겸장하였는데, 산수화에서는 일반적으로 남송대 마하파의 화풍을 적극적으로 수용하였던 대표적인 화가로 간주되어 왔다. 그의 작품으로 전칭되고 있는 〈송하보월도〉(〈그림 1〉)와 〈漁暇閑眠圖〉는 그 좋은 예들이다.51)

---

46) 劉復烈, 《韓國繪畵大觀》(文敎院, 1979), 74~75쪽의 도판.
47) 劉復烈, 위의 책, 73쪽의 도판.
安輝濬, 앞의 책(1985), 圖 16 참조.
48) 安輝濬, 위의 책, 圖 17 참조.
49) Osvald Sirén, Chinese Painting : Leading Masters and Principles Vol. Vl(New York ; The Ronald Press Co., 1958), Pl. 50.
Sherman E. Lee and Wai-kam Ho, *Chinese Art under the Mongols : The Yüan Dynasty(1279~1368)*(The Cleveland Museum of Art, 1968), 圖 225 참조.
50) 《晋山世稿》 권 3.
51) 安輝濬, 앞의 책(1985), 圖 18 참조.

자연의 일부만을 화면의 한쪽 구석에 담은 一角構圖, 근경에 역점을 두고 원경을 안개 속에 사라지는 모습으로 나타낸 구성, 인물의 비중이 비교적 큰 점, 꾸불꾸불하게 각진 나무의 모습 등은, 이 〈송하보월도〉가 남송대 마하파의 영향을 받았음을 말해 준다. 또한 이 작품이 이상좌의 진필이라면 그가 남송대 마하파 화풍을 따랐음을 입증한다고 볼 수 있다.

그러나 이 작품이 이상좌의 진작임을 증명해 주는 증거가 전혀 없어서 그가 학계의 일반적인 추론처럼 남송대의 마하파 화풍을 수용했거나 그 화풍의 선두주자였다고 단정할 수 없는 처지이다. 또한 그의 家法을 이었을 듯한 그의 아들 이숭효와 이흥효 및 손자 이정의 작품들은 마하파 화풍보다는 안견파 화풍과 절파 화풍의 영향을 반영하고 있어서, 그가 과연 마하파 화풍의 적극적인 추종자였을까 의문스럽다. 이러한 의문은 尹斗緖의《記拙》중의 畵評에서, 이상좌에 관하여 "안견의 정밀함은 얻었으나 안견의 밝고 상쾌함에는 약소하다"라는 평에 의해 더욱 증폭된다.[52] 이 평과 그의 후손들의 화풍으로 미루어 보면 그는 마하파 화풍보다는 오히려 안견의 화풍을 따랐을 가능성이 높다고 믿어진다. 그렇다면 이상좌를 마하파 화풍의 대표적인 추종자로 간주하기가 어렵다고 여겨지나 현재로서는 확단하기 곤란하다. 확실한 작품이 발견될 때까지 앞으로의 과제로 남겨둘 수밖에 없다.

그럼에도 불구하고 〈송하보월도〉에서 간취되는 남송대의 마하파 화풍이 조선 초기 화단에 소개되어 있었고 또 수용되었던 것은 분명한 사실이라 하겠다. 이 점은 고려시대의 일부 불교회화 중에 마하파 화풍의 영향이 엿보이고 있는 점, 안평대군의 소장품 속에 마원의 작품이 2점 포함되어 있던 사실,[53] 1410년에 일본에 정사로 갔던 집현전 학사 梁需가 찬한 〈芭蕉夜雨圖〉(〈그림 8〉)가 수지법과 토파의 묘사에서 마하파 화풍의 영향을 반영하고 있는 점, 안견파의 산수화들에서 한결같이 마하파적인 공간처리와 토파의 묘사를 드러내고 있는 점 등에서 확인된다. 또한 1550년경에 제작된 필자미상의

52) 李英淑, 〈尹斗緖의 繪畵世界〉(《미술사연구》 창간호, 1984), 90~93쪽.

53) 〈長松茅舍圖〉 1점과 〈溪居灌盆圖〉 1점이 포함되어 있었다. 다만 馬遠이 南宋의 화원이었음에도 불구하고 元代의 화가로 잘못 분류된 것은 이 목록을 작성한 申叔舟의 남송회화 및 마원에 관한 인식부족이나 착오에 기인한 것으로 믿어진다.

〈그림 8〉 파초야우도

필자미상, 1410년경, 紙本水墨, 96×31.4㎝, 일본 개인소장

〈戶曹郎官契會圖〉를 보면 전체적인 구도는 마원의 것을 따르고 樹枝와 山 표면의 묘사 등 부분에서는 안견파 화풍의 잔흔을 남기고 있어서 안견파 화풍으로부터 마하파 화풍을 거쳐 앞으로 조선 중기에 유행할 절파계 화풍으로 연계되는 과도기적 현상이 엿보이고 있어 주목을 요한다.[54)]

이처럼 마하파 화풍은 비록 곽희파 화풍을 토대로 한 안견파 화풍처럼 절대적이지는 못했지만 조선 초기 산수화에서 나름대로 중요한 몫을 차지하고 또 적지않은 역할을 했음이 드러난다. 사실 마하파 화풍이 절파 화풍의 형성에 있어서 주된 요인이었던 관계로 절파 화풍을 수용했던 조선 초기나 그것이 크게 유행했던 조선 중기에 마하파 화풍이 알려지고 수용되었을 것은 당연하다고 여겨진다.

---

54) 安輝濬, 앞의 책(1980), 그림 46 및 144쪽.
——, 〈16世紀中葉의 契會圖를 통해본 朝鮮王朝時代 繪畫樣式의 變遷〉(《美術資料》 18, 1975), 36~42쪽.

이상좌의 산수화로 전해지는 것으로는 이 밖에도 〈月下訪友圖〉와 〈舟遊圖〉가 있다.[55] 동일인의 작품임이 분명한 이 그림들은 조선 초기 산수화의 또 다른 측면을 보여주고 있어 주목된다. 두 작품 모두 근경의 인물들에 큰 비중을 두고 있는 공통점을 보이면서도 배경의 산수화풍은 상이한 전통을 보여준다. 〈월하방우도〉가 1550년경의 〈호조낭관계회도〉처럼 안견파 화풍의 잔흔과 남송대 원체화의 혼합적인 양상을 나타내는 반면에 〈주유도〉는 일종의 披麻皴과 胡椒點 등 원대 盛懋의 화풍과의 연관성과 함께 李秀文의 〈墨竹畵冊〉의 언덕 묘사와 유사성을 나타내어 대조를 이룬다.[56] 이처럼 이상좌의 산수화로 전칭되고 있는 것들은 서로 상이하고 또 확실하게 관서가 되어 있지 않아 그의 진정한 화풍에 관해서는 아직도 논란의 여지가 많이 남아 있는 것이다.

이 밖에도 이상좌의 것으로 전해지는 작품에 〈李上佐佛像帖〉이라고 불려지는 〈羅漢像〉 5점이 있다.[57] 본래는 16나한을 그렸던 것으로 믿어지는 이 그림들은 일종의 스케치라 할 수 있다. 이상좌가 어렸을 때부터 금강산에 들어가 불교회화를 그렸으며 인물화에도 뛰어났다고 전해지는 것을 감안하면 그가 나한상을 그렸을 가능성은 충분히 있다. 그러나 이 작품들을 과연 이상좌의 진필로 믿어야 할 것인지에 관해서는 좀더 신중한 검토를 요한다고 하겠다. 번잡하면서도 변화없는 필선, 불완전한 형태의 묘사 등이 이상좌의 명성에 걸맞는다고 생각되지를 않고 또한 비교를 해볼만한 진작이 없어 확단하기 어렵기 때문이다. 어쨌든 이상좌의 화풍은 산수화이건 인물화이건 확실한 결론을 내리기가 어려운 실정이다.

(4) 이장손・최숙창・서문보의 화풍

조선 초기의 산수화에서 이미 살펴본 것들과는 또 다른 계보의 화풍이 주목을 끄는데 그것이 바로 15세기말에 활약하였던 화원들로 확인되는 李長孫・崔叔昌・徐文寶의 화풍이다.[58] 이들은 상호 긴밀한 연관을 지니고 활동

55) 安輝濬, 앞의 책(1985), 圖 21~22 및 156~157쪽의 해설 참조.
56) 安輝濬, 위의 책, 圖 32 참조.
57) 安輝濬, 위의 책, 圖 23~24 참조.
58) 圖書署 提調 姜希孟이 서열을 무시하고 徐文寶를 九品遞兒職에 추천하였다는 논란이 《成宗實錄》의 기록에 보여 이들의 활동연대와 신분을 알 수 있다(《成

하였던 듯, 작품들도 대단히 비슷한 화풍을 보여준다(〈그림 9〉).[59] 일본 奈良의 大和文華館이 소장하고 있는 이들의 작품들은 서로 너무나 비슷하여 얼핏 보면 마치 한 사람의 것들처럼 잘못 보기 쉽다. 그러나 자세히 살펴보면 서로 솜씨가 다른 것이 확인된다.

〈그림 9〉 산수도

최숙창, 15세기말경, 絹本淡彩, 39.6×60.1㎝, 일본 奈良 大和文華館소장

이들의 작품들은 한결같이 연운이 자욱한 모습이어서 자연의 분위기 묘사에 강한 특성을 드러낸다. 이 작품들은 전반적으로 원대 고극공의 미법산수 화풍과 친연성을 보여주는데 그 화풍은 필자미상(傳高然暉筆)의 〈夏景山水圖〉와 〈冬景山水圖〉에서 엿볼 수 있듯이 이미 고려시대에 전해져 조선 초기로 계승된 것이다.[60] 또한 이 화풍은 비교적 소극적이기는 하지만 조선 중기에도 전해졌다. 이처럼 이들의 산수화풍은 조선 초기의 또 다른 계보를 형성하였음을

宗實錄》 권 150, 성종 14년 정월 갑인).

59) 安輝濬, 앞의 책(1985), 圖 25~30 및 157쪽의 해설 참조.

60) 安輝濬, 앞의 책(1988), 260~263쪽.

———, 앞의 책(1995), 圖 54~55 참조.

알 수 있다. 그런데 이들의 작품들에서는, 북송대 미불과 미우인 부자의 미법산수 화풍을 위주로 하면서 董源 및 巨然의 화풍과 청록산수 화풍을 조화시킨 고극공의 작품들과는 달리 董·巨의 화풍이 배제되어 있어 조선 초기에 있어서 중국회화의 한국적 수용의 일면을 엿보게 한다.

(5) 이암·신사임당의 화풍

〈그림 10〉 화조구자도

이암, 紙本彩色, 86×44.9㎝, 호암미술관소장

조선 초기의 화단에서 이미 살펴본 대표적인 산수화가들과는 달리 영모나 초충의 분야에서 독보적인 경지를 개척했던 인물로 두성령 이암(1499~?)과 申師任堂(1504~1551)이 있다. 임영대군의 증손인 이암은 영모와 화조에 뛰어났고 앞에서 소개하였듯이 중종 어진의 제작에 참여하기도 하였다. 특히 강아지 그림에서 독특하고 독보적인 경지를 이루어 널리 알려져 있다.

그의 대표작이라 할 수 있는 호암미술관 소장의 〈花鳥狗子圖〉는 그의 화풍의 특징을 잘 보여준다(〈그림 10〉). 꽃나무를 배경으로 하여 평지에서 한가로운 시간을 보내고 있는 세 마리의 강아지를 주제로 다루었다. 무엇인가 물끄러미 바라보고 있는 검둥이, 낮잠에 빠져 있는 누렁이, 벌레를 가지고 놀고 있는 흰둥이가 서로 다른 털 색깔과 행위를 보여 주면서도 모두 한결같이 귀엽고 천진난만한 모습을 드러낸다. 특히 강아지들의 눈매와 표정은 너무도 귀엽고 재미있어서 보는 자로 하여금 웃음과 샘솟는 애정을 금할 수 없게 한다. 실로 강아지들의 생태에 대한 애정어린 관찰과 정확한 파악, 숙달된 솜씨와 요체를 득한 묘사력이 결합된 결과가 아닐 수 없다.

이 강아지들의 묘사에서 간취되는 묵법은 일본의 滲透法이라고 하는 기법의 시원으로 믿어진다.[61] 이암이 일본에서 오랫동안 자국의 화가로 오인되었던 사실을 감안하면 그의 영향이 일본의 宗達을 비롯한 화가들의 묵법에 영향을 미쳤을 가능성은 쉽게 짐작된다.

〈화조구자도〉는 이 밖에도 몇 가지 중요한 사실들을 일깨워 준다. 먼저 강아지들이 제한된 공간에 매어있지 않고 확트인 공간에서 자유를 누리고 있는 모습으로 표현되어 있어 안견파 산수화들에서 볼 수 있는 바와 같은 공간개념을 드러낸다. 또한 주변의 바위 표현에는 16세기 전반에 유행한 안견파의 단선점준이 나타나 있어 이암도 안견파 화풍의 영향을 받았음을 보여준다. 그리고 배경에 보이는 꽃나무, 한 쌍의 새들, 그리고 곤충의 표현은 매우 섬세하고 정확하며 아름답다. 특히 꽃나무의 표현은 섬세한 雙鉤塡彩法으로 이루어져 있어 강아지들의 묘법과 대조를 보인다. 또 한가지 빼놓을 수 없는 것은 꽃을 향하여 날아드는 나비와 벌의 모습은 신사임당의 草蟲圖의 출현을 예시하고 있다는 점이다. 아무튼 이암의 이러한 강아지 그림은 후대 영모화의 범본이 되었을 뿐만 아니라 조선 초기의 회화가 독자적 경지를 개척하고 확립하였음을 분명하게 밝혀준다.

이암 화풍의 또 다른 일면은 일본 개인 소장의 〈架鷹圖〉에서 잘 드러난다.[62] 아름답게 장식된 횃대에 빨간 끈으로 매인채 앉아 있는 모습의 매를 표현한 이 그림은 매의 매서운 눈, 날카로운 부리와 발톱, 무늬있는 깃털 등을 섬세하고 정교한 필묵법으로 정확하게 묘사한 높은 경지를 보여준다. 횃대의 표현에서 드러나는 색채의 표현 또한 뛰어나다. 무엇보다도 맹금으로서의 매가 보여주는 당당함, 날카로움, 넘치는 氣의 표현이 주목된다. 이암이 맹금의 묘사에 있어서도 타의 추종을 불허하는 뛰어난 경지를 이루었음을 알 수 있다.

이암 못지 않게 주목되는 인물이 신사임당이다.[63] 李珥의 어머니로서 현

61) 吉田宏志, 〈17世紀から19世紀に至る時代の韓國繪畫と日本繪畫の關係〉(《韓國學의 世界化》 Ⅱ, 韓國精神文化硏究院, 1990), 58~67쪽.

62) 《龍星閣コレクション李朝の繪畫展圖錄》(西武美術館, 1988), 圖 1 참조.

모양처의 대표적인 본보기로 널리 알려져 있는 신사임당은 시·서·화에도 뛰어났다. 신사임당의 넷째 아들인 李瑀(1542~1609)와 장녀 李夫人(1529~1582)도 그림을 잘 그려 예술가 집안을 이루기도 하였다.

신사임당은 어려서부터 안견의 화풍을 배워 그림을 그렸고 산수·영모·포도·화훼·묵죽·초충 등 다양한 주제를 다루었던 것으로 전해진다. 특히 초충도로 유명하여 현재 전해지고 있는 대부분의 초충도들이 신사임당의 작품으로 전칭되고 있는 실정이다. 그러나 초충도들을 포함하여 신사임당의 전칭 작품들은 한결같이 작가에 의한 낙관이 결여되어 있어서 진작이라고 단정지을 만한 것이 없다.

다만 개인 소장의 〈月下孤舟圖〉와 국립중앙박물관 소장의 초충도 병풍이 신사임당의 전칭 작품들 중에서 화풍이나 격조로 보아 비교적 그의 회화를 이해하는데 도움을 준다고 믿어진다. 〈월하고주도〉는 한쪽 중반부에 치우친 편파구도, 확대된 공간, 遠山의 묘사 등에서 안견파 화풍의 잔흔을 보여준다.[64] 그러나 土坡의 묘사, 필묵법 등에서는 조선 중기에 크게 유행하게 되는 절파 화풍의 기미가 나타나기 시작하고 있어서 일종의 절충적이고 과도기적인 양상을 나타낸다.

회화와 관련하여 신사임당의 위상을 뚜렷하게 하는 것은 초충도이다. 신사임당의 작품으로 전칭되고 있는 많은 초충도들 중에서 국립중앙박물관 소장의 작품을 가장 주목하게 된다(〈그림 11〉). 신사임당의 방계 후손인 申暻의 발문과 吳世昌의 발문이 있고 전존하는 작품들 중에서 제일 좋기 때문이다. 병풍으로 꾸며져 있는 현재의 순서는 ① 수박과 들쥐 ② 가지와 벌 ③ 오이와 개구리 ④ 양귀비와 도마뱀 ⑤ 맨드라미와 소똥구리 ⑥ 산나리와 매미 ⑦ 어승이와 개구리 ⑧ 산차조기와 사마귀 등으로 되어 있으나, 실제는 각 폭마다 2종 이상의 식물과 곤충이나 동물이 묘사되어 있다.[65]

평지에서 자생하는 화훼초충을 주제로 한 이 그림들은 비교적 단순한 구도

---

63) 이은상, 《보유수정 사임당의 생애와 예술》(成文閣, 1977).
李成美, 〈朝鮮時代 女流書家 硏究〉(《美術資料》 51, 1993), 98~149쪽.

64) 安輝濬, 앞의 책(1980), 그림 47 및 144~145쪽.

65) 安輝濬, 앞의 책(1985), 圖 68~70 및 163쪽의 李源福의 해설 참조.

와 구성, 沒骨法 위주의 표현, 아름답고 차분한 색채, 여성적이고 섬세한 묘사 등이 공통적인 특징으로 나타난다. 이러한 특징들은 결국 이 작품들이 여성들을 위한 繡本 그림임을 말해 준다. 단순한 구도, 몰골법 위주의 표현, 음양의 대조가 강한 잎의 묘사, 점으로 단순하게 표현된 지면의 모습 등은 그 좋은 증거들이다. 그러므로 이러한 초충도들은 조선시대에 수놓는 여성들을 위하여 많이 그리고 자주 그려졌을 것이 분명하다. 또한 이러한 초충도들은 신사임당을 비롯한 여성들 사이에서 흔히 그려지고 보급되었을 것으로 믿어진다. 이 밖에 이러한 초충도들을 통하여 섬세한 女性畵의 면모와 한국적인 색채감각을 엿볼 수 있는 점도 중요하게 여겨진다. 그러므로 그 의의가 자못 크다고 하겠다.

〈그림 11〉 초충도(가지)

전칭 신사임당, 紙本彩色, 33.2×28.5㎝, 국립중앙박물관소장

6) 일본 무로마찌시대 회화에 미친 영향

조선 초기의 회화에서 독자적인 특성과 함께 주목을 요하는 것은 중국 및 일본과의 교섭을 통한 국제적 성격이다. 이 시대의 회화가 중국의 여러 가지 화풍들을 수용하여 자체의 발전을 이룩하였음은 이미 앞에서 간단히 소개하였다. 이러한 중국과의 관계 못지 않게 중요한 것은 이 시대의 회화가 동시대인 일본의 室町시대 수묵화에 지대한 영향을 미쳤다는 사실이다.[66] 이처럼 이 시대의 우리 나라 회화는 동아시아의 회화사에서 독특한 위치를 점하고 있다. 그러므로 이 문제에 관하여 간략하게나마 알아볼 필요가 있다.

일본에 미친 조선 초기 회화의 영향은 두 나라의 사절단을 따라 양국을 오고 간 화가들과 화적을 통하여 이루어졌다. 이와 관련하여 연대적으로 가장 먼저 주목이 되는 것은 〈파초야우도〉이다(〈그림 8〉).[67] 태종 10년(1410)에 奉禮使로 일본에 갔던 집현전 학사 양수와 일본 京都의 詩僧 16명이 찬한 이 그림은 양수를 환영하기 위하여 南禪社에서 열린 詩會에서 파초 위에 내리는 밤비를 소재로 하여 시를 짓고 화사에게 그리게 한 것이다.

이 그림의 화풍이 조선 초기 우리 나라의 회화와 관련이 깊고 또 양수의 찬문이 곁들여져 있어서 그 작품은 양수를 따라 도일했던 태종 때의 화원이 그렸을 것으로 믿어진다. 대칭을 이루는 안정된 구도, 우측 하단으로부터 좌측 먼 곳으로 대각을 이루며 후퇴하는 구성, 물과 안개를 따라 펼쳐지는 확대지향적인 공간개념, 강렬한 흑백의 대조와 점묘를 특징으로 하는 주산의

---

66) 조선 초기 회화가 일본 회화에 미친 영향과 관련된 주요 연구는 다음과 같다.
脇本十九郎, 〈日本水墨畵壇に及ぼせる朝鮮畵の影響〉(《美術硏究》 28, 1934), 159~167쪽.
松下隆章, 〈李朝繪畵と室町水墨畵〉(《日本文化と朝鮮》 2, 東京 ; 新人物往來社, 1975), 249~254쪽.
———, 〈周文と朝鮮繪畵〉(《如拙・周文・三阿彌》, 水墨美術大系 6, 東京 ; 講談社, 1974), 36~49쪽.
安輝濬, 〈朝鮮王朝初期의 繪畵와 日本 室町時代의 水墨畵〉(《韓國學報》 3, 1976), 2~21쪽.

67) 熊谷宣夫, 〈芭蕉夜雨圖考〉(《美術硏究》 8, 1932), 9~20쪽.
安輝濬, 앞의 책(1980), 그림 51 및 149~150쪽 참조.

묘사법, 실루엣이 두드러진 원산의 표현, 渲染法의 독특한 土坡의 모습 등은 이 작품의 특징들인 동시에 조선 초기 화풍의 특성이기도 하다. 남송대 화풍의 영향을 짙게 풍기는 소나무와 버드나무를 뺀다면 이 그림은 구도, 공간개념, 主山의 표현 등이 120여 년 뒤에 제작된 〈독서당계회도〉(〈그림 7〉)와 대단히 방불하여 놀랍다. 특히 먹을 칠한 검은 부분과 희게 남겨 놓은 부분이 이루는 강렬한 흑백의 대조, 작은 점들을 찍어서 악센트를 가한 묘사법 등이 특징으로 드러나는 주산의 표현은 두 작품에서 너무나 유사한 모습을 보여준다. 이러한 표현법은 조선 초기와 중기의 우리 나라 산수화와 그 영향을 받은 일부 在日 작품들에서 간취된다.

조선 초기의 화풍을 일본에 이식하는데 크게 기여한 화가로는 일본인 화가 周文, 한국인으로 일본에 건너가 활약한 李秀文과 文淸을 꼽을 수 있다.

京都 相國寺를 무대로 足利幕府 將軍의 어용화가로 활동했던 슈우분은 1423년에 일본 사절단의 일원으로 우리 나라에 왔다가 이듬해인 1424년에 돌아갔는데 그 이후의 그의 작품들에는 우리 나라 회화의 영향이 두드러지게 나타난다. 일례로 그의 〈竹齋讀書圖〉는 한 쪽 중반부에 치우친 편파구도, 확대지향적인 공간개념, 근경의 언덕과 한 쌍의 소나무 등 전반적으로 안견의 전칭 작품인 〈사시팔경도〉(〈그림 4~5〉)와 불가분의 관계를 보여준다.[68] 이러한 점은 그의 영향을 강하게 받은 岳翁을 비롯한 슈우분파 화가들의 작품들에서도 드러난다. 이는 즉 슈우분과 그의 일파가 안견 화풍의 영향을 수용했음을 말해 주는 것이다. 다만 슈우분파의 일본 화가들은 안견의 구도, 공간개념, 언덕과 쌍송 모티브 등을 채택하면서도 산과 언덕의 표현처리에서는 남송대 마하파 화풍을 따랐다. 이처럼 그들은 안견 화풍과 마하파 화풍을 절충하여 자신들의 독자적 화풍을 형성하였던 것이다. 어쨌든 슈우분파의 화풍형성에 안견 화풍이 가장 중요한 토대가 되었음은 부인할 수 없으며 또한 안견 화풍의 국제적 성격과 기여를 입증해 주는 것이라 하겠다.

이 상국사의 화승 周文과 일본어 발음이 같은 秀文은 일본에서 李秀文으로 불려지며 옛날부터 조선인 또는 明人으로 전해지고 있던 인물로 曾我派

68) 安輝濬·李炳漢, 앞의 책, 151~154쪽.

의 비조로 알려져 있다.[69] 20여 년 전에 발견된 수문의 〈墨竹畫冊〉의 끝장인 제10엽에는 "永樂甲辰二十有二歲次於日本國來渡陽寫 秀文"이라는 관지가 있어서 수문이 일본에 건너간 우리 나라 화가였음과 이 작품이 1424년에 완성된 것임을 밝혀 준다.[70] 또한 수문이 1423~1424년에 우리 나라를 다녀간 상국사의 슈우분과 동시대인이었음도 확인되어 흥미롭다.

〈묵죽화책〉은 대나무의 열가지 다양한 모습을 담고 있는데 한결같이 잎이 크고 줄기가 가느다란 조선시대 묵죽화의 특징을 잘 보여준다(〈그림 12〉). 또한 격이 높아, 화원의 시취에서 대나무를 일등과목으로 하였던 제도적 장치의 결실을 드러내는 듯하다.

〈그림 12〉 묵죽화책

秀文, 第10葉, 1424년, 紙本水墨, 30.6×45㎝, 동경 松平康東氏소장

---

69) 內藤浩, 〈秀文考〉(《*Museum*》 365, 1967), 81~96쪽.
安輝濬, 〈秀文과 文淸의 생애와 작품〉(《讀書生活》 14, 1971), 152~188쪽.

70) 熊谷宣夫, 〈秀文筆 墨竹畫冊〉(《國華》 910, 1968), 20~32쪽.
安輝濬, 앞의 책(1985), 圖 31~34 및 158쪽의 해설 참조.

수문은 이 〈묵죽화책〉 이외에 〈岳陽樓圖〉·〈香山九老圖〉·〈古木鳩圖〉 등을 그렸는데 앞의 두 작품은 조선 초기의 인물화와 산수화의 일면을 보여주며 2차대전 중에 회진된 〈고목구도〉는 초기 수묵 화조화의 특징을 잘 보여준다.[71] 이 작품들은 국내에 전해지고 있는 것들에 의해서는 확인되지 않는 조선 초기 회화가 지녔던 다양한 측면의 또 다른 일면을 드러낸다.

특히 산수를 배경으로 소요하는 아홉 노인들과 시동들의 모습을 담은 〈향산구로도〉는 기와 개성을 살린 인물묘사, 변화있는 의습선의 표현, 인물들의 자유로운 動勢, 독특한 산수화풍 등을 특징으로 나타낸다. 또한 6첩 병풍이 쌍을 이루게 되어 있는 점, 각 6첩 병풍은 편파구도를 이루지만 1쌍을 이루도록 붙여 놓을 때는 대칭을 형성하도록 배려된 구도 등도 조선시대의 전통을 보여준다. 〈향산구로도〉에 보이는 산수화풍은 〈악양루도〉에도 그대로 나타나고 있다. 다만 〈악양루도〉의 근경에 보이는 초가집들이 땅에 꺼질 듯 서 있는 모습이 눈길을 끄는데 이것 역시 우리 나라 조선 초·중기의 산수화에서 종종 엿보이는 특징이다.

한편 고목나무 위에 앉아 있는 비둘기들을 표현한 〈고목구도〉는 나뭇가지들을 화면을 메꾸듯 펼친 평면적인 구성, 삼각형을 이룬 나뭇잎들의 모습, 수묵만을 사용한 표현, 쌍을 이룬 비둘기들의 모양 등에서 〈老樹棲鵲圖〉에 보이는 趙涑의 화풍과 유사하여 그 상호 연관성을 짐작케 한다.[72] 수문의 이 작품은 조선 중기 조속의 선행 양식을 반영하고 있다고 볼 수 있다.

일본에 미친 조선 초기 회화의 영향과 관련하여 빼놓을 수 없는 또 다른 인물로 文淸을 들 수 있다. 일본에서 '분세이'로 불려지는 문청은 京都의 大德寺를 중심으로 활동했던 인물로 산수와 인물에 뛰어났다. 문청이 남긴 산수화들은 국립중앙박물관 소장의 〈樓閣山水圖〉(〈그림 13〉), 일본 高野時次 소장의 〈煙寺暮鐘圖〉와 〈洞庭秋月圖〉 등 안견파 화풍으로 그려진 것들과 미국의 보스턴 미술박물관과 일본 正木미술관에 소장된 산수화들처럼 흑백의 대조가 강한 主山의 표현 등 한국회화의 영향을 반영하면서도 일본화된 화풍을 보여주는 것들로 대별된다.[73] 이는 문청이 국내에서는 안견의 화풍을

71) 〈岳陽樓圖〉와 〈香山九老圖〉는 安輝濬, 위의 책, 圖 37 및 35~36쪽 참조.
〈古木鳩圖〉는 安輝濬, 앞의 글(1971), 도판 3 참조.

72) 趙涑의 작품은 安輝濬, 앞의 책(1980), 그림 81~82 참조.

따르며 활동하다가 일본에 건너간 다음에는 그 곳의 취향에 적응하며 활약하였음을 말해 주는 것이라 하겠다. 이러한 점은 문청의 인물화들이 산수화의 경우처럼 조선시대 인물화의 전통을 반영한 〈虎溪三笑圖〉와 〈養叟和尙像〉, 일본 취향이 가미된 〈維摩居士像〉 등으로 대별되는 점에서도 확인된다.[74]

〈그림 13〉 누각산수도

문청, 15세기 후반, 紙本淡彩, 31.5×42.7㎝, 국립중앙박물관소장

이상 간략하게 언급한 바와 같이 조선 초기의 회화는 일본의 승려화가 周文, 일본에 건너가 활약한 秀文과 文淸 등을 중심으로 일본회화의 발전에 크게 기여하였다. 특히 안견파 화풍의 공헌은 더욱 괄목할 만한 것이었다.

〈安輝濬〉

---

73) 안견 화풍의 영향을 받은 文淸의 작품들은 安輝濬, 위의 책, 그림 54~56 참조. 일본 취향이 가미된 작품들은 安輝濬, 앞의 글(1971), 도판 5~6 참조.

74) 〈虎溪三笑圖〉는 安輝濬, 앞의 책(1988), 418쪽의 圖 185 참조. 〈養叟和尙像〉은 安輝濬, 위의 글, 도판 4 참조. 〈維摩居士像〉은 安輝濬, 앞의 글(1985), 130쪽의 도판 참조.

5. 서 예

조선은 性理學을 건국이념으로 하면서 사회의 여러 방면에 걸쳐 유교적 체제를 정비하여 갔다. 그러나 불교문화를 위시하여 오랫동안 축적된 고려시대의 유풍은 조선의 문화에 적지않은 영향을 끼쳤으며 미술도 예외가 아니었다. 조선 초기의 서예는 元의 새로운 서풍을 받아들인 고려말의 전통을 이으면서 이를 발전시켜 갔다. 건국초에서 성종대까지의 서예를 개관하면 다음과 같다.

첫째, 松雪體가 유행하였다. 고려말에 유입된 원나라 趙孟頫의 송설체는 조선시대에 들어와 널리 확산되어 조선 제일의 서체로 자리를 잡았으며 이후 조선 중기 전반에 걸쳐 풍미하였다. 둘째, 王羲之體의 전통이 지속되었다. 통일신라·고려시대 이래의 서풍형성에 큰 영향을 끼쳤던 왕희지체는 조선 초기에도 변함없이 존숭되어 서예의 기반을 이루었다. 셋째, 이 밖의 고려말 서풍이 조선초로 이어져 金石과 寫經에 그 영향을 다분히 나타냈다. 넷째, 훈민정음 반포 초기의 한글서체는 점차 쓰기에 편리한 筆寫體로 변화하였다.

1) 송설체의 유행

고려말 원과의 밀접한 관계 속에서 충선왕이 燕京에 지은 萬卷堂을 중심으로 양국 학자의 교류가 이루어지면서 조맹부의 송설체가 국내에 유입되었다. 이에 李齊賢·李嵒 등의 명서가가 배출되었는데, 특히 杏村 이암은 송설체의 정수를 터득한 명서가로 이름이 높았다.[1] 典雅流麗한 귀족적 풍모를 지닌 송설체는 당시 사대부 사이에서 유행하기 시작하였지만 아직 일반에까지 확산되지는 않았다.

1) 閔德植·李星培, 〈李嵒의 生涯와 書藝〉(《講座美術史》 6, 韓國美術史硏究所, 1994), 57~83쪽.

조선시대가 되면 송설체는 점차 확산되는 경향을 보여 여말선초에 활약한 權近·崔興孝·河演·申檣 등의 글씨에서 그러한 영향이 나타나기 시작하였다. 이후 세종연간에 이르면 송설체는 본격적으로 유행하여 문종·安平大君 李瑢 등의 왕실과 南秀文·朴彭年·李塏·成三問 등의 集賢殿 학사를 위시한 다수의 명서가가 출현하였다. 《夢遊桃源圖卷》이나 《瀟湘八景圖詩卷》에 실린 그들의 글씨에서 송설체의 영향을 확인할 수 있다.

그 중 세종의 셋째 아들 안평대군이 단연 으뜸이었다. 그는 세종의 아낌을 받으며 당시의 예술계를 이끌었던 인물로서 서화를 위시하여 시문과 음악에도 뛰어났다. 그는 천부적인 자질을 타고났을 뿐만 아니라 궁중에 소장된 書畵眞蹟을 보았기에 대성할 수 있었는데, 특히 그의 중국서화 수장품 가운데 들어있던 26점의 조맹부 글씨는 글씨학습에 크게 참고되었을 것이다.2) 대표작으로 《몽유도원도권》에 실려있는 〈夢遊桃源記〉는 송설체의 姸媚함을

〈사진 1〉 〈몽유도원기〉(부분)

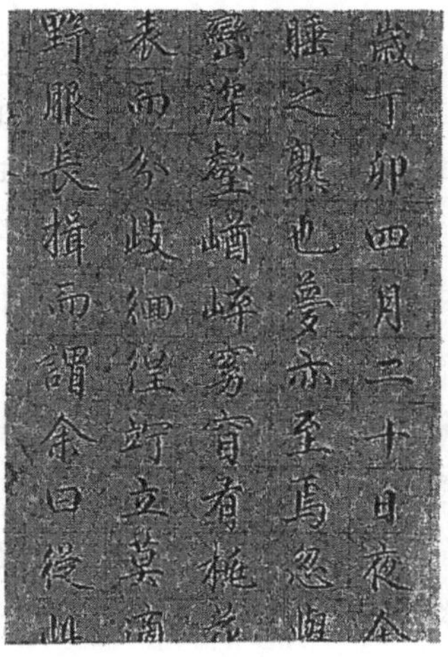

이용 書, 1447년, 絹本墨書, 일본 天理大圖書館소장

〈사진 2〉 〈재송엄상좌귀남서〉

이용 書, 紙本墨書, 27.9×14.3cm, 간송미술관소장

2) 안평대군의 예술활동은 安輝濬·李炳漢, 《安堅과 〈夢遊桃源圖〉》(圖書出版 藝耕, 1993), 34~51쪽 참조.

뛰어넘은 경쾌한 필법이며, 행서로 쓴 〈再送嚴上座歸南序〉나 행초로 쓴 〈小苑花開帖〉 등의 소품과 《擣衣篇》 등의 法帖에서도 맑고 빼어난 서풍을 보였다. 당시 조선에 온 明의 사신들이 그의 글씨를 구해가곤 하였으며 중국에 전해져 당대 제일의 글씨로 절찬을 받았다. 이 밖에 〈世宗大王英陵神道碑〉 등을 썼으며 문종 즉위년(1450)에 주조된 庚午字도 그의 필적이다. 그의 형 문종도 송설체를 바탕으로 淸勁하고 생동감있는 서풍을 이루었는데 문종의 필적은 《列聖御筆》에 전한다.

〈사진 3〉 〈윤형묘비〉(부분)

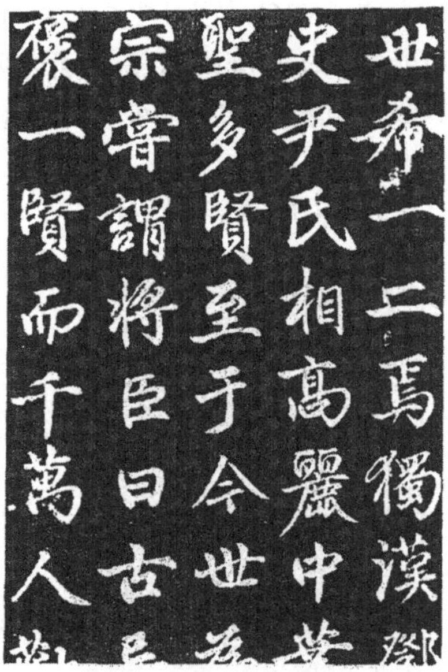

강희안 書, 1453년, 탁본, 《金石淸玩》 소재

단종 원년(1453)의 癸酉靖亂 등 首陽大君의 왕위찬탈 과정에서 송설체를 정착시킨 인물들이 다수 사망하였지만, 송설체는 姜希顔·徐居正·成任·姜希孟 등에 의해 지속적으로 이어졌다. 그 중 강희안은 안평대군에 버금가는 명서가로서 尹炯墓碑 등에서 그의 역량을 여실하게 볼 수 있다.

성종연간에 이르러 송설체는 더욱 확산되어 조선 제일의 서체로 자리잡게 되었다. 이는 고려말 이래 조맹부의 眞蹟이 다수 유입되었을 뿐만 아니라 국가에서 《眞草千字文》·《證道歌》·《東西銘》·《赤壁賦》 등 조맹부의 法帖을 간행하여 널리 배포하였던 점에도 연유할 것이다. 더욱이 성종은 학예진흥에 힘썼던 왕으로서 송설체를 추종하여 문종과 함께 조선초를 대표하는 御筆이 되었는데, 그의 글씨는 안평대군의 글씨와 식별하기 어려울 정도로 흡사하다.

이와 같이 왕들이 한 서체를 추종하자 많은 文士들도 따라 쓰게 되었다. 성종연간의 신진학자인 任熙載·金希壽·成世昌 등이 모두 송설체를 따랐으며, 이 밖에 鄭蘭宗·安琛·任士洪·朴耕·申公濟 등도 송설체를 바탕으로 자신의 서풍을 이루어 갔다.

송설체의 풍미는 佛敎 寫經이나 王旨(敎旨)·功臣錄券 등의 古文書에서도 잘 나타난다. 진적이 드물게 전하는 조선 초기에 이들의 서예사적 가치는 적지 않은데, 대부분이 書寫전문인에 의해 쓰여졌으며 연대가 밝혀져 있어 송설체의 확산을 가늠하기에 좋은 참고자료가 된다.

또한 癸未字·庚子字·甲寅字·庚午字·乙亥字 등 조선 초기에 주조된 銅活字에서도 그러한 과정을 확인할 수 있다. 歐陽詢體에 바탕을 둔 계미자(1403)와 경자자(1420)를 지나 세종 16년(1434)에 《孝順事實》·《論語》 등의 명나라 초 版本을 字本으로 삼아 주조한 갑인자에 이르면 楷正한 짜임이나 부드러운 필치에서 송설체의 영향이 다분히 나타난다. 매끈하고 세련된 송설체는 명나라 초 문인 사이에서 유행하여 소위 '翰林院體'라 불리며 판본에 널리 쓰였는데 바로 갑인자 자본이 그런 것이었다. 일명 '衛夫人字'라고 일컫는 갑인자는 선조초부터 조선 후기까지 여섯 차례 改鑄되어 수많이 印出되었으며 서예에도 적지않은 영향을 끼쳤다. 또한 송설체 명서가가 쓴 활자도 출현하여 송설체의 유행에 일조하였는데, 문종 즉위년(1450)에 안평대군이 쓴 경오자와 세조 원년(1455)에 강희안이 쓴 을해자가 그것이다. 경오자는 을해자를 주조할 때 녹여져 《古今歷代十八史略》·《詳說古文眞寶大全》 등 소수의 印本만이 전하며, 을해자는 임진왜란 직전까지 사용되어 갑인자 다음으로 많이 인출되었다.3) 이 밖에 《訓民正音》(1446) 등의 목판본에 보이는 글자체 또한 송설체의 유행과 깊은 관련이 있다.

〈사진 4〉 《상설고문진보대전》

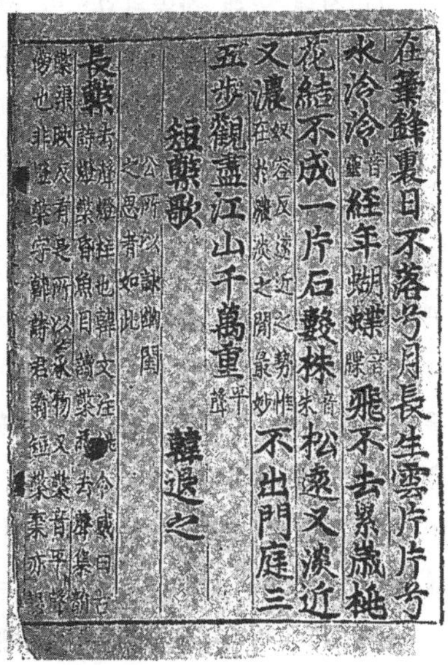

경오자본, 1450년, 28.5×20㎝, 보물 967호, 개인소장

2) 왕희지체의 전통

東晋時代 왕희지의 書法은 唐·宋 이후 혁신적 서가들이 다수 출현하는 속에서도 이상적 서법으로 끊임없이 존숭되었다. 더욱이 원나라 문예계의 지도적 인물이었던 조맹부가 晋·唐으로의 복귀를 주창함에 따라 王法에 대한 관심은 더욱 높아지게 되었다. 이러한 전통은 우리 나라에서도 통일신라시대와 고려시대 이래 지속되었으며 조선시대에 들어와서도 송설체와 함께 서풍의 형성에 중요한 바탕을 이루었다.

세종이 국가문서의 書寫를 담당하는 承文院 관원들의 글씨가 바르지 않다고 하여 晋字를 따르도록 하였다거나, 문종이 《歷代帝王名賢集古帖》·《王羲之眞行草三體》·《趙子昻眞草千字》 등 안평대군이 진상한 판본을 校書館에 模印하도록 하였다거나, 세조가 왕희지와 조맹부의 서첩을 대군과 대신들에게 보이면서 法帖을 널리 배포할 것을 논의했다거나, 성종이 친필의 〈蘭亭記〉를 大內에서 刻印하였으며 왕희지의 《十七帖》을 모인하게 하였다는 등의 기록은[4] 송설체가 유행하였던 시기에도 왕희지체에 대한 관심이 변하지 않았음을 보여주는 예이다.

이러한 현상은 조선 초기 체제정비의 일환으로 현실적으로는 고려나 명의 제도를 참고하면서 그 근원이 되는 고전에 대해서도 끊임없이 연구하였던 점과 상통할 것이다. 더욱이 송설체를 따른 서가에 대해 鍾繇·왕희지를 따랐다거나 왕희지·조맹부를 겸하였다고 평한 기록들은, 고전적 서법에 대한 지속적인 관심을 나타낸 사례이다. 이후 16세기에 들어가 古法으로 복귀하려는 분위기가 성숙되면서 왕희지체는 그 이상적 목표가 되었으며 점차 서예의 주류를 형성하게 되었다.

---

3) 千惠鳳, 《韓國書誌學硏究》(古山千惠鳳敎授定年紀念論集, 三星出版社, 1991) 참조.

4) 《世宗實錄》 권 68, 세종 17년 4월 기유.
《文宗實錄》 권 4, 문종 즉위년 11월 경술.
《世祖實錄》 권 8, 세조 3년 7월 정묘.
《成宗實錄》 권 161, 성종 14년 12월 임신.
《國朝人物考》 中, 韓亨允.

3) 금석과 사경의 서풍

송설체가 확산되기 이전의 조선초에는 고려말의 서풍이 잔존하였는데 金石과 寫經에 잘 나타난다. 특히 坦然 이래로 유행하였던 顔眞卿류의 서풍이 고려말 韓脩·權鑄 등에 의해 謹嚴端正하게 변화되면서 조선초로 이어졌다. 偰慶壽가 썼다는 〈龍門寺正智國師碑〉(1398)와 權弘의 〈獻陵神道碑陰〉 등에서 그러한 예를 찾을 수 있다. 또한 태조의 어필이나 成石璘의 〈太祖健元陵碑〉(1409)에서는 蘇軾體의 여운도 나타나는데, 이는 고려시대 이래 소식의 문학이나 文人書畵論과 함께 그의 서풍이 수용되었음을 보여주는 예라고 하겠다.

〈사진 5〉 〈용문사정지국사비명〉(부분)

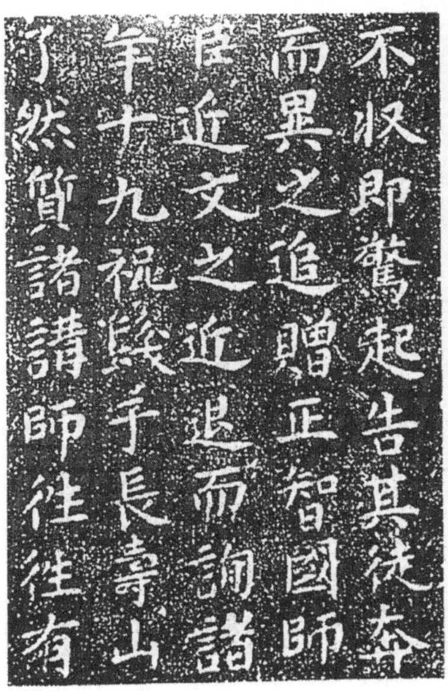

설경수 書, 1398년, 탁본.

〈사진 6〉 〈태조건원릉신도비〉(부분)

성석린 書, 1409년, 탁본.

조선시대의 지배층은 국가의 체제유지와 개인의 입신출세를 위해 유학을 지향하면서도 현세의 壽福과 내세의 安樂을 위해서는 불교에 귀의하곤 하였다. 특히 왕실에서는 궁중에 內佛堂을 짓고 興天寺·大慈菴·圓覺寺 등의 願刹에서 대규모의 造像·造塔·寫經·刊經의 佛事를 일으키곤 하였는데, 그 중 대자암의 重建 불사에 대한 대신들의 빗발쳤던 반대는 유명하다.

이러한 상황 속에서 왕실과 민간에 의해 적지않은 사경이 조성되었다. 그 중《法華經》의 필사가 가장 성행하였으며 이 밖에《華嚴經》을 비롯하여《楞嚴經》·《梵網經》·《金剛經》·《阿彌陀經》·《金光明經》·《地藏經》·《父母恩重經》·《長壽滅罪經》 등의 필사도 이루어졌다. 형식은 두루말이식(卷子本)보다는 고려 후기 이래의 折帖式을 따랐으며 조선말에는 蝴蝶本 형식으로 변화하였다.5)

〈사진 7〉《감지은니묘법연화경》
(권 2 부분)

1422년, 折帖, 41.8×14.3cm, 보물 390호, 來蘇寺소장

〈사진 8〉《백지묵서묘법연화경》
(부분)

1415년, 折帖, 36.2×14cm, 보물 278호, 來蘇寺소장

5) 張忠植, 〈朝鮮時代 寫經考〉(《美術史學硏究》204, 韓國美術史學會, 1994), 71~99쪽.

金字院·銀字院의 주관하에 寫經僧이 필사를 담당하였던 고려시대와 달리 조선시대에는 전담기관이 없었으므로(세조 때 內經廳 일시 설치) 글씨에 뛰어난 문신이나 승려가 사경에 참가하였다. 조선 초기에 왕실발원의 사경 불사에 참가했던 사람으로는 韓尙敬·尹珪·成達生·成槪·申檣·柳季聞·安止·崔興孝·李永瑞·李瑢·姜希顔·成任·安惠·洪應·鄭蘭宗·趙瑾·任擇·趙安貞·安惠·李叔生·朴孝元·朴耕 등의 문신과 文囧·文炯·克仁 등의 승려가 기록에 보인다.[6] 서풍은 顔眞卿류에 바탕한 고려말의 사경서풍을 이어가다가 점차 송설체를 수용하여 갔는데, 이는 선초의 石碑서풍과 유사한 양상을 보인다.

한편 大字書는 元僧 雪庵(李傅光)의 서풍이 유행하였다. 설암체는 송설체의 유행과 함께 유입된 이후 국내에서 법첩이 간행되면서 궁궐이나 사찰 건축의 扁額書로 널리 사용되었다.

4) 한글서체의 필사화

훈민정음 반포 초기의 판본에 보이는 한글서체는 점차 쓰기에 편리한 필사체로 변화하였다. 한글서체가 비롯되는 《訓民正音》에서는 네모 안에 글자의 간격이 일정하며 篆書의 획법에 따라 획끝을 둥글게 하였다. 이후 간행된 《龍飛御天歌》(1447)·《釋譜詳節》(1447~1449)·《月印千江之曲》(1447~1449)·《東國正韻》(1448) 등의 판본에서는 자형을 그대로 하면서 획끝을 모나게 하였으며 아래아(·)를 제외한 모음의 점이 짧은 획으로 변화하였다.

그 뒤 《洪武正韻譯訓》(1455)·《月印釋譜》(1459)·《牧牛子修心訣》(1467)·《蒙山法語略錄諺解》(1472) 등의 판본에 이르면 더욱 필사화되었다. 자형은 대체로 이전을 유지하였지만 획법은 楷書로 필사한 것처럼 확연히 달라졌으며 아래아(·) 원점도 필사에서의 점(·)으로 변화하였다. 이러한 필사화 현상은 〈五臺山上院寺重創勸善文〉(1464)에서 특히 잘 나타났다. 이후 한글서체는 조선 중기를 거치면서 특유의 필사체로 발달되었다.[7]

---

6) 秦弘燮 編著, 《韓國美術史資料集成(3)》(一志社, 1991), 322~340쪽.
7) 예술의 전당 엮음, 《조선시대 한글서예》(미진사, 1994), 12~33쪽.

〈사진 9〉 《훈민정음》

1446년, 23.2×16.5cm, 국보 70호, 간송미술관소장

〈사진 10〉 《석보상절》

1447~49년, 29.8×20.7cm, 보물 523호, 동국대학교도서관소장

〈사진 11〉 《월인석보》

1459년, 32.4×22.8cm, 보물 935호, 개인소장

〈사진 12〉 〈오대산상원사중창권선문〉

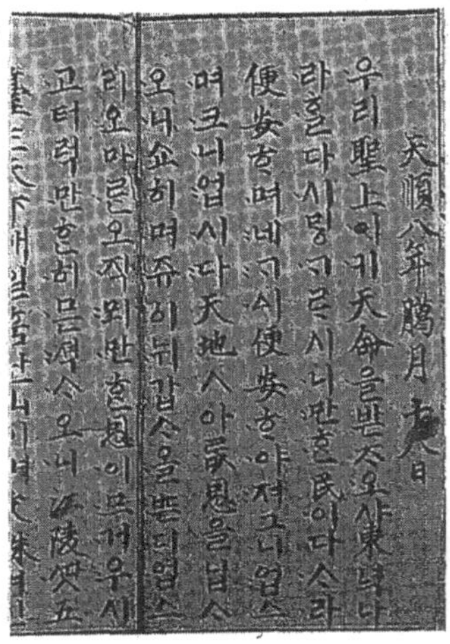

1464년, 折帖, 30.3×12.3cm, 보물 140호, 月精寺소장

〈李完雨〉

6. 공　예

1) 금속공예

조선시대의 금속공예품에 속하는 것들을 대별하여 보면, 종교적인 것으로 불교의 불구류계통인 梵鐘·香垸·金鼓·寶塔·寶幢·淨甁·搖鈴·雲板·錫杖 등을 들 수 있다. 남녀 장신구류에 속하는 것으로는 동곳·뒤꽂이·비녀·반지·銙帶·노리개·관자·팔찌·장도·침통 등이 있다. 일상 생활용구로서는 동경·시저·촛대·水注·연초합·향합·식기류·洗匜 등이 있다.

의기류에 속하는 것들로는 종묘제례용의 궁중제기와 사대부층에서 제향시에 사용하는 일반적인 제기를 들 수 있다. 이 밖에 무구류 중 刀劍類를 들 수 있는데, 호신용·전투용의 도검류와 의식에 사용되었던 도검류로 분류된다. 그러나 조선시대 전반에 걸쳐 도검류의 발달과 정교함은 고려시대 이전에 비하여 비교가 안될 만큼 그 수준이 떨어져 있었다.

《經國大典》 工典의 工匠人의 종류만 보아도 129종이며 이 가운데서 금속을 다루는 공장인의 종류는 銀匠·金箔匠·入絲匠·絲金匠·豆錫匠·鑄匠·鍮匠·針匠·鏡匠·銅匠·刀子匠·冶匠·鍊匠·裁金匠·環刀匠 등 15종류가 있다.[1)]

이들에 의하여 제조된 금속공예품 중 대표되는 것은 역시 사찰에서 범음구로 사용되는 범종과 금고·운판이라고 할 수 있다.

(1) 범 종

조선 초기에 속하는 범종들은 현존하고 있는 것이 몇 구 되지 않으나 그 중 대표적인 것들로는 興天寺鐘(1462)·洛山寺鐘(1469)·奉先寺鐘(1469)·公州甲寺鐘(1584)·海印寺 弘治四年銘鐘(1491)·普信閣鐘(1584) 등이 있다. 대부분 선조 25년(1592) 이전에 주조된 巨鐘들이며 그 나름대로 특징을 갖고 있다.

유교의 숭상으로 불교미술의 쇠퇴를 가져오기는 하였으나 고려의 여세와

---

1) 金元龍, 《李朝時代의 工藝》(韓國藝術總覽 概觀篇, 藝術院, 1964), 303쪽.

태조·세조 등 군왕의 귀의 혹은 보호에 의하여 이와 같은 작품이 이루어지게 되었는데, 선조 25년(1592)에 일어난 임진왜란을 기점으로 그 양식과 크기가 달라졌다.

조선 전기에는 고려말부터 유입되어 영향을 미치기 시작한 중국종의 양식과 장식 및 수법이 주종을 이루고 고려말까지 계승된 한국범종의 양식과 형태가 점차 사라졌다. 이것 역시 그 例가 흔하지 않고 유존하는 것이 10여 구에 불과하다. 조선 전기의 범종들은 규모가 거대한데 이것은 당시 불교를 보호한 왕실과의 관계에서 비롯된다. 이 시기 대표적인 범종으로는 흥천사 동종(세조 7년 ; 1462)·봉선사종(예종 원년 ; 1469)·낙산사종(예종 원년)·해인사 홍치4년명종(성종 22년 ; 1491)이 있다.

이 중 해인사 홍치4년명 동종을 제외한 흥천사종·봉선사종·낙산사종들은 범종의 주성배경이 왕실과 밀접한 관계가 있다. 또한 이들은 높이가 1.5m에서 2.8m에 이르는 거대한 범종들이다. 이와 같은 거종을 주종할 수 있었던 재력도 왕실이 아니면 어려웠던 것이다. 그리고 이들 범종은 고려 후기 범종들과 비교하여 볼 때 다른 특징을 나타내고 있다.

鐘身의 형태는 신라 범종이나 고려 전기 범종과는 달리 肩部의 곡선을 제외하면 거의 원통형에 가까우며 종정인 天板은 예외없이 半球형으로 되어 있으며 그 위에 一體雙頭의 龍鈕를 구비하여 이 용뉴의 동체로 동종을 매어 달게 하였다. 원통형의 甬筒은 있는 것도 있고 없는 것도 있는데 용통을 갖추고 있는 것은 대부분 후기에 나타나며 이 또한 거의 형식적일 뿐이다. 해인사 대적광전내 홍치4년명종은 용통 대신에 종정의 중앙에 한개의 圓孔을 시공하였다.

동종의 어깨부분에는 伏蓮帶가 돌려져 있으며 上帶는 복련장식의 어깨띠가 있을 때는 그 밑으로 梵字文帶를 돌리고 있다. 특히 범자의 장식방법은 고려 말기보다 더욱 성행하였는데 이에 대한 명확한 규명과 범자나열에 대한 정확한 해석이 없다. 4군데에 배치된 乳廓은 상대에서 떨어져 완전한 사다리꼴의 형태로 이루어져 있는데 이 속에 배치한 9유두의 형식도 도식화된 화좌유로 표시하고 있을 뿐이다. 또한 유곽과 유곽 사이에 배치한 1구식의 보살상 역시 線彫장식이고 그 조식수법이 치졸하고 의문·보관·지물 등이 번잡하게 처리되어 신라와 고려 전기 범종에서 보이는 청초·단아·정제된 천인, 보살상 등과는 전혀 다르게 느껴진다. 종신의 중앙에는 대개 3조의 太彫線으로 中帶의 띠를 돌려 장식하여 종신을 상하로 양분한 듯이 보인다. 또한 양주된 명문은 종신전면에 새겨져 있는데 대부분 楷書로 되어 있다.

종신의 하단에 배치한 하대는 하단에서 약간 떨어진 위에 마련되었고, 그 밑으로 無文帶를 설정하든가 아니면 靑海波濤文과 같은 文樣帶를 장식하고 있다. 특히 신라·고려 종에서 보이는 撞座는 마련되지 않고 종신 하대의 무문대나 최하단부를 타종하도록 하기 때문에 흔적이 완연히 남아 있는 것도 주목된다. 종신에 있어서 종의 口緣部는 주물의 두께가 두툼하고 위로 올라가면서 얇아지는데 이 현상은 신라 범종으로부터 내려오는 한국 범종의 고유한 특성을 간직하고 있는 점이다. 조선 초기의 대표적인 거종에 대하여 구체적으로 살펴보기로 한다.

가. 홍천사 동종[2)]

이 동종은 세조 7년(1462) 7월에 태조의 후비 神德王后를 추도하기 위해 제작된 것으로 무덤 가까이 있던 홍천사에 있었다가 화재로 광화문으로 옮겨졌고 다시 창경궁을 거쳐 현재의 위치로 옮겨졌다.

이 동종은 全高 282㎝에, 구경 170㎝에 달하는 거종으로 일체쌍두형의 용뉴를 갖추고 있고 동체에는 사실적인 龍鱗과 꽉다문 입을 박진감 넘치게 처리하였다. 용통을 갖추지 않고 있으며 어깨에는 연화문대를 돌려 장식하고 있다.

상대는 어깨띠와 좀 떨어진 밑쪽에 太彫一線帶를 돌려 처리하였는데 어깨띠에 돌린 연화대와 상대의 구분이 애매하다. 유곽은 상대와 약간 떨어진 위치에 사다리꼴의 유곽에 9유를 갖추고 있고 일정한 간격으로 4곳에 배치하였는데 유곽의 내외 구획대에는 평행쌍선으로 唐草文을 양각하였다.

유곽과 유곽 사이에는 양각된 입상의 보살상 4구가 배치되었는데 원형 두광에 寶冠을 갖추고 天衣를 걸치고 있으나 모두 선조로 되어 있다.

---

2) 鄭永鎬, 〈한국銅鐘의 특성과 樣式변천〉(《韓國의 美 23 : 金屬工藝》, 中央日報 季刊美術社, 1985).

종신 중앙에는 태조1선대를 가운데 두고 상하에 가는 선대를 돌려 三條線帶를 갖추고 종신 중간을 장식하고 있다. 종신의 하부에는 당좌를 비롯한 별다른 조식이 없으며 하단에서 상당히 떨어진 윗쪽에 간격 13㎝를 둔 태조2선대가 돌려지고 그 안쪽에 평행좌상문과 卷雲文이 배열·양각되어 종신 하부를 장식하고 있다. 이 좌상권운문대와 종신 중앙의 3조선대와의 사이에는 아무런 조식이 없고 종신을 일주하듯이 해서체의 명문이 가득차 있다. 이 명문에는 "天順元年壬午"라고 하여 제작연대가 밝혀져 있고 제작참여자들도 나타나 있다. 즉 監鑄에는 都提調에 孝寧大君·臨瀛大君·永膺大君을 비롯하여 提調·副提調의 職名과 성명이 밝혀져 있고 이 밖에도 동종을 만드는 데 직접 관계된 郎廳·監役·鑄成匠·爐冶匠·注匠·彫刻·木手·水鐵匠·刻字·使分 등 여러 관계자들의 직종과 성명이 기록되어 있다. 하나의 동종을 제작하는 데 필요한 직제관계자 범위와 직분 등의 실상을 알 수 있다.

나. 해인사 홍치4년명 동종[3)]

해인사 대적광전 내에 있는 동종으로 종신 정상에는 용통이 없고 용뉴만을 갖추고 있는데 용뉴는 일체쌍두형식이며 생동감있게 사실적으로 표현하고 있다. 쌍두 사이에 직경 4.2㎝의 원공이 있는데, 이것은 음향공으로 조선시대 범종에서 흔히 볼 수 있는 구조이다. 종신 정상에는 태조3선을 돌려서 견대를 마련하고 내면에는 21瓣의 단엽 복련을 조식하였는데, 이 연판은 태조1선으로 연판외연을 돌리고 판단 중앙에 三山形 귀꽃문양을 조각하였고 판내에는 珠文과 화판을 조식하여 장식적인 견대를 이루고 있다. 동종의 상대는 없고 견대 밑으로 유곽과 보살이 네 곳에 배치되어 있다. 사다리꼴인 유곽은 주위를 강한 선으로 표시하였고 유곽의 안쪽은 선으로 당초문을 조각하였다. 유곽내에는 9유두를 갖추었는데 여러 겹의 화판이 쌓여 있는 연봉형태이며 주변의 연화좌도 단엽8판이나 각판 사이에 선조물을 나타내 복엽연화좌로 보인다. 양각된 입상의 보살은 원형두광과 보관·천의 등을 선조로 나타냈는데 보관은 화사하며 천의는 양어깨와 팔에 걸쳐 유려한 선으로 밑에까지 흘러 있고 양손은 가슴 앞에서 합장하고 있다.

---

3) 위와 같음.

종신 중앙부는 태조3선을 돌려서 종신을 양분한 듯 중대를 이루고 있다. 이 중대를 중심으로 상·하부에는 여러 가지 문양 장식이 가득히 조각되어 있다. 중대 윗쪽에는 넓은 간격을 두고 태조1선으로 구획을 지었으며 이 내면에는 당초문과 보상화문을 가득히 조각하였다. 또한 중대 밑에도 넓은 간격의 구획이 있어 여기에 千座의 雲龍文이 조각되었으며 雲文 중심에 보루를 1개씩 큼직하게 장식하고 있다. 운룡문의 용두는 왼쪽으로 향하고 있으며 동체 주위에 卷雲文이 조각되었는데 용의 입, 두 눈, 억센 발굽 그리고 사실적인 비늘 등의 표현방법은 당시 금속공예의 수준과 주물기법을 대표할 만한 작품이다. 그리고 중대 밑의 雲龍文帶를 접해서 또 다른 문양대를 설정했는데 이것은 청해파도문으로 태조문 사이사이에 細彫된 파도문을 나타내고 있다. 하대는 바로 이 파도문대 밑으로 태조1선으로 나누고 그 안에 일정한 간격을 두고 八卦를 양주하여 배치하고 있을 뿐 아무 장식이 없고 이곳을 당좌와 같이 타종한 흔적이 남아 있다. 특히 유곽 밑으로 해서체로 양각된 명문이 있는데 "弘治四年 辛亥成 海印寺大寂光殿鐘"이란 銘記가 있어 성종 22년(1491)에 해인사 대적광전의 종으로 만들어져 현재까지 아무런 손상을 입지 않고 근 5세기가량 흘러온 보기 드문 범종 중 하나이다.

이 밖에 白蓮寺 隆慶三年銘銅鐘(1569)·安靜寺萬曆八年銘銅鐘(1580)·甲寺萬曆十一年銘銅鐘(1584) 등이 조선 전기 범종을 대표할 수 있다고 본다.

(2) 사리장엄구[4)]

조선시대에는 배불숭유정책으로 불교미술이 위축될 수밖에 없었으나 초기에는 태조나 세조와 같이 불교를 崇信하는 국왕이 있어서 얼마간의 造塔사업이 있었고, 또 이에 따라 舍利莊嚴具도 고려시대의 기술을 이어받아, 전대와는 비교될 수 없으나 그 나름대로 섬세 정교하게 제작되었다. 조선 초기의 사리장엄구는 그 예가 흔하지는 않으나 다음과 같은 몇 가지 예를 들어 당시의 기술을 가늠할 수 있다.

4) 金禧庚, 〈舍利莊嚴具의 意味와 意匠〉(《韓國의 美 23 : 金屬工藝》, 中央日報 季刊美術社, 1985).

① 李成桂發願 金剛山月出峰 銀製鍍金舍利莊嚴具
② 報恩 法住寺捌相殿 舍利莊嚴具
③ 楊州 水鍾寺八角五層塔出土 舍利莊嚴具
④ 奉印寺 舍利莊嚴具

이성계 발원의 금강산월출봉 은제도금사리탑은 라마탑 모양의 사리기로 밑에 銀板의 3중 仰蓮文이 있고 정상에 4중의 相輪이 있다. 이 外函은 8각형의 원통을 하였고 뚜껑도 8각형인데 2중의 기왓골로 하였다. 공양왕 3년(1391) 이성계의 발원으로 봉안된 것인데 고려시대 사리장엄구에서 보이는 양식수법이 그대로 이어져 사리병이 水晶製로 되어 있고 외함으로는 八角圓堂浮屠形 사리기가 돋보인다.

법주사팔상전 사리구는 탑을 해체·수리할 때 心礎石 윗면에서 발견된 것으로 銀製 舍利壺·유리제 사리병·舍利盒 등이 발견되었다. 사리공 안에 있는 동판 5매는 사리외함 같은 구실을 하고 있으나 記銘이 있어 외함보다 塔誌로서의 의의를 갖고 있다. 동판에 點刻된 명문을 통해 선조 30년(1597)에 왜인이 모두 불태워 선조 38년 옛자리에 惟政比丘(四溟大師) 등이 재건하였음을 알 수 있다. 또 상륜부에도 명문과 유물이 있었으므로 신라 황룡사목탑 이래의 방식이 계승되어 조선시대까지 내려왔음을 알 수 있다.

양주 수종사8각5층탑 사리구는 1차 해체수리 때 初層屋蓋石에서 金銅如來坐像과 菩薩坐像이, 2차 해체수리 공사 때 觀音보살좌상·地藏보살좌상 등 많은 유물이 발견되어 조선시대의 사리장치의 일단을 엿볼 수 있게 한다. 또한 조선시대의 조각미술 중 불상연구에 있어서도 수종사탑에서 발견된 여래상과 보살상·관음상·지장보살상 등은 중요 기준이 되고 있다.

이상으로 볼 때 조선시대 사리장엄구 설치는 전대와는 달리 탑 속에 佛龕 등을 만들어 금동여래상·목불좌상 등과 장수를 기원하는 명주실과 명주포를 넣었으며 사리병은 유리제에서 수정제로 변화되고 간략·단순화되는 경향임을 알 수 있다.

(3) 향 로

조선시대의 香爐는 고려시대와 달리 향로의 형식이 매우 문란해져서 고려시대 향로와 香垸에는 미치지 못하는 粗品들이다. 재료에 있어서도 金銅製에서부터 白銅·朱錫·鍮製·鐵製 등과 白磁·粉靑·木製 등 다양하고 무질서해진다. 조선 전기에는 고려향로의 양식을 계승한 예가 더러 있으나 그렇게 많지 않으며 임진왜란 이후에는 형태와 의장수법이 도식화되고 퇴락된다. 그 원인은 임진왜란 이후 사회변화의 영향과 배불정책에 있으며 향로를 비롯한 전반적인 佛具제작이 퇴보를 보이게 된다.

조선 전기 향로로 대표되는 몇 가지 예를 살펴보면 다음과 같다.

가. 홍무30년명청동은입사향로[5)]

높이 39㎝, 구경 38.2㎝의 크기로, 고려시대 향로의 일반적 형식을 따르고 있는 조선 초기의 향로이나 爐臺가 다소 둔중한 느낌을 준다. 노대 밑에 이례적으로 큰 반원형의 1단받침과 작은 1단받침을 갖추고 그 밑으로 좁은 전과 같은 굽을 돌렸다. 1단받침이 커지고, 완만한 곡선형이었던 노대의 형태가 직선적인 것으로 바뀌고 있어서 고려시대 향로와 다른 느낌을 주고 있다. 爐身에는 6군데에 두 줄의 동심원을 돌리고 그 안에 梵字 한 자씩을 배치했고 圓圈 주위로 如意頭文을 돌려 조식하였다. 여백에는 화려한 당초문을 새겼고 구연부의 넓은 전 윗편에는 연화당초가 入絲되었다. 노대 하단의 좁은 전은 무문이다. 그 위의 1단은 雷文을, 그 위의 큰 반원형 받침에는 보상당초문을 조식하였다. 높은 받침대 전면에는 대형 연판을 덮어 돌렸고 상단에는 여의두문을 배치하였다. 노신을 받고 있는 3단의 반원형 받침에는 뇌문·여의두문·仰蓮瓣文을 차례로 배치하여 노신 하부의 重葉 앙련판의 문양과 대조를 이룬다. 전반적으로 형태는 다소 둔중해졌으나 입사문양의 수법은 고려시대의 것을 계승하여 화려하고 정교하다. 향로 구연부의 뒷면에 "大明洪武三十年丁丑 朝鮮開國祖聖朝中宮神德王后" 등의 명문이 있어 조선 초기인 태조 6년(1397)에 제작되었음을 알 수 있다.

---

5) 李浩官, 〈金鼓·香爐·淨甁과 佛具類〉(《韓國의 美 23 : 金屬工藝》, 中央日報 季刊美術社, 1985).

나. 백장암 청동은입사향로[6]

높이 30㎝, 구경 30㎝이고 보물 420호로 지정된 實相寺 百丈庵 소장 향로이다. 이 향로 역시 고려시대 일반형 향로의 형태를 계승하고 있다. 구연부에 넓은 전을 갖춘 노신은 주발형이며 반원형의 2단받침을 갖고 있다. 받침 밑으로는 나팔형의 노대를 따로 만들어 못으로 노신에 고정시키고 있다. 노신의 몸체에는 상대하는 4곳에 큰 동심원을 두 줄로 돌리고 그 속에 5자의 범자를 작은 원 속에 새겨 배치하였으며 바깥의 큰 동심원에는 연판을 입사장식하였다. 범자와 범자 사이의 여백에는 고려시대 향로처럼 雙鉤式의 당초문을 섬세하게 조식하고 노신의 하단에는 큼직한 앙련을 돌렸다. 구연부의 전에도 범자를 새긴 원권과 당초문을 새겼고 노대에도 복련과 당초문을 쌍구식으로 장식하였으며 반원형의 굽테에는 流雲文을 장식하였다. 구연부의 전 뒷면에는 "雲峰百丈寺銀絲香垸 … 萬曆十二年甲申三月鑄成"이라는 명문이 점각되어 있어 이 향로가 선조 17년(1584)에 만든 것임을 알 수 있다. 이 향로는 조선 전기 향로로 문양과 형태 그리고 입사수법이 고려향로의 전형적인 양식과 수법을 잃지 않은 대표적인 작품이다.

(4) 청동운판과 대발

雲板은 고려시대 불교에 있어서 儀式의 4物 중 하나로 나는 짐승을 제도한다는 뜻도 있으나, 선종에서는 齋堂이나 주방에 달고 대중에게 끼니 때를 알리기 위해 울리는 기구로도 사용되었다. 또 형태가 구름 모양같이 제작되어 '雲板'이라고도 하며 죽이나 밥을 끓일 때 세 번 치므로 '火板'이라고도 하고 끼니 때 길게 치므로 '長板'이라고도 부른다. 운판은 고려 후기에 대단히 유행하였을 것이나 조선시대 것은 그 예가 몹시 희귀하다. 靑銅大鉢 역시 불공덕을 기리기 위한 행사나 범패의식 때 사용되었던 악기의 일종이다.

가. 청동운판

호암미술관에 소장된 높이 58㎝, 폭 59.2㎝의 이 운판은 두 마리의 龍體로

6) 위와 같음.

外周를 장식하며 마무리지었다. 두 마리 용체는 몸체에 굵은 비늘과 삼각형의 지느러미를 갖추고 있어 상층부에서 몸체를 S자형으로 굽이치면서 운판을 걸 수 있는 원공을 만들었고 용두는 서로 상대하여 있다. 용체로 외주를 형성한 內區의 운판내에는 상부에 2중세선으로 원권을 형성하고 그 내부에 범자를 양각한 문양대를 6개 배치하여 장식하였다. 그 아래로 頭光을 갖추고 寶冠을 쓴 線條陽刻의 보살입상이 합장한 모습으로 雲文座 위에 장식되어 있고 보살과 보살 사이에는 두 날개를 펴고 날고 있는 瑞鳥와 파도 위에 떠 있는 서조를 장식하였다. 또한 두 보살상의 좌우측 공간면에도 서조를 장식하고 소용돌이 형태의 파도문과 여의두문을 가득히 조식하였다. 파도 위에 떠있는 서조가 32마리나 되고 나는 서조가 12마리나 된다. 보살상의 밑으로는 국화문과 草葉文·여의두문을 조화있게 장식한 것이 몹시 화려하다. 전체적으로 볼 때 문양의 장식수법이 번다한 감을 주는 운판으로, 고려시대의 장중·간결한 것과는 대조되는 작품이다.

나. 태안사 정통12년명대발[7)]

전라남도 谷城郡 泰安寺에 있는 이 대발은 놋쇠로 되어 있으며 한 쌍이다. 크기는 직경이 94㎝나 되는 대작이며 대발의 양쪽면 표면에 각기 100여 자씩의 점선명문이 刻字되어 있어서 확실한 주성연대와 그 경위 등을 알 수 있어 주목되는 금속기이다. 대발의 형태는 현대악기의 하나인 심발과 같은 형태인데 양쪽 모두 표면 중심부에 원형돌기가 있고 가운데 작은 원형의 空氣孔이 있으며 바깥 周緣까지의 間地에는 두 곳에 2조의 圓圈이 있다. 워낙 대형이며 무게가 있어 현대악기인 심발을 치듯이 들어 칠 수 없기 때문에 범종을 매달아 치듯이 이것도 매달아 고정시켜 친 듯하다. 대발의 내면에는 아무런 장식이 없고 중심부에 內空面과 작은 구멍이 있다. 명문은 양쪽의 내용이 같으나 글자수와 문구가 다소 다르다.

이 대발은 孝寧大君의 공덕으로 세종 29년(1447)에 조성하였다가 단종 2년

7) 鄭永鎬, 〈圖版解說〉(《韓國의 美 23 : 金屬工藝》, 中央日報 季刊美術社, 1985), 64·210쪽.

(1454)에 개조한 것이다. 효령대군은 당시의 배불정책에도 불구하고 원각사의 창건을 감독하고 승도를 모아 불경을 강독하는 등 불교와 관계가 깊었다. 여기 명문에서 '大鉢'이라고 기록한 것은 새로운 명칭의 일례이고 불교의식 즉 범패 중에서 사용되는 '침발'같은 불구를 대발이라고 하는 것도 처음이었다. 그리고 조선 초기에 이렇게 얇고 큰 대발을 제조할 수 있었던 것은 전대의 공예기술이 전승된 것이라고 하겠다.

(5) 도 검

여말선초 왜구의 침입이 자주 있었고, 또 조선 초기 북방을 경비케 한다든가 북방 6진을 개척하기 위해 병력을 동원하였다든가 하는 기록이 자주 보이고 있는 점으로 볼 때 공격용이든 방위용이든 무구류계통의 제작이 상당한 수준까지 발전되어 있었을 것으로 생각된다. 그러나 실제의 유물과 현존하는 것 등을 비교하여 볼 때 그렇게 발달하지는 못한 것 같다. 刀劍은 원래 鍛工品으로 조선시대의 도검은 대체적으로 양질의 것이 아니었으나 임진왜란 전에는 일본도검의 영향을 받아 그나마 우수한 도검을 제작하였던 것 같다. 그 예가 李舜臣의 有銘刀雙口(아산 현충사 소장)이며 이 검은 칼날과 칼등부가 별개의 것을 단조로 접합시켜 하나의 도검을 만들었다. 명문에는 검을 만든 검장인 李茂生·太貴蓮의 성명과 함께 "三尺誓天山河動色 一揮掃蕩血梁山河"라는 문구가 있으며 조선 초기 도검의 대표작임을 알 수 있다.

이 밖에 개인 소장의 三寅劍과 궁중에서 의식도로 사용되었던 삼인검 등이 있는데, 특히 전자에 銘記된 내용을 보면 "寅年寅月寅日"에 만들었다고 되어 있다. 劍身에 金銀象嵌으로 '三寅劍'이라는 劍銘과 星座가 入絲되어 있고 검신의 한편에는 星辰, 한편에는 梵字와 전서체로 "參寅劍乾降精坤授靈日月象山澶形撝雷電運玄坐推山惡玄斬貞放"이란 28자가 金入絲되어 있다. 궁중의 삼인검이 대개 은입사이므로 금입사된 것은 이 검이 유일한 것이 아닐까 한다. 이 검은 入絲技法 또한 정교하다.

이와 같은 도검류 이외에 개인용의 還刀·粧刀 등이 있으나 제작수준은 이에 미치지 못하였다.

(6) 생활용구와 장신구

생활용구로 대표되는 것은 식기류의 합·발·수저·탕기·잔·세야·화로 그리고 조명기로 유제·백동제·철제 촛대를 들 수 있다. 아울러 장신구류로는 여인들의 뒤꽂이·비녀·동곳·노리개·지환·호신용 장도, 선비의 침통·貫子 등이 있다. 고려말까지 정교·섬세·치밀하던 기법이 전승되었다고 하지만 실제 유물로 보존되어 오는 것이 없어 당시의 금공품의 수준을 가늠할 수 없다.

2) 목칠공예[8)]

조선시대의 목칠공예는 크게 목공예와 칠공예로 구분되며 칠공예의 중심은 나전칠공예이고 그 다음으로 화각공예를 들 수 있다.

(1) 목공예

조선시대의 목공예는 도자기에서와 같이 조선적인 성격과 조선인들의 미적 감각 그리고 미의식에서 오는 근본적 이념이 대담하고 거리낌없이 나타나 있다.

목공품류를 보면 欌·籠·櫃·사방탁자·문갑·硯床·필통·酒床·식기 등으로 다양하다. 또 종류에 따라 목제의 견고한 짜임새와 실용성, 나무결에서 오는 장식적 효과, 단순 간결하고 평민적이고 소박한 형태 등의 특징과 개성이 여실히 나타나고 있다. 다시 말하여 조선시대 평민의 미적 감각은 인공적인 장식성이나 인위적 조형을 최소한 줄이면서 간결한 선과 명확한 조형물의 면, 그리고 나무 자체가 갖는 나무결의 자연적인 미적 특징을 종합적으로 나타내는 데 있다.

이와 같은 총체적 감각을 나타내기 위해 사용되는 나무로는 오동나무·느티나무(귀목)·대추나무·소나무·주목·호두나무·가래나무·박달나무·자작나무 등이 있다. 나무결의 배치에 있어서도 좌우대칭이 되도록 하였고 깨끗

---

8) 金元龍·安輝濬, 《韓國美術史》(서울大 出版部, 1993), 335~339쪽.

하고 간결한 線面에 보강제로 豆錫匠이 제조한 간단한 문양 장식을 첨가해 더욱 아름답게 하였는데 두석장의 문양도 백동·동철 등 그 용도에 따라 다르며 문양 장식도 단순 고리 문양에서 草蟲·蝙蝠·나비 문양 등 다양한 것을 이용하였다.

(2) 칠공예

고려시대에 세밀하고 정교하며 화려하게 장식되었던 나전칠기는 조선시대에 들어와 계속 발전하였으며, 일반인의 생활 속 깊이 파고 들어 밀접한 관계를 가지면서 많은 작품들이 만들어졌다.

특히 조선시대의 칠기는 고려시대 칠기에서 사용되었던 伏彩法이나 금속선을 나전과 더불어 쓰지 않았다. 또 고려칠기에서는 전기에는 樹木을 기면에 배치하여 동양화적인 효과를 시도하였고 후기에 이르러서는 작고 세밀하며 정교한 문양을 전면에 여기저기 또는 반복하여 사용하면서 시각적이고도 도안적인 효과를 극대화시키려 노력하였다. 이에 비해 조선 초기 나전칠기에서는 당초문을 주로 사용하면서 도안적 효과를 노렸고 후기에 이르러서는 인간의 복과 수명을 연장케 하며 벽사적 뜻이 다분히 담긴 十長生文樣·花蝶文樣·蝙蝠文樣 등을 사용하여 회화적인 문양으로 그 경향이 변화하고 있는 것이 주목된다. 즉 조선 전기 작품들은 花瓣·草葉 등을 굵직굵직하고 큼직큼직하게 표현한 보상당초문으로 칠기면을 덮는 방식인데, 이 수법도 고려의 전통을 이어받았다고는 할 수 있다. 그러나 조선칠기는 고려청자 등에서 보이는 복잡하면서도 말끔한 모습과는 달리 정비되지 않은 자유분방하고 어색한 구도로 공간을 많이 남기는 시문상의 특징을 갖고 있다.

조선시대의 목칠관계부서와 京工匠·外工匠의 정원을 살펴보면 기원전 3세기부터 칠공예를 익혀온 우리의 선조들이 목칠공예를 얼마나 중요시하였는가를 알 수 있다. 목칠관계부서는 工曹·尙衣院·軍器寺·繕工監·校書館·奉常寺·掌樂院·內需寺·造紙署·內資寺·內贍寺·歸厚署 등이 있었다.

또한 경공장에는 木匠·彫刻匠·刻字匠·木梳匠·木纓匠·風物匠·桶匠·表筒匠·漆匠·螺鈿匠·磨造匠·油漆匠·竹匠·竹梳匠·簾匠·箴匠·簟匠

·汗致匠·籩篚匠·涼太匠·雨傘匠 등이 속하였다. 외공장에는 木匠·彫刻匠·漆匠·磨造匠·梳匠·扇子匠·箱子匠·簟匠이 속해 있었다. 목칠관계부서와 여기에 소속된 경공장 및 외공장의 배치 인원수를 보면 다음의 〈표 1〉·〈표 2〉와 같다.

〈표 1〉 경 공 장

	木匠	彫刻匠	刻字匠	木梳匠	木纓匠	風物匠	桶匠	表筒匠	漆匠	螺鈿匠	磨造匠	油漆匠	竹匠	竹梳匠	簾匠	箴匠	簟匠	汗致匠	籩篚匠	涼太匠	雨傘匠
工曹		2		2	4			2	10	2			2	2				2			
尙衣院		4		2		8			8	2	4	2		2		10				2	
軍器寺	4								12		12	2									
繕工監	60	10					10				8		20		14		10				10
校書館	2	8	14																		
奉常寺																			4		
掌樂院						4															
內需寺	2																				
造紙署	2														8						
內資寺																2					
內贍寺																2					
歸厚署	4								2												

〈표 2〉 외 공 장

	木匠	彫刻匠	漆匠	磨造匠	梳匠	扇子匠	箱子匠	簟匠
경기도	37	1	3					
충청도	56	1	56	2				
경상도	69		73	4	2	6	6	
전라도	59		61	5	10	2	4	
강원도	28	1	28	6	2		2	
황해도	26		26	7				3
영안도	22	1	20					
평안도	26	1	27					

그리고 목칠공예에는 다음과 같이 다양한 목재를 사용하였다.

소나무(적송·육송)·회송·잣나무·전나무·분비나무·가문비나무·잎갈나무·주목·비자나무·감나무·고염나무·은행나무·호두나무·가래나무·배나무·팥배나무·산사나무·모과나무·마가목·대추나무·가시나무·개오동나무·느티나무·느릅나무·팽나무·때죽나무·다릅나무·회화나무·오동나무·엄나무·참죽나무·고로쇠나무·단풍나무·거제수나무·박달나무·자작나무·오리나무·피나무·물푸레나무·후박나무·뽕나무·회양목·버드나무·대나무

고려시대부터 섬세·정교·치밀한 기법을 사용하던 나전칠공예의 양식수법과 기법을 받아들여 조선 초기의 특색을 발휘하였던 칠공예의 종류는 다음과 같아 다양하다.

첫째 칠을 채취하고 나무에 따라 분류하면 髹漆·黃漆·옻칠(漆)이 있다.

둘째 사용법에 따라 분류하면 다음과 같다.

乾漆; 기물 위에 엷은 칠의 막을 입히는 보통의 옻칠
剔紅; 칠을 두껍게 하고 새김질을 하는 것
平脫
漆畵; 일본에서 많이 쓰이는 방법이며 칠이 마르기 전에 금·은분이나 색분을 뿌려 무늬를 나타내는 '蒔繪'
箔繪; 금박으로 무늬를 나타내는 것
鎗金; 칠면을 음각하여 금박을 상감하는 것
塡漆; 색칠을 가지고 상감하는 것
堆錦; 여러 가지 채색의 칠을 종잇장처럼 만들어 무늬만큼 오려서 붙이는 방법인데 琉球에서 많이 사용함
螺鈿; 조개껍질·소라껍질·거북껍질(玳瑁)을 오려 붙여 감장하는 수법

이외에 동선·은선을 기면에 나전과 더불어 감입하는 수법도 있다.

이상과 같이 조선 초기의 목칠공예는 고려시대의 섬세·정교하고 치밀하며 화려한 나전칠공예 기법이 계승되어 발전하는 듯하였으나, 기타 공예의 기술과 금공기술의 퇴화로 고려 때와 같이 수준높은 발전을 보지 못하고 자유분방하고 평민적이며 단순화된 기법으로 퇴화되었다. 반면에 목공예가 감각적

이면서 도안적이고 견고하며 실용적으로 발전한 것은 조선 초기의 문화적 발전과 미의식의 참다운 발견이라 할 수 있다. 당시 사용된 목재 종류 역시 이 땅에서 생성되는 모든 목재임을 볼 때 선조들의 지혜에 감탄하게 된다.

〈李浩官〉

7. 조 각

불교를 탄압하고 유교를 숭상하는 이른바 抑佛崇儒의 기본정책에 따른 조선사회의 획기적 변화로 인해 조선의 조각은 전반적으로 쇠퇴하는 경향을 보였다. 불교조각의 조성이 크게 위축되고 왕과 공신들의 초상조각이 완전히 자취를 감추게 되었으며, 조선초에 약간 제작되던 유교상들도 성리학의 專橫으로 사라져 버렸던 것이다.

그러나 불교조각은, 전반기에는 왕실 내지 비빈들의 비호와 잔존하게 된 사원들의 佛事로, 후반기에는 전란 후에 새로이 복구하게 된 사원들의 불상봉안이 활발해지면서 그래도 수많은 작품들이 제작되었다. 그래서 현재 전국의 많은 사원에는 조선시대 조각들이 몇 구에서부터 수십 구씩 남아 있게 되었고 우리 나라 조각을 풍성하게 만들고 있다.

이들 조각에 대해서는 아직 밀도있는 연구가 진행되지 못해서 시기구분이 제대로 이루어지지 못하고 있다. 그러나 조선시대 조각을 일단 5시기로 나누어 볼 수 있다. 임진왜란과 병자호란(1636)을 경계(1630년경)로 전반기와 후반기로 나누고, 전반기는 다시 1500년경을 기준으로 1기와 2기로, 후반기는 1725년경을 경계로 1기와 2기로 나누고, 1800년 이후를 제3기로 구분해 볼 수 있다. 1기는 인조~숙종대, 2기는 영조~정조대, 3기는 순조~고종대로 설정할 수 있으므로 왕조별로 나누는 것이 보다 이해하기 쉬울 것이다.[1)]

조선 전기는 유불교체기를 지나 성리학의 지배체제가 굳어진 시기이다.

---

1) 文明大, 〈세종시대의 미술, 조각〉(《세종시대의 미술》, 세종대왕기념사업회, 1986), 86~124쪽.

유불교체기인 과도기에는 유례없는 탄압을 받기도 했지만 왕실의 지원과 세조, 명종의 적극적인 우대 등으로 고려시대와 마찬가지로 왕실이나 국가에서 불상을 조성하는 일이 많았다. 따라서 작가들은 國家匠人들이었으므로 당대 최고 수준을 가진 우수한 작품들이 많았다. 가령 內院堂의 金玉佛像(세종 20년; 1438), 內需司 장인이 만들어 壯義寺에 시납한 43구의 불상, 圓覺寺 백옥불상, 安平大君이 조성한 황금불 3구, 仁粹大妃가 시납한 불상(성종 20년; 1489), 금강산에 봉헌된 순금불상 등은 그 대표적인 예라 할 수 있는데, 이것은 원각사탑 부조상이나 水鍾寺 금동불상의 예 등에서 그 수준을 어느 정도 알 수 있다.[2)]

지금까지 알려진 최초의 조선시대 불상은 1394년에 만들어진 莊陸寺 건칠보살상이다. 14세기 후반기의 고려불상과 동일한 양식을 보여주는 이 보살상은 비록 왕조는 변했지만 작가는 동일했을 것이므로 고려양식이 그대로 조성되고 있었을 것은 당연한 일이다. 이런 고려말 불상계통을 이어받은 불상은 大乘寺 불좌상인데 아미타불이며, 文殊寺 불상보다 다소 진전된 양식을 보여주고 있다. 전체적으로 단아한 모습인데 옷이 더 두터워졌고 어깨 옷주름의 탄력이 줄어들었으며 체구도 단정한 편이다. 이와 유사한 보살상은 把溪寺 木觀音菩薩像인데 1447년을 하한(腹藏記)으로 한 조선 초기 보살상이다. 보다 근엄하고 한결 건장해진 형태는 초기 불상의 특징으로 생각되지만 승각기의 규칙적인 평행 옷접힘이나 팔의 옷주름 등은 원각사탑 부조상과 친연성이 많은 것 같으므로 이것은 명나라의 영향이 다소 보이는 것이라 하겠다.

이러한 조각양식을 대표할 만한 작품은 세조 4년(1458)에 제작된 黑石寺 木阿彌陀佛像으로 날씬하고 단아한 특징을 보여주는 뛰어난 불상이다. 원래는 鳴鳳山 法泉寺에서 조성된 상이지만 현재 경북 영주 석포리의 흑석사에 봉안되어 있는 이 아미타불상은 조선 초기의 특징을 보여주는 걸작이다. 높은 肉髻 위에 頂上髻珠가 표현되었으며 머리칼은 촘촘한 螺髮이어서 조선 초기 양식의 변모를 한 눈에 볼 수 있다. 얼굴은 계란형, 이른바 수형의 형태로 고귀한 품격을 나타내고 있으며 체구 역시 날씬하고 단정하여 수형의 고아한 인상을 보여준다. 통견의 법의도 일정한 두께로 나타냈지만 간략한

2) 文明大, 〈朝鮮前期彫刻樣式의 硏究〉(《梨花史學硏究》 13·14, 1983).

옷주름, 왼쪽 팔굽 위에 표현된 Ω형 옷주름, 배 위의 평행 衣褶線 등 조선 초기의 특징이 그대로 표현되고 있다. 따라서 조선 초기의 확실한 기년명 불상으로 당대를 대표할 만한 수작의 조각이어서 크게 주목되어야 할 것이다.

圓覺寺塔 부조상은 세조 10년에 완성된 절대연대를 가졌으므로 조선조각의 기준작품이 되고 있다. 모든 점이 고려 후반기 端雅樣式 불상계열을 따르고 있지만 굴곡없는 사각형적인 형태미나 보다 간략화되고 정형화된 옷주름, 승각기의 평행 띠주름의 등장과 매듭장신구(金具) 장식이 사라진 점, 키모양 光背의 등장 등 새로운 특징이 첨가되고 있는 것이 눈에 띈다. 이런 양식은 성종 7년(1476)에 조성된 無爲寺 木阿彌陀三尊佛像에까지 나타난다.

특히 우리가 주목해야 할 작품은 사찰 소장 불상들이다. 이 가운데 무위사 목아미타삼존불상은 15세기 후반기 조각양식을 대표할 만한 뛰어난 불상인데, 본존 아미타불과 좌우의 관음·지장보살 협시의 이 삼존상은 유명한 후불벽화와 함께 성종 7년에 조성된 것이 분명하다. 본존불의 童顔에 가까운 둥근 얼굴, 어깨의 양감이 자연스러운 방형의 상체, 무릎이 유난히 넓은 결가부좌의 모습, 두께있는 통견의 불의 등은 조선 초기의 양식을 대표할 만하며, 원각사탑 부조상과 일맥상통하고 있다. 관음과 지장보살도 본존불과 비슷한 특징을 보여주는데 半跏자세에 생동감있는 단아한 얼굴, 방형적인 체구, 단정한 형태 등은 본존불의 의젓한 모습을 돋보이게 하고 있다.

이런 특징은 開心寺 극락전 아미타삼존상에서도 그대로 나타나고 있어서 흥미롭다. 개심사 극락전은 1484년에 완전히 중창되었기 때문에 불상도 이 당시 작품이 분명하다. 이 점은 1476년작 무위사 목아미타삼존불상의 특징을 그대로 이어받았다고 생각되는 아미타삼존상에서도 분명히 찾을 수 있다. 본존은 석조 팔각대좌 위에 단정히 앉아있고 좌우는 입상이어서 구도상 특이하지만 협시들이 좌 관음, 우 지장상의 구도도 같아서 당시 아미타신앙의 경향을 잘 알려주고 있다. 얕은 육계, 방형에 가까운 중후한 얼굴, 가슴과 어깨가 자연스럽지만 건장한 체구, 넓고 높은 하체, 통견한 불의의 휘늘어진 주름과 배위 띠매듭, 왼팔의 형식화된 Ω형 주름 등은 무위사 목아미타삼존불상과 거의 흡사한 것이다. 그러나 얼굴 표정이 좀더 딱딱해졌고, 눈·코·입이 조밀하고 경직된 점은 佛格에서 떨어진다고 보아도 좋지 않을까 한다. 이런 점은 좌우 보살에서도 그대로 적용되고 있다. 다소 딱딱해지고 번잡해진 점이 눈에 띠며, 지장보살이 두건을 쓰지 않고 삭발하고 있는 점도 달라진 점이다.

그러나 세조 5년(1459)에서 성종 24년(1493) 사이에 조성되었다고 생각되는 수종사 금동불상은 명상하는 듯한 침잠한 얼굴이나 팽이모양의 육계와 정상계주의 등장, 3단의 머리형태 등 元·明불상의 특징이 다소 수용되고 있는 것은 새로운 변모이다. 이런 점은 무위사 목아미타삼존불상에서도 보이는 것으로 조선조각이 이제 명과 교류하기 시작했다는 신호라고 해도 좋을 것이다.3)

그런데 명 양식이 분명하게 보이는 상들이 15세기 중엽부터 등장하기 시작하였다. 가령 1482년(腹藏記)에 조성된 天柱寺 木佛坐像(국립중앙박물관 소장) 등이 대표적인 예이다. 3단 머리 형태, 침잠한 긴 얼굴, 눈에 띄게 細長한 신체 등은 수종사상보다 명 양식을 더 수용한 불상이다. 수종사 불감부조상도 비슷한 특징을 보여주지만 이 시기에는 이런 불상들이 꽤 많이 조성되었다고 생각된다.

또 하나 주목되어야 할 불상양식은 금강산에서 출토되었다고 알려진 일련의 소금동불상이다. 왕실발원의 대부분을 차지하는 이런 불상들은 원의 영향을 받은 고려불상으로 흔히 보고 있지만 실은 명의 영향이 농후한 조선 초기불상이 상당수 된다는 점을 명심할 필요가 있다. 국립중앙박물관 소장의 두 금동보살상은 침잠한 얼굴, 세장한 체구, 번잡한 장신구, 정교한 기법 등으로 보아 원이나 고려작으로 보고 있지만 천주사 목불상이나 大乘寺 금동보살상, 甲長寺 금동보살상 등과 대비되는 상이며, 1400년 전후의 작으로 보면 무난하지 않을까 한다. 이보다 진전되면 다소 경직된 양식이 나타나는데 최근 기년명을 가진 소금동불상, 가령 1451년명 금동삼존불, 차일봉 금동아미타불들이 북한에서 속속 출현하고 있다.

최근 논란이 되고 있는 通度寺 金銅阿彌陀三尊像도 이런 계열로 보아야 할 것이다. 금강산에서 전세되어온 삼존불로 알려진 이 작은 금동불(높이 11 ㎝)은 흔히 통일신라 불상으로 논의되었지만 신라불적인 특징은 어디에도 볼

3) 柳麻里, 〈조선시대 조각〉(《韓國美術史》, 藝術院, 1984).

수 없다. 팽이형의 특이한 육계, 침잠한 얼굴, 두꺼운 佛衣, 왼쪽팔의 Ω형 주름, 하체의 간략한 衣紋, 어색한 팔, 방형적인 신체, 번잡한 구슬무늬 장식의 8능형대좌 등 명 양식이 농후한 조선 초기 불상임을 분명하게 보여주고 있다. 다만 보살의 굴곡자세나 대좌 연화문 등으로 신라불과 혼동되게 하는 요소도 있지만 이 역시 자세히 관찰해 보면 신라불의 특징과 뚜렷한 차이를 찾아볼 수 있다. 더구나 腹藏記에 "造士 海了가 세조 32년(1450)에 조각을 완성하니 함께 왕생하기를 기원한다"는 내용이 있는 것으로 볼 때, 1450년에 조성된 불상이 분명하다. 改金한 것도 복장을 쓴 것도 결코 아닌 불상조성의 畢役임이 분명한 것이다.[4)]

石佛像 계통도 논의되어야 할 것이다. 雲住寺 石千佛像들은 논란이 많지만 평판적이고 무표정한 얼굴, 석주형 불신, 도식적인 옷주름 등 추상적이고 기하학적이며 도식적 양식은 조선 초기 무덤의 石像과 일치하는 것이며, 옷소매 속에 감추어진 두 손과 옷주름의 특징은 서울 시흥동 안경공무덤 석상(1421~1435)들과 일치하고 있어서 조선 초기로 편년되어야 마땅하다. 공항부근의 藥師寺 석불입상이나 기타 수많은 조선 초기 작품들도 이 시기의 조각사에서 빼놓을 수 없는 작품들이다.

〈文明大〉

---

4) 文明大, 〈高麗·朝鮮時代의 彫刻〉(《韓國美術史의 現況》, 圖書出版 藝耕, 1992), 224쪽.

집 필 자

개 요 .... 전상운

Ⅰ. 과 학

1. 전통적 자연관 .... 박성래
2. 천문기상학 .... 전상운
3. 물리학과 물리기술 .... 박성래
4. 의학과 약학 .... 허 정

Ⅱ. 기 술

1. 농업과 농업기술 .... 이호철
2. 인쇄기술 .... 천혜봉
3. 군사기술
   1) 화약과 화기의 전래 .... 허선도
   2) 화약의 제조 .... 허선도
   3) 화기제작기술의 부침 .... 허선도
   4) 조선 중기의 화기 .... 채연석

Ⅲ. 문 학

1. 한문학 .... 이민홍

Ⅳ. 예　술

한국사 27

조선초기의 문화 2

편찬간행 **국사편찬위원회**

초판1쇄 2003년 11월 30일
2쇄 2013년 6월 4일

번각발행 **탐구당**

등록일 1950년 11월 1일
등록번호 서울 제 03-00993 호

주소 서울특별시 용산구 한강대로 62 나길 6
전화 (02) 3785-2211(대표)
팩스 (02) 3785-2272
홈페이지 www.tamgudang.co.kr
전자우편 tamgudang@paran.com

ISBN 978-89-8236-593-5
978-89-8236-566-9(세트)

값 24,500 원